T0119043

V&R

ARBEITEN ZUR GESCHICHTE DES PIETISMUS

IM AUFTRAG DER
HISTORISCHEN KOMMISSION
ZUR ERFORSCHUNG DES PIETISMUS

HERAUSGEGEBEN VON
MARTIN BRECHT, CHRISTIAN BUNNERS UND
HANS-JÜRGEN SCHRADER

BAND 40

VANDENHOECK & RUPRECHT
IN GÖTTINGEN

GESCHICHTE DES PIETISMUS IN BAYERN

ANFÄNGE – ENTWICKLUNG – BEDEUTUNG

VON

HORST WEIGELT

VANDENHOECK & RUPRECHT
IN GÖTTINGEN

Die ersten 16 Bände dieser Reihe erschienen im Luther-Verlag, Bielefeld. Ab Band 17 erscheint die Reihe im Verlag von Vandenhoeck & Ruprecht in Göttingen

Mit 24 Abbildungen

Umschlagabbildung:

Aquarellierte Zeichnung (um 1730) des Armenkinderhauses in Augsburg (Haus des Lienhard Boeck von Boeckenstein) am ehemaligen Alten Heumarkt (heute Philippine-Welser-Straße 24). Fundort: Evangelische Kapitelsbibliothek Augsburg, Handschrift 2°, Bd. 2, im Abschnitt Nr. 186

Die Deutsche Bibliothek – CIP-Einheitsaufnahme

Weigelt, Horst:
Geschichte des Pietismus in Bayern: Anfänge – Entwicklung – Bedeutung / von Horst Weigelt.
Göttingen: Vandenhoeck und Ruprecht, 2001
(Arbeiten zur Geschichte des Pietismus; Bd. 40)
ISBN 3-525-55824-4

Druck und Bindung: Hubert & Co., Göttingen

Vorwort

Die vorliegende Darstellung der Geschichte des Pietismus im Gebiet des heutigen Bayerns ist aus einer langjährigen Beschäftigung mit dem Pietismus, dieser wohl bedeutendsten Frömmigkeitsbewegung des deutschen Protestantismus, in Forschung und Lehre erwachsen. Über Konzeption und Gliederung dieser territorialgeschichtlichen Untersuchung gibt die Einleitung Auskunft. Sicherlich hätten manche historische, frömmigkeitsgeschichtliche und theologische Aspekte detaillierter ausgeführt werden können und sollen. Mehrere Gründe, nicht zuletzt finanzielle, zwangen jedoch zu einem Kompromiß zwischen Wünschbarem und Möglichem.

Selbstverständlich war diese Arbeit nicht ohne bereitwillige Hilfe und Unterstützung anderer möglich. Zu danken habe ich zunächst den zahlreichen Archiven und Bibliotheken. Von den Archiven in Bayern seien stellvertretend das Landeskirchliche Archiv in Nürnberg und von den außerbayerischen das Archiv der Brüderunität in Herrnhut genannt. Von den Bibliotheken trugen die Staatsbibliothek Bamberg sowie die Universitätsbibliothek Bamberg wegen des notwendigen Fernleihverkehrs die Hauptlast. Die Erstellung der Druckvorlage besorgte mein Assistent, cand. theol. Dietmar Kleinschroth, dem ich darüber hinaus für vielfache Anregungen und mannigfache Unterstützung dankbar bin. Die erforderlichen Computerarbeiten übernahmen dankenswerterweise hauptsächlich einige studentische Hilfskräfte, vor allem Herr Carl-Reinhard Dittrich. Für Hilfe beim Korrekturlesen danke ich Frau Irmela Rosmarie Hennig und besonders meiner Frau.

Die Historische Kommission zur Erforschung des Pietismus nahm die Untersuchung in ihre Reihe „Arbeiten zur Geschichte des Pietismus" auf. Seitens des Verlages Vandenhoeck und Ruprecht erfuhr ich – wie bei früheren Publikationen – eine umsichtige verlegerische Betreuung.

Die Publikation wurde durch Druckkostenzuschüsse des Evangelisch-Lutherischen Landeskirchenamtes in München und der Universität Bamberg ermöglicht.

Bamberg, den 17. Juni 2001 Horst Weigelt

Inhalt

Einleitung

In dieser Monographie wird die Geschichte des Pietismus auf dem Gebiet des jetzigen Bayerns im Überblick dargestellt. Entstanden ist das heutige Bayern als Staatsgebilde zwischen 1803 und 1819 nach und nach aus einer Vielzahl von Territorien; das ehemalige Herzogtum Coburg schloß sich Bayern sogar erst 1920 durch ein Referendum an.

In den Territorien auf dem Gebiet des Freistaats Bayern herrschte im 17. und auch noch im 18. Jahrhundert überwiegend konfessionelle Geschlossenheit. Deshalb gewann der Pietismus, „neben dem angelsächsischen Puritanismus die bedeutendste religiöse Bewegung des Protestantismus seit der Reformation“[1], hier fast ausschließlich in den evangelischen Gebieten Frankens und Ostschwabens sowie in den Territorien des ehemaligen Fürstentums Sulzbach, der früheren Reichsstadt Regensburg und des einstigen Herzogtums Coburg Eingang.

Lange Zeit hat man in der Forschung einen engen Begriff vom Pietismus präferiert, indem man ihn im wesentlichen als kirchliche Reformbewegung verstand, zu dessen Hauptkennzeichen vor allem die Herausbildung von Collegia pietatis und die Hoffnung besserer Zeiten für die evangelische Kirche gehörten. Deshalb begannen seine historischen und territorialgeschichtlichen Darstellungen gemeinhin im letzten Drittel des 17. Jahrhunderts bzw. mit dem Erscheinen von Speners Programmschrift „Pia Desideria“ (1675). In der neueren Forschung[2] erkannte man aber, daß der Pietismus eine äußerst komplexe religiöse Bewegung darstellt. Neben dem Verlangen nach einer kirchlichen Erneuerung steht vor allem ein starkes Insistieren auf individuelle verinnerlichte Frömmigkeit und praxisorientierte Verlebendigung des Christseins. Diese Tendenzen finden sich im deutschsprachigen Raum aber schon seit etwa dem Beginn des 17. Jahrhunderts mit dem Aufkommen der Arndtschen Frömmigkeitsrichtung[3]. Infolge dieser Erkenntnis weist man in der gegenwärtigen Forschung auf die Notwendigkeit hin, das gesamte 17. Jahrhundert – vor allem bezüglich des Arndtschen Frömmig-

---

[1] JOHANNES WALLMANN, Pietismus, 7.

[2] Hierzu und zum Folgenden s. die von Martin Brecht verfaßte Einleitung in: Geschichte des Pietismus. Bd. 1: Der Pietismus vom siebzehnten bis zum frühen achtzehnten Jahrhundert, hg. v. MARTIN BRECHT, Göttingen 1993, 1–10, bes. 3–6 u. 9–10 (Lit.); JOHANNES WALLMANN, Anfänge des Pietismus. Ein Abriß über die Geschichte des Begriffs Pietismus findet sich bei: JOHANNES WALLMANN, Art. ‚Pietismus‘, in: HWP 7, 972–974.

[3] s. MARTIN BRECHT, Aufkommen, bes. 130–151, 196–199 (Lit.).

keitsaufbruchs und der von diesem beeinflußten Frömmigkeitsbewegungen – in die Darstellung des Pietismus einzubeziehen. Dem folgt die vorliegende Untersuchung, konzentriert sich jedoch vor allem auf die Zeit nach dem Erscheinen der „Pia Desideria". Denn erst mit diesem Reformprogramm und der davon ausgelösten Bewegung gewann der Pietismus auch in den vom Luthertum geprägten Territorien Frankens und Ostschwabens sein eigentliches Profil und größere Kohärenz.

In der Darstellung, die territorialgeschichtliche und kategoriale Strukturprinzipien miteinander verschränkt, werden die Anfänge und die Entwicklung des Pietismus sowie seine Bedeutung besonders unter Anwendung der biographischen Methode[4] behandelt. Jedoch werden die Personen in ihrer Biographie nur so weit erfaßt, als dies zum Verständnis der geschichtlichen Prozesse und Entscheidungen sowie zur Erfassung der Traditionsbildung notwendig ist. Der Schwerpunkt liegt auf ihrem Wirken und auf ihrem literarischen Werk. Die Präsentation ihrer Schriften – stets nur mit Kurztiteln (s. Quellenverzeichnis) zitiert – kann selbstverständlich nur in Auswahl erfolgen; dabei sind zeitgenössische Relevanz und Rezeptionsgeschichte die entscheidenden Kriterien.

Obgleich sich die Darstellung mit der Entwicklung und Ausformung des Pietismus im Gebiet des heutigen Bayerns befaßt, ist eine Einbeziehung außerbayerischer Territorien notwendig. Einige fränkische Territorien und die Reichsstadt Augsburg hatten nämlich damals enge Beziehungen zum Herzogtum Württemberg und zur Reichsstadt Ulm. Aber auch die Verbindungen des Fürstentums Coburg und der Markgrafschaft Brandenburg-Kulmbach (Bayreuth) nach Sachsen waren mannigfaltig. Zum anderen bestanden Kontakte zu Zentren des Hallischen Pietismus, wie Wernigerode, und zu Niederlassungen der Herrnhuter Brüdergemeine; besonders intensiv waren diejenigen zur brüderischen Siedlung Herrnhaag in der Wetterau und zum Gemeinort Ebersdorf im Vogtland. Anhänger oder Sympathisanten des radikalen Pietismus in Franken und Ostschwaben hatten außerdem Beziehungen zu Separatisten und Inspirierten im Wittgensteiner Land und in der Wetterau.

Im ersten Kapitel dieser „Geschichte des Pietismus in Bayern" werden lutherische Orthodoxie und mystischer Spiritualismus auf dem Gebiet des heutigen Bayerns in großen Linien dargestellt, sofern sie mit ihrem Insistieren auf verinnerlichtes Christsein und Kirchenreformen den Pietismus gleichsam präludierten. Hierbei wird der Arndtschen Frömmigkeitsrichtung, die seit Beginn des 17. Jahrhunderts in der lutherischen Orthodoxie virulent war, besondere Aufmerksamkeit geschenkt. Hinsichtlich des mystischen Spiritualismus soll der Blick vor allem auf dessen Interesse an Gotteserfahrung und

---

4 Über den Vorteil der biographischen Methodik in der Darstellung des Pietismus s. JOHANNES WALLMANN, Pietismus, 11.

individuellem Christsein fokussiert sein. Das zweite Kapitel geht dem Bekanntwerden des Spenerschen Reformprogramms und seiner Rezeption nach. In welchen Territorien und unter welchen Rahmenbedingungen, so wird zu fragen sein, erfuhr es eine partielle Aufnahme oder konnte ansatzweise verwirklicht werden. Das dritte Kapitel befaßt sich mit dem Wirken der Schüler und Anhänger August Hermann Franckes in Bayern sowie mit der Umsetzung des frühen Hallischen Pietismus. Dabei wird auch das Verhalten von Pfarrerschaft und weltlicher Obrigkeit – beide weitgehend der lutherischen Orthodoxie zugehörig – zu dieser neuen kirchenreformerischen und frömmigkeitstheologischen Strömung in den Blick kommen. Sodann wird im vierten Kapitel der radikale Pietismus behandelt; er erlangte im bayerischen Gebiet, insgesamt gesehen, eine überproportional große Bedeutung. Die mannigfachen heftigen Reaktionen seitens der geistlichen und weltlichen Obrigkeit auf die pietistische Bewegung werden im fünften Kapitel thematisiert. Durch literarische Kontroversen und obrigkeitliche Maßnahmen wurden sich die Anhänger des Spener- und Franckeschen Pietismus vielfach erst ihres Unterschieds zu den radikalen Pietisten bewußt. Das sechste Kapitel befaßt sich mit dem späteren Hallischen Pietismus, der nicht zuletzt wegen seiner gesellschaftsrelevanten Aktivitäten – vor allem durch seine karitativ-sozialen Einrichtungen und Erziehungsanstalten – ins öffentliche Interesse gerückt war. In Augsburg hat Samuel Urlsperger, der enge Freund und Vertraute August Hermann Franckes, jahrzehntelang als führender Repräsentant des süddeutschen Pietismus gewirkt; seinen vielfältigen Unternehmungen wird besondere Beachtung geschenkt. Das siebente Kapitel beschäftigt sich mit dem Wirken der Herrnhuter Brüdergemeine. Deren Gründer, Nikolaus Ludwig Graf von Zinzendorf, hatte enge verwandtschaftliche Beziehungen nach Franken, die er für sein Anliegen fruchtbar zu machen suchte. Deshalb wird sehr ausführlich auf das frühe Herrnhutertum und dessen Diasporaarbeit in Franken und Ostschwaben eingegangen. Thema des achten Kapitels ist der Spätpietismus[5], dessen Anhänger sich bekanntlich vor allem in den Partikulargesellschaften der Deutschen Christentumsgesellschaft sowie in den Kreisen der ‚auswärtigen Geschwister' und der Freunde der Herrnhuter Brüdergemeine gesammelt haben. Hier werden die jeweils besonderen Frömmigkeitsformen und speziellen Tätigkeitsfelder der Spätpietisten, aber auch ihr Widerstand gegen die radikalere Aufklärung – die Neologie und den Rationalismus – behandelt. Ihre Opposition vollzog sich nicht selten im Schulterschluß mit den einstigen Gegnern der Pietisten, den Anhängern der lutherischen Orthodoxie. Das neunte Kapitel faßt die Bedeutung des Pietismus in Bayern systematisierend zusammen. Hierbei erfolgt eine Konzentration auf folgende Aspekte: Kirche und Frömmigkeit,

---

[5] Zur Problematik des Begriffes s. bes. MARTIN BRECHT, Spätpietismus und Erweckungsbewegung.

Gesellschaft und Kultur. Dabei lassen sich allerdings gewisse Überschneidungen mit den vorausgehenden Kapiteln nicht vermeiden. In einem Ausblick wird sodann noch der Einfluß des Pietismus auf Entstehung und Entwicklung der neuen Frömmigkeitsaufbrüche im 19. Jahrhundert, vor allem der Erweckungsbewegung, skizziert. Hier stellt sich besonders die Frage nach Kontinuität und Diskontinuität zwischen dem Pietismus und der Fränkischen Erweckungsbewegung.

Die Geschichte des Pietismus in Bayern hat bislang keine monographische Darstellung erfahren. Knappe Überblicke finden sich aber bei Matthias Simon[6], Friedrich Wilhelm Kantzenbach[7], Horst Weigelt[8] und bei Dieter Wölfel[9]. Jedoch haben mehrere Einzelgestalten und einige geschichtliche Ausformungen des Pietismus in Bayern in der Forschung Beachtung gefunden, wie die Literaturberichte von Dietrich Blaufuß[10] und Horst Weigelt[11] zeigen.

Da die Darstellung vielfach auf handschriftlichen Quellen und zum Teil sehr seltenen Werken beruht, werden diese ausführlich zitiert. Zugleich soll dadurch eine unmittelbare Begegnung mit dem Wortschatz und dem Sprachduktus sowie den verschiedenen Frömmigkeitsformen ermöglicht werden. Die ungedruckten Quellen sind buchstabengetreu wiedergegeben; um der besseren Lesbarkeit willen wurden jedoch die Groß- und Kleinschreibung sowie die Interpunktion den gegenwärtigen Regeln angeglichen. Dagegen sind die Zitate aus gedruckten Quellen diplomatisch getreu angeführt. Allerdings sind Verdoppelungsstriche über den Konsonanten m und n sowie die Fraktur-Ligatur „&c“ in „etc.“ aufgelöst; Umlaute mit darübergestelltem e sind stets als ä, ö, ü wiedergegeben. Die Interpunktion folgt – auch in der Verwendung von Virgeln anstelle von Kommas – der Druckvorlage. Alle Hervorhebungen (kursive, halbfette, gesperrte Schrift und Unterstreichungen) in handschriftlichen oder gedruckten Quellen sind stets durch Kursivschrift kenntlich gemacht. Bei Gedichten sind Zeilenabbrüche durch schräge Doppelstriche markiert.

Sowohl für ungedruckte als auch für gedruckte Quellen – nicht jedoch für Buchtitel – gilt: Gängige und eindeutige Abkürzungen sind – abgesehen von u. – in eckigen Klammern aufgelöst. Notwendige Bibelstellennachweise und Worterklärungen finden sich gleichfalls in eckigen Klammern. Eckige Klammern mit drei Punkten bezeichnen eine Auslassung im zitierten Text. Der Doppel=Bindestrich in den handschriftlichen Quellen und in den Druck-

---

6 s. Matthias Simon, Kirchengeschichte Bayerns, Bd. 2, 455–531, 729–734.
7 s. Friedrich Wilhelm Kantzenbach, Geist und Glaube, 6–37, 64–87, 448–449.
8 s. Horst Weigelt, Pietismus in Bayern.
9 s. Dieter Wölfel, Kirchlich-religiöse Entwicklung.
10 s. Dietrich Blaufuss, Literaturbericht.
11 s. Horst Weigelt, Pietismusforschung in Bayern.

vorlagen sowie in den Buchtiteln ist immer durch einen einfachen kurzen Querstrich ersetzt.

Um den Anmerkungsapparat zu entlasten, sind die Literaturangaben mit Bedacht knapp gehalten und die Kurztitel in der Schreibweise vereinfacht. Zu Personen und Ereignissen – sofern diese für die Geschichte des Pietismus im Gebiet des heutigen Bayerns direkt oder indirekt von größerer Relevanz gewesen sind – finden sich jeweils grundlegende und weiterführende Literaturhinweise; angeführt in der Regel dort, wo die Person bzw. das Ereignis am ausführlichsten behandelt wird.

Der „Geschichte des Pietismus in Bayern" ist ein ausführliches Literaturverzeichnis beigegeben. Dabei handelt es sich sowohl um Basisliteratur als auch um territorial- und lokalgeschichtliche Spezialstudien; selbstverständlich beansprucht es keine Vollständigkeit. Das Verzeichnis der gedruckten Quellen enthält sämtliche in der Monographie genannten oder zitierten Werke, ausgenommen Leichenpredigten, Gesetzessammlungen und ähnliches. Die Register der Personen und der Orte sollen eine Benutzung erleichtern.

I. Lutherische Orthodoxie und mystischer Spiritualismus – Verinnerlichte Frömmigkeit und geistgewirkte Gotteserfahrung

Entsprechend der Fragestellung geht es im folgenden nicht darum, das Zeitalter der lutherischen Orthodoxie im Gebiet des heutigen Bayerns in seinen mannigfaltigen Aspekten darzustellen, vielmehr soll der Blick mehr oder weniger ausschließlich auf den neuen Frömmigkeitsaufbruch innerhalb der lutherischen Orthodoxie am Anfang des 17. Jahrhunderts fokussiert werden. Ferner soll dem mystischen Spiritualismus Aufmerksamkeit geschenkt werden; er drang auf geistgewirkte Gotteserfahrung und Verlebendigung des individuellen Christseins. Obgleich er durch die lutherische Orthodoxie bekämpft wurde, stellte er dennoch in einigen Gebieten eine bedeutende Unterströmung dar. Im Fürstentum Pfalz-Sulzbach entwickelte er sich sogar vorübergehend zu einer bestimmenden Kraft.

1. Lutherische Orthodoxie im Zeichen verinnerlichter Frömmigkeit und kirchlicher Reformen

Seit Beginn des 17. Jahrhunderts machte sich innerhalb der lutherischen Orthodoxie eine neue Frömmigkeitsbewegung bemerkbar. Ihr ging es sowohl um eine Verinnerlichung der individuellen Frömmigkeit als auch um kirchliche Reformen, durch die auch das gesellschaftliche Leben nachhaltig durchdrungen werden sollte. Sie präludierte gleichsam den lutherischen Pietismus und gehört – im weiteren Sinne – konstitutiv zu ihm. Für die Entstehung und Ausgestaltung dieser reformfreudigen und auf Frömmigkeit dringenden Orthodoxie waren die Schriften Johann Arndts, durch die dem Luthertum die mystische Tradition neu erschlossen wurde[1], von kaum zu überschätzender Bedeutung.[2] Namentlich seine Erbauungsschrift „Vier Bücher vom wahren Christentum“, deren erster Band 1605 in Frankfurt am Main erschien und die immer wieder nachgedruckt wurde, hat stärkstens auf sie eingewirkt. Nahezu alle Theologen, die sich dieser Orthodoxie zugehörig

---

[1] s. JOHANNES WALLMANN, Arndt und die protestantische Frömmigkeit, 74.

[2] Hierzu und zum Folgenden s. u. a. MARTIN BRECHT, Aufkommen, 130–151 (Lit.); BERNDT HAMM, Arndts Wortverständnis; JOHANNES WALLMANN, Arndt und die protestantische Frömmigkeit.

wußten, haben immer wieder empfehlend darauf hingewiesen und daraus längere oder kürzere Passagen zitiert. Dies trifft auch für zahlreiche Theologen im Gebiet des heutigen Bayerns zu.

Obgleich die großen Zentren dieser reformfreudigen lutherischen Orthodoxie mit Arndtscher Frömmigkeitsstruktur außerhalb Frankens lagen, gewann sie hier dennoch in einigen Städten größere Bedeutung.[3] Neben den kleinen Reichsstädten Rothenburg ob der Tauber und Schweinfurt gilt dies in besonderer Weise für die damals immer noch bedeutende Reichsstadt Nürnberg mit ihrer Akademie und späteren Universität in Altdorf. Aber auch in einigen Städten der hohenzollerischen Gebiete lassen sich Einflüsse dieser reformwilligen Orthodoxie nachweisen. Zu einem kleinen Mittelpunkt wurde für einige Zeit auch das Fürstentum Coburg mit seiner gleichnamigen Residenzstadt. Einige ihrer Vertreter gab es schließlich in der Reichsstadt Regensburg.

Selbstverständlich fanden sich auch in den ostschwäbischen Reichsstädten vereinzelte Theologen und Laien, die von dem Reformwillen ergriffen waren; jedoch entfaltete die neue Frömmigkeit hier keine größere Wirkkraft. Als einer ihrer Vertreter in Ostschwaben sei der Diaconus Johann Jacob Bayr[4] angeführt, der seit 1666 in Augsburg an der Barfüßerkirche amtierte. Er wandte sich in seinen Predigten gegen herrschende kirchliche und gesellschaftliche Zustände; besonders beklagte er die mangelnde Sonntagsheiligung und betonte das kirchliche Strafamt.[5] Wegen seiner rigorosen Kirchenzuchtpraxis erregte er nicht zuletzt bei den Mitgliedern des Rats der Stadt Mißfallen. Nach längeren Untersuchungen wurde er im Dezember 1669 aufgrund auswärtiger Gutachten, unter Mitwirkung des größeren Teils der Augsburger Pfarrerschaft, seines Amtes enthoben; er ging im April 1671 als Stiftsprediger nach dem hohenlohischen Öhringen, wo er 1675 verstarb.[6]

a) Die fränkischen Reichsstädte Rothenburg ob der Tauber, Schweinfurt und Nürnberg

Rothenburg ob der Tauber

Zu den namhaftesten Vertretern der reformeifrigen Orthodoxie in Franken zählt der Rothenburger Superintendent Johann Ludwig Hartmann[7], in seiner

---

[3] Hierzu und zum Folgenden s. HANS LEUBE, Reformideen, 97–104, 127.

[4] Zu Bayr (Beyer) s. HANS WIEDEMANN, Augsburger Pfarrerbuch, Nr. 15.

[5] Über die Auseinandersetzungen um Bayr s. DIETRICH BLAUFUSS, Reichsstadt und Pietismus, 190–208.

[6] Zu Bayrs Wirksamkeit in Öhringen s. OTTO HAUG (Bearb.), Pfarrerbuch Württembergisch Franken, T. 2, Nr. 86; vgl. Pfarrerbuch Bayerisch-Schwaben, Nr. 50.

[7] Zu Hartmann s. DBA 479, 73–78; DBA NF 528, 110–126; ADB 10, 685; WILHELM

Leichenpredigt[8] als „Rothenburgischer Elias" gepriesen. Hartmann wurde 1640 in Rothenburg ob der Tauber als Sohn eines Pfarrers geboren und bezog – nach dem Besuch des Gymnasiums – mit 17 Jahren die Universität Wittenberg. Hier waren u. a. die streng lutherisch-orthodox gesinnten Theologen Abraham Calov und Johann Andreas Quenstedt seine Lehrer. Hartmann ist also während seines Studiums keinem namhaften Vertreter der reformfreudigen Orthodoxie persönlich begegnet. Sein Vorhaben, Straßburg, ein Zentrum dieser neuen frömmigkeitstheologischen Richtung, zu besuchen, ließ sich aus finanziellen Gründen nicht realisieren.

Bereits als 20jähriger wurde Hartmann 1660 Pfarrer in dem Rothenburger Dorf Spielbach. Zwei Jahre später ernannte ihn seine Vaterstadt zum Rektor des Gymnasiums und 1666 zum Superintendenten. Hartmann ist also schon im Alter von nur 26 Jahren zur höchsten kirchlichen Würde gelangt und hat während seiner nur vierzehn Jahre dauernden Tätigkeit in Bezug auf Hebung und Wiederaufbau des nach dem Dreißigjährigen Krieg daniederliegenden kirchlichen Lebens in Rothenburg Bewundernswürdiges geleistet. 1670 wurde er von der Universität Tübingen, unter Vorsitz von Professor Johann Adam Osiander, zum Doktor der Theologie und im nächsten Jahr zum Lizenziaten promoviert.

Hartmann ging es zum einen um Verinnerlichung und Verlebendigung des christlichen Lebens. Ein vorzügliches Mittel hierfür schien ihm die Hausandacht, die vor allem im Kreis der Familie – Keimzelle des Gemeindelebens – gepflegt werden sollte. Deshalb gab er Andachtsbücher heraus und regte auch eine besonders billige Bibelausgabe[9] an. Diese erschien allerdings erst posthum durch Sebastian Kirchmayer, seinen Amtsnachfolger, der auch die Vorrede verfaßte; gedruckt wurde sie 1681 in Sulzbach bei Abraham Lichtenthaler.

Zum anderen setzte Hartmann sich für eine Aktivierung des kirchlichen Lebens ein. Dazu war seiner Meinung nach eine Intensivierung von Predigt und Seelsorge nötig. Auch eine energische Anwendung der Kirchenzucht erschien ihm unumgänglich notwendig. Um diese Verlebendigung des Gemeindelebens zu erzielen, plädierte er dafür, größere Pfarreien in kleinere, überschaubare Sprengel aufzuteilen. In dem Zusammenhang bemühte er sich auch um eine spirituelle und theologische Förderung der Pfarrerschaft. Seit 1666 veranstaltete er jeweils im Frühjahr und im Herbst Pfarrsynoden, um

---

DANNHEIMER, Verzeichnis, Nr. 163 (Lit.). Vgl. bes. PAUL SCHATTENMANN, Hartmann Superintendent; DERS., Hartmann.

[8] LP im StadtA Braunschweig, Nr. 2229; vgl. Stolberg, Nr. 11409. Die Leichenpredigt wurde am 21. Juni 1680 von Georg Simon Renger, Vesperprediger an St. Jakob, gehalten. Zu Renger s. WILHELM DANNHEIMER, Verzeichnis, Nr. 402.

[9] s. Deutsche Bibeldrucke, E 881.

die Pfarrer mittels Pastoraldisputationen wissenschaftlich weiterzubilden. Auch erhielten sie bei diesen Versammlungen Anweisungen und Ratschläge für Amtsführung und Lebenswandel. So wurden sie ermahnt, bei Stadtspaziergängen „nicht mit dem Stecken herum [zu] terminieren, sondern mit einem Mantel sich erbarlich [zu] bedecken“[10]. Damit die Tätigkeit der Pfarrer evaluiert und Mißstände in den Gemeinden erkannt und behoben werden könnten, nahm Hartmann seit Sommer 1666 das Instrumentarium der Kirchenvisitationen wieder auf. Um das seelsorgerliche Wirken zu optimieren, empfahl er seinen Pfarrern, die Zusammensetzung ihrer Parochianen nach Alter, Geschlecht und Beruf sowie nach ihrer geistlichen Verfassung genau zu beobachten.

In den Dienst dieser Reformbestrebungen stellte Hartmann auch seine Feder und gab zahlreiche Predigtsammlungen, Andachts- und Erbauungsbücher sowie pastorale Schriften und Schulbücher heraus.[11] Sein bedeutendstes pastoraltheologisches Werk war sein 1678 erstmals in Nürnberg erschienenes „Pastorale Evangelicum seu instructio plenior ministrorum verbi“, dessen Drucklegung Spener schon in seinen „Pia Desideria“ angemahnt hatte.[12] Hartmanns Pastorallehre geht auf jene Disputationen zurück, die auf den Rothenburger Pfarrsynoden veranstaltet wurden.[13] Sie ist in vier Teile gegliedert, in denen Hartmann auch Sekundärliteratur in großem Umfang verarbeitet hat.[14] Im ersten Teil „De pastoris constitutione et persona“ wird die Ausbildung der Pfarrer, ihre Berufung und Amtsübertragung thematisiert. Hierbei wird hervorgehoben, daß letztere eine Angelegenheit der gesamten Gemeinde ist. Der zweite Teil „De pastorali conversatione et vita“ befaßt sich mit der Anlage des Theologiestudiums sowie mit dem sittlichen Verhalten des Pfarrers in Familie und Gesellschaft. Seine Amtspflichten sind Thema des dritten Teiles „De officii administratione et pastorali sparta“. Als Aufgaben wurden genannt: Frömmigkeitszentrierte Predigt und Katechese, Verwaltung der Sakramente, Anwendung der Kirchenzucht, Armenpflege und Seelsorge an Kranken, auch wenn diese nicht ausdrücklich darum gebeten haben. Im vierten Teil „De ministrorum ecclesiae fortuna tum secunda tum adversa“ geht es schließlich vor allem um die Installation und Amtsenthebung von Pfarrern. Dieses voluminöse Werk fand übrigens auch August Hermann Franckes Anerkennung. Da er diese Pastoraltheologie

---

[10] Zitiert nach PAUL SCHATTENMANN, Hartmann Superintendent, 27. Vgl. JOHANN LUDWIG HARTMANN, Pastorale Evangelicum, Liber II, Caput IV–VII (262–308).

[11] Ein Verzeichnis der Werke Hartmanns findet sich in: PAUL SCHATTENMANN, Hartmann Superintendent, 72–77.

[12] s. PHILIPP JAKOB SPENER, Pia Desideria, 19, Z. 4.

[13] s. AUGUST HERMANN FRANCKE, Collegium pastorale, T. 1, 45 u. T. 2, 148.

[14] Zur Analyse dieses Werkes s. PAUL SCHATTENMANN, Hartmann als praktischer Theologe, bes. 90–97.

„vielen andern Büchern von dieser Art"[15] vorzog, legte er sie 1713 seiner pastoraltheologischen Vorlesung zugrunde.[16]

Ferner war Hartmann an der Erstellung und Herausgabe neuer Gesangbücher beteiligt.[17] 1672 erschien unter seiner Mitwirkung in Rothenburg ein neues Gesangbuch mit dem Titel „Andacht-erweckende Seelen-Cymbeln/ Das ist: Geistreiche Gesänge Herrn Doct. Martini Lutheri und anderer Geistreicher Evangelischer Christen/ Zu Beförderung Göttlichen Lobes und andächtigen Kirchen- Schul- und Haus-Gottes-Dienstes". Das Vorwort zu diesem von dem Rothenburger Kantor und Organisten Georg Falck erstellten Gesangbuch verfaßte Hartmann. Er selbst konzipierte das „Rotenburgische Gesang-Büchlein/ Vorstellend Schöne Geistreiche Lieder/ welche in Kirchen und Schulen/ wie auch zu Hauß mit Andacht können gesungen werden", von dem aber nur noch der Nachdruck von 1721 erhalten ist. Obgleich dieses Liederbuch, versehen mit einem Vorwort und Gebetsanhang von Hartmann, zweifelsohne zunächst für den Gebrauch in Kirche und Schule bestimmt war, zielte es „darauf ab, der Gemeinde das Gesangbuch in immer höherem Maße als Andachts- und Erbauungsbuch für das christliche Haus und die Familie lieb und wert zu machen"[18]. Ob er auch geistliche Lieder gedichtet hat, muß offenbleiben.[19] Daneben betätigte er sich als Herausgeber englischer Erbauungsliteratur.[20]

Hartmann drang also auf ein „praktisches Christentum" und setzte sich für eine „notwendige Ergänzung der Orthodoxie der Lehre"[21] durch ein Leben ernster Heiligung ein. Deshalb rezipierte er nach Paul Schattenmann vor allem den frühen Arndt; dessen spätere „Neigung zur Mystik" sei ihm dagegen „bei aller Wertschätzung Arndts zeitlebens fremd geblieben". Ob diese Annahme zutrifft, oder ob Hartmanns Beeinflussung durch Arndt nicht doch stärker und umfassender gewesen ist, bedarf näherer Untersuchungen.

Hier sei lediglich darauf hingewiesen, daß Rothenburg ob der Tauber in der ersten Hälfte des 17. Jahrhunderts wesentlich zur Verbreitung von Arndtschem Gedankengut beigetragen hat. In dieser Reichsstadt war nämlich 1626 die Schrift „Paraenesis votiva pro pace ecclesiae" ohne Angabe von Druckort und Jahr erschienen. Der Ratsherr und spätere Bürgermeister

---

15 August Hermann Francke, Collegium pastorale, T. 1, 45.

16 Dieses Kolleg gab Franckes Sohn Gotthilf August 1741 u. 1743 in Halle heraus: August Hermann Francke, Collegium pastorale.

17 Hierzu und zum Folgenden s. Ernst Schmidt, Geschichte, 67–123; vgl. [Julius] Gmelin, Rothenburger Gesangbücher, 35–43. Hier wird nur auf Gesangbücher Hartmanns eingegangen, soweit sie zu seinen Lebzeiten im Druck erschienen, nicht aber auf deren Rezeptionsgeschichte.

18 Ernst Schmidt, Geschichte, 96.

19 s. Ernst Schmidt, Geschichte, 74.

20 s. Edgar C. McKenzie, Catalog, Nr. 991 u. 1002.

21 Paul Schattenmann, Hartmann Superintendent, 71; folgendes Zitat ebd.

Johann Georg Styrzel[22] hatte das Manuskript in der Offizin des Rothenburgers Hieronymus Körnlin drucken lassen, ohne zu wissen, daß der Arndtschüler Melchior Bieler das Werk verfaßt hatte.[23] Styrzel war ein begeisterter Verehrer Arndts und ist es auch geblieben, als ihm die Veröffentlichung der Schrift „Paraenesis“ viele Unannehmlichkeiten eintrug. Geradezu emphatisch feierte er Arndt noch 1642 in einem Brief an Johann Valentin Andreae.[24] Neben Styrzel standen damals in Rothenburg noch andere Persönlichkeiten Arndt mit Sympathie gegenüber; unter ihnen Superintendent Georg Zierlein (Zürlinius)[25], der auch die Publikation der „Paraenesis“ gutgeheißen hat[26].

Schweinfurt

Kirchliche Reformbewegungen machten sich ebenfalls in der Reichsstadt Schweinfurt bemerkbar. Hierhin waren zahlreiche Evangelische im Zuge der gegenreformatorischen Maßnahmen im Fürstbistum Würzburg und in der Fürstabtei Fulda sowie im Zusammenhang mit der gewaltsamen Rekatholisierung Kitzingens mitten im Dreißigjährigen Krieg emigriert[27]. Die Reformen sind hier vor allem von den Pfarrern Caspar Martin Heunisch und Johann Wilhelm Barger ausgegangen.

Der 1620 in Schweinfurt geborene Heunisch[28] war 1645 Pfarrer in Friesenhausen bei Hofheim und ein Jahr später Pfarrer in Oberndorf geworden. Seine Vaterstadt berief ihn 1647 als Subdiaconus nach St. Johannis. 1654 wurde er Diaconus, sechs Jahre danach Archidiaconus und schließlich Schulinspektor und Oberpfarrer. Dieses Amt, identisch mit dem bisherigen Superintendenten, hatte er bis zu seinem Tod im Jahr 1690 inne. Heunisch verfaßte mehrere theologische Schriften, vor allem zur Johannesapokalypse[29]. In Rothenburg ob der Tauber ließ er 1679 ein Liederbuch drucken mit dem Titel „Schweinfurtisches Gesangbuch/ Darinnen/ Nebenst des Herrn Lutheri Sel. und anderer alten Geistreichen Männer/ Geistlichen Liedern/ auch andere Neue/ Geist- und Schrifftmässige/ zu befinden/ Theils zum öffentlichen Gottesdienst/ theils zu Christlicher Hauß-Andacht/ dienlich und bequämlich/

---

22 Zu Styrzel s. LUDWIG SCHNURRER, Styrzel.

23 s. FRIEDER SEEBASS, „Paraenesis“.

24 s. Brief: Johann Georg Styrzel an Johann Valentin Andreae, 21. Januar 1642, HAB Wolfenbüttel, Cod. Guelf. 11. 12. Aug. fol. 480–481.

25 Zu Zierlein s. WILHELM DANNHEIMER, Verzeichnis Nr. 618.

26 s. FRIEDER SEEBASS, „Paraenesis“, 148–149.

27 s. WILHELM BÖHM, Schweinfurt und die evangelischen Glaubensflüchtlinge.

28 Zu Heunisch s. DBA 532, 63–67; 985, 24; DBA NF 578, 118; BBKL 2, Sp. 799; MATTHIAS SIMON (Hg.), Pfarrerbücher der Reichsstädte (Schweinfurt), Nr. 44. Vgl. CHRISTIAN SCHÜMANN, Pfarrergeschlecht Heunisch, 80–82.

29 s. Kap. II, 52–53.

Sampt einem kurtzen Gebet-Büchlein auf alle Tage in der Woche/ und andere Fälle".[30] Es wurde bis 1771 mit wechselndem Umfang neunmal aufgelegt. In seiner ersten Auflage enthielt es 437 Lieder, erschlossen durch ein alphabetisches Verzeichnis. Im Anhang waren „Tägliche Morgen- und Abend-Segen, durch die gantze Wochen: Sampt anderen schönen Gebeten, für allerley Noth und Stände der Christenheit" beigegeben. Das Liederbuch war folgendermaßen aufgebaut: Auf Lieder zum Kirchenjahr folgten solche zum Katechismus und zu verschiedenen Anlässen, so gab es z. B. spezielle „Reise-Lieder". Bestimmt war das Gesangbuch nicht nur für den Gottesdienst, sondern auch für die häusliche Andacht. Heunisch[31] steuerte mit der Überschrift „Von dem Himmel und der ewigen Seeligkeit. M. C. H. Die Selige Ewigkeit" das bekannte Kirchenlied „O Ewigkeit/ du Freuden-Wort/ Das mich erquicket fort und fort/ O Anfang sonder Ende"[32] bei, das in alle Auflagen des Schweinfurter Gesangbuchs aufgenommen wurde. Ewigkeit ist hier nicht Metapher für das Jüngste Gericht wie bei dem Dichter Johann Rist, sondern für himmlische Freuden. Dennoch macht dieses Lied das starke eschatologische Interesse seines Verfassers evident, worauf noch einzugehen sein wird.[33]

Johann Wilhelm Barger[34], sein Nachfolger als Oberpfarrer, war auch für kirchliche Reformen sehr aufgeschlossen. Er war ebenfalls aus Schweinfurt gebürtig, hatte in Wittenberg studiert und war 1663 in seiner Vaterstadt Konrektor geworden. Nach vier Jahren trat er hier als Subdiaconus in den Kirchendienst und amtierte von 1690 bis 1698 als Oberpfarrer. Er bearbeitete eine neue Ausgabe des Schweinfurter Gesangbuchs, das – um 94 Lieder erweitert – 1693 hier unter dem Titel „Seelen-erquickendes Harpffen-Spiel/ Das ist: Schweinfurthisches neu-aufgelegtes Gesangbuch" erschien. Heunisch und vor allem Barger standen mit Spener in Kontakt.[35]

Auch in der Schweinfurter Bürgerschaft fanden die Bemühungen um eine Verlebendigung des christlichen Glaubens Resonanz, in besonderer Weise bei dem Ratskonsulenten Johann Hoefel[36]. Dieser 1600 in Uffenheim geborene Sohn eines brandenburgischen Stadtvogts studierte in Gießen, Jena und Straßburg Jurisprudenz und trat im Alter von 28 Jahren in den Dienst der

---

30 Über das Schweinfurter Gesangbuch und seine Geschichte s. KATHI PETERSEN, Schweinfurter Gesangbuch.

31 Über Heunisch als Liederdichter s. u. a. HEKG 2, 1, Nr. 154; JOHANN CASPAR WETZEL, Hymnopoeographia, T. 4, 237–238. Vgl. GG, 2. Aufl., Bd. 3, 189, Nr. 160.

32 Schweinfurtisches Gesangbuch, 733, Nr. 41; gedr. auch in: ALBERT FISCHER u. WILHELM TÜMPEL, Kirchenlied, Bd. 5, 228–229, Nr. 261.

33 s. Kap. II, 52–53.

34 Zu Barger s. MATTHIAS SIMON (Hg.), Pfarrerbücher der Reichsstädte (Schweinfurt), Nr. 3. Vgl. ANTON OELLER, Leben Schweinfurter Männer, 34–36.

35 s. Kap. II, 51–54.

36 Zu Hoefel s. DBA 547, 2–8; DBA NF 594, 330; BBKL 2, Sp. 922–923. Vgl. GERD WUNDER, Höefel (Lit.).

Reichsstadt Schweinfurt. Seit 1632 war er hier Stadt- und Ratskonsulent, daneben später u. a. Rat und Advokat der Grafschaften Henneberg und Castell sowie der Reichsstädte Rothenburg, Windsheim und Weißenburg. Während des Dreißigjährigen Krieges lenkte er mit großer Tatkraft die Geschicke von Schweinfurt. Mit Theologen und Laien, denen es um eine Verlebendigung und Verinnerlichung des christlichen Glaubens ging, stand er in Verbindung, so mit den Superintendenten Hartmann in Rothenburg und Andreas Keßler in Coburg, mit den Dichtern Sigismund von Birken und Rist, der ihn in seinen 1658 gegründeten Elbschwanenorden aufgenommen hat. Hervorgetreten ist Hoefel sowohl als Liederdichter als auch als Herausgeber von Liedersammlungen.[37] 1634 erschien seine „Musica Christiana".[38] Darin sollen sich folgende Trostlieder befunden haben: „O süßes Wort, das Jesus spricht zur armen Witwen: Weine nicht! Es kömmt mir nie aus meinem Sinn, zumal, wenn ich betrübet bin" (über Lk 7, 13) und „Was traur' ich doch! Gott lebet noch!", die in vielen süddeutschen Gesangbüchern aufgenommen worden sind. Bekanntgeworden ist Hoefel aber durch sein „Historisches Gesang-Buch", das 1681 in Schleusingen, zwei Jahre vor seinem Tod, im Druck erschien.[39] Es enthält 164 Historienlieder, von denen 54 von ihm stammen. Der erste Teil dieses Gesangbuchs enthält Historienlieder über Leben und Wirken von Heiligen und Märtyrern, der zweite Teil von „Gottesfürchtigen Frauen und Jungfrauen". Der dritte Teil handelt von religiösen und weltlichen Begebenheiten. Mit diesen Dichtungen, die allerdings metrisch oft ungenau und auch ausdrucksschwach sind, verfolgte Hoefel das Ziel, „für das christliche Haus, für Familie und Familienfesttage das geistliche Historienlied lieb und wert zu machen"[40]. Zu seinen geistlichen Liedern komponierte er teilweise auch die Melodien. Aber auch karitative Ziele hatte Hoefel im Blick, so ließ er in Schweinfurt ein Alters- und Siechenhaus errichten.

Nürnberg

Im Unterschied zu Rothenburg ob der Tauber und Schweinfurt entwickelte sich die Reichsstadt Nürnberg mit ihrem großen Landgebiet zu einem wichtigen Zentrum Arndtscher Frömmigkeit und kirchlicher Reformen[41]. Derjenige, der hier die reformfreudige Orthodoxie vor allem gefördert hat, war

---

[37] Über Hoefel als Liederdichter s. u. a. JOHANN CASPAR WETZEL, Hymnopoeographia, T. 1, 435–436.

[38] Bislang konnte kein Exemplar dieser Liedersammlung nachgewiesen werden.

[39] Hierzu und zum Folgenden s. ERWIN LAUERBACH, Hoefel und sein historisches Gesangbuch.

[40] ERWIN LAUERBACH, Hoefel und sein historisches Gesangbuch, 120.

[41] Vgl. MARTIN BRECHT, Aufkommen, 177–180.

Johannes Saubert d. Ä.[42], der seit 1622 im Nürnberger Kirchendienst stand. Zu zahlreichen führenden Theologen seiner Zeit hatte er Verbindung und setzte sich zusammen mit ihnen für eine Erneuerung des christlichen Lebens in Haus und Kirche ein. Hierzu empfahl er als „erster und bedeutendster [...] Förderer“[43] Arndts in Nürnberg, dessen „Vier Bücher vom wahren Christentum“.

Geboren wurde Saubert 1592 in dem Landstädtchen Altdorf – seit 1504 zum Herrschaftsgebiet der Reichsstadt Nürnberg gehörig – als Sohn eines aus Böhmen emigrierten Zimmermanns. Nach dem frühen Pesttod seines Vaters wurde er bei einem Müller in die Lehre gegeben. Dank der Unterstützung eines Gönners konnte er das Gymnasium und danach die 1578 gegründete Akademie Altdorf besuchen, die er 1611 nicht nur mit der Magisterwürde, sondern auch mit der Ernennung zum Poeta laureatus verließ. Anschließend nahm er für die nächsten zwei Jahre in Tübingen eine Hauslehrerstelle an, wo er sich u. a. mit Andreae, einem später ebenfalls wichtigen Repräsentanten der von Arndt beeinflussten Orthodoxie, befreundete. An die Akademie Altdorf zurückgekehrt, hielt er ein Collegium Ethicum. 1614 nahm er an der Universität in Gießen sein Theologiestudium auf, das er Anfang 1616 in Jena fortsetzte. Hier trat er zu Johann Gerhard, dem wohl bedeutendsten Theologen der lutherischen Orthodoxie, in nähere Beziehung und erfuhr durch ihn große Förderung. Ende des Jahres kehrte er in seine Vaterstadt zurück, wo er zunächst als Inspektor der Alumnen sowie als Katechismus- und Vesperprediger Dienst tat. 1618 wurde er Diaconus und Professor für Theologie an der Akademie. Wegen der hier nur geringen Entfaltungsmöglichkeiten folgte er 1622 einem Ruf nach Nürnberg, zunächst als Diaconus bei St. Egidien, dann bei St. Marien. 1628 wurde er Prediger an St. Lorenz und 1637 Hauptprediger an St. Sebald und Antistes. Damit hatte er die erste Stelle der Nürnberger Pfarrerschaft erlangt. Im selben Jahr erhielt Saubert zudem das Amt des Bibliothekars der Stadt Nürnberg und wurde so Leiter der ältesten deutschen Stadtbibliothek.[44] Als solcher sicherte er ihren Bestand durch Katalogisierung[45] und verfaßte ihre Geschichte[46], die 1643 unter dem Titel „Historia bibliothecae Reip. Noribergensis“ erschien. Ferner oblag ihm die Aufsicht über das Nürnberger Schulwesen. In seine Zeit fiel die Gründung

---

42 Zu Saubert s. DBA 1082, 137–169; DBA NF 1122, 446–447; ADB 30, 413–415; MATTHIAS SIMON, Nürnbergisches Pfarrerbuch, Nr. 1170 (Lit.). Vgl. bes. DIETRICH BLAUFUSS, Saubert; RICHARD VAN DÜLMEN, Orthodoxie und Kirchenreform; HANS LEUBE, Theologen, 55–56.

43 DIETRICH BLAUFUSS, Saubert, 130. Vgl. RICHARD VAN DÜLMEN, Orthodoxie und Kirchenreform, 718: „Der bekannteste und erste Förderer Arndtscher Frömmigkeit war in Nürnberg Johannes Saubert.“

44 s. OTMAR BROMBIERSTÄUDL, Saubert.

45 s. OTMAR BROMBIERSTÄUDL, Saubert, 381–389.

46 s. OTMAR BROMBIERSTÄUDL, Saubert, 389–394.

eines neuen Gymnasiums am Egidienberg, dessen Einweihung er am 11. Februar 1633 mit einer Rede[47] vollzog.

In zähem Ringen mit dem zum Philippismus neigenden Rat setzte sich Saubert für die Stärkung des lutherischen Bekenntnisstandes in der Reichsstadt Nürnberg ein.[48] Er vermochte es durchzusetzen, daß in den „Libri normales" (Brandenburgische Lehrnorm), auf die hier seit 1573 alle Geistlichen verpflichtet wurden, die „Confessio Augustana variata" (1540) durch die „Confessio Augustana invariata" (1530) ersetzt wurde.

Ein weiteres Anliegen war Saubert die Reform des kirchlichen und gemeindlichen Lebens. Um dieses zu heben oder zu erneuern, wollte er Theorie und Praxis evangelischer Kirchenzucht neu durchdenken und gestalten. In seinem erstmals 1633 in Nürnberg erschienenen und laut Spener „nie gnug gepriesenen"[49] zweiteiligen „Zuchtbüchlein Der Evangelischen Kirchen" betonte er, daß man dieser bedürfe, denn sie sei „von Gott selbst gesetzt unnd befohlen worden"[50]. Er war davon überzeugt, daß die Gemeindeglieder ebensowenig wie die Schüler der Disziplinierung entbehren können. Deshalb forderte er in dieser Schrift, die übrigens den Beifall zahlreicher lutherischer Theologen seiner Zeit fand, die strenge Bestrafung hartnäckiger Sünder. Sie sollten aller kirchlichen Ehrenämter, wie des Patenamts, verlustig gehen, ja selbst vom Empfang des Abendmahls ausgeschlossen werden. Um diese Reformvorhaben zu unterstützen und zu verstärken, verfaßte Saubert zahlreiche katechetische und erbauliche Schriften. Damit wollte er vor allem die Jugendunterweisung fördern. Mit seinem 1639 in Nürnberg gedruckten „Lesebüchlein Für die kleinen Kinder"[51], das mit 22 Bildern aus der Bibel illustriert war, schuf er für die Deutsche Schule eine biblische Geschichte, die auch in den Elternhäusern Verbreitung fand. Wesentlich größere Bedeutung erlangten seine katechetischen Bemühungen durch das 1628 erstmals gedruckte Nürnberger Kinderlehrbüchlein, an dessen Erstellung er maßgeblich beteiligt gewesen ist.[52] Es erschien im Auftrag des Nürnberger Rats mit dem Titel „Enchiridion: Der kleine Catechismus: für die gemeine Pfarrherrn vnd Prediger/ Nach dem alten Exemplar D. Martini Lutheri/ Sampt angehengten Fragstücken". Es wurde verbindlich zum Gebrauch in Kirche und Schule eingeführt und hat für zwei Jahrhunderte den Gesamtkatechumenat in Nürnberg bestimmt.

---

[47] Die Rede ist gedr. in: JOHANN HELD, Pietatis et justitiae restitutio, fol. A 3r–D 3v.

[48] s. DIETER WÖLFEL, Die Evangelische Kirche, 785–786 (Lit.); eine Aufzählung der Schriften, die sich in den „Libri normales" finden, ebd. 785, Anm. 4.

[49] PHILIPP JAKOB SPENER, Pia Desideria, 53, Z. 27–28.

[50] JOHANN SAUBERT, Zuchtbüchlein, T. 1, 57.

[51] s. DOROTHEA RAMMENSEE (Bearb.), Bibliographie der Nürnberger Kinder- und Jugendbücher, Nr. 1321 u. 1322. Zur Konzeption des „Lesebüchleins" s. KLAUS LEDER, Kirche und Jugend, 200–201.

[52] Hierzu s. KLAUS LEDER, Kirche und Jugend, 167–178.

Von Sauberts Werken, die der Intensivierung der Frömmigkeit und Hebung der Sittlichkeit dienen sollten, ist besonders sein „ΔΥΩΔΕΚΑΣ. Emblematum sacrorum“ originell. Dieses vierteilige Werk, versehen mit eindrücklichen Illustrationen der beiden Künstler Michael Herr und Peter Isselburg, erschien zwischen 1625 und 1630 in Nürnberg.[53] Eines der dort wiedergegebenen Embleme[54] demonstriert dem Betrachter eindrücklich die äußerliche Kirchlichkeit mancher Gottesdienstbesucher. Unterhalb des themaandeutenden Mottos: „Der spiegel eines Maulchristens“ zeigt die Pictura (Bild) eine Kirche, die sich einem mehrstöckigen Haus gegenüber befindet. Im Vordergrund ist unter den vielen andächtigen Gottesdienstbesuchern ein Mann zu sehen, dessen Gedanken nicht bei den Worten des Predigers weilen, sondern auf verschiedene Gegenstände fixiert sind, die sich in den verschiedenen Etagen des prächtigen Gebäudes befinden. Angedeutet ist dies durch stilisierte Pfeile, die von seinem Herzen auf einzelne Objekte im Hause gerichtet sind.

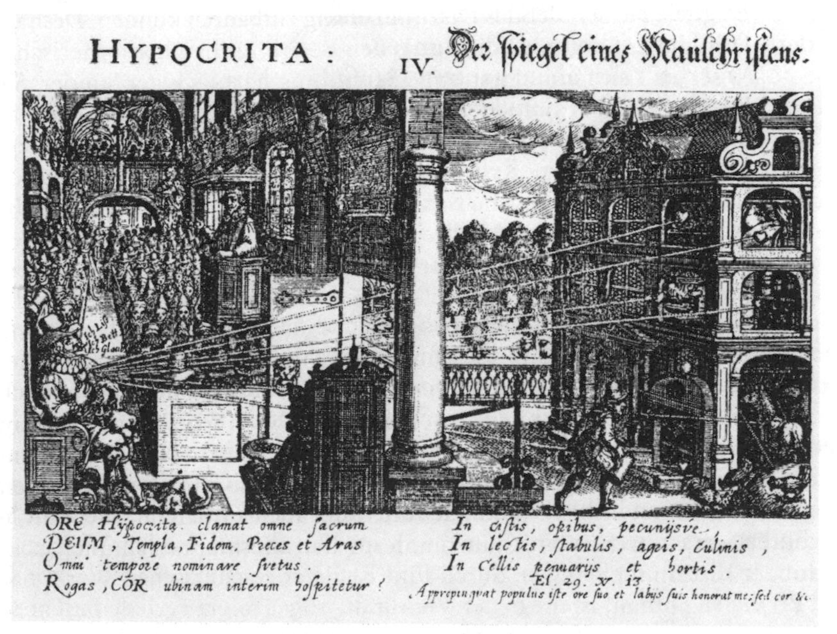

Abbildung 1. Emblematische Darstellung eines „Maulchristen“.
Aus: Johann Saubert, ΔΥΩΔΕΚΑΣ Emblematum sacrorum, Emblematisches Cabinet 6, Hildesheim 1977.

[53] s. das knappe, aber instruktive Nachwort von DIETRICH DONAT in: JOHANNES SAUBERT, ΔΥΩΔΕΚΑΣ. Emblematum sacrorum, 53*–84*.

[54] Dieses Emblem findet sich auch wiedergegeben in: JOHANNES SAUBERT, ΔΥΩΔΕΚΑΣ. Emblematum sacrorum, 8, Nr. 5. Hierzu s. HANS LEUBE, Theologen, 55–56.

Unter diesem Bild stehen folgende Verse als Subscriptio (auslegende Unterschrift):

„HOer Mensch/ wilst du genennet seyn
Ein Christ/ so laß den Namen dein
Einstimmen mit der waaren That/
Wie CHRistus dir geboten hat,
Nun aber weh der letzten Welt!
Wie ists jetzund so weit gefehlt?
Wie mancher rühmt, er sey ein Christ/
Vnd thu alles/ was löblich ist/
Er geh ind' Kirch/ sitz an seim Ort
Andächtiglich/ vnd hör das Wort/
Er bete fleissig/ vnd der Armen
Wöll er sich sonderlich erbarmen:
Doch dieses redt der blosse Mund/
Anders helt sich deß Hertzens Grund/
Das Hertz immittels fährt hinauß/
Vnd theilt sich ab im gantzen Hauß/
Ein theil in dem Geltkästlein steckt/
Ein theil sich in die Rechnung legt/
Ein theil in Kuchen/ Kellr und Betth/
Ein theil in Ställn vnd Gärten bsteht.
Pfuy dich/ ist das nicht Heucheley?
Ich frag dich/ lieber Leser/ frey."

Großen Einfluß erlangte Saubert auch durch seine Predigten, wobei bemerkenswert ist, daß er seit 1638 die emblematische Predigtweise im Gottesdienst angewandt hat.[55] Seinen Sonn- und Wochentagspredigten lagen auffallend oft Perikopen aus den Evangelien zugrunde, worin seine Visualisierungstendenz in der Verkündigung evident wird. Zwar veröffentlichte er einige Predigten, doch deren wichtigste Sammlung, „Geistliche Gemaelde Über die Sonn- und hohe Festtägliche Evangelia/ Sambt etlichen andern Predigten", erschien erst posthum 1658 im Nürnberger Verlag Wolfgang Endter. In diesem dreiteiligen, durch fünf Register erschlossenen Werk, das 183 Predigten enthält, ist die in der Verkündigung erfolgte verbale Beschreibung der Pictura durch 52 Kupferstiche ersetzt. Ermöglicht wurde die Drucklegung der „Geistlichen Gemaelde" durch die Unterstützung von Herzog August d. J. zu Braunschweig und Lüneburg. Darüber hinaus verfaßte Saubert auch einige Kirchenlieder[56], die in verschiedene Gesangbücher

---

[55] s. DIETRICH WALTER JÖNS, Predigtweise Johann Sauberts.

[56] s. DIETER WÖLFEL, Nürnberger Gesangbuchgeschichte, passim. Über Saubert als

aufgenommen wurden. Sein wohl bekanntestes Lied ist „ACh wie sehnlich wart ich der zeit".

Tatkräftig unterstützt wurde Saubert, der bereits 1646 – erst 54jährig – verstarb, von Christoph Leibnitz[57]. Dieser hatte nicht nur an der Kirchenvisitation 1626/27 mitgewirkt,[58] sondern war auch Mitverfasser des 1628 erschienenen Nürnberger Kinderlehrbüchleins. Sein besonderes Interesse galt der kirchlichen Jugendunterweisung.[59] Er beschwor die Obrigkeit, eifrig darauf zu achten, „wie doch die Kinderlehren allenthalben zu solcher genüge angerichtet vnd bestelt werden möchten, das mit Wißen ja kein Kindt, oder Junges Mensch [...] versaumet werde, oder vnberichtet bleibe".

Neben Saubert war der wesentlich konziliantere Johann Michael Dilherr[60] ein zweiter Repräsentant der reformeifrigen lutherischen Orthodoxie. Er war ebenfalls ein Bewunderer Arndts, wenn auch nicht im gleichen Maße wie Saubert.[61] 1604 in Themar bei Hildburghausen als Sohn eines Kammerprokurators und Rechtskonsulenten geboren, studierte Dilherr nach dem Besuch des Gymnasiums in Schleusingen ab 1623 in Leipzig. Als er aus finanziellen Gründen sein Studium abbrechen mußte, ging er als Hofmeister an die Universitäten Wittenberg und Altdorf, wo er 1629 zum Poeta laureatus kreiert wurde. Ab 1629 studierte er dann Theologie und Philosophie in Jena, wo Johann Gerhard sein entscheidender theologischer Lehrer war. Hier wurde er 1631 ordentlicher Professor der Eloquenz und erhielt 1634/35 außerdem die ordentliche Professur für Geschichte und Dichtkunst sowie 1637 noch die außerordentliche für Theologie. 1640 wurde er Gerhards Nachfolger und hielt öffentliche und private Kollegien. Als akademischer Lehrer scheint er sehr beliebt gewesen zu sein.

Kirchenliederdichter s. GG, 2. Aufl., Bd. 3, 188–189, Nr. 155; JOHANN CASPAR WETZEL, Hymnopoeographia, T. 3, 16–20. Lieder von Saubert finden sich gedr. in: ALBERT FISCHER u. WILHELM TÜMPEL, Kirchenlied, Bd. 3, 174–182; das folgende Lied ebd., Nr. 231.

57 Zu Leibnitz s. DBA 750, 301–307; MATTHIAS SIMON, Nürnbergisches Pfarrerbuch, Nr. 737 (Lit.).

58 s. KLAUS LEDER, Kirche und Jugend, 158–167.

59 s. seine handschriftliche „Deductionsschrifft" (StadtB Nürnberg, Amb 298 2°), die er 1624 auf Verlangen der Obrigkeit erstellt hat; das folgende Zitat ebd., fol. 140. Vgl. KLAUS LEDER, Kirche und Jugend, 153–158.

60 Zu Dilherr s. DBA 239, 4–67; 1427, 317; DBA NF 274, 438–441; ADB 5, 225; NDB 3, 717–718; BBKL 1, Sp. 1303–1304; vgl. GERHARD SCHRÖTTEL, Dilherr und die vorpietistische Kirchenreform; DERS., Dilherr; MATTHIAS SIMON, Nürnbergisches Pfarrerbuch, Nr. 236 (Lit.).

61 Vgl. GERHARD SCHRÖTTEL, Dilherr und die vorpietistische Kirchenreform, 18: „Immer wieder hebt Dilherr Arndt lobend hervor, zitiert ihn häufig und stellt sich ausdrücklich hinter seine Gedanken von Kirchenzucht und echter Herzensfrömmigkeit".

Als er im Frühjahr 1642 besuchsweise in Nürnberg weilte, erfolgte wegen einer Predigt in St. Lorenz und einer kurzen programmatischen „Oratio de recta liberorum educatione" im großen Saal des Augustinerklosters seine Berufung als Rektor des einst von Melanchthon angeregten Gymnasiums Aegidianum, als Inspektor sämtlicher Stadtschulen sowie als Professor an dem neu zu errichtenden hochschulähnlichen Auditorium Aegidianum; schließlich wurde ihm auch noch die nächste frei werdende Predigerstelle zugesichert. Er folgte dem Ruf und stand somit seit 1642 in den Diensten der Reichsstadt. Als Nachfolger Sauberts wirkte er dann seit 1646 bis zu seinem Tod 1669 als Hauptprediger an St. Sebald und Antistes des Predigerministeriums. Seine weitgespannten Tätigkeitsfelder umfaßten: Unterweisung im Auditorium, Predigttätigkeit in St. Sebald und Seelsorge in seiner Parochie, Leitung des Geistlichen Ministeriums sowie des Schul- und Kirchenwesens, Verwaltung und Ausbau der Stadtbibliothek sowie Gutachtertätigkeit für den Magistrat.

Intensiv bemühte sich Dilherr um eine Hebung der Sittlichkeit in Kirche und Gesellschaft, wobei er sich vor allem des Instrumentariums der Kirchenzucht bediente. Zu den von ihm angewandten Maßnahmen gehörten: Verweigerung der Absolution, Nichtzulassung zum Abendmahl, Einschränkung der Rechte des Getauften wie Übernahme eines Patenamts oder Teilnahme an Kindstaufen, Hochzeiten und Leichenbegängnissen sowie öffentliche Buße vor der Kirchentür während des Gottesdienstes. Mit diesen harten Maßnahmen stieß er vielfach auf Kritik und teilweise auf Ablehnung, nicht zuletzt auch beim Rat der Stadt.

Sodann lag Dilherr eine Reform des Pfarramts am Herzen. Hier ging es ihm vor allem um eine Optimierung der Aus- und Weiterbildung der Pfarrer. Aufgrund seiner Initiative wurde 1666 in Nürnberg das erste Predigerseminar in Franken errichtet, das spätere Seminarium Candidatorum; seine Inspektion lag in den Händen des jeweiligen Predigers von St. Lorenz.[62]

Ferner engagierte sich Dilherr auf pädagogischem Gebiet. Er hoffte, durch eine bessere christliche Erziehung die sittlichen Schäden seiner Zeit – vor allem die des Dreißigjährigen Kriegs – beheben zu können. Davon ausgehend, daß die Eltern dafür die Verantwortung tragen, daß die Heranwachsenden christliche Persönlichkeiten werden, gab er ihnen zahlreiche konkrete Anweisungen. So riet er Schwangeren aus Rücksicht auf das zu erwartende Kind von jeglichem Weinkonsum ab und forderte, daß Mütter ihre Kinder selbst stillen; bei der Auswahl der Hausangestellten sollte mit großer Gewissenhaftigkeit verfahren werden, damit die Heranwachsenden vor schädlichen Einflüssen bewahrt würden.

---

[62] s. GERHARD SCHRÖTTEL, Dilherr und die vorpietistische Kirchenreform, 75–76.

Abbildung 2. Johann Michael Dilherr (1604–1669).
Kupferstich von Jacob von Sandrart nach einem Gemälde Georg Strauchs (1656).
Landeskirchliches Archiv Nürnberg.

Schließlich war Dilherr literarisch ungemein produktiv.[63] Er verfaßte Predigtsammlungen, Erbauungsschriften[64] und pädagogische Werke.[65] Seine Bücher stattete er insgesamt mit etwa 500 devotionalen Emblemen aus[66]; deshalb ist er auch für die Emblemliteratur des 17. Jahrhunderts von großer Bedeutung. Daneben erwarb er sich große Verdienste um das geistliche Liedgut.[67] Er dichtete zahlreiche Kirchenlieder, von denen nicht wenige in damaligen Gesangbüchern Aufnahme fanden, u. a. in dem Nürnberger Gesangbuch von 1677.[68] Zu einigen seiner Lieder komponierte er auch die Melodien.[69] Darüber hinaus betätigte er sich als Herausgeber mehrerer Gesangbücher und als Autor von Vorreden zu Liedersammlungen anderer Verfasser.

Ferner trat Dilherr als Herausgeber englischer Erbauungsliteratur hervor.[70] Abgesehen von einem anonymen erbaulichen Traktat[71], der mit seiner Vorrede 1665 in dem Nürnberger Verlag Endter erschien, wurde vor allem Sonthoms Schrift „Gülden Kleinod der Kinder Gottes“ bedeutend, die er 1657 im selben Verlag herausgab und die bis 1733 acht Auflagen erlebte.[72] Rezeptionsgeschichtlich ist diese Ausgabe deshalb wichtig, weil Dilherr auch dieses Erbauungsbuch, das übrigens bereits 1641 und 1647 in Nürnberg gedruckt worden war, mit einem instruktiven Vorwort versehen hat. Darin versicherte er, man könne diese Schrift in der jetzigen purifizierten Fassung ohne Skrupel lesen; auch wies er darauf hin, daß ihr Verfasser ausschließlich eine Umsetzung des christlichen Glaubens ins Leben intendiere. „Dieweil man aber/ bey gnugsamer Wissenschafft der Christlichen Religion/ dennoch

---

63 Bei GERHARD DÜNNHAUPT, Personalbibliographien, T. 2, 1256–1367 sind 467 Titel genannt.

64 Hierzu s. CONSTANTIN GROSSE (Hg.), Die Alten Tröster, 302–306.

65 Hierzu s. DOROTHEA RAMMENSEE (Bearb.), Bibliographie der Nürnberger Kinder- und Jugendbücher, Nr. 376.

66 s. u. a. JOHANN MICHAEL DILHERR u. GEORG PHILIPP HARSDÖRFFER, Sinne-bilder, 1*–28* (Nachwort von DIETMAR PEIL); DIETMAR PEIL, Emblematik, 9–45; WILLARD JAMES WIETFELDT, Emblem Literature .

67 Über Dilherr als Liederdichter s. GG, 2. Aufl., Bd. 3, 179, Nr. 109; JOHANN CASPAR WETZEL, Hymnopoeographia, T. 1, 173–180. Lieder von Dilherr gedr. in: ALBERT FISCHER u. WILHELM TÜMPEL, Kirchenlied, Bd. 5, 167–177.

68 Hierzu und zum Folgenden s. DIETER WÖLFEL, Nürnberger Gesangbuchgeschichte, passim.

69 s. KÄTE LORENZEN, Dilherr.

70 EDGAR C. MCKENZIE, Catalog, Nr. 27, 1270, 1271, 1273, 1282, 1285, 1287, 1291, 1296.

71 s. EDGAR C. MCKENZIE, Catalog, Nr. 27; englische Vorlage unbekannt.

72 Hierzu und zum Folgenden s. UDO STRÄTER, Sonthom, 9–10, 21, 50–51, 53–55, 75–76. Bei der 1657 erschienenen deutschen Ausgabe handelte es sich übrigens nicht um die erste deutsche Übersetzung; es waren bereits mehrere andere deutsche Editionen vorangegangen.

unchristlich lebt/ und damit verursachet daß der Name Gottes/ bey den unchristen/ verlästert wird: So hat er/ mit überausbeweglichen Gründen/ dargethan: wie angelegen die Vermeidung der schändlichen Laster/ und die Ubung der Christlichen Tugenden/ einem ieglichen/ der da glaubet/ und begehret seelig zu werden/ seyn müsse."[73] Bedeutsam ist ebenfalls, daß Dilherr dieser 1657 erschienenen Ausgabe von Sonthoms „Gülden Kleinod der Kinder Gottes" erstmals neben dem kürzeren Traktat „Ein edles Büchlein/ Von der innerlichen Geistlichen Hoffart" auch „Das Gespräch deß Hertzens/ Oder: Das eiferige Gebet/ welches aus geistlichen Betrachtungen veranlasst in dem Sinne/ sonder Rede/ zu Gott geschickt wird", eine Einführung in die Meditationspraxis, angefügt hat, was in den folgenden Ausgaben beibehalten wurde.

1682 gab Dilherr bei dem Nürnberger Verleger Endter eine mit zahlreichen Kupfern versehene Bibel[74] heraus. Ihr hatte er ein Summarium von Saubert beigegeben und eine Vorrede verfaßt. 1685 erschien eine verbesserte Ausgabe[75], die mit anderen Kupfern ausgestattet war; davon folgten weitere Ausgaben.

Mit Recht hat man konstatiert, daß der gebildete, einflußreiche, selbstbewußte und wohlhabende Dilherr, der mit zahlreichen bedeutenden Persönlichkeiten, u. a. mit Spener[76], in Korrespondenz stand, „Nürnberg zu einer Hochburg der kirchlichen Reform im süddeutschen Raum gemacht"[77] hat.

Unterstützung fand Dilherr bei einigen Pfarrern, so bei Johann Georg Treu[78], der ein verinnerlichtes Christentum propagierte. Dieser gebürtige Heilsbronner hatte seit 1627 verschiedene Pfarreien in der Markgrafschaft Brandenburg-Ansbach inne. 1645 trat er dann in den Nürnberger Kirchendienst und wirkte in mehreren Gemeinden in der Landschaft. Während des Dreißigjährigen Krieges erlitt er „Plünderungen, Mishandlungen, Verwundungen, Hungersnoth, Pest, und alle nur möglichen Plagen"[79]. Infolge eines Schlaganfalls mußte er im September 1669 sein Pfarramt in Kirchensittenbach aufgeben; er verzog nach Nürnberg, wo er bereits ein viertel Jahr später verstarb. Treu war mit dem Schrifttum Arndts bestens vertraut und schätzte es sehr.[80] Etwa 1646 begann er, von einflußreichen Persönlichkeiten dazu

---

[73] JOHANN MICHAEL DILHERR (Hg.), Gülden Kleinod der Kinder Gottes, Vorrede, unpaginiert.

[74] s. Deutsche Bibeldrucke, E 887.

[75] s. Deutsche Bibeldrucke, E 907.

[76] s. Kap. II, 59–60.

[77] GERHARD SCHRÖTTEL, Dilherr, 150.

[78] Zu Treu s. DBA 1283, 342–346 u. 1284, 181; MATTHIAS SIMON, Nürnbergisches Pfarrerbuch, Nr. 1428. Vgl. JOHANN FRIEDRICH STOY, Trew.

[79] GEORG ANDREAS WILL, Bibliotheca Norica, Bd. 4, 65.

[80] s. RICHARD VAN DÜLMEN, Orthodoxie und Kirchenreform, 722: „Die Frömmigkeits-

ermuntert[81], zu einzelnen Arndtschriften Bibelstellenverzeichnisse sowie Sach- und Stichwortregister zu erarbeiten. Durch diese Indizes wollte er die Schriftauslegung Arndts für die Predigt und vor allem für die private Bibellektüre fruchtbar machen. Anhand dieser Register, deren Drucklegung von Anbeginn geplant war, sollte „ein jeglicher Christ [...] so offt er in der Bibel liset", entnehmen können, „was vor Lehr, Vermahnung oder Trost" man nach Arndt aus einem bestimmten Vers oder Kapitel der Bibel ziehen könne.[82] Er fing seine Arbeit mit der Erstellung von Verzeichnissen von Arndts „Postille" über die Evangelien an; später folgten die zu den „Katechismuspredigten" und die zur „Auslegung des ganzen Psalters David" sowie die zu den „Vier Bänden vom wahren Christentum".

Erste literarische Frucht dieser entsagungsvollen Registrierarbeiten war sein 1647 in Nürnberg gedrucktes Werk „Adam und Christus", das er dem Wismarer Superindententen Michael Ludwig[83], einem Arndtverehrer, dedizierte. In der Widmungsvorrede ging er auf die Veranlassung dieser Schrift und auf sein methodisches Vorgehen bei der Indizierung der Arndtschriften ein. Bei dem Werk selbst handelt es sich um eine erbauliche, mit Zitaten aus Arndts „Postille über die Evangelien" versehene Paraphrase des matthäischen Passionsberichts, und zwar vom Verhör vor dem Hohen Rat bis zur Kreuzigung (Mt 26, 57–27, 35).

Im Jahr 1649 publizierte Treu seine „Praxis Biblica Arndiana", mit der er nochmals auf die Bedeutsamkeit einer Erschließung des Arndtschen Schrifttums durch Bibelstellen- und Sachregister hinweisen wollte. Um dies zu exemplifizieren, versah er im Anhang dieser Schrift einzelne Verse des ersten Kapitels der Genesis mit entsprechenden Zitaten aus Arndts „Postille über die Evangelien". Hierbei berücksichtigte er die beiden Jenaer Ausgaben von 1616 und 1620, die Frankfurter Ausgabe von 1643 und die Lüneburger von 1645. Nach seinen eigenen Angaben veröffentlichte er 1649 in Jena auch noch ein Bibelstellenverzeichnis zu Arndts „Wahrem Christentum" samt Benutzungshinweisen.[84]

---

bewegung, die Arndt ausgelöst hatte, fand in Nürnberg auch nach Sauberts Tod Anhänger, so vor allem in Dilherr, dessen Helfer Georg Trew."

[81] s. z. B. JOHANN GEORG TREU, Adam und Christus, 10: „Endlich ist von etlichen vornemen Personen [...] diese Arbeit mir, als dem Geringsten und Wenigsten, angesonnen worden."

[82] JOHANN GEORG TREU, Adam und Christus, 12.

[83] Zu Ludwig s. DBA 787, 276–283 u. DBA NF 836, 201–204.

[84] s. JOHANN GEORG TREU, Krieg, VIr.: „Arndtischen Bibel-Register über die vier Bücher vom wahren Christentum erster Theil, darinnen alle Sprüche H. Schrift, so in diesen Büchern angezogen und erkläret werden, nach Ordnung der Bücher in der Bibel und derselben Capitul und Versicul mit Fleiß zusammen getragen, und auf die zu Leipzig

Als Treu dann Indizes von den wichtigsten Arndtschriften erstellt hatte, fand sich kein Verleger für dieses Manuskript.[85] Um zu zeigen, wie hilfreich eine solche Arndtkonkordanz für die Bibellektüre sein könnte, veröffentlichte er 1656 seine Erbauungsschrift „Gläubiger Christen Gefährlicher Krieg und Glücklicher Sieg in dieser Welt". Darin legte er das Josuabuch, „ein Spiegel unserer Pilgramschafft auf Erden, wie es uns gehet, und wie manchen harten Stand wir ausstehen müssen, ehe denn wir in unser gelobtes und hocherwünschtes Vatterland, deß Himmelreichs gelangen"[86], anhand von Arndtzitaten aus. Allerdings benutzte er daneben auch noch Friedrich Balduins „Gründliche Erklerung der Geist- und Lehrreichen Historien des Buchs Josua". Im Vorwort, von Dilherr verfaßt, werden die „herrlichen und Geistreichen Schrifften des hochverdienten Manns Gottes, Johann Arnds, Welche vielmehr Safft und Krafft in sich haben, als vieler anderer fleischlich gelehrten und allamodisch-klugen [modisch klug] Leut ihre allerzierlichste, und mit überwitziger Kunst angefüllete Bücher"[87], gerühmt. Er äußerte die Hoffnung, Treu schöpfe Mut „die werthe [n] Schrifften Herrn Arnds alle, auf solche Weise, auszukörnen, und seinem heilshungerichen Nechsten mitzutheilen".

b) Die hohenzollerischen Territorien Frankens

In den fränkischen Territorien der Hohenzollern, seit 1603 in die Markgrafschaften Brandenburg-Ansbach und Brandenburg-Culmbach (Bayreuth) geteilt, gewannen reformerische Kräfte vor allem im letzteren Fürstentum größere Bedeutung. In der Markgrafschaft Brandenburg-Ansbach waren es dagegen eigentlich nur zwei Theologen, Heinrich von der Lith[88] und Johann Christoph Meelführer[89], die in ihrem Sinne wirkten und nennenswerteren Einfluß erlangten. Von der Lith amtierte von 1676 bis zu seinem Tod 1682 in der Residenzstadt Ansbach zunächst als Pfarrer und Hofprediger und dann als Konsistorialrat. Meelführer war von 1673 bis 1708 Dekan in der markgräflichen Stadt Schwabach. Da aber beide Beziehungen zu Spener hatten und offensichtlich bereit waren, sich dessen Reformprogramm zumindest partiell zu eigen zu machen, wird später auf sie eingegangen.

Anno 1648 in 8. gedruckte Edition gerichtet, und zum Druck befördert bey Georg Sengenwald"; ein Exemplar mit diesem Titel ließ sich nicht ermitteln.

[85] s. JOHANN GEORG TREU, Krieg, VIr–v.

[86] Johann Georg Treu, Krieg, 1.

[87] JOHANN GEORG TREU, Krieg, Vorrede von Johann Michael Dilherr, datiert vom 19. August 1656, unpaginiert; folgendes Zitat ebd.

[88] Zu Lith s. Kap. II, 67.

[89] Zu Meelführer s. Kap. II, 67–68.

Wesentlich stärker als in Brandenburg-Ansbach machten sich reformerische Kräfte in der Markgrafschaft Brandenburg-Culmbach (Bayreuth) bemerkbar. In der markgräflichen Residenzstadt Kulmbach engagierte sich Generalsuperintendent Christoph Althofer[90] für einen Wiederaufbau des durch die jahrzehntelangen Kriegswirren verfallenen kirchlichen Lebens. Dieser 1606 in Hersbruck geborene Sohn eines Bierbrauers studierte Theologie in Altdorf, Wittenberg, Leipzig und vor allem in Jena, wo er sich besonders Johann Gerhard anschloß. 1629 erhielt Althofer, ein „γνησιος Gerhardinus"[91] einen Ruf als Theologieprofessor an die sechs Jahre zuvor zur Universität erhobene Akademie Altdorf und trat gleichzeitig als Diaconus in den Nürnberger Kirchendienst. Wegen Mißständen beim lutherischen Beichtwesen legte er 1637 aus Gewissensgründen sein kirchliches Amt nieder, behielt jedoch die Professur. 1644 berief ihn Markgraf Christian[92] als Generalsuperintendent und Kirchenrat nach Kulmbach, um das im Fürstentum daniederliegende kirchliche Leben zu erneuern.

Althofer ging es vor allem um eine Hebung des Predigerstands. Deshalb hielt er für die Pfarrer seines Dekanats Synoden ab.[93] Vorab legte er ihnen jedoch Fragenkataloge vor, um genauere Informationen über ihre theologische Weiterbildung, die Führung ihres Pfarramts sowie über Schwierigkeiten in ihren Gemeinden zu erhalten. Um aber auch Pfarrer anderer Dekanate zu fördern, setzte er von Zeit zu Zeit größere Konferenzen an. Auf diesen Zusammenkünften disputierte man über exegetische und dogmatische Themen; die Ergebnisse wurden mit markgräflicher Unterstützung auch publiziert.

Außer für den Pfarrerstand trug er für die Gemeinden Sorge. Bei ihnen drang er nicht zuletzt mittels Kirchenzuchtsmaßnahmen auf Erneuerung des christlichen Lebens. Hiervon nahm er auch seine eigene Familie nicht aus. Als seine ledige Tochter Maria Magdalena schwanger wurde, mußte sie – wie alle anderen – öffentliche Kirchenbuße tun.

Ein besonderes Anliegen war ihm die Steigerung des Gottesdienstbesuchs. Deshalb drang er sehr auf Einhaltung der Sonntagsheiligung, Abschaffung der Kirchweihfeste und Verlegung der Sonntagsmärkte auf Werktage. Für dieses Ansinnen hatten jedoch weder Markgraf Christian noch das Konsistorium Verständnis. In einem Reskript vom 3. Mai 1655, wenige Wochen vor

---

[90] Zu Althofer s. DBA 18, 16–22 u. 1422, 289; DBA NF 24, 79; ADB 1, 367; MATTHIAS SIMON, Bayreuthisches Pfarrerbuch, Nr. 20 (Lit.).

[91] FRIEDRICH AUGUST THOLUCK, Die akademische Geschichte, 27. Tholuck wählte bei der näheren Charakterisierung Althofers als „echten Gerhardianer" wohl nicht ohne Bedacht die griechische bzw. lateinische Formulierung im Anklang an das Epitheton „Gnesiolutheraner".

[92] Zu Christian, Markgraf von Brandenburg-Bayreuth vgl. Europ. Stammtaf. NF, Bd. I, 1, Tafel 140.

[93] Hierzu und zum Folgenden s. LORENZ KRAUSSOLD, Geschichte, 248–250.

dem Tod des Markgrafen, wurde dieses Ansuchen abgelehnt, da der Sonntag „auch ohne Jahrmärkte entheiligt und der Unrath bei den Zusammenkünften der Leute verschiedener Herrschaften und Stände, wenn er nicht am Sonntag geschieht, doch damit nicht auch für die andern Tage verhindert ist".[94] In diesem Schreiben wurde auch seiner rigorosen Handhabung der Kirchenzucht eine Absage erteilt; denn „die öffentliche Kirchenbuß sei nicht eine Sache der Nothwendigkeit und Seligkeit, als ob Niemand wahre Buße thun könnte, noch Vergebung der Sünde bei Gott erlangen ohne solch öffentlich Bekenntniß, Abbitte und Wiederaufnahme"[95]. Daraufhin verfaßte Althofer im August eine Eingabe an das Konsistorium, in der er gegen die verfälschte Wiedergabe seiner Anliegen Front machte und sie richtig zu stellen versuchte. Darüber hinaus bemühte er sich auch um die Förderung des höheren Schulwesens. Zwischen 1645 und 1648 setzte er sich sehr für die Errichtung einer Universität mit vier Fakultäten in Kulmbach ein und arbeitete einen Plan dafür aus.[96] Dieses Vorhaben scheiterte jedoch an der schlechten Finanzlage der Markgrafschaft und wegen der Kriegswirren.

Während es also Althofer vor allem um kirchliche und gemeindliche Reformen ging, intendierte der Theologe, Schriftsteller und Dichter Heinrich Arnold Stockfleth[97] vor allem eine verinnerlichte Frömmigkeit. Er wurde 1643 in Hannover als Sohn eines Juristen geboren und studierte nach dem Besuch des Ansbacher Gymnasiums an der Universität Altdorf Theologie. 1668 trat er in den kirchlichen Dienst der Markgrafschaft Brandenburg-Bayreuth und wurde zunächst Pfarrer in Equarhofen sowie in der Kirche Frauental und ein Jahr später Pfarrer und Superintendent in der Amtsstadt Baiersdorf; ab 1674 versah er daneben das Amt eines markgräflichen Feld-, Hof- und Reisepredigers. Seit 1679 erhielt er zusätzlich noch die große Superintendentur von Neustadt an der Aisch, wo er seinen Amtssitz nehmen mußte. 1683 wurde er wegen Mißhelligkeiten auf die weniger einträgliche Superintendentur Münchberg versetzt. Im Auftrag des Markgrafen unternahm er – inzwischen zum Kirchenrat ernannt – 1696 eine sechsmonatige Reise nach Hamburg, Stockholm und Uppsala, um Anregungen für eine Verbesserung des kirchlichen Lebens zu erhalten. In die Heimat zurückgekehrt, wurde er noch im selben Jahr zum Generalsuperintendenten und Direktor des Christian-Ernst-Gymnasiums in Bayreuth ernannt, residierte aber bis zu seinem Lebensende unter Beibehaltung der Spezialsuperintendentur in Münchberg.

---

[94] Zitiert nach LORENZ KRAUSSOLD, Geschichte, 258.

[95] Zitiert nach LORENZ KRAUSSOLD, Geschichte, 259.

[96] Hierzu und zum Folgenden s. FRANZ PIETSCH, Geschichte, bes. 256–260.

[97] Zu Stockfleth s. DBA 1230, 225–232; DBA NF 1269, 246–247; ADB 36, 286; BBKL 10, Sp. 1494–1500; MATTHIAS SIMON, Bayreuthisches Pfarrerbuch, Nr. 2446.

Stockfleth versuchte die Beeinträchtigungen und Schäden des kirchlichen, gesellschaftlichen und familiären Lebens aufzudecken und zu überwinden. Diesem Ziel wollten auch seine literarischen Werke dienen.[98] Bereits im Jahr 1677, während seiner Baiersdorfer Wirksamkeit, veröffentlichte er in Sulzbach sein zweiteiliges Erbauungsbuch „Sonntägliche Andachts-Stunden betitult: Die Hütte-Gottes bey den Menschen", in dem er auf eine verinnerlichte Frömmigkeit drang. 1698 erschien ein weiteres Erbauungsbuch mit dem Titel „Tägliche Haußkirche Oder Morgen- und Abend-Opffer." Darin finden sich morgendliche und abendliche Hausandachten für alle Wochentage, bestehend aus Bibelversen, Liedern, Gebeten und kurzen Auslegungen. Beigegeben ist eine Anleitung „zur Morgen- und Abend-Andacht/ wie solche ein Christlicher Hausvatter oder Hausmutter/ mit seinen Kindern und Gesinde/ täglich/ wann sie sich zum Gebeth versammlet haben/ anstellen soll"[99].

1683 ließ Stockfleth in Neustadt an der Aisch eine Bibel[100] drucken, die erste der Markgrafschaft Brandenburg-Bayreuth. Dieser reich illustrierten Bibelausgabe, die noch fünf weitere Auflagen erlebte[101], hatte er außer seiner Vorrede als Anhang noch eine „Anleitung zur täglichen Hauskirchen" mit Bibelleseplan für das ganze Jahr beigegeben. Ob die kurzen Summarien auch aus seiner Feder stammen, ist ungewiß. Gewidmet hatte sie der Nürnberger Verleger Johann Hoffmann Markgraf Christian Ernst[102] und Markgräfin Sophie Luise[103], geborene Prinzessin von Württemberg.

1690 erschien in Kulmbach das von Stockfleth herausgegebene „Neu verbesserte Marggräflich-Brandenburgische Gesangbuch"[104]. Darin waren die alten Lieder in der Weise der Nürnberger Pegnitz-Schäfer umgedichtet, um sie so den formalen Anforderungen und dem Bildgebrauch der damals zeitgemäßen barocken Kunstdichtung anzupassen. 66 Lieder hatte er beigesteuert, wobei es sich teils um eigene Dichtungen, teils um Umarbeitungen von Vorlagen im barocken Stil handelte. Beigegeben war dem Gesangbuch

---

98 Eine Bibliographie findet sich in: HEINRICH ARNOLD STOCKFLETH, Macarie, 23*–33*.

99 HEINRICH ARNOLD STOCKFLETH, Haußkirche, 1–49; hier 1.

100 s. Deutsche Bibeldrucke, E 894.

101 s. Deutsche Bibeldrucke, E 913, E 933, E 946, E 955, E 1011.

102 Zu Christian Ernst, Markgraf von Brandenburg-Bayreuth s. Europ. Stammtaf. NF, Bd. I, 1, Tafel 140. Vgl. DBA 189, 67–83; DBA NF 225, 105–152; ADB 4, 159–162; NDB 3, 225; RUDOLF ENDRES, Christian Ernst von Bayreuth; OTTO VEH, Christian Ernst von Bayreuth.

103 Zu Sophie Luise, Markgräfin von Brandenburg-Bayreuth s. Das Haus Württemberg, 160; Europ. Stammtaf. NF, Bd. I, 1, Tafel 140.

104 Abgesehen von Titelblatt und Vorwort ist es druckgleich mit dem zuvor – ebenfalls 1690 – in Münchberg erschienenen Liederbuch: „Neu-qvellender Brunn Israëls/ Oder: Neu- verbessertes Gesang- und Gebeth-Buch auch Sonntägl. Andachts-Anleitung mit Etzlichen neuen Compositionen der alten und genauen Correctionen etzlicher neuen Lieder". Vgl. GG, 2. Aufl., Bd. 3, 291– 292, Nr. 29; E. C. VON HAGEN, Nachrichten, 74; VOLKER MEID, Bibliographie [Stockfleth], 28; INGEBORG RÖBBELEN, Theologie, 23.

am Schluß noch eine „Anleitung Wie Ein andächtiger Christ seine Sonntags-Andacht/ Unter währendem Gottesdienst/ in der Kirchen/ sonderlich Bey Austheilung des Heil. Abendmahls/ Wann er gleich nicht selbst mit communiciret/ dennoch halten und fortsetzen kan". Wegen dieses Reformgesangbuchs kam es zwischen Stockfleth und dem streng orthodox gesinnten Generalsuperintendenten Johann Jakob Steinhofer[105] zu einer heftigen Kontroverse. Letzterer hatte 1688 das Brandenburg-Bayreuthische Gesangbuch unter dem Titel „Feld-Geschrey der Kinder Gottes" [Jos 6, 20] herausgegeben und sah daher in dem neuerschienenen Gesangbuch Stockfleths mit Recht ein Konkurrenzunternehmen.[106] Er kritisierte darüber hinaus, daß das Reformgesangbuch ohne Zensur und Genehmigung gedruckt worden sei. Als er Stockfleth in seiner gedruckten Synodalrede „Virga exactoris confracta" wegen dessen Forderung nach einer unbedingten Präsenz aller Gottesdienstbesucher bei der Abendmahlsfeier als Angriff auf die evangelische Freiheit scharf attakierte, antwortete dieser 1691 mit einer Gegenschrift „Virga pastoralis". Darüber hinaus erbat Stockfleth noch Gutachten über seine „Anleitung" von den Theologischen Fakultäten von Leipzig und Jena. Während erstere die Teilnahme am gesamten Gottesdienst auch bei Nichtkommunion für wesentlich hielt, erklärte letztere sie für ein Adiaphoron. Um die Auseinandersetzung nicht noch weiter eskalieren zu lassen, befahl der Markgraf die Kontroverse beizulegen und ließ die gedruckten Streitschriften konfiszieren. Der Gebrauch von Stockfleths Reformgesangbuch, das zunächst mit fürstlicher Genehmigung offiziell in den Gottesdiensten eingeführt worden war, wurde nun obrigkeitlich untersagt.

Stockfleth machte sich aber nicht nur als Herausgeber, sondern auch als geistlicher Dichter einen Namen.[107] Aus seiner Feder stammen 224 Lieder und Gedichte. Zu seinen bekanntesten Schöpfungen zählt das 1690 verfaßte Lied: „Wunder- Anfang, herrlichs Ende", das in zahlreiche Gesangbücher Eingang fand. Inhaltlich liegt dem Lied die Betrachtung des Rostocker Theologen Heinrich Müller „Von GOttes wunderbarer Regierung im Creutz" aus seinen „Geistlichen Erquickstunden" zugrunde.[108]

---

[105] Zu Steinhofer s. DBA 1220, 2–10; DBA NF 1260, 172; MATTHIAS SIMON, Bayreuthisches Pfarrerbuch, Nr. 2427.

[106] Über Steinhofer als Liederdichter s. JOHANN CASPAR WETZEL, Hymnopoeographia, T. 3, 255–258. Über Steinhofers wiederholt aufgelegtes Gesangbuch „Feld- Geschrey der Kinder Gottes", das vier Lieder von ihm enthält, s. E. C. VON HAGEN, Nachrichten, 74; HERMANN SCHICK, Feld- Geschrey. Lieder von Steinhofer sind gedr. in: ALBERT FISCHER u. WILHELM TÜMPEL, Kirchenlied, Bd. 5, 231–233.

[107] Zu Stockfleth als Kirchenliederdichter s. JOHANN CASPAR WETZEL, Hymnopoeographia, T. 3, 263–264; GG, 2. Aufl., Bd. 3, 291–292, Nr. 29. Lieder von Stockfleth gedr. in: ALBERT FISCHER und WILHELM TÜMPEL, Kirchenlied, Bd. 5, 139–144.

[108] s. HEINRICH MÜLLER, Geistliche Erquickstunden, 579–581, Nr. 280; Stockfleths Lied ist gedr. in: ALBERT FISCHER u. WILHELM TÜMPEL, Kirchenlied, Bd. 5, 142–143, Nr. 162.

Nicht unerwähnt sei, daß Stockfleth auch der Verfasser einer der bedeutenden Barockromane ist. 1668 waren er und seine spätere Frau Maria Katharina, geborene Frisch, verwitwete Hedin[109], in Nürnberg von seinem Freund Sigmund von Birken unter den Dichternamen „Dorus" (Wolgemut) und „Dorilis" (Vergißmeinnicht) in den Pegnesischen Blumenorden aufgenommen worden. Bereits ein Jahr später publizierte er unter seinem Dichternamen den ersten Teil des Schäferromans „Die Kunst- und Tugend-gezierte Macarie". Allerdings hat seine Frau Maria Katharina daran wesentlich mitgearbeitet, was zunächst lediglich vermutet[110] wurde, nun aber nachgewiesen ist[111]. Der zweite Teil nennt dann im Titel die „gekrönte Blumgenoß-Schäferin Dorilis" korrekt als alleinige Verfasserin.

c) Das Fürstentum Coburg

Die Residenzstadt Coburg war in der ersten Hälfte des 17. Jahrhunderts für einige Jahrzehnte ein kleiner Hort lutherischer Orthodoxie mit reger Reformtätigkeit. Bevor auf den Theologen Johann Matthäus Meyfart und dessen Freund Andreas Keßler eingegangen wird, sei daran erinnert, daß Johann Gerhard[112], der „Klassiker der Orthodoxie"[113], für kurze Zeit hier gewirkt hat. Gerhard, gleichfalls von Arndt beeinflußt, war 1606 von Herzog Johann Kasimir von Sachsen-Coburg – obgleich erst 24 Jahre alt – zum Superintendenten in dem unweit von Coburg gelegenen Heldburg ernannt worden. Gleichzeitig war er in Coburg Assessor am Konsistorium, hielt Vorlesungen am akademischen Gymnasium und führte dort einmal monatlich Disputationen durch. Von Juli bis November 1613 leitete er auch die große Landesvisitation[114] in den fränkischen und thüringischen Gebieten des Fürstentums und wirkte von Februar 1615 bis 1616 in Coburg als Generalsuperintendent. Während dieser Zeit erstellte er eine neue Kirchenordnung, die er im wesentlichen abschließen konnte, bevor er in Jena eine theologische Professur übernahm.[115] In Coburg befaßte er sich neben anderen literarischen Arbeiten mit der Herausgabe seiner „Loci theologici", die er schon in Heldburg begonnen hatte und in Jena mit dem neunten Band abschloß.

---

[109] Zu Stockfleth, Maria Katharina s. DBA 1230, 233–238; ADB 36, 287.
[110] s. JOHANN HERDEGEN, Nachricht, 340.
[111] s. Vorwort von VOLKER MEID zu Heinrich Arnold Stockfleth, Macarie, 20*–22*.
[112] Zu Gerhard s. DBA 383, 12–26; DBA NF 440, 340–358; ADB 8, 767–771; NDB 6, 281; BBKL 2, Sp. 215–216.
[113] JÖRG BAUR, Gerhard, 99.
[114] Hierzu s. GEORG CARL BERNHARD BERBIG, Gerhards Visitationswerk.
[115] Diese Coburger Kirchenordnung erschien 1616 im Druck.

Von großer Bedeutung für das kirchliche und gemeindliche Leben Coburgs war die Berufung Johann Matthäus Meyfarts[116]. Er wirkte hier seit 1617 als Professor am Gymnasium, von 1623 bis 1633 als dessen Direktor. Während dieser Zeit predigte er auch wiederholt in der St. Moriz Kirche und entfaltete eine reiche literarische Tätigkeit. Er verfaßte theologische, kulturkritische, erbauliche und poetische Schriften. Darin beklagte er – ohne mystisches oder pansophisches Gedankengut zu rezipieren – die Schrecken des Kriegs und den Verfall der kirchlichen Sitten, kritisierte das sittliche Verhalten der Geistlichkeit, die fürstliche Religions- und Kulturpolitik; auch bekämpfte er couragiert den Hexenwahn. Seine bedeutende Schrift gegen die Hexenprozesse verfaßte er zwar in seiner Coburger Zeit, sie erschien aber erst 1635 unter dem Titel „Christliche Erinnerung/ An Gewaltige Regenten/ vnd Gewissenhaffte Praedicanten/ wie das abschewliche Laster der Hexerey mit Ernst außzurotten/ aber in Verfolgung desselbigen auff Cantzeln vnd in Gerichtsheusern sehr bescheidentlich zu handeln sey“[117]. In Schleusingen gedruckt, wurde sie von dem Erfurter Verleger Johann Birckner vertrieben.

In seinen Bußpredigten, die er 1625 und 1626 in Coburg unter dem Titel „Tuba poenitentiae prophetica“ und „Tuba Novissima“ publizierte, drang Meyfart nicht „auf die innere Herzensbuße des einzelnen, sondern auf eine allgemeine Buße des gesamten Volkes unter Vorangehen der Obrigkeit“[118]. Dies geschah auf dem Hintergrund seiner Erwartung des bald hereinbrechenden Jüngsten Tags, wie besonders sein dreiteiliges, wiederholt nachgedrucktes Erbauungswerk „Das Himlische Jerusalem“ (1627)[119], „Das Hellische Sodoma“ (1630)[120] und „Das Jüngste Gericht“ (1632)[121] zeigt. Aus seiner Coburger Zeit stammt auch das Lied „JErusalem, du hochgebawte Stadt“[122], das 1626 in seiner „Tuba Novissima“ erschien[123] und in zahlreiche Gesang-

---

[116] Zu Meyfart s. DBA 841, 399–416; DBA NF 894, 221–228; ADB 21, 646–648; NDB 17, 398–399; BBKL 5, Sp. 1492–1431. Vgl. bes. die Monographien von CHRISTIAN HALLIER, Meyfart u. ERICH TRUNZ, Meyfart.

[117] Auszug aus dieser Schrift gegen die Hexenprozesse in: JOHANN MATTHÄUS MEYFART, Tuba Novissima, hg. v. ERICH TRUNZ, 26*–42*. Über diese Schrift s. ERICH TRUNZ, Meyfarts Schrift gegen die Hexenprozesse, bes. XV–XXII.

[118] JOHANNES WALLMANN, Erfurt und der Pietismus, 372.

[119] Auszug aus dieser Schrift in: JOHANN MATTHÄUS MEYFART, Tuba Novissima, hg. v. ERICH TRUNZ, 3*–11*.

[120] Auszug aus dieser Schrift in: JOHANN MATTHÄUS MEYFART, Tuba Novissima, hg. v. ERICH TRUNZ, 15*–19*.

[121] Auszug aus dieser Schrift in: JOHANN MATTHÄUS MEYFART, Tuba Novissima, hg. v. ERICH TRUNZ, 24*–26*.

[122] Meyfarts Lied ist gedr. in: ALBERT FISCHER u. WILHELM TÜMPEL, Kirchenlied, Bd. 2, 64–65, Nr. 58. Über dieses Lied s. HERMANN SCHLEDER, Meyfart; ERNST SOMMER, Meyfart; ERICH TRUNZ, Meyfart, 283–290.

[123] JOHANN MATTHÄUS MEYFART, Tuba Novissima, hg. v. ERICH TRUNZ, 85–88.

bücher aufgenommen wurde. Noch heute steht es in Gesangbüchern und macht Meyfart als Liederdichter[124] unvergeßlich.

Freundschaftlich unterstützt wurde Meyfart, der mit dem Nürnberger Prediger Saubert in brieflicher Verbindung stand[125], während seiner Coburger Jahre, durch Andreas Keßler[126], von 1623 bis 1625 Professor der Logik am Gymnasium. Nachdem er dann zunächst Superintendent in dem nahe bei Coburg gelegenen Eisfeld und seit 1633 Oberpfarrer in Schweinfurt gewesen war, kehrte er 1635 in seine Vaterstadt Coburg zurück und übernahm hier die Generalsuperintendentur. Keßler veröffentlichte zahlreiche Werke, darunter mehrere Streitschriften gegen den Sozinianismus und die Römisch-katholische Kirche. Auch als Kirchenliederdichter trat er hervor.[127] Von seinen Liedern fanden etwa in der Mitte des 17. Jahrhunderts zehn Eingang in das damalige „Coburgische Gesang-Buch"[128]. Meyfart und Keßler waren sicherlich keine unmittelbaren Wegbereiter des Pietismus[129], haben aber Anstöße zu kirchlichen und gesellschaftlichen Reformen gegeben. Deshalb zählte Spener sie zu den reformeifrigen Theologen, die „um des eiffers willen in der übung des Christenthumbß und wegen bestraffung der öffentlichen mißbräuche und laster vieles leiden"[130] mußten.

---

[124] Zu Meyfart als Kirchenliederdichter s. ERICH TRUNZ, Meyfart, 428–429, Anm. 32. Lieder von Meyfart sind gedr. in: ALBERT FISCHER u. WILHELM TÜMPEL, Kirchenlied, Bd. 2, 63–67; JOHANN CASPAR WETZEL, Hymnopoeographia, T. 2, 174–178.

[125] Korrespondenznachweise bei ERICH TRUNZ, Meyfart, 354, Anm. 47.

[126] Zu Keßler s. DBA 642, 353–363; DBA NF 698, 304–308; ADB 15, 655. Vgl. ERICH TRUNZ, Meyfart, 359, Anm. 22.

[127] Über Keßler als Liederdichter s. GG, 2. Aufl., Bd. 3, 165, Nr. 59; JOHANN CASPAR WETZEL, Hymnopoeographia, T. 2, 32–36. Lieder von Kessler sind gedr. in: ALBERT FISCHER u. WILHELM TÜMPEL, Kirchenlied, Bd. 2, 67–71.

[128] Über dieses Gesangbuch s. GEORG WITZMANN, Geschichte des Coburger Gesangbuches, 166–168. Bezüglich der im Coburger Gesangbuch von 1655 befindlichen zehn Lieder Keßlers vgl. GG, 2. Aufl., Bd. 3, 165, Nr. 59. „Als Job, der fromme Gottes Knecht" (629–631); „Das alte Jahr vergangen ist, Was wilt du mir Herr Jesu Christ" (51–53); „Am Tod gedenk, o frommer Christ" (618–619); „Es kan mir Gott genädig seyn" (424–425); „Gleich wie ein Schifflein auf dem Meer" (472–473); „Herr Jesu Christ, du weißt gar wol, Daß ich gern wolte, wie ich sol" (230–231); „Kein Mensch, kein Stand, kein Ort, kein Zeit Soll mich von Gott abscheiden" (420–421); „Mein lieber Gott, du hast gesagt" (416–417); „Mein' liebe Seel verzage nicht" (423–424); „Mitten ich im Leben bin, Mit Feinden umbfangen" (434–435). Freundlicher Hinweis von Rainer Axmann.

[129] Dies betont JOHANNES WALLMANN (Erfurt und der Pietismus, 327–328) mit Recht.

[130] PHILIPP JAKOB SPENER, Warhafftige Erzehlung, 23; vgl. ERICH TRUNZ, Meyfart, 331.

d) Die Reichsstadt Regensburg

In der Reichsstadt Regensburg, die sich 1542 der Reformation angeschlossen hatte und in ihren Mauern seit 1663 den Immerwährenden Reichstag beherbergte, war Johann Heinrich Ursinus[131] ein Vertreter der reformfreudigen Orthodoxie. 1608 in Speyer als Sohn eines Notars und Stadtgerichtsprokurators geboren, wurde er nach dem Studium in Straßburg 1632 Rektor am Gymnasium in Mainz und 1633 Pfarrer in Weingarten und Kleinfischlingen; 1634 wurde er in seiner Vaterstadt Konrektor am Gymnasium und wirkte dort dann seit 1635 als Diaconus und Pfarrer. 1655 wurde er als Superintendent nach Regensburg berufen, wo er bis zu seinem Tod 1667 wirkte. Ursinus, Verfasser mehrerer theologischer, philologischer und historischer Werke[132], war ein ernster Bußprediger. Jedoch hatte er kein Verständnis für die damals von Justinian von Welz geforderte Mission unter den Heiden. Vielmehr bekämpfte er dessen Pläne in seiner 1664 anonym erschienenen Schrift „Wohlgemeinte Treuhertzig und Ernsthafte Erinnerung an JUSTINIANUM, Seine Vorschläge/ Die Bekehrung des Heydenthums und Besserung des Christenthums betreffend".

Zu den Laien, die in Regensburg die Reformbestrebungen unterstützten, gehörte Johann Ludwig Prasch[133], Ratsmitglied und Präses des dortigen Konsistoriums. Dieser Jurist, Sprachforscher und Dichter verfaßte neben zahlreichen dichterischen Werken einige theologische Schriften[134]. Aus seiner Feder stammen auch geistliche Lieder[135], von denen einige in Regensburger Gesangbücher Eingang gefunden haben.[136] Obgleich er fest in der lutherischen Orthodoxie verwurzelt war und blieb[137], stand er in seinen letzten Lebensjahren mit Spener im Briefwechsel.[138]

---

[131] Zu Ursinus s. DBA 1298, 238–243 u. 410, 287; ADB 39, 366–367; GEORG BIUNDO, Pfälzisches Pfarrerbuch, Nr. 5536.

[132] Über Ursinus als Schriftsteller, bes. als Historiker, s. HERBERT W. WURSTER, Regensburger Geschichtsschreibung, 134–139.

[133] Zu Prasch s. DBA 295, 250 u. 977, 156–171; ADB 26, 505–509. Vgl. KARL DACHS, Prasch; EBERHARD DÜNNINGER, Prasch.

[134] s. KARL DACHS, Prasch, 204–205 (Werkkatalog).

[135] s. bes. JOHANN LUDWIG PRASCH, Geistlicher Blumenstrauß; dieses Werk, das er seiner Ehefrau Susanna Elisabeth widmete, erschien erstmals 1685.

[136] Sein Morgenlied „Sey willkommen, schönstes Licht, das heut die Wolcken bricht" findet sich in: Erneuertes vollständiges Gesang-Büchlein, 169–170 u. Regenspurgisches Lieder-Manual, Nr. 180–181, Nr. 168; sein Lied anläßlich der „Zerstöhrung" Jerusalems „Nachdem das alte Zion sich gewandt zum Bösen durstiglich" (JOHANN LUDWIG PRASCH, Geistlicher Blumenstrauß, 55–58, Nr.14) findet sich in: Erneuertes vollständiges Gesang-Büchlein, 168–169 u. Regenspurgisches Lieder-Manual, 217, Nr. 202.

[137] s. KARL DACHS, Prasch, 51–53.

[138] Zum Spener-Prasch Briefwechsel s. PHILIPP JAKOB SPENER, Schriften, hg. v. ERICH BEYREUTHER, Bd. 15/1: Letzte Theologische Bedencken, eingeleitet v. DIETRICH BLAUFUSS u. PETER SCHICKETANZ, 62* (unter 10. Juli 1690, hier drei weitere Briefe).

2. *Mystischer Spiritualismus und sein Drängen auf geistgewirkte Gotteserfahrung und Verlebendigung individuellen Christseins*

Während die unter dem Einfluß Arndts stehende lutherische Orthodoxie neben einer Verinnerlichung der Frömmigkeit auch kirchliche Reformen anstrebte, war der mystische Spiritualismus, der eine mystisch-spiritualistische Gotteserfahrung und Verlebendigung des christlichen Glaubens intendierte, an der Kirche letztlich immer uninteressiert. Für seine Vertreter war sie etwas Äußerliches oder sogar die Hure „Babel", die man verlassen und bekämpfen müsse. Die von den mystischen Spiritualisten angestrebte Erneuerung sollte nicht durch Wort und Sakrament als media salutis erreicht werden, sondern durch ein unvermitteltes, geistgewirktes Gotteserleben. Hierbei schöpften sie aus spätmittelalterlichen mystischen Quellen und aus den Schriften der Spiritualisten des 16. Jahrhunderts, besonders aus denen Caspar Schwenckfelds von Ossig und Valentin Weigels. Der mystische Spiritualismus, der vor allem für den radikalen Pietismus als Quellgrund bedeutsam wurde, war an einigen Orten im Gebiet des heutigen Bayerns eine nicht unbedeutende, unterschwellige Strömung. Dies gilt namentlich für die beiden Reichsstädte Nürnberg und Regensburg sowie für Sulzbach, die Residenzstadt des Herzogtums Pfalz-Sulzbach.

a) Die Reichsstädte Nürnberg und Regensburg

Mystisch-spiritualistische Kreise in Nürnberg

In der ersten Hälfte des 17. Jahrhunderts bildete der Spiritualismus in Nürnberg eine beachtliche religiöse Unterströmung, die das dortige lutherische Kirchenwesen zeitweilig heftig beunruhigte.[139] Gemäß der damaligen Ketzertopik wurden seine Anhänger von der Obrigkeit gemeinhin als Weigelianer bezeichnet, obgleich eine direkte Beeinflussung oder sogar Abhängigkeit von den Lehren Valentin Weigels bei ihnen „stringent nicht nachweisbar ist"[140]. Diesem Kreis, dessen Aktivitäten obrigkeitlich erstmals 1618 bemerkt wurden, gehörten vornehmlich Kaufleute und Handwerker an. Unter Zurückweisung von Wort und Sakrament als Gnadenmittel sowie der Ablehnung des institutionellen Kirchenwesens traten sie für ein geistgewirktes, subjektivistisches und pazifistisches Christsein ein. Nach Saubert, einem ihrer hartnäckigen Opponenten, hielten sie, d. h. „die Schwenckfeldianer oder

---

[139] Hierzu und zum Folgenden s. HERMANN CLAUSS, Weigelianer; RICHARD VAN DÜLMEN, Orthodoxie und Kirchenreform, 722–733; DERS., Schwärmer und Separatisten; GERHARD SCHRÖTTEL, Dilherr und die vorpietistische Kirchenreform, 37–43.

[140] RICHARD VAN DÜLMEN, Orthodoxie und Kirchenreform, 723.

Weigelianer/ welche jhre Heiligkeit/ Lieb gegen den Nechsten/ und die Nachfolg Christi/ auffs höchste rühmen [...] nicht den waaren Glauben/ als die Wurtzel/ sondern die Lieb deß Nechsten für das Haubtmittel und Haubtstück der Seligkeit"[141]. Ins Visier von Pfarrerschaft und Magistrat gerieten die Weigelianer erstmals Mitte der 20er Jahre, als der Lehrer Paul Matth[142] aus Linz nach Nürnberg übersiedelte und zu ihnen stieß.[143] Matth, der in Nürnberg nahe Verwandte hatte, ging es im Sinne Schwenckfelds nicht um „‚Reformierung' der Welt, sondern um die des inneren Menschen"[144].

1638 erregten Spiritualisten dann erneut das öffentliche Interesse; teilweise waren sie wohl mit den verdächtigten Personen in den zwanziger Jahren identisch. Geistiger Mittelpunkt ihres Kreises war der Handelsherr Nikolaus Pfaff[145], der zu auswärtigen Spiritualisten, so z. B. zu dem Straßburger Erbauungsschriftsteller und Kirchenliederdichter Daniel Sudermann, einem Verehrer Schwenckfelds, oder zu dem Maler, Kupferstecher und Verleger Matthaeus Merian d. Ä. in Frankfurt am Main, einem Anhänger Weigels, Kontakte hatte. Zu dem Zirkel gehörten u. a. der Bader und Wundarzt Georg Gellmann[146] und der Glasschleifer Georg Schwanhard[147]. Als Saubert auf eine weigelianische Schrift Schwanhards aufmerksam wurde und beim Magistrat Anzeige erstattete, verfaßte dieser Laie zu seiner Verteidigung ein „Glaubens-Bekandtnus"[148]. Darin erklärte er, nicht Wort und Sakrament seien heilsnotwendig, sondern die Nächstenliebe, das Signum des christlichen Glaubens. Er versicherte, die weltliche Obrigkeit zu respektieren; jedoch sei Glaubensfreiheit zu fordern, denn ein „jeder muß seines glaubens für sich selbst rechenschafft geben". Schwanhards Zusage, der Obrigkeit gehorsam zu sein, mißtraute Saubert jedoch und bemerkte hierzu: „Jetzo giebts noch nicht gelegenheit mit ihrer folgereÿ loß zu brechen: Wann aber solche leut die occasion in die händ bekommen, so heist es beÿ ihnen [...], man bedarff dieser Obrigkeit nicht, welche die falsche Phariseische lehr hilfft fortpflantzen, welche nur die von menschen gelernte Weißheit in der Kirchen behalten will".

---

141 JOHANNES SAUBERT, Geistliche Gemaelde, Bd. 2, 211.

142 Zu Matth s. RICHARD VAN DÜLMEN, Schwärmer und Separatisten, 111–115.

143 Das Auftauchen des Apokalyptikers und Chiliasten Wilhelm Eo, genannt Neuheuser, und die 1622 eingeleitete obrigkeitliche Untersuchung kann hier außer Betracht bleiben.

144 RICHARD VAN DÜLMEN, Schwärmer und Separatisten, 115.

145 Zu Pfaff s. RICHARD VAN DÜLMEN, Schwärmer und Separatisten, 115–116.

146 Zu Gellmann s. DBA 374, 122–124. Vgl. HORST WEIGELT, Gellmann, 103, Anm. 2.

147 Zu Schwanhard s. DBA 1158, 5–13; ADB 33, 186–187. Über die Nürnberger Glasschneiderfamilie Schwanhard s. Art. ‚Schwanhard (Schwanhardt, Schwanhart)' in: ALBK 30, 353–354. Vgl. RICHARD VAN DÜLMEN, Schwärmer und Separatisten, 122–123 (Lit.).

148 Glaubens-Bekandtnus Georgij Schwandhardt Glaßschneiders. Cum notis M. Johannis Sauberti etc. Anno 1639. 2 Augusti etc., StadtB Nürnberg, Nor. H. 555. Die folgenden Zitate ebd., fol. 5r u. 5r (Randnotiz).

Da die Nürnberger Prediger beharrlich auf diesen Kreis Heterodoxer hinwiesen und dessen eminente Gefährlichkeit für das Gemeinwesen beschworen, ordnete der Magistrat Mitte 1640 Interrogatoria der „Weigelianer“ anhand von 32 Fragen an. Nach den erhaltenen Protokollen[149] vertraten die einzelnen Spiritualisten zwar in einigen theologischen Topoi unterschiedliche Positionen, stimmten aber in den wesentlichen Aussagen miteinander überein. Unter Ablehnung von Wort und Sakrament als media salutis bekannten sie sich alle zu einem unvermittelten Gottesverhältnis, wobei sie die Liebe dem Glauben eindeutig vor- und überordneten. Als die Nürnberger Prediger dann 1644 in einem zweiten Verhör erneut auf die Heterodoxie dieses Kreises aufmerksam machten, konnte der Magistrat nicht mehr umhin, gegen die Spiritualisten vorzugehen.[150] Gestützt auf Einzelgutachten seiner Prediger, besonders Sauberts und Dilherrs, wurden sie Ende 1646 und Anfang 1647 als Sakramentsverächter ihres Bürgerrechts für verlustig erklärt und zum Verlassen der Stadt aufgefordert.[151] Den meisten gelang es jedoch, den Termin der Ausweisung hinauszuschieben und ihre Expatriierung schließlich ganz zu umgehen. Diese weiterhin in Nürnberg verbliebenen Spiritualisten bildeten hier wohl einen gewissen Nährboden für spätere radikalpietistische Strömungen.[152]

Zu denjenigen Spiritualisten, die die Reichsstadt verließen, gehörte Gellmann, der als Schnitt- und Wundarzt zusammen mit seiner Frau Magdalene sowie seinen Kindern und Stiefkindern Aufnahme in der fürstbischöflichen Residenzstadt Bamberg fand.[153] Hier konnte er sich wegen seiner chirurgischen Fähigkeiten und dank der Protektion des gichtkranken Fürstbischofs Melchior Otto Voit von Salzburg eine hohe Reputation und einen relativen Wohlstand erwerben. Religiös hielt er an seiner spiritualistischen, vom Schwenckfeldertum beeinflußten Glaubensüberzeugung fest und wurde deshalb amtlicherseits als Weigelianer bezeichnet. Nach seinem Ableben am 25. April 1672 wurde er in Bamberg im ungeweihten Teil des Kirchhofs der Oberen Pfarrkirche bestattet.

---

[149] Vgl. u. a. HERMANN CLAUSS, Weigelianer.

[150] s. StA Nürnberg, RV 2310, fol. 84 (20. Oktober 1645).

[151] s. StA Nürnberg, RV 2322, fol. 7 (21. August 1646) u. fol. 39, 56 (18. Januar 1647).

[152] Allerdings sind gesicherte Kenntnisse und Einsichten erst nach lokalgeschichtlichen Detailstudien möglich.

[153] Hierzu und zum Folgenden s. HORST WEIGELT, Gellmann.

Repräsentanten des mystischen Spiritualismus in Regensburg

In der Reichsstadt Regensburg wirkte vorübergehend der Spiritualist Johann Georg Gichtel[154], der hier 1638 als Sohn eines Steueramtsassessors geboren wurde. Nach der Überlieferung soll er ein überaus sensibles und physisch schwächliches Kind gewesen sein, als Schüler aber bereits fünf Fremdsprachen beherrscht und auch gute Kenntnisse in Mathematik, Geometrie und Musik besessen haben.[155] Er studierte in Straßburg zunächst Theologie, wechselte dann aber – nach dem Tod seines Vaters 1654 – auf Wunsch seiner Vormünder zur Jurisprudenz und wurde anschließend Advokatsgehilfe in Speyer. Als sein Dienstherr starb, hätte er dessen junge vermögende Witwe heiraten und die Kanzlei übernehmen können. Da er sich aber keineswegs ehelich binden wollte – vielleicht war er aber physisch oder psychopathologisch zum Koitus unfähig –, flüchtete der „keusche(n) Joseph" heimlich aus Speyer und zog „im Winter in tiefem Schnee mit den Fuhr-Leuten zu Fuß wieder nach seiner Gebuhrts-Stadt"[156]. Hier war er als Rechtsanwalt tätig. Als er den Juristen Justinian Freiherr von Welz kennenlernte, schloß er mit ihm Freundschaft. Unter dessen Einfluß erlebte Gichtel eine erste religiöse Erweckung.[157]

Freiherr von Welz[158], der ein weltabgewandtes Christentum vertrat, war Anfang 1664 nach Regensburg gekommen, um hier seinen Plan einer groß angelegten Missionsgesellschaft, der „Jesus-liebenden Gesellschaft", mit den Gesandten beim Corpus Evangelicorum zu besprechen.[159] Vor allem bei Ernst Ludwig Avemann, dem Gothaer Gesandten, hoffte er ein offenes Ohr zu finden. Sein Sozietätskonzept hatte er in der kurz zuvor in Nürnberg publizierten Schrift „Eine Christliche und treuhertzige Vermahnung An alle rechtgläubige Christen/ der Augspurgischen Confession, Betreffend eine sonderbahre Gesellschafft/ Durch welche, nechst Göttlicher Hülffe/ unsere Evangelische Religion möchte außergebreitet werden"[160] dargelegt. Mittels dieser Gesellschaft sollte in erster Linie die Heidenmission betrieben und

---

[154] Zu Gichtel s. DBA 390, 189–191; DBA NF 446, 432–443; ADB 9, 147–150; NDB 6, 369; BBKL 2, Sp. 240–241. Vgl. BERNARD GORCEIX, Gichtel; GERTRAUD ZAEPERNICK, Gichtels und seiner Nachfolger Briefwechsel.

[155] s. Der Wunder-volle und heilig-geführte Lebens-Lauf, 15–17.

[156] Der Wunder-volle und heilig-geführte Lebens-Lauf, 22.

[157] s. Der Wunder-volle und heilig-geführte Lebens-Lauf, 25–26.

[158] Zu Welz s. DBA 1350, 47–49 u. 85–87; DBA 1387, 283–285 u. 332; ADB 42, 744–746; BBKL 13, Sp. 737–742. Vgl. WOLFGANG GRÖSSEL, Weltz; FRITZ LAUBACH, Welz und sein Plan einer Missionsgesellschaft.

[159] Hierzu und zum Folgenden s. FRITZ LAUBACH, Welz und sein Plan einer Missionsgesellschaft, 18–33.

[160] s. JUSTINIAN VON WELZ, Schriften, 208–231. Über diese Schrift s. FRITZ LAUBACH, Welz und sein Plan einer Missionsgesellschaft, 177.

darüber hinaus aber auch die gesamte Christenheit gefördert werden. In Regensburg verfaßte er im Frühjahr 1664 noch eine weitere Propagandaschrift für seine projektierte Missionsgesellschaft, seinen gleichfalls in Nürnberg gedruckten „Einladungs-Trieb zum heran-nahenden GROSSEN ABENDMAHL: und Vorschlag zu einer Christl.-erbaulichen JESUS-GESELLSCHAFT“[161]. Beide Schriften reichte er zusammen mit anderen Schreiben beim Corpus Evangelicorum ein. Die Gesandten begegneten seinem Vorhaben jedoch reserviert und erklärten sich für nicht zuständig. Bei den Theologen aber stieß sein Sozietätsprojekt auf dezidierte Ablehnung. Als entschiedenster Opponent erwies sich der Regensburger Superintendent Johann Heinrich Ursinus, der den Missionsbefehl Jesu (Mt 28, 20) ausschließlich an die Apostel gerichtet und von diesen erfüllt sah. „Die Christenheit dieser Zeit“, so führte er aus, sei „so unter die Heyden zersteuet; daß wenig bewohnte Länder/ da keine Christen zu finden“[162]. Durch diese stehe „den Heyden die Thür des himmlischen Jerusalems Tag und Nacht offen“. Deshalb bedürfe es keiner Gesellschaft, die eigene Missionare aussende. Gichtel war dagegen von dem Plan begeistert. Über die mangelnde Resonanz enttäuscht, verfaßte Welz Anfang Juni eine dritte Werbeschrift „Widerholte Treuhertzige und Ernsthaffte Erinnerung und Vermahnung die BEKEHRUNG ungläubiger Völcker vorzunehmen“[163], die in Amsterdam erschien. Darin begründete er nochmals eingehend seine Forderung, die lutherische Christenheit solle sich der Mission unter Heiden annehmen.

Als von Welz einsehen mußte, daß sein Gesellschaftsvorhaben in Regensburg gescheitert war, wozu sicherlich auch seine enge Verbindung zu Gichtel beigetragen hatte, zog er im Herbst 1664 in die Niederlande, wo er in Zwolle den Spiritualisten Friedrich Breckling zum Freund gewann. Dieser ordinierte ihn zum Dienst in der Mission. Einige Monate später traf auch Gichtel, aus einer Gefängnishaft in Regensburg entlassen, in Zwolle ein. Wohl Ende 1665 reiste Welz, der seinen Freiherrntitel inzwischen ostentativ abgelegt hatte, von Amsterdam an die Nordküste Südamerikas, in die holländischen Kolonien Surinam und Essequibo, wo sich seine Spuren bald verloren. Nach ungesicherter Überlieferung soll er 1668 am Fluß Serena von „wilden thieren zerrissen worden“[164] sein.

Gichtel hatte sich von Welz nicht angeschlossen, weil er in der Heimat für das Missionswerk werben wollte. Infolge einer Begegnung mit Breckling in Zwolle entwickelte er sich – beeinflußt von I Kor 6, 19 – zum mystischen

---

161 s. JUSTINIAN VON WELZ, Schriften, 241–277. Über diese Schrift s. FRITZ LAUBACH, Welz und sein Plan einer Missionsgesellschaft, 177, 196–203.

162 [JOHANN HEINRICH URSINUS,] Erinnerung, 8; folgendes Zitat ebd.

163 s. JUSTINIAN VON WELZ, Schriften, 278–299. Über diese Schrift s. FRITZ LAUBACH, Welz und sein Plan einer Missionsgesellschaft, 178, 203–208.

164 PHILIPP JAKOB SPENER, Bed., T. 3, 206–207.

Spiritualisten und unerbittlichen Kirchenkritiker. Fortan war er von dem Wunsch beseelt, das Luthertum im Sinne des mystischen Spiritualismus zu reformieren. Dieses Vorhaben wollte er zuerst in seiner Vaterstadt realisieren; deshalb trat er nach kurzem Aufenthalt bei Breckling die Heimreise an. Als er aber auf der Rückreise in Nürnberg in einer polemischen Schrift schwere Anklage gegen Regensburg erhob und behauptete, das dortige Gymnasium poeticum verführe zu Ausschweifungen, weil man die heidnischen Schriftsteller Cicero, Vergil und Ovid lese, wurde er verhaftet und schließlich nach Regensburg überstellt.[165] Hier wurde er „gleich in einen stinkenden Kerker geworfen, und 13 Wochen darinn eingeschlossen“[166]. Nach mehreren Verhören, in denen er sich zwar zum Widerruf, aber nicht zur Abbitte bereit erklärte, wurde er – unter Verlust des Bürgerrechts, Aberkennung der Advokatur und Konfiskation seines Vermögens – im Februar 1665 für immer aus Regensburg ausgewiesen. Bei seiner Expatriierung bekam er „auch kein gut Hemde mit, als nur 4. alte, die zerlumpet waren, und ein Kleid“[167]. Nach mannigfachen Reisen und kurzen Aufenthalten in Gernsbach (Baden) und Wien zog er Anfang 1667 erneut zu Breckling nach Zwolle. Als er von hier und aus der gesamten Provinz Oberijssel ausgewiesen wurde, begab er sich 1668 nach Amsterdam. Hier vertiefte er sich immer mehr in die Gedankenwelt Jakob Böhmes, dessen Werke er 1682 erstmals herausgab, und sammelte eine kleine Anhängerschaft um sich.

Wesentlich größer war dagegen der Kreis seiner Korrespondenten, unter denen sich auch einige aus Franken befanden, beispielsweise Johann Ruckteschel[168] und Rosina Dorothea Schilling, seine spätere Frau[169]. Beide standen mehrere Jahre lang mit ihm in Kontakt[170]; Ruckteschel lebte 1702 – während seines Studienaufenthalts in Holland – sogar eine Zeitlang bei ihm. Hier muß er sich so gut in die Gemeinschaft um Gichtel eingefügt haben, daß diese ihn nicht wieder „von sich lassen“ wollte und deshalb „bey Ihro Hochfürstlich Durchl[aucht] eingegeben“ hat[171]. Obgleich Ruckteschel und Schilling Ende

---

165 Vgl. Der Wunder-volle und heilig-geführte Lebens-Lauf, 33–34.

166 Der Wunder-volle und heilig-geführte Lebens-Lauf, 35.

167 Der Wunder-volle und heilig-geführte Lebens-Lauf, 40–41.

168 Zu Ruckteschel s. Kap. IV, 162–164.

169 Zu Ruckteschel, geb. Schilling s. bes. Kap. IV, 162–166.

170 s. Briefe Gichtels an Ruckteschel in: JOHANN GEORG GICHTEL, Theosophia practica, Bd. 4, 2705–2710 (20. Juni 1699); 2710–2723 (25. August 1699); 2735–2744 (15. September 1699); 2723–2735 (13. Februar 1700); 2744–2748 (5. Mai 1700); 2749–2753 (12. Juni 1700); 2754–2757 (1. September 1700); 2758–2762 (30. Oktober 1700); 2760–2768 (1. Januar 1701); 2768–2770 (5. März 1701); 2771–2778 (19. November 1701). Briefe Gichtels an Schilling ebd., 2762–2765 (30. Oktober 1700); 2770–2771 (5. März 1701, Fragment).

171 ROSINA DOROTHEA RUCKTESCHEL, Eröffnete Correspondenz, 2. Fortsetzung, 3. Sendschreiben (Leichen-Predigt), 21.

Mai 1703 gegen Gichtels Rat heirateten, können sie im weiteren Sinn als Gichtelianer oder als stark von den Vorstellungen Gichtels beeinflußte Pietisten bezeichnet werden. 1710 ist Gichtel, dessen spiritualistisch-theosophische Einstellung in den letzten Jahren immer schroffer wurde, in Amsterdam gestorben.

b) Die Pfalzgrafschaft Sulzbach

Dieses Fürstentum, besonders dessen kleine Residenzstadt Sulzbach, entwickelte sich unter dem 1656 zum Katholizismus konvertierten Pfalzgrafen Christian August von Sulzbach[172] für kurze Zeit, etwa von 1660 bis 1667/69, zu einem Zentrum spiritualistisch-theosophisch-kabbalistischen Denkens und gab dem mystischen Spiritualismus manche Impulse[173]. Sein bedeutendster Vertreter war hier zunächst der Polyhistor und Naturphilosoph Franciscus Mercurius van Helmont, der beim Pfalzgrafen ein großes Interesse für Theosophie, Kabbala und Alchimie wecken konnte.

Helmont[174], 1614 in Brüssel geboren, hatte sich – wie nur wenige seiner Zeitgenossen – als Autodidakt umfassende Kenntnisse in Theosophie, Alchimie und jüdischer Mystik angeeignet. Wegen seiner umfassenden alchimistischen Kenntnisse wähnte man sogar, er sei im Besitz des Steins der Weisen (Lapis philosophorum). Auf sprachlichem Gebiet galt sein Interesse dem Hebräischen, seiner Meinung nach die Sprache Gottes. Er war überzeugt, die hebräischen Buchstabenformen stellten die Mundbewegungen bzw. Lippenstellungen dar, die zur Erzeugung der betreffenden Laute notwendig seien. Von da aus untersuchte er eifrig die Möglichkeit eines Taubstummenunterrichts. Im Mai 1651 war er erstmals nach Sulzbach gekommen. Der Pfalzgraf war tief beeindruckt von ihm, was sich alsbald auch in seiner Religionspolitik niederschlug. Hatte er bislang in seinem Territorium strikt das evangelische Bekenntnis hochgehalten, so kam nun die „Möglichkeit" in den Blick, „beide Konfessionen gleichberechtigt nebeneinander existieren zu lassen"[175].

Eventuell hat Helmont auch seine Hände im Spiel gehabt, als Pfalzgraf Christian August 1660 und 1661 drei lutherische Pfarrer, die dem mystischen Spiritualismus zuzurechnen sind, aus den Niederlanden nach Sulzbach berief.[176] Bei diesen, seit ihrer gemeinsamen Studienzeit in Rostock befreun-

---

[172] Zu Christian August, Pfalzgraf von Sulzbach s. Europ. Stammtaf. NF, Bd. I, 1, Tafel 98.
[173] Hierzu und zum Folgenden s. bes. MANFRED FINKE, Toleranz, 203–209 u. VOLKER WAPPMANN, Durchbruch (Lit.).
[174] Zu Helmont s. DBA 508, 447–448. Vgl. ALLISON COUDERT-GOTTESMANN, Helmont.
[175] VOLKER WAPPMANN, Durchbruch, 75.
[176] s. VOLKER WAPPMANN, Durchbruch, 170.

deten Theologen, handelte es sich um Johann Jakob Fabricius[177], der im November 1660 in Sulzbach Stadtprediger wurde, um Magister Justus Brawe[178], der im Mai 1661 zum Superintendenten ernannt wurde, und um Clamerus Florinus[179], der seit September des gleichen Jahres zunächst als Pfarrer in Rosenberg und seit April 1665 in Neukirchen amtierte. Sie wurden alsbald öffentlich als Quäker, Weigelianer oder Wiedertäufer desavouiert. Obgleich sich diese Vorwürfe aufgrund von Untersuchungen als ungerechtfertigt erwiesen, trat doch ihr Spiritualismus in ihrem Drängen auf eine geistgewirkte Wiedergeburt, in ihrer Betonung einer rigorosen Ethik und in ihrem Indifferentismus gegenüber jeglichem Kichenwesen deutlich hervor. Dem Spiritualismus war jedoch im Fürstentum nur eine kurze Blütezeit beschieden. Im Dezember 1665 verstarb Brawe, und im Mai 1667 verließ der gegen Katholiken und orthodoxe Lutheraner eifernde Fabricius die Residenzstadt; er begab sich – nach einem Aufenthalt in seiner märkischen Heimat – nach Amsterdam. Zwar blieb Florinus weiterhin in Sulzbach – er starb erst 1696 –, inzwischen vollzog sich aber in dem Herzogtum Pfalz-Sulzbach der Übergang vom Spiritualismus zum Pietismus.[180]

In gewisser Weise kann auch der etwa zwei Jahrzehnte in Sulzbach lebende Jurist, Dichter und Gelehrte Johann Christian Knorr von Rosenroth[181] zum Spiritualismus gerechnet werden, obgleich er vielleicht schon mehr dem Pietismus zuzuordnen ist.[182] Der 1636 in der Nähe von Alt Raudten, einer Stadt der Herrschaft Wohlau in Schlesien, geborene Adlige hatte 1667 in Sulzbach Zuflucht gefunden und war dort seit 1668 in der Kanzlei tätig. Zuletzt war er Kanzleidirektor und Hofrat von Pfalzgraf Christan August; gestorben ist er 1689 in Großalbershof bei Sulzbach.[183]

Hervorgetreten ist er als Übersetzer und Verfasser von theologischen Werken sowie als Dichter geistlicher Lieder[184], von denen vor allem das Lied „MOrgen-Andacht“: „Morgen-Glantz der Ewigkeit, Licht vom unerschöpften Lichte“[185] bis heute allgemein bekannt ist. In diesem Lied verwandte er

---

177 Zu Fabricius s. DBA 304, 1–18; ADB 6, 515–516. Vgl. VOLKER WAPPMANN, Durchbruch, 159–198.

178 Zu Brawe s. DBA 139, 290. Vgl. VOLKER WAPPMANN, Durchbruch, 159–198.

179 Zu Florinus s. DBA 329, 206. Vgl. VOLKER WAPPMANN, Durchbruch 159–198.

180 Hierzu vgl. VOLKER WAPPMANN, Durchbruch, 199–227.

181 Zu Knorr von Rosenroth s. DBA 673, 140–162 u. 938, 71 u. 74; DBA NF 725, 185–187; ADB 16, 327–328; NDB 12, 223–226; BBKL 4, Sp. 169–170. Vgl. MANFRED FINKE u. ERNI HANDSCHUR, Knorrs von Rosenroth Lebenslauf.

182 Über Knorrs Wirksamkeit in Sulzbach s. MANFRED FINKE, Sulzbach, 116-240; VOLKER WAPPMANN, Durchbruch, 214–219; DERS., Sulzbach.

183 s. HELMUT W. KLINNER, Knorr von Rosenroth.

184 Über Knorr als Liederdichter s. GG, 2. Aufl., Bd. 3, 189, Nr. 159 u. 226, Nr. 77; JOHANN CASPAR WETZEL, Hymnopoeographia, T. 2, 43–45. Lieder von Knorr sind gedr. in: ALBERT FISCHER u. WILHELM TÜMPEL, Kirchenlied, Bd. 5, 494–511.

185 Gedr. in: ALBERT FISCHER und WILHELM TÜMPEL, Kirchenlied, Bd. 5, 508–509,

die kabbalistischen Motive des Lichts, des Glanzes und der Strahlen als Urgrund allen Lebens. Der herrliche Glanz der Sonne wurde zum Symbol des Urlichts, das „unsere Nacht“ vertreibt. Knorr übersetzte in Sulzbach auch verschiedene Schriften der Kabbala, in denen er christliche Wahrheiten zu finden meinte.

Abbildung 3. Allegorische Figur der Kabbala.
Aus: [Christian Knorr von Rosenroth,] Kabbala denudata, Bd. 1, Hildesheim 1974. Titelkupfer von Johann Christoph Sartorius.

Nr. 562. Vgl. RUTH FRITZE-EGGIMANN, Morgenglanz der Ewigkeit.

Sein Hauptwerk ist die anonym herausgegebene „Kabbala denudata“; der erste Band erschien 1677 in Sulzbach und der zweite 1684 in Frankfurt am Main. Dieses Kompendium enthält eine Übersetzung von Teilen des Buches Sohar mit Einleitung und Apparat sowie anderer kabbalistischer Schriften ins Lateinische[186]. Ferner trieb Knorr hebräische Studien, weil auch er darin die Sprache Gottes sah, und beschäftigte sich wie Helmont mit alchimistischen Versuchen.

Knorr von Rosenroth hatte auch Kontakte zu Pietisten, wobei besonders auf die zu dem Frankfurter Juristen, Erbauungsschriftsteller und Liederdichter Johann Jakob Schütz hinzuweisen ist. Dieser reiste im Juli 1673 sogar nach Sulzbach, da er das Patenamt bei Knorrs zweiter Tochter, Maria Johanna, übernommen hatte. Mit Recht macht Wallmann darauf aufmerksam, daß durch Schütz „der Frankfurter Pietismus mit dem Sulzbacher Kreis und damit auch mit dem dort gehegten Chiliasmus in Berührung“[187] gekommen ist.

Von den bedeutenden Gestalten des mystischen Spiritualismus des 17. Jahrhunderts, die nach Franken und Ostschwaben Kontakte hatten, ist in erster Linie Breckling[188] zu nennen. Er korrespondierte mit fast allen wichtigen Anhängern oder Vertretern des Spiritualismus und des frühen Pietismus Frankens und Ostschwabens, vor allem in Nürnberg, Windsheim und Augsburg.[189] Auch mit einzelnen Spiritualisten in der Pfalzgrafschaft Sulzbach stand er in brieflicher Verbindung, so mit Georg Scheinsberger[190], der von 1670 bis 1688 Pfarrer in Eismannsberg war.[191]

*

Die von Arndt bestimmte neue Frömmigkeit der lutherischen Orthodoxie und auch der mystische Spiritualismus mit seinem Drängen auf geistgewirkte Gotteserfahrung stellen im Gebiet des heutigen Bayerns gleichsam ein Präludium des eigentlichen Pietismus dar und gehören somit im weiteren Sinne konstitutiv zu ihm. Während es dieser so geprägten Orthodoxie neben

---

186 Über die im Kompendium in lateinischer Übersetzung enthaltenen Schriften s. GERHARD SCHOLEM, Bibliographia kabbalistica, 86–88, Nr. 668.

187 JOHANNES WALLMANN, Spener, 347.

188 Zu Breckling s. DBA 146, 97–104; DBA NF 172, 258–264; ADB 3, 278–279; NDB 2, 566; BBKL 1, Sp. 736–737. Vgl. DIETRICH BLAUFUSS, Breckling; MARTIN BRECHT, Spiritualisten, 228–232, 239–240; JOHN BRUCKNER, Breckling.

189 s. DIETRICH BLAUFUSS, Beziehungen.

190 Zu Scheinsberger s. WILHELM DANNHEIMER, Verzeichnis, Nr. 467; MATTHIAS SIMON, Nürnbergisches Pfarrerbuch, Nr. 1194. Über Scheinbergers Wirken in Eismannsberg s. VOLKER WAPPMANN, Durchbruch, 197–198.

191 s. Brief: Georg Scheinsberger an Friedrich Breckling, 9./19. August 1669, abgedr. in: THEODOR WOTSCHKE, Neue Urkunden (1935), 165–166, Nr. 79; vgl. VOLKER WAPPMANN, Durchbruch, 198.

kirchlichen Reformen vor allem um eine Verinnerlichung der Frömmigkeit ging, war der Spiritualismus auf eine Erneuerung des individuellen Christseins – auf der Basis mystisch-spiritualistischer Gotteserfahrung – fokussiert. Bedeutendstes Zentrum der reformwilligen lutherischen Orthodoxie Arndtscher Provinienz im Gebiet des heutigen Bayerns war zweifelsohne die Reichsstadt Nürnberg. Nicht unbeachtliche Ansätze dieser neuen Frömmigkeit begegnen auch in einigen anderen fränkischen Reichsstädten, allen voran Rothenburg ob der Tauber, sowie in den fränkischen Markgrafschaften. Mittelpunkt des Spiritualismus war für einige Jahre die Pfalzgrafschaft Sulzbach mit ihrer gleichnamigen Residenzstadt. Sein Einfluß reichte weit über ihre Grenzen hinaus und ist kaum zu überschätzen. Im übrigen läßt sich in Sulzbach im letzten Jahrzehnt des 17. Jahrhunderts sehr gut der fast bruchlose Übergang vom mystischen Spiritualismus zum Pietismus beobachten. Eine sehr beachtliche spiritualistische Unterströmung war auch in der Reichsstadt Nürnberg vorhanden. Diese dürfte mit der Nährboden für die später beachtlichen Aktivitäten radikaler Pietisten gewesen sein.

II. Speners Reformprogramm und seine Rezeption

Im Frühjahr 1675 gab Spener, seit 1666 erster Pfarrer und Senior des Predigerministeriums in Frankfurt am Main, eine Vorrede zur Neuausgabe von Arndts „Evangelienpostille“ heraus. Infolge der lebhaften Resonanz erschien diese Postillenvorrede bereits auf der Herbstmesse als Separatdruck mit Zusätzen unter dem Titel „Pia Desideria Oder Hertzliches Verlangen Nach Gottgefälliger Besserung der wahren Evangelischen Kirchen sampt einigen dahin einfältig abzweckenden Christlichen Vorschlägen“.[1] Die in diesem Reformprogramm unterbreiteten Vorschläge waren zwar größerenteils nicht grundsätzlich neu, wohl aber in ihrer Gesamtkonzeption. Besondere Aufmerksamkeit erregte Speners Empfehlung, Collegia pietatis zu errichten, und seine Propagierung besserer Zeiten für die Kirche. Diese eschatologische Hoffnung verknüpfte er mit der Erwartung einer allgemeinen Judenbekehrung und der Vernichtung des Papsttums. Die „Pia Desideria“, das „klassische Dokument der Entstehung des Pietismus“[2], fanden auch im Gebiet des heutigen Bayerns ein Echo. Wie anderswo hatte Spener auch hier versucht, seine Schrift publik zu machen, indem er sie an eine Reihe von Theologen und Laien versandte. Allerdings schickten sich keineswegs alle Empfänger des Reformprogramms an, es umzusetzen, obgleich sie es gutgeheißen hatten. Verwiesen sei beispielsweise auf den Nürnberger Pfarrer und Antistes Justus Jakob Leibnitz[3]. Er gehörte zu denjenigen Theologen, die Spener um eine Stellungnahme gebeten hatte. Seine sehr knappe Antwort[4] fiel zwar durchaus positiv aus, von einem Realisationsversuch ist aber nichts bekannt. Trotzdem hielt Spener weiterhin Kontakt zu ihm und ließ ihm im April 1676 den Probedruck eines Kommentars zu den neutestamentlichen Briefen und zur Apokalypse aus Luthers Schriften, den der kurpfälzische Rat Johann Heigel angeregt hatte, samt einem Begleitbrief[5] zugehen.

---

[1] Zur Textüberlieferung vgl. PHILIPP JAKOB SPENER, Schriften, hg. v. ERICH BEYREUTHER, Bd. 1: Schriften, eingeleitet v. ERICH BEYREUTHER u. DIETRICH BLAUFUSS, 43–69, hier 58–65 (DIETRICH BLAUFUSS, Einleitung zu Speners „Pia Desideria“ Entstehung – Echo – Gestalt).

[2] JOHANNES WALLMANN, Spener, 354.

[3] Zu Leibnitz s. DBA 750, 316, 326–331; DBA NF 798, 335; MATTHIAS SIMON, Nürnbergisches Pfarrerbuch, Nr. 740.

[4] s. Brief: Justus Jakob Leibnitz an Spener, 8. Juni 1675, in: PHILIPP JAKOB SPENER, Briefe, hg. v. JOHANNES WALLMANN, Bd. 2, Nr. 139; vgl. DIETRICH BLAUFUSS, Spener-Arbeiten, 85 (Leibniz).

[5] s. Brief: Spener an [Justus Jakob Leibnitz?], 18. April 1676, in: PHILIPP JAKOB SPENER,

Jedoch läßt sich in Franken und Ostschwaben eine nicht unbeträchtliche Anzahl von Orten ausmachen, in denen Speners Reform- und Innovationsgedanken eine positive Resonanz fanden. Da dies bemerkenswerterweise vorwiegend in Reichsstädten der Fall war, hat man hier mit gewissem Recht von einer „reichsstädtischen Phase“[6] des Pietismus gesprochen. Dabei darf jedoch nicht übersehen werden, daß der Spenersche Pietismus auch in den beiden fränkischen Markgrafschaften Brandenburg-Ansbach und Brandenburg-Kulmbach (Bayreuth) zumindest partielle Akzeptanz gefunden hat. Hier stand eine Reihe von Anhängern und Sympathisanten mit Spener in brieflicher Verbindung oder kannte ihn sogar aus persönlichen Begegnungen. Da sie auch untereinander korrespondierten und sich besuchten, entstand eine teilweise intensive Kommunikationsgemeinschaft.[7] Die meisten Anhänger oder Sympathisanten Speners verstarben jedoch gegen Ende des 18. Jahrhunderts oder verzogen; deshalb schwächte sich die „reichsstädtische Phase“ des Spenerschen Pietismus relativ bald ab oder verebbte sogar völlig. Allerdings trug zu dieser Regression wohl auch Speners 1686 erfolgte Übersiedlung nach Dresden bei, die eine Neuorientierung seines Wirkungsbereichs zur Folge hatte.

Im folgenden soll dargestellt werden, welches Echo Speners Reformprogramm im Gebiet des heutigen Bayerns gefunden hat. Erstens wird gezeigt werden, wie seine Vorschläge in fränkischen Reichsstädten aufgenommen worden sind. Hierbei wird zunächst auf die beiden Reichsstädte Rothenburg ob der Tauber und Schweinfurt einzugehen sein und dann auf die kleine Reichsstadt Windsheim, wo der Pietismus für einige Jahre Kirche und Gesellschaft beherrscht und turbiert hat. Schließlich wird die Aufnahme von Speners Programm in der großen und immer noch bedeutenden Reichsstadt Nürnberg abzuhandeln sein. Zweitens werden die beiden hohenzollerischen Territorien Frankens und drittens die ostschwäbischen Gebiete bezüglich ihrer Beeinflussung durch den Spenerschen Pietismus im Überblick dargestellt werden. Abschließend soll viertens ein kurzer Blick auf die Kommunikation der Speneranhänger untereinander geworfen werden.

1. Reaktionen auf Speners Reformprogramm in den fränkischen Reichsstädten

In den einzelnen fränkischen Reichsstädten erfuhr der Spenersche Pietismus eine recht unterschiedliche Rezeption. Deshalb ist eine gesonderte Darstellung der einzelnen Territorien notwendig.

Briefe, hg. v. JOHANNES WALLMANN, Bd. 2, Nr. 79.

[6] DIETRICH BLAUFUSS, Pietismus und Reichsstadt, 67–68; DERS., Reichsstadt und Pietismus, 21–57; DERS., Spener-Arbeiten, 102.

[7] Vgl. DIETRICH BLAUFUSS, Pietismus und Reichsstadt, 66–68.

a) Partielle Umsetzung von Speners Reformprogramm in Rothenburg ob der Tauber und Schweinfurt

Rothenburg ob der Tauber

Die früheste Rezeption des Spenerschen Reformprogramms vollzog sich in Franken wohl in Rothenburg ob der Tauber, wo seit 1666 Johann Ludwig Hartmann[8], ein Vertreter der reformeifrigen Orthodoxie, die Superintendentur innehatte. Seit spätestens 1669 stand er mit Spener, mit dem er entfernt verwandt war, in Briefwechsel[9] und gehörte, während dessen Frankfurter Zeit, zu seinem engeren Freundeskreis. Hartmann intendierte, wie bereits dargestellt, eine Verlebendigung und Vertiefung des kirchlichen und persönlichen Lebens. Diesem Ziel sollte auch die Kirchenzucht dienen, die er postulierte und praktizierte. Besonders drang er auf Beachtung der Sonntagsheiligung und konnte tatsächlich erreichen, daß im Rothenburger Gebiet am Sonntag Tanzveranstaltungen untersagt wurden.[10]

Am 9. März 1675 kündigte Spener dem Rothenburger Superintendenten die Zusendung seiner Vorrede zu Arndts Evangelienpostille als Sonderdruck an.[11] Eigentlich hatte er sie zuvor mit ihm und anderen besprechen wollen, jedoch habe, wie er schrieb, sein Frankfurter Verleger Johann David Zunner mit der Drucklegung gedrängt. Nachdem Hartmann dann die Schrift erhalten hatte, begrüßte er freudig die darin gemachten Reformvorschläge, wie aus seinem Antwortschreiben[12] und aus seiner Schrift „Veri christianismi impedimenta et adjumenta“[13] evident wird. Letztere versah er mit dem erläuternden Untertitel „Wie die Pia Desideria in würckliche Praxin zu richten“. Diese Schrift, in der er sein eigenes kirchliches Reformprogramm in Hinblick auf die einzelnen Stände präsentierte, erschien 1680, kurz vor seinem Tod, ebenfalls bei Zunner.

---

[8] Zu Hartmann s. bes. Kap. I, 8–11.

[9] Speners Briefe an Hartmann aus den Jahren 1669 bis 1678 sind ediert in: PHILIPP JAKOB SPENER, Briefe, hg. v. JOHANNES WALLMANN, Bd. 1, Nr. 41, 50, 69, 75, 83, 93, 103, 106, 124, 128, 136, 150, 157, 184, 201, 208; Bd. 2, Nr. 5, 20, 45, 70, 106; Bd. 3, Nr. 13, 24, 69, 188; Briefe Hartmanns an Spener aus dem Jahre 1675 ebd., Bd. 2, Nr. 138 u. 145; Briefe Hartmanns an Spener aus den Jahren 1675 bis 1678 sind ediert in: PAUL SCHATTENMANN, Briefwechsel (1931 u. 1932). Zum Spener-Hartmann Briefwechsel vgl. DIETRICH BLAUFUSS, Spener-Arbeiten, 81–82, 136–139 (Hartmann).

[10] s. PAUL SCHATTENMANN, Hartmann Superintendent, 24–26.

[11] s. Brief: Spener an Johann Ludwig Hartmann, 9. März 1675, in: PHILIPP JAKOB SPENER, Briefe, hg. v. JOHANNES WALLMANN, Bd. 2, Nr. 5.

[12] s. Brief: Johann Ludwig Hartmann an Spener, 16. Mai 1675, in: PHILIPP JAKOB SPENER, Briefe, hg. v. JOHANNES WALLMANN, Bd. 2, Nr. 138.

[13] Über diese Schrift vgl. PAUL GRÜNBERG, Spener, Bd. 1, 178 u. Bd. 3, 281, Nr. 511. Über die wichtigsten Aspekte dieses grundlegenden Werks s. PAUL SCHATTENMANN, Hartmann Superintendent, 54–58.

Abbildung 4. Johann Ludwig Hartmann (1640–1680).
Kupferstich von Johann Alexander Böner.
Landeskirchliches Archiv Nürnberg.

Hartmann nahm aber die einzelnen Reformvorschläge Speners nicht nur zustimmend zur Kenntnis, sondern versuchte – wie er versprochen hatte[14] – sie in Rothenburg „in würckliche Praxin" umzusetzen. Ungefähr seit Frühjahr 1675 verfolgte er den Plan, für Theologiestudenten und Pfarramtskandidaten hier Exercitia pietatis oder Exercitia Biblica durchzuführen, wozu Spener ihm Ratschläge erteilte.[15] Daneben – oder vielleicht auch an deren Stelle – soll er seit Anfang 1676 besondere Sacra Exercitia abgehalten haben.[16] Für diese Zusammenkünfte stellte er zum Kirchenjahr 1676/77 sogar einen eigenen Plan auf, nach dem wechselweise das Bild des alten Adams und das des neuen Menschen kontrastiert werden sollten.[17]

Auch gelang es Hartmann, wie er an Spener schrieb, einige seiner Pfarrer im Rothenburger Landgebiet für die Durchführung eines regelmäßigen Collegium pietatis zu gewinnen[18], was von Spener ausdrücklich begrüßt und als förderlich angesehen wurde.[19]

Natürlich war Hartmann daran gelegen, daß die Rothenburger Pfarrerschaft hinsichtlich ihrer Glaubensüberzeugung möglichst homogen zusammengesetzt war. Als der Magistrat einen ihm ungeeignet erscheinenden Pfarrer auf die Landpfarrei Wörnitz berufen wollte, opponierte er, von Spener bestärkt, mit Erfolg gegen die Caesaropapie.[20]

Wie hoch Spener Hartmann, der wie er im kirchenleitenden Amt stand, geschätzt hat, wird daran deutlich, daß er ihm seine Schrift „Das Geistliche Priesterthum"[21] widmete. Er übersandte sie ihm am 26. März 1677 zusammen mit einem Begleitschreiben.[22] In diesem Werk verteidigte Spener im Rahmen des allgemeinen Priestertums ausdrücklich die seelsorgerliche Tätigkeit von Laien.

---

14 s. Brief: Johann Ludwig Hartmann an Spener, 16. Mai 1675, in: PHILIPP JAKOB SPENER, Briefe, hg. v. JOHANNES WALLMANN, Bd. 2, Nr. 138; folgendes Zitat ebd., Z. 27.

15 s. Briefe: Spener an [Johann Ludwig Hartmann], 9. Juli u. [Anfang Oktober] 1675, in: PHILIPP JAKOB SPENER, Briefe, hg. v. JOHANNES WALLMANN, Bd. 2, Nr. 20 u. 45.

16 Hierüber s. PAUL GRÜNBERG, Spener, Bd. 2, 78.

17 s. Brief: Johann Ludwig Hartmann an Spener, 21. November 1676, in: PAUL SCHATTENMANN, Briefwechsel (1931), 214–216, Nr. 4, hier 215.

18 s. Brief: Johann Ludwig Hartmann an Spener, 1. Juli 1676, in: PAUL SCHATTENMANN, Briefwechsel (1931), 213–214, Nr. 3.

19 s. Brief Spener an [Johann Ludwig Hartmann], 29. September 1676, in: PHILIPP JAKOB SPENER, Briefe, hg. v. JOHANNES WALLMANN, Bd. 2, Nr. 106, Z. 38–40.

20 s. Briefe: Johann Ludwig Hartmann an Spener, 21. November 1676 u. 10. Januar 1677, in: PAUL SCHATTENMANN, Briefwechsel (1931), 214–216, Nr. 4 u. 216, Nr. 5. Vgl. DERS., Hartmann Superintendent, 47.

21 s. PHILIPP JAKOB SPENER, Schriften, hg. v. ERICH BEYREUTHER, Bd. 1: Schriften, eingeleitet v. ERICH BEYREUTHER u. DIETRICH BLAUFUSS, 549–731; (ERICH BEYREUTHER, Einleitung zu Speners „Das Geistliche Priestertum", ebd., 70–77, hier 72–73). Vgl. PAUL GRÜNBERG, Spener, Bd. 3, 254–255, Nr. 277.

22 s. Brief: Spener an Johann Ludwig Hartmann, 26. März 1677, in: PHILIPP JAKOB SPENER, Briefe, hg. v. JOHANNES WALLMANN, Bd. 3, Nr. 13.

Auch mit anderen Spenerkorrespondenten stand Hartmann in Kontakt, vor allem mit Johann Heinrich Horb in Windsheim und Johann Christoph Meelführer in Schwabach sowie mit Gottlieb Spizel in Augsburg.

Trotz seines regen Austausches mit Spener und dessen Freundeskreis hat Hartmann, wie mit Recht bemerkt wurde, dennoch „den eigentlichen Schritt zum Pietismus niemals vollzogen".[23] Als Anhänger einer von Arndt beeinflußten Orthodoxie[24] präludierte er aber den lutherischen Pietismus, indem er die Reformbemühungen Speners hinsichtlich einer Intensivierung des christlichen Lebens in Kirche, Gesellschaft und Familie unterstützte; dazu erschien ihm auch die Einrichtung von Konventikeln besonders förderlich.[25]

Hartmann ist bereits am 18. Juli 1680, erst 40 Jahre alt, verstorben. Deshalb hat er „gerade noch das ‚Präludium' der Pietistischen Bewegung"[26] erlebt. Der Spenersche Pietismus hat also in Rothenburg ob der Tauber zwar recht früh, aber nur teilweise Eingang gefunden.[27]

Hartmanns Amtsnachfolger wurde sein Schwager Sebastian Kirchmayer[28], der zuvor als angesehener Lehrer am Gymnasium Poeticum in Regensburg tätig gewesen war.[29] Kirchmayer, der auch einige Briefe mit Spener gewechselt hat[30], hatte sich bei der Übernahme der Superintendentur vorgenommen, „in keinem von alle dem abzuweichen", was Hartmann „hie löblich angeordnet, sondern auch zu sehen, wie was mehreres Guts noch hinzuzuthun, zumal bei hiesig fast verdorbenem Gymnasio, als woran aller 3 Stände Wohlfahrt hänget"[31]. Knapp ein Jahr nach dem Tod seines Schwagers wähnte er, er hätte durch seinen kirchenpolitischen Einsatz „ein teil anders Gutes angerichtet, so der seligste Herr Hartmann nit durchdringen können"[32]. Diese Selbsteinschätzung sollte sich jedoch bald als irrig erweisen. Wegen seines intransigenten Verhaltens kam es nämlich zu Differenzen und Unstimmigkeiten mit dem Magistrat, der daraufhin seine vorsichtig pietisten-

---

23 PAUL SCHATTENMANN, Hartmann Superintendent, 71.

24 Über Hartmanns Verhältnis zu Arndt s. Kap. I, 11.

25 Über Form und Dauer dieser Konventikel bedarf es dringend lokalgeschichtlicher Studien.

26 PAUL SCHATTENMANN, Briefwechsel (1931), 216.

27 s. PAUL SCHATTENMANN, Hartmann Superintendent, 48.

28 Zu Kirchmayer s. DBA 651, 318–326; WILHELM DANNHEIMER, Verzeichnis, Nr. 250 (Lit.).

29 s. HERBERT WURSTER, Regensburger Geschichtsschreibung, 125–126.

30 Briefe Kirchmayers an Spener vom 4. April u. 22. Juni 1681 sowie 3. Juli 1682 finden sich auszugsweise gedr. bzw. in Regestform mitgeteilt in: PAUL SCHATTENMANN, Briefwechsel (1932), 42–43, Nr. 1; 43–44, Nr. 2; 44, Nr. 3.

31 Brief: Sebastian Kirchmayer an Spener, 4. April 1681, in: PAUL SCHATTENMANN, Briefwechsel (1932), 42–43, Nr. 1, hier 43.

32 Brief: Sebastian Kirchmayer an Spener, 22. Juni 1681, in: PAUL SCHATTENMANN, Briefwechsel (1932), 43–44, Nr. 2, hier 44.

freundliche Haltung aufgab. In der Folgezeit war der Pietismus in Rothenburg nur noch marginal präsent.

Schweinfurt

Auch in der Reichsstadt Schweinfurt fand Speners Reformprogramm frühzeitig ein gewisses Echo. Allerdings entwickelte sich der Spenersche Pietismus hier nicht zu einer Kraft, die – wie in Rothenburg ob der Tauber – in Kirche und Gesellschaft wenigstens vorübergehend einen etwas größeren Einfluß erlangen konnte. Er blieb vielmehr eine Randerscheinung. Der dortige Diaconus Johann Wilhelm Barger[33], der in Wittenberg studiert und 1661 den Magistergrad erworben hatte, stand mit Spener in einem ganz kurzen Briefwechsel[34]. Barger war 1663 in seiner Vaterstadt Konrektor, 1667 Subdiaconus und im folgenden Jahr Diaconus geworden; 1674 wurde er dann Archidiaconus und hatte von 1690 bis zu seinem Tod 1698 das Amt des Oberpfarrers[35] inne. Bereits seit 1672, also lange vor Erscheinen der „Pia Desideria" und ihrer Aufforderung, Collegia pietatis zu errichten, führte Barger in Schweinfurt offenbar sonntags ein Collegium biblicum durch.[36] Diese Erbauungsstunden, in denen man biblische Texte besprach, fanden jedoch keineswegs uneingeschränkte Akzeptanz, sondern riefen „lästerung und ungleiche urtheil" hervor; man apostrophierte sie als „winckel-predigten" und „Jüdische(n) Sabbaterey".[37] Auch beteiligten sich anscheinend nur wenige Pfarrer daran, wie eine Briefnotiz Hartmanns an Spener zeigt.[38] Dieser stimmte in seinem Antwortbrief vom 10. August 1675 Intention und Durchführung des Schweinfurter Collegium biblicum im wesentlichen zu, verschwieg allerdings auch seine Bedenken nicht. Er schrieb: Ich stelle „nicht in abrede, daß ich vor rathsam geachtet hätte, daß nicht das Alte Testament zuerst würde tractiret, sondern weil das Neue das jenige liecht ist, aus welchem die dunckelheit des Alten erleuchtet werden muß, auch unsere Christenpflicht unvergleichlich heller und nachtrücklicher in dem Neuen als

---

[33] Zu Barger s. MATTHIAS SIMON (Hg.), Pfarrerbücher der Reichsstädte (Schweinfurt), Nr. 3. (Lit.). Vgl. ANTON OELLER, Leben Schweinfurter Männer, 34–36.

[34] Speners Briefe an Barger aus den Jahren 1675–1676 sind ediert in: PHILIPP JAKOB SPENER, Briefe, hg. v. JOHANNES WALLMANN, Bd. 2, Nr. 26 u. 122. Bezüglich der Korrespondenz Bargers mit Spener s. Brief: Spener an [Johann Ludwig Hartmann], [Anfang Oktober] 1675, in: ebd., Bd. 2, Nr. 45, Z. 135–141. Über die Beziehungen zwischen Barger und Spener s. DIETRICH BLAUFUSS, Pietismus und Reichsstadt, 57–60.

[35] Dieses Amt entsprach dem eines Superintendenten.

[36] Vgl. ALBRECHT RITSCHL, Geschichte des Pietismus, Bd. 2, 138.

[37] Brief: Spener an [Johann Wilhelm Barger], 10. August 1775, in: PHILIPP JAKOB SPENER, Briefe, hg. v. JOHANNES WALLMANN, Bd. 2, Nr. 26, Z. 39, 108 u. 123.

[38] s. Brief: Johann Ludwig Hartmann an Spener, 1. Juli 1676, in: PAUL SCHATTENMANN, Briefwechsel (1931), 213–214, Nr. 3, hier 213: „Schweinfurtenses pie pergunt, ubi coeperunt, utinam autem maior collegarum numerus adesset".

Alten uns vor augen geleget wird, so achte [ich] vor rathsam, daß die lection des Neuen Testaments vorginge, nach dero folgendes das Alte so viel nutzlicher vor die hand wird genommen werden können, welches ich nicht verachte, aber dem Neuen solches weit nachsetze."[39] Im selben Brief versprach er Barger, ihm seine Postillenvorrede zuzusenden; sie fand dessen Billigung. Auch sonst scheint zwischen beiden in vielem Einvernehmen geherrscht zu haben, so beispielsweise darüber, daß der Antichrist nicht nur in Rom herrsche, sondern daß es auch in der evangelischen Christenheit „kleine Antichristen" gebe.[40]

Als Bargers Mutter Ursula, geborene Wohlfart, 1675 starb, übersandte ihm Spener ein Epicedium[41] mit einem kurzen Anschreiben, in dem er „hertzliche(r) Anwüntschung Göttlichen Trostes und Segens an die Hinterbliebene[n]"[42] äußerte. Das Trauergedicht Speners wurde als Zeichen für dessen Hochschätzung in der gedruckten Leichenpredigt allen anderen Epicedia vorangestellt[43]. Über weitere Kontakte zwischen beiden ist nichts bekannt. Angemerkt sei noch, daß Barger 1693, fünf Jahre vor seinem Tod, die zweite Auflage des Schweinfurter Gesangbuchs „Seelen-erquickendes Harpffen-Spiel/ Das ist: Schweinfurthisches neu-aufgelegtes Gesangbuch"[44] herausgab.

Wesentlich anders gestalteten sich die Beziehungen zwischen Spener und Bargers Kollegen Caspar Martin Heunisch[45], der seit 1647 in Schweinfurt verschiedene kirchliche Ämter innehatte. Heunisch, der fest in der lutherischen Orthodoxie verwurzelt war, besaß allenfalls eine gewisse Aufgeschlossenheit für den Pietismus. Hervorgetreten ist er als Verfasser mehrerer theologischer Werke, vor allem über die Johannesapokalypse. Seine wichtigste Schrift darüber, der „Haupt-Schlüssel über die hohe Offenbarung S. Johannis", erschien 1648 in Schleusingen. Mit diesem Werk beanspruchte er, den hermeneutischen „Hauptschlüssel" zur rechten Deutung der Johannesapokalypse zu bieten. Dieser bestehe in genauen Kenntnissen und Einsichten über die Bedeutung der in den biblischen Schriften, besonders in der Johannesoffenbarung, vorkommenden Zahlen und deren Kombination. „Es ist und bleibet aber danach gewiß, dass an dieser Zahlen rechter Macht gelegen, und dass sonsten die Offenbarung nicht verstanden werden

---

39 Brief: Spener an [Johann Wilhelm Barger], 10. August 1675, in: PHILIPP JAKOB SPENER, Brief, hg. v. JOHANNES WALLMANN, Bd. 2, Nr. 26, Z. 162–169.

40 Brief: Spener an [Johann Wilhelm Barger], 1676, in: PHILIPP JAKOB SPENER, Briefe, hg. v. JOHANNES WALLMANN, Bd. 2, Nr. 122, Z. 25.

41 Speners Epicedium ist abgedruckt bei ERNST PETERSEN, Leichenpredigten- Sammlung von St. Johannis-Schweinfurt, 213.

42 ERNST PETERSEN, Leichenpredigten-Sammlung von St. Johannis-Schweinfurt, 212.

43 Leichenpredigt auf Ursula Barger von JOHANN LAUDENBACH, Nürnberg 1678, C 3v–D2.

44 Hierzu s. KATHI PETERSEN, Schweinfurter Gesangbuch, bes. 164.

45 Zu Heunisch s. Kap. I, 12–13.

möge."[46] Hierbei stellt seiner Meinung nach die 24 die „Hauptzahl" dar, wobei er u. a. auf die 24 Ältesten mit ihren 24 Thronen (Apk 4, 4), auf die vier Tiere mit ihren sechs Flügeln (Apk 4, 8), „dahero insgesamt 24 Flügel"[47], verweist. Multipliziere man diese Hauptzahl mit 100, dann ergebe sich, daß die christliche Kirche nach ihrer Gründung zu Pfingsten (Act 2) noch 2400 Jahre lang bestehen werde.

Aufgrund dieser und anderer Zahlenkombinationen wandte sich Heunisch in seinem „Hauptschlüssel" dezidiert gegen die Chiliasten, die – gestützt vor allem auf Apk 20 – das Millennium „auf ein irrdisches Welt-Reich Christi und seiner Glaubigen gezogen, dass noch vor dem Jüngsten Tag ein solches, und demnach eine beständige Ruhe, und eusserliche Glückseeligkeit in der Christlichen Kirchen 1000. Jahr lang seyn werde, welches doch eine blosse und ungegründete Einbildung ist"[48]. Mit dieser Kritik richtete er sich zweifelsohne auch gegen Speners „Hoffnung besserer Zeiten" für die Kirche. Nach Heunisch hat das Millennium vielmehr schon um die Mitte des 8. Jahrhunderts begonnen. Damals sei das Weib mit den beiden Flügeln (Apk 12, 14), die christliche Kirche, vor dem Drachen (Apk 12, 13), dem „ungläubigen, abgöttischen Heidentum" des römischen Reiches und der „Saracenen und Türcken mit ihrem Mahometischen Unglauben"[49], in die Wüste (Apk 12, 14), d. h. in das Reich der Karolinger geflohen. Vor allem Karl der Große sei entschlossen und prinzipiell gegen Irrglauben und Heidentum vorgegangen, besonders in den Sachsenkriegen. Dadurch sei aber der Satan, der „Heidnisch-Türckische Drach"[50], an eine Kette gelegt worden (Apk 20, 1) und „bis dahero der Türck (ob er wol in den Morgenländern sehr weit um sich gegriffen) von Italien und Teutschland abgehalten worden"[51]. Das Millennium, dessen wesentlichstes Kennzeichen die Gebundenheit des „Heidnisch-Türckischen-Drachen"[52] sei, werde noch bis 1734 währen.

Spener hatte schon vor dem Erscheinen des „Haupt-Schlüssels" die eschatologischen Vorstellungen von Heunisch kritisiert.[53] Er bemängelte, daß dieser das Türkenreich und dessen kriegerische Unternehmungen mit den in der Offenbarung geschilderten apokalyptischen Ereignissen verknüpft habe. Übrigens begegnete man auch im Schweinfurter Magistrat den eschatologischen Vorstellungen Heunischs, die dieser penetrant von der Kanzel verkündigte, mit deutlicher Zurückhaltung und peinlichem Befremden.

---

[46] CASPAR MARTIN HEUNISCH, Haupt-Schlüssel, 5.
[47] CASPAR MARTIN HEUNISCH, Haupt-Schlüssel, 6.
[48] CASPAR MARTIN HEUNISCH, Haupt-Schlüssel, 21.
[49] CASPAR MARTIN HEUNISCH, Haupt-Schlüssel, 29.
[50] CASPAR MARTIN HEUNISCH, Haupt-Schlüssel, 28.
[51] CASPAR MARTIN HEUNISCH, Haupt-Schlüssel, 28.
[52] CASPAR MARTIN HEUNISCH, Haupt-Schlüssel, 28.
[53] s. Brief: Spener an N. N., 12. April 1684, in: PHILIPP JAKOB SPENER, Consilia, P. 3, 452–453.

Der Spenersche Pietismus hat also in der Reichsstadt Schweinfurt nur eine ganz marginale und vorübergehende Bedeutung gehabt. Zurückzuführen ist das vor allem darauf, daß er offensichtlich in der Pfarrerschaft – von Barger abgesehen – keinen Rückhalt finden konnte und der Magistrat seine Kirchenhoheit exzessiv ausübte.

b) Windsheim – Horbs Engagement für Speners Reformprogramm und sein Scheitern

In der nur einige Wegstunden von Rothenburg ob der Tauber entfernten kleinen Reichsstadt Windsheim[54] konnte der Spenersche Pietismus dagegen für einige Jahre eine beachtliche Wirkungsmächtigkeit entfalten und das dortige kirchliche und gesellschaftliche Leben vorübergehend entscheidend bestimmen. Die führende Gestalt war hier Johann Heinrich Horb[55], der 1679 Superintendent und Pfarrer geworden war. Horb, 1645 in Colmar geboren, hatte zunächst in Straßburg studiert und dort den philosophischen Magistergrad erworben; weitere Studienorte waren Leipzig, Jena und Kiel. Es folgten Reisen als Hofmeister nach Holland, England und Frankreich. 1671 wurde er von Christian II. von Birkenfeld und Bischweiler[56] zum pfalzgräflichen Hofprediger in Bischweiler ernannt; jedoch folgte er noch im selben Jahr einem Ruf als Pfarrer und Inspektor nach Trarbach an der Mosel. Vier Jahre später ersuchte ihn Spener, dessen Schwester Sophia Cäcilia er 1671 geheiratet hatte, um eine Stellungnahme zu seiner konzipierten „Vorrede" für Arndts Evangelienpostille. Horb kam dieser Bitte in einem ausführlichen Gutachten nach, das aber erst etliche Monate nach der Drucklegung der Postille eintraf. Spener veröffentlichte es 1675 in dem zur Herbstmesse erschienenen Sonderdruck der Postillenvorrede, den „Pia Desideria", zusammen mit der Stellungnahme seines Schwagers Joachim Stoll.[57] Auf ausdrücklichen Wunsch Horbs wurde in der Publikation sein Name nicht genannt.

---

[54] Über die kleine Reichsstadt Windsheim im 17. Jahrhundert s. u. a. WERNER KORNDÖRFER, Windsheim.

[55] Zu Horb s. DBA 567, 274–297; ADB 13, 120–124; NDB 9, 621–622; BBKL 2, Sp. 1055–1056; MARIE-JOSEPH BOPP, Die evangelischen Geistlichen und Theologen in Elsaß und Lothringen, Nr. 2383; MATTHIAS SIMON (Hg.), Pfarrerbücher der Reichsstädte (Windsheim), Nr. 39 (Lit.). Vgl. OTTO TH. MÜLLER, Horbius.

[56] Zu Christian II., Pfalzgraf von Birkenfeld und Bischweiler s. Europ. Stammtaf. NF, Bd. I, 1, Tafel 102. Vgl. ANTONIE FRITSCH, Bischwiller, 55–58, 73 u. 122.

[57] [JOHANN HEINRICH HORB,] Erfordertes Bedencken. Zum Inhalt von Horbs Gutachten s. KURT ALAND, Spener-Studien, 36–39.

Abbildung 5. Windsheim z. Z. der Wirksamkeit Johann Heinrich Horbs. Kupferstich von 1686.
Aus: Der getreue Reiß-Gefert durch Ober- und Nieder-Teutschland, Nürnberg 1686.

Horb, der 1676 während einer Kur in Schwalbach a. d. Aar von einigen Frankfurter Pietisten stark beeinflußt worden war und eine Conversio erlebt hatte, versuchte schon in Trarbach Speners Reformprogramm in die Tat umzusetzen. Wie Johanna Eleonora von und zu Merlau, die spätere Ehefrau Johann Wilhelm Petersens[58], richtete er hier spezielle Kindererbauungsstunden ein, die bald zu Irritationen innerhalb der Gemeinde führten. Sein Kollege und schärfster Gegner, Diaconus Johannes Justus Arnoldi, bezichtigte ihn sogar der Heterodoxie. Die angerufene Theologische Fakultät der Universität Straßburg bekräftigte diesen Verdacht gutachterlich, worauf seine Entlassung eingeleitet wurde. In dieser mißlichen Situation erreichte ihn 1679 der Ruf nach Windsheim. An dessen Zustandekommen war übrigens der Rothenburger Superintendent Hartmann nicht unmaßgeblich beteiligt.[59] Bereits im Juli 1677 hatte er in einem Brief an Spener die Möglichkeit einer Berufung Horbs angesprochen, falls dieser bereit sei, mit den beengten und ländlichen Verhältnissen dieser kleinen Reichsstadt vorlieb zu nehmen.[60] Als

---

[58] Zur Reise des Ehepaars Petersen durch Franken (1706) s. Kap. IV, 124–126.

[59] Zu Horbs Berufung nach Windsheim und seine dortige Wirksamkeit s. PAUL SCHAUDIG, Pietismus, 4–22.

[60] s. Brief: Johann Ludwig Hartmann an Spener, 24. Juli 1677, in: PAUL SCHATTENMANN,

sich Horbs Lage in Trarbach immer mehr zuspitzte, bat Spener Hartmann, der am Schicksal seines Kollegen[61] lebhaften Anteil nahm, bei der Vermittlung einer neuen Stelle für seinen Schwager behilflich zu sein.[62] Als dann der inzwischen stellenlose Horb Ende 1678 oder Anfang 1679 Hartmann besuchte, wurde dieser gerade vom Windsheimer Magistrat um Mithilfe bei der Besetzung der Frühpredigerstelle gebeten. Er veranlaßte daraufhin Horb, sich zu bewerben und sandte seinerseits ein Empfehlungsschreiben an den Bürgermeister und Oberrichter Johann Georg Stellwag[63]. Nach einer Probepredigt faßte der Rat einstimmig den Beschluß, Horb die Stelle zu übertragen. Am 26. Januar 1679 hielt er – unter freudiger Anteilnahme der Gemeinde, aber spürbarer Reserve der Pfarrerschaft – seine Antrittspredigt.

In dieser kleinen fränkischen Reichsstadt, die im letzten Drittel des 17. Jahrhunderts nur etwa 300 Bürger hatte, wirkte Horb nun als Superintendent und Hauptpastor im Spenerschen Sinne. Hierbei wurde er von Anfang an von Diaconus Johann Augustin Lietzheimer[64], zugleich Pfarrer von Oberntief und Humprechtsau, unterstützt. Seit Juli 1679 hatte er in Johann Adolf Rhein[65] einen weiteren tatkräftigen Gesinnungsgenossen. Letzteren hatte er – dank der Vermittlung Speners – auf die durch den Tod von Pfarrer Johann Petermann[66] vakant gewordene Stelle des Vesperpredigers befördern können.

Da es aber bei Rheins Berufung sowie bei seiner Examinierung und Installation unter der Windsheimer Pfarrerschaft zu Unstimmigkeiten kam, beschloß der Magistrat am 29. Juli 1679 die Errichtung eines Konsistoriums. Seitens der Geistlichkeit wurde es mit Horb und Rhein besetzt, wodurch sich für den Spenerschen Pietismus gute kirchenpolitische Agitationsmöglichkeiten eröffneten.

Voller Tatendrang bemühte sich Horb, das gemeindliche Leben auf mannigfache Weise zu fördern. Um dieses Ziel zu erreichen, führte er Erbauungsstunden ein, in denen zunächst jeweils eine Bibelstelle kurz erklärt

---

Briefwechsel (1932), 37–38, Nr. 7.

61 s. Brief: Johann Ludwig Hartmann an Spener, 20. Juni 1678, in: PAUL SCHATTENMANN, Briefwechsel (1932), 41–42, Nr. 11.

62 s. Brief: Spener an [Johann Ludwig Hartmann], 27. August 1678, in: PHILIPP JAKOB SPENER, Briefe, hg. v. JOHANNES WALLMANN, Bd. 3, Nr. 188, Z. 217–221.

63 Zu Stellwag s. WERNER KORNDÖRFER, Windsheim, 201, 230–231 (Bürgerverzeichnis der Reichsstadt Windsheim 1677/1678).

64 Zu Lietzheimer s. MATTHIAS SIMON (Hg.), Pfarrerbücher der Reichsstädte (Windsheim), Nr. 53. Vgl. DIETRICH BLAUFUSS, Pietismus und Reichsstadt, 64–65; FRIEDRICH WILHELM KANTZENBACH, Pietismus in Ansbach, 295–299; WERNER KORNDÖRFER, Windsheim, 201 (Bürgerverzeichnis der Reichsstadt Windsheim 1677/1678).

65 Zu Rhein s. MATTHIAS SIMON, Pfarrerbücher der Reichsstädte (Windsheim), Nr. 86.

66 Zu Petermann s. MATTHIAS SIMON (Hg.), Pfarrerbücher der Reichsstädte (Windsheim), Nr. 79. Vgl. WERNER KORNDÖRFER, Windsheim, 201 (Bürgerverzeichnis der Reichsstadt Windsheim 1677/1678).

wurde. Anschließend tauschten die Teilnehmer ihre Erfahrungen aus, die sie in ihrem Heiligungsstreben gemacht hatten. Ferner verteilte er Bibeln und versuchte Mißstände im Beichtwesen zu beheben, indem er z. B. das Beichtgeld abschaffte und die Wahl des Beichtvaters freigab. Außerdem richtete er eine Kinderlehre ein, die es bislang in Windsheim noch nicht gegeben hatte. Für diese Kinderlehre war wohl vor allem Horbs Auslegung von Luthers Kleinem Katechismus gedacht, die er 1683 unter dem Titel „Der gründliche Wort-Verstand Des Kleinen Catechismi D. Martini Lutheri" herausgegeben hat. In diesem katechetischen Werk stellte er seinen Erläuterungen jeweils zunächst Luthers Ausführungen voran, um dann deren Begriffe – unter Beibehaltung der Frage-Antwort-Methode – im pietistischen Sinn zu interpretieren.

Daneben schenkte Horb den teilweise daniederliegenden schulischen Verhältnissen große Aufmerksamkeit. Besonders übte er – unterstützt von Rhein – Kritik an der Lateinischen Schule. Er forderte die Entlassung unfähiger Lehrer und die Berufung eines eigenen Inspektors. Einen solchen erhielt die Schule bereits 1680 in dem pietistisch gesinnten Daniel Kaspar Jacobi[67]. Dieser gebürtige Trarbacher hatte sich, nach seinem Studium in Gießen und Straßburg, von 1677 bis 1679 im Hause Speners als dessen Famulus aufgehalten. Jacobi wurde für die pietistische Bewegung in Windsheim aber nicht nur zur Stütze, sondern alsbald auch zur Belastung.

Entscheidend war, daß es Horb immer wieder gelang, die Unterstützung des Magistrats zu bekommen, besonders die des ersten Bürgermeisters Johann Georg Stellwag. Innerhalb der Pfarrerschaft hielt sich aber eine bedeutende antipietistische Partei. Hinzu kam, daß auch der Altbürgermeister Augustin von Keget[68], der nacheinander alle wichtigen Ämter – vom Scholarch bis zum Zinsherrn – innegehabt hatte, zu einem seiner Gegner wurde. Der wachsende Widerstand gegen den Pietismus resultierte vor allem aus dem stürmischen und hektischen religiösen Drängen Horbs, Rheins und Jacobis.

Zum offenen Konflikt kam es im Frühjahr 1681, als Keget den pietistischen Inspektor Jacobi wegen Vorkommnissen in seiner Straßburger Studienzeit scharf attackierte. Selbstverständlich wurde Horb mit in diese Angelegenheit involviert. Angesichts dieser Turbulenzen versuchte der Rothenburger Superintendent Kirchmayer, mäßigend auf Horb einzuwirken. Deshalb traf er sich mit ihm, in Anwesenheit von Stellwag und Rhein, Mitte Juni 1681 in dem unweit entfernten Markt Burgbernheim.[69] Seine Bemühungen

---

[67] Zu Jacobi s. Die Matrikel der Universität Gießen, hg. v. ERNST KLEWITZ u. KARL EBEL, Bd. 1, Gießen 1898, 69, Z. 11; Die Alten Matrikeln der Universität Strassburg 1621 bis 1793, bearb. v. GUSTAV C. KNOD, Bd. 1, Strassburg 1897, 646.

[68] Zu Keget s. ALFRED ROTH, Geschlecht Keget(h), bes. 143–147 und 155.

[69] s. Brief: Sebastian Kirchmayer an Spener, 22. Juni 1681, in: PAUL SCHATTENMANN, Briefwechsel (1932), 43–44, Nr. 3.

waren jedoch vergeblich, zumal nun auch der Jurist Tobias Balthasar Miltenberger[70] als hartnäckiger Gegner von Horb, Rhein und Jacobi auf den Plan trat, zunächst im Juli 1681 durch eine Schrift und im Januar 1682 durch eine Eingabe an den Magistrat. Wenige Wochen später mußte der pietistische Schulinspektor Jacobi Windsheim verlassen. Im selben Jahr verlor Horb auch seinen gleichgesinnten Kollegen Rhein[71], der eine Pfarrstelle in Mülheim am Rhein übernahm und gleichzeitig Prediger in Köln wurde.

Nachdem für Horb durch den Verlust dieser beiden Mitarbeiter die Situation in Windsheim immer schwieriger wurde, nahm er im Februar 1685 dankbar einen Ruf nach Hamburg auf das Hauptpastorat an der St. Nikolai Kirche an. Doch auch hier wurde er stark in die 1690 entbrannten antipietistischen Streitigkeiten involviert.[72] Nicht zuletzt aufgrund der hartnäckigen Agitationen Johann Friedrich Mayers, des lutherisch-orthodox gesinnten Hauptpastors an St. Jacobi, der nach Speners Urteil „seine affeckte(n) schwer zwingen konnte“ und bei dem noch „die eitelkeit der welt viel platz“ hatte[73], mußte er Ende 1693 auch aus Hamburg weichen.[74] In Schlems bei Hamburg, seinem Zufluchtsort, ist er zwei Jahre später gestorben.

Die pietistische Bewegung wurde in Windsheim nach dem Weggang von Rhein und Horb sowie nach dem Schwinden der einst erheblichen magistralen Unterstützung rasch schwächer und verebbte schließlich. Die lutherische Orthodoxie konnte das Feld behaupten. Dennoch war die kurze, hektische pietistische Phase wirkungsgeschichtlich gesehen nicht unerheblich. Horb hat nämlich in Windsheim auf Franz Daniel Pastorius[75], den Sohn des dortigen pietistischen Ratskonsulenten und Bürgermeisters Melchior Adam Pastorius[76], entscheidend eingewirkt. Letzterer war nach langen Studien, ausgedehnten Bildungsreisen und kurzer Wirksamkeit in der kleinen limpurgischen Residenzstadt Sommerhausen, wo er 1649 zur evangelischen Kirche konvertierte[77], 1659 nach Windsheim übergesiedelt. Hier gelang ihm dank verwandtschaftlicher Beziehungen seiner zweiten, in Windsheim geborenen

---

70 Tobias Balthasar Miltenberger, aus Schweinfurt gebürtig, erhielt im Mai 1680 in Windsheim das Bürgerrecht; freundliche Auskunft des Stadtarchivs/ Stadtbibliothek Bad Windsheim.

71 Über Rheins weiteren Lebensweg s. bes. PHILIPP JAKOB SPENER, Briefe, hg. v. JOHANNES WALLMANN, Bd. 3, Nr. 115, Anm. 1 (Lit.).

72 Zu den dortigen Streitigkeiten s. VOLKER GUMMELT, Mayer, 66–114 (Lit.).

73 PHILIPP JAKOB SPENER, L Bed., T. 3, 526–528 (Schreiben vom 3. Mai 1702), hier 527.

74 Über Horbs Ausweisung aus Hamburg s. MARTIN BRECHT, Spener, 350.

75 Zu Franz Daniel Pastorius s. DBA 933, 415–417; ADB 25, 21. Vgl. KARL HERMANN ZWANZIGER, Pastorius.

76 Zu Melchior Adam Pastorius s. WERNER WILHELM SCHNABEL, Pastorius. Vgl. ALFRED ROTH, Pastorius. Melchior Adam Pastorius, der auch ein produktiver Dichter und Schriftsteller war, siedelte 1698 nach Nürnberg über, wo er 1702 starb.

77 Über die Konversion von Melchior Adam Pastorius s. PAUL GENNRICH, Laienfrömmigkeit.

Frau und eigener Tüchtigkeit rasch der gesellschaftliche Aufstieg in die Honoratiorenschicht. Zu Horb unterhielt er freundschaftliche Beziehungen und zählte zu dessen Anhängern[78], wie auch ein ihm gewidmetes Anagrammgedicht[79] zeigt. Sein 1651 in Sommerhausen geborener Sohn Franz Daniel, der seine Jugend- und Schulzeit in Windsheim verbracht hatte, kehrte nach Abschluß seines Jurastudiums im November 1676 dorthin zurück, fand aber am juristischen Alltag seiner Rechtsanwaltskanzlei keine Befriedigung. Horb riet ihm deshalb 1679, nach Frankfurt am Main zu gehen; hier wurde er mit den Saalhofpietisten um Johann Jakob Schütz bekannt. Über sie lernte er William Penns Auswandererpläne kennen und reiste 1683 nach Nordamerika, um im Auftrag der „Teutschen Landcompagnie" in Pennsylvanien Land für religiös Verfolgte zu erwerben. Als dort im Oktober statt der erwarteten Frankfurter Pietisten 13 Familien aus Krefeld eintrafen, die zu den Quäkern und Mennoniten gehörten, gründete er für sie Germantown, die erste deutsche Siedlung in Nordamerika. Ferner gehörte Pastorius zu denen, die dort 1688 entschieden gegen die Negersklaverei protestiert haben.

Neben ihm hat noch ein zweiter, vom Pietismus beeinflußter Windsheimer weltgeschichtliche Bedeutung erlangt: Georg Wilhelm Steller[80], der „Hallesche Kolumbus"[81]. Er wurde 1709 als Sohn des Kantors und Organisten Johann Jakob Steller in Windsheim geboren und besuchte hier von 1713 bis 1729 das Gymnasium. Danach studierte er zunächst Theologie und dann Medizin an den Universitäten Wittenberg, Jena, Leipzig und Halle. Hier wurde er 1731 Informator am Waisenhaus. Später erforschte er Nordasien, den Nordpazifik und Nordwestamerika.

c) Nürnberg – Partielle Akzeptanz des Spenerschen Reformprogramms bei Theologen und Laien

Im Unterschied zu den kleineren Reichsstädten Rothenburg ob der Tauber und vor allem Windsheim hat sich der Spenersche Pietismus in der großen Reichsstadt Nürnberg erst später bemerkbar gemacht und insgesamt gesehen nur geringen Eingang gefunden. Das ist insofern erstaunlich, als Spener seine Aufmerksamkeit schon sehr früh und intensiv auf dieses bedeutende Zentrum der reformwilligen Orthodoxie gerichtet hat. In loser brieflicher Ver-

---

[78] s. ALFRED ROTH, Der Windsheimer Bürgermeister und Oberrichter Melchior Adam Pastorius als leistungsstarke Persönlichkeit der Barockzeit. Ein Beitrag zur süddeutschen Reichsstadtgeschichte (Masch.), StadtB Nürnberg, D 3895, bes. 56–59, 78–86.

[79] Das Gedicht findet sich gedr. in: MARION DEXTER LEARNED, Pastorius, 86–87.

[80] Zu Steller s. DBA 1221, 228–29; DBA NF 1261, 410; ADB 36, 33–36; HANS HÜNEFELD, Steller.

[81] Diese Bezeichnung benutzte Günter Mühlpfordt im Titel seiner Schrift Halle.

bindung hatte er schon mit Johann Michael Dilherr[82], dem Hauptprediger an St. Sebald und Antistes des Predigerministeriums, gestanden.[83] Da dieser jedoch bereits 1669 verstarb, konnte sich keine weitere Zusammenarbeit entwickeln. Auch gehörte Nürnberg, wie bereits bemerkt, zu den Städten, denen Spener seine Postillenvorrede gezielt mit der Bitte um Stellungnahme zugesandt hatte.[84] Zu Speners Nürnberger Briefpartnern gehörten ferner der Lyriker und Prosaist Sigmund von Birken[85], Poeta laureatus und Präses des Pegnesischen Hirten- und Blumenordens[86], sowie der Polyhistor Erasmus Francisci[87]. Dieser Korrektor des bedeutenden Verlagshauses Endter verfaßte neben Länder- und Sittenbeschreibungen, historischen und naturwissenschaftlichen Abhandlungen auch acht, teilweise mehrbändige, wiederholt aufgelegte Erbauungsschriften, die er mit emblematischen Kupfern versah.[88] In seinen Briefen[89] an Spener aus den Jahren 1684 und 1685 ging es vor allem um Böhme-Schriften und deren Rezeption, wobei er sich selbst als dezidierter Gegner des Görlitzer Schusters und der Böhmisten zu erkennen gab.

Wesentlich enger mit Spener verbunden war dagegen Pfarrer Tobias Winkler[90], der zu einem der aktivsten Vertreter der frühen pietistischen Bewegung nicht nur in Nürnberg, sondern in Franken überhaupt wurde. Er besuchte Spener 1673 zweimal in Frankfurt am Main, nahm an dessen Collegia pietatis teil und wurde von ihm in der Frankfurter Barfüßerkirche

---

[82] Zu Dilherr s. Kap. I, 19–25.

[83] Speners Briefe an Dilherr aus dem Jahr 1667 sind ediert in: PHILIPP JAKOB SPENER, Briefe, hg. v. JOHANNES WALLMANN, Bd. 1, Nr. 10 u. 13. Bezüglich der Korrespondenz s. DIETRICH BLAUFUSS, Spener-Arbeiten, 78 (Dilherr); THOMAS BÜRGER, Briefwechsel, 171. Briefe Dilherrs an Spener sind bislang nicht gefunden worden.

[84] s. MARTIN BRECHT, Spener, 313.

[85] Zu von Birken s. DBA 103, 319–346; 292, 207 u. 329, 197; DBA NF 126, 432–435; ADB 2, 660–661; NDB 2, 256–257; BBKL 1, 600–601. Über Birken als Kirchenliederdichter s. u. a. JOHANN CASPAR WETZEL, Hymnopoeographia, Bd. 1, 112–116. Lieder von Birken gedr. in: ALBERT FISCHER und WILHELM TÜMPEL, Kirchenlied, Bd. 5, 60–103.

[86] s. Brief: Spener an Sigmund von Birken, 15. Februar 1681, in: PHILIPP JAKOB SPENER, Bed., T. 4, 84–87; ediert in: BLAKE LEE SPAHR, Comet.

[87] Zu Francisci s. DBA 336, 19–46; 630, 359–360 u. 847, 424; ADB 7, 207.

[88] Hierzu s. bes. DIETMAR PEIL, Emblematik, 63–76 sowie Tafel VI, Abb. 8 u. Tafel VII–VIII.

[89] Drei Briefe von Erasmus Francisci an Spener aus den Jahren 1684 u. 1685 finden sich in AFSt Halle, A. 140; auszugsweise gedr. in: THEODOR WOTSCHKE, Neue Urkunden (1935), 166–168, Nr. 80 (17. 10. 1684); 168–171, Nr. 81 (o. D.); 171–174, Nr. 82 (2. 4. 1685). Ein Brief Speners an Francisci vom 21. 10. 1684 in: PHILIPP JAKOB SPENER, L Bed., T. 3, 339–345.

[90] Zu Winkler s. DBA 1378, 313–317; MATTHIAS SIMON, Nürnbergisches Pfarrerbuch, Nr. 1553. Vgl. MATTHIAS SIMON, Winkler.

ordiniert[91]. Später stand er mit ihm in Korrespondenz. 1701 widmete Spener ihm die zwölfte Abteilung seiner Leichenpredigten[92]; mit dieser Dedikation wollte er ihn an seine Ordination und zugleich an ihre fast 30jährige Freundschaft erinnern.

Winkler, 1648 in Nürnberg als Kaufmannssohn geboren, studierte in Leipzig, Altdorf und Straßburg – unterbrochen durch einen längeren Aufenthalt in Augsburg bei dem Spenervertrauten Spizel. Danach war er zunächst in verschiedenen Städten als schwedischer Gesandtschaftsprediger und dann in Amsterdam als Prediger der dortigen deutschen lutherischen Gemeinde tätig. 1680 wurde er in Nürnberg Diaconus an der Frauenkirche, drei Jahre später dort Pfarrer und Antistes. Am 2. Juni 1720 ist Winkler, seit mehr als zwei Jahrzehnten stark sehbehindert und schließlich fast völlig erblindet, gestorben.

Seit 10. Januar 1701 hielt Winkler jeweils montags zur „Seelen-Erbauung eine wochentliche Hauß Versammlung"[93] ab.[94] Seit ungefähr derselben Zeit veranstaltete auch sein Kollege Ambrosius Wirth Privaterbauungsstunden. Da dieser aber entscheidend vom Hallischen Pietismus geprägt war, wird später darauf einzugehen sein.[95] Über Inhalt und Verlauf der von Winkler initiierten Collegia pietatis sind Details bekannt, da über die einzelnen Zusammenkünfte Protokoll geführt wurde.[96] Man befaßte sich in den Erbauungsstunden, die Winkler leitete und nach einer festen Ordnung[97] durchführte, neben der Bibel auch mit christlichen Glaubenslehren. Teilnahmeberechtigt waren nur Lutheraner, die die öffentlichen Gottesdienste besuchten. Alle Männer konnten sich aktiv einbringen; dagegen war es Frauen lediglich erlaubt, Fragen zu stellen. Allerdings durften ausschließlich religiöse Themen angesprochen werden; auch war es den Konventikelbesu-

---

91 s. DIETRICH BLAUFUSS, Pietismus und Reichsstadt, 68.

92 s. PAUL GRÜNBERG, Spener, Bd. 3, 229, Nr. 100.

93 Protocoll des was wöchentlich am Montag in dem Collegio Pietatis bey Herrn Prediger Wincklers Excell[en]z erkläret, geredet, und gehandelt wird (zukünftig: Protocoll), StadtB Nürnberg, Solger Ms. 35, 4°.

94 Über diese Konventikel s. FRIEDRICH WILHELM KANTZENBACH, Geschichte der Collegia pietatis in Nürnberg; MATTHIAS SIMON, Winkler.

95 Zu den von Wirth veranstalteten Konventikeln s. Kap. III, 91–93.

96 Das Protokollbuch ist in zwei Exemplaren erhalten: Protocoll, StadtB Nürnberg, Solger Ms. 35, 4° (dieses Protokollbuch umfaßt die Konventikel vom 10. Januar 1701 bis 23. Oktober 1702, in denen der Epheserbrief behandelt wurde); Protocoll des was wöchentlich am Montag in dem Collegio Pietatis bey Herrn Prediger Wincklers Hochwürden erkläret, geredet und gehandelt wird (zukünftig: Protocoll), LKA Nürnberg, Fen. IV. 913, 2° (dieses Protokollbuch umfaßt die Konventikel vom 10. Januar 1701 bis 11. August 1704, in denen vom 10. Januar bis 6. November 1702 der Epheserbrief und vom 13. bzw. 20. November 1702 bis 11. August 1704 christliche Glaubenslehren anhand von ausgewählten Bibelstellen behandelt wurden).

97 Bezüglich der Satzungen s. Protocoll, StadtB Nürnberg, Solger Ms. 35, 4°, 1–8; gedr. in: ADAM RUDOLF SOLGER, Bibliotheca, Bd. 1, 242–250.

chern streng untersagt, Pfarrer oder Gemeindeglieder in deren Abwesenheit zu kritisieren. Die Versammlungen verliefen in der ersten Zeit, in der man monatelang den Epheserbrief behandelte, in drei Abschnitten: Zunächst wurde der Bibeltext erklärt, dann erfolgte eine lehrmäßige Zusammenfassung, schließlich wurden Fragen zu theologischen oder ethischen Themen beantwortet; diese wurden zumeist in Zusammenhang mit den behandelten Bibelversen gestellt. So wurden die Teilnehmer anläßlich der Besprechung von Kapitel 4 Vers 1 – mit seinem Aufruf zu einem sittlichen Verhalten – darüber belehrt, daß es einem Christen an sich verboten sei, „mit Würfflen und Karten zu spielen", es sei denn, wenn „er nach großer außgestandener Krankheit, oder wichtigen Geschäfften, Ruhe und Erquickung" nötig habe[98]. Auf die Nachfrage, ob Lotteriespiele gestattet seien, wurde bemerkt, daß nur diejenigen „so zum Nuz, und Vortheil derer Armen angesehen und gemeynet sind, ohne Zweiffel zuläßig seyen; die übrige aber, welche mit Hoffnung eines großen Gewinns, viel Leute anlocken, das ihrige zu wagen, und vieles zu verlieren, können von Gewinnsucht, Geiz und Ungerechtigkeit nicht wol entschuldigt werden". Anläßlich der Beschäftigung mit Eph 5, 8 wurde die Frage aufgeworfen, ob man Kriegsleuten vor dem Gefecht und Delinquenten vor der Exekution Wein zu trinken geben dürfe. Ersteres wurde bejaht, sofern „der Krieg [...] rechtmäßig seye, und rechtmäßig geführet werde"; letzteres wurde ebenfalls akzeptiert, sofern „nicht das Haupt eingenommen, die guten Gedanken und angefangene Vorbereitung zum Tode verstöret, und also der natürliche und zeitliche Schrecken, etwa mit ewigen Unheil abgekaufft werde"[99]. In Zusammenhang mit Eph 6, 5–8 kam man ausführlich auf das Sklavenproblem und die Leibeigenschaft zu sprechen. Dazu meinte Winkler, sofern ein Christ sich darauf einlasse, müsse er „mit dem Knecht gelind und billig verfahren", und wenn „er noch ohne Christo wäre, Ihn ernstlich suchen zu Christo zu bringen"[100]. Wie die Protokolle aufweisen, wurden dann in den Konventikeln von November 1702 bis August 1704 dogmatische und ethische Fragen des christlichen Glaubens ausschließlich anhand einer einzigen Bibelstelle behandelt. Da aber nur Thematik und Bibelvers notiert wurden, ist über den Verlauf dieser Versammlungen nichts bekannt; vermutlich behielt man aber die bisherige Praxis bei.

Diese auf hohem Niveau durchgeführten Collegia pietatis mußten jedoch aufgrund eines obrigkeitlichen Mandats vom 16. Juli 1708 eingestellt werden.[101] Anlaß dieses Konventikelverbots waren wohl weniger deren Teilneh-

---

[98] Protocoll, StadtB Nürnberg, Solger Ms. 35, 4°, 465 (5. Dezember 1701); das folgende Zitat ebd., 466. Vgl. Protocoll, LKA Nürnberg, Fen. IV. 913. 2°, 224.

[99] Protocoll, StadtB Nürnberg, Solger Ms. 35, 4°, 897 (23. Mai 1702). Vgl. Protocoll, LKA Nürnberg, Fen. IV. 913. 2°, 370.

[100] Protocoll, StadtB Nürnberg, Solger Ms. 35, 4°, 1092 (7. August 1702). Vgl. Protocoll, LKA Nürnberg, Fen. IV. 913. 2°, 430.

[101] Über diese Anordnung s. Kap. V, 202.

mer, als vielmehr – abgesehen von anderen Vorkommnissen – die religiösen Wirrnisse, die seit Oktober 1707 die vermeintlichen Visionen und Auditionen von Winklers Sohn Gottfried ausgelöst und seinen Vater involviert hatten.

Zu den Sympathisanten oder vielleicht sogar Anhängern des Spenerschen Pietismus in Nürnberg kann auch David Nerreter[102] gerechnet werden. 1649 in Nürnberg als Sohn eines Messerschmieds geboren, studierte er Theologie in Altdorf und Königsberg. Nach Erlangung der Magisterwürde trat er zunächst als Hofmeister von zwei Adligen seine Peregrinatio academica nach Skandinavien und Rußland an. Anschließend besuchte er für kurze Zeit das Seminarium Candidatorum Ministerii in Altdorf und hielt dort gleichzeitig als Mitglied der Philosophischen Fakultät Collegia philosophica et poetica. 1677 wurde er von Reichsfürst Albrecht Ernst I. von Oettingen[103] als Hofkaplan in dessen Residenzstadt Oettingen berufen. 1694 wechselte er in seine Geburtsstadt über, wo er zunächst Diaconus an der Heilig Geist Kirche, ein Jahr später Prediger an St. Lorenz und 1696 Pfarrer in der Vorstadt Wöhrd wurde.

In Nürnberg setzte er seine schon in Oettingen begonnene literarische Tätigkeit fort; jedoch beschäftigte er sich nun vor allem mit religionswissenschaftlichen und kirchengeschichtlichen Themen.[104] 1701 gab er unter dem Titel „Der Wunderwürdige Juden- und Heiden-Tempel" eine Schrift des englischen Religionshistorikers Alexander Ross heraus[105]. Dessen mehrteiliges Werk „A View of All the Religions in the World" hatte er nicht nur übersetzt, sondern auch mit zahlreichen, ausführlichen und kritischen Zusätzen versehen. Ausgestaltet mit vielen Illustrationen, zeigt es deutlich, welche profunden religionsgeschichtlichen Kenntnisse Nerreter besessen hat. Seine wichtigste islamkundliche Arbeit, die „Neu eröffnete Mahometanische Moschea", erschien zwei Jahre später. Unter Rückgriff auf das sechste Kapitel des „Unterschiedlichen Gottesdienstes" von Ross, das er ebenfalls ins Deutsche übertragen und mit vielen erläuternden Zusätzen versehen hat, präsentierte er im ersten Teil dieses voluminösen Werks sein Mohammedbild und sein Islamverständnis. Für ihn war Mohammed der „Ertzbetrüger"[106], der auf Antrieb Satans „nebst sich so viel tausend Menschen verderbt, und einen grossen Theil der Erden-Welt bezaubert hat". Er habe das deshalb bewirken können, weil die Christenheit im sechsten Jahrhundert unter sich

---

[102] Zu Nerreter s. DBA 889, 65–89; ADB 23, 437; Pfarrerbuch Bayerisch-Schwaben, Nr. 870; MATTHIAS SIMON, Nürnbergisches Pfarrerbuch, Nr. 936. Vgl. WOLFGANG WIESSNER, Nerreter.

[103] Zu Albrecht Ernst I., Fürst zu Oettingen s. u. a. auch Europ. Stammtaf. NF, Bd. XVI, Tafel 101.

[104] Nerreters kirchengeschichtliche und vor allem religionsgeschichtliche Arbeiten tragen stark apologetischen Charakter.

[105] Hierzu u. dem Folgenden s. EDGAR C. MCKENZIE, Catalog, Nr. 1467, 1468, 1469, 1470, 1471.

[106] DAVID NERRETER, Moschea, Vorwort (unpaginiert); die folgenden Zitate ebd.

uneins gewesen sei und über Gottes Wort lieber disputiert als danach gelebt habe. Daher sei es nicht verwunderlich, daß es dem Islam gelungen ist, sich so rasch und mächtig in Asien, Afrika und Teilen Europas auszubreiten. Damit sich die Leser von der Richtigkeit seines Urteils über den Islam überzeugen konnten, bot Nerreter im zweiten Teil seines Werks eine Übersetzung des Korans, der seiner Meinung nach „die ganze Mohametanische Lehr“ enthalte.

Die von Nerreter 1707 in Nürnberg publizierte Schrift „Schau-Platz Der Streitenden doch unüberwindlichen Christlichen Kyrchen“ läßt sein Anliegen einer Annäherung oder sogar Einigung der christlichen Konfessionskirchen deutlich hervortreten. Unter Zugrundelegung des siebten Kapitels aus dem „Unterschiedlichen Gottesdiensts“ von Ross entfaltete Nerreter in umfangreichen Zusätzen sein Verständnis von Anfang und Ausbreitung des Christentums in der antiken Welt sowie seine Vorstellung über die Entstehung und Entwicklung des Islams, über die Verfolgungen der wahren Kirche, über das Aufkommen von Häresien und deren geschichtliche Ausformungen sowie über Kirchenspaltungen, die es nun zu überwinden gelte. Dies könne nach Nerreter aber nicht durch Lehrgespräche erreicht werden; denn das wäre der Versuch, „alle Köpfe unter einen Hut bringen“[107] zu wollen. Vielmehr müsse auf das „seeligmachende purlautre Wort GOttes (wie es in der ersten reinen und allgemeinen oder Catholischen Christlichen Kyrchen verstanden worden/ und in denen Haubt-Stücken des Catechismi begriffen ist)“[108], zurückgegriffen werden. Deshalb veröffentlichte Nerreter am Schluß des „Schau-Platzes“ auch erneut seine 1688 publizierte katechetische Schrift „Beweglicher Kurzer Begriff des Thätigen oder zeitlich – ewig – waarhafftig – seeligmachenden Christentums“[109]. Ausdrücklich merkte er darin an, daß Spener diese Schrift mit folgendem „Verßlein“[110] empfohlen habe: „Was grosse Bücher sonst mit vielen ausgeführet// Vom Weg zur Seeligkeit/ wird hier nur kurtz berühret// Und dannoch so/ dass auch sich hier antreffen lässt// Was alles Christentum waarhafftig in sich fässt“. Im „Schau-Platz“ bekundete er auch seine Sympathie für den kirchlichen Pietismus. In diesem habe sich, so schrieb er, „zu unsern Zeiten die Begierde und Hoffnung zu etwas bessers in dem Christentum zur Gottseeligkeit“ überall geregt und ausgebreitet.[111] Zwar wurde der Pietismus „zum Spott- oder Kätzer-Name[n] gemacht, weil der Daifel allerhand Scheinheilige mit einschobe. Doch hat man ausser der gedachten Isabel [Isebel] und so genannten Mutter Eva [sc. Eva Margaretha von Buttlar] samt ihrem Anhang eben

---

[107] DAVID NERRETER, Schau-Platz, Vorrede (unpaginiert).
[108] DAVID NERRETER, Schau-Platz, Vorrede (unpaginiert).
[109] DAVID NERRETER, Schau-Platz, 1145–1192.
[110] DAVID NERRETER, Schau-Platz, 1145.
[111] DAVID NERRETER, Schau-Platz, 969; folgende Zitate ebd., 969–970.

noch nicht von dergleichen unreinen Heiligkeit viel gehört, ohne wo sich zuweilen bey einem und andern die Boßheit heimlich gereget hat".

Ebenfalls 1701 erschien in Nürnberg „D[avid] N[erreters] zu dem Lobe GOttes angestellte Geistliche Sing-Schul" in zwei Teilen[112]. Dieses Liederbuch publizierte Nerreter, der schon 1670 – gegen Ende seines Studiums in Altdorf – durch Sigmund von Birken zum Poeta laureatus gekrönt und unter dem Namen „Filemon" in den Pegnesischen Blumen-orden aufgenommen worden war, 1707 in zweiter Auflage unter dem Titel „Zum Lobe GOttes angestellte Neue Geistliche Sing-Schul". Neben vielen Chorälen bekannter evangelischer Dichter findet sich hier eine Reihe von Liedern, die er selbst verfaßt hat. Sie atmen alle pietistische Frömmigkeit und kreisen besonders um die Themen Sünde, Gnade, Heiligung und Gottvertrauen. Bemerkenswert ist eine mystisch gefärbte Jesusfrömmigkeit, wie sie beispielsweise in seinem Lied „Schmeichle mir mit falschen Blicken" zum Ausdruck kommt. Die fünfte Strophe lautet: „Nein/ ich will bey Jesu bleiben/ er allein ist meine Lust: Ihm will ich mich einverleiben; in der aufgeritzten Brust ruhet meine Seel vergnügt/ die an Gottes Hertze liegt: Ich will solches Freuden-Leben um die gantze Welt nicht geben[113]." 1709 verließ Nerreter Nürnberg, um in Stargard als Nachfolger von Speners Schwager Günther Heiler die Generalsuperintendentur des Herzogtums Hinterpommern und des Fürstentums Cammin zu übernehmen.

Einen kleinen Stützpunkt hatte der Spenersche Pietismus außer in der Reichsstadt selbst in dem Nürnberger Landstädtchen Altdorf. An der dortigen Universität wirkte seit November 1674 Daniel Wilhelm Moller[114] als Professor für Metaphysik und Historie. Dieser Polyhistor kannte Spener von seiner Studienzeit in Straßburg her, hatte ihn 1672 in Frankfurt besucht und stand auch mit ihm in Korrespondenz[115]. Er übersandte ihm ein Portrait des „B[eati] Arndii" mit Versen von Johann Georg Dorsche, wofür dieser ihm dankte und versicherte: „Occasionem quaeram, ut illi iterum in plures veniant manus et plurium subeant oculos atque afficiant mentes. [Ich werde eine Gelegenheit suchen, daß jene wiederum in viele Hände gelangen und unter die Augen vieler kommen und die Gemüter anregen.]"[116] Trotz aller

---

[112] Hierzu u. zum Folgenden s. DIETER WÖLFEL, Nürnberger Gesangbuchgeschichte, 189–191.

[113] [DAVID NERRETER (Hrsg.),] Geistliche Sing-Schul, 582; [DERS.,] Neue Geistliche Sing-Schul, 445.

[114] Zu Moller s. DBA 850, 402–412; 855, 26–47 u. 133–140; 857, 28 u. 917, 53; DBA NF 907, 108; ADB 22, 124.

[115] Speners Briefe an Moller aus den Jahren 1673–1678 sind ediert in: PHILIPP JAKOB SPENER, Briefe, hg. v. JOHANNES WALLMANN, Bd. 1, Nr. 169, 187, 196, 205, 210, 212; Bd. 2, Nr. 39, 104; Bd. 3, Nr. 72, 199. Zur Korrespondenz vgl. DIETRICH BLAUFUSS, Spener-Arbeiten, 88 (Müller) u. 137 (Moller).

[116] Brief: Spener an Daniel Wilhelm Moller, 20. September 1675, in: PHILIPP JAKOB SPENER, Briefe, hg. v. JOHANNES WALLMANN, Bd. 2, Nr. 39, Z. 26–28.

Wertschätzung soll Spener aber Moller wegen seiner vielfach abstrusen Disputationsthemen, wie beispielsweise über den „Hut“ oder über die „Altdorfischen Kästleins-Wägen“, kritisiert haben.[117] 1692 heiratete Moller in zweiter Ehe Helena Sybilla[118], die einzige Tochter seines Kollegen Johann Christoph Wagenseil, die wegen ihrer Gelehrsamkeit und Sprachkenntnisse von den Zeitgenossen bewundert wurde.

Auch mit Mollers Schwiegervater Wagenseil[119] stand Spener sporadisch in brieflicher Verbindung.[120] Allerdings kann dieser gebürtige Nürnberger, der in Altdorf nacheinander Professor für Geschichte und öffentliches Recht, orientalische Sprachen und kanonisches Recht gewesen war, nur bedingt zu den Anhängern des Pietismus gerechnet werden.[121] Spener schätzte ihn, der sich in mehreren Schriften mit den Juden teils polemisch, teils apologetisch und missionarisch auseinandersetzte, mit Recht als einen profunden Kenner der jüdischen Literatur.[122] Deshalb konsultierte er ihn vor allem wegen des Problems, wie mit den Juden adäquat umzugehen sei.[123]

In Nürnberg und seinem Universitätsstädtchen Altdorf gab es also einige einflußreiche Persönlichkeiten, die mit Spener in persönlichem oder brieflichem Kontakt standen. Um eine teilweise Verwirklichung seiner Reformvorschläge, vor allem hinsichtlich der Einführung von Collegia pietatis, hat sich jedoch eigentlich nur Pfarrer Tobias Winkler bemüht und ist dabei alsbald auf erheblichen Widerstand seitens der lutherisch-orthodox gesinnten Obrigkeit gestoßen.

---

[117] GEORG ANDREAS WILL, Nürnbergisches Gelehrten-Lexicon, Bd. 2, 640–649, hier 643.

[118] Zu Wagenseil, Helena Sybilla s. DBA 1321, 114–115.

[119] Zu Wagenseil s. DBA 1321, 103–105, 116–154; DBA NF 1354, 325–329; ADB 40, 481–483; EJ 16, Sp. 239–240. Vgl. u. a. FRIEDRICH DIECKMANN, Judenmissionsprogramm, passim; MARTIN FRIEDRICH, Abwehr, passim; J[OHANN] F. DE ROI, Christenheit, Bd. 1, bes. 90–93.

[120] Zur Korrespondenz zwischen Wagenseil und Spener s. DIETRICH BLAUFUSS, Spener-Arbeiten, 98 (Wagenseil) u. 140 (Wagenseil).

[121] Hierzu u. dem Folgenden s. bes. MARTIN FRIEDRICH, Abwehr, passim.

[122] Wagenseil besaß eine umfangreiche Bibliothek mit etwa 600 Titeln, insbesondere mit vielen hebräischen, abessinischen, arabischen, griechischen, japanischen, persischen und syrischen Schriften. Vgl. HARTMUT BOBZIN u. HERMANN SÜSS (Hg.), Sammlung Wagenseil Katalog. Die Sammlung Wagenseil Microfiche-Edition. Vgl. GABRIELE STEINMACHER, Sammlung Wagenseil.

[123] s. Briefe: Spener an Johann Christoph Wagenseil, 21. Dezember 1682, in: PHILIPP JAKOB SPENER, Cons., T. 2, 81–83. Vgl. Brief: Ders. an [Elias Veiel], 4. August 1682, in: PHILIPP JAKOB SPENER, Cons., T. 3, 836–839, hier 837. Vgl. PHILIPP JAKOB SPENER, Bed., T. 4, 94–95.

2. *Anhänger und Sympathisanten Speners in den Markgrafschaften Brandenburg-Bayreuth und Brandenburg-Ansbach*

Markgrafschaft Brandenburg-Ansbach

In diesem Territorium standen letztlich nur zwei einflußreichere Theologen dem Spenerschen Pietismus nahe oder sympathisierten wenigstens zeitweise mit ihm: Heinrich von der Lith und Johann Christoph Meelführer. Von der Lith[124], 1648 in Verden geboren, war nach seinem Studium in Jena dort 1671 Magister und vier Jahre später Adjunkt der Philosophischen Fakultät geworden. 1676 wurde er – inzwischen zum Lizentiaten der Theologie kreiert – in Jena Prediger, folgte jedoch noch im selben Jahr einem Ruf nach der Residenzstadt Ansbach als Pfarrer, Kirchen- und Konsistorialrat. Von der Lith stand mit Spener in brieflichem Kontakt[125] und äußerte sich zustimmend zu seinen „Pia Desideria".[126] Als er bereits im August 1682 – 34jährig – verstarb, verfaßte Spener, der große Hoffnungen auf ihn gesetzt hatte[127], ein lateinisches Epicedium[128].

Der aus Ansbach gebürtige Meelführer[129], der in Altdorf, Wittenberg, Straßburg und Gießen Theologie studiert und sämtliche akademische Grade erworben hatte, war seit 1673 Dekan in der markgräflichen Stadt Schwabach. Während seines Studiums in Straßburg hatte er Spener kennengelernt und korrespondierte spätestens seit 1672, als er noch an der Universität Gießen war, mit ihm.[130] Aus dem erhaltenen Briefwechsel, der jedoch nur bis

---

[124] Zu von der Lith s. DBA 772, 161-163, 195-196; MATTHIAS SIMON, Ansbachisches Pfarrerbuch, Nr. 1756 (Lit.). Vgl. FRIEDRICH WILHELM KANTZENBACH, Pietismus in Ansbach, 286–299.

[125] Speners Brief an von Lith und von Liths Briefe an Spener aus dem Jahr 1677 sind ediert in: PHILIPP JAKOB SPENER, Briefe, hg. v. JOHANNES WALLMANN, Bd. 3, Nr. 92 u. 230.

[126] s. Brief: Heinrich von der Lith an Spener, 23. Juli 1677, in: PHILIPP JAKOB SPENER, Briefe, hg. v. JOHANNES WALLMANN, Bd. 3, Nr. 230, Z. 1–10. Vgl. DIETRICH BLAUFUSS, Speners Verteidigung, 89–94.

[127] s. Brief: Spener an [Johann Ludwig Hartmann], 29. September 1676, gedr. in: PHILIPP JAKOB SPENER, Briefe, hg. v. JOHANNES WALLMANN, Bd. 2, Nr. 106, Z 45–47.

[128] LP vorh. in StadtA Hof a. d. Saale. Vgl. FRITZ ROTH, Restlose Auswertungen von Leichenpredigten und Personalschriften für genealogische Zwecke, Bd. 1, Boppard/Rhein 1959, R 994.

[129] Zu Meelführer s. DBA 818, 362 u. 388–392; MATTHIAS SIMON, Ansbachisches Pfarrerbuch, Nr. 1901. Vgl. HERMANN CLAUSS, Untersuchungen, 113–117; OTTMAR KREPPEL, Meelführer. Weiterführend ist auch das Konvolut „Meelführer" im Nachlaß von Ottmar Kreppel, LKA Nürnberg, Personen XXXIII (Kreppel), Nr. 5.

[130] Speners Briefe an Meelführer aus den Jahren 1672–1677 sind ediert in: PHILIPP JAKOB SPENER, Briefe, hg. v. JOHANNES WALLMANN, Bd. 1, Nr. 125, 149, 162, 190; Bd. 3, Nr. 90. Zur Korrespondenz zwischen Spener und Meelführer vgl. OTTMAR KREPPEL, Meelführer.

1677 dauerte[131], wird deutlich, daß er nicht zu dessen engerem Bekanntenkreis gehörte. Dennoch stand er mit anderen Spenerkorrespondenten aus dem süddeutschen Raum in brieflichem und persönlichem Kontakt, so besonders mit Hartmann und Veiel.[132] Allerdings wurde er gegenüber dem Pietismus allmählich zurückhaltender. Als es dann seit 1701 in Altdorf wegen des Auftretens radikaler Pietisten zu Streitigkeiten kam, wurde sein Schulterschluß mit der lutherischen Orthodoxie immer enger. Hierfür ist die Beendigung seines Briefwechsels mit dem Altdorfer Theologieprofessor Johann Michael Lang[133], dem Wortführer der dortigen Pietisten, im Sommer 1702 symptomatisch.[134] Meelführer, der allein schon aufgrund seiner Sammelleidenschaft für Dissertationen über theologische Strömungen seiner Zeit gut informiert war, kann also nur anfänglich als Sympathisant des Spenerschen Pietismus gelten. Allerdings stand er einigen seiner Anliegen, besonders der Bibelverbreitung, auch späterhin aufgeschlossen gegenüber. Auf Wunsch Markgraf Georg Friedrichs[135] gab er 1702 eine reich illustrierte Bibel mit Luthers Vorreden zu den biblischen Schriften sowie neuen Summarien und Anmerkungen im Quartformat heraus[136], versehen mit einer Vorrede der Mitglieder der Theologischen Fakultät in Altdorf und einem von ihm verfaßten Vorwort. Eine zweite Ausgabe erschien 1707 im handlichen Oktavformat. Gestorben ist Meelführer, der in seinen letzten beiden Lebensjahren krankheitsbedingt die Kanzel nicht mehr besteigen konnte, nach langem Siechtum am 5. Oktober 1708 in Schwabach.

Markgrafschaft Brandenburg-Bayreuth

Wesentlich stärker als in der Markgrafschaft Brandenburg-Ansbach machte sich der Spenersche Pietismus in der Markgrafschaft Brandenburg-Bayreuth bemerkbar. Protegiert wurde er hier offensichtlich von dem Geheimen Rat Johann Conrad von Scheres[137], genannt Zieritz, der seit 1667 im markgräflichen Dienst stand. Obgleich er sicherlich nicht als Pietist gelten kann, stand er dem Pietismus aufgeschlossen gegenüber; jedenfalls hatte er mannigfache Verbindungen zu dessen Anhängern. Bereits nach dem Tod von Generalsuperintendent Caspar von Lilien 1687 schlug er Markgraf Christian Ernst[138] vor, Spener als Leiter des Kirchenwesens zu berufen. Dazu ist es zwar nicht

---

[131] s. OTTMAR KREPPEL, Meelführer, 1.
[132] s. OTTMAR KREPPEL, Meelführer, passim.
[133] Zu Lang s. bes. Kap. III, 98–101 u. Kap. V, 183–187 u. 201–202.
[134] s. OTTMAR KREPPEL, Meelführer, 12.
[135] Zu Georg Friedrich, Markgraf von Brandenburg-Ansbach s. Europ. Stammtaf. NF, Bd. I, 1, Tafel 141.
[136] s. Deutsche Bibeldrucke, E 1027.
[137] Zu von Scheres s. DBA 1412, 98–103. Vgl. CURT HÖFNER, Scheres gen. Zieritz.
[138] Zu Christian Ernst, Markgraf von Brandenburg-Bayreuth s. Kap. I, 28, Anm. 102.

gekommen, aber möglicherweise ist es seiner Einflußnahme zu verdanken, daß der Spenerkorrespondent Johann Heinrich Hassel 1688 als zweiter Hofprediger nach Bayreuth kam.[139]

Hassel[140], um 1640 in Osnabrück geboren, hatte in Straßburg studiert, wo besonders der von Spener geschätzte Johann Konrad Dannhauer sein Lehrer war. 1666 wurde er Hebräischlehrer in der kleinen Residenzstadt Sulzbach, am Hof des Pfalzgrafen Christian August von Sulzbach[141], und zwei Jahre später Pfarrer in Markt Vohenstrauß, einer evangelischen Enklave in der von Kurfürst Maximilian von Bayern gewaltsam rekatholisierten Oberpfalz. Von hier mußte er jedoch zehn Jahre später wegen kontroverstheologischer Querelen mit den Kapuzinern weichen.[142] Über Frankfurt am Main, wo er Spener, mit dem er in der Folgezeit korrespondierte, besuchte[143], kam er als Adjunkt des lutherischen Pfarrers Hofmann[144] nach Düsseldorf.[145] Da der wahrscheinlich schon in seiner Jugend auf Reputation bedachte Hassel sich in der unansehnlichen Gemeinde offensichtlich von Anfang an nicht wohl gefühlt hatte, verließ er diese Stelle bereits nach etwa einem halben Jahr wieder und übernahm im Herbst 1683 die markgräfliche Pfarrei Diespeck bei Neustadt an der Aisch. Von hier wurde er 1688 – nach Auseinandersetzungen mit dem streitsüchtigen Neustädter Superintendenten Johann Wolfgang Braunwald[146] – als zweiter Hofprediger nach Bayreuth berufen.

In seinem neuen Wirkungskreis setzte sich Hassel alsbald mit Eifer für die Erneuerung des christlichen Lebens ein. Dazu sollten ihm vor allem die „privat-Versammlung[en]"[147] dienen, die er regelmäßig in der Schloßkapelle abhielt. Diese besuchten nicht nur der Markgraf und seine Gemahlin mit Prinzen und Prinzessinnen sowie Adlige – „der gantze Hof und alles in der

---

139 So auch MATTHIAS SIMON, Kirchengeschichte Bayerns, Bd. 2, 463; vgl. dagegen CURT HÖFNER, Scheres gen. Zieritz, 210–211 u. 222–223.

140 Zu Hassel s. DBA 482, 370-373; DBA NF 531, 323; MATTHIAS SIMON, Bayreuthisches Pfarrerbuch, Nr. 941. Vgl. VOLKER WAPPMANN, Pietismus und Politik (Lit.).

141 Zu Christian August, Pfalzgraf von Sulzbach s. Kap. I, 40–41.

142 s. VOLKER WAPPMANN, Durchbruch, 201–203.

143 Briefe Speners an Hassel finden sich im StA Coburg (LA J 232); Abschriften in UuFB Erfurt/Gotha (Chart. A 297). Davon gedr. bzw. ediert in: VOLKER WAPPMANN, Pietismus und Politik, 58–59 (24. Februar 1683); PHILIPP JAKOB SPENER, Bed., T. 3, 874–877 (11. Juni 1691).

144 Zu Hofmann s. VOLKER WAPPMANN, Pietismus und Politik, 40–41.

145 Hierzu s. auch: Friedrici Brecklingii Catalogus Theodidactorum et Testium Veritatis inter Nos, UuFB Erfurt/Gotha, Chart. A 306, 202–204. Vgl. die Briefe Speners an Hassel während seiner Wirksamkeit in Düsseldorf, datiert vom 3. Januar u. 24. Februar 1683, StA Coburg, LAJ 232, fol. 119–120; letzterer ediert in: VOLKER WAPPMANN, Pietismus und Politik, 58–59.

146 Zu Braunwald s. DBA NF 171, 256; MATTHIAS SIMON, Bayreuthisches Pfarrerbuch, Nr. 222.

147 ROSINA DOROTHEA RUCKTESCHEL, Eröffnete Correspondenz, 2. Fortsetzung, 1. Sendschreiben, 18; die folgenden Zitate ebd.

Cantzeley" –, sondern auch Männer und Frauen aus der Bevölkerung. Handwerkern war die Teilnahme deshalb möglich, weil die Veranstaltungen erst nach Feierabend um sieben Uhr stattfanden. Diese Zusammenkünfte hatte man aber auch darum so spät angesetzt, weil „die Dämmerung sowohl Nachts als Früh wie allen geübten Seelen bekandt eine sondere Zeit zur Erweckung der Andacht ist". Zu den sehr wenigen Pfarrern, die des öfteren von auswärts zu diesen Versammlungen anreisten, gehörte Pfarrer Georg Schilling[148] aus Zell bei Münchberg.[149] Auch seine Tochter Rosina Dorothea[150], die sich schon in frühester Jugend exorbitanten Frömmigkeitsübungen unterworfen, Werke von Tauler, Thomas von Kempen und Arndt gelesen und pietistische Gedichte verfaßt hatte und später im radikalen Pietismus Frankens eine nicht unbedeutende Rolle spielen sollte[151], nahm an diesen Versammlungen teil.[152] Hassel, der zeitlebens zölibatär lebte, wurde für sie zum „auserwählten Rüst-Zeug". Vor allem versuchte er sie in der Auffassung zu bestärken, die Ehelosigkeit ermögliche ein intensiveres Glaubensleben und stehe deshalb qualitativ höher als der Ehestand. Unter Bezug auf I Kor 7, 17 meinte er: „Ein jeglicher wie ihn der Herr beruffen hat, also wandele er, bist du an ein Weib gebunden, so suche nicht loß zu werden. NB. Bist du aber loß vom Weibe so suche kein Weib". Hassel führte seine Veranstaltungen in der Schloßkapelle unter dialogischer Einbeziehung der Teilnehmer durch. Als sich dagegen vor allem seitens der Pfarrerschaft Widerspruch erhob, hielt er sechs Predigten, in denen er anhand des Neuen Testaments sowie der Kirchenväter zu beweisen versuchte, „daß die Christliche Kirche nicht hätte können erbauet werden/ wo es nicht in Frag und Antwort bestanden wäre/ wie dann Christus und der Apostel Frage und Antwort so in den Jüdischen und andern Tempeln geschehen/ Zeuge genug davon ist"[153].

---

[148] Zu Schilling s. DBA 1102, 287; MATTHIAS SIMON, Bayreuthisches Pfarrerbuch, Nr. 2153.

[149] Über Schillings Beziehungen zu Hassel s. die Notizen von Ernst Salomon Cyprian u. die Brieffragmente: Georg Schilling an Johann Heinrich Hassel, 15. August 1695 u. 30. Oktober 1696, UuFB Erfurt/Gotha Chart. A 297, 494.

[150] Zu Schilling, verh. Ruckteschel s. bes. Kap. IV, 162–166. Vgl. FRIEDRICH WILHELM KANTZENBACH, Ruckteschel.

[151] Die Beerdigungsmatrikel nennt sie „Separatistin"; s. Kap. IV, 165.

[152] Hierzu und zum Folgenden s. ROSINA DOROTHEA RUCKTESCHEL, Eröffnete Correspondenz, 2. Fortsetzung, 3. Sendschreiben (Leichen-Predigt), 7–20; die folgenden Zitate ebd., 14 u. 19. Auch ihr späterer Ehemann, Johann Ruckteschel, stand bereits damals in Kontakt zu Hassel. Hierüber s. die Notizen von Ernst Salomon Cyprian und die beiden Brieffragmente: Johann Ruckteschel an Johann Heinrich Hassel, 3. September [1698?] u. o. D., UuFB Erfurt/Gotha Chart. A. 297, 499; aus letzterem Schreiben geht hervor, daß er „deß theuren Mannes, Jacob Böhms" Schriften gelesen hat.

[153] ROSINA DOROTHEA RUCKTESCHEL, Eröffnete Correspondenz, 2. Fortsetzung, 1. Sendschreiben, 19.

In diesem Zusammenhang ist bemerkenswert, daß sich Hassel „alle Abend“[154] in den der Öffentlichkeit zugänglich gemachten Park der Markgräfin Sophie Luise[155] begab, um für Gespräche bereit zu sein. „Darein kam nun alles vom Hof und von der Stadt seine erbauliche Discurse zu geniesen“. Es ist wohl anzunehmen, daß er die ihm hier vorgelegten Fragen dann vor allem in den Versammlungen in der Schloßkapelle behandelt hat.

Trotz seines partiellen Rückhalts am Hof und in der Bevölkerung konnte sich Hassel in Bayreuth nicht durchsetzen. Besonders geriet er wegen seines sittlichen Rigorismus mit dem lutherisch-orthodox gesinnten Johann Jakob Steinhofer[156], seit 1677 Oberhofprediger und seit 1687 Generalsuperintendent in Bayreuth, in Konflikt. Auch Wolfgang Christoph Räthel[157], seit 1689 Professor für griechische und hebräische Sprache am Gymnasium Bayreuth, zählte zu seinen Kontrahenten. Zum Eklat kam es schließlich Anfang 1691, als er das Tanzen, besonders das Ballett, öffentlich als verdammliche Lüsternheit brandmarkte.[158] Daraufhin wurde er vom Markgrafen aufgefordert, seine Auffassung über den Tanz schriftlich niederzulegen.[159] Auch dem Konsistorium wurde die Frage vorgelegt, „ob das Tantzen eine Todsünde, auch ob die, so damit umbgehen, verdamt“ würden. Das konsistoriale Gutachten[160] erklärte Tanzen an und für sich nicht als sündhaft und verwarf Hassels Auffassung als irrig. Dieser war aber keineswegs bereit, sein rigides Urteil über den Tanz zu revidieren oder zu modifizieren, wozu ihn offensichtlich Markgräfin Sophie Luise sowie auch ihre Tochter Christiane Eberhardine[161] aufgefordert hatten. Der Markgräfin erklärte er, bei seiner Stellungnahme zum Tanz handle es sich um ein Bekenntnis. Eine Revision käme also einer Gottesleugnung gleich; er müsse die Wahrheit bezeugen wie einst der Prophet Elia gegenüber den 450 Baalspriestern (I Reg 18) oder wie der Prophet Micha angesichts Ahabs und der 400 Lügenpropheten (I Reg 22).[162] Daraufhin wurde er alsbald aus den markgräflichen Diensten entlassen; erhielt aber von Herzog Albrecht von Sachsen-Coburg[163] einen Ruf als

---

[154] ROSINA DOROTHEA RUCKTESCHEL, Eröffnete Correspondenz, 2. Fortsetzung, 3. Sendschreiben (Leichen-Predigt), 14; das folgende Zitat ebd.

[155] Zu Sophie Luise, Markgräfin von Brandenburg-Bayreuth s. Kap. I, 28, Anm. 103.

[156] Zu Steinhofer s. Kap. I, 29.

[157] Zu Räthel s. Kap. III, 104, Anm. 115.

[158] Bezüglich der im Pietismus üblichen Ablehnung von Schauspielen und Theateraufführungen s. WOLFGANG MARTENS, Officina Diaboli.

[159] s. Hassels „Gutachten vom Ballet Tantzen, Bayreuth 1691“, AFSt Halle, D 81.

[160] s. „Gutachten“ über Hassels „Gutachten“ vom Konsistorium vom 6. März 1691, AFSt Halle, D 81.

[161] Zu Christiane Eberhardine, Prinzessin von Brandenburg-Bayreuth s. Europ. Stammtaf. NF, Bd. I, 1, Tafel 140.

[162] s. Brief: Johann Heinrich Hassel an Sophie Luise Markgräfin von Brandenburg-Bayreuth, 26. März 1691, AFSt Halle, D 81, 54–56.

[163] Zu Albrecht, Herzog von Sachsen-Coburg s. Europ. Stammtaf. NF, Bd. I, 1, Tafel 158.

Hofprediger nach Coburg.[164] Bemerkenswert ist, daß der gleichfalls pietistisch gesinnte Pfarrer Johann Paul Astmann[165], Hassels Nachfolger in Diespeck, das Hofpredigeramt in Bayreuth erhielt. Er verließ diesen Posten allerdings bereits 1695 wieder und ging nach Berlin, wo er Speners zweiter Diakonus wurde; er verstarb jedoch vier Jahre später.[166]

Hinter Hassels Berufung nach Coburg stand sicherlich wiederum von Scheres. Er war 1688 bei Markgraf Christian Ernst in Ungnade gefallen und entlassen worden, weil er gegen dessen Projekt, Hugenotten in seinem Territorium anzusiedeln, opponiert hatte. Seit Juni dieses Jahres war er in Coburg Geheimer Rat und Kanzler bei Herzog Albrecht. Jedoch gab es damals dort noch andere einflußreiche Persönlichkeiten, die dem Pietismus nicht nur aufgeschlossen gegenüberstanden, sondern sogar dessen Anhänger waren. Weil diese aber stärker dem Hallischen Pietismus zuneigten und auch Hassel während seiner Coburger Hofpredigerzeit engere Verbindungen zu August Hermann Francke und nach Halle hatte, wird später darauf einzugehen sein.

3. Anhänger Speners in Ostschwaben und ihre begrenzten Einflußmöglichkeiten

Reichsstadt Augsburg

Von allen Städten in Ostschwaben war die konfessionell paritätische Reichsstadt Augsburg zweifelsohne diejenige, zu der Spener die stärksten und längsten Beziehungen hatte. Seine wichtigste Bezugsperson war hier der umfassend gebildete Theologe Gottlieb Spizel[167], mit dem er einen intensiven, vertrauensvollen und freimütigen Briefwechsel führte. Spizel, 1639 in Augsburg geboren, studierte seit dem Wintersemester 1653 – gerade 14 Jahre alt – in Leipzig Philosophie und Theologie, u. a. bei Jakob Thomasius und Johannes Hülsemann. Anschließend ging er auf eine große Bildungsreise, die ihn über Hamburg nach Leiden und Amsterdam sowie nach Straßburg und Basel führte. Ende 1661 wurde er in seiner Vaterstadt Diaconus an der St. Jakob Kirche. Erst nach 20 Jahren wurde er dort Pfarrer und schließlich

---

Vgl. DBA 13, 370; ADB 1, 318–319.

164 Über Hassels Wirken in Coburg s. Kap. III, 111–115.

165 Zu Astmann s. DBA 37, 383–384; MATTHIAS SIMON, Bayreuthisches Pfarrerbuch, Nr. 60.

166 s. PAUL GRÜNBERG, Spener, Bd. 1, 355 u. Bd. 3, 1906, 228, 252, 413 u. 418.

167 Zu Spizel s. DBA 1203, 418–428; DBA NF 1243, 200; ADB 35, 221–222; Pfarrerbuch Bayerisch-Schwaben, Nr. 1204. Vgl. DIETRICH BLAUFUSS, Spizel (Lit.); zu den Beziehungen Spizels zu Spener s. DIETRICH BLAUFUSS, Reichsstadt und Pietismus, bes. 97–188; JOHANNES WALLMANN, Spener, passim.

1690 Superintendent; allerdings verstarb er bereits im Januar des folgenden Jahres. Spizel vermochte zwar der frühen pietistischen Bewegung in Augsburg ein wenig Eingang zu verschaffen, aber nicht zum Durchbruch zu verhelfen. Hierbei ist auch zu beachten, daß er in Augsburg mit seinen Reformbemühungen innerhalb der Pfarrerschaft nur bei Tobias Winkler und bei Johann Adolf Rhein stärkere Unterstützung gefunden hat. Ersterer weilte seit 1669 für zwei Jahre bei ihm zu Besuch, letzerer kam 1677 von Frankfurt am Main nach Augsburg; beide Theologen waren auf Speners Initiative hierher gekommen.

Spener stand mit Spizel seit 1665 in brieflicher Verbindung[168] und suchte ihn alsbald für seinen Freundeskreis zu gewinnen. Vor allem nach der Lektüre von dessen 1669 gedruckten Traktat „Pius literati hominis secessus" faßte Spener großes Zutrauen zu ihm. Darin hatte Spitzel – besonders im Blick auf die Theologen – die notwendige Prävalenz der Frömmigkeit vor jeglicher Erkenntnis betont und einen Rückzug aus der Welt postuliert. Spener lobte die Schrift und stimmte ihr inhaltlich uneingeschränkt zu.[169] Anfang 1671 teilte er seinem neugewonnenen Freund mit, daß er in seinem Haus in Frankfurt mit einem Collegium pietatis begonnen habe und bat um seine Meinung.[170] Von dem reformatorischen Prinzip des allgemeinen Priestertums aus hieß Spizel diese Erbauungsstunden zwar gut, wies aber sogleich auf den zu erwartenden Widerstand der Pfarrerschaft hin.[171] Seinerseits schlug er die Gründung einer speziellen Gesellschaft oder Sozietät vor, wodurch die Frömmigkeit gefördert werden könnte. Von diesem Vorhaben riet Spener jedoch dringend ab, da es schismatische Gefahren heraufbeschwören könnte.[172] Neben der Frage der Konventikel wurde in ihrem Brief-

---

[168] Speners Briefe an Spizel aus den Jahren 1666 bis 1678 sind ediert in: PHILIPP JAKOB SPENER, Briefe, hg. v. JOHANNES WALLMANN, Bd. 1, Nr. 1, 4, 19–20, 24, 38, 47–48, 55, 59-60, 62, 67, 80, 89, 99, 101, 111, 123, 126, 140, 156, 160, 166, 174, 180, 188, 198, 204; Bd. 2, Nr. 3, 12, 25, 28, 34, 46, 49, 52, 61, 71, 86, 97, 141; Bd. 3, Nr. 12, 14, 44–45, 52, 73, 93, 163, 202. Bezüglich der Briefe aus früherer Zeit s. PHILIPP JAKOB SPENER, Briefe, hg. v. JOHANNES WALLMANN, Bd. 1, 3, Anm. 1. Briefe aus späterer Zeit in: PHILIPP JAKOB SPENER, Cons. (wegen der darin enthaltenen Briefe an Spizel s. die Einleitung von DIETRICH BLAUFUSS in: PHILIPP JAKOB SPENER, Schriften, hg. v. ERICH BEYREUTHER, Bd. 16: Consilia et iudicia theologica latina, 9*–90*). Bezüglich der Korrespondenz Spener-Spizel s. bes. DIETRICH BLAUFUSS, Spizels Gutachten, 122–130.

[169] s. Brief: Spener an Gottlieb Spizel, 22. Juli 1669, in: PHILIPP JAKOB SPENER, Briefe, hg. v. JOHANNES WALLMANN, Bd. 1, Nr. 38.

[170] s. Brief: Spener an Gottlieb Spizel, 10. Januar 1671, in: PHILIPP JAKOB SPENER, Briefe, hg. v. JOHANNES WALLMANN, Bd. 1, Nr. 89.

[171] Hierzu und zum Folgenden s. Brief: Gottlieb Spizel an Spener, 1. März 1671, SuStB Augsburg, 2° Cod. Aug. 409, 518r–521v. Vgl. DIETRICH BLAUFUSS, Reichsstadt und Pietismus, 110–114.

[172] s. Brief: Spener an Gottlieb Spizel, 6. April 1671, in: PHILIPP JAKOB SPENER, Briefe, hg. v. JOHANNES WALLMANN, Bd. 1, Nr. 99.

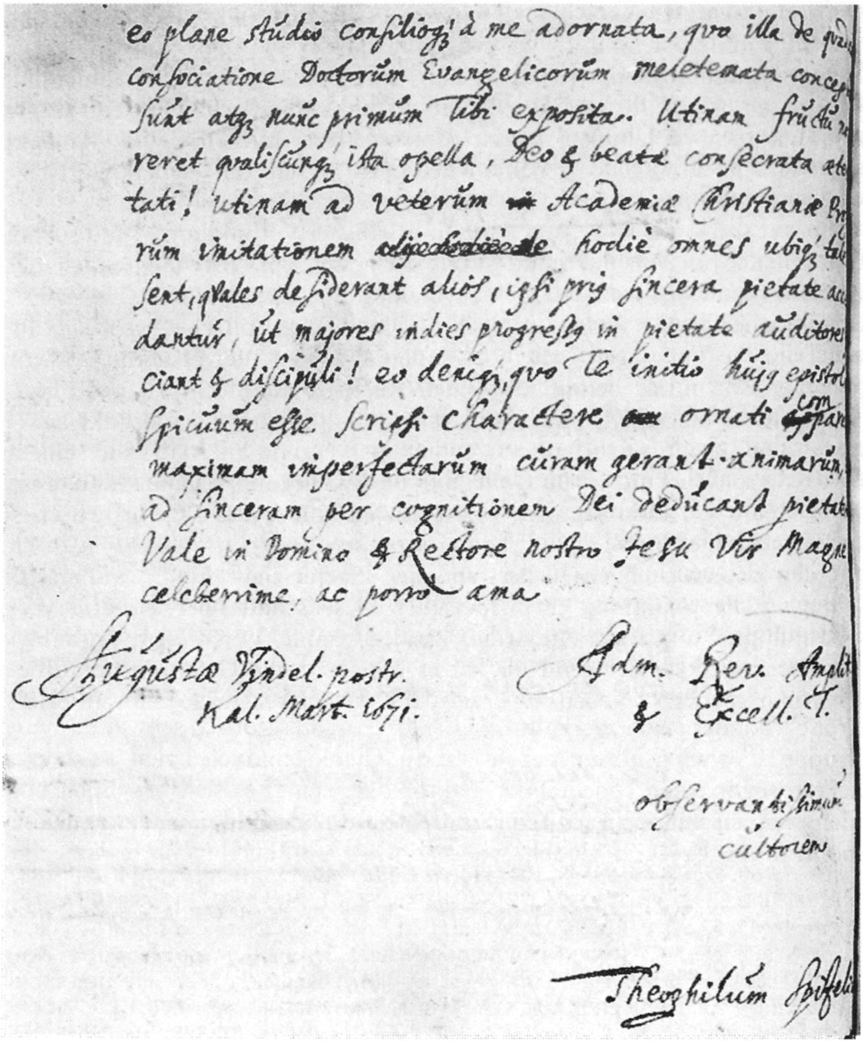

eo plane studio consilioque à me adornata, quo illa de pia
consociatione Doctorum Evangelicorum meletemata concep-
sunt atque nunc primum tibi exposita. Utinam fructu [illegible]
veret qualiscunque ista opella, Deo & beatae consecratae ae-
tati! utinam ad veterum ~~in~~ Academiae Christianae Pr[illegible]
rum imitationem ~~[illegible]~~ hodie omnes ubique ta[illegible]
sent, quales desiderant alios, ipsi prius sincera pietate a[illegible]
dantur, ut majores indies progressus in pietate auditore[s]
ciant & discipuli! eo denique, quo te initio huius epistol[ae]
spicuum esse. Scripsi charactere ~~[illegible]~~ ornati com-~~[illegible]~~par[illegible]
maximam imperfectarum curam gerant animarum,
ad sinceram per cognitionem Dei deducant pietat[em]
Vale in Domino & Rectore nostro Jesu Vir Magne
celeberrime, ac porro ama

Augustae Vindel. postr.
Kal. Mart. 1671.

Adm. Rev. Amplit.
& Excell. T.

observantissimum
cultorem

Theophilum Spizeli[um]

Abbildung 6. Eigenhändiger Brief Gottlieb Spizels an Philipp Jakob Spener vom 1. März 1671.
Staats- u. Stadtbibliothek Augsburg.

wechsel vor allem der evangelische Pfarrerstand, dessen Gebrechen und Besserung thematisiert. Spener stimmte Spizels angeführten Gründen für die Defizite und seinen Vorschlägen zur Behebung der Mängel zu.[173]

Aufgrund dieses vertrauensvollen Briefwechsels ist es verständlich, daß Spener im Frühjahr 1675 auch Spizel seine Vorrede zu Arndts „Postille" zusandte und ihn um eine eingehende Stellungnahme zu seinem Reformprogramm bat.[174] Die Antwort[175] fiel zwar grundsätzlich positiv aus, war aber nicht so differenziert, wie Spener erwartet hatte. Relativ ausführlich war Spizel auf die Defizite der evangelischen Kirche eingegangen, die er vor allem auf die kirchlichen Amtsträger zurückführte. Ihnen ermangle wahre Frömmigkeit, sie verfolgen die wahre Kirche und seien zerstritten. Deshalb empfahl er, die Pfarrerschaft stärker zu disziplinieren, ohne jedoch dadurch Unruhe in die Kirche hineinzutragen. In diesem Votum erblickte Spener eine generelle Zustimmung zu seinen Reformvorschlägen und veröffentlichte es teilweise.[176]

Im April 1677 lernte Spizel dann Spener in Frankfurt am Main während eines zehntägigen Aufenthalts persönlich kennen.[177] Dieser Besuch – durch eine Reise nach Leipzig ermöglicht – bestärkte ihn in seinen Reformbemühungen. Auch Spener war von der Begegnung sehr angetan[178] und widmete ihm – neben Hartmann – seine Schrift „Das Geistliche Priesterthum"[179], die noch im gleichen Jahr erschien.

Bemerkenswerterweise versuchte Spizel in Augsburg niemals, selber ein Collegium pietatis ins Leben zu rufen. Er nahm aber an einem Konventikel teil, das – vor 1677 – zunächst im Hause des Kaufmanns und Kirchenpflegers Max Huber[180] stattfand. Diesem „Kreis", der keine „fest umrissene Größe", sondern eine „verhältnismäßig lose, organisatorisch schwer faßbare Gruppe"[181] war, gehörten neben einigen Theologen auch Laien an. Diese stellten sogar einen bedeutenden Faktor dar, zumal es sich bei ihnen vor allem um einflußreiche Mitglieder der Kaufmannsgilde handelte. Diese Speneranhänger waren jedoch, wie schon bemerkt, auch nicht ansatzweise

---

173 s. u. a. Brief: Spener an Gottlieb Spizel, 25. November 1671, in: PHILIPP JAKOB SPENER, Briefe, hg. v. JOHANNES WALLMANN, Bd. 1, Nr. 111.

174 s. Briefe: Spener an Gottlieb Spizel, 5. März u. 19. April 1675, in: PHILIPP JAKOB SPENER, Briefe, hg. v. JOHANNES WALLMANN, Bd. 2, Nr. 3 u. 12.

175 s. Brief: Gottlieb Spizel an Spener, 13. Juni 1675, in: PHILIPP JAKOB SPENER, Briefe, hg. v. JOHANNES WALLMANN, Bd. 2, Nr. 141.

176 s. PHILIPP JAKOB SPENER, Gründliche Beantwortung, 35–36.

177 Hierzu und zum Folgenden s. DIETRICH BLAUFUSS, Reichsstadt und Pietismus, 89–90.

178 s. Brief: Spener an Ahasver Fritsch, 23. April 1677, in: PHILIPP JAKOB SPENER, Briefe, hg. v. JOHANNES WALLMANN, Bd. 3, Nr. 27, Z. 41–42.

179 s. Kap. II, 49, bes. Anm. 21.

180 Zu Huber s. DIETRICH BLAUFUSS, Reichsstadt und Pietismus, bes. 181–184.

181 DIETRICH BLAUFUSS, Reichsstadt und Pietismus, 174.

in der Lage, das Augsburger Kirchenwesen mit ihren Reformanliegen zu durchdringen.

Wie sehr Spener Spitzel geschätzt hat, wird nicht zuletzt daran deutlich, daß er ihn zu den fünf Theologen zählte, die er im Frühjahr 1686 bei seiner Berufung nach Dresden als Oberhofprediger konsultierte.[182] Spizel riet zur Annahme des Rufs, wobei er ihn vor allem auf die Möglichkeit hinwies, dadurch seinen Einfluß zu maximieren.

Zu erwähnen ist noch, daß sich Spizel literarisch vor allem mit dem Atheismus auseinandergesetzt hat, so in seinen Werken „Scrutinium atheismi“ (1663) und „De atheismo eradicando“ (1669). Auch stand er mit anderen Opponenten des Atheismus in Korrespondenz, so mit Hieronymus Kromayer, Anton Reiser, Veit Ludwig von Seckendorff und dem Nürnberger Pfarrer Leibnitz.

Als Spizel im Januar 1691 starb, wurde Andreas Harder[183], Pfarrer bei St. Anna, sein Nachfolger im Seniorat. Auch er korrespondierte mit Spener[184], vermochte aber noch weit weniger als Spizel den Spenerschen Pietismus in Augsburg zu einer einflußreicheren Kraft zu machen.

Fürstentum Oettingen

In Oettingen wirkte seit 1677 David Nerreter[185] mit unverhohlener Sympathie für den Spenerschen Pietismus. Nachdem er zunächst Hofkaplan bei Fürst Albrecht Ernst I. von Oettingen[186] in der Residenzstadt Oettingen gewesen war, wurde er dort 1681 Archidiaconus an der St. Jakob Kirche und 1683 Konsistorialrat. Fünf Jahre später erhielt er die Superintendentur von Kloster Kirchheim, die er bis 1694 innehatte. Neben seinen kirchlichen Aufgaben war er auch literarisch tätig; 1686 erschien unter anderem seine „Catechetische Firmung oder Glaubens-Stärkung eines erwachsenden That-Christen“, versehen mit einer Vorrede Speners.[187] In diesem dialogisierten Werk stellt „Gottlieb“ Fragen bezüglich des christlichen Glaubens und der „Seelsorger“ beantwortet sie. Hierbei werden sowohl dogmatische als auch – unter Zugrundelegung des Dekalogs – ethische Themen abgehandelt. So wird beispielsweise Gottliebs Frage, ob man sein Privateigentum nicht nach eigenem Gutdünken verwenden dürfe, folgendermaßen beantwortet: „Nein es geht hier nicht an: Denn alles zeitliche Haab und Gut/ das ich besitze/ ist

[182] Hierzu und zum Folgenden s. DIETRICH BLAUFUSS, Spizels Gutachten.

[183] Zu Harder s. Pfarrerbuch Bayerisch-Schwaben, Nr. 410.

[184] s. THEODOR WOTSCHKE, Neue Urkunden (1931), 100–103, Nr. 2a u. b.

[185] Zu Nerreter, seit 1694 im Nürnberger Kirchendienst, s. Kap. II, 63–65, bes. Anm. 102.

[186] Zu Albrecht Ernst I., Fürst zu Oettingen s. Kap. II, 63, Anm. 103.

[187] s. PAUL GRÜNBERG, Spener, Bd. 3, 249, Nr. 244. Diese Schrift erschien 1688 in 2. Auflage in Nürnberg überarbeitet und erweitert unter dem Titel „Unfehlbarer Wegweiser Zur Zeitlich- und Ewigen Glückseeligkeit.“

nicht mein/ sondern GOttes Eigenthum/ und ist mir von Ihm nur als einem Knecht oder Magd zur getreuen Verwaltung/ GOtt und dem Nächsten und meiner hierzu gehörigen Nothdurfft/ damit nach allem Vermögen zu dienen/ auf genaue Rechenschaft anvertraut worden".[188] Zwei Jahre später publizierte Nerreter die Schrift „Beweglicher Kurzer Begriff des Thätigen oder zeitlich- ewig- waarhafftig- seeligmachenden Christentums"[189], die Spener mit einem Gedicht versah.

Nerreters katechetische Arbeiten wurden von Spener sehr gelobt. In seiner Vorrede zur „Catechetischen Firmung" schrieb er: „Seine liebe arbeit selbst betreffende, kan ich mit warheit und vor dem Herrn sagen, dass sie mich so hertzlich vergnüget und erfreuet habe, als irgend jemal eine eintzige catechetische arbeit, und hat mein werther Bruder, so viel ich urtheilen kan, in derselben alle seine vorgängere übertroffen"[190]. Nach Nerreters Ansicht sollte alle katechetische Unterweisung darauf abzielen, Heiligung und Herzensfrömmigkeit zu fördern, die zuerst und vor allem im Tatchristentum evident werden müsse. So erklärte er beispielsweise in seinem „Beweglichem Kurzen Begriff": "Der wahre Glaube ist keine bloße Einbildung, sondern worauf er gerichtet ist, das eignet er ihm alles zu in der Tat. So du meinst, es sei damit ausgerichtet, daß du nur glaubst und bekennst, er habe dich als der im Alten Testament verheißene Messias und Weltheiland, Gottes Sohn, wahrer Gott und Mensch, durch sein Leiden und Tod von deinen Sünden erlöst, daß du hinfür freier sündigen dürftest, so irrst du ganz und gar, sondern du mußt an ihn glauben, daß, wie er als der eingeborene Sohn Gottes die menschliche Natur an sich genommen und um deinetwillen Mensch worden und wie er, um dich von Sünde und der Gewalt des Teufels zu erlösen und dich zu einem Kind Gottes zu machen, dir mit Leib und Leben gedient hat [...] So du nicht dergestalt an ihn glaubest und also deinen Glauben in der Tat beweisest, so verleugnest du Christentum mit deinem Leben und nimmst seinen Bund zu seiner Schmach und deiner desto größeren Verdammnis in deinen Mund".[191]

---

188 DAVID NERRETER, Wegweiser, 194.

189 Über den „Begriff" s. FRIEDRICH WILHELM KANTZENBACH, Nerreter, 343. Im intentionalen Zusammenhang mit diesem katechetischen Werk steht die 1724 publizierte Schrift „Die Nothwendige Einigkeit Der wahren Christl. Kirchen, Nach Anleitung Der streitenden doch unüberwindlichen Christl. Kirchen Wie auch insonderheit der Griechischen Christl. Kirchen".

190 Brief: Spener an [David Nerreter], 19. Juli 1686, in: PHILIPP JACOB SPENER, L Bed., T. 1, 503–505 (Beilage 505–506); hier 503.

191 DAVID NERRETER, Begriff, 6–8.

Freunde und Anhänger Speners in Franken und Ostschwaben standen untereinander vielfach in brieflicher und persönlicher Verbindung, wozu dieser selbst wesentlich beigetragen hat. Er wollte dadurch eine stärkere Vernetzung seiner Anhängerschaft in Franken und Ostschwaben erreichen und möglicherweise auch eine zu starke Fixierung auf seine Person abschwächen. So forderte er beispielsweise 1675 den Rothenburger Superintendenten Hartmann auf, mit dem Schweinfurter Pfarrer Barger in Briefwechsel zu treten.[192] In Franken und Ostschwaben waren es besonders drei Theologen, die untereinander und mit anderen Bekannten Speners einen intensiveren Gedankenaustausch unterhielten: die Superintendenten Hartmann in Rothenburg und Horb in Windsheim sowie der Augsburger Pfarrer Spizel.

Selbstverständlich hatten diese Theologen aber auch Verbindungen zu Speneranhängern in anderen Gebieten.[193] Zu nennen ist in erster Linie der Spenerkorrespondent Elias Veiel[194] in Ulm. Er war hier 1662 als Prediger am Münster in den Dienst seiner Vaterstadt getreten, wurde im Jahr danach Theologieprofessor am Gymnasium und 1671 dessen Direktor; seit 1678 war er Superintendent.[195] Spener und Veiel waren seit ihrer gemeinsamen Studienzeit in Straßburg (etwa 1658) miteinander bekannt. 1667 begannen sie mit ihrer mehr als drei Jahrzehnte dauernden Korrespondenz[196], von der allerdings nur die Briefe Speners erhalten sind. Er hat die literarischen Arbeiten Veiels, den er „in Christo geliebter Bruder" nannte, sehr geschätzt und auch in seinen „Pia Desideria" lobend auf ihn als Herausgeber einer Schrift[197] von Andreas Hyperius hingewiesen.[198] Veiel gehörte zu denjenigen, die von Spener ein Exemplar seiner Vorrede zu Arndts Evangelienpostille zugesandt erhielten.[199] Seine Stellungnahme, derentwegen er auch das Ulmer

---

192 s. Brief: Spener an [Johann Ludwig Hartmann], [Oktober] 1675, in: PHILIPP JAKOB SPENER, Briefe, hg. v. JOHANNES WALLMANN, Bd. 2, Nr. 45, Z. 139–141.

193 Bezüglich Hartmanns Beziehungen nach der Grafschaft Hohenlohe s. beispielsweise PAUL SCHATTENMANN, Eigenart, 25–26.

194 Zu Veiel s. DBA 1302, 339–419; ADB 39, 531–532.

195 s. bes. DIETRICH BLAUFUSS, Spener-Arbeiten, 101–131 u. 219–234.

196 Speners Briefe an Veiel aus den Jahren 1667-1678 sind ediert in: PHILIPP JAKOB SPENER, Briefe, hg. v. JOHANNES WALLMANN, Bd. 1, Nr. 5, 21, 37, 45, 63, 114, 121, 127, 141, 153, 161, 182, 192; Bd. 2, Nr. 2, 11, 56, 108; Bd. 3, Nr. 74, 139, 197. Briefe aus späterer Zeit bis 1699 in: PHILIPP JAKOB SPENER, Cons. Ein Gesamtüberblick über den Briefwechsel Speners mit Veiel findet sich bei DIETRICH BLAUFUSS, Veiel; DERS., Spener-Arbeiten, 101–131, 219–234.

197 ANDREAS HYPERIUS, Ein treuer und Christlicher Raht, Wie man die Heilige Schrifft täglich lesen und betrachten solle.

198 PHILIPP JAKOB SPENER, Pia Desideria, 55, Z. 3–5.

199 s. Brief: Philipp Jakob Spener an Elias Veiel, 16. April 1675, in: PHILIPP JAKOB SPENER, Briefe, hg. v. JOHANNES WALLMANN, Bd. 2, Nr. 11, Z. 5–6.

Predigerministerium konsultiert hatte, läßt sich aus einem Antwortbrief Speners erheben[200]. Danach war sein Votum insgesamt zustimmend ausgefallen; jedoch hatte er auch eine Reihe von Bedenken geäußert. Vor allem hielt er die Collegia pietatis nicht uneingeschränkt für gut, kritisierte Speners Hoffnung auf bessere Zeiten für die Kirche, seinen ethischen Rigorismus und anderes mehr. 1678 nahm er dann nochmals in einem anonym gedruckten „Hundert-Jährig Bedencken/ deß Redlichen Alten Theologi Jacobi Andreae [...] Neben einem Unvorgreiflichem Beytrag an die bekandte Pia Desideria Durch Einen Obadiam" zu Speners Reformprogramm Stellung. Darin hat er seine Einwände noch deutlicher artikuliert; so beispielsweise seine Zweifel an einer künftigen Besserung der kirchlichen Verhältnisse. Er könne, so erklärte er, sich „selber nicht bereden/ daß beides in den Sitten/ und in dem allgemeinen Zustand der Kirchen eine sonderbahre und namhaffte Besserung zu hoffen seye/ weiln die Weissagung/ von den letzten Zeiten daß Widerspiel sagen."[201] In späterer Zeit wurden seine Vorbehalte – ähnlich wie die des Schwabacher Dekans Johann Christoph Meelführer, mit dem er brieflich und persönlich in Kontakt stand[202] – immer größer. Vermutlich ist die zunehmende Reserve nicht zuletzt auf seine Auseinandersetzung mit radikalen Pietisten zurückzuführen. Vor allem bekämpfte er Gottfried Arnold, dessen „Kirchen- und Ketzerhistorie" er als haereticissima bezeichnete [203]. Mit diesem Ulmer Superintendenten, der literarisch durch zahlreiche erbauliche, theologische und polemische Schriften sowie durch Predigtbände hervorgetreten ist[204], standen also die drei reichsstädtischen Theologen – Hartmann, Spizel und Horb – in mannigfacher Verbindung.

Weil die vielfältigen Beziehungen, die Hartmann, Spizel und Horb untereinander gehabt haben, für die Geschichte des Spenerschen Pietismus im Gebiet des heutigen Bayerns nicht ohne Bedeutung gewesen sind, soll im folgenden nochmals kurz zusammenhängend darauf hingewiesen werden. Enge Verbindung besaß der Rothenburger Superintendent Hartmann zunächst zu seinem Windsheimer Kollegen Horb. Mit diesem Schwager Speners verkehrte er – wegen der räumlichen Nähe der beiden Reichsstädte – wohl vor allem persönlich.[205] Hartmann, der sein Amt mit großer Besonnenheit ausübte, unterrichtete Spener besonders häufig und mit stiller Sorge über

---

[200] s. Brief: Philipp Jakob Spener an Elias Veiel, 23. Dezember 1675, in: PHILIPP JAKOB SPENER, Briefe, hg. v. JOHANNES WALLMANN, Bd. 2, Nr. 56. Vgl. DIETRICH BLAUFUSS, Spener-Arbeiten, 121–123; DERS., Veiel, 108–109; JOHANNES WALLMANN, Spener, 10, Anm. 35.

[201] [ELIAS VEIEL,] Bedencken, 237.

[202] s. Ottmar Kreppel, Meelführer, passim.

[203] s. WINFRIED MARTIN, Kampf um Gottfried Arnolds Unpartheyische Kirchen- und Ketzer-Historie.

[204] s. die ausführliche Bibliographie in: ALBRECHT WEYERMANN, Nachrichten, 510–539.

[205] s. PAUL SCHATTENMANN, Hartmann, 48–50.

Horb und dessen hektische Aktivitäten in Windsheim.[206] Da aber Hartmann bereits 1680 verstarb, konnte sich die Zusammenarbeit nicht weiter entwickeln. Einen freundschaftlichen Briefwechsel unterhielt Hartmann seit 1677 mit Gottlieb Spizel[207] in Augsburg. Anlaß zu dessen Aufnahme war Speners Schrift „Das Geistliche Priesterthum", die Hartmann und Spizel gemeinsam gewidmet ist.[208] Ferner korrespondierte Hartmann seit 1672 mit dem Schwabacher Dekan Johann Christoph Meelführer.[209] Von ihm, den er in einem Brief das „organum saluberrimum Ecclesiae [heilsamste Werkzeug der Kirche]"[210] nannte, erwartete er eine Reform des markgräflichen Kirchenwesens im Sinne der Vorschläge Speners.

Während also die Beziehungen des Windsheimer Superintendenten Horb zu Hartmann relativ kurz waren[211], bestanden die Verbindungen Horbs zu Spizel in Augsburg wesentlich länger und waren ausschließlich brieflicher Natur.[212] Kontakte hatte Horb auch zu mehreren gleichgesinnten Amtsbrüdern in den Markgrafschaften Brandenburg-Bayreuth und Brandenburg-Ansbach. Für diese fränkischen hohenzollerischen Fürstentümer blickte er nicht ohne Hoffnung in die Zukunft, da Gott hier „der Theologen Herzen öfne, die Besserung des Christenthums zu erkennen"[213].

Von allen Theologen im Gebiet des heutigen Bayerns hatte Spener, wie bemerkt, wohl die freundschaftlichsten, fruchtbarsten und längsten Beziehungen zu Spizel. Schon von daher ist es verständlich, daß sie beide teilweise dieselben Korrespondenten hatten, so vor allem den Rothenburger Superintendenten Hartmann, den Windsheimer Superintendenten Horb[214], den Nürnberger Pfarrer Winkler[215] und den Ansbacher Pfarrer von der Lith.[216]

*

Speners Reformprogramm hat, so kann man zusammenfassen, in mehreren Territorien Frankens, besonders in den Reichsstädten, bei einer Reihe von

---

206 s. PAUL SCHATTENMANN, Hartmann Superintendent, 51.

207 s. DIETRICH BLAUFUSS, Reichsstadt und Pietismus, passim; PAUL SCHATTENMANN, Hartmann, 50–51.

208 s. PAUL SCHATTENMANN, Hartmann, 38–40.

209 s. OTTMAR KREPPEL, Meelführer, 2. Vgl. DIETRICH BLAUFUSS, Reichsstadt und Pietismus, 50; PAUL SCHATTENMANN, Hartmann, 52.

210 Brief: Johann Ludwig Hartmann an Johann Christoph Meelführer, 19. Oktober 1672, SUB Hamburg, Supellex epistolica Uffenbachii et Wolfiorum 64, fol. 190r–v, hier 190r; vgl. OTTMAR KREPPEL, Meelführer, 2.

211 s. PAUL SCHATTENMANN, Hartmann Superintendent, 48–50.

212 s. JOHANNES WALLMANN, Spener, 71, Anm. 20.

213 Auszug, 112.

214 s. PAUL SCHATTENMANN, Hartmann Superintendent, 50.

215 s. DIETRICH BLAUFUSS, Reichsstadt und Pietismus, bes. 42–43.

216 s. DIETRICH BLAUFUSS, Reichsstadt und Pietismus, 49.

Theologen und Laien Resonanz gefunden. Dagegen ist das Echo in den fränkischen Markgrafschaften mit ihren Residenzstädten Bayreuth und Ansbach eigentlich schwach gewesen. In noch stärkerem Maß trifft dies für die ostschwäbischen Territorien zu. Selbst in Augsburg konnte der Pietismus trotz der außerordentlich engen und intensiven Beziehungen zwischen Spizel und Spener kaum bemerkenswerten Eingang finden und noch viel weniger Fuß fassen.

Zur Propagierung seines Reformprogramms hat Spener durch briefliche und persönliche Kontakte selbst entscheidend beizutragen versucht. Hierbei war er geradezu strategisch vorgegangen, indem er Theologen und Laien in Schlüsselpositionen für sein Reformvorhaben zu gewinnen trachtete. In einigen Städten kam es zur Einführung von Collegia pietatis in unterschiedlicher Form, zur Straffung der Kirchenzucht zwecks Hebung des gemeindlichen Lebens, zur Intensivierung der persönlichen Frömmigkeit sowie zur Schaffung neuer Erbauungsliteratur und Gesangbücher.

Lediglich in der kleinen fränkischen Reichsstadt Windsheim hat sich der Spenersche Pietismus – während der kurzen Superintendentur von Horb – für einige Jahre öffentlich positionieren können. Hier vermochte er auch das kommunale Leben stärker zu durchdringen, weil der Magistrat – gegen den Widerstand einiger Pfarrer – Horbs pietistische Aktivitäten eine Zeitlang gefördert oder zumindest gebilligt hat.

Abgesehen von der Reichsstadt Windsheim hat der Spenersche Pietismus in Franken und Ostschwaben das dominierende lutherisch-orthodoxe Kirchenwesen nirgends umgestalten können. Sofern es zu partiellen Neuerungen kam, wurden diese ohne großes Aufsehen durchgeführt; eine grundlegende und bleibende Wirkmächtigkeit des Spenerschen Pietismus läßt sich jedoch nirgendwo konstatieren. Begründet war dies übrigens wohl auch in dem 1686 erfolgten Wechsels Speners von Frankfurt am Main nach Dresden, wo er Oberhofprediger, Kirchenrat, Beisitzer des Oberkonsistoriums und Beichtvater des sächsischen Kurfürsten wurde. Damit war er geographisch, postal und auch mental in eine größere Distanz zu den Territorien Frankens und Ostschwabens gerückt. Der enge Konnex zu seinen dortigen Anhängern und Sympathisanten war dadurch zwar nicht unterbrochen, jedoch erschwert. Hinzu kam, daß hier mehrere engagierte Anhänger Speners gegen Ende des 17. Jahrhunderts verstorben sind oder auswärts einen neuen Wirkungskreis gefunden haben.

III. Der frühe Hallische Pietismus – Schüler und Anhänger August Hermann Franckes als Wegbereiter und Multiplikatoren

Von allen Anhängern Speners war August Hermann Francke derjenige, der der pietistischen Bewegung mit ungemeiner Tatkraft und Zielstrebigkeit in vielen Orten und Territorien erst Eingang verschafft oder zum Durchbruch verholfen hat. Zugleich gab er ihr auch ein eigenes theologisches Profil und wies ihr neue Arbeitsfelder in Kirche und Gesellschaft zu.

Im Gebiet des heutigen Bayerns vermochte der frühe Hallische Pietismus in einigen ostschwäbischen und fränkischen Gebieten sowie im Fürstentum Coburg und in der Reichsstadt Regensburg einzudringen, allerdings mit recht unterschiedlicher Intensität. Hierbei konnte er nur teilweise am Spenerschen Pietismus anknüpfen, größtenteils begründete er hier erst die pietistische Tradition. Verbreitet und gefördert wurde er häufig von Theologen und Laien, die entweder in Halle studiert hatten, vorübergehend in den dortigen Anstalten tätig gewesen waren oder anderweitige Kontakte dorthin besaßen.

1. Karitativ-soziale Einrichtungen und Erziehungsanstalten als Keimzellen und Zentren des Hallischen Pietismus in Ostschwaben

In Ostschwaben machte sich der Hallische Pietismus um die Wende vom 17. zum 18. Jahrhundert besonders in einigen schwäbischen Reichsstädten sowie in der Grafschaft Oettingen-Oettingen bemerkbar. Dabei erwiesen sich hier die karitativ-sozialen Einrichtungen und pädagogischen Anstalten als entscheidende Keimzellen.

a) Die Reichsstadt Augsburg – Das Armenkinderhaus als Stützpunkt des Hallischen Pietismus

Die Anfänge des Hallischen Pietismus in der Reichsstadt Augsburg waren zunächst recht bescheiden. So beklagte der Hallenser Carl Salchow, der sich dort im Herbst 1700 besuchsweise aufgehalten hatte, daß es hier mit der „Erkenntnis Gottes“ bei den wenigen Frommen „sehr schlecht“ bestellt sei, „so dass sie sich bei Ankündigung der Wahrheit und heilsamen Gnade in

Christo höchst verwundert erfreuen, dass es so herrlich sei, in Christo zu sein, vorgebend, sie hättens noch nie gehört, dass so viel Seligkeit darin wäre, wenn man in lebendiger Zuversicht Gott anhinge und ihm im kindlichen Gehorsam diene“[1].

Abbildung 7. Evangelisches Armenkinderhaus in Augsburg seit 1710.
Aquarellierte Zeichnung um 1732.
Archiv der Kirchengemeinde St. Anna, Augsburg.

---

1 Brief: Carl Salchow an August Hermann Francke, 8. November 1700, AFSt Halle, D 42; vgl. THEODOR WOTSCHKE, Neue Urkunden (1935), 174–175, Nr. 83, hier 175.

Das änderte sich nicht unwesentlich, als der Franckeschüler Johann Christian Rende[2] 1702 als Katechet und Inspektor an das Augsburger Armenkinderhaus[3] kam und hier länger als ein halbes Jahrhundert wirkte. 1695 war diese Anstalt von dem Bortenmacher Bartholomäus Krauß gestiftet und von Johann von Stetten d. Ä.[4], der seit 1688 in städtischen Diensten stand, tatkräftig gefördert worden. Francke war indessen irrigerweise der Meinung, die Stiftung des Armenkinderhauses sei erst unter dem unmittelbaren Eindruck seiner Schrift „Die Fußstapffen Des noch lebenden und waltenden liebreichen und getreuen GOTTES"[5] aus dem Jahre 1701 erfolgt.[6] Drei Jahre später kam Johann Andreas Liscovius[7], der in Halle studiert und im Waisenhaus der Franckeschen Stiftungen einen Freitisch erhalten hatte, ebenfalls dorthin. Er wurde mit der Leitung des Schulunterrichts betraut. Das Armenkinderhaus, in dem alsbald bis 80 Kinder Aufnahme fanden, war anfangs in einem geräumigen Haus untergebracht; fünf Jahre später verlegte man es in das noble Boeckensteinsche Haus am Alten Heumarkt nahe bei der St. Annakirche. In der Folgezeit entwickelte sich diese Anstalt, in der die Kinder nach dem Hallischen Reformprogramm erzogen wurden,[8] zu einem Zentrum des Pietismus. Ihre großen Räumlichkeiten boten ideale Bedingungen für Erbauungs- und Gebetsstunden sowie Katechismusunterricht und Missionsveranstaltungen. Unterstützt wurde das Armenkinderhaus, außer von dem einflußreichen Johannes von Stetten, besonders von dem wohlhabenden Patrizier Johann Thomas I. von Rauner[9]. Durch diese Mäzene sowie durch seine Lehrer gewann der frühe Hallische Pietismus auch unter dem Patriziat und bei der Kaufmannschaft einige Anhänger[10], allerdings nicht ohne Widerstand seitens der lutherischen Orthodoxie. Vor allem in die Pfarrerschaft konnte der frühe Hallische Pietismus kaum eindringen. Von wenigen

---

2 Zu Rende s. DBA 1022, 240; Matrikel der Martin-Luther-Universität Halle-Wittenberg, Bd. 1, bearb. v. FRITZ JUNTKE, Halle 1960, 353. Vgl. DIETRICH BLAUFUSS, Reichsstadt und Pietismus, 32–33 (Lit.).

3 Über das Armenkinderhaus s. MADLEN BREGENZER, Pietistische Pädagogik, 133–135; JULIUS HANS, Geschichte; HORST JESSE, Geschichte, 261–263.

4 Zu von Stetten s. MADLEN BREGENZER, Pietistische Pädagogik, 133, Anm. 10.

5 Vgl. PAUL RAABE u. ALMUT PFEUFFER (Bearb.), Francke-Bibliographie, F 16. 1.

6 s. OTTO PODCZECK (Hg.), August Hermann Franckes Schrift über eine Reform des Erziehungs- und Bildungswesens: Der Große Aufsatz, 127, Z. 1–13. (Vgl. PAUL RAABE u. ALMUT PFEUFFER (Bearb.), Francke-Bibliographie, F 42. 2.)

7 Zu Liscovius s. Matrikel der Martin-Luther-Universität Halle-Wittenberg, Bd. 1, bearb. v. FRITZ JUNTKE, Halle 1960, 269. Vgl. DIETRICH BLAUFUSS, Reichsstadt und Pietismus, 32–33.

8 s. MADLEN BREGENZER, Pietistische Pädagogik, 134.

9 Zu von Rauner s. DIETRICH BLAUFUSS, Reichsstadt und Pietismus, 33, Anm. 59; MADLEN BREGENZER, Pietistische Pädagogik, 131–132.

10 Vgl. DIETRICH BLAUFUSS, Reichsstadt und Pietismus, 32–33.

Ausnahmen, wie beispielsweise Justus Wilhelm Tulla[11], abgesehen, stand diese der pietistischen Bewegung distanziert gegenüber; besonders suspekt waren ihr die Aktivitäten durchreisender Pietisten.

b) Die Reichsstadt Nördlingen – Ihr Waisenhaus und dessen Öffentlichkeitsarbeit

In der kleinen Reichsstadt Nördlingen amtierte seit 1706 Johann Konrad Feuerlein[12] als Pfarrer und Superintendent. Er war von Spener beeinflußt und wußte sich ihm bleibend verbunden.[13] Bereits in Nürnberg, seiner früheren Wirkungsstätte[14], hatte er aber auch zum Freundeskreis Franckes gehört. In Nördlingen fühlte er sich wegen der strikten Handhabung des Kirchenregiments durch den Magistrat in seinem Wirken beeinträchtigt und klagte, daß hier die Eingriffe der weltlichen Obrigkeit in kirchliche Belange stärker seien als in der großen Reichsstadt Nürnberg.[15] In einem Brief an Adam Rechenberg, den Schwiegersohn Speners, bemerkte er ironisch: „Je kleiner die Dreckreichstädtlein in Schwaben, um je gröber exerciert man die Cäsaropapie in denselben"[16]. In den Sonntagsgottesdiensten empfahl er seiner Gemeinde jeweils ein bestimmtes Kapitel aus Johann Arndts „Vier Büchern vom Wahrem Christentum" zur privaten Lektüre, „damit der Sonntag desto besser geheiligt werde"[17]. Daraufhin schafften sich „nicht wenige" Gemeindeglieder dieses Erbauungsbuch an.

Infolge einer anonymen Spende von 100 Gulden, die Feuerlein auf seinem Gartengrundstück zusammen mit einer Zettelnotiz fand, kam es im Juli 1715 auch in Nördlingen durch Magistratsbeschluß zur Gründung eines Waisenhauses[18], dem von Anfang an auch ein Armen- und Arbeitshaus angegliedert

---

[11] Zu Tulla s. Pfarrerbuch Bayerisch-Schwaben, Nr. 1288.

[12] Zu Feuerlein s. DBA 316, 203 222; ADB 6, 754; Pfarrerbuch Bayerisch-Schwaben, Nr. 308; MATTHIAS SIMON, Nürnbergisches Pfarrerbuch, Nr. 332 (Lit.).

[13] s. Briefe: Johann Konrad Feuerlein an Adam Rechenberg, 5. Oktober 1710 u. 9. April 1714, gedr. in: THEODOR WOTSCHKE, Neue Urkunden (1932), 185–186, Nr. 41 u. (1933) 176–177, Nr. 47.

[14] Hierzu s. Kap. III, 95, Anm. 62 u. Kap. IV, 126.

[15] s. Brief: Johann Konrad Feuerlein an Adam Rechenberg, 5. Oktober 1710, gedr. in: THEODOR WOTSCHKE, Neue Urkunden (1932), 185–186, Nr. 41; hier 185.

[16] Brief: Johann Konrad Feuerlein an Adam Rechenberg, 9. April 1714, gedr. in: THEODOR WOTSCHKE, Neue Urkunden (1933), 176–177, Nr. 47; hier 177.

[17] Brief: Johann Daniel Herrnschmidt an August Hermann Francke, 25. Juli 1710, SB Berlin, Francke-Nachlaß, Kaps. 10. 2; das folgende Zitat ebd.; vgl. THEODOR WOTSCHKE, Neue Urkunden (1932), 183, Nr. 39.

[18] Über das Waisenhaus s. HERMANN FRICKHINGER, Stiftungen der Stadt Nördlingen, 45–53; DIETMAR-HENNING VOGES, Nördlingen; DERS., Reichstadt Nördlingen, 87 u. 89.

war. Diese karitative Anstalt, in die wohl vor allem Kinder armer Bürger aufgenommen wurden, sollte auch zur Beseitigung des Gassenbettelns beitragen. Untergebracht war sie im ehemaligen Beginenhaus am Tändelmarkt, das beim einstigen Barfüßerkloster lag und in städtischem Besitz war. Ende 1715 waren hier acht, zwei Jahre später bereits dreißig Kinder aufgenommen worden. Vom Waisenhausvater wurden sie in Lesen und Rechnen unterrichtet, während die Waisenhausmutter den Mädchen Kochen, Nähen, Spinnen und Stricken beibrachte. Dem Katecheten, der nur bis 1728 im Waisenhaus wohnte, war die Erteilung des Religionsunterrichts und die Gesamtaufsicht über die Anstalt anvertraut.

Zu denjenigen, die sich in Nördlingen dem Franckeschen Pietismus zugehörig wußten, zählte u. a. der hier geborene Georg Michael Metzger[19]. Er hatte in Jena Theologie studiert und war eine Zeitlang in Halle als Informator tätig gewesen, ehe er 1716 Katechet und Inspektor am Waisenhaus wurde. An der städtischen Schule fühlte sich der Präzeptor Georg Jakob Ehinger[20] mit Francke verbunden; er stammte auch aus Nördlingen und hatte gleichfalls in Jena und Halle studiert. Zu den Honoratioren, die in der Umgebung von Nördlingen mit dem Hallischen Pietismus sympathisierten, zählte Johann Philipp von Schell[21], der Besitzer der kleinen – Oettingen mediaten – Herrschaft Großelfingen.

c) Das Fürstentum Oettingen – Karitativ-soziale Einrichtungen und Konventikel

Zu einer beachtlichen Kraft entwickelte sich der frühe Hallische Pietismus in der kleinen, am Nordrand des Rieses gelegenen Residenzstadt Oettingen[22], wo von 1677 bis 1688 der mit Spener verbundene David Nerreter[23] in verschiedenen Ämtern gewirkt hatte. Die Entstehung eines kleinen Kreises von Frankeanhängern wurde hier dadurch begünstigt, daß die beiden

---

[19] Zu Metzger s. Pfarrerbuch Bayerisch-Schwaben, Nr.804; OTTO HAUG (Bearb.), Pfarrerbuch Württembergisch Franken, T. 2, Nr. 1734. Vgl. Die Matrikel der Universität Jena, Bd. 2, bearb. v. REINHOLD JAUERNIG, weitergef. v. MARGA STEIGER, Weimar 1977, 518; Matrikel der Martin-Luther-Universität Halle-Wittenberg, Bd. 1, bearb. v. FRITZ JUNTKE, Halle 1960, 293.

[20] Zu Ehinger s. Die Matrikel der Universität Jena, Bd. 2, bearb. v. REINHOLD JAUERNIG, weitergef. v. MARGA STEIGER, Weimar 1977, 229; Matrikel der Martin-Luther-Universität Halle-Wittenberg, Bd. 1, bearb. v. FRITZ JUNTKE, Halle 1960, 131.

[21] Zu von Schell-Bauschlott s. ERNST HEINRICH KNESCHKE (Hg.), Neues allgemeines Deutsches Adels-Lexicon, Bd. 8, Leipzig 1868, 118.

[22] Hierzu und zum Folgenden s. PAUL SCHATTENMANN, Untersuchungen, 108–111.

[23] Zu Nerreter s. Kap. II, 63–65 u. 76–77.

Generalsuperintendenten Friedrich Heinrich Cammerer[24] und Tobias Wasser[25] dem Hallischen Pietismus aufgeschlossen gegenüberstanden. Die ersten Impulse gingen vor allem von dem aus Harburg stammenden Subdiaconus Johann Peter Kraft[26] aus. Er hatte sein Studium in Tübingen begonnen und in Halle fortgesetzt, wo er zugleich am Waisenhaus als Kostgänger Informator gewesen war. 1710 wurde er als erster Schüler Franckes nach Oettingen berufen; hier führte er Collegia pietatis in Privathäusern ein, die allerdings später in die Kirche verlegt wurden.

Einen gleichgesinnten Kollegen erhielt Kraft 1715 in dem aus Weißenburg gebürtigen Archidiaconus Georg Michael Preu[27], der zuvor Pfarrer in Untermagerbein und Kleinsorheim gewesen war. Bereits dort hatte er Anfang 1714 von seinem Landesherrn, Fürst Albrecht Ernst II. von Oettingen[28], die Erlaubnis erbeten, sonntags Katechismusübungen abhalten zu dürfen.[29] Beredt hatte er darüber geklagt, daß die „Erkenntnis Gottes und das gottselige Leben" in seinen beiden Gemeinden „je länger, je seltener" würden, und daß „nicht 10 Personen sind, die tüchtig wären, eine Predigt erbaulich anzuhören". Die allgemein übliche Predigt sei deshalb „bei den meisten eine vergebliche Handlung". Auch literarisch ist Preu durch mehrere Publikationen hervorgetreten. Verwiesen sei in diesem Zusammenhang auch auf das 1719 neu herausgegebene Oettingische Gesangbuch „JESUM Liebender Seelen zeitlicher Vorschmack ewiger Freuden", das er völlig neu gestaltet hat,[30] und das noch weitere Auflagen erlebte. Es war in fünf Hauptabteilungen untergliedert: Festlieder, Katechismuslieder, Lieder über die Heilsordnung, Kreuz- und Trostlieder sowie Lieder von den letzten Dingen. Das darin enthaltene Lied „HErtzliebster Seelen-Bräutigam! bind uns mit dir in eins zusamm durch Glaubenvolles Lieben"[31] hat er selbst beigetragen.

Eine Stütze hatte der frühe Hallische Pietismus in Oettingen in Freifrau Maria Barbara von Neuhaus geborene von Hund[32]. Dieser früh verwitweten

---

[24] Zu Cammerer (Kammerer) s. Pfarrerbuch Bayerisch-Schwaben, Nr. 156.

[25] Zu Wasser s. Pfarrerbuch Bayerisch-Schwaben, Nr. 1347.

[26] Zu Kraft s. DBA 700, 162; Pfarrerbuch Bayerisch-Schwaben, Nr. 652; EDMUND SCHOENER, Pfarrerbuch Pappenheim, Nr. 88. Vgl. Die Matrikeln der Universität Tübingen, Bd. 2, bearb. v. ALBERT BÜRK u. WILHELM WILLE, Tübingen 1953, 476, Nr. 30236; Matrikel der Martin-Luther-Universität Halle-Wittenberg, Bd. 1, bearb. v. FRITZ JUNTKE, Halle 1960, 98.

[27] Zu Preu s. DBA 980, 281–303; ADB 53, 114–116; Pfarrerbuch Bayerisch-Schwaben, Nr. 933. Vgl. PAUL SCHATTENMANN, Oettingen, 114.

[28] Zu Albrecht Ernst II., Fürst von Oettingen s. Europ. Stammtaf. NF, Bd. XVI, Tafel 101.

[29] s. Brief: Georg Michael Preu an Albrecht Ernst von Oettingen, 6. Januar 1714, zitiert in: PAUL SCHATTENMANN, Michel, 17; die folgenden Zitate ebd.

[30] s. [JULIUS] GMELIN, Öttinger Gesangbuch, bes. 1718.

[31] JESUM Liebender Seelen zeitlicher Vorschmack ewiger Freuden, 826–827, Nr. 356.

[32] Zu von Neuhaus s. DBA 892, 453–454. Vgl. JOHANN AUGUST VOCKE, Almanach,

Adligen, deren vier Kinder – drei Töchter und ein Sohn – jung verstorben waren, oblag seit 1701 als Oberhofmeisterin die Erziehung der Prinzessinnen. Die gleiche Stellung hatte sie zuvor in der Residenzstadt Idstein bei der Fürstin Henriette Dorothea von Nassau-Saarbrücken[33] bekleidet. Ihre schon dort Witwen, Schulkindern und Theologiestudenten erwiesene Nächstenliebe setzte sie in Oettingen fort. 1712 ließ sie am Rande der Residenzstadt – nach dem Vorbild des Frauenzimmerstifts in Halle – ein Heim für sieben mittellose Witwen auf einem vom Landesherrn gestifteten Grundstück errichten.[34] Dieses Witwenhaus, Ausdruck tätiger Liebe, stattete sie außerdem mit einem Grundkapital aus. Auch als Dichterin soll sie hervorgetreten sein; aus ihrer Feder sollen die bereits 1696, also während ihrer Idsteiner Tätigkeit, anonym erschienenen „Geistliche(n) Lieder/ über die sieben Blutvergiessungen Christi Jesu/ der gantzen Welt Heiland/ von Einer Gott-ergebenen Seelen zum Druck befordert Im Jahr nach Christi Geburth 1696" stammen.[35]

Mitte November 1714 wurde in Oettingen vor dem Unteren Tor auch ein Waisenhaus[36] eröffnet, an dessen Errichtung Krafts Schwiegervater, Generalsuperintendent Friedrich Heinrich Cammerer, maßgeblich beteiligt gewesen ist. Über den Anlaß berichtete er nach Halle: „Gott fügte es gantz

---

T. 1, 370–371; in der von ihr verfaßten „Vorrede" (unpaginiert) zu ihrer „Geistlichen Blumen-Sammlung" finden sich einige interessante Mitteilungen über ihr bewegtes Leben.

33 Zu Henriette Dorothea, Fürstin von Nassau-Saarbrücken in Idstein, geb. Prinzessin von Oettingen s. Europ. Stammtaf. NF, Bd. I, 1, Tafel 67; MICHEL HUBERTY [u. a.], L'Allemagne dynastique, T. 3, 307, Nr. XVII 38.

34 Über das Witwenhaus s. PAUL SCHATTENMANN, Untersuchungen, 109.

35 Dieser Hinweis auf eine Verfasserschaft von Maria Barbara von Neuhaus findet sich bei JOHANN AUGUST VOCKE, Almanach, T. 1, 371. Er wurde auch von der Sekundärliteratur, z. B. bei MATTHIAS SIMON, Kirchengeschichte Bayerns, Bd. 2, 498, aufgenommen. Dem steht jedoch entgegen, daß sich in einem Exemplar dieser Ausgabe (HAB Wolfenbüttel, Sign. T l 274; BIRCHER B 2505) eine Widmung der Prinzessin Sophie Eleonore von Braunschweig an ihren Bruder August Ferdinand Herzog zu Braunschweig-Bevern findet, aus der hervorgeht, daß sie „(d)ieses Buch [...] selbst zum Druck kommen laßen" habe. Von dieser Liedersammlung erschien noch im selben Jahr eine von Druckfehlern gesäuberte Fassung. Nach dem Tode der Prinzessin Sophie Eleonore von Braunschweig (gest. 1711) erschien, vielleicht 1713, eine weitere Ausgabe: „Geistliche Lieder/ Uber Die sieben Blutvergiessungen JEsu Christi/ Der gantzen Welt Heylandes/ Welche Nebst einer Zuschrifft und Vorrede von der Hochseeligsten Verfasserin Durchl. bereits Anno 1696. zum Druck befordert worden". Die Lieder zu den sieben Blutvergießungen, die von der Beschneidung Jesu bis zum Lanzenstich am Kreuz reichen, zeugen in mittelmäßigem Versmaß von einer massiven Blut- und Wundenfrömmigkeit.

36 Über das Waisenhaus s. KARLHEINRICH DUMRATH, Waisenhaus in Oettingen (grundlegend); HANS ISSLER, Oettingen, 152; PAUL SCHATTENMANN, Michel, bes. 28 u. 31; DERS., Oettingen, 114; DERS., Untersuchungen, 109–110.

wunderlich. Ein elender Knab, der mich angesprochen um das Schulgeld, gab Gelegenheit darzu, den ich hernach ins Hauß und in die Pfleg genommen. Darzu kam noch einer und endlich wurde meinem H[err]n Schweher Vatter Superint[endent] Camerario (der nun tödlich darnieder ligt) einer mit diesen Worten aufgedrungen: Wo man den Knaben nicht versorgte, so führte man denselben den Papisten zu“[37]. Hinzu kamen allerdings noch einige andere spektakuläre Fälle von Waisen- und Bettelkindern, mit denen sich damals die Bevölkerung und besonders die Pfarrerschaft in der Residenzstadt konfrontiert sah. Großzügige Unterstützung fand die Anstalt von Anfang an durch Fürst Albrecht Ernst II. von Oettingen[38], der kurz zuvor die Anstalten in Halle auf einer Durchreise besichtigt hatte[39]. Erster Inspektor am Waisenhaus war von 1714 bis 1719 Johann Ulrich Wolfgang Reußner[40], dem neben der Aufsicht über Erziehung und Unterricht noch die Abhaltung von Morgen- und Abendandachten, die Katechisationen sowie die Kontrolle der Buchführung anvertraut war. Erster Präzeptor war von 1714 bis 1721 Johann Albrecht Kohl, der die Aufgabe hatte, die Kinder zu unterweisen und in der Freizeit durch körperliche Tätigkeiten zu beschäftigen. Als Waisenhausmutter – zumeist handelte es sich später um eine Pfarrerswitwe – war zunächst Maria Dorothea Fromm angestellt; sie hatte – unterstützt von einer Magd – für den Haushalt zu sorgen. Bei der Eröffnung am 15. November 1714 hatte die Anstalt sechs Kinder, drei Knaben und drei Mädchen; ein Jahr später 24 und im Jahr darauf 39 Kinder. 1718 war deren Zahl bereits auf 50 angestiegen. In der religiösen Unterweisung und der Erziehung verfolgte man „nur den einzigen Zweck, die Kinder Gott wieder zuzuführen“[41]. Zur finanziellen Absicherung des Unternehmens hatte die Obrigkeit seit 1715 angeordnet, dafür am ersten Sonntag eines jeden Monats an allen Kirchentüren des Fürstentums Opferbüchsen aufzustellen.

Nach dem Vorbild von Halle wurde dem Waisenhaus 1717 eine Verlagsbuchhandlung angegliedert.[42] Hier erschien noch Ende des Jahres

---

[37] Brief: Johann Peter Kraft an August Hermann Francke, 27. Dezember 1714, SB Berlin, Francke-Nachlaß, Kaps. 24, 1; vgl. THEODOR WOTSCHKE, Neue Urkunden (1933), 178, Anm. 1.

[38] Fürst Albrecht Ernst II. von Oettingen war der Bruder von o. g. Henriette Dorothea, Fürstin von Nassau-Saarbrücken in Idstein; vgl. MICHEL HUBERTY [u. a.], L'Allemagne dynastique, T. 3, 307, Nr. XVII 38.

[39] s. Brief: Johann Ulrich Wolfgang Reußner an August Hermann Francke, 2. September 1715, AFSt Halle, A 168, Nr. 83: „Dieses [sc. der Bau des Waisenhauses] wurde umso viel eher erstattet, weil der Vatter im Himmel kurz vorhero unsers Fürsten Herz bey einer durch Reiße durch Hall dahin gelenket, daß er gedachte in seinen Lande gleichfals ein Waysenhaus aufrichten zu laßen“.

[40] Zu Reußner s. Pfarrerbuch Bayerisch-Schwaben, Nr. 976.

[41] [JOHANN ULRICH WOLFGANG REUSSNER,] Nachricht (1715), 19.

[42] s. KARLHEINRICH DUMRATH, Waisenhaus in Oettingen, 555–556; PAUL SCHATTENMANN, Michel, 28 u. 31; DERS., Untersuchungen, 110.

eine Bibelausgabe[43], versehen mit Summarien und einer Vorrede von Tobias Wasser. Da jede Bibel nur 31 Kreuzer kostete, konnten innerhalb eines Jahres alle 4000 Exemplare verkauft werden. 1743 erschien eine zweite, in Nürnberg gedruckte Auflage dieser Bibel[44], der außer der „Confessio Augustana" noch Luthers „Kleiner Katechismus" beigegeben war. 1719 schritt der Verlag zur Herausgabe des bereits erwähnten Gesangbuches „JESUM Liebender Seelen zeitlicher Vorschmack ewiger Freuden". Seit 1715 verbreiteten die Waisenhausprediger und -inspektoren – anfänglich in zweijährigem Turnus – auch die Broschüre „Nachrichten" über Entstehung und Entwicklung des Waisenhauses und legten so gleichzeitig Rechenschaft über ihre Anstaltsführung ab. Allerdings wollten sie damit zugleich um weitere Unterstützung für das Waisenhaus, das ja offenkundig unter der Providenz Gottes stand, werben.

In der Residenzstadt Oettingen gab es aber auch unter den Honoratioren Anhänger des frühen Hallischen Pietismus. Verwiesen sei beispielsweise auf den fürstlichen Leibarzt Peter Keck[45]. Er ließ Ende 1714 bei Francke anfragen, ob er ihm nicht einen Hauslehrer für seine zwei Kinder vermitteln könnte.[46] Dieser sollte „Kost, Stuben, Bett und dergl[eichen]" frei haben; darüber hinaus wäre es ihm jedoch anheimgestellt, „noch mehr Kinder anzunehmen, daß also leicht die Kleidung und andere Nothwendigkeiten könnten angeschaffet werden".

Im Oettinger Landgebiet verstanden sich gleichfalls einige Pfarrer als Hallenser, so der aus Unterringingen gebürtige Georg Jakob Schuster[47], der in Halle studiert hatte und seit 1717 Pfarrer in der mitten im Ries gelegenen Herrschaft Großelfingen war. Von den Adligen war General Albrecht von Elster und Ederheim[48] im nahegelegenen Ederheim dem Hallischen Pietismus zugetan. Er hatte sich mit der Bitte an Francke gewandt, ihm zu einem geeigneten Kandidaten der Theologie als Hausprediger zu verhelfen. Daraufhin vermittelte der ihm 1712 Michael Wilhelm Liebermeister[49], der

---

43 Vgl. Deutsche Bibeldrucke, E 1394.

44 s. Deutsche Bibeldrucke, E 1394.

45 Zu Keck s. DBA 634, 65. Peter Keck wirkte in Oettingen von 1679 bis 1732 als Leibarzt der Fürsten Albrecht Ernst I. und II. von Oettingen; freundliche Auskunft des Fürst Wallerstein Archivs Harburg.

46 Hierzu und zum Folgenden s. Brief: Johann Peter Kraft an August Hermann Francke, 27. Dezember 1714, SB Berlin, Francke-Nachlaß, Kaps. 24. 1.

47 Zu Schuster s. Pfarrerbuch Bayerisch-Schwaben, Nr. 1152; Pfarrerbuch Württembergisch Franken, T. 2, Nr. 2370. Vgl. Matrikel der Martin-Luther-Universität Halle-Wittenberg, Bd. 1, bearb. v. FRITZ JUNTKE, Halle 1960, 410.

48 Zu von Elster s. DBA, 279, 263. Vgl. THEODOR WOTSCHKE, Neue Urkunden, 174, Anm. 3.

49 Zu Liebermeister s. Pfarrerbuch Bayerisch-Schwaben, Nr. 721; vgl. Matrikel der Martin-Luther-Universität Halle-Wittenberg, Bd. 1, bearb. v. FRITZ JUNTKE, Halle 1960, 265.

in Halle studiert hatte und während dieser Zeit auch Lehrer am Waisenhaus gewesen war. 1726 wurde er Pfarrer in Ederheim.

2. *Karitativ-soziale Einrichtungen und Erziehungsanstalten sowie Konventikel als Ausgangsbasen des Hallischen Pietismus in Franken*

Größer als in Ostschwaben war die Zahl der Anhänger und Freunde Franckes in den fränkischen Territorien. Dies gilt besonders für die Reichsstadt Nürnberg, die beiden Markgrafentümer Brandenburg-Ansbach und Brandenburg-Bayreuth sowie für das 1920 an Bayern gekommene Herzogtum Coburg. Auch hier war der Hallische Pietismus stark am Sozial-Karitativen und Erzieherischen orientiert; daneben spielte hier aber auch das Konventikelwesen eine recht bedeutende Rolle.

a) Die Reichsstadt Nürnberg – Konventikel und Wirths Armenkinderschule

In der Reichsstadt Nürnberg mit ihrem weiträumigen Landgebiet begegnen frühzeitig tatkräftige Vertreter des frühen Hallischen Pietismus. Dessen bedeutendster Repräsentant in der Stadt selbst war zweifelsohne Ambrosius Wirth[50]. Dieser wurde 1656 in Wolkenburg an der Mulde geboren und war seit 1687 Pfarrer in Markt Eschenau im Nürnberger Landgebiet. 1693 wurde er aber wegen seiner pietistischen Aktivitäten, besonders wegen seines Drängens auf strikte Sonntagsheiligung und seiner hartnäckigen Weigerung, Unbußfertige zum Abendmahl zuzulassen, seines Amtes enthoben. Ein Jahr später erhielt er jedoch in Nürnberg erneut eine Anstellung, zunächst als Frühprediger bei St. Walburg und dann als Pestilentiarius und Zuchthaus- bzw. Suttenprediger. Später wurde er Prediger am neuen Spital zum Hl. Geist. Einen gleichgesinnten Kollegen hatte er in dem stark sehbehinderten Tobias Winkler[51], Prediger an der Marienkirche, der mit Spener in Verbindung stand.[52]

Wirth, der seit Beginn des 18. Jahrhunderts briefliche Kontakte zu Francke hatte[53], hielt in Nürnberg – wie schon zuvor in Eschenau – sonntags nach der Vesperpredigt in seinem Pfarrhaus Konventikel ab. Anfänglich waren sie

---

[50] Zu Wirth s. DBA 1381, 39–42; MATTHIAS SIMON, Nürnbergisches Pfarrerbuch, Nr. 1557 (Lit.). Vgl. KARL SCHORNBAUM, Wirth.

[51] Zu Winkler s. Kap. II, 60, Anm. 90.

[52] s. Kap. II, 60–61.

[53] 22 Briefe Wirths an Francke aus den Jahren 1702 bis 1722 finden sich in SB Berlin, Francke-Nachlaß, Kaps. 23, 1. Vgl. THEODOR WOTSCHKE, Neue Urkunden (1931), 247–251, Nr. 17–19; (1932) 53–55, Nr. 24–25; 102–103, Nr. 27.

ausschließlich für seine „Hausgenossen“ und „andere[n] wenige[n] Seelen“ bestimmt, „die entweder ungefähr dazu kommen oder sichs hatten vorgenommen, weil sie schon vorher dabei gewesen und einigen Nutzen daraus geschöpfet hatten“[54]. Da sich aber auch andere Fromme einfanden, wuchs die Teilnehmerzahl so stark an, daß der Platz in seiner „Studierstube“ nicht mehr ausreichte. Deshalb mußte man „das nächste Gemach, worinnen die Bücher stehen, da man anheizet und welches sonst einer Kammer gleichet“, mit einbeziehen. Wirth selbst stand oder saß „mitten innen“, so daß er „von beiden Seiten“ gesehen und gehört werden konnte. Jeweils eine Woche zuvor gab er die Thematik bekannt, die am nächsten Sonntag behandelt werden sollte. Damit die Teilnehmer „solche mit größerem Nutzen möchten anhören“, schrieb er themarelevante Bibelverse auf Zettel, „legte sie in ein Körblein und ließ jede Person, die lesen konnte, einen Spruch mit nach Hause nehmen“. Dort sollten sie sich mit dem Bibelvers beschäftigen, um sich das nächste Mal „mit mehrerem Nutzen“ an der Zusammenkunft beteiligen zu können; er pflegte nämlich zu sagen: „Wer viel mitbringt in diese Versammlung, der bringt auch viel mit nach Hause, oder wie unser Heiland spricht: Wer da hat, dem wird gegeben [Mt 13, 12]“. Später teilte Wirth die Teilnehmer in zwei Gruppen und gab ihnen abwechselnd vierzehntägig entsprechende „Zettelchen“ mit nach Hause. In den Versammlungen konnte dann jeder Teilnehmer seine „Meinung“ über den Bibelspruch äußern und „andern zum Seelenbesten anführen“.

Nach einiger Zeit entwickelten sich neben diesen „ordentlichen Sonntagsversammlungen“ noch typische Konventikel. Diese fanden jeweils am Montag von 16 bis 19 Uhr in Wirths Pfarrhaus statt. Samstags traf man sich zur gleichen Zeit bei dem pietistisch gesinnten Tuchmacher und Zuchthausverwalter Samuel Schöps[55], der 1697 durch Berichte über Franckes Waisenhausgründung für den Hallischen Pietismus gewonnen worden war. Diese beiden Veranstaltungen fanden stets in Anwesenheit eines „Kirchendiener[s]“ statt. Jeder, der regelmäßig daran teilnehmen wollte, mußte vorab „gewisse aus Gottes Wort genommene Regeln“ unterschreiben. Gästen wurde die Teilnahme nicht verweigert, sofern man davon ausgehen konnte, daß es „guter Meinung wegen“ geschah. Der Ablauf dieser Konventikel war folgendermaßen festgelegt: Zunächst sang man ein Lied, dem ein freies Gebet durch einen Pfarrer und eine „christliche(n) Mannsperson“ folgte. Anschließend fand eine Aussprache über die jeweilige Thematik aufgrund der Bibel statt, an der sich allerdings nur Männer beteiligen durften. Großer Wert wurde darauf gelegt, daß „alles ohne Spitzfindigkeit in aller Einfalt zur Erbauung und Besserung im Christentum angewandt und Schrift mit Schrift

---

[54] s. Brief: Ambrosius Wirth an [August Hermann Francke], o. D., gedr. in: THEODOR WOTSCHKE, Neue Urkunden (1931), 250–251, Nr. 19; folgende Zitate ebd.

[55] Zu Schöps s. MATTHIAS SIMON, Winkler, 230, Anm. 4.

erklärt" werde. Reichte die Zeit zur Behandlung eines Themas nicht aus, so wurde dieses in der nächsten Woche nochmals aufgegriffen. Zum Schluß wurde wiederum ein Lied gesungen, worauf von zwei oder mehreren Teilnehmern Gebete gesprochen wurden, „darinnen nicht allein auf die gehandelte Materie gesehen wird, sondern man pflegt auch für alle Menschen zu beten und insonderheit für die drei Hauptstände der Christenheit und für die Glaubensgenossen und allerlei Notleidende".

Gegen diese Erbauungsstunden protestierte 1701 eine Reihe von Nürnberger Pfarrern unter Führung von Andreas Myhldorf[56], damals Prediger an St. Lorenz und Professor am Auditorium. Auf ihre Anzeige hin holte der Magistrat bei einigen Pfarrern Gutachten ein, u. a. bei dem pietistisch gesinnten Tobias Winkler. Wie zu erwarten, erklärte dieser die Erbauungsstunden für unbedenklich: Da es gesellige Sozietäten gäbe, müßten auch geistliche Gesellschaften erlaubt sein, sofern sie die kirchlichen Hoheitsrechte des Magistrats respektierten.[57] Daraufhin wurde vom Rat beschlossen, Konventikel zu gestatten, sofern darin kein Widerspruch gegen die Confessio Augustana laut werde.

Für die Konventikelteilnehmer erstellte Wirth 1700 „Etliche christliche Regeln und Pflichten"[58]. Danach mußten die Besucher versprechen, sich am kirchlichen Leben zu beteiligen, mindestens einmal wöchentlich an einer Erbauungsstunde teilzunehmen, regelmäßig private Hausandachten zu halten, sich karitativ zu betätigen und weltliche Vergnügungen, wie den Besuch von Wirtshäusern und Komödien, unbedingt zu meiden.

Über Wirths Aktivitäten berichtete ein Durchreisender 1704 emphatisch: „In Nürnberg kam ich glücklich an aus der Wüste gleichsam in ein Paradies. Denn gleich am Abend, da ich zu H[errn] Wirth komme, find ich da beisammen Große und Kleine, Gelehrte und Ungelehrte, Männer und Weiber, die sich in Einfäligkeit des Herzens mit Lesen und Beten erbauten [...] Den Sonntag früh hörte ich den H[errn] Winckler predigen, der zwar äußerlich blind [ist], aber innerlich göttliches Licht hat [...] Montags habe ich auch noch die Verpflegung der Armen, die unter dem H[errn] Wirth sind, besucht. Das waren lauter alte Leute. Etliche konnten was arbeiten. Die Frauen knöpfelten und spannen; für die Männer kann aber keine Arbeit gefunden werden"[59].

---

56 Zu Myhldorf s. DBA 880, 29–44; DBA NF 932, 313; MATTHIAS SIMON, Nürnbergisches Pfarrerbuch, Nr. 927.

57 s. Her. Pr. Winkleri Bedenken in causa derer beÿ H. Ambr. Wirth angestellten Privat-Versammlungen (20. Januar 1701), StadtB Nürnberg, Will II, 1548 4°; gedr. in: MATTHIAS SIMON, Winkler, 201–206.

58 Diese Regeln und Pflichten sind gedr. bei KARL SCHORNBAUM, Wirth, 369–372.

59 Brief: Christian Wilhelm Schneider an August Hermann Francke, 8. November 1704, gedr. in: THEODOR WOTSCHKE, Neue Urkunden (1931), 112, Nr. 1.

Abbildung 8. Ambrosius Wirth (1656–1723).
Kupferstich von Engelhard Nunzer.
Landeskirchliches Archiv Nürnberg.

Auf Wirths Initiative ging auch die 1702 erfolgte Gründung einer bedeutenden Armenkinderschule[60] zurück. Beeinflußt wurde er hierbei von dem Tuchmacher Samuel Schöps, der durch seinen Vetter Bartholomäus Wagner nähere Informationen über Franckes Armenfürsorge erhalten hatte. Auch hatte er Franckes „liebes Büchlein" „Historische Nachricht/ Wie sich die Zuverpflegung der Armen und Erziehung der Jugend in Glaucha an Halle gemachte Anstalten veranlasset/ eines aus dem andern gefolget/ und das gantze Werck durch Göttlichen Segen von Ao. 1694. biß A. 1697. im Monath Junio fortgesetzet und eingerichtet sey"[61] gelesen. Da er bemerkte, daß es Wirth sich seit seinem Dienstantritt in Nürnberg sehr angelegen sein ließ, Kinder „im Lesen und in der Gottseligkeit zu üben" und er seinem eigenen Kind gern bessere Bildungschancen eröffnet hätte, suchte er dessen nähere Bekanntschaft. Bei ihren Begegnungen sprachen sie oft von Franckes „gottseligen Werken und Schriften". Als dann Georg Peter Gaucker, ein Geselle von Schöps, und Johann Hochhans, der Sohn eines anderen Nürnberger Meisters, 1702 von einem Besuch in Halle zurückkehrten und begeistert über ihren dortigen Aufenthalt berichteten, riß Wirth seine Mütze vom Kopf und warf sie mit den Worten zu Boden: „Pfui, der Schande, was sind wir dagegen? Wann wollen wir anfangen, unseren Hochmut und Pracht unter unsere Füße zu treten? Es ist nichts mit uns, es muß anders mit uns werden!"

Die von Wirth ins Leben gerufene Armenkinderschule – nicht die erste in Nürnberg[62] – war anfänglich so organisiert: Wirth sandte befähigte Schüler aus den oberen Klassen der Trivialschule als Hilfslehrer in die Wohnungen von Familien, die nicht in der Lage waren, das übliche Schulgeld zu entrichten. Dank dieser häuslichen Unterweisung konnten 1704 bereits 300 Kinder verarmter Nürnberger betreut werden. Diese Unterrichtsorganisation rief jedoch – nicht ohne Grund – den Widerspruch der „Teutschen Schule" hervor. Deren Schulleiter und Rechenmeister beschwerten sich beim Magistrat darüber, daß Wirth „unterschiedliche Scholaren, oder mehr noch andere Leute, an und bey sich habe", die er in die Häuser schicke, um „die

---

[60] Über Wirths Armenschule s. Die Schulen in Nürnberg; 3–5. RUDOLF ENDRES, Armenstiftungen, 60–61; KLAUS LEDER, Kirche und Jugend, 231–233 (Lit.); JOHANN CHRISTIAN SIEBENKEES, Nachrichten, 9–14. Vgl. auch Wirths Darstellung für Johann Daniel Herrnschmidt: Kurzer Bericht. Was vom 20. Sonntag Trinitatis an 1704–1705 zugetragen, AFSt Halle, D 84.

[61] Vgl. PAUL RAABE u. ALMUT PFEUFFER (Bearb.), Francke-Bibliographie, F 1. 1. Hierzu und zum Folgenden s. Brief: Samuel Schöps an Johann Daniel Herrnschmid, o. D., gedr. in: THEODOR WOTSCHKE, Neue Urkunden (1933), 44–49, Nr. 20; die folgenden Zitate finden sich ebd., 45 u. 46.

[62] Bereits 1699 war – nicht ohne pietistischen Einfluß – unter Mitwirkung von Johann Konrad Feuerlein die Lorenzer Armenschule gegründet worden; s. RUDOLF ENDRES, Armenstiftungen, 59–60.

Jugend zu informiren"[63]. Sie sahen dies als einen „Eingriff" in ihre Fachkompetenz an. Trotz dieses Protests ging der Ausbau der Armenkinderschule weiter. Seit 1710 fand die Unterweisung der Kinder in Lesen und Schreiben in der Wohnung des Spitalpredigers und seit 1719 im sogenannten „Närrischen-Kinderhaus" im Hinteren Spitalhof statt. Der unentgeltliche Unterricht und die kostenlose Abgabe von Lehrmaterial ebenso wie die Verpflegung der Kinder mit Brot war dank zahlreicher und zum Teil großzügiger Schenkungen und Stiftungen möglich.

Neben seiner pastoralen und karitativ-sozialen Tätigkeit trat Wirth auch als Autor hervor. Er verfaßte Erbauungs- und Lehrbücher. Dazu zählt das 1698 in Nürnberg erstmals gedruckte „Schrifft-Kern/ Oder Biblisches Spruch-Buch"[64], das er zur Unterweisung von Kindern und Erwachsenen, von Laien und Predigern verfaßt hat. Dem Aufbau von Luthers Kleinem Katechismus folgend, hat er den einzelnen Hauptteilen und Artikeln jeweils entsprechende „Macht- und Kern-Sprüche der gantzen Heil. Schrifft"[65] zugeordnet. Mit Hilfe von drei Registern, die das umfangreiche Werk erschließen, wollte er vor allem „dem gemeinen Manne seinen Catechismum und dessen meiste Lehren und Artickel [...] erklären und einschärffen/ und ihn in demselben stärcken und befestigen".

Ferner schuf Wirth Liederbücher. Im Jahre 1700 erschien des „Lieder-Schatzes Erster Theil/ darinnen 500. so wol alte als neue/ schöne/ auserlesene Geist- und Schriftreiche Lieder zu finden/ Welche sich alle mit dem Buchstaben A anfangen"[66]. Die darin zusammengetragenen Lieder stammen zumeist aus Gesangbüchern, die der späteren Orthodoxie zuzurechnen sind. Durch fünf Indizes, nämlich Bibelstellenverzeichnis, Sach- und Wortregister, Verzeichnis der Lieder für „Sonn- und Feyertägen" und ein alphabetisches Verzeichnis der Liedanfänge, ist es vorzüglich erschlossen. Dabei ist in religionspsychologischer Hinsicht interessant, daß zwei Drittel aller Lieder einheitlich mit der Interjektion „Ach" und nur ein Sechstel mit dem Adhortativ „Auf" beginnen. Ferner verfaßte Wirth 1714 sein „Geistreiches Gesangbüchlein", das 416 Lieder enthält. Bei diesem für Jugendliche bestimmten Liederbuch wird man davon ausgehen dürfen, daß es wohl vornehmlich in der von ihm ins Leben gerufenen Armenkinderschule Verwendung gefunden hat. 1719 erschien dann die 876 Lieder umfassende Sammlung: „Des Geistlichen Lieder-Schatzes vollständiger Theil". Sie enthält die Lieder des inzwischen vergriffenen „Geistlichen Gesangbüchleins" sowie

---

63 StA Nürnberg, RV 3082, 125v (25. August 1703); folgendes Zitat ebd.

64 Eine weitere Ausgabe erschien in Nürnberg 1719; s. DOROTHEA RAMMENSEE (Bearb.), Bibliographie der Nürnberger Kinder- und Jugendbücher, Nr. 1629–1637.

65 AMBROSIUS WIRTH, Schrifft- Kern, Vorrede (unpaginiert); folgendes Zitat ebd.

66 Hierzu und zum Folgenden s. DIETER WÖLFEL, Nürnberger Gesangbuchgeschichte, 184–188.

„die Fürnehmsten“[67] aus des „Lieder-Schatzes Erster Theil“ und „aus andern guten Evangelischen Büchern“, so aus den Gesangbüchern von Freylinghausen. Bestimmt war es zum Gebrauch in „öffentlicher Gemeine“ und auch zur „Privat- Andacht“.

Aus Wirths pastoraler und karitativ-sozialer sowie literarischer Tätigkeit wird deutlich, daß sein Augenmerk vor allem Kindern und Jugendlichen galt. Er war davon überzeugt, diese könnten leichter für eine gelebte christliche Existenz gewonnen werden als Erwachsene. Daher habe er sich, so schrieb er an August Hermann Francke, „immer bemüht, die jungen Seelen, so viel mir mein Gott Gnade gegeben, der Welt und dem Teufel aus dem Rachen zu reißen“[68].

Während dieser Zeit hatte Wirth in Bernhard Walter Marperger[69], Diaconus an der St. Egidienkirche, einen dem Pietismus gegenüber aufgeschlossenen Kollegen. Marperger, der in Altdorf und Halle studiert hatte, drang auf eine geläuterte Frömmigkeit, wie seine zahlreichen Schriften sowie die Herausgeberschaft von John Tillotsons „Of Sincerity Towards God and Man“ zeigen.[70] Dieser Erbauungsschrift, die 1716 erstmals in Nürnberg unter dem Titel „Aufrichtiger Nathanael zur Entdeckung der falschen und Beförderung der wahren Gottseeligkeit“ erschien, hatte er zahlreiche Anmerkungen beigegeben.[71] 1724 folgte Marperger, inzwischen in St. Egidien Prediger geworden, einem Ruf nach Dresden als Konsistorialrat und Hofprediger an der dortigen Hofkirche.

Auch in Nürnberg gab es unter den Laien einige angesehene Persönlichkeiten, die dem Franckeschen Pietismus nahestanden. Genannt seien der Arzt und Polyhistor Gottfried Thomasius[72] sowie der Patrizier Jakob Wilhelm von Imhoff[73], der Spener in Straßburg kennengelernt und dessen Sohn das Pädagogium in Halle besucht hatte. Dagegen kann der von Anfang 1718 bis in die frühen 20er Jahre in Nürnberg weilende, leichtgläubige und emo-

---

67 [AMBROSIUS WIRTH,] Des Geistlichen Lieder-Schatzes vollständiger Theil, Vorrede (unpaginiert); folgende Zitate ebd.

68 Brief: Ambrosius Wirth an August Hermann Francke, 7. Juli 1702, gedr. in: THEODOR WOTSCHKE, Neue Urkunden (1931), 248–250, Nr. 18; hier 248.

69 Zu Marperger s. DBA 806, 176–244; ADB 20, 405; MATTHIAS SIMON, Nürnbergisches Pfarrerbuch, Nr. 865. Zu Marperger als Kirchenliederdichter s. JOHANN CASPAR WETZEL, Hymnopoeographia, T. 4, 312–314.

70 Hierzu und zum Folgenden s. EDGAR C. MCKENZIE, Catalog, Nr. 1664–1666.

71 Über die Rezeption englischer Erbauungsliteratur bei Marperger s. UDO STRÄTER, Sonthom, 54, 57, 114.

72 Zu Thomasius s. DBA 1268, 265 u. 380–403; GEORG ANDREAS WILL, Nürnbergisches Gelehrten-Lexicon, Bd. 4, 25–34 u. Bd. 8, 328.

73 Zu von Imhoff s. DBA 588, 121–133; ADB 14, 52-54. Vgl. CHRISTOPH V. IMHOFF, Imhoff – Handelsherren und Kunstliebhaber, 37–38.

tionale General Johann Albrecht von Barner[74] nur sehr bedingt als Anhänger des Hallischen Pietismus gelten. Dieser hohe Militär, der sich vor allem im Spanischen Erbfolgekrieg und in den Türkenkriegen ausgezeichnet hatte, empfand große Sympathien für radikale Pietisten, wie noch darzustellen sein wird.

Zusammenfassend ist zu konstatieren, daß der Hallische Pietismus in Nürnberg keineswegs völlig marginal gewesen ist; vor allem Wirths Armenkinderschule war ein Schibboleth, das in der Reichsstadt für jedermann wahrnehmbar war. Dennoch ging von ihm in keiner Weise ein dominierender Einfluß auf Kirche und Gesellschaft aus. Zurückzuführen ist das nicht zuletzt darauf, daß ihm sowohl der Magistrat als auch die Pfarrerschaft mehrheitlich distanziert oder sogar oppositionell gegenüberstanden.

Außer in der Stadt Nürnberg selbst fanden sich auch in ihrem Landgebiet Anhänger des frühen Hallischen Pietismus. Dies gilt vorrangig für das Städtchen Altdorf und seine Universität. An dieser Alma mater standen einige Gelehrte mit Francke in Verbindung. Zu nennen ist besonders Georg Paul Rötenbeck[75], der 1681 die Professur für Philosophie erhalten hatte und seit Frühjahr 1702 mit ihm korrespondierte[76]. Zusammen mit seinem ersten Brief vom 27. April 1702, in dem er dankend den Empfang zweier Traktate aus dem Halleschen Waisenhaus sowie dessen Schrift „Christus der Kern Heiliger Schrifft“[77] mit Widmung bestätigte, übersandte er außer einer Geldspende auch ein Dutzend Nürnberger Lebkuchen für Franckes Kinder.[78]

Neben Rötenbeck wirkte in Altdorf seit 1697 der Theologieprofessor Johann Michael Lang[79], dem zwei Jahre später gleichzeitig auch das Predigeramt übertragen wurde. Der 1664 in Etzelwang im Herzogtum Sulzbach geborene Lang war von 1691 bis 1694 Pfarrer in Vohenstrauß und in den folgenden drei Jahren Dozent in Halle gewesen. In seiner Korrespon-

---

74 Zu von Barner s. F. Rusch (Hg.), Beiträge, 106–109. Über Barners Aufenthalt in Franken s. Matthias Simon, Winkler, 219–229.

75 Zu Rötenbeck s. DBA 1049, 308–327; ADB 29, 296.

76 Drei Briefe Rötenbecks an Francke vom 30. Januar, 9. Juli u. 13. September 1704 finden sich in SB Berlin, Francke-Nachlaß, Kaps. 17. 2; sechs Briefe Rötenbecks an dens. vom 27. April u. 26. August 1702, 8. März, 13. April, 22. Juli u. 20. Dezember 1703, o. D. finden sich im AFSt Halle, C 812, D 42, D 75, D 81, D 84. Vgl. Theodor Wotschke, Neue Urkunden (1932), 49-51, Nr. 21; 51, Nr. 22; 103–106, Nr. 28; (1937) 176–179; Nr. 99 u. 100.

77 Vgl. Paul Raabe u. Almut Pfeuffer (Bearb.), Francke-Bibliographie, C 29. 1b.

78 s. Brief: Georg Paul Rötenbeck an August Hermann Francke, 27. April 1702, AFSt Halle, D 75; vgl. Theodor Wotschke, Neue Urkunden (1937), 176–178, Nr. 99.

79 Zu Lang s. DBA, 734, 370–386; ADB 17, 601–602; Matthias Simon, Nürnbergisches Pfarrerbuch, Nr. 722.

denz mit Francke[80] berichtete er 1701 von der kirchlichen Situation in Altdorf und seinen Aktivitäten in den ersten Jahren seiner dortigen Wirksamkeit: Die „Verwildnis bey der Universität und Kirche [ist] größer", als daß „ich werde hinauslangen können, wo nicht der Herr sich auch fast handgreiflich und außerordentlich mit seinen Erbarmungen herfür thut. Es sind in Altdorf etlich 30. Dörfer und Höfe gepfarrt, da in allen fast viehische Wildnis und ein entsetzliches Luderthum ist. Altdorf aber fand ich gar bey meiner Ankunfft in offenbarlichem Epicurischen Wohlleben. Ich habe mich, da ich nach zwey Jahren Profeßordienste, auch zur Cantzel kame, bitterlich herum gehauen, biß endlich nur einige außerliche Erbarkeit aufkam. Nun nehme ich das Land auch in einige Versorgung, und treibe, sovil ich kan, biß etwann Gott Gnade gibt, dass ich mit meine Absicht, rechte Catechisationes einzuführen, durchbrechen möge"[81]. Tatsächlich richtete Lang noch im selben Jahr neben seinen privaten Konventikeln, an denen vor allem Theologiestudenten teilnahmen, wöchentliche Katechismusstunden ein.[82] Nach dem Urteil seines Kollegen Rötenbeck wandte er sich damals von der „Vernunft- und Hirntheologie" zur „Geist- und Herzenstheologie" und wurde „ein so großer Freund der theologiae mysticae", als ein „großer und gleichsam geschworener Feind derselben er ehedessen gewesen" war.[83] Seitdem ließen sich, so fuhr Rötenbeck fort, in Altdorf sowohl bei den Gemeindegliedern als auch unter den Theologiestudenten Fortschritte feststellen und „das studium solidioris und sincerae pietatis" nehme, „obschon gemächlich, doch merklich" zu.

Dagegen kann Professor Johann Christoph Wagenseil[84], Langs Stiefvater, trotz seiner Korrespondenz mit Spener[85] dem Pietismus wohl nur mit Einschränkung zugerechnet werden. Sehr wahrscheinlich hatten sich seine Beziehungen zum Pietismus vor allem aus familiärer Anhänglichkeit und kollegialer Konzilianz ergeben. Als exzellenter Kenner des Judentums und des Jiddischen forderte er 1707 in seiner Schrift „Hofnung der Erlösung

---

80 Sechs Briefe Johann Michael Langs an Francke vom 21. Juli, 10. August u. 5. Dezember 1701, 24. November 1702, 18. Januar 1704 sowie 27. September 1708 finden sich im AFSt Halle, A 144, 86–89, C 300, D 111; vgl. THEODOR WOTSCHKE, Neue Urkunden (1931), 244–247, Nr. 15–16; (1935) 175–176, Nr. 84.

81 Brief: Johann Michael Lang an August Hermann Francke, 21. Juli 1701, AFSt Halle, D 111; vgl. THEODOR WOTSCHKE, Neue Urkunden (1931), 244–245, Nr. 15, hier 245.

82 s. Brief: Johann Michael Lang an August Hermann Francke, 5. Dezember 1701, AFSt Halle, D 111; vgl. THEODOR WOTSCHKE, Neue Urkunden (1931), 245–247, Nr. 16, hier 246.

83 Brief: Georg Paul Rötenbeck an August Hermann Francke, 27. April 1702, AFSt Halle, D 75; vgl. THEODOR WOTSCHKE, Neue Urkunden (1937), 176–178, Nr. 99; folgende Zitate ebd.

84 Zu Wagenseil s. Kap. II, 66, Anm. 119.

85 s. Kap. II, 66.

ISRAELIS" eine Institutionalisierung der Judenmission. Nach dem Vorbild der Congregatio de Propaganda Fide regte er die Gründung eines gut ausgestatteten Instituts an, in dem „einige in der Hebräischen und Chaldeischen Sprach/ wie auch Rabbinicis, Talmudicis und Controversiis Judaicis wol erfahrne Männer" etliche Studenten zu Missionaren unter den Juden ausbilden sollten.[86] Nach Studienabschluß könnte man diese, wenn sie „was rechtschaffenes erlernet/ und sich getrauen mit denen Juden in Disputationes einzulassen", „als zuversichtliche Bekehrer" zu jenen „ausschicken". Um Barrieren im öffentlichen, gesellschaftlichen und missionarischen Umgang mit den Juden abzubauen, verfaßte Wagenseil ein jiddisch-deutsches Lexikon, das 1699 in Königsberg mit dem Titel „Belehrung der Jüdisch-Teutschen Red- und Schreibart"[87] erschien. Ein besonderes Anliegen war ihm auch der Druck theologischer Schriften in jiddischer Sprache; denn die „Hochteutsche Sprach" sei den Juden zwar „etwas mehrers bekannt", aber Publikationen in Deutsch „können sie nit lesen".[88] Wenn den Theologen wirklich daran gelegen sei, ihnen „die mitleidige und hülffliche Hand zu bieten damit sie aus der Tieffe des Unglaubens darinnen sie stecken/ mögen gezogen werden", dann müßten sie sich ihnen „gleichförmig" machen, „nach ihrem Dialecto" schreiben und „mit ihren Buchstaben drucken" lassen. Sofern dies geschehe, und zwar unter eifrigem Gebet zu Gott, daß „er sich endlich der armen Juden/ um des blutigen Verdienst seines Sohns willen/ welcher ein Jud gebohren", erbarme, so „dörfte man an gutem und erwünschten Erfolg nit zweifeln". Allerdings müsse gegen die Juden „bescheidentlich" vorgegangen werden, denn „mit lauter Schelt-Worten/ wie manche gethan/ um sich werffen/ benimmt [man] den Juden alle Lust" zur Lektüre christlicher Werke. „Schmähen/ schänden/ und verhönen ist keine Kunst frommet auch gar nichts/ sondern dienet nur zu mehrerer Verbitterung/ der ohne das vergallten Gemüther".

Die pietistische Bewegung stieß aber in Altdorf alsbald auf die entschlossene Opposition einiger „orthodoxer Widersprecher", die „sich auf Mosis Stuhl, Bileams Amtsgaben und auf die schönen Evangelisten, darüber sich Paulus Philipp 1 [Phil 1, 12–18] erklärt, in gar zierlichen Figuren berufen und ihren Artikel 8 C[onfessionis] A[ugustanae] ganz wider die Worte des Artikels auf die Erbaulichkeit des ministerii impiorum ziehen"[89]. Unter ihnen

---

86 JOHANN CHRISTOPH WAGENSEIL, Hofnung der Erlösung Israelis, in: [DERS.,] Benachrichtigungen, T. 1, 114; folgendes Zitat ebd., 115.

87 Vgl. MARTIN FRIEDRICH, Abwehr, 142.

88 JOHANN CHRISTOPH WAGENSEIL, Belehrung, Vorwort (unpaginiert [fol. F 2r]); die folgenden Zitate ebd., [fol. F 2r bzw. 2v].

89 Brief: Johann Michael Lang an August Hermann Francke, 5. Dezember 1701, AFSt Halle, D 111; vgl. THEODOR WOTSCHKE, Neue Urkunden (1931), 245–247, Nr. 16, hier 245–246.

exponierte sich besonders Superintendent Christoph Sonntag[90], für dessen Namen die Pietisten bald das Anagramm „Tu nos angis" verwandten[91].

Angemerkt sei, daß Rötenbeck und Lang aber auch vielfältige Verbindungen zu Vertretern des Spiritualismus und des radikalen Pietismus unterhielten. Sie lasen nicht nur eifrig deren Schriften und korrespondierten mit ihnen, sondern verteidigten diese auch in Briefen und Publikationen.[92]

Als der Nürnberger Magistrat am 16. Juli 1708 in einer Verfügung von allen Predigern und Theologen ein schriftliches Bekenntnis zu den Normalbüchern verlangte, gerieten die beiden Professoren in große Bedrängnis. Rötenbeck weigerte sich, seinen Namen unter diese Erklärung zu setzen. Er vertrat die Auffassung, dieses „Decret" würde „nicht einmahl universal, sondern nur auf die Herrn Theologos und Pastores gerichtet (zu) seyn, folgl[ich] einen Professorem (logicae et politicae profanarum quippe scientiarum) nicht per se an(zu)gehen"[93]. Für ihn erledigte sich die Angelegenheit aber ohnehin von selbst, da er bereits zwei Jahre später verstarb. Der ebenfalls nicht zur Unterschrift bereite Theologieprofessor und Prediger Lang mußte dagegen Altdorf 1709 verlassen.[94] Er fand eine Anstellung als Pfarrer und Inspektor in der uckermärkischen Handelsstadt Prenzlau, wo er bis zu seinem Tod 1731 amtierte.

b) Die Markgrafschaft Brandenburg-Bayreuth – Konventikel sowie Bildungsanstalten und karitativ-soziale Einrichtungen

In der Markgrafschaft Brandenburg-Bayreuth gab es damals an mehreren Orten Anhänger und Freunde Franckes. In der Haupt- und Residenzstadt Bayreuth selbst ebbte die frühe pietistische Bewegung allerdings nach der Entlassung des Hofpredigers Hassel[95] im Frühjahr 1691 merklich ab. Anders war dies in Erlangen, wo der dem Hallischen Pietismus nahestehende Freiherr Christoph Adam Groß[96] von Trockau 1692 zum premier directeur de la colonie française und zum Vorsitzenden des conseil de justice und des

---

[90] Zu Sonntag s. DBA 1196, 71–114; ADB 34, 642; MATTHIAS SIMON, Nürnbergisches Pfarrerbuch, Nr. 1343.

[91] s. Brief: Johann Michael Lang an August Hermann Francke, 5. Dezember 1701, AFSt Halle, D 111; vgl. THEODOR WOTSCHKE, Neue Urkunden (1931), 245–257, Nr. 16, hier 246.

[92] s. bes. Kap. IV, 124–125, 136, 167 u. Kap. V, 183–187.

[93] Brief: Georg Paul Rötenbeck an August Hermann Francke, o. D., AFSt Halle, C 812.

[94] Hierzu s. Briefe: Johann Daniel Herrnschmidt an August Hermann Francke, 22. Oktober u. 12. Dezember 1707, 21. März 1708, SB Berlin, Francke-Nachlaß, Kaps. 10, 2; vgl. THEODOR WOTSCHKE, Neue Urkunden (1932), 181–183, Nr. 37–39.

[95] Über Hassels Wirken in Bayreuth und seine Entlassung s. Kap. II, 68–72.

[96] Zu Groß von Trockau s. DBA 426, 169–170.

conseil de commerce avancierte. Dank einer Erbschaft konnte er 1701 mit markgräflicher Unterstützung die Ritterakademie ins Leben rufen.[97] In dieser Academia equestris, errichtet nach dem Vorbild der Akademien von Halle und Wolfenbüttel, wurden vor allem die für Adlige relevanten Fächer Jurisprudenz, Geschichte, Ökonomie, Heraldik u. a. gelehrt.[98] Dieses pietistisch beeinflußte Adelserziehungsinstitut kümmerte allerdings nach einer kurzen Blüte dahin und war ständig von der Schließung bedroht. Mitte Dezember 1741 ordnete Markgraf Friedrich[99] seine teilweise Zusammenlegung mit dem Gymnasium in Bayreuth an. Der in Erlangen verbliebene Teil der Unterrichtsanstalt wurde in eine Trivialschule umgewandelt.

An der mit der Ritterakademie verbundenen Sophienkirche amtierte seit 1701 Jakob Friedrich Hollenhagen[100], der in Halle studiert und dort August Hermann Francke gehört hatte. Zwei Jahre später wurde er Vikar in Christian-Erlang. Seine Predigten stießen aber bald auf Widerspruch in der Gemeinde und bei seinen Kollegen. Vor allem der Pfarrer und Superintendent Johann Friedrich Arzberger[101], der seinen Amtssitz in dem nahen markgräflichen Städtchen Baiersdorf hatte, wandte sich anfänglich gegen ihn. Darüber berichtete Hollenhagen im Frühjahr 1703 an Francke: „Weil ich nun stets mit der Lehre von der Buße und Glauben anhalte, ey! so sind gottlose Pfarrer und Zuhörer, Edelleute und Bürgerliche wider mich, lästern und schmähen erschrecklich. Allein Gott vergebe ihnen die Sünde. So sind auch sehr viele, die mit Sanfftmuth die Warheit Christi annehmen. Auf alle Weise suchen die Leute, insonderheit der H[err] Mag[ister] [Elisäus] Girbert[102], Pfarrer in der alten Stadt [Erlangen], eine Sache wieder mich aufzubringen, dass ich auch einsmahls muste vorm Bayerdorffschen Capittul, da Pfarrer und Studiosi zugegen waren, erscheinen, Rechenschafft zu geben von meiner Lehre. Da sie gedachten mich zu fällen, so haben sie sich selbsten ins Garn verwickelt, und ich bin mit fröhlichen Hertzen nach Hause gegangen [Act 5, 41]“[103]. Der Superintendent habe jedoch, so schrieb er weiter, bereits auf diesem

---

[97] Über die Ritterakademie s. ANDREAS JAKOB, Vorgeschichte, 167–168; ERNST MENGIN, Ritter-Academie; GERHARD PFEIFFER, Ritterakademie.

[98] Hierzu und zum Folgenden s. ALFRED WENDEHORST, Geschichte, 15–16.

[99] Zu Friedrich, Markgraf von Brandenburg-Bayreuth s. Europ. Stammtaf. NF, Bd. I, 1, Tafel 140.

[100] Zu Hollenhagen s. DBA 561, 96–98; DBA NF 609, 358; MATTHIAS SIMON, Bayreuthisches Pfarrerbuch, Nr. 1089. Vgl. Matrikel der Martin-Luther-Universität Halle-Wittenberg, Bd. 1, bearb. v. FRITZ JUNTKE, Halle 1960, 233.

[101] Zu Arzberger s. DBA 36, 112–117; DBA NF 43, 238; MATTHIAS SIMON, Bayreuthisches Pfarrerbuch, Nr. 52.

[102] Zu Girbert s. DBA NF 450, 289; MATTHIAS SIMON, Bayreuthisches Pfarrerbuch, Nr. 732.

[103] Brief: Jakob Friedrich Hollenhagen an August Hermann Francke, 6. März 1703, AFSt Halle, C 72; vgl. THEODOR WOTSCHKE, Neue Urkunden (1932), 108, Nr. 31; die folgenden Zitate ebd.

Pfarrkonvent seine sonst äußerst feindselige Haltung ihm gegenüber aufgegeben und die „divinam veritatem mit solchem Ernste vorgetragen, dass alle sich gewundert haben". Inzwischen warne er sogar seine Pfarrer davor, gegen die Pietisten zu polemisieren und ermahne sie mit den Worten: „Ihr Herren, laßt uns bedenken, was thun wir doch, laßt uns ja nicht wieder die Leut also schmählen, wir prostituiren uns aufs Schäuslichste, denn man kan ihnen nichts aufweisen, als lehreten Sie etwas, so wider die Heil[ige] Schrift stritte; laßt uns auch auf der Cantzel nicht auf sie schelten, sondern vielmehr prüffen, ob es dem Willen und Worte Gottes zuwieder sey".

Vor allem gewann der Hallische Pietismus in der Markgrafschaft Brandenburg-Bayreuth – in mehreren Orten des Aischgrunds – Eingang. Dies gilt zunächst einmal für Neustadt an der Aisch, den Sitz einer der fünf Bayreuther Hauptmannschaften. Hier erhielt die Lateinschule 1696 mit Johann Jakob Schober[104] einen pietistisch gesinnten Rektor. Aus ärmlichen und bedrückenden Verhältnissen stammend, war er während seiner Schulzeit und seines Theologiestudiums in Wittenberg in religiöse Anfechtungen geraten. In Bayreuth erlebte er einen Bußkampf und wurde von dem dortigen Pfarrer Johann Paul Astmann[105] endgültig für den Pietismus gewonnen.[106] Mit Francke unterhielt Schober offensichtlich nur einen sporadischen Briefwechsel.[107] Die Lateinschule leitete er im pietistischen Geist und war darauf bedacht, auch seine Schüler dahingehend zu beeinflussen. Neben den alten Sprachen, deren Beherrschung letztlich immer dem Verständnis der Heiligen Schrift dienen sollte, wandte er seine Aufmerksamkeit den Realien zu. Allen Belustigungen und Vergnügungen stand er jedoch ablehnend gegenüber. So verweigerte er 1702 seine Teilnahme am Gregoriusfest, das nicht nur in Neustadt, sondern auch andernorts in der Markgrafschaft traditionell als Schulfest begangen wurde.[108] Zwar hatte man in Neustadt in Kriegszeiten auf dieses Fest verzichtet, es aber seit 1689 wieder eingeführt. Über die Geschichte und den Zustand der Schule, deren Niveau Schober stark anzuheben vermochte, gibt eine lateinische Broschüre Auskunft, die er 1714, drei Jahre vor seinem Tod, publizierte[109]. Dieser kleinen apologeti-

---

[104] Zu Schober s. DBA 1128, 145–155. Vgl. ALFONS KALB, Geschichte, 45–65.

[105] Zu Astmann s. DBA 37, 383–386; MATTHIAS SIMON, Bayreuthisches Pfarrerbuch, Nr. 60.

[106] Über Schobers Leben und religiöse Entwicklung bis zur Übernahme des Rektorats s. PAUL SCHAUDIG, Pietismus, 25–28.

[107] Im AFSt Halle, C 508 finden sich lediglich vier Briefe Johann Jakob Schobers an August Hermann Francke, vom 10. April 1709, 5. Januar 1712, 21. April 1716 u. 17. Dezember 1718.

[108] Vgl. GEORG WOLFGANG AUGUST FIKENSCHER, Gelehrtes Fürstenthum Baireut, Bd. 8, 151–156 (Schober, Johann Jacob); hier 155.

[109] Über diese Schulschrift s. PAUL SCHAUDIG, Pietismus, 58.

schen Schrift hatte er das Motto vorangestellt: „Fundamentum verae eruditionis est pietas, timor et agnitio vera Dei, seria invocatio et gratia Spiritus Sancti, sine quibus studia literarum infaustissima sunt et tristissimo fine clauduntur [Die Grundlage wahrer Bildung ist die Frömmigkeit, die Furcht und wahrhaftige Anerkennung Gottes, die ernsthafte Anrufung und Gunst des Heiligen Geistes, ohne die die wissenschaftliche Beschäftigung äußerst unglücklich verläuft und sehr traurig endet]"[110]. Besonders förderungswürdige Schüler seiner Lehranstalt schickte er „meistens nach Halle" und rühmte „selbige Academie vor andern"[111].

Schon bald nach Schobers Amtsantritt wurden auch in Neustadt Konventikel abgehalten, an denen eine beachtliche Anzahl von Personen aus der Umgebung teilnahm[112]. Sie kamen aus Gutenstetten, Pahres, Brunn (Bronn), Schauerheim, Birkenfeld (Pirckenfeld), Baudenbach und Breitenlohe.[113]

In einigen nicht weit von Neustadt entfernten Dörfern hatte der Hallische Pietismus ebenfalls etwas stärkeren Eingang gefunden, so in Diespeck, wo der pietistisch gesinnte Johann Paul Astmann seit 1687 als Nachfolger Hassels als Pfarrer gewirkt hat. In Gutenstetten fanden frühzeitig pietistische Konventikel statt, unterstützt und gefördert durch häufige Besuche von Schober. Diese Zusammenkünfte scheinen anfänglich unregelmäßig und alternierend hier oder in Neustadt stattgefunden zu haben; später traf man sich regelmäßig wöchentlich oder vierzehntägig. Die Anzahl der Konventikelteilnehmer wuchs ständig an; am dritten Osterfeiertag 1701 waren in Gutenstetten beispielsweise über 50 Personen versammelt. Deshalb wandte sich der Ortspfarrer Johann Georg Örtel[114] beschwerdeführend an den lutherisch-orthodox gesinnten Superintendenten Wolfgang Christoph Räthel[115] in Neustadt, der daraufhin eine Untersuchung einleitete. Er ließ Schober durch dessen Beichtvater, Diaconus Johann Lorenz Samstag[116], verhören und die Fragen vorlegen: Wie groß die Konventikel in Neustadt und außerhalb seien; was bei diesen Zusammenkünften verhandelt werde und mit welcher Berechtigung er „sich des Directorii beÿ solchem Conventen

[110] Johann Jakob Schober, Scholae, 1.

[111] Brief: Johann Jakob Schober an August Hermann Francke, 10. April 1709, AFSt Halle, C 508.

[112] s. Paul Schaudig, Pietismus, 28–29, 35–37.

[113] s. LKA Nürnberg, Bestand Superintendentur Neustadt a.d. Aisch, Nr. 15a.

[114] Zu Örtel s. DBA 912, 364–366; DBA NF 963, 368; Matthias Simon, Bayreuthisches Pfarrerbuch, Nr. 1720.

[115] Zu Räthel s. DBA 994, 200–245; DBA NF 1039, 134; Matthias Simon, Bayreuthisches Pfarrerbuch, Nr. 1894.

[116] Zu Samstag s. DBA 1078, 285–286; DBA NF 1119, 445; Matthias Simon, Bayreuthisches Pfarrerbuch, Nr. 2086.

unternehme"[117]. Er attackierte die Pietisten in seinen Predigten und scheint auch die Obrigkeit gegen Schober aufgewiegelt zu haben. Jedenfalls legte der Landeshauptmann Eberhard von Holz mit seiner Mannschaft nicht nur Feuer in dessen Laube auf dem Stübacher Berg, in der auch Konventikel stattfanden, sondern verwüstete sogar dessen Weingarten. Der Superintendent ließ es aber nicht bei diesen Ausfällen gegen die Pietisten bewenden, sondern ging auch literarisch gegen sie vor. Daraus entwickelte sich bald eine heftige Kontroverse, die die Obrigkeit am 30. Oktober 1704 schließlich zur Herausgabe eines antipietistischen Mandats veranlaßte. In Neustadt konzentrierten sich die Angriffe Räthels und seiner Gesinnungsfreunde vor allem auf Schober, zumal er auch mit radikalen Pietisten verkehrte. Seelisch zermürbt und vom „Schulstaub selbst zu Staube gemacht" („docendum pulvis ipsum scholasticus in pulverem rediget") – wie die Grabinschrift lautete[118] – starb dieser um das Neustädter Schulwesen hochverdiente Rektor, der wegen seines skrupulösen Wesens und seiner rigorosen Askese aber auch manche Schüler abgeschreckt hatte, 50jährig am 13. Dezember.

c) Die Markgrafschaft Brandenburg-Ansbach – Franckeanhänger in der Residenzstadt Ansbach und ihre karitativ-sozialen Aktivitäten

In der Markgrafschaft Brandenburg-Ansbach lassen sich bei weitem nicht so starke Einflüsse des frühen Hallischen Pietismus ausmachen wie in Brandenburg- Bayreuth. Am ehesten war dies noch in der Residenzstadt Ansbach selbst der Fall,[119] wo Wolfgang Gabriel Pachelbel[120] von Gehag seit 1679 als Geheimrat wirkte. Sein Vater Wolf Adam, einst Bürgermeister in Eger, hatte im Zuge der Gegenreformation die Heimat verlassen müssen, war nach Wunsiedel emigriert und dort zum Vizelandeshauptmann der sechs Ämter ernannt worden. Hier wurde 1649 sein Sohn Wolfgang Gabriel geboren. Nach dem Studium der Jurisprudenz in Jena und Leipzig, wo er promovierte, kam er 1679 als Onolzbachischer und Kulmbachischer Rat an das Landgericht des Burggrafentums Nürnberg, das seinen Sitz in der markgräflichen Residenzstadt Ansbach hatte; hier wurde er 1684 Assessor und acht Jahre später erster Assessor. Seit 1697 war er in zweiter Ehe mit Barbara Elisabetha Meelführer verheiratet, der ältesten Tochter des

---

117 MATTHIAS SALOMON SCHNIZŻER, CHRONICA der Stadt Neüstatt an der Aÿsch, 1708, T. 2, 231, StadtA Neustadt a. d. Aisch. Vgl. MATTHIAS SALOMON SCHNIZZER, Chronica der Statt Neustatt an der Aysch, 194.

118 Zitiert nach ALFONS KALB, Geschichte, 62, Anm. 3.

119 Hierzu und zum Folgenden s. HERMANN CLAUSS, Untersuchungen; FRIEDRICH WILHELM KANTZENBACH, Pietismus in Ansbach.

120 Zu Pachelbel s. DBA 926, 264–329; ADB 25, 58. Vgl. JOHANN AUGUST VOCKE, Almanach, T. 1, 400-402; T. 2, 325.

Schwabacher Dekans Johann Christoph Meelführer[121], der mit Spener korrespondiert und dem Pietismus zumindest nahegestanden hatte. 1705 unternahm Pachelbel eine ausgedehnte Reise nach Mitteldeutschland, die ihn auch nach Halle und Berlin führte. Der längere Aufenthalt in Halle begründete entweder sein freundschaftliches Verhältnis zu Francke oder festigte es. Jedoch führte auch er offensichtlich nur einen sehr sporadischen Briefwechsel mit ihm.[122] Vielseitig gebildet, ist er mit zahlreichen Schriften hervorgetreten.[123] 1713 gab er in Ansbach und Weißenburg eine Bibel[124] heraus. Dazu verfaßte er eine Vorrede, die u. a. einen Auszug aus dem „Informatorium biblicum“[125] und eine Ermahnung zur Bibellektüre enthält. Die biblischen Bücher sind mit Einleitungen und Summarien des Speneranhängers Johann Reinhard Hedinger versehen. Hierbei handelt es sich um die „einzige“ vollständige Bibelausgabe im Fränkischen, „die ausgesprochen im Zeichen des Pietismus veranstaltet wurde“[126].

Um Pachelbel sammelte sich bald ein kleiner Kreis, der sich dem Pietismus Franckescher Observanz verbunden wußte. Dazu gehörten vor allem die zwei kinderlosen Witwen Maria Barbara von Neuhaus und Freifrau Sophie Magdalena von Crailsheim, geborene von Hüffel.

Sophie Magdalena von Crailsheim[127], von 1658 bis 1705 mit Krafft von Crailsheim, zuletzt Geheimer Rat, verheiratet, stand dank Pachelbels Vermittlung mit Francke in Verbindung. Schon während ihrer Ehe und später in ihrem Witwenstand verwandte sie ihr umfangreiches Vermögen wiederholt für kirchliche und karitative Zwecke. So stiftete sie 1707 für sämtliche Kirchen ihres Freiherrlich von Crailsheimschen Patronats eine beträchtliche Summe, damit dort während der Passionszeit an allen

---

121 Zu Meelführer s. bes. Kap. II, 67–68.

122 Ein Brief von Wolfgang Gabriel Pachelbel an August Hermann Francke vom 3. März 1709 ist gedr. in: FRIEDRICH WILHELM KANTZENBACH, Pietismus in Ansbach, 289–90 (Quellennachweis).

123 Ein Schriftenverzeichnis findet sich u.a. in: GEORG WOLFGANG AUGUST FIKENSCHER, Gelehrtes Fürstenthum Baireut, Bd. 7, 15.

124 s. Deutsche Bibeldrucke, E 1127

125 Diese Schrift (gedr. in: JOHANN ARNDT, Gesammlete Kleine Schriften, (553) 556–564: „Informatorium biblicum Oder Etliche Christliche Erinnerungs-Puncten, So als ein Denckmahl im Eingang einer Bibel sollen geschrieben werden, aus deren kurtzen Information ein Christ einen beständigen Grund, Christlich zu leben und selig zu sterben, fassen und schöpffen möchte. Durch Johannen Arndt Weyland General-Superintendenten des Fürstenthums Lüneburg, Mit einer Vorrede Von dem Autore und Orthodoxie dieses Büchleins.“) wurde von Melchior Breler 1623 aus dem Nachlaß Arndts herausgegeben. Ob dieser tatsächlich der Autor ist, oder ob Breler dieses Traktat verfaßt bzw. bearbeitet hat, ist strittig; s. FRIEDER SEEBASS, „Paraenesis“, 163.

126 So FRIEDRICH WILLHELM KANTZENBACH, Pietismus in Ansbach, 287.

127 Zu Sophie Magdalena von Crailsheim s. SIGMUND VON CRAILSHEIM, Reichsfreiherren von Crailsheim, Bd. 1, passim, bes. 236–242.

Sonntagen und am Karfreitag, abends, zusätzliche Andachten abgehalten werden konnten. In Ansbach bedachte sie die St. Gumbertuskirche mit einem Fonds, um hier in der Fastenzeit montags Predigten und freitags musikalisch ausgestaltete Abendandachten über die Passionsgeschichte zu ermöglichen. Für die Gemeinde der St. Johanniskirche stellte sie, die selbst zwölf Jahre lang fast völlig gelähmt war, u. a. Mittel bereit, damit ein Pfarrer wöchentlich dreimal die bedürftigsten Kranken besuchen und Moribunden Sterbebegleitung leisten konnte.

Vor allem ging aber die Errichtung des Ansbacher Waisenhauses auf Freifrau von Crailsheim zurück. Hierzu war diese Adlige, eine Leserin von Franckeschriften, vermutlich durch Berichte über das Hallesche Waisenhaus inspiriert worden. Im März 1709 teilte Pachelbel jedenfalls Francke mit, daß sie eine solche Wohltätigkeitseinrichtung plane.[128] Markgraf Wilhelm Friedrich[129] billigte dieses Vorhaben nicht nur, sondern unterstützte es von Anfang an materiell. Die Grundsteinlegung des Waisenhauses, das die Adlige zusammen mit einer kleinen Kirche von ihrem Geld auf eigenem Gartengrundstück bauen ließ, erfolgte im April 1709; das Gebäude konnte aber erst am 17. September 1711, wenige Tage vor ihrem Tod, eingeweiht werden. Den Unterhalt dieser für 20 bis 25 Waisen bestimmten Anstalt hatte sie darüber hinaus noch durch ein beträchtliches Kapital gesichert. Die Predigerstelle am Waisenhauskirchlein wurde 1723 mit Franckes Schüler Albrecht Nikolaus Höppel[130] besetzt. 1729 verfaßte dieser einen Bericht über die Anstalt, in der dazumal 70 Kinder lebten. Darin ging er zunächst auf die Notwendigkeit solcher Einrichtungen ein. Waisen zu helfen, entspreche nicht nur dem Willen Gottes, sondern sei auch ein Gebot der Vernunft; denn ein solches Institut sei wegen des Sozialdisziplinierungseffekts „einem ganzen gemeinen Wesen nüzlich“[131]. Deshalb sei „es auch billig, daß alle und jede Glieder eines gemeinen Wesens zu Versorgung der Waisen etwas beytragen, und zwar so viel, als eines jeden Umstände und Vermögen leiden“. Sodann berichtete er über Entstehung, Entwicklung, Erziehungsziele und Ökonomie des Waisenhauses. Akribisch listete er die in den letzten fünf Jahren eingegangenen Geldbeträge auf, erwähnte auch gespendete Naturalien und freiwillige Dienstleistungen, so beispielsweise, daß der Stadt- und Landphysikus Andreas Rosa[132] „bißher die krancken Waisen-Kinder umsonst besuchet“ habe. In Anbetracht der mannigfachen karitativen Aktivitäten

---

[128] s. Brief: Wolfgang Gabriel Pachelbel an August Hermann Francke, 3. März 1709, gedr. in: FRIEDRICH WILHELM KANTZENBACH, Pietismus in Ansbach, 289–290.

[129] Zu Wilhelm Friedrich, Markgraf von Brandenburg-Ansbach s. Europ. Stammtaf. NF, Bd. I, 1, Tafel 141. Vgl. GÜNTHER SCHUHMANN, Markgrafen von Brandenburg-Ansbach, bes. 184–190 (Lit.).

[130] Zu Höppel s. DBA 549, 167; MATTHIAS SIMON, Ansbachisches Pfarrerbuch, Nr. 1226.

[131] ALBRECHT NIKOLAUS HÖPPEL, Versorgung, 22; die folgenden Zitate ebd., 36.

[132] Zu Rosa s. DBA 1053, 410–411. Vgl. HANS KRAUSS, Leibärzte, 19–20.

dieser Freifrau schrieb der Gothaische Konsistorialrat Ernst Salomon Cyprian retrospektiv: „Ich bin gewiß versichert, dass die wohlseligste Frau ein Kind GOttes, und liebreiche Verpflegerin mehr als tausend armer Menschen gewesen. Sie lag bey zwölff Jahren gantz gelähmet auf dem Bette, aber Verstand, Hertz und Mund waren vortrefflich-brauchbar, auch konnte sie die rechte Hand, wenn man das Haupt mit einer Maschine aufrichtete, gar mühselig zum schreiben anwenden. So elend und krafftloß ihr Leichnam war, der ammeisten mit ein wenig Wasser, und etlichen Brösamlein von Brodt unterhalten wurde; so vortrefflich waren die natürlichen und Gnaden-Gaben ihrer Seelen“[133].

Ähnlich entschieden wie diese Freifrau setzte sich auch Maria Barbara von Neuhaus[134] für Arme und Bedürftige ein. Sie kam 1711 von Oettingen nach Ansbach, wo sie als Oberhofmeisterin in den Dienst der jungen, klugen und temperamentvollen Markgräfin Christiane Charlotte, geborene Prinzessin von Württemberg[135], trat. Vor allem war ihr die Erziehung des jungen Erbprinzen Carl Wilhelm Friedrich[136], des späteren „Wilden Markgrafen“, anvertraut. Sie unterstützte – um nur einige Projekte zu nennen[137] – das Waisenhaus, indem sie finanzielle Mittel zum Unterhalt eines verwaisten Mädchens zur Verfügung stellte. Darüber hinaus stiftete sie einen Geldbetrag, um jährlich fünf Waisen, drei Mädchen und zwei Jungen, zur Konfirmation mit einem neuen Kleidungsstück im Wert von 3 Gulden und 30 Kreuzer ausstatten zu können. Außerdem sollten sie eine eigene Bibel erhalten, allerdings erst nach einem Ernteeinsatz auf dem Acker des Waisenhauses.

---

133 Ernst Salomon Cyprian, Sitten-Lehre CHristi, a 7r (Vorrede). Über Cyprians Bekanntschaft mit dieser Adligen s. ebd., a 6v–8r (Vorrede).

134 Zu von Neuhaus und ihrem Wirken in Oettingen s. Kap. III, 87–88.

135 Zu Christiane Charlotte, Markgräfin von Brandenburg-Ansbach s. Das Haus Württemberg, 241; Europ. Stammtaf. NF, Bd. I, 1, Tafel 141. Vgl. bes. Günther Schuhmann, Markgrafen von Brandenburg-Ansbach, 185–190 (Lit.).

136 Zu Carl Wilhelm Friedrich, Markgraf von Brandenburg-Ansbach s. Europ. Stammtaf. NF, Bd. I, 1, Tafel 141. Vgl. bes. Günther Schuhmann, Markgrafen von Brandenburg-Ansbach, 209–219 (Lit.).

137 Hierzu und zum Folgendem s. Register über [...] Stifftungen, Welche [...] Maria Barbara [...] von Neuhauß [...] gemachet.

Abbildung 9. Epitaph von Maria Barbara von Neuhaus (1661–1732).
St. Gumbertus, Ansbach.

Seit 1710 wirkte in Ansbach auch Pfarrer Johann Wilhelm von der Lith[138], der zweifelsohne gewisse Sympathien für den Hallischen Pietismus hegte, ohne ihm jedoch völlig anzugehören. Da er seinen Vater Heinrich von der

---

[138] Zu von der Lith, Johann Wilhelm s. DBA 772, 171–182, 191–194; MATTHIAS SIMON, Ansbachisches Pfarrerbuch, Nr. 1557 (Lit.). Vgl. FRIEDRICH HAUCK, Lith; FRIEDRICH WILHELM KANTZENBACH, Lith.

Lith[139], der seit 1676 in Ansbach als Pfarrer, Kirchen- und Konsistorialrat im Sinne des Spenerschen Pietismus tätig gewesen war, bereits mit vier Jahren verloren hatte, wuchs er unter der Obhut seiner Mutter auf. 1693 begann er sein Studium in Jena, das er zwei Jahre später in Altdorf fortsetzte; 1697 wechselte er nach Halle, wo er von 1698 bis 1700 Adjunkt an der Philosophischen Fakultät war und sich besonders dem Juristen und Philosophen Christian Thomasius anschloß. 1701, kurz vor seinem Amtsantritt als Pfarrer und Dekan in dem brandenburg- ansbachischen Wassertrüdingen, besuchte er Spener in Berlin und predigte dort am 23. Sonntag nach Trinitatis in der Nikolaikirche. Spener gegenüber bewahrte er stets große Hochachtung und verteidigte ihn gegen Angriffe der lutherischen Orthodoxie. Allerdings näherte sich von der Lith dem Pietismus nur zögernd, wie der Briefwechsel mit seinem Lehrer Thomasius zeigt.[140] 1710 folgte er einem Ruf nach Ansbach auf die Stiftspredigerstelle an St. Gumbertus und wurde hier zugleich der erste Oberaufseher über das Waisenhaus. Als er vier Jahre später Konsistorialrat und Stadtpfarrer von St. Johannis wurde, hatte er die oberste geistliche Stelle im Fürstentum inne. Am Reformationstag 1717 wurde er in Halle in absentia zum Doktor der Theologie promoviert. In seinen zum Teil gedruckten Predigten[141] drang er auf verinnerlichte Frömmigkeit und praktischen Glaubensvollzug; daneben räumte er aber auch der Vernunft eine gewisse Berechtigung ein, worin seine bleibende Beeinflussung durch Thomasius evident wird.

Nicht unerwähnt sei, daß einer der einflußreichsten Kollegen Franckes in Halle, der bedeutende Arzt Georg Ernst Stahl[142], aus Ansbach stammte.[143] Er wurde hier 1659 als Sohn des markgräflichen Konsistorialsekretärs Johann Lorenz Stahl und seiner Ehefrau Maria Sophia geboren und lernte schon in seiner Kindheit und Jugend Pietisten kennen.[144] Ob er aber bereits hier oder erst nach 1687 als Leibarzt des dem Pietismus nahestehenden Herzogs Johann Ernst von Sachsen-Weimar[145] eine „wohlwollende Einstellung"[146]

---

[139] Zu von der Lith, Heinrich s. bes. Kap. II, 67.

[140] s. Briefe: Johann Wilhelm von der Lith an Christian Thomasius, 7. Juni 1699 u. 10. April 1701, gedr. in: THEODOR WOTSCHKE, Neue Urkunden (1931), 234–235, Nr. 7 u. 238, Nr. 11.

[141] Bezüglich seiner gedruckten Predigten s. FRIEDRICH WILHELM KANTZENBACH, Lith, 43–48.

[142] Zu Stahl s. DBA 1209, 380–400; DBA NF 1248, 290–303; ADB 35, 780–786; Biographisches Lexikon der hervorragenden Ärzte aller Zeiten und Völker, Bd. 5, 3. Aufl., München u. Berlin 1962, 384–385.

[143] Zu Stahl und seiner Bedeutung für den Pietismus s. vor allem JOHANNA GEYER-KORDESCH, Stahl.

[144] Hierzu und zum Folgenden s. JOHANNA GEYER-KORDESCH, Stahl, 5–25.

[145] Zu Johann Ernst III., Herzog von Sachsen-Weimar s. Europ. Stammtaf. NF, Bd. I, 1, Tafel 156.

[146] JOHANNA GEYER-KORDESCH, Medizin, 257.

zum Pietismus gewann, muß offenbleiben. Jedenfalls wirkte er von 1694 bis 1715 als Professor der Medizin in Halle und kooperierte mit Francke und dessen Mitarbeitern. Zu seinen Patienten gehörten während dieser Zeit Spener, Francke, Heinrich Julius Elers, Carl Hildebrand von Canstein und Dubislav Gneomar von Natzmer.[147] 1716 berief ihn König Friedrich Wilhelm I. in Preußen als Leibarzt nach Berlin und ernannte ihn zum Präsidenten des Collegium medicum, der obersten preußischen Medizinalbehörde. Stahl, der hohe Reputation genoß, wandte sich gegen eine mechanistische, cartesianische Lebensauffassung und propagierte eine Ganzheitsmedizin. Die Seele war für ihn das regulative Prinzip aller vegetativen, sensitiven und rationalen Prozesse. Diese Betonung der Seele und ihrer Relevanz für den Körper kam dem pietistischen Denken sehr entgegen.

3. Der Hallische Pietismus im Fürstentum Coburg – Aufstieg und Niedergang

Gegen Ende des 17. Jahrhunderts erlangte der frühe Hallische Pietismus im Fürstentum Coburg für einige Jahre größeren Einfluß. Wie erwähnt, wirkte in dieser Residenzstadt seit Mai 1691 der Spenerkorrespondent Hassel[148] zunächst als Hofprediger; zugleich war er designierter Theologieprofessor an der projektierten Universität, die durch Umwidmung des privilegierten Gymnasiums Casimirianum entstehen sollte.[149] 1694 wurde er Kirchenrat und fünf Jahre später Geheimer Rat, Konsistorialpräsident und Oberhofprediger. Seine Übersiedlung nach Coburg, die Breckling in seinem „Katalog der Wahrheitszeugen" hagiographisch stilisiert hat[150], erfolgte mit Sicherheit aufgrund der Fürsprache von Johann Conrad von Scheres, dem seit 1688 ranghöchsten Beamten im Fürstentum Sachsen-Coburg.[151]

Als Hassel in Coburg eintraf, fand er hier schon einige Pietisten in zum Teil einflußreichen Stellungen vor. Zu nennen ist zunächst der aus dem Hessen-Darmstädtischen stammende Johann Burkhard Rosler[152], der 1680 als Hofrat und Amtmann in herzogliche Dienste getreten und 1687 Konsistorialpräsident, 1688 Geheimer Rat und 1698 Kanzler geworden war.

---

147 s. JOHANNA GEYER-KORDESCH, Medizin, 258–259.

148 Über Hassels vorheriges Wirken in Bayreuth s. Kap. II, 68–72.

149 Über Hassels Wirksamkeit in Coburg s. u. a. RAINER HAMBRECHT, Hof Herzog Albrechts III. von Sachsen-Coburg, 168-171; VOLKER WAPPMANN, Pietismus und Politik, bes. 45–57.

150 s. Friedrici Brecklingii Catalogus Theodidactorum et Testium Veritatis inter Nos, UFB Erfurt/Gotha, Chart. A 306, 202–204.

151 Vgl. CURT HÖFNER, Scheres gen. Zieritz, 210–211.

152 Zu Rosler s. DBA 1056, 257–263; DBA NF 1097, 334–336; ADB 29, 239. Vgl. [HERMANN BURKHARD ROSLER,] Kurtze Nachricht, 17–23.

Weitere Anhänger des Hallischen Pietismus waren Georg Paul Hönn[153], seit 1687 Regierungsadvokat, und Ferdinand Adam Freiherr von Pernau[154], der sich auch als Dichter und Schriftsteller sowie vor allem als Ornithologe betätigt hat. Dieser hatte übrigens im selben Jahr wie Hassel seine Anstellung als Konsistorialassessor – später als Hofrat – erhalten. Selbstverständlich war Hassel bestrebt, noch weitere Gesinnungsgenossen nach Coburg zu ziehen. Als Francke, mit dem er in brieflicher Verbindung[155] stand, im Herbst 1691 aus Erfurt weichen mußte, verfolgte Hassel sogar den hochfliegenden Plan, ihn zur Übernahme eines Pfarramts und einer außerordentlichen Professur am Gymnasium Casimirianum zu gewinnen. Francke scheint diesem Gedanken anfangs nicht gänzlich ablehnend gegenübergestanden zu haben, zumal auch andere ihn dahingehend zu beeinflussen suchten. So schrieb ihm der damalige Jenaer Geschichtsprofessor und ernestinische Hofhistoriograph Kaspar Sagittarius, der Beziehungen nach Coburg hatte: „All dieweil denn auch H[err] Herzog Albrechts[156] Fürstl[iche] Durchl[aucht] E[uer] Wol Ehrw[ürden] sehr recommendiret seyn, so könte es Gott wunderbarlich fügen, dass sie zugleich allhie im Ministerio und bey dem Gymnasio möchten accomodiret werden. Meine Bitten ist, dass Sie sich endlich in keines Dienstes einlaßen mögen, bis mit derselben ich ausführlich geredet“[157]. Die Coburger Pietisten seien nämlich davon überzeugt, Francke würde in der Residenzstadt, besonders aber am Casimirianum, „zu Gottes Ehre schaffen können“. Als Hassel seinem Landesherrn diesen Vorschlag Anfang Dezember unterbreitete, ging dieser keineswegs sofort darauf ein, sondern überwies die Angelegenheit zunächst zur Stellungnahme an das Coburger Konsistorium. Deshalb mußte Hassel Mitte Dezember Francke mitteilen: „Da kam eß nun so, wie ich vermuthet hatte, und war deß Wesens, waß hiebey zu bedencken were, kein Ende. Wir haben nun leider! hier die Kranckheit, daß wir unß sehr leicht bewegen lassen“[158]. Ausdrücklich bat er Francke aber darum, sich noch einige Wochen zu gedulden und versicherte, der Herzog sei weiterhin an seinem Kommen interessiert. Das Konsistorium

---

[153] Zu Hönn s. DBA 548, 356–373; 1430, 119; DBA NF 597, 77–82; ADB 13, 72–74. Vgl. GEORG PAUL HÖNN, Zu dem Lobe GOTTES eingerichteter Lebens-Lauff, in: DERS., Nachricht, 346–368; vgl. DERS., Lexicon topographicum Franconiae [...], Frankfurt u. Leipzig 1747 (unpaginiert vorangestellt: Lebens-Beschreibung des seel. Herrn Autoris, wie solche von ihm selbst 1736 aufgesetzet, und der besondern Nachricht einer von einer Christl. Standes-Person in Franken errichtete Gesellschaft beygefüget worden).

[154] Zu Pernau s. DBA NF 991, 427–430.

[155] Briefe von Johann Heinrich Hassel an Francke finden sich im AFSt Halle, C 70.

[156] Zu Albrecht, Herzog von Sachsen-Coburg s. Kap. II, 71–72, Anm. 163.

[157] Brief: Kaspar Sagittarius an August Hermann Francke, 24. Oktober 1694, AFSt Halle, D 42; das folgende Zitat ebd.

[158] Brief: Johann Heinrich Hassel an August Hermann Francke, 13. Dezember 1691, AFSt Halle, C 70.

äußerte jedoch Bedenken, und Herzog Albrecht war nicht willens, sich darüber hinwegzusetzen. Francke entschied sich aber ohnehin anders; er übernahm die Pfarrei in der unmittelbar vor Halle gelegenen Amtsstadt Glaucha sowie die Professur für griechische und orientalische Sprachen an der Universität Halle, die sich damals in der Gründungsphase befand.

Hassels feste Entschlossenheit, in Coburg im pietistischen Sinne zu wirken, zeigte sich vor allem darin, daß er hier – wie schon zuvor in der Residenzstadt Bayreuth – alsbald Collegia pietatis unter großem Zulauf abhielt. Hierüber berichtete Rosina Dorothea Schilling[159], sein früheres Bayreuther Beichtkind, retrospektiv: „Dieser theure Hassel fieng nun bald die Erbauungs-Stunden in Coburg an/ wie zu Bayreuth/ der Regierende Hertzog/ der gantze Hof die Cantzley/ und alles in der Stadt/ auch die fremde Fürstliche Personen kamen in diese Ubungs-Stunden/ aber die Herren Geistlichen nicht ausser zwey/ der gottselige Herr M[agister] Knauer in der Stadt/ und Herr Inspector Bayer vom Land“[160]. Angesichts dieser großen Akzeptanz Hassels am Hof und in der gesellschaftlichen Oberschicht setzte man pietistischerseits große Hoffnungen auf ihn. Im Oktober 1694 meldete Sagittarius emphatisch nach Halle: „Allhier thut Gott durch den H[errn] Hoff-Prediger Hassel eine große Thür auff [I Kor 16, 9], und wenn nur der Arbeiter mehr wären in dem Weinberge des Herrn [Mt 20], sollte hier dem Herrn eine solche Heerde gesammlet werden, die in vielen unbeflecket seyn würde [vgl. Jak 1, 27]“[161].

Allerdings darf darüber der alsbald erwachende Widerstand gegen Hassel nicht übersehen werden, der von Teilen der Beamtenschaft und von der Mehrheit der Pfarrer ausging. Nicht selten wurde er durch Hassels provokantes und teilweise arrogantes Benehmen hervorgerufen. So kritisierte er 1696 die zwangsweisen Rekrutierungsmaßnahmen, die Herzog Albrecht bei der Aufstellung einer ernestinischen Armee anwenden ließ, und wurde bei seinem Landesherrn vorstellig. Da dies nichts bewirkte, geißelte er die erzwungene Aushebung von Söldnern mehrfach von der Kanzel herab. Als er daraufhin vor den Geheimen Rat zitiert wurde, kam er dieser Aufforderung nicht nach, sondern attackierte die Mitglieder dieses Gremiums in der Öffentlichkeit. Ein hartnäckiger Gegner erwuchs Hassel auch in dem Konvertiten Antonius

---

[159] Über das vertraute Verhältnis zwischen Schilling und Hassel s. Kap. II, 70.

[160] ROSINA DOROTHEA RUCKTESCHEL, Eröffnete Correspondenz, 2. Fortsetzung, 1. Sendschreiben, 20. Johann Wilhelm Knauer, damals Diaconus in Coburg, und Andreas Eusebius Beier (Bayer), seit 1695 Hofinspektor, zählten zu den wenigen dezidierten Anhängern Hassels aus der Pfarrerschaft. Zu Beier und Knauer s. Die Matrikel des Gymnasiums Casimirianum Academicum zu Coburg, 37 (Beier) u. 66 (Knauer); Die Matrikeln des Gymnasiums Casimirianum Academicum zu Coburg. Ergänzungsheft, 47 (Knauer).

[161] Brief: Kaspar Sagittarius an August Hermann Francke, 24. Oktober 1694, AFSt Halle, D 42.

Nepita, der sich am Hof Albrechts aufhielt.[162] Er bezichtigte ihn beim Konsistorium katholisierender Tendenzen, weil er mystische Schriften von Tauler, Thomas a Kempis und Franz von Sales empfohlen habe. Ferner beschuldigte er ihn der Unehrerbietigkeit gegenüber dem Herzog und den fürstlichen Räten. Diese habe er despektierlich als Teufel apostrophiert. Zu Hassels entschiedenstem Gegner entwickelte sich aber Generalsuperintendent Johann August Stempel[163], der mit allen Mitteln versuchte, dessen pietistische Aktivitäten einzuschränken.

Hassels immer mehr schwindender Einfluß trat schließlich bei seinem Versuch einer Gesangbuchreform klar und deutlich zutage. Er hatte ein pietistisches Liederbuch entworfen mit dem Titel „Probe, wie das ganze Coburgische Gesangbuch zu ändern, und diejenige Redens-Arten, welche de fide fiduciali so gar expressiv handeln, und von dem Welt-Hauffen ohne einige Absicht, auf den Zustand der Seelen mitgesungen werden, optative zu setzen“[164]. Das Konsistorium konstatierte jedoch wegen der Betonung der Frömmigkeit eine Tendenz zum Katholizismus. Daraufhin wurde der Druck nach dem dritten Bogen abgebrochen.[165]

Als nach dem Ableben Herzog Albrechts am 6. August 1699 sogleich Erbstreitigkeiten unter den nächsten Agnaten ausbrachen, versuchte Hassel massiv auf die Nachfolgeregelung in einem für ihn und den Pietismus günstigen Sinn Einfluß zu nehmen. Damit hatte er aber den Bogen seiner Einflußmöglichkeiten weit überspannt. Am 6. Juni 1700 ließ ihn Herzog Johann Ernst von Sachsen-Coburg-Saalfeld[166] wegen Illoyalität verhaften und im Amtshaus von Probstzella arrestieren. Obgleich sich alsbald pietistische Freunde sowie auch Politiker und Fürsten für ihn verwandten, blieb er hier mehrere Jahre im Gefängnis. Erst im November 1703 wurde seine Haft aufgehoben, nachdem er eine hohe Kaution hinterlegt und zugesichert hatte, sich bis zum Prozeßende außerhalb der ernestinischen Lande aufzuhalten und sich nicht mehr in die „hiesige[n] Successionsaffairre“ einzumischen.[167]

---

[162] Hierzu und zum Folgenden s. Klag-Schreiben Hn. Antonii Nepita wieder Hn. Haßeln an das Coburl. Consistorium gestellet. Nebst II Copia Schreiben an deß Hertzogs Albrechts zu Coburg Hochfürstl. Drl. Betreffend deß Hn. Ant. Nepita seine an einigen Orten ausgestreute Clagen und Calumnien, ob würde hier etliches wieder die Augspurgl. Confession gelehrt, AFSt Halle, D 81, 587–592.

[163] Zu Stempel s. DBA 1222, 118–124; DBA NF 1262, 153–155.

[164] Nachricht von dem Leben und Fatis des HochFürstl. Sachsen-Coburgischen Theologi, weyland Herrn Joh. Heinrich Hasseln, übersendet von J. Fr. G., in: FSATS 1728, 177–180; hier 178.

[165] Hierzu s. WOLFGANG MIERSEMANN, Cyprians Schrift.

[166] Zu Johann Ernst, Herzog von Sachsen-Coburg-Saalfeld s. Europ. Stammtaf. NF, Bd. I, 1, Tafel 164.

[167] s. Brief: Johann Ernst von Sachsen-Coburg-Saalfeld an Friedrich II. von Sachsen-Gotha, 14. Juni 1704, StA Coburg, LA F 7404, fol. 44ff.

Da sich Hassels vage Hoffnung, in Halle ein einflußreiches Amt zu erhalten, zerschlug, kehrte er, entgegen der Vereinbarung, im März 1704 nach Coburg zurück.[168] Hier fand er zwar bei der dem Pietismus gewogenen Herzogswitwe Susanna Elisabeth[169] sowie bei einigen pietistisch gesinnten Räten der gemeinsamen Regierung und besonders bei Herzog Bernhard I. von Sachsen-Meiningen[170] einen gewissen Rückhalt; jedoch gelang es ihm nicht mehr, größeren Einfluß zu nehmen. So vermochte er beispielsweise nicht helfend einzugreifen[171], als der radikale Pietist Johann Georg Rosenbach[172], der ihn von Thurnau aus besuchen wollte, im Herbst 1704 in Coburg gefangen genommen wurde. Am 19. Februar 1706 ist Hassel während eines mehrwöchigen Aufenthalts in der kleinen Residenzstadt Meiningen überraschend gestorben.[173]

Diese spektakulären Vorgänge um den Hofprediger Hassel waren für die Entwicklung des Pietismus in Coburg äußerst ungünstig. Dennoch gab es hier weiterhin einige einflußreiche Anhänger, die mit Halle in Verbindung standen. Hingewiesen sei auf den bereits erwähnten Kanzler Rosler, der auch Kontakte zu radikalen Pietisten unterhielt, u. a. zu Johann Wilhelm Petersen. Auch als Liederdichter hat sich Rosler betätigt[174], jedoch wurden seine geistlichen Dichtungen erst 1711 – posthum – von seinem Sohn Hermann Burkhard in Thurnau in der Giechschen Hof- und Kanzleidruckerei von Johann Friedrich Regelein[175] unter dem Titel „Camoenae Spirituales, Oder, Geistliche Andachten" herausgegeben. Darin finden sich gereimte Betrachtungen zu biblischen Texten und geistlichen Themen, zu Festen des Kirchenjahres und zu besonderen Anlässen. Diese Verse sind metrisch oft holprig und ästhetisch geschmacklos. So lautet beispielsweise die erste Strophe über „den beynahe letzten und hertzlichen Trost-Seufzer" seiner 1687 verstorbenen Landesherrin Marie Elisabeth von Sachsen-Coburg[176], der ersten Gemahlin Herzog Albrechts: „Ach/ die süsse JEsus-Wunden!/ Honig-

---

168 s. Brief: Johann Heinrich Hassel an August Hermann Francke, 31. März 1704, AFSt Halle, C 70.

169 Zu Susanna Elisabeth, Herzogin von SachsenCoburg s. Europ. Stammtaf. NF, Bd. I, 1, Tafel 158.

170 Zu Bernhard I., Herzog von Sachsen-Meiningen s. Europ. Stammtaf. NF, Bd. I, 1, Tafel 160.

171 s. Brief: Johann Heinrich Hassel an August Hermann Francke, o. D., AFSt Halle, C 70. Über Rosenbachs Aufenthalt in Coburg s. HORST WEIGELT, Cyprians Auseinandersetzung, 98–100.

172 Zu Rosenbach und seinem Wirken in Franken s. bes. Kap. IV, 135–137 u. Kap. V, 182–189.

173 Ein Teil seiner Bibliothek kam in die Kirchenbibliothek von St. Moriz; s. LB Coburg, Ms. Mo 1, fol. 39r–47r.

174 Hierüber s. JOHANN CASPAR WETZEL, Hymnopoeographia, Bd. 2, 401–404.

175 Über Regelein s. HANS JÜRGEN SCHRADER, Literaturproduktion, passim.

176 Zu Marie Elisabeth, Herzogin von Sachsen-Coburg s. Europ. Stammtaf. NF, Bd. I, 1, Tafel 158.

Most/ Zucker-Kost/ Kan so süsse nimmer seyn/ JEsu Wunden sinds allein/ Die der Seelen munden"[177]. Sein Lied „Fürwahr/ mein GOtt! du bist verborgen" fand in Freylinghausens Gesangbuch Eingang.[178]

Vor allem war in Coburg aber der Jurist Georg Paul Hönn jahrzehntelang ein treuer Anhänger des Hallischen Pietismus. Dieser gebürtige Nürnberger war nach einem Studium der Jurisprudenz in Altdorf und Gröningen sowie einer ausgedehnten Bildungsreise nach England, Holland, Frankreich, der Schweiz und Italien 1687 in Coburg Regierungsadvokat geworden. Später amtierte er hier als Geheimer Rat und Scholarch des Gymnasiums. Hönn, der mit Francke korrespondierte[179], gründete nach einer längeren Planungsphase am 25. Januar 1702 in Coburg ein Waisenhaus, wobei auch ihm die Halleschen Anstalten zweifelsohne Vorbild gewesen sind.[180] Zu den häufigen Besuchern und tatkräftigen Förderern dieses Waisenhauses gehörte von Scheres.[181] Hönn hatte anfänglich lediglich dreizehn Waisen, die von ihm „völlig verpfleget und unter einem besondern Praeceptore mit information versehen" werden sollten, aufnehmen wollen. Untergebracht waren sie zunächst in seinem eigenen Gartenhaus vor dem Steintor. Allerdings war er von Anfang an willens, „noch eine grösere Anzahl armer Kinder zu recipiren". Als 1707 der Waisenhausvater wegen Untreue entlassen werden mußte, fragte er bei Francke wegen eines – möglichst im Halleschen Waisenhaus ausgebildeten – Erziehers an, der „zugleich nebst deßen Eheweib die Kinder in der Wollen-Manufactur, besonders dem Spinnen, instruiren könnte. [...] Es ist zwar die ordinar-besoldung nebst der freyen Wohnung nur 50. Th[a]l[e]r, doch hat ein Waisenvatter bey dem schwachen numero der Kinder, welcher noch nicht über 24. höchst gestigen, keine sonderliche[n] Labores und bleiben ihm zu seinen Privat-Verrichtungen einige Stunden"[182]. Auch später suchte Hönn in Waisenhausangelegenheiten Franckes Rat und Hilfe. So bat er ihn Ende 1714 gegen Kostenerstattung um eine größere Anzahl von Bibeln für seine Anstalt[183] und lobte in diesem Zusammenhang die 1713 erstmals in Halle mit einer Vorrede von Carl Hildebrand von Canstein gedruckte preiswerte „Handbibel"[184] in Großoktav überschweng-

---

[177] JOHANN BURKHARD ROSLER, Camoenae Spirituales, 53.

[178] s. JOHANN ANASTASIUS FREYLINGHAUSEN, Neues Geist-reiches Gesang-buch, 693–695, Nr. 483 (mit Noten).

[179] Im AFSt Halle finden sich 19 Briefe von Georg Paul Hönn an Francke aus den Jahren 1700 bis 1725.

[180] Hierzu und zum Folgenden s. die Korrespondenz von Georg Paul Hönn mit August Hermann Francke, AFSt Halle, C 94.

[181] s. CURT HÖFNER, Scheres gen. Zieritz, 223.

[182] Brief: Georg Paul Hönn an August Hermann Francke, 21. Mai 1707, AFSt Halle, C 94.

[183] s. Brief: Georg Paul Hönn an August Hermann Francke, 20. Dezember 1714, AFSt Halle, C 94.

[184] Bezüglich der 2. Aufl. s. Deutsche Bibeldrucke, E 1137.

lich. „Dieser Bibel-Truck“ schrieb er, „ist eine herrliche Anstalt und giebet Anlaß, daß man fein fleißig die Biebeln zum Nachschlagen derer Allegaten [Bibelstellen] in die Kirche nehmen kan, gleichwie in Holland geschiehet, und habe ich öffers gewünschet, daß unsere Herrn Theologi ihren Auditoribus den Gebrauch der Bibeln in der Kirche mehres recommendirten und sie durch öfferes allegiren [Zitieren von Bibelstellen] dazu animirten“.

Hönn hatte aber auch sonst für soziale Belange einen geschärften Blick. Intensiv bemühte er sich darum, das Bettelwesen in Stadt und Land in den Griff zu bekommen. Er schlug nicht nur die Errichtung von Almosenkassen und -ordnungen vor, sondern verfaßte 1715 auch eine Abhandlung zur Beseitigung des Bettelwesens, die er Francke vor der Drucklegung zur Begutachtung sandte.[185] Unter dem Titel „Unvorgreiffliche Gedancken wie [...] das Stadt- und Land-Betteln [...] abgeschafft werden könnne“ erschien sie im folgenden Jahr anonym in Nürnberg. Darin gab er eine detaillierte Beschreibung des gegenwärtigen Bettelwesens und machte Vorschläge für eine geordnete Armenfürsorge. Um sein Ziel zu erreichen, schlug er sowohl in den Städten als auch auf den Dörfern die Errichtung von Almosenkassen vor, in die Gelder aus verschiedenen Quellen fließen sollten. Daraus sollten dann die einheimischen Armen nach genauer Prüfung ihrer wirtschaftlichen Verhältnisse, ihrer gesundheitlichen Konstitution, ihrer sittlichen Lebensweise sowie ihrer Kenntnisse im christlichen Glauben angemessen unterstützt werden. Dagegen seien landfremde Bettler aus dem Territorium auszuweisen und „zu verwarnen, daß sie sich bey Straff des Zuchthauses ausser der auf einen Zettul ihnen vorgeschriebener Route weder bey einer Allmosen-Casse, noch weniger auf dem Betteln im Lande betretten lassen“[186].

Mit großer Wahrscheinlichkeit geht auch die Einrichtung des adligen Damenstifts im unterfränkischen Waizenbach[187] auf eine Anregung Hönns zurück. In seinem Haus wohnte nämlich seit 1724 Magdalena Regina, die Witwe des Kaiserlichen Generalfeldmarschall-Leutnants Veit Heinrich Freiherr von Truchseß von und zu Wetzhausen, eine Tochter des steiermärkischen Exulanten Wolfgang Ferdinand von und zu Jöstelsberg[188]. Als sie den Prozeß um Waizenbach gegen das Würzburger Juliusspital gewonnen hatte, beschloß sie 1733, hier das „Reichs-freye Fräulein-Stifft“ zu errichten.

---

[185] Hierzu s. Briefe: Georg Paul Hönn an August Hermann Francke, 13. Februar, 25. April, 22. Mai u. 17. Oktober 1715, 4. Februar 1716, AFSt Halle, C 94.

[186] GEORG HÖNN, Unvorgreiffliche Gedancken, 62.

[187] Hierzu und zum Folgenden s. KARLHEINRICH DUMRATH, Damenstift Waizenbach (Lit.)

[188] Zu Jöstelsberg s. DBA 607, 456–458. Wolfgang Ferdinand von und zu Jöstelsberg hatte 1690 in Nürnberg eine „Gottlobende Gesellschaft“ gegründet; diese Dichtersozietät war aber nur durch eine Sammlung von Gedichten öffentlich hervorgetreten.

Hönn, der 1747 verstarb, ist auch als Verfasser juristischer, genealogischer, topographischer und historischer Werke sowie als Dichter geistlicher Lieder[189] hervorgetreten.

Im Coburger Gebiet gab es also auch nach der Ausschaltung des Konsistorialpräsidenten und Oberhofpredigers Hassel durchaus noch einflußreiche Persönlichkeiten, die dem Hallischen Pietismus zugetan waren. Ihre Anzahl war jedoch gering. Vor allem hatte der Pietismus durch die hektischen, bisweilen egozentrischen Aktivitäten Hassels in der Residenzstadt an öffentlicher Reputation verloren und war marginal geworden. Deshalb hat Francke – zu Hönns Bedauern – wohl mit Bedacht seine Route nicht über Coburg genommen, als er im März 1718 von seiner „Reise ins Reich"[190] über Nürnberg und Erlangen nach Halle zurückkehrte.[191]

4. Die Reichsstadt Regensburg – Hallenser Hauslehrer und ihre Konventikel

In der Reichsstadt Regensburg, seit 1663 Sitz des Immerwährenden Reichstags, gab es schon seit Ende des 17. Jahrhunderts vereinzelte Anhänger Franckes. So bekannte beispielsweise im Juni 1700 der dortige Syndikus Paul V. Memminger[192], daß er bereits seit „etlichen Jahren" in Franckes „höchst erbaulichen Schriften" lese.[193] Erste direkte Kontakte nach Halle kamen aber wohl erst im Sommer 1700 zustande, als der Hallenser Kandidat Johann Daniel Groß[194] nach Regensburg kam. Francke hatte ihn dem Geheimen Legationsrat Johann Hiller[195], seit 1713 dann Württembergischer Gesandter,

---

189 s. JOHANN CASPAR WETZEL, Hymnopoeographia, T. 1, 439–443; hier Abdruck zweier Lieder: „Frölich in Hoffnung, gedultig im Leid" u. „Ich bin zufrieden, und hoffe zu Gott" (440–443).

190 Über Franckes Reiseroute durch Ostschwaben und Franken s. Kap. VI, 207–214.

191 Brief: Georg Paul Hönn an August Hermann Francke, 15. März 1718, AFSt Halle, C 94.

192 Zu Memminger s. WALTER FÜRNROHR, Patriziat, 206–207.

193 Brief: Paul Memminger an August Hermann Francke, 2. Juni 1700, SB Berlin, Francke-Nachlaß, Kaps. 15, 1; vgl. THEODOR WOTSCHKE, Neue Urkunden (1931), 235, Nr. 8. In der SB Berlin, Francke-Nachlaß, Kaps. 15,1 finden sich 10 Briefe von Paul Memminger an August Hermann Francke; vgl. THEODOR WOTSCHKE, Neue Urkunden (1931), 235, 238–244, Nr. 8, 12–14.

194 Zu Groß s. Matrikel der Martin-Luther-Universität Halle-Wittenberg, Bd. 1, bearb. v. FRITZ JUNTKE, Halle 1960, 187. Im AFSt Halle, C 23 finden sich 38 Briefe von Johann Daniel Groß an Francke, ein weiterer ist in C 295; vgl. THEODOR WOTSCHKE, Neue Urkunden (1934), 236–252, Nr. 65–77.

195 Zu Hiller s. WALTHER PFEILSTRICKER (Bearb.), Neues Württembergisches Dienerbuch, Bd. 1, § 1151.

als Hauslehrer vermittelt.[196] Diese Funktion übte Groß hier 14 Jahre lang aus; später ist er dann in die Dienste des markgräflich ansbach-bayreuthischen Geheimen Rats und Gesandten Wolf (Wolfgang) von Metternich[197] getreten.[198] Ende des gleichen Jahres folgte noch Heinrich Gottlieb Leutholf[199], der eine Zeitlang Informator im Pädagogium zu Halle gewesen war. Er wurde zunächst Hauslehrer und dann Sekretär[200] bei von Metternich, der ein Liebhaber spiritualistischer und mystischer Literatur war und auch als theosophisch-alchimistischer Schriftsteller – zumeist unter dem Pseudonym Alethophilus u. Hilarius Theomilus – hervorgetreten ist. Mit Zinzendorf führte von Metternich später einen Briefwechsel.[201] Unterstützung fanden die beiden Hallenser Groß und Leutholf vor allem bei dem Syndikus Paul V. Memminger, der 1689/90 in Dresden mit Spener und Johann Caspar Schade persönlich verkehrt hatte und seitdem brieflich mit ihnen in Verbindung stand.[202]

Groß und Leutholf hielten alsbald in den Wohnungen ihrer Dienstherrn Erbauungsstunden ab. Diese fanden jeweils sonntags statt, und es „gingen dahin nicht allein schlechte [einfache] und geringe Leute, sondern auch sogar auf dem Rathause in vornehmen Ämtern stehende Personen"[203]. Allerdings mußten sich alle, die an diesen Konventikeln teilnehmen wollten, zuvor bei den Hausherrn anmelden. Zu den engagiertesten Teilnehmern zählte der Syndikus Memminger, der im Frühjahr 1701 den Hallenser Studenten Johann Michael Hempel[204] als Erzieher für seine Kinder sowie für die des

---

196 s. Brief: Johann Daniel Groß an Paul Anton, 29. Juli 1700, gedr. in: THEODOR WOTSCHKE, Neue Urkunden (1934), 236–241, Nr. 65, hier 240.

197 Zu Metternich s. DBA 832, 101–102; 1422, 265; DBA NF 882, 365; ADB 21, 527; NDB 17, 234; BBKL 5, Sp. 1399.

198 s. Brief: Johann Daniel Groß an August Hermann Francke, 1. Januar 1714, AFSt Halle, C 23; vgl. THEODOR WOTSCHKE, Neue Urkunden (1934), 252, Anm. 1, Nr. 78.

199 Zu Leutholf s. DBA 759, 108–110; Matrikel der Martin-Luther-Universität Halle-Wittenberg, Bd. 1, bearb. v. FRITZ JUNTKE, Halle 1960, 263. Im AFSt Halle, C 295 finden sich 27 Briefe von Heinrich Gottlieb Leutholf an August Hermann Francke, ein weiterer ist in C 789.

200 s. Brief: Paul Memminger an August Hermann Francke, 31. Dezember 1700, ausz. gedr. in: THEODOR WOTSCHKE, Neue Urkunden (1931), 235, Anm. 3, Nr. 8.

201 s. AUGUST GOTTLIEB SPANGENBERG, Leben, T. 2, 286 u. T. 3, 455 u. 458. Korrespondenzen zwischen Zinzendorf und Wolf (Wolfgang) von Metternich in: UA Herrnhut, R. 20. C. 8. a. 28–31 u. R. 20. C. 4. b. 55–58.

202 s. Brief: Paul Memminger an August Hermann Francke, 2. Juni 1700, SB Berlin, Francke-Nachlaß, Kaps. 15, 1; vgl. THEODOR WOTSCHKE, Neue Urkunden (1931), 235, Nr. 8.

203 Paul Memminger, Regensburger Diarium, 17. Februar/12. April 1701, SB Berlin, Francke-Nachlaß, Kaps. 15, 1; ausz. gedr. in: THEODOR WOTSCHKE, Neue Urkunden (1931), 238–242, Nr. 12, hier 239.

204 Zu Hempel s. Matrikel der Martin-Luther-Universität Halle-Wittenberg, Bd. 1, bearb. v. FRITZ JUNTKE, Halle 1960, 215.

Juristen Georg Gottfried Fuchs[205] anstellte. Auch dieser entfaltete sogleich eine rege Aktivität. Bald griffen jedoch die evangelischen Prediger der Stadt, besonders der Pfarrer Georg Serpilius[206], ein „rechter Diotrephes [III Joh 9]“[207], der Pestilentiarius Johann Joachim Mühlberger[208] und der Diaconus Georg Ludwig Pfaffenreuther[209] an der Neupfarrkirche, den Pietismus an; vor allem machten sie Groß, Leutholf und Hempel für dessen Umsichgreifen verantwortlich. Auch das Konsistorium schloß sich ihren Protesten an. Den Verlauf dieser Kontroverse hielt Memminger in seinem „Regensburger Diarium“ fest, das er Francke zur Information sandte. Bereits im Februar 1701 notierte er darin: „O! wie wütet der Sathan schon mit Lügen, Lästerung und Spottreden. Dieses sind aber nur praeludia, der rechte Kampff wird noch erst angehen, weilen es das Ansehen hat, dass einige Seelen von der Noblesse gewonnen werden. Da werden die Bauchdiener ihre Donnerstimme erheben gegen die hergelaufenen zwei Neulinge(n), mit welchen Prädikaten die beiden lieben Leute Leutholf und Groß beehrt werden“. Tatsächlich wurde alsbald öffentlich gegen die Pietisten polemisiert.[210] Am Sonntag Oculi 1701 „bliesen“, so berichtete Groß, der Pestilentarius Mühlberger und der Diaconus Pfaffenreuther „völlig Lärm auf der Kanzel“. Letzterer habe seine Predigthörer dazu angehalten, Gott zu bitten, die Gemeinde „vor Spaltungen, Rotten und Zwietracht“ zu bewahren, nämlich vor denen, „welche in die Häuser heimlich schleichen und die Weiblein gefangen führen [II Tim 3, 6], d. h. die Schwachen im Glauben irre machen“. Die Lehrer und Prediger ermahnte er, „acht zu haben auf sich und die ganze Herde [Lk 20, 28] und ja zu sehen, daß kein Ärgernis entstehe“. Die Repräsentanten der Obrigkeit, die „Pflegerinnen und Säugammen der Kirchen“, erinnerte er an ihre Aufgabe, „das evangelische Wesen zu beschützen“ und „Unheil“ zu verhüten. Auf Vorstellungen des Konsistoriums hin ging dann die weltliche Obrigkeit gezielt gegen Hempel und das Konventikelwesen vor. Bereits am 8. Juli 1701 berichtete Memminger nach Halle, daß ihr „Kinder-Informator von Obrigkeitswegen (weil er aus Halle und also der Orthodoxie halber nicht approbirt, vielmehr aber zu besorgen sei, dass er unseren Kindern Gifft beibringe) auf Anhetzen des gesamten

---

205 Zu Fuchs s. WALTER FÜRNROHR, Patriziat, 208.

206 Zu Serpilius s. DBA 1178, 321–339; ADB 13, 476–479. Über Serpilius als Schriftsteller und Historiker s. HERBERT W. WURSTER, Regensburger Geschichtsschreibung, 140–142.

207 Brief: Johann Daniel Groß an August Hermann Francke, 4. März 1701, gedr. in: THEODOR WOTSCHKE, Neue Urkunden (1934), 247–248, Nr. 71, hier 248.

208 Zu Mühlberger s. DBA 865, 108–112, 266.

209 Zu Pfaffenreuther (Pfaffreuter) s. DBA 949, 112–114.

210 Brief: Johann Daniel Groß an August Hermann Francke, 4. März 1701, AFSt, Halle, C 23. Vgl. THEODOR WOTSCHKE, Neue Urkunden (1934), 247–248, Nr. 71, hier 247; die folgenden Zitate ebd.

Ministerii allhier ohne einig gegebene Ursach, wie dem allwissenden Gott bekannt ist, abgeschafft" worden sei[211]. Ihm selbst sowie seinem Kollegen Georg Gottfried Fuchs und dem Stadtkonsulenten Johannes Christoph Wild[212], dem Hausherrn von Wolfgang Graf von Metternich, sei „unter einem weitläuffigen Vorhalt und nachdrücklichen Verweiß in summo rigore (da doch H[err] Fuchs die 15 Jahr her als er bey Diensten ist und ich in die 8 Jahr bißhero damit verschont gewesen)" verboten worden, „die an einem Sonntag nach geendigtem Gottesdienst angestellte[n] conventicula illicita weiters zu frequentiren". „Stipulata manu in continenti" habe man versprechen müssen, dieser obrigkeitlichen Anordnung Folge zu leisten.

Nach diesem Einschreiten der Obrigkeit trat zweifelsohne eine gewisse Beruhigung ein. Jedoch gab es hier – wohl vor allem dank der Protektion einzelner Gesandter am Regensburger Reichstag – in der Folgezeit noch Anhänger des Hallischen Pietismus. Auch bestanden weiterhin briefliche Verbindungen, wie Franckes 1706 erstmals veröffentlichtes „Antwort-Schreiben an einen Freund zu Regenspurg"[213] zeigt. Anlaß dieser Publikation war zum einen ein wahrscheinlich durch Groß oder Leuthof vermittelter Bericht über Umtriebe der sogenannten Buttlarschen Rotte in der Grafschaft Sayn-Wittgenstein. Zum anderen bot die Disputation „Nova atque abominande Pietistarum Trinitas"[214] einen willkommenen Anlaß. Sie war 1705 in Greifswald unter dem Präsidium von Professor Johann Friedrich Mayer, Generalsuperintendent von Pommern und Rügen, abgehalten worden. Darin hatte Joachim Willers die These verteidigt, die Buttlarsche Rotte sei letztlich eine Konsequenz pietistischer Frömmigkeit.[215] Francke distanzierte sich in seinem „Antwort-Schreiben" zunächst von dem radikalen Pietismus in der Grafschaft Sayn-Wittgenstein; er wies dann aber auch die zugespitzte antipietistische Polemik dieser Disputation als ungerechtfertigt zurück. Gedruckt wurde deren Erstausgabe übrigens nicht in Regensburg, wie das Titelblatt suggerieren könnte, sondern in Berlin.

*

Wie deutlich wurde, drang der frühe Hallische Pietismus im Gebiet des heutigen Bayerns einerseits auf Bekehrung und Verlebendigung des

---

[211] Brief: Paul Memminger an August Hermann Francke, 8. Juli 1701, SB Berlin, Francke-Nachlaß, Kaps. 15, 1; vgl. THEODOR WOTSCHKE, Neue Urkunden (1931), 243–249, Nr. 14; die folgenden Zitate ebd.

[212] Zu Wild s. WALTER FÜRNROHR, Patriziat, 203.

[213] Vgl. PAUL RAABE u. ALMUT PFEUFFER (Bearb.), Francke-Bibliographie, C 34. 1.

[214] Hierzu und zum Folgenden s. AUGUST HERMANN FRANCKE, Antwort-Schreiben, 221–222 (Einleitung zu dieser Abwehrschrift Franckes von ERHARD PESCHKE). (Vgl. PAUL RAABE u. ALMUT PFEUFFER (Bearb.), Francke-Bibliographie, A 13. 1, 1.)

[215] s. WILLI TEMME, Buttlarsche Rotte, 56.

christlichen Glaubenslebens. Hierzu sollten die mancherorts abgehaltenen Konventikel und privaten Hausandachten beitragen, in denen man sich mit der Heiligen Schrift sowie mit alten und neuen Erbauungsschriften befaßte und pietistische Liederbücher benutzte. Andererseits kam es durch den frühen Hallischen Pietismus in ostschwäbischen und fränkischen Territorien sowie im Coburger Gebiet zu einer recht beachtlichen Aktivierung christlicher Liebestätigkeit und zu einer Intensivierung des Erziehungswesens. Der Armen und Hilfsbedürftigen nahm man sich durch Gründung wohltätiger Anstalten an. Zu verweisen ist hier besonders auf die Waisen- und Witwenhäuser, die ausschließlich in Reichs- und Residenzstädten entstanden. Für erstere diente letztlich immer das Hallesche Waisenhaus als leuchtendes Vorbild. Ebenso intensiv richtete man das Augenmerk auf die Erziehung. Man gründete neue Armenkinderschulen oder reformierte bestehende im Sinne der Franckeschen Pädagogik. Auch einige wenige höhere Bildungsanstalten öffneten sich ihr; zu Neugründungen kam es jedoch, abgesehen von der Ritterakademie in Erlangen, nicht.

Der frühe Hallische Pietismus entfaltete also im Gebiet des heutigen Bayerns eine unvergleichlich größere Dynamik und gesellschaftliche Wirkungsmächtigkeit als der Spenersche. Seine vielfachen karitativ-sozialen und erzieherischen Aktivitäten blieben nicht ohne Einfluß auf Gesellschaft und Kirche und wurden von diesen wahrgenommen. Allerdings darf seine Wirkung nicht überschätzt werden, zumal seine öffentliche Wirksamkeit hier von der durch die lutherische Orthodoxie geprägten Obrigkeit vielfach eingedämmt wurde. Ferner ist zu konstatieren, daß den karitativ-sozialen Einrichtungen und in gewisser Weise auch den Bildungsanstalten des Hallischen Pietismus im Gebiet des heutigen Bayerns vielfach eine klare Konzeption, eine solide wirtschaftliche Basis und eine sorgfältige Beachtung der gesellschaftspolitischen Rahmenbedingungen fehlten. Auch dadurch wurden manche Aufbrüche beeinträchtigt.

Bemerkenswert sind die mannigfachen Kontakte, die die Franckeanhänger während dieser Zeit zu Vertretern des radikalen Pietismus hatten. Diese waren damals nicht selten so eng, daß oft eine eindeutige Abgrenzung zwischen innerkirchlichem und radikalem Pietismus kaum möglich ist. Vielfach waren die Übergänge in den Biographien in beiden Richtungen fließend.

IV. Der radikale Pietismus – Zwischen Kirchenkritik und Separatismus

In Franken und Ostschwaben war der Einfluß des radikalen Pietismus im Verhältnis zum kirchlichen überproportional groß.[1] Allerdings trifft dies nur für die Zeit bis ins erste oder zweite Jahrzehnt des 18. Jahrhunderts zu. Dann ging hier die Obrigkeit gegen die radikalen Pietisten wegen ihrer teilweise massiven Kirchen- und Gesellschaftskritik mit einer Reihe disziplinierender Maßnahmen vor.

In Franken und Ostschwaben konnte der radikale Pietismus erstens deshalb einen stärkeren Einfluß gewinnen, weil hier einige seiner führenden Repräsentanten kürzere oder längere Zeit weilten und nachhaltige Spuren hinterließen. Da sie ihre Aufenthalte in diesen Gebieten zumeist mit Rundreisen verbanden, vermochten sie an beachtlich vielen Orten Sympathisanten oder Anhänger zu gewinnen. Zustatten kam ihrer Missionstätigkeit die starke territoriale Zerstückelung der ostschwäbischen und vor allem der fränkischen Gebiete; bei Verfolgungen konnten sie nämlich rasch und mühelos in benachbarte Territorien ausweichen. Zweitens gab es in Franken einige namhafte radikale Pietisten, die hier geboren waren oder ihre Wahlheimat hatten. Sie hatten jedoch keineswegs nur territoriale Bedeutung; infolge ihrer literarischen Produktivität reichte ihr Einfluß vielmehr weit über den süddeutschen Raum hinaus. Drittens beruht die überproportional große Bedeutsamkeit des radikalen Pietismus darauf, daß seine Anhänger hier in einigen Orten und Gebieten zahlenmäßig zwar geringe, aber sehr vitale Gemeinschaften gebildet haben. Thurnau, die Residenzstadt der kleinen Grafschaft Giech, konnte sich sogar für einige Jahre zu einem stillen Zentrum des radikalen Pietismus entwickeln.

Im Folgenden sollen zunächst Aufenthalt und Wirken einiger auswärtiger Vertreter des radikalen Pietismus in Franken und Ostschwaben skizziert werden.[2] Sodann wird auf einige bedeutende einheimische Repräsentanten des radikalen Pietismus etwas näher einzugehen sein. Ferner soll die Residenzstadt Thurnau als heimlicher Hort des radikalen Pietismus in den Blick

---

[1] s. DIETRICH BLAUFUSS, Literaturbericht, 189; vgl. HORST WEIGELT, Pietismus in Bayern, 309–312.

[2] Nicht zur Darstellung gelangen radikale Pietisten, die sich im Gebiet des heutigen Bayerns nur kürzere Zeit aufgehalten haben oder deren hiesiges Wirken ohne größere Bedeutung gewesen ist; auf sie wird jeweils im Sachzusammenhang eingegangen.

kommen. Abschließend wird auf einige kleinere radikalpietistische Gesellungen im fränkischen und ostschwäbischen Raum einzugehen sein.

1. Auswärtige radikale Pietisten – Ihre Besuchsaufenthalte und ihr missionarisch-agitatorisches Wirken

a) Johann Wilhelm Petersens Reise durch Franken 1706

Von den auswärtigen Repräsentanten des radikalen Pietismus stellte sich als erster Johann Wilhelm Petersen[3], der in zahlreichen Schriften die Lehre vom Millennium und von der Apokatastasis sowie die Vorstellung von der himmlischen Menschheit Christi vor der Schöpfung vertreten und massive Kritik an der Kirche geübt hatte, im Gebiet des heutigen Bayerns ein. Seine Besuchsreise[4] nach Franken, die er im Frühjahr 1706 zusammen mit seiner Frau Johanna Eleonora unternahm und die ihn auch nach Württemberg führte, erfolgte auf Einladung des radikalpietistischen Pfarrers Lorenz Adam Meyer[5], der damals im ritterschaftlichen Dorf Ermreuth in Oberfranken amtierte. Bevor Petersen fränkisches Gebiet betrat, weilte er in Coburg, wo er mehrere Freunde besaß, die er schon 1695 einmal besucht hatte. Zu ihnen zählten der Konsistorialpräsident Johann Burkhard Rosler[6], der ebenfalls die Allversöhnung vertrat, und der kirchenkritische Postmeister Johann Philipp Winheim, Meyers Schwiegervater. Letzterer organisierte auch die Weiterreise mit der Postkutsche nach Erlangen, wo Petersen am 25. April, Sonntag Jubilate, in der Sophienkirche in Gegenwart des Markgrafen Christian Ernst von Brandenburg-Bayreuth[7] und seiner Gemahlin predigte. Von hier reiste er nach Ermreuth in der Fränkischen Schweiz zu Pfarrer Meyer. Mit diesem zusammen begab er sich dann nach Altdorf, wo er bei dem Theologieprofessor Johann Michael Lang[8], ebenfalls einem Verfechter der Apokatastasislehre, logierte. Lang, der sowohl mit Francke und seinem Kreis als auch mit radikalen Pietisten in persönlichem und brieflichem Kontakt stand, ließ seinen Gast sogar im Hörsaal zu Wort kommen. An der Theologischen Fakultät fand nämlich ein „Collegium“ statt, an dem neben Studenten auch

---

[3] Zu Petersen s. bes. MARKUS MATTHIAS, Petersen; HANS SCHNEIDER, Radikaler Pietismus, 114–115, 173–174 (Lit.).

[4] Zu Petersens Reise durch Franken s. JOHANN WILHELM PETERSEN, Lebens-Beschreibung (s. MARKUS MATTHIAS, Werkverzeichnis, Nr. 175), 282–288 u. 293–294; vgl. bes. FRIEDRICH WILHELM KANTZENBACH, Separatismus, 44–45.

[5] Zu Meyer s. GEORG KUHR (Bearb.), Ritterschaftliches Pfarrerbuch Franken, Nr. 1761.

[6] Zu Rosler s. bes. Kap. III, 111.

[7] Zu Christian Ernst, Markgraf von Brandenburg-Bayreuth s. Kap. I, 28, Anm. 102.

[8] Zu Lang s. bes. Kap. III, 98–101 u. Kap. V, 183–187 u. 201–202.

Professoren teilnahmen. Während Petersens Besuch wurde gerade Gal 1, 6–10 behandelt. Um seine Meinung gebeten, versuchte er zu zeigen, „wie viel daran gelegen [sei], daß das Evangelium lauter und rein vorgetragen würde, und daß man kein rein Korn erndten könte, wenn man nicht zuvor ein rein Korn aussäete“[9]. Herzlich willkommen geheißen wurde Petersen in Altdorf auch von dem Philosophieprofessor Georg Paul Rötenbeck[10], dem damaligen Rektor der Universität, sowie von den Professoren Johann Christoph Wagenseil[11], dem betagten und wohl schon etwas senilen Stiefvater Langs, von Magnus Daniel Omeis[12] und Adam Baltasar Werner[13]; begrüßt wurde er ferner von Pfarrer Kaspar Gipser[14] aus dem nahegelegenen Dorf Altenthann. Durch den Poeten und Philosophen Omeis, den Präsidenten des Pegnesischen Blumenordens, wurde Petersen mit seiner Frau wegen seines „auf H[err]n D. Spenern seeligen gemachten langen Carminis“[15] in die 1644 gegründete Sprachgesellschaft aufgenommen. Hierbei erhielt er den Namen „Petrophilus“, während seine Frau „Phoebe“ genannt wurde. Lediglich der lutherisch-orthodox gesinnte Theologieprofessor und Pfarrer Christoph Sonntag[16], der den Pietismus ablehnte, begegnete Petersen zwar nicht respektlos, aber doch distanziert. Von Altdorf reiste Petersen, in Begleitung von Rötenbeck, der ihm als ein „rechter Nathaniel und Israelite [vgl. Joh 1, 46–47]“[17] erschien, nach Nürnberg weiter. Hier logierte er auf Empfehlung der Altdorfer Professoren zunächst bei dem gebildeten Kaufmann und Marktvorsteher Andreas Ingolstetter[18], einem Mitglied des Pegnesischen Blumenordens. Später offerierte man ihm „nach der Nürnberger ihrer Gewonheit“ eine Unterkunft im Gasthaus, wo man ihn „defrayret [freihielt]“[19]. Besonders freundliche Aufnahme fand er bei Pfarrer Ambrosius Wirth[20] und seinem Kollegen Tobias Winkler[21], an dessen Erbauungsstunde – gehalten von Diaconus Bernhard Walter Marperger[22] – er nicht nur teilnahm, sondern auch das Wort ergriff.[23] Von Nürnberg aus machte Petersen, von Rötenbeck begleitet, einen Abste-

---

9 JOHANN WILHELM PETERSEN, Lebens-Beschreibung, 284.
10 Zu Rötenbeck s. bes. Kap. III, 98 u. 101 u. Kap. IV, 167.
11 Zu Wagenseil s. bes. Kap. II, 66 u. Kap. III, 99–100.
12 Zu Omeis s. DBA 917, 292–341; ADB 24, 347–349.
13 Zu Werner s. DBA 1354, 16–24.
14 Zu Gipser s. MATTHIAS SIMON, Nürnbergisches Pfarrerbuch, Nr. 397.
15 JOHANN WILHELM PETERSEN, Lebens-Beschreibung, 285.
16 Zu Sonntag s. bes. Kap. III, 101 u. Kap. V, 187–189.
17 JOHANN WILHELM PETERSEN, Lebens-Beschreibung, 285.
18 Zu Ingolstetter s. DBA 589, 74–88a; ADB 14, 68–69.
19 JOHANN WILHELM PETERSEN, Lebens-Beschreibung, 286.
20 Zu Wirth s. bes. Kap. III, 91–97.
21 Zu Winkler s. bes. Kap. II, 60–63.
22 Zu Marperger s. MATTHIAS SIMON, Nürnbergisches Pfarrerbuch, Nr. 865.
23 s. JOHANN WILHELM PETERSEN, Lebens-Beschreibung, 287–288.

cher nach Haimendorf zu dem Lyriker und Übersetzer Christoph Fürer[24], seit 1697 Kurator der Universität Altdorf. Dieser opponierte gegen Petersens Vorstellung vom Millennium und verwies auf deren Verwerfung in CA XVII. Petersen versuchte dessen Einwand zu entkräften und entgegnete nach seiner „Lebens-Beschreibung": „Wenn schon der XVII. Artickul dagegen wäre, man doch daraus kein Argument pro falsitate rei demonstrandae nehmen könte, sondern man gehalten wäre, die Confession nach der Regel der heil[igen] Schrifft zu examiniren, ob sie in diesem Punct recht gesprochen hätte oder nicht, und daß man mich aus solcher heil[igen] Schrifft convinciren müste, wenn ich geirret hätte"[25]. Petersen war also davon überzeugt, daß die von ihm vertretene Apokatastasislehre schriftgemäß sei. Wenige Tage später wurde er von einem Mitglied der Nürnberger Patrizierfamilie Geuder[26] nach dem nicht weit entfernten Heroldsberg abgeholt. Über seinen Besuch in Nürnberg resümierte er in seiner Autobiographie: „Es ist mir auch durch die Herren Prediger, H[er]r[n] [Johann Konrad] Feuerlein, den H[err]n Ambrosius Wirth, Herrn Winckler, und andere rechtschaffene Gemüther aus den Bürgern, sonderlich durch den H[err]n D. [Gottfried] Thomasium, celeberrimum Medicum viel Gutes geschehen, und durch viele andere, die den Herrn hertzlich lieben, und sich ihre Seeligkeit recht angelegen seyn lassen, also, daß ich wohl sagen kan, daß ich recht nach Leib, Seel und Geist bin daselbst in Gott erquicket worden, und die Zeit meines Lebens nicht vergessen werde, was sie mir Gutes gethan haben"[27]. Von Nürnberg begab sich Petersen nach Württemberg[28]. Auf der Rückfahrt von dort weilte er in Rothenburg ob der Tauber bei Superintendent Christoph Ludwig Hartmann[29], dem Sohn des für den Spenerschen Pietismus bedeutsamen Theologen Johann Ludwig Hartmann. Dieser begleitete Petersen bis nach Nürnberg, der mit seiner Frau von dort aus dann im Juli auf das Gut Niederdodeleben bei Magdeburg zurückkehrte, wo er seit seiner Amtsenthebung im Jahre 1692 lebte. Der Verlauf der Reiseroute markiert diejenigen Orte Frankens, in denen damals Anhänger oder Sympathisanten des radikalen Pietismus lebten. Hier hat Petersen vor allem solche Theologen und Laien aufgesucht, die mit seiner Apokatastasisvorstellung übereinstimmten oder sympathisierten.

---

[24] Zu Fürer s. DBA 358, 333–340; NDB 5, 691–692.

[25] JOHANN WILHELM PETERSEN, Lebens-Beschreibung, 287; vgl. GEORG ANDREAS WILL, Nürnbergisches Gelehrten-Lexicon, Bd. 1, 498–501 (Artikel: Fürer, Christoph VII), hier 500.

[26] Zu der ratsfähigen Nürnberger Familie Geuder s. JOHANN GOTTFRIED BIEDERMANN, Geschlechtsregister des Hochadelichen Patriciats zu Nürnberg, Bayreuth 1748, Tafel XLVI–LX.

[27] JOHANN WILHELM PETERSEN, Lebens-Beschreibung, 288.

[28] Vgl. JOHANN WILHELM PETERSEN, Lebens-Beschreibung, 288–293.

[29] Zu Hartmann s. WILHELM DANNHEIMER, Verzeichnis, Nr. 158 (Lit.).

b) Hochmann von Hochenaus Aufenthalt in Nürnberg und Umgebung – Vom Kirchenkritiker zum Streiter gegen das Herzensbabel

Anfang September 1707, etwa ein Jahr nach Petersen, traf der radikal kirchenkritische Pietist Ernst Christoph Hochmann von Hochenau[30] in Nürnberg ein.[31] Der Anlaß zu dieser Reise soll eine Mahnung des nassau-siegenischen Geheimrats Friedrich Philipp Geuder-Rabenstein[32] gewesen sein, „seine von Gott verliehene[n] Gaben nicht [zu]verscharren [vgl. Mt 25, 18], sondern zu Nuz des nechsten an[zu]wenden"[33]. Franken war Hochmann nicht unbekannt. In Nürnberg hatte er seine Kindheit und Jugend verlebt und an der Universität in Altdorf 1687 sein Studium der Jurisprudenz begonnen[34], es aber seit 1691 an anderen Universitäten fortgesetzt. 1703 hatte Hochmann, dem 1693 ein Bekehrungserlebnis widerfahren war, jedoch seine Entlassung aus dem Nürnberger Bürgerrecht beantragt, um in seiner Christusnachfolge „von allen menschlichen Verbündnüssen, Obligationen, und Pflichten frey"[35] zu sein. Seine Unterschrift unter das Gesuch hatte er mit dem Zusatz versehen: „Unterthäniger Vorbitter bey GOtt und dem Lamm". Um die Jahreswende 1703/1704 hatte er in der Nähe von Schwarzenau, zusammen mit anderen radikalen Pietisten, eine christokratische Kommune, eine Gemeinschaft von Christusgeweihten, gegründet.[36] Bereits ein halbes Jahr später war er aber von hier aus zu Missionsreisen aufgebrochen, die ihn von 1704 bis 1706 an den Niederrhein und in das bayerische Land sowie von 1706 bis 1708 in die Pfalz und nach Franken geführt haben. Vor seiner Reise ins fränkische Gebiet im Herbst 1707 hatte er sich jedoch nochmals längere Zeit auf der Ronneburg und in Schwarzenau aufgehalten.

Als Hochmann nach Nürnberg kam, hielt er sich zunächst in dessen

---

30 Zu Hochmann von Hochenau s. DBA 545, 238–248 u. 659, 236–237; DBA NF 593, 87–97; ADB 12, 523–525; NDB 9, 289–290; BBKL 2, Sp. 914–915. Vgl. bes. HEINZ RENKEWITZ, Hochmann von Hochenau; HANS SCHNEIDER, Radikaler Pietismus, 124–128, 178–179 (Lit.).

31 Über Hochmanns Aufenthalt in Nürnberg und Umgebung s. FRIEDRICH WILHELM KANTZENBACH, Separatismus, 47–48; HEINZ RENKEWITZ, Hochmann von Hochenau, 237–262.

32 Zu Geuder, genannt Rabensteiner s. JOHANN GOTTFRIED BIEDERMANN, Geschlechtsregister des Hochadeligen Patriciats zu Nürnberg, Tafel LV. Vgl. den anläßlich seines Todes (13. Mai 1727) erstellten Lebenslauf im StA Nürnberg, Archiv Geuder-Rabenstein, Nr. 389.

33 Brief: Gustav Georg Tetzel an Gustav Georg Zeltner, 22. September 1707, StadtB Nürnberg, Will. II, 1275. Vgl. HEINZ RENKEWITZ, Hochmann von Hochenau, 239.

34 s. HEINZ RENKEWITZ, Hochmann von Hochenau, 3–12.

35 Brief: Ernst Christoph Hochmann von Hochenau an den Nürnberger Magistrat, 7. April 1703, gedr. in: GEORG ANDREAS WILL, Museum Noricum, 293–296, hier 294; das folgende Zitat ebd., 296.

36 s. HEINZ RENKEWITZ, Hochmann von Hochenau, 183–193.

großem Landgebiet auf, und zwar in dem unweit von Altdorf gelegenen Dorf Weißenbrunn.[37] Hier wirkte vor allem der Lehrer Caspar Friedrich Himmler[38] im radikalpietistischen Sinne. Hochmann nahm hier sogleich am nächsten Sonntag an einer Kinderlehre teil, die zwar von Himmler abgehalten wurde, aber unter der verantwortlichen Leitung eines Altdorfer Theologiestudenten stand. Zu dessen Verdruß ergriff Hochmann das Wort, als sich niemand zu der verlesenen Epistel äußern wollte. Wenig später hielt Hochmann in der Nähe von Altdorf „auf einem freyem Felld" auch noch eine Ansprache.[39] Daraufhin ließ ihn der dortige Pfleger, Gustav Gabriel Imhoff, kurzerhand durch einen Landsknecht aus seinem Bezirk ausweisen. Das Nürnberger Landpflegamt billigte diese Maßnahme zwar im Nachhinein, rügte aber die Vorgehensweise. Man müsse, so wurde dem Altdorfer Landpfleger bedeutet, „allewege" unterscheiden, „ob es gemeine Leuthe, oder Personen von Stand und Condition, auch honnêten Familien herstammend"[40] seien.

Nach seiner Ausweisung begab sich Hochmann daraufhin am 6. September in das nürnbergische Dorf Leinburg, wo er bei dem Bäcker Stephan Buchner sogleich ein offensichtlich gut besuchtes Konventikel abhielt. Nach einem Bericht[41] des dortigen Pfarrers Johann Wilhelm Reinsperger[42] hat er nämlich „noch selbigen Abend [...] einen Nacht-GOttes-Dienst angestellt, erstlich ein Lied gesungen, das Vatter Unser gebetet, und darauf mit überstarkem Geschrey, wie ein Mark-Schreyer und Quacksalber, gepprediget eine lange Zeit, darauf wieder gesungen, und endlich mit dem general-Seegen beschlossen. Die Zuhörer waren, ausser denen des Becken bey geruffenen Mit-Pietisten, die ganze Stube voll, und noch wohl 50 oder 60 Personen, die vor dem Hauß zugehört, der Schall davon ist weit herum, auch bis zum Pfarr-Hauß gelanget, das nahe bey 200 Schritt von des Becken Behausung liegt". Am nächsten Tag, „da dann noch mehr Leute von fernen, auch wohl entlegenen Dörfern, darzu kommen" seien, so daß „die Zahl außer denen in der Stuben, vor dem Hauß über 200. zugenommen" habe, hätte Hochmann „mit eben solchem Geschrey, wie das erstemal gepredigt,

[37] Hierzu und zum Folgenden s. Brief: Gustav Georg Tetzel an Gustav Georg Zeltner, 22. September 1707, StadtB Nürnberg, Will. II, 1275; vgl. GEORG ANDREAS WILL, Bibliotheca Norica, Bd. 2, Nr. 1275; Gustav Philipp Mörl u. Justin Wetzel, Relatio in causa Hochmanniana (12. Oktober 1707), in: GEORG ANDREAS WILL, Commercii epistolici Norimbergensis particula II, 106–160. Vgl. HEINZ RENKEWITZ, Hochmann von Hochenau, 237–262 (Lit.).

[38] Vgl. THEODOR WOTSCHKE, Neue Urkunden (1933), 174, Nr. 44, Anm. 3.

[39] s. StA Nürnberg, RV 105r (7. September 1707).

[40] Brief: Nürnberger Landpflegamt an Gustav Gabriel Imhoff, 7. September 1707, StA Nürnberg, Landpflegamt Briefbücher, Nr. 133.

[41] Brief: Johann Wilhelm Reinsperger an das Landpflegamt Nürnberg, 8. September 1707, in: GEORG ANDREAS WILL, Commercii epistolici Norimbergensis particula II, 102–105; die folgenden Zitate ebd., 103–104.

[42] Zu Reinsperger s. MATTHIAS SIMON, Nürnbergisches Pfarrerbuch, Nr. 1085.

und zwar zimlich in die Nacht hinein, biß gegen 9 Uhr". Da sich der Ortspfarrer über Hochmanns Auftreten in seiner Parochie ärgerte und dieser es ablehnte, sich freiwillig zurückzuziehen, informierte er am 8. September 1707 das Nürnberger Landpflegamt und bat um Instruktionen. Inzwischen unternahm Hochmann kleinere Besuchsreisen in der Nürnberger Landschaft, so nach Altdorf und Heroldsberg. Dann begab er sich in die Reichsstadt selbst, wo er vor dem 12. Oktober 1707 – wohl wegen unbefugten Predigens – gefangengenommen wurde. Am liebsten hätte man ihn sogleich aus dem Nürnberger Territorium abgeschoben. Das war jedoch problematisch, weil Hochmann sich keiner der reichsrechtlich anerkannten Konfessionen zugehörig betrachtete und grundsätzliche Glaubens- und Gewissensfreiheit forderte. Vor allem mußte man aber im Magistrat auf seinen ältesten Bruder Heinrich Christoph[43] Rücksicht nehmen, der seit 1691 als Reichshofrat die Belange der Reichsstadt Nürnberg am kaiserlichen Hof in Wien geschickt vertrat. Dieser hatte für die Glaubenshaltung und vor allem für den Lebensstil seines Bruders keinerlei Verständnis. In der Haft Ernst Christophs erblickte er eine gute Chance, dessen umtriebige Aktivitäten, die die Familie desavouierten und diskreditierten, zu unterbinden und ihn vielleicht sogar sozial zu disziplinieren. In deutlichem Zusammenhang mit Hochmanns Inhaftierung erließ der Magistrat am 20. Oktober 1707 ein Mandat[44]. Darin wies man auf virulente heterodoxe Lehren hin, die Gemeinden ermahnte man zur Distanz gegenüber vagabundierenden Wanderpredigern und forderte alle Pfarrer und Schullehrer auf, sich zu äußern, falls sie diese Warnungen und Maßnahmen nicht unterstützen könnten.

Auf Anweisung des Magistrats führten drei Nürnberger Pfarrer, nämlich Gustav Philipp Mörl[45] von St. Egidien und Justin Wetzel[46] von St. Sebald sowie später Johann Jakob Hartmann[47] von St. Lorenz, mit dem inhaftierten Hochmann im Oktober 1707 und im Februar 1708 insgesamt vier eingehende Gespräche.[48] In ihren Berichten behaupteten sie zwar, ihn falscher Lehrauffassungen überführt zu haben, mußten aber konzedieren, daß er weiterhin in seinen Irrtümern verharre und gefährliche Ansichten hege, die zu einer Unterminierung der geistlichen und weltlichen Obrigkeit führen könnten.

---

43 Zu Hochmann s. DBA 545, 250–254.

44 StA Nürnberg, Drucksachen Pack 25, Repert. 57 c Mandate; vgl. E. Hoch-Edl. Raths der Reichs-Stadt Nürnberg Decret wegen des Pietismi. vom 20. Oct. 1707, in: UnNachr 1710, 848–861.

45 Zu Mörl s. MATTHIAS SIMON, Nürnbergisches Pfarrerbuch, Nr. 888 (Lit.).

46 Zu Wetzel s. MATTHIAS SIMON, Nürnbergisches Pfarrerbuch, Nr. 1529 (Lit.).

47 Zu Hartmann s. MATTHIAS SIMON, Nürnbergisches Pfarrerbuch, Nr. 482 (Lit.).

48 Hierzu und zum Folgenden s. Gustav Philipp Mörl u. Justin Wetzel, Relatio in causa Hochmanniana, in: GEORG ANDREAS WILL, Commercii epistolici Norimbergensis particula II, 106–160 [Bericht über die Gespräche am 12. u. 20. Oktober 1707]; vgl. HEINZ RENKEWITZ, Hochmann von Hochenau, 252–258 (Lit.).

Ihre Bemühungen hatten also letztlich wenig bis nichts bewirkt. Während sich die Prediger in ihrer Argumentation auf Schrift und Bekenntnis stützten, berief sich Hochmann auf seine vom Geist Gottes gewirkte Erkenntnis und Einsicht. Im übrigen hielt er „die perpetuierliche Detention [Gefangenschaft] aber für Antichristisch", zumal „er sich ja von hier hinweg zu begeben begehre"[49]. Während seiner fast einjährigen Haft vollzog sich jedoch bei Hochmann eine bedeutsame Modifikation seiner religiösen Haltung. Seine bisherige Feindschaft gegen die institutionelle Kirche schwächte sich ab, und er gelangte zu einer gewissen Indifferenz gegenüber allem äußeren Kirchenwesen. Er konzentrierte sich nun völlig auf die Bekämpfung des Herzensbabels und die Verlebendigung des christlichen Glaubens. Am 77. Tag seiner Inhaftierung, also Ende 1707, schrieb er: „Es gehet aber die Haupt Summa meines Glaubens, u. ganzer Religion nur dahin, wie man sich in wahren lebendige[m] Glauben an Jesu Christo, mit Leib, Seel u. Geist gänzl[ich] übergeben solle, u. wie eine warhafftige Liebe unter denen Christen müsse offenbahr werden, weil ja Christus unser Meister selbsten spricht, daß man dabey die seinen erkennen sollte, so sie wahre Liebe unter einander hätten Joh. 13[,35], u., daß wo diese Liebe nicht anzutreffen wäre, auch kein wahres Christenthum noch wäre, wann man schon äusserl[ich] noch so offt zum Abendmahl, u. in die Kirche gienge; denn Gott sehe nicht auf daß äusserl[iche], das nur ex opere operato so zum Schein daher gemacht würde, sondern Gott sehe auf daß Herz, u. wollte haben, daß man seinen Sohn Jesum Christum der vor 1707 jahren vor uns ein vollkommenes versöhnopfer abgestattet, mit rechtschaffener Begierde in dem innersten Grund des Herzens suchen sollte, denn daß Herz wäre der rechte Tempel darinnen Christus durch seinen Geist wohnen wollte. Haec est Summa illius doctrinae, quam protuli ad populum. Jetzt judicire mein Lieber Bruder, ob daß so eine Gefährl[iche] Lehre sey, die im Lande nicht solle tollerirt werden"[50]. Diese tiefgreifende Um- und Neuorientierung Hochmanns ist für das Verständnis seiner weiteren Wirksamkeit von grundlegender Bedeutung.

Anfang 1708 wurde die Haft Hochmanns, der zunächst beim Hausvogt und dann im Wasserturm gefangengehalten worden war, aus gesundheitlichen Gründen in Hausarrest umgewandelt, und zwar bei seinem zweiten Bruder Georg Christoph, der als Kelleramtmann in Nürnberger Diensten stand. Dieser hatte sich verpflichtet, „bey Verpfändung seiner und seiner ledigen Schwester [Maria Magdalena] Haab und Güter, denselben in seinem Haus und eignen Zimmer durch Beyhülff eines zuzugeben habenden Sol-

---

[49] StA Nürnberg, RV 3142, 127v–128r, hier 127v (28. Februar 1708).

[50] Brief: Ernst Christoph Hochmann von Hochenau an N. N., o. D. [ca. 28. Dezember 1707], StadtB Nürnberg, Will. II, 1274 (Acta Hochmanniana); vgl. GEORG ANDREAS WILL, Bibliotheca Norica, Bd. 2, Nr. 1274.

datens bestens zu beobachten“[51]. Ende April wurde ihm auf Ansuchen hin sogar gestattet, seinen Bruder Ernst Christoph „mit sich in den Hochmännischen Garten zu nehmen, doch daß er daselbst nicht über Nacht oder sonst außer der Stadt verbleibe, keine Fremde[n] zu sich kommen laße, Conventicula oder Correspondenz anstelle, und außer dem Garten sich anderswohin begebe“[52]. Hochmann hielt sich jedoch nicht strikt an diese Auflagen; im Juni beobachtete man, wie er „auf der Herolsberger Straßen“ unterwegs war. Deshalb beschloß der Magistrat, künftige Aufenthalte des Arrestanten „außer die Stadt oder in dem Garten“ von einer vorherigen „oberherrlichen Erlaubnis“ abhängig zu machen.[53] Daraufhin nahmen Hochmann und sein Bruder Anfang August ihr dem Magistrat gegebenes Versprechen, allen obrigkeitlichen Auflagen nachzukommen, zurück.[54] Der Rat reagierte nicht darauf und unternahm auch dann nichts, als er in Erfahrung brachte, daß Hochmann häufig Besuch empfing.[55] Man war der ganzen Angelegenheit zutiefst leid und überdrüssig.

Spätestens im Oktober 1708 entwich Hochmann aus der Stadt und begab sich noch für eine Woche nach Heroldsberg[56], wo er „Zusammenkünffte angestellet und geprediget“ hat. Dann verließ er das Nürnberger Territorium für immer, um sich in der Grafschaft Büdingen, dem Sammelbecken radikaler Pietisten unterschiedlichster Observanz, niederzulassen.

Bevor er jedoch Franken endgültig den Rücken kehrte, stattete er den radikalen Pietisten im Aischgrund nochmals einen Besuch ab.[57] Er lenkte seine Schritte nach Neustadt sowie den umliegenden Orten, vor allem nach Gutenstetten und Pahres, wo er als Bote Gottes empfangen wurde. In Gutenstetten hielt er bei dem Schuster Nikolaus Pöhlmann sogar eine Abendmahlsfeier, wozu er anstatt Brot einen auf dem Tisch stehenden Kuchen verwandte.[58] Mit dem Hinweis: Wer könnte es ihm denn verwehren, mit denen das Mahl zu feiern und des Herrn Jesu zu gedenken, die sich dazu für würdig erachten, brach er den Kuchen und reichte einigen der Anwesenden davon. Auf die Spendung des Weins verzichtete er dagegen, da augenscheinlich keiner auf dem Tisch bereitstand. Hochmann verstand also demnach das Sakrament des Altars als Liebesmahl. In dem nahe gelegenen Dorf Pahres, das einen besonders großen jüdischen Bevölkerungsanteil hatte, soll er sogar

---

51 StA Nürnberg, RV 3141, 111v–112v (28. Januar 1708).
52 StA Nürnberg, RV 3145, 75r–v, hier 75v (25. April 1708).
53 StA Nürnberg, RV 3147, 47r–48v (15. Juni 1708).
54 s. StA Nürnberg, RV 3149, 62r–63v (14. August 1708).
55 s. StA Nürnberg, RV 3150, 126r (25. September 1708).
56 s. StA Nürnberg, RV 3153, 68r–v (5. Dezember 1708); das folgende Zitat ebd. 68v.
57 Hierzu und zum Folgenden s. HEINZ RENKEWITZ, Hochmann von Hochenau, 258–261 (Lit.); PAUL SCHAUDIG, Pietismus, 81–82 (Lit.).
58 s. Gerichtl. Registraturen, 231.

in der „Juden-Schul“ das Wort ergriffen haben.[59] Seine Verkündigung sei hier angeblich so überzeugend gewesen, daß die Juden erklärt hätten: „Wenn lauter solche Christen in der Welt weren, so wollten sie sich gleich tauffen laßen“.

Auf seiner Reise besuchte Hochmann wahrscheinlich auch noch Gesinnungsgenossen in Marktbreit und Mainbernheim. Jedenfalls nannte er diese – zusammen mit denen in Gutenstetten, Pahres, Neustadt und Erlangen – in einem Brief vom 6. November 1708 seine „herzlich geliebteste[n] Brüder und Schwestern“[60]. Ihnen schrieb er von der Ronneburg aus: „Ie mehr die kräfftige JEsus-Liebe in Euch würcksam seyn wird, ie mehr werdet Jhr auch gegen einander in die Liebe ausfliessen können. Die Liebe ist das wahre Band der Vollkommenheit [Kol 3, 14], die deßwegen so gar offt von unserm einzigen Herrn und Meister uns ist anbefohlen worden“. Diese Briefpassage macht nochmals Hochmanns in Nürnberg gewonnene Neuorientierung signifikant deutlich.

c) Rocks Missionsreisen und seine „Aussprachen“ in Franken und Ostschwaben

Hinsichtlich der auswärtigen radikalen Pietisten, die für kürzere oder längere Zeit im Gebiet des heutigen Bayerns wirkten, ist ferner der umtriebige Johann Friedrich Rock[61], seit 1728 Leiter aller Inspirationsgemeinden in der Wetterau, zu erwähnen. Er stammte aus einer württembergischen Pfarrerfamilie, studierte aber nicht, sondern erlernte das Sattlerhandwerk. Als Geselle kam er während seiner Wanderjahre in Halle mit dem kirchlichen Pietismus in Kontakt. „Da ich nun nach Hall in Sachsen kam“, bekannte er in seinen autobiographischen Aufzeichnungen, „so bin ich durch getreue

---

[59] s. Johann Michael Grüner, Relation was Frau Ruckteschlin mit mir unterwegens geredet [...] 22. Mai 1709, LKA Nürnberg, Pfarreien IV, 37 (Münchsteinach), Nr. 1, fol. 92–93; hier 92v; das folgende Zitat ebd.

[60] Brief: Ernst Christoph Hochmann von Hochenau an N. N., 6. November 1708, gedr. in: GEORG ANDREAS WILL, Commercii epistolici Norimbergensis particula II, 161–166; DERS., Museum Noricum, 289–292; folgendes Zitat ebd., 161 bzw. 289 [Zitat].

[61] Zu Rock s. bes. PAUL KRAUSS, Rock; HANS SCHNEIDER, Radikaler Pietismus, 131–133, 180 (Lit.); ULF-MICHAEL SCHNEIDER, Propheten der Goethezeit, passim. Perspektivenreiche Einblicke in Rocks Leben bieten seine autobiographischen Aufzeichnungen: „Kurtze Erzehlung“ (1715); „Anfänge Des Erniedrigungs-Lauffs“ (1707 mit Zusätzen von 1712 u. 1716); „Zweyter Aufsatz Des Erniedrigungs-Lauffs“ (1717); „Kurtze Erzehlung Wie Ihn GOtt geführet“ (1725). Diese finden sich ediert und kommentiert in: JOHANN FRIEDRICH ROCK, Wie Ihn GOtt geführet, hg. v. ULF-MICHAEL SCHNEIDER, 5–10, 11–18, 19–67, 68–72; hier findet sich von 100 bis 101 eine Auswahlbibliographie über Rock.

Hirten so hefftig erweckt worden, daß alles an mir gezittert hat"[62].Von Halle aus begab er sich nach Berlin, wo er ein zurückgezogenes Leben führte. „Da ich nun", so Rock, „mich hab anfangen absondern vom Bösen von aussen/ so hat das Böse sich gegen mich aufgelassen mit lästern, verspotten, verachten mit dem verdächtigen Nahmen Pietist/ da ich noch nicht gewust was es ist. Da mir aber GOtt solche Freunde zugeschickt, welche auch diesen Nahmen hatten, so sahe ich nichts Böses an ihnen, da bin ich überzeugt worden, daß sie nichts suchen in der Welt als GOtt, so war ich vergnügt". In seine schwäbische Heimat zurückgekehrt, gesellte er sich in Stuttgart Pietisten zu, die der Kirche zunehmend distanzierter gegenüberstanden. Als es dort zu Zusammenstößen mit der geistlichen Obrigkeit kam, wanderte er 1707 zusammen mit seiner betagten Mutter Anna Catharina und seinem Freund, dem Großbottwarer Pfarrer Eberhard Ludwig Gruber, in die Wetterau aus. In der Grafschaft Ysenburg war er im Dorf Himbach als gräflicher Hofsattler von Marienborn tätig; ab 1740 lebte er dann in Gelnhausen. Während Gruber zum unumstrittenen theologischen Füherer der radikalpietistischen „Wahren Inspirations-Gemeinde" wurde, entwickelte sich Rock seit Ende 1714 Anfang 1715 zur wichtigsten Gestalt aller ihrer inspirierten „Werkzeuge".

Entschieden lehnte er jede Form eines institutionalisierten Kirchenwesens ab. Ihm ging es um die Bildung von Inspirationsgemeinden, für die er unermüdlich propagandistisch in verschiedenen Territorien Deutschlands und der Schweiz bei den Prophetenkindern warb. Von seinen 94 Missionsreisen führten ihn zwischen 1716 bis 1732 zehn nach Franken und Ostschwaben sowie eine nach Regensburg.[63] Vorrangig besuchte er Reichsstädte, wo sich ihm am ehesten ein begrenzter Freiraum eröffnete. In seinen ekstatischen, im Trancezustand formulierten „Aussprachen"[64] drang er unter Prophezeiung göttlicher Gerichte auf Buße und Hinkehr zu Gott. So übergab er beispielsweise auf seiner vierten Reise[65] durch Ostschwaben, die er Ende Juni 1717 zusammen mit dem jungen, ledigen Strumpfweber Blasius Daniel Mackinet angetreten hatte, am 12. Juli in Memmingen – bei seinem zweiten Aufenthalt (11.–12. Juli 1717) – dem Magistrat dieser Reichsstadt eine versiegelte

---

[62] JOHANN FRIEDRICH ROCK, Anfänge Des Erniedrigungs-Lauffs, 150; das folgende Zitat ebd., 151. Vgl. JOHANN FRIEDRICH ROCK, Wie Ihn GOtt geführet, hg. v. ULF-MICHAEL SCHNEIDER, 14, Z. 18–19 u. 15, Z. 5–11.

[63] Zu Rocks Beziehungen nach Franken und Schwaben sowie Regensburg s. HERMANN CLAUSS, Beziehungen Rocks; FRIEDRICH WILHELM KANTZENBACH, Separatismus, 45–47; THEODOR MEISTER, Separatisten; KARL SCHORNBAUM, Aufenthalte Rocks.

[64] So bezeichneten Rock und seine Anhänger meistens seine Inspirationsreden, die als von Gott offenbarte Mitteilungen genau mitprotokolliert wurden.

[65] s. JOHANN FRIEDRICH ROCK [u. a.], Wohl und Weh, 134–201.

schriftliche „Bezeugung“[66]. Diese hatte er am 10. abends nahe dem Dorf Gutenzell empfangen, nachdem er schon den „gantzen Tag“ über eine „Angst auf sich gehabt“ hatte. Rock forderte in seiner Aussprache die weltliche Obrigkeit auf, nicht länger das skrupellose Vorgehen der „Priesterschafft“ gegen die Frommen zu dulden oder zu unterstützen. „Werdet ihr“, heißt es in der Androhung u. a., „dem Geschrey euerer Priester folgen/ und meine im Kampf liegende Kinder drücken/ ihr Gewissen einschrencken oder sie gar verfolgen/ siehe! So soll nicht allein mein zweyschneidig Schwerdt über euere Priester kommen/ sondern auch über euch! [...] Ich warne euch und lasse mein Wort an euch erschallen! Höret nun oder lassets/ folget oder folget nicht/ es wird euch vorgelegt Leben und Tod/ Seegen und Fluch [Dtn 11, 26 u. 30, 15]; Fahret ihr nun leichtsinnig/ und handelt nach dem gemeinen Lauff/ nach euerem und euerer Priester-Willen/ siehe! So wird euch gewiß der Fluch treffen/ und zu Theil werden/ und das in kurtzem! [...] O so kehret um! Suchet meine Ehre! Suchet meiner Kinder Bestes! Sehet sie ja nicht über die Seite an/ ihr werdet froh seyn/ wann sie vor euch bitten werden!“ Kurze Zeit nach der Übergabe der „Bezeugung“, die Mackinet als Schnellschreiber festgehalten hatte, teilte der Stadtschreiber Rock und seinem Gefährten jedoch mit, die Ratsherrn hätten seine Botschaft zur Kenntnis genommen und sie „könten nun im Frieden wieder gehen“. Unter dem fadenscheinigen Vorwand, sie vor eventuellen Übergriffen Memminger Bürger schützen zu müssen, wurden sie nicht nur zum baldigen Verlassen der Stadt aufgefordert, sondern von einem „Raths-Diener“ sofort „auf der Stadt-Mauer biß zum Thor hinaus“ begleitet, um so alle Kontaktmöglichkeiten zu unterbinden. Deshalb waren sie gezwungen, sich von ihren Anhängern in dem Dorf Berg „unter einer Linde“, wohin man wegen „starckem Regen-Weter“ geflüchtet war, zu verabschieden.

Rock hat auf seinen Reisen durch Franken offensichtlich nirgends größeren Anklang gefunden[67]. Dagegen schlossen sich ihm in Ostschwaben, besonders in der Umgegend von Augsburg[68], Nördlingen[69] und vor allem Memmingen[70] einige aus den unteren Handwerkerschichten an. Sie bildeten hier jedoch keine Inspirationsgemeinden, obgleich Rock dies besonders in

---

[66] s. JOHANN FRIEDRICH ROCK [u. a.], Wohl und Weh, 140–143; folgende Zitate ebd., 140, 141, 142, 143 u. 144.

[67] Dies gilt auch von Rocks kurzem Aufenthalt in Bayreuth im Oktober 1723; hierzu s. Kap. IV, 161–162.

[68] Rock hielt sich vom 5.–11. November 1716 und vom 15.–18. August 1717 in Augsburg auf. Zu Rocks Aufenthalt in Augsburg s. DIETRICH BLAUFUSS, Reichsstadt und Pietismus, 32–34, 218.

[69] Rock weilte am 4. April 1716 u. 19 Juli 1717 in Nördlingen.

[70] Rock hielt sich vom 13. bis 18. November 1716 und vom 11. bis 12. Juli 1717 in Memmingen auf. Hierüber s. auch Kap. IV, 169.

Memmingen eifrig versucht und hier auch vorübergehend ansatzweise erreicht hat. Ein Grund für diesen Fehlschlag ist wohl auch darin zu sehen, daß seine Aufenthalte in diesen Orten fast immer nur wenige Stunden oder Tage dauerten, da die jeweilige Obrigkeit stets rasch und entschlossen gegen seine emotionalen Gerichtsankündigungen vorging und ihn des Landes verwies. Den einheimischen Sympathisanten Rocks war so unmißverständlich klar geworden, daß man obrigkeitlicherseits keinesfalls bereit war, eine Separation von der Kirche zu tolerieren. Im übrigen scheinen die Auftritte Rocks für die Bevölkerung zumeist mehr oder weniger spektakuläre Ereignisse gewesen zu sein. Gaffend standen die Einheimischen gemeinhin um das inspirierte „Werkzeug" herum, beäugten seine Konvulsionen, in die es bei den Inspirationen fiel, und nahmen seine „Aussprachen" mehr oder weniger als Kuriositäten zur Kenntnis.

d) Johann Georg Rosenbach – Seine Bekehrung in Erlangen und sein Wirken als Bußprediger in Franken

Der 1678 in Heidelberg geborene und in Heilbronn aufgewachsene Johann Georg Rosenbach[71], der dort das Sporerhandwerk erlernt hatte, ließ sich in Bayreuth als Söldner anwerben. Als er sich 1700 aus finanziellen Gründen – im Einvernehmen mit seinem Dienstherrn – in Erlangen für einige Zeit bei einem Sattler verdingte, kam er hier mit dem Notar Johann Adam Raab in Kontakt. Unter dem Einfluß dieses kirchenkritischen Pietisten geriet er in einen ernsten und lange währenden Bußkampf, der 1701 zu seiner Bekehrung führte.[72] In den nächsten Jahren wirkte er als kirchenkritischer Gerichtsprediger für kürzere oder längere Zeit in verschiedenen fränkischen Territorien: 1701 im Fürstentum Coburg, 1702 im Hochstift Bamberg[73], 1703 in Nürnberg und seinem Landgebiet[74], 1704 im Fürstentum Coburg und in der Grafschaft Giech sowie 1706 erneut im Fürstentum Coburg.

Von großer Bedeutung war Rosenbachs Wirksamkeit im Gebiet der Reichsstadt Nürnberg[75], wohin er im Herbst 1703 gereist war. Hier hatte er sich zunächst einige Wochen in Altdorf aufgehalten und war von mehreren

---

[71] Zu Rosenbach s. BBKL 8, Sp. 669–670. Vgl. FRIEDRICH FRITZ, Rosenbach; HANS SCHNEIDER, Radikaler Pietismus, 141–142; 184 (Lit.).

[72] Über Rosenbachs Bekehrungserlebnis s. JOHANN GEORG ROSENBACH, Bekehrung, 7–18; vgl. FRIEDRICH FRITZ, Rosenbach, 21–24.

[73] Über Rosenbachs Aufenthalt in Bamberg und seine dortige Haft s. JOHANN GEORG ROSENBACH, Führung Gottes, 4–67.

[74] Über Rosenbachs Aufenthalt in Nürnberg und dessen Landgebiet s. JOHANN GEORG ROSENBACH, Führung Gottes, 475–507, 531–550.

[75] s. hierzu auch Kap. V, 182–184.

Professoren der dortigen Universität gastlich aufgenommen worden.[76] Sie beteiligten sich auch an den von ihm veranstalteten Konventikeln. Wegen dieser öffentlichen Erbauungsstunden mit „gelehrt[en] und ungelehrten Personen“[77] erstatteten der Theologieprofessor und Pfarrer Christoph Sonntag[78], ein Vertreter der lutherischen Orthodoxie, sowie ein Kirchenpfleger in Nürnberg Anzeige.[79] Daraufhin ordnete der Magistrat Rosenbachs Landesverweisung an. Da diese jedoch ohne Anhörung verfügt worden war, wollte sich Rosenbach mit Referenzschreiben von Altdorfer Professoren verteidigen. Solche „attestata“ erstellten folgende sechs Professoren aus allen vier Fakultäten der Universität: Georg Paul Rötenbeck[80], Johann Michael Lang[81], Johann Christoph Wagenseil[82], Adam Balthasar Werner, Johann Ludwig Apin und Magnus Daniel Omeis. Trotz dieser vorgelegten Leumundszeugnisse wurde Rosenbach, der in Begleitung von zwei Frommen nach Nürnberg gekommen war, am 8. Oktober festgenommen und in den Turm geworfen. Anhand erstellter Interrogatoria wurde er dann von Schöffen verhört.[83] Auf Grund seiner Aussagen und der Gutachten, die bei Nürnberger Predigern eingeholt worden waren, wurde „ihm die Räumung hiesiger Stadt- und Gebiet auf ewig angekündet“. Nachdem er Urfehde geschworen hatte, geleitete man ihn am 17. Oktober frühmorgens zum Tor hinaus.[84]

Über Rosenbachs weiteren Lebensweg ist relativ wenig bekannt. Wahrscheinlich ist Raabs Mitteilung zutreffend, sein kirchenkritischer Pietismus habe sich allmählich abgeschwächt. Seit 1744 war er in Wunsiedel Hausvater im Waneschen Spital. Am 4. April des gleichen Jahres ist er in Ebersdorf gestorben, nachdem er tags zuvor in die Herrnhuter Brüdergemeine aufgenommen worden war.

---

[76] Über Rosenbachs Aufenthalt in Altdorf s. JOHANN GEORG ROSENBACH, Führung Gottes, 480–497

[77] s. StA Nürnberg, Landpflegeamt Manuale 174, 396–397 (25. September 1703); Zitat 396. Vgl. hierzu und zum Folgenden Brief: Ambrosius Wirth an August Hermann Francke, 12. Oktober 1703, SB Berlin, Francke-Nachlaß Kaps. 23, 1. Vgl. THEODOR WOTSCHKE, Neue Urkunden (1932), 53–55, Nr. 25.

[78] Zu Sonntag s. bes. Kap. III, 101 u. Kap. V, 187–189.

[79] s. StA Nürnberg, RV 3084, 13r–14r (29. September 1703).

[80] Zu Rötenbeck s. bes. Kap. III, 98 u. 101 u. Kap. IV, 167.

[81] Zu Lang s. bes. Kap. III, 98–101 u. Kap. V, 183–187 u. 201–202.

[82] Zu Wagenseil s. bes. Kap. II, 66 u. Kap. III, 99–100.

[83] s. StA Nürnberg, RV 3084, 50v–51r (8. Oktober 1703).

[84] s. StA Nürnberg, RV 3084, 88v–89v (17. Oktober 1703); vgl. RV 3084, 73r–74r (13. Oktober 1703); RV 3084, 82v–83v (16. Oktober 1703).

2. *Einheimische radikale Pietisten und ihr Wirken*

In Franken wirkten auch zwei bedeutende Repräsentanten des radikalen Pietismus, die hier ihre Heimat hatten, nämlich der Nürnberger Perückenmacher Johann Tennhardt und der Erlanger Notar Johann Adam Raab.

a) Johann Tennhardt – „Cantzellist des großen Gottes"[85]

Tennhardt[86] kann allerdings nur bedingt als Franke bezeichnet werden, da er erst als junger Mann nach Nürnberg kam und hier später das Bürgerrecht erwarb. Geboren wurde er 1661 als Sohn eines Bauern im kursächsischen Dorf Dobergast, das inzwischen wegen des Braunkohleabbaus aufgelassen worden ist. Auf Drängen seines Ortspfarrers wurde er als Siebzehnjähriger von seinem Vater auf die Fürstenschule in Zeitz geschickt, um später einmal Pfarrer zu werden. Als er aber wegen schlechter Lateinkenntnisse die Schule verlassen mußte, wurde er in Weißenfels bei einem Barbier in die Lehre gegeben. Als Geselle ging er 1681 auf Wanderschaft, die ihn über Leipzig nach Süddeutschland führte. Während dieser Zeit befaßte er sich ausgiebig mit der Bibel und mit Erbauungsschriften, u. a. mit Johann Arndts „Paradiesgärtlein". Daneben frönte er nach seinen autobiographischen Aufzeichnungen jedoch immer wieder weltlichen Lustbarkeiten. Im März 1688 konnte er in Nürnberg das Bürgerrecht erwerben und einen eigenen Betrieb als Perückenmacher eröffnen. Dank Ehrbarkeit und Fleiß gewann er in der Stadt bald ein gewisses Ansehen. Nachdem er 1691 die Ehe mit Maria Clara eingegangen war, gelangte er obendrein zu einem beachtlichen Wohlstand. Seine Frau war nämlich nicht nur hübsch, sondern auch „ehrbar, still, sittsam, ehrlich, und dazu recht reich"[87]. Sie brachte, außer einem ansehnlichen Stadthaus, „viele Mobilien, bahres Geld und andere liegende Güter" im Gesamtwert von „etliche[n] zwantzig tausend Gulden" mit in die Ehe. Jedoch teilte sie keineswegs die Glaubenshaltung ihres Mannes, sondern mokierte sich darüber. Zu seiner Gewohnheit, abends am Bett knieend sein Nachtgebet zu verrichten, bemerkte sie beispielsweise, „sie könte stehend eben so andächtig beten". Sie verstarb aber bereits 1695, wahrscheinlich im

---

[85] JOHANN TENNHARDT, Gott (Worte Gottes), 622.

[86] Zu Tennhardt s. DBA 1260, 135–169; DBA NF 1297, 222; ADB 37, 570–571; BBKL 11, Sp. 663–668. Vgl. FRIEDRICH BRAUN, Tennhardt; HANS SCHNEIDER, Radikaler Pietismus, 139–141, 183–184 (Lit.); ULF-MICHAEL SCHNEIDER, Propheten der Goethezeit, bes. 74–81; HANS-JÜRGEN SCHRADER, Literaturproduktion, passim. Vgl. auch Tennhardts autobiographischen Aufzeichnungen in: JOHANN TENNHARDT, Gott, (Lebens-Lauff) 7–211 u. (Lebens-Lauf Continuation) 438–543, sowie (Lebens-Lauffs-Continuation) 1–362.

[87] JOHANN TENNHARDT, Gott, (Lebens-Lauff) 39; das folgende Zitat ebd., 40.

Kindbett, nach der Geburt ihrer dritten Tochter. Als Tennhardt bald darauf auch noch seine zweite Tochter, an der er besonders hing, verlor und er unverschuldet einen beträchtlichen Teil seines Vermögens einbüßte, geriet er in eine große Krise. Vor allem Todesphobien überfielen ihn, wie seine Autobiographie zeigt: „Es kam mir manchmahl eine solche Angst vor dem Tode an, daß ich nicht wuste in der Haut zu bleiben, sonderlich die Freytäge, von Morgens bis nach Mittag: Ich lieff hin und her, bald allein in die Kammer auf die Knie, betete und seufftzete, Gott sollte mir die Angst wegneh[m]en; bald über die Bücher, es halff alles nichts. Je eifferiger ich bat, je länger die Angst blieb"[88]. In seinen Angstzuständen erschien ihm jedoch die Lektüre Taulers hilfreich. „Ich hatte", bekannte er, „im Taulero gelesen, dass nichts bessers wäre, als mit dem eigenen Willen sich in Gottes Willen zu geben, und alles von seiner Güte anzunehmen, es sey gleich bitter oder süß, Leyd oder Freud, und in allen Dingen stille halten, weil alles dieses zu unserm Besten dienen müste". Von Tauler auf den Weg der Humilitas gewiesen, erlebte er am 10. August 1704 im Traum eine mystische „Vereinigung" mit Jesus und mit der „Hochheil[igen] Drey-Einigkeit", wie er gebetet hatte.[89] Darüber berichtete er in seiner Autobiographie folgendes: „Die Freude war sehr groß, und wuste nicht wie mir geschahe; es verhielt mir ein wenig meinen Athem, daß ich darauf muste meinen Mund aufsperren und Athem oder Lufft schöpffen; durch diese Lufft fühlete ich etwas durch meinen Halß oder Kähle hinein schlupffen, wie ein klein lindes Vögelein, darauf empfand ich in meinem innersten Hertzensgrund eine solche Vergnügung, Annehmlichkeit und liebliche Süßigkeit, davon nichts zu sprechen, denn es war übernatürlich; und dieses geschahe mir zu dreymalen, einmahl wie das andere, ja es war als wann ich wachte, denn ich sahe, daß es hell um mich war; da wurde ich versichert der Heil[igen] Drey-Einigkeit, daß ich doch hinführo nicht zweiffeln sollte, sondern gewiß glauben, daß sie Wohnung bey dem Menschen machen wollte. Da vergnügte mich die Süßigkeit über die massen, daß ich gantz stille lag, und wartete, was weiter geschehen möchte".

Etwa zwei Monate später, am 26. Oktober, widerfuhr Tennhardt, der schon zuvor wiederholt Visionen und Auditionen gehabt hatte, die Berufung zum Propheten. Auch über dieses Erlebnis berichtete er in seinem Lebenslauf: „Nach der grossen Uhr nach fünffen wurde ich in mir eine Stimme gewahr, die sprach dreymahl nach einander deutlich zu mir: Merck auf, was ich dir sag! [...] Ich sprach: Rede Herr, denn dein Knecht höret [I Sam 3, 9]. Es fuhr mir so heraus gantz ohn bedacht, als ich nun aufmerckte, hörete ich wieder in mir: Merck! ich sag dir gewiß und fürwahr, der Glaub ist verloschen gar, du bist oder stehest in grosser Gefahr, wo du es nicht machst offenbahr"[90].

---

88 JOHANN TENNHARDT, Gott, (Lebens-Lauff) 56; das folgende Zitat ebd., 58–59.
89 JOHANN TENNHARDT, Gott, (Lebens-Lauff) 68; das folgende Zitat ebd., 69.
90 JOHANN TENNHARDT, Gott, (Lebens-Lauff) 74.

Im nächsten Jahr gab Tennhardt sein sehr einträgliches Perückenmacherhandwerk auf, da nach paulinischer Weisung (I Kor 11, 4 u. 7) Männer ohne Kopfbedeckung beten sollen. Statt dessen verfaßte er nun nach dem ‚Diktat Gottes' seine „Warnungs- u. Erbarmungs-Stimme [...] An alle Menschen" und das „Tractätlein" an alle Geistlichen.[91] In prophetischer Rede rief er darin zu Buße und Umkehr auf, da göttliche Gerichte unmittelbar bevorstünden, ehe der Christenheit von Gott eine neue Weltordnung gegeben werde. Daneben begann er mit der Niederschrift seines „Lebens-Lauffs". Als der Nürnberger Magistrat von diesen literarischen Arbeiten erfuhr, verlangte er Ende Januar 1708 die Vorlage seiner Manuskripte und begann wegen seines „Enthusiasmi" zu recherchieren.[92] Am 20. Februar wurde Tennhardt nach kurzem Verhör in Haft genommen und in den Wasserturm geworfen. Nach wiederholten Befragungen war er bereit, Urfehde zu schwören und wurde daraufhin am 5. Juli unter Auflagen, u. a. Hausarrest, wieder entlassen.[93]

Da er in der nächsten Zeit spektakuläre Aktionen unterließ, verwehrte man ihm nicht, am 18. Juni 1709 mit seinen zwei Töchtern eine Reise nach Norddeutschland anzutreten.[94] Über Coburg, Erfurt, Naumburg und Leipzig zogen sie nach Berlin und blieben dort etliche Wochen. Auf der Rückreise besuchte er in Sachsen seine betagte Mutter und traf am 20. September – nach einem insgesamt etwa 1100 Kilometer langen Fußmarsch – wieder in Nürnberg ein. Bei seiner Mutter und seinen Verwandten hatte er sich übrigens nur kurze Zeit aufgehalten; sie hätten ihn nämlich so sehr mit leckeren Speisen gefüttert und mit familiären Befindlichkeiten überhäuft, daß er „in keine Stille kommen konte auff das innere Wort oder auff Gott Achtung zu geben". Schließlich sah er „im Gesichte einen aus einander gebreiteten Heu-Schober, wie ein Tantz-Platz groß"; in dessen Mitte erblickte er eine „muntere Schlange halb Ellen hoch heraus gerade über sich stehen". Auf seine Frage an Gott, was diese Vision zu bedeuten habe, erhielt er die Antwort: „Dein alter Adam steckt in vollem Futter, als wie eine Schlange im Heuhauffen, drum mache dich von hier fort". Obgleich er zu diesem Zeitpunkt bereits mit heftigem „Durchfall belegt(e)" war, brach er sogleich auf. Unterwegs „mattete" er jedoch in „etlichen Tagen" so ab, daß häufige Ruhepausen

---

91 Beide Manuskripte wurden dann von ihm 1710 in dem Sammelband „Gott" veröffentlicht: „Worte Gottes Oder Tractätlein an den so genannten Geistlichen Stand" (212–271) u. „Worte Gottes, Oder Letzte Warnungs- u. Erbarmungs-Stimme Jesu Christi Zum Lebens-Lauff gehörig [...] An alle Menschen, als Juden, Christen, Türcken und Heyden, wie sie Namen haben mögen" (287–376).

92 s. StA Nürnberg, RV (21. Januar 1708); vgl. FRIEDRICH BRAUN, Tennhardt, 38–39.

93 s. JOHANN TENNHARDT, Gott, (Lebens-Lauf Continuation) 469.

94 Hierzu und zum Folgenden s. JOHANN TENNHARDT, Gott, (Lebens-Lauffs-Continuation) 43–53; die folgenden Zitate ebd., 53.

notwendig wurden. Auf sein Gebet um Gesundheit erhielt er von Christus die Antwort: „Du hast deine Lust im Essen gebüsset, darum büsse ich nun meine Lust in deinem Leiden".

Am 24. März 1710 reiste Tennhardt nach Frankfurt am Main, um einen Drucker für seine Manuskripte zu suchen.[95] Einen solchen fand er aber nicht hier, sondern in dem nördlich von Wiesbaden gelegenen nassauischen Residenzstädtchen Idstein. Hier erschien 1710 ohne Druckortangabe sein „Lebens-Lauff". Diesem waren außer seiner „Warnungs- u. Erbarmungs-Stimme [...] An alle Menschen" und seinem „Tractätlein" an alle Geistlichen noch folgende kleinere Schriften beigegeben: „Zeugnisse vom innern [...] Worte Gottes", „Antwort auf die Puncten [...] so aus meinen [...] Schrifften gezogen [...] und mir [...] vorgehalten" und „Etzliche schöne Gebeter aus Joh. Arnds Paradieß-Gärtlein". Der voluminöse Band trug den gereimten Titel: „Gott allein soll die Ehre sein: Welcher mir befohlen fein: Zu schreiben durch seinen Geist allein".[96]

Nach seiner Rückkehr nach Nürnberg Mitte Juli begann Tennhardt, dieses Werk – gemäß göttlicher Weisung – an bedeutende Persönlichkeiten und Obrigkeiten im Deutschen Reich und im Ausland zu versenden. Jedem Exemplar legte er ein Handschreiben bei, worin er göttliche Gerichte androhte und zur Buße ermahnte. Nach Abschluß dieser Schreibarbeiten, die ihn offensichtlich physisch total erschöpften, verließ er am 3. November 1710 Nürnberg fluchtartig und zog nach Frankfurt am Main. Von hier aus unternahm er weitere Reisen, u. a. nach Württemberg.

Als er Anfang November 1714 wieder nach Nürnberg zurückkehrte, wurde er vom Magistrat sogleich unter Hausarrest gestellt und mit Redeverbot belegt. Mit seiner seelsorgerlichen Betreuung wurden Gustav Philipp Mörl, Prediger von St. Lorenz, sowie Bernhard Walter Marperger[97], Prediger bei St. Egidien, und dessen Bruder Paul Jacob[98], ein Magistratsbediensteter, beauftragt. Am 1. Dezember wurde er zwar erneut in den Wasserturm geworfen, aber am 12. Februar 1715 wieder daraus entlassen, nachdem er eine Stellungnahme abgegeben hatte, die der Magistrat als Widerruf interpretierte. Zunächst lebte Tennhardt einige Monate zurückgezogen bei seinen

---

[95] Hierzu und zum Folgenden s. JOHANN TENNHARDT, Gott, (Lebens-Lauffs-Continuation) 330–332.

[96] Über diese 1710 erschienene erste Ausgabe und die offensichtlich 1711 gedruckte vermehrte zweite Auflage s. FRIEDRICH BRAUN, Tennhardt, 1–5. Hier wird wegen der zusätzlichen Teile nicht nach der editio princeps, sondern nach der zweiten Ausgabe zitiert.

[97] Zu Marperger, Bernhard Walter s. MATTHIAS SIMON, Nürnbergisches Pfarrerbuch, Nr. 865.

[98] Zu Marperger, Paul Jacob s. GEORG ANDREAS WILL, Nürnbergisches Gelehrten-Lexicon, Bd. 2, 580–584 (Artikel: Marperger, Paul Jacob von).

Kindern und verfaßte eine „Erklärung“[99] zu den kritischen Einwänden, die der spätorthodoxe Theologe Valentin Ernst Löscher vor einiger Zeit gegen ihn erhoben hatte. Offensichtlich um größere Bewegungsfreiheit zurückzugewinnen, verzichtete er Anfang August 1717 feierlich auf sein Nürnberger Bürgerrecht und verlegte seinen Wohnsitz endgültig nach Frankfurt am Main. Hier war er in geringem Umfang weiterhin literarisch tätig[100] und unternahm auch noch einige Besuchsreisen. Auf einer Reise, die ihn über Hamburg, Bremen, Braunschweig und Helmstadt nach Sachsen führen sollte, ist er am 12. September 1720 in Kassel im Gasthof Zum Weißen Löwen gestorben.

Tennhardt hat also in Franken und weit darüber hinaus vor allem durch seine massive Kirchenkritik gewirkt; zur Separation von der Kirche selbst hat er jedoch niemals gedrängt, sondern vielmehr davor gewarnt. Leidenschaftlich polemisierte er aber gegen ein bloßes Namenchristentum und drang mit Nachdruck darauf, daß sich christliche Existenz durch die Tat erweisen müsse. Hierbei maß er der innerweltlichen Askese große Bedeutung bei. Mit prophetischem Sendungsbewußtsein verkündigte er den baldigen Anbruch einer neuen innergeschichtlichen Ordnung, die sich unter göttlichen Gerichten vollziehen werde. In diesem innerweltlichen Gottesreich hätten dann das äußerliche Kirchenwesen und die Universitäten keinen Platz mehr, die kriegerischen Auseinandersetzungen hörten auf und aller Luxus verschwände. Damit hatte er aber die Reich-Gottes Vorstellung gewissermaßen entes-chatologisiert und als ein weltimmanentes Geschehen interpretiert.

b) Johann Adam Raab – Vom „Philadelphier“[101] zum kirchlichen Pietisten

Im Unterschied zu Tennhardt war Johann Adam Raab[102] nicht nur ein gebürtiger Franke, sondern hat auch seine Heimat zeitlebens nie verlassen. Er wurde 1673 in Marktbreit am Main als Sohn eines Tuchhändlers geboren;

---

[99] Diese Erwiderung erschien 1715 ohne Druckortangabe unter dem Titel „Höchstnothwendige und zur Seelen Seligkeit sehr nützliche Erklärung etlicher Haupt-Puncten“; s. FRIEDRICH BRAUN, Tennhardt, 6–7.

[100] 1718 erschien ohne Ortsangabe seine Schrift „Nützliche und Höchst nothwendige Warnung Wegen des unnöthigen separirens von Kirch und Abendmahl. An die so genanten Separatisten und andere Erweckte Seelen Zur reifen Ueberlegung und hertzlicher Erwägung“; s. FRIEDRICH BRAUN, Tennhardt, 7.

[101] JOHANN ADAM RAAB, Weg, 37 (Vorrede).

[102] Zu Raab s. DBA 992, 79–80. Vgl. HANS SCHNEIDER, Radikaler Pietismus, 141–142, 183–184 (Lit.); HANS-JÜRGEN SCHRADER, Literaturproduktion, bes., 266, 376–377; MATTHIAS SIMON, BRENDEL, 11–23; HORST WEIGELT, Pietismus in Bayern, 310–311u. 318. Vgl. auch seine 1703 in Nürnberg gedruckte Autobiographie „Weg“.

infolge des frühen Todes seines Vaters und der schwierigen Familienverhältnisse kam ein Studium nicht in Frage. Er wurde deshalb Schreiber bei einem „vornehmen Beamten Papistischer Religion“[103] und dann Erzieher, hegte jedoch immer die Hoffnung, doch noch ein Studium aufnehmen zu können. „Alleine auf Universitäten zu kommen“, schrieb er, „wollte Gott gar keine Occasion zulassen“. Dank der finanziellen Unterstützung durch eine „hohe Stands-Person“ war ihm jedoch die „Erlangung des Notariatus“ möglich. In Erlangen-Neustadt wurde er der erste deutsche Notar. In seiner Freizeit beschäftigte sich Raab, der schon in der Jugend viel gelesen hatte, mit Werken von mystischen Spiritualisten (Sebastian Franck, Jakob Böhme, Valentin Weigel), von Pietisten (Spener, Francke, Joachim Justus Breithaupt) und radikalen Pietisten (Gottfried Arnold). Ferner malte und zeichnete er in seinen freien Stunden zum „Zeit-Vertrieb“. Mit Pinsel und Farbe aber Geld zu „verdienen, und sich ehrlich darbey [zu] versorgen, hielte man“, so schrieb Raab in seiner Autobiographie, „würcklich, auch ich selbsten damahlen noch, unstandsmäßig aufgeführt seyn, ja man wolte sich höher halten, wann man Schwein, Hüner, Schmaltz, Schwefelhöltzlein und Stecknadel verkauffen könte, als vom Mahlen ehrlich zu leben, also blind ist die Welt“[104]. Anfang November 1697 heiratete er in Erlangen Susanne Keller.[105] Ein Jahr später erlebte er eine religiöse Erweckung, die in mehreren Phasen verlief. Mitte Mai desselben Jahres brach er – ohne seine schwangere Frau – zu einer längeren Fußreise auf, die eigentlich Berlin und Halle zum Ziel hatte.

Seit 1700 erhielt Raab in Erlangen Besuch von zahlreichen radikalen Pietisten unterschiedlicher Provenienz. Retrospektiv berichtete er darüber: „Diese Leute haben mich selbst gesuchet und in Discursen nichts als von Weigel, Hiel [Hendrick Jansz aus Barreveldt], Jean Evangelista [Johannes Evangelista, Kapuziner], von obern und untern Willen, von Ich-Mein und Selbstheit, von der Grundtieffen Gottes-Gelassenheit und Abgestorbenheit, von dem allerstillesten Sabbath in den ewigen Ein, (davon die H. Schrifft nichts weiß) hören und wissen wollen.“[106] Wegen seiner weltabgeschiedenen Haltung wurde er zu einem stadtbekannten Pietisten. Er hatte Perücke und Degen abgelegt und gegen Luxus und Vergnügen Front gemacht. Deshalb mußte er manche öffentliche Anpöbelung erdulden. So wußte er 1703 zu berichten, daß vor nicht allzu langer Zeit zwölf bis sechzehn Lakaien an ihm vorbeigegangen wären und zueinander gesagt hätten: „Da gehet ein Pietist [...], der andere sagte: des Teuffels bin ich, es ist keiner[,] der dritte sagte:

---

[103] JOHANN ADAM RAAB, Weg, 17; die folgenden Zitate ebd., 26, 72, 78.
[104] JOHANN ADAM RAAB, Weg, 79.
[105] Über diese Eheschließung sowie über seine zwei weiteren Verehelichungen s. MATTHIAS SIMON, Brendel, 11, Anm. 50.
[106] JOHANN ADAM RAAB, Warnung, 81.

GOtt straff mich, er ist einer, der vierdte: hohle[n] mich alle Teuffel, er ists nicht, der fünffte: der Donner erschlage mich, er ists, der sechste sprach: fluchet nur praff [brav], und treibet Zotten und Possen, er laufft gleich davon, der siebende: er hält nichts auf unsere Kirchen, Beten, Tauff und Abendmal; der achte: wann ich der Landes-Herr wäre, wollte ich solche Schelmen alle hinaus jagen, der neunte: was wäre Christi Verdienst nütz, wann wir so heilig, wie solche Narren haben wollen, leben könnten"[107].

Gelegentlich verließ Raab für kürzere oder längere Zeit Erlangen, um Besuche in der näheren Umgebung zu machen. So weilte er mehrfach bei den radikalen Pietisten in Neustadt an der Aisch und in den umliegenden Dörfern sowie in Thurnau. In diesem Zentrum der Grafschaft Giech, in der er sich etwa von 1703 bis 1707 aufhielt, wirkte sein Freund Georg Christoph Brendel als Konsistorialrat und Superintendent. Hier war Raab auch künstlerisch tätig, da er – wie noch darzustellen sein wird – die neuerbaute Schloßkirche mit einem emblematischen Bildprogramm ausmalte.

Selbstverständlich war Raab darum bemüht, seine religiöse Überzeugung zu verbreiten. Dazu dienten ihm erstens Gespräche, die er mit Bekannten und Unbekannten führte, so beispielsweise mit Johann Georg Rosenbach, der 1700 eine Zeitlang in Erlangen bei einem Militärsattler gearbeitet hat.

Zum anderen stellte Raab seine Feder in den Dienst seines missionarischen Anliegens und entfaltete eine erstaunliche literarische Produktivität. Eine ausschließlich erbauliche Zielsetzung verfolgte er mit seiner 1699 publizierten Schrift „Der zum Thätigen Christenthum Durch die enge † Pforte wandlende Wahre Christ". In diesem Werk, in dem ein „Welt- und Selbst-Gelehrter" und ein „Gottes-Gelehrter" einen Dialog miteinander führen, erklärte Raab, das ewige Heil könne nur durch Buße, Wiedergeburt und Heiligung erlangt werden. Die christliche Existenz – anhand ethischer Qualifikationen aufweisbar – zeichne sich durch Distanz zu allen weltlichen Vergnügungen wie beispielsweise zum Tanz aus. „Dahero sind die jenigen noch sehr fern am Reich Gottes, die tantzen erlauben und vor ein indifferent Ding halten"[108]. Zur Lektüre empfahl er Schriften von dem ägyptischen Mönchsvater Makarios, Johannes Tauler, Thomas von Kempen, Johannes von Staupitz, Martin Luther, Johann Arndt, Heinrich Varenius, Joachim Lütkemann, Paul Egard, Johann Gerhard, Theophilus Großgebauer, Heinrich Müller, Christian Scriver, Emanuel Sonthom, Richard Baxter, Friedrich Breckling, Samuel Dick, Philipp Jakob Spener, Joachim Justus Breithaupt, August Hermann Francke, Georg Grabow und Ahasver Fritsch.[109]

---

[107] JOHANN ADAM RAAB, Mittags-Helle, 26–27.
[108] JOHANN ADAM RAAB, Christ, D 4v–5r.
[109] s. JOHANN ADAM RAAB, Christ, B 5r.

Der
zum Thätigen
Christenthum
Durch die enge † Pforte
wandlende
Wahre Christ/
Samt würckl. Abkehrung/
Daß auf dem breiten Welt-
und Höllen-Weg/ darauf die
Ceremonial-Mund-Wahn-Histo-
rie- und Pharisæis. Heuchler. Namens-Chri-
sten/ als weder kalt oder warme/ sondern lau-
lichte ihre Seeligkeit suchen wollen/ solche unmöglich zu finden/ sondern all ihr Thun gegen
den lebendigen Wesen JEsu Christi nur ein
Traum und betrogene Phantasie
seye.
Aus Göttl. Trieb allen bußfertig-
komenden Sündern zu gut vorgestellet/
von
Johann-Adam Raaben/
einem Beruffenem im Geist/ zu
verkündigen die rechtschaffene Tugend/
die in JEsu Christo ist/ bey der Welt aber
Not. Imper. Publico.

Gedruckt im Jahr 16[illegible].

Abbildung 10. Titelblatt von Johann Adam Raabs Schrift „Der zum Thätigen Christenthum Durch die enge † Pforte wandlende Wahre Christ" (1699).

In seiner ein Jahr später erschienenen Schrift „Der Barmherzige Samariter", die gleichfalls der Erbauung dienen sollte, forderte er die Christen zur Nachfolge Jesu Christi auf; dieser habe sich als Samariter erwiesen, weil er „jederman allerley [vgl. 1 Kor 9, 22] wurde"[110]. Wenn die Christen dem Liebesgebot Christi nicht folgten, dann blieben sie „Hümpler und Stümpler[...], ja subtile Phariseer oder Heuchler". Bei der Liebe handelt es sich nach Raab vorrangig um geistliche Hilfe, allerdings dürfe man dabei „das leiblichgute auch nicht vergessen". Ein solcher „barmhertziger Samariter, der sich in Liebe in alles einmischt", werde viele Beeinträchtigungen und sogar Widerwärtigkeiten erfahren, denn zur Liebe gehöre auch das Zurechtweisen und Strafen, wie auch aus Luthers Werken sowie aus Speners „Geistlichem Priesterthum" und aus Heinrich Müllers „Geistliche[n] Erquickstunden" deutlich werde.
Raabs 1702 publizierte und seinem „gnädigen Herrn" Christian Ernst von Künßberg gewidmete „Buß- Stimme" sollte die Leser davon überzeugen, daß ihr „bißheriges Thun und Wesen Gott nimmermehr gefallen" könne und siezur Buße führen.[111] Um dies zu erreichen, hielt Raab ihnen einen „Spiegel" vor, in dem er ihnen ein langes Register möglicher Verfehlungen präsentierte. Dabei rekurrierte er auf den Dekalog und auf Weisungen der Bergpredigt sowie auf allgemeine menschliche Pflichten und zeitgebundene Moralvorstellungen. So wollte er seine Zeitgenossen zu einem frommen sittlichen Leben führen. Am Schluß seiner Schrift fragte er nämlich: „Soll uns denn Christus nichts erworben und verdient haben, als dass wir Sünder und Sünder bleiben?", und gab sich selbst die Antwort: „Ach nein, Lästerer, Schrifftverdreher, Christi Verdienst und Tod Schänder (so du nemlich immer ein verdammter Sünder seyn und bleiben willst)".

Ein Jahr später publizierte Raab zwei radikal kirchenkritische Schriften: „Der durch die Gottlose Verführer und Babels-Pfaffen [...] in Göttlichen Eyver Entbrannte Christliche Elias" und seine „Kurtze Erörterung/ worinnen der Verfall und verkehrte Art des so genannten heutigen Christenthums meistentheils bestehe". Beide Werke erschienen anonym und mit dem fingierten Druckort Philadelphia. In der ersten Schrift, in der er sich im Titel als der „Christliche Elias" bezeichnete, übernahm er Gottfried Arnolds Vorstellung von dem Verfall der Kirche und konstatierte, das „heutige[n] Maul-Christenthum"[112] sei nichts gegenüber dem Urchristentum. Zwar habe Luther „das Seinige in den ersten Jahren hauptsächlich gethan, da er prav verfolget und geängstigt wurde, so bald es aber dahin kam, daß ihm viel grosse Potentaten zugefallen, [...] zoge er andere Saiten auf, und muste man nothwendig eine neue und gewisse Religions-Formul machen, und da wurde die Augspurgi-

---

[110] JOHANN ADAM RAAB, Samariter, 17; die folgenden Zitate ebd., 21–22, 23, 38.
[111] JOHANN ADAM RAAB, Buß-Stimme, 13; folgende Zitate ebd., 27, 121–122.
[112] [JOHANN ADAM RAAB,] Elias, 5; die folgenden Zitate ebd., 21–22, 31, 46, 117 u. 230.

sche Confession ausgefertiget". Sodann führte Raab aus, die Kinder und Jugendlichen erführen im Schulunterricht von ihren unwiedergeborenen Lehrern nichts „von dem Liebsthätigen Glauben, von der Nachfolge Christi, neuen Creatur und Heiligung", und die Theologiestudenten auf den Universitäten lernten zwar den Epikureismus kennen und bekämen Sprachkenntnisse vermittelt, erlebten aber keinen Glaubensdurchbruch und Geistempfang. Durch den Geist sähe man aber „öffters in einer Stund tieffer- und nachtrucklicher ins Göttliche Wesen; Als die Linguisten oder Sprachkünstler, in zehen Jahren, und sollten sie Hebräisch, Chaldäisch, Arabisch, Türckisch, Griechisch, und Lateinisch perfectissime verstehen". Beim Examen und vor Übertragung des Predigtamts prüfe man die Kandidaten nicht recht auf ihre geistliche Qualifikation. Vor allem aber kritisierte er, die gegenwärtigen Pfarramtsinhaber seien ohne wahre Glaubenserfahrung. Ohne diese sei aber alle Predigt vergebens; denn "wie will einer sagen, wie das Fieber thut, so er solches nie gehabt, wie will einer sagen, wie das Kindergebähren thut, so er nie schwanger gewesen". Deshalb müsse gemäß Mt 7, 16 nach den Glaubensfrüchten, d. h. nach der Heiligung gefragt und den unwiedergeborenen Pfarrern das Predigen untersagt werden. „Denn Christus erlaubet keinem Welt-gesinnten, unwiedergebohrn und in überweißlichen vielen Sünden ausser der neuen Creatur noch lebenden Menschen, das Schrifft auslegen, nimmermehr gehöret ihnen solches, so wenig, als dem Teuffel, sondern Christi, seiner Apostel und aller wahren Christen Wort herzulesen".

In seiner „Erörterung" radikalisierte Raab seine Kirchenkritik nochmals. Das Kirchenwesen bezeichnete er als „garstige Hure in Babylon" und die Kirchengebäude als „Götzen-Tempel(n) und Synagogen"[113]. „Die Kirchen sind weiter nichts als Menschen-Gebäude, mit Sünden und Lastern aufgebauet, von bösen gottlosen Menschen, die des rechten Wegs zu Christo verfehlen, und durch die enge Creutz-Pforte nicht wandeln mögen". Gemeinhin verlasse man sich in der gegenwärtigen Christenheit auf Sakramente und Zeremonien. „Die meisten", so schrieb er, „glauben getrost und sicher: Wenn sie getaufft seyen, so seyen sie wiedergebohren, und um so seeliger und gewiß seelig, wann sie Morgens, Mittags und Abends ein Maul voll unvernünfftiges Geplapper heraus geschütt" hätten. In Wirklichkeit gehe es aber um Wiedergeburt und um eine neue Kreatur. Hierbei werde allerdings „kein Verständiger laugnen, daß man bißweilen nicht eine Faute [Fehler] oder Sünden begehen könnte".

Dagegen hatte Raabs 1704 anonym erschienene „Kurtze Erörterung, Ob der Pietisten-Gifft schäd- oder nüztlich seye" mehr apologetischen Charakter. In dieser in Dialogform konzipierten Schrift, verwahrte er sich dagegen, daß die Pietisten ein tödliches „Seelen-Gifft" darstellten.[114] Richtig sei

---

113 [JOHANN ADAM RAAB,] Erörterung, 9 u. 16; die folgenden Zitate ebd., 17, 6, 85.
114 [JOHANN ADAM RAAB,] Kurtze Erörterung, 99; die folgenden Zitate ebd., 100, 148.

vielmehr, daß der „wahre[n] Pietisten-Gifft“ ein „rechtes Mithridaticum, Theriac [Theriak], gereinigtes Antimonium, Opium und dergleichen [sei], so alle falsche Giffte in eurer Seelen tödet und hinaus treibet“. Die Pietisten wiesen nämlich auf das Versöhnungsopfer Christi hin, machten aber zugleich deutlich, daß dieses ohne Wiedergeburt und Heiligung nichts nütze. Die Heilstat Christi, die „uns verdorbene Menschen bey dem Vatter wieder aussöhnete, seinen Zorn löschete, und den Cherub mit dem feurigen Schwerdt von dem Paradeiß [Gen 3, 24] wegraumete, und uns einen freyen Hingang verschaffte“, hilft mir und dir „nichts, wann wir nicht zugehen“. Im Anhang dieser Schrift findet sich ein sehr instruktives Verzeichnis derjenigen Bücher, die Raab – nach seiner intensiveren Bekanntschaft mit radikalen Pietisten – empfahl.[115] Eröffnet wird die Namensliste zwar mit Luther, dann folgen aber – ungeordnet – Werke von Autoren der mittelalterlichen Mystik (Johannes Tauler, Thomas von Kempen), des Linken Flügels der Reformation (Caspar Schwenckfeld von Ossig), der lutherischen Orthodoxie (Johann Arndt, Theophilus Großgebauer), des Puritanismus (Richard Baxter, John Bunyan), des mystischen Spiritualismus (Valentin Weigel, Jacob Böhme, Johannes Scheffler, Joachim Betke, Christian Hoburg, Friedrich Breckling, Johann Georg Gichtel), des kirchlichen (Philipp Jakob Spener, August Hermann Francke, David Nerreter) und des radikalen Pietismus (Gottfried Arnold, Johann Wilhelm Petersen, Johann Conrad Dippel, Johann Georg Rosenbach). An vorletzter Stelle – nach Rosenbach – führte Raab auch sich namentlich an. Dieser Hinweis auf sich selbst zeigt wohl, daß er eifrig darauf bedacht war, nicht nur fremde, sondern gerade auch die eigenen Schriften zu verbreiten. Nach seinen Worten hat er davon mehr als „vier hundert Exemplare verschenkt“, da er bestrebt war, „durch Bücheraustheilen viele Aegernus abzuwenden und den Nächsten zur Aenderung zu bewegen“[116]. Diese äußerst kostenintensive Form der Bücherverbreitung stieß verständlicherweise bei Angehörigen und Freunden auf Unverständnis.

Aus der Feder Raabs stammt daneben noch ein Werk, in dem er sich verstarkt mit Lehrinhalten auseinandersetzte: „Deutliche Beschreibnung und Bekäntnus von dem Dreyfachen [...] Amt JESU CHRISTI“. In diesem 1707 erschienenen Traktat befaßte er sich mit der dreifachen Vollzugsweise der vermittelnden Heilswirksamkeit Jesu Christi als Prophet, Priester und König. Unter Zugrundelegung der Bergpredigt versuchte er zu zeigen, wie Christus als Prophet „uns zur Busse“ führt, als Hoherpriester das „in der Buß angegangene Zorn-Feuer in uns löschet, und uns mit Gott versöhnt und Friede

[115] s. [JOHANN ADAM RAAB,] Kurtze Erörterung, 281; vgl. JOHANNES WALLMANN, Labadismus und Pietismus, 178–179, Anm. 39.

[116] JOHANN ADAM RAAB, Weg, 589; vgl. HANS-JÜRGEN SCHRADER, Literaturproduktion, 266 u. 491, Anm. 79.

macht" und als König „die Seele mit den Früchten des Geistes" erfüllt.[117] Das dreifache Amt Christi habe also die Funktion, „dem gefallenen Menschen zu gute [zu] komme[n] und das verlohrne Ebenbild und neue Creatur wieder her[zu]stelle[n]".

Raabs öffentlichkeitswirksamste Publikation war aber zweifelsohne seine 1703 erschienene Streitschrift „Sonnen-klare Mittags-Helle/ Auf Die unter den Wolcken noch verborgene wenigstens gantz düster und finster hervorblickende Morgenröthe"[118]. Damit griff er, wie deutlich werden wird, verschärfend in eine Kontroverse zwischen dem streitbaren Superintendenten Wolfgang Christoph Räthel von Neustadt an der Aisch und den dortigen Pietisten ein.

Von besonderem biographischen und literaturwissenschaftlichen Wert ist Raabs Autobiographie „Der wahre und gewisse Weg durch die enge † Pforte zu Jesu Christo". Darin schilderte er Kindheit und Jugend, schulische und berufliche Ausbildung, Verlobung und Heirat, berufliche Tätigkeiten, religiöse Entwicklung und Bekehrung sowie seine breitgefächerte Lektüre und seine ersten literarischen Arbeiten bis Oktober 1701. Ausführlich berichtete er natürlich auch von den Angriffen, die er wegen seines Glaubens und seiner asketischen Lebensweise hatte erdulden müssen. Leider werden in dieser Autobiographie Personen und Orte nicht namentlich aufgeführt, so daß deren Verifikation vielfach unmöglich ist.

Spätestens um 1715, wahrscheinlich aber schon früher, brach Raab definitiv mit dem radikalen Pietismus und schloß sich dem kirchlichen Pietismus Franckescher Observanz an. Sein Kampf galt fortan denjenigen radikalen Pietisten, die versuchten, „ihre Phantasien und falsch[en] Kräffte(n) vor Göttliche Eingeisterungen auszutrommeln"[119].

Die frühesten Zeugnisse seiner allmählichen Distanzierung von den radikalen Pietisten finden sich in seiner nach 1707 zu datierenden Schrift „Warhafftige Beschreibung", in der er sich gegen den vielfach erhobenen Vorwurf der Sakramentsverachtung verteidigte. Er sei deshalb nicht mehr zum Abendmahl gegangen, weil es in der lutherischen Kirche „nunmehro zum völligen Mißbrauch"[120] gekommen sei. Man habe aus dem Sakrament „ein Opus operatum das ist: ein selbst würckendes Werck, mithin einen schändlichen Betrug- und Sünden Decke" gemacht. Er habe jedoch niemals das Abendmahl einen „Götzen oder Teuffel-Tisch" genannt, wie diejenigen, die „im Winckel wider Babel" immer nur „eyferen und (zu) schelten". Von den Angriffen, die er seit einigen Jahren von „dergleichen Frey-Geistern,

---

[117] JOHANN ADAM RAAB, Deutliche Beschreibung, A 6r–v; folgendes Zitat ebd., A 12v.
[118] Hierzu s. Kap.V, 177–178.
[119] [JOHANN ADAM RAAB,] Nachricht, unpaginiert.
[120] JOHANN ADAM RAAB, Warhafftige Beschreibung, 22; die folgenden Zitate ebd., 12, 53, 44, 51.

Träumern, Fanaticis und Grillenfängern außgestanden", könne er ebenso „grosse Historien" schreiben, wie früher von den „groben Welt-Gelährten", nur „daß diese mit groben Schänden und Schmähen oder Verfolgungen", schrieb er, „mich angegangen, jene subtilen aber den Geist desto mehr geängstiget und heimlich und subtil so grosse Lügen und Lästerungen wider mich außgestreut, als jene grob, ja mir so wehe gethan als jene, denn wenn mich einer, so gescheid und fromm seyn will, beleidiget, so ist der Schmertz so groß, als wann der plumpe gleich seine Wolffs-Klauen zeiget, vor diesem will ich meine Hüner noch ehender bewahren, als für den schleichenden und listigen Fuchsen".

Wegen seiner wachsenden Kritik am radikalen Pietismus wurde Raab von dessen führenden Vertretern heftig angegriffen. So übersandte ihm Johann Adam Gruber, der inspirierte Sohn Eberhard Ludwig Grubers, am 1. Juni 1715 von Heroldsberg aus eine „Aussprache", in der er ihm das göttliche Strafgericht ankündigte.[121]

Das eklatanteste Zeugnis von Raabs Bruch mit dem radikalen Pietismus stellt seine 1726, also ein Jahr vor seinem Tod erschienene „Höchst- nöthige Warnung und aufrichtige Vorstellung der meisten Kezereyen/ Irrthümern und Gottslästerungen" dar. In diesem Schwanengesang umriß er zunächst seine nunmehrige theologische Position. Danach gehe es einem „wahren Christen" immer zuerst und vor allem um „Wiedergeburt, und Erneuerung des verlohren-gewesenen Eben-Bilds Gottes"[122]. Durch den in die Herzen ausgegossenen Heiligen Geist würden die Christen nämlich der göttlichen Natur teilhaftig (II Petr 1, 4), „Krafft dessen nach Rom 6. keine Sünde oder Ungerechtigkeit mehr Platz in uns findet, weniger ausbricht sondern nichts als lauter Gutes gethan und vollbracht wie solches Matth. 5. 6. und 7. weitläufftig angewiesen wird". Die progressive, am Perfektionismus streifende Heiligung soll sich nach Raab nicht vorrangig in innerweltlicher Askese[123] oder am zwischenmenschlichen Wohlverhalten manifestieren, sondern in einer intensiven Gottesbeziehung; denn ein „wahrer Christ hält die Sünde wider die erste Tafel [für] weit sträfflicher als die wider die andere Tafel". Ein solches Leben in der Heiligung sei nicht ohne Folgen. So wußte Raab aus eigener schmerzlicher Erfahrung zu berichten, er habe „wohl über tausend mahl die Sonne im Hause gehabt, aber noch nicht gewust, was er zu Mittags essen und trincken werde". In seiner Opposition gegen die radikalen Pietisten[124] wandte er sich vor allem gegen die Böhmisten. Er habe sein

---

[121] Diese „Aussprache" findet sich gedr. in: JOHANN ADAM RAAB, Nachricht, unpaginiert.
[122] JOHANN ADAM RAAB, Warnung, 4; die folgenden Zitate ebd., 5, 15, 101–102, 108.
[123] Zweifelsohne attakierte er damit auch Tennhardt und seine Anhänger; s. FRIEDRICH BRAUN, Tennhardt, 142– 143, Anm. 2.
[124] Auf Raabs dezidierte Absage an die „groben Socinianer(n)" (Warnung, 17–48), an „Indifferentisten" (49–64) und „Heyden" (65–80) sei hier nur hingewiesen.

„Lebtag fast keine elender[en] Leute angetroffen, als die Böhmisten, sie suchen in des seel. Böhms Schriften nicht den Lapidem coelestem angularem[125] Jesum Christum, sondern den Lapidem Philosophorum". Vor allem kritisierte er ihre Vorstellung vom Seelenfunken oder inneren Licht, das sich in jedem Menschen finde. „Das gantze Fundament aber ruhet darauf, daß sie vorgeben, das Reich Gottes seye in allen Menschen, und zwar, wie die Platonici und Gnostici solches lange Zeit vorhero auch gelehret, wäre unsere Seele ex essentia Dei ipsa, da sie doch nur eine Creatur ist".

Raab, der am 1. August 1727 in Erlangen verstarb, hatte also den Anschluß an den innerkirchlichen Pietismus gefunden. In seinem letzten Lebensabschnitt opponierte er daher gegen die radikalen Pietisten, die von Kreuzesnachfolge nichts wüßten und in dem Wahn lebten, „alles was in ihnen vorgehet und meditiret wird, seye Gottes Einsprache und Eingiessung"[126]. Sie kämpften gegen das äußere Babel und vergäßen „darüber des grausamen Babels in ihrem Hertzen, so [...] warlich siebenfach grösser und von Gott abweichender ist, als die allerruchlosesten Welt Menschen". Obgleich Raab dafür plädierte, gegen „einen irrig oder scrupu[ll]osen Menschen" nicht mit obrigkeitlicher Gewalt vorzugehen, forderte er, die Inspirierten mit ihren „offenbahren Lügen, Betrug und Falschheit" „weit mehr und schärffer zu straffen", „als die am Fleisch und leiblichen Dingen gesündigte[n]: Hurer, Ehebrecher, Diebe, Räuber, Mörder und Verleumbder".

3. Die Residenzstadt Thurnau – Herberge radikaler Pietisten und Spiritualisten

Während sich in allen anderen fränkischen und ostschwäbischen Territorien nur Einzelpersonen oder kleinere Gemeinschaften zum radikalen Pietismus bekannten, entwickelte sich Thurnau, die Residenzstadt der winzigen Herrschaft Giech, durch den dortigen Pfarrer und Konsistorialrat Georg Christoph Brendel[127] für einige Jahre zu einer Herberge radikaler Pietisten.[128] Er wurde 1668 in Plauen als Sohn eines Organisten geboren, hatte in Jena und Leipzig studiert und akademische Grade erworben; 1694 wurde er Pfarrer in dem Giechschen Dorf Peesten und zwei Jahre später Pfarrer und Inspektor in Thurnau, wo sich die reichsritterschaftliche Familie von Giech das Summepiskopat mit der reichsritterschaftlichen Familie von Künßberg teilte.[129] Hier

---

125 Himmlischer Eckstein; vgl. I Petr 2, 6.

126 [JOHANN ADAM RAAB,] Nahmen, 8; folgende Zitate ebd., 7 u. 10–11.

127 Zu Brendel s. DBA 142, 291–293 u. 190, 249; GEORG KUHR (Bearb.), Ritterschaftliches Pfarrerbuch Franken, Nr. 231. Vgl. bes. MATTHIAS SIMON, Brendel.

128 Hierzu und zum Folgenden s. UTA VON PEZOLD, Herrschaft Thurnau, bes. 152–165.

129 s. Uta von Pezold, Herrschaft Thurnau, 139–145.

wurde er 1699 Giechscher Konsistorialrat und Leiter des neu errichteten Konsistoriums.[130] Offensichtlich vermochte er, seine Herrschaft, vor allem Karl Gottfried von Giech[131], der u. a. in Halle studiert hatte, und dessen Ehefrau Eva Susanna, geb. Khevenhüller, zumindest zur Duldung seiner sich im Laufe seiner Thurnauer Wirksamkeit erheblich wandelnden religiösen Position zu gewinnen.

Bereits anläßlich der Einweihungsfeierlichkeiten der unter seiner Leitung von 1701 bis Frühjahr 1706 in Thurnau erbauten barocken St. Lorenz Kirche wurde Brendels radikalpietistische, spiritualistisch grundierte Frömmigkeitshaltung deutlich.[132] Während er noch 1699 in einem Memorandum an seine beiden Herrschaften „den höchst nötigen Kirchenbau" angemahnt hatte, „damit die Hochachtung des göttlichen Wortes auch äußerlich bei uns gezeiget" werde[133], hielt er nach dessen Fertigstellung am 29. Dezember 1702 eine – sechs Jahre später in Thurnau auch gedruckte – kirchenkritische Predigt über das Thema „Der Neue Tempel ohne Götzen in der Neuen Kirche/ Das ist: Deutliche Anweisung Wie die äußerlichen Kirchen-Häußer Zu Wiederaufrichtung des verstörten Tempels Gottes im Herzen/ oder zum wahren Seelen-Heyl der Menschen heylsamlich genützet/ und ohne Abgötterey gebrauchet werden können".

Die darin angesprochene Problematik zwischen nach außen wahrnehmbarer Kirchlichkeit und Herzensfrömmigkeit hat demnach in der künstlerischen Ausgestaltung des Kirchenraums eine Visualisierung erfahren. Hier schuf nämlich der radikale Pietist Raab, der sich als Künstler betätigte, neben dem Maler Gabriel Schreyer, wie schon erwähnt, ein radikalpietistisches Bildprogramm. Hierbei handelte es sich um sechs emblematische Gemälde, die sich in dem fast quadratischen, saalartigen, mit Doppelemporen umzogenen Kirchenschiff befanden, und um vier bildliche Darstellungen, die im „Chor auf Tuch" gemalt waren.[134] Für diese zehn „Nebenfelder" erhielt Raab ein Honorar von etwa 40 Gulden. Von seinen Gemälden sind jedoch nur noch die vier in den Eckgewölben des Kirchenschiffs erhalten. Es handelt sich hierbei um jeweils recht dilettantisch ausgeführte Doppelbilder, die dem Betrachter in kühnen Allegorien die Grundelemente einer praxis pietatis vor Augen stellen.

---

[130] Der damalige Graf hatte von Markgraf Christian Ernst von Brandenburg-Bayreuth das Recht zurückgekauft, die Kirchenhoheit im Thurnauer Herrschaftsgebiet selber ausüben zu dürfen.

[131] Zu Karl Gottfried von Giech und seiner Gemahlin Eva Susanna s. Europ. Stammtaf. NF, Bd. V, Tafel 28. Vgl. UTA VON PEZOLD, Herrschaft Thurnau, bes. 175–185.

[132] Über diesen Kirchenneubau s. UTA VON PEZOLD, Herrschaft Thurnau, 182, 246 (Lit.).

[133] Zitiert nach MATTHIAS SIMON, Brendel, 5. Die von Matthias Simon benutzten Archivalien sind nicht mehr vorhanden; freundliche Auskunft des LKA Nürnberg.

[134] s. hierzu und zum Folgenden LKA Nürnberg, Pfarrarchiv Thurnau R. 1 a (Kirchen-Bau-Rechnung zu Thurnau), fol. 49v–50r.

Abbildung 11. Allegorisches Doppelbild im südöstlichen Eckgewölbe des Langhauses der St. Laurentius Kirche in Thurnau. Gemalt vom Notar Johann Adam Raab um 1704.

Das Doppelbild in der südöstlichen Ecke trägt den Spruch „Leben muß doch besser sein, als ein toter schöner Schein“[135]. Der erste Teil des Reims bezieht sich auf das linke Gemälde, das einen blühenden, im französischen Stil angelegten Garten darstellt, in dessen Mitte ein früchtetragender, festgewurzelter Baum steht. Das Parallelbild zeigt einen Tisch mit einem Blumenstrauß in einem Tonkrug. Diese beiden allegorischen Darstellungen sollen versinnbildlichen: Der Blumenstrauß in der Vase führt nur ein trügerisches Scheinleben, während der Baum mit seinen Wurzeln tief ins Erdreich hinabreicht. Das Bild fragt seinen Betrachter: Wurzelt dein Leben im ewigen Gott und bringt es Früchte? Ist dies nicht der Fall, dann ist es wertlos.

Auf dem zweiten Doppelbild in der Südwestecke sieht man jeweils vor einem Felsen einen Schiffer in seinem Kahn. Einer von ihnen hat sein Seil um den Felsen geworfen. Darüber steht: „Er ziehet, wer Ihn wil bewegen“, d. h. der Mann, der sich in diesem Schiff befindet, zieht sich unter Anspannung aller Kräfte mittels des Seils zum Felsen hin. Der andere drückt sich dagegen mit einer langen Stange von dem Felsen ab, so daß er zusammen mit seinem Fahrzeug von ihm weggetrieben wird: „Wer stöst, der ist sich selbst entgegen“ steht darüber zu lesen. Die Bilder wollen besagen: Gott, der ewige Felsen, zieht den, der ihn – durch das Gebet – bewegen will, zu sich. Wer Gott aber von sich stößt, der richtet sich – im stürmischen Meer des Lebens – selbst zugrunde.

Das Gemälde in der Nordwestecke des Kirchenschiffs zeigt eine Landschaft, über die sich ein Regenbogen wölbt, der an den Gnadenbund Gottes (Gen 9, 13) erinnern soll. Im Parallelbild finden sich drei Hirsche, die zusammen jedoch nur einen einzigen Kopf haben. Über dieses Doppelbild verteilt finden sich die beiden Verszeilen „Die Bedeutung macht beglückt – Die Stellung macht es, dass sichs schikt“. Durch den Regenbogen soll versinnbildlicht werden: Durch die Wolken der Trübsal bricht immer wieder die Sonne seiner Gnade. Wer diese Bedeutung des Regenbogens, d. h. des Gnadenbundes erfaßt, der schöpft neue Hoffnung. Das Hirschbild will darauf hinweisen: Wo Menschen die Gnade und Liebe Gottes aufnehmen, da werden sie trotz aller äußeren und inneren Unterschiede ein Herz und eine Seele. Da findet man die rechte Stellung oder Perspektive zueinander, so daß man trotz aller Gegensätze im tiefsten Grunde eins wird, hier illustriert durch den einen Kopf. Die Christen sollen sich also durch dieses Bild ermahnen lassen, einträchtig in der Liebe Gottes zu leben. Meinungsunterschiede hören zwar nicht auf, die Christen sollen aber die rechte Stellung zueinander finden.

Das Bildpaar in der Nordostecke des Kirchenraums schließt thematisch an das Gemälde in der Nordwestecke an. Wenn die christliche Lehre nicht im Herzen lebendig ist, so gleicht der Mensch – so der erste Teil des Doppel-

---

[135] Hierzu und zum Folgenden s. GEORG CHRISTOPH BRENDEL, Tempel.

bildes – zwei Sonnenuhren, denen die Zeiger fehlen. Besorgt muß sich der Mensch, der sie anschaut, fragen, ob er noch rechtzeitig nach Hause kommt. Über dem ersten Teilbild ist infolgedessen zu lesen: „Der Mangel lehret sorgen“. Das zweite Bild zeigt eine auf einem Tisch liegende Taschenuhr mit ihren Zeigern. Das im Gehäuse verborgene Räderwerk sorgt dafür, daß die Zeiger die richtige Zeit angeben. Darüber steht das Wort: „Das Edelst ist verborgen“. Mit diesem Bild soll ausgedrückt werden: Das Entscheidende im Leben ist, daß Christus im Herzen wohnt.

Dieses Bildprogramm ist der interessante Versuch, das Grundanliegen des radikalen Pietismus auf nonverbale Weise zu vermitteln. Mit Recht hat man deshalb gemeint, daß diese allegorischen Darstellungen heute „das eigentliche Bedeutsame und wohl Einmalige an der Kirche in Thurnau ausmachen“[136].

Die obrigkeitliche Duldung der von Brendel damals vertretenen radikalpietistisch-spiritualistischen Position wird zum anderen daran deutlich, daß ihm 1704 die Erstellung des ersten Giechschen Gesangbuchs, das das bislang benutzte markgräfliche ersetzen sollte,[137] anvertraut wurde. Sein Titel lautet: „Erbauliche Hauß und Kirchen-Andacht, Bestehend in denen geistreichsten alten und neuen Liedern und Gebethen, welche aus Gottseeliger Christen Hertzen und Feder geflossen“. Darin stammen 17 Lieder von Brendel selbst und sind mit dem Anfangsbuchstaben seines Namens M[agister] G. C. B. gekennzeichnet.[138] Die Lieder, die sein theologisches Anliegen oft nur vorsichtig andeuten, sind metrisch vielfach unbeholfen. So lautet die erste Strophe seines Pfingstlieds: „Die Gottheit kehret ein, bey uns allhier auff Erden, und unsers Hertzens Schrein muß Ihr zur Wohnung werden; Drum freuet euch alle im menschlichen Orden, weil heute die Erde zum Himmel ist worden“.[139] Brendel hatte in dieses Gesangbuch, von dem 1725

---

[136] MATTHIAS SIMON, Brendel, 9.

[137] Vgl. hierzu und zum Folgenden s. GOTTFRIED BAUMGÄRTNER, Geschichte Thurnau, 42; E[RHARD] C[HRISTIAN] VON HAGEN, Nachtrag; UTA VON PEZOLD, Herrschaft Thurnau, 143–145 (Lit.); MATTHIAS SIMON, Brendel, 14–15.

[138] Folgende Lieder sind in der Hauß und Kirchen-Andacht von Brendel: 30–31 (Nr. 6 der Adventslieder), 88–89 (Nr. 13 der Passionslieder), 106–107 (Nr. 10 der Osterlieder), 122–123 (Nr. 7 der Pfingstlieder), 132–134, 134–135 (Nr. 1 u. 3 der Lieder an Mariae Reinigung), 140–141 (Nr. 3 der Lieder an Mariae Verkündigung), 307–309, 314–315 (Nr. 19 u. 23 der Bußlieder), 336–337, 338–339 (Nr. 8 u. 10 der Lieder „Von gläubiger Gelassenheit“), 412–413 (Nr. 9 der Lieder „Vom Christlichen Leben u. Wandel“), 440–441 (Nr. 15 der „Trost- und Jesus-Lieder“), 462–463 (Nr. 6 der „Klagelieder“), 543–544 (Nr. 27 der „Sterbe-Lieder“), 558–560 (Nr. 6 der „Begräbnis-Lieder“), 589–592 (Nr. 4 der Lieder „Vom Ewigen Leben“). Vgl. Pfarrbeschreibung Thurnau von 1864, LKA Nürnberg, B. K. B. Nr. 2097, T. II, 42.

[139] GEORG CHRISTOPH BRENDEL (Hg.), Hauß und Kirchen-Andacht, 122–123 (Nr. 7 der Pfingstlieder).

eine unveränderte zweite Auflage erschien, auch fünf Lieder der verstorbenen, pietistisch gesinnten Gräfin Barbara von Giech[140] aufgenommen.

Ferner wurde 1707 eine von Brendel erarbeitete neue Kirchenordnung[141] eingeführt. Die Rechtsgrundlage hierfür bildete die 1695 erfolgte Erhebung der Herrn von Giech in den Reichsgrafenstand und die vier Jahre später erfolgte Selbständigkeit nach dem Verlassen der Lehensstellung unter Brandenburg-Bayreuth. Diese Kirchenordnung legte in 30 Kapiteln Gottesdienstordnung, Anzahl der Feiertage, Kasualien, Kinderlehre und Konfirmation, Kirchendisziplin, Besoldung der Kirchendiener, Armenfürsorge sowie Vokation, Examinierung und Ordination der Pfarrer fest.[142]

Außerdem verfaßte Brendel eine Reihe von Schriften[143], die er zumeist anonym oder pseudonym herausgegeben hat. Eindrücklich wird darin deutlich, wie sich bei ihm ein atemberaubender Wandel vom radikalen Pietismus über den Spiritualismus zur sublimen Aufklärung vollzogen hat.[144] Das hat er jedoch vor der Gemeinde und wohl auch vor der Obrigkeit zu kaschieren versucht. 1711 veröffentlichte er unter dem Pseudonym Gratianus Pantophilus seine Schrift „Festgestellte Warheits-Gründe/ Die einige wahre allgemeine seeligmachende RELIGION betreffend/ [...] allen Völckern unter dem Himmel/ denen Christen/ Juden/ Türcken und Heyden zur Uberlegung gegeben". Darin erteilte er in 30 Thesen allen Religionen mit ihren Zeremonien eine Absage. Für ihn stand fest, daß „Keine einzige äusserliche religion in der Welt sey, die da seeligmachend zu nennen, sie heisse auch wie sie wollle"[145]. Der „äussere[n] religion" räumte er allenfalls die gesellschaftliche Funktion ein, „den unordentlichen Pöbel [...] im Zaum zu halten". Statt dessen wies Brendel die Menschen auf den Weg der Innerlichkeit. „Denn ein jeder Mensch der nicht gantz viehisch und tumm oder todt ist, wird in seinem Hertzen folgendes Gesetz geschrieben finden: I. Was du wilst, daß andere Leute an sich zu ihrer Aenderung und Besserung thun sollen, das thue du auch an dir. II. Was du nicht wilst, daß dir die Leute thun sollen, das thue

140 Zu Barbara von Giech s. Europ. Stammtaf. NF, Bd. V, Tafel 27.

141 s. Auszüge bzw. Kapitelüberschriften der von Brendel erstellten Kirchenordnung in: Pfarrbeschreibung Thurnau von 1864, LKA Nürnberg, B. K. B. Nr. 2097, T. II, 34–38; vgl. GOTTFRIED BAUMGÄRTNER, Geschichte Thurnau, 42–44; MATTHIAS SIMON, Brendel, 5; UTA VON PEZOLD, Herrschaft Thurnau, 141–143.

142 s. UTA VON PEZOLD, Herrschaft Thurnau, 142.

143 Im folgenden werden nur die wichtigsten Werke genannt; eine eingehende Darstellung Brendels ist ein dringendes Desiderat.

144 Allerdings scheint sich diese Entwicklung bereits in seinem unveröffentlichen Manuskript „Der wanckelnde Pfaff und der befestigte Lehrer" abzuzeichnen; freundlicher Hinweis von Frau Gertraud Zaepernick.

145 [GEORG CHRISTOPH BRENDEL,] Warheits-Gründe, 4–5; die folgenden Zitate ebd., 9, 14–15, 16.

du ihnen auch nicht. Und III. Was du wilt, daß die Leute thun sollen, das thue du ihnen auch." Jeder, der sich die Goldene Regel zum Prinzip macht, „der ist ein guter Christ, denn er fürchtet Gott und liebet den Nächsten". Dies sei aber „der Innhalt des gantzen Christen-thums" und das „wahre Kennzeichen der einigen seeligmachenden religion". Wenn nun ein „Jude, Türck und Heyde" dieser Goldenen Regel nachlebt, dann vollbringt er das, „was die guten Christen thun, und ist auch eben so seelig, weil wir nach unsern Wercken sollen gerichtet werden". Alle Streitigkeiten unter den Religionen seien deshalb unsinnig, weil Christus in den Herzen aller wahrhaft Frommen wohne, wenngleich er auch unterschiedliche Namen trage. „Christus ist ein Heyland aller Menschen! wann du Ihn in deinem Hertzen durch den Glauben wohnend hast, alsdann gehe hin zu einem frommen Heyden, und sage ihm deine Empfindung von Christo, so wird er dir zu verstehen geben, daß eben dasjenige, was du Christum in dir nennest, bey ihme die Krafft, das Licht, das Leben, die Liebe Gottes heisse, und so wirst du seine und er deine Terminos begreiffen". Zusammenfassend schloß Brendel seine kurze Schrift mit dem programmatischen Satz „Sapiens est unius, nullius & omnis Religionis".

Gegen diesen Traktat opponierte der Bayreuther Gymnasialprofessor Johann Georg Dieterich[146] mit einem kurzen „Sendschreiben", das 1712 unter dem Pseudonym Christianus Eusebius mit fingiertem Druckort erschien. Darin bestritt er aufgrund von „fünff Haupt-Gründen der Heil[igen] Göttlichen Schrifft", daß mittels des jedem „eingepflantzte[n] Natur-Liecht[s]" die Seligkeit erlangt werden könne.[147] Er forderte die Obrigkeiten, die „doch nichts anders als Pfleger und Säug-Ammen der Kirchen seyn" sollten, auf, solche „Gewissen-lose und Gotteslästerliche Schrifften" kraft ihres „Brachii secularis" zu konfiszieren, und zwar „Gott zu Ehren, und den unbevestigten Seelen zum Unterricht und Trost". Ja, sie müsse „wohl zusehen [darauf achthaben], daß die Kirche Gottes durch allerhand einschleichende Irr-Geister in der reinen Lehre und rechter Ausspendung der Heil. Sacramenten nicht gekräncket, noch vielweniger der Hoch-heilige Namen Gottes selbsten durch schändlichen Mißbrauch der sonst edlen Typographie [Buchdruckerkunst] in ihren Landen öffentlich gelästert und entheiliget werde". Einige Jahre später, 1716, nahm der Wittenberger Theologieprofessor Gottlieb Wernsdorf in seinem umfangreichen Werk „Brevis et nervosa de indifferentismo religionum commentatio" auch zu Brendels „Warheits-Gründen" Stellung . Hierbei handelt es sich um einen Sammelband, der sieben unter seinem Präsidium durchgeführte Disputationen enthält; die Auseinanderset-

---

[146] Zu Dieterich s. DBA 236, 154–174; DBA NF 272, 124–126; MATTHIAS SIMON, Bayreuthisches Pfarrerbuch, Nr. 347.

[147] [JOHANN GEORG DIETERICH,] Send-Schreiben, 4–5; die folgenden Zitate ebd., 9 u. 10.

zung mit Brendels „Wahrheits-Gründen" findet sich in der ersten Disputation[148].

1714 gab Brendel „auf Verlangen gut-herziger Seelen" seine Postille „Das Wachsthum Im Christenthum" in der Hochgräflich Giechschen Hof- und Kanzleidruckerei heraus.[149] Er widmete sie Maria Eleonora von Khevenhüller, der in Thurnau lebenden unverheirateten Schwägerin des Grafen Karl Gottfried von Giech. Aus dieser Sammlung von Predigten, die er 1713 in der Thurnauer Kirche gehalten hatte und die „aus dem Munde des Predigers von der Schul-Jugend daselbst nachgeschrieben" worden waren, wird deutlich, wie sehr sein radikaler Pietismus immer stärker vom Spiritualismus beeinflußt wurde. Behauptete er doch darin, daß der Geist Gottes in allen Menschen wirke; ja daß der „göttliche Geist" und „der Menschen eigener Geist" identisch seien.[150] Allerdings wüßten die Ungläubigen nichts von dieser Identität; es sei „ihnen verborgen". „Ob er [der Geist] sich gleich reget mit seiner Straffe/ so wissen sie doch nichts/ es ist ihnen eine Thorheit/ sie könnens nicht erkennen. 1.Corinth. 2, 14"

Brendels Postille löste verständlicherweise auf lutherisch-orthodoxer Seite heftige Kritik aus. Wernsdorf veranstaltete deswegen sogar 1716 und 1717 drei Disputationen, die sofort im Druck erschienen.[151] Umgehend konterte Brendel mit seiner „Aufrichtigen Anfrage An alle rechtschaffen Vernünfftigen/ GOtt/ Warheit und Friede liebenden Menschen in Europa/ oder in der gantzen Welt". In dieser Schrift, die er wohl mit Bedacht nicht in Thurnau, sondern in Greiz drucken ließ, bekannte er sich vor allem nochmals nachdrücklich zum „Christus internus"[152], der in allen Menschen wohne. Er konnte sogar das Gewissen mit Gott, Christus und dem Heiligen Geist identifizieren und schrieb: „Daß ich aber das Gewissen, Gott, Geist, Licht, Christum, guten Funcken, göttlichen Odem, Wort des Lebens u. s. f. nenne, geschiehet nicht nur durch Anweisung der heiligen Schrifft, die dieses lehret, sondern auch aus guter intention, die Menschen aus der Zerstreuung zusammlen, und sie auff das einige Nothwendige zu führen, damit Christus in Einfalt ergriffen, und das wahre Christenthum in Liebe bewiesen werden möge". Selbstverständlich versäumte es Valentin Ernst Löscher, der Hüter der lutherischen Orthodoxie, nicht, auf diese literarische Kontroverse in

---

148 GOTTLIEB WERNSDORF, Brevis et nervosa de indifferentismo religionum commentatio, 85–87.

149 GEORG CHRISTOPH BRENDEL, Wachsthum; dieses und das folgende Zitat ist dem Titelblatt entnommen.

150 GEORG CHRISTOPH BRENDEL, Wachsthum, 640; folgende Zitate ebd., 641.

151 Es handelt sich hierbei um folgende Disputationen: HEINRICH GOTTLIEB SCHNEIDER, Absolutionem; CHRISTIAN FRIEDRICH STECHE, Explorationem; SAMUEL HRUSCOWIZ, Explorationem.

152 GEORG CHRISTOPH BRENDEL, Anfrage, 21; folgendes Zitat ebd., 23.

seinem einflußreichen Publikationsorgan „Unschuldige Nachrichten“ hinzuweisen[153].

1715 verfaßte Brendel schließlich seine „Einfältige Untersuchung der Lehre vom Gewißen“[154]. In dieser Schrift, in der er schon den Schritt zur Aufklärung vollzogen hat, bezeichnete er das Gewissen als den dem „Menschen von Gott eingeblasene[n] Odem“, der nicht mit der „irrdische[n] Seele“ und dem „himmlische[n] Lufft-Geist“ verwechselt werden dürfe.[155] Der Odem Gottes sei vielmehr der „unvergängliche Geist Gottes, der zwar in allem ist, Sap. 12, 1. aber im Menschen vornemlich als eine Leuchte des Herrn, ein ewiges und heiliges Licht, gefühlet und empfunden wird“. Nach seiner Überzeugung hat also jeder Mensch „wahrhafftig etwas göttliches in sich, wenn ers gleich nicht weiß noch kennet“. Ohne diesen göttlichen Geist kann „niemand Gottes Stimme in sich hören, da doch alle gute[n] Bewegungen des Hertzens, alle lebendige[n] Überzeugungen unserer Sünde und unseres Elendes, alle Bestraffungen des Gewissens über unser Thun und Lassen, alle Tröstungen und Aufmunterungen lauter Stimmen Gottes in uns sind“. Im Unterschied zu den Gläubigen, in denen das „verborgene Füncklein zum völligen Licht“ wird, ist es in den Gottlosen „immer mehr verdrucket“. Jedoch wird es „dermahleins die Hölle in ihnen anzünden, und ihnen ihren Ungehorsam und Leichtsinnigkeit mit ewiger Pein vergelten“. Um diese Vorstellungen zu widerlegen, veranstaltete der Theologieprofessor Martin Chladni (Chladenius) in Wittenberg sogleich eine Disputation.[156]

Brendel hat also, wie seine Publikationen zeigen, einen Weg vom kirchenkritischen Pietismus zum Panentheismus durchlaufen. Allerdings hat er seine eigentliche Glaubensüberzeugung in seinen Predigten und in dem von ihm herausgegebenen Gesangbuch zu kaschieren versucht oder nur ansatzweise deutlich werden lassen. Aber auch in seinen vielfach anonym erschienenen Schriften hat er seine Position nur vorsichtig geäußert. Diese ängstliche Zurückhaltung scheint er aber auch sonst beobachtet zu haben. So wagte er in seinem „Gründlichen Beweiß“ nur die Frage aufzuwerfen, ob die weltliche Obrigkeit, die seiner Auffassung nach für das institutionelle Kirchenwesen die alleinige Verantwortung trage, ihren Untertanen nicht grundsätzlich Glaubensfreiheit gewähren sollte. Unter der Voraussetzung der Beachtung obrigkeitlicher Gesetze und Verordnungen könnte sie es jedermann freistellen, ob und welcher Kirche er angehören wolle. „Man würde vielleicht als denn die

---

153 s. Rez.: GOTTLIEB WERNSDORF, Brevis et nervosa de indifferentismo religionum commentatio, in: UnNachr 1717, 430–431; Rez.: GEORG CHRISTOPH BRENDEL, Anfrage, in: ebd., 881–884.

154 Vgl. Rez.: [GEORG CHRISTOPH BRENDEL,] Gewißen, in: UnNachr 1716, 321–323.

155 [GEORG CHRISTOPH BRENDEL,] Gewißen, 42; die folgenden Ziate ebd., 42–43, 42, 49, 51.

156 s. Rez.: [GEORG CHRISTOPH BRENDEL,] Gewißen, in: UnNachr 1716, 321–323; hier 323.

Leute eben so wenig zu dem äusserlichen Gottesdienst in dieser oder jener Religion par force zwingen, als wenig man sie nöthiget, diese oder jene Profession zu erlernen, oder ihre Kinder zu diesem oder jenem Professori, Rectori und Schulmeister zu schicken, sondern vielmehr wie dieses also auch jenes ihrer (der Unterthanen) Freyheit überlassen, zu erwehlen, was sie das Beste vor sich und ihre Kinder in deren Unterrichtung und guter Auferziehung zu seyn halten und erkennen. Genug, daß die Obrigkeit ihnen allerhand Mittel und Wege durch dergleichen Personen suppediret [reichlich gewährt] und unterhält, daß wer solche wünscht und sucht, sie auch nach solchen seinem Verlangen finden und gebrauchen könne"[157].

Wie sehr die Residenzstadt Thurnau für mehrere Jahre zu einer Herberge des radikalen Pietismus werden konnte, wird nicht zuletzt daran deutlich, daß hier einige seiner Vertreter zum Teil einflußreiche Stellen erhielten. Erwähnt sei Hermann Burkhard Rosler[158], der Sohn des Coburger Kanzlers[159], der hier seit 1707 als Gräflich Giechscher Rat und Kanzleidirektor wirkte. Während dieser Zeit publizierte er folgende Schriften: „Aufmunterungs-Gedancken zu Aufhebung des sectirischen Götzen- Zwang- und Zanck-Wesens und Ergreiffung der wahren Glaubens Einigkeit" (1708), „Wohlmeynende Gedancken Von Wieder-Aufrichtung der gefallenen Christl. Policey Im Gemeinen Wesen" (1709), „Gedancken von Pietisten" (1711), „Unpartheyische Gedancken Vom Spielen" (1712).[160] Als er Thurnau 1711 – vielleicht wegen seiner Ablehnung aller weltlichen Belustigungen und gesellschaftlichen Vergnügungen, wie beispielsweise das Spielen – verließ, ging er nach Köstritz, wo er Gräflich Reuß-Plauenscher Rat wurde. Während seiner dortigen Wirksamkeit stand er auch mit August Hermann Francke im Briefwechsel.[161] 1717 zog er – nach kurzer Zeit in verschiedenen Diensten – als Privatier nach Jena, wo er juristische Kollegs hielt; seit 1730 war er Gräflich Wittgensteinscher Kanzleidirektor in Berleburg.

Etwa zum Jahreswechsel 1707/1708 ließ sich auch der Drucker Johann

---

[157] [Georg Christoph Brendel,] Beweiß, 62.

[158] Zu Rosler s. DAB 1056, 256; Die Matrikel des Gymnasiums Casimirianum Academicum zu Coburg, 199; Die Matrikeln des Gymnasiums Casimirianum Academicum zu Coburg. Ergänzungsheft, 182. Vgl. Uta von Pezold, Herrschaft Thurnau, 155–156, 237–238, Anm. 137. Vgl. auch [Hermann Burkhard Rosler,] Kurtze Nachricht, 23–56; in diesen autobiographischen Aufzeichnungen wird auch Roslers radikalpietistische Gesinnung deutlich.

[159] Zu Johann Burkhard Rosler s. bes. Kap. III, 111.

[160] Über diese Publikationen s. [Hermann Burkhard Rosler,] Kurtze Nachricht, 28. Die Schriften, die Rosler vor oder nach seiner Wirksamkeit in Thurnau, verfaßt hat (s. ebd., 27–33), müssen hier außer acht bleiben. Die Schriften „Aufmunterungs-Gedancken" und „Gedancken von Pietisten" konnten nur bibliographisch nachgewiesen werden.

[161] In der SB Berlin, Francke-Nachlaß, Kap. 18. 2 finden sich 23 Briefe Hermann Burkhard Roslers an August Hermann Francke.

Friedrich Regelein[162] mit seiner Offizin in Thurnau nieder. Wie zuvor in Erlangen druckte er auch hier pietistische und radikalpietistische Schriften. Wahrscheinlich wegen zu geringer geschäftlicher Entfaltungsmöglichkeiten zog er jedoch 1716 nach Büdingen, das sich zu einem Zentrum radikalpietistischer Buchproduktion entwickelte.

1711 übernahm der frühere Ermreuther Pfarrer Lorenz Adam Meyer[163], ein Freund radikaler Pietisten, die Künßbergsche Pfarrei Limmersdorf in der Herrschaft Thurnau. Ohne seine bisherige Gesinnung aufzugeben[164], ist er hier jedoch bis zu seinem Tod 1743 offensichtlich nicht mehr literarisch hervorgetreten.

In Thurnau hielten sich besuchsweise auch mehrere führende Vertreter des radikalen Pietismus auf. Wahrscheinlich Anfang 1704 kam der literarisch ungemein produktive Erlanger Notar Raab mit seiner Familie für einige Jahre hierher.

Etwa gleichzeitig stellte sich hier auch Rosenbach ein; er hatte sich zuvor in Nürnberg und Erlangen aufgehalten.[165] Aus pazifistischen Gründen wollte er seinen erlernten Beruf als Sporer nicht länger ausüben, sondern sich als Buchbinder betätigen. Nach seinem eigenen Zeugnis erfuhr er in Thurnau nicht nur die Fürsorge Brendels, sondern genoß auch das Wohlwollen der gräflichen Familie. Sie sicherte ihm zu, „alle seine Bücher zusammen auflegen [zu] lassen“[166]. Ende Oktober 1704 reiste Rosenbach dann aber auf Einladung des radikalpietistisch gesinnten Postmeisters Johann Philipp Winheim nach Coburg. Von dort aus führte sein Weg – wahrscheinlich über Thurnau – nach Halle zu August Hermann Francke, der übrigens längst durch den Altdorfer Professor Lang über dessen Verfolgungen in Franken informiert worden war.[167]

4. *Radikalpietistische Vergesellschaftungen und Außenseiter*

In einigen Gebieten des heutigen Bayerns gab es neben den bereits erwähnten radikalpietistischen Einzelgängern, die außer ihren Angehörigen gemeinhin nur verhältnismäßig wenige Anhänger an ihren Wohnorten hatten, eine Reihe von kleineren radikalpietistischen Gemeinschaften, deren Mitgliederzahl zumeist nicht groß war. Sie zogen aber wegen ihres religiös abweichen-

---

[162] Zu Regelein s. HANS-JÜRGEN SCHRADER, Literaturproduktion, 125, 430–432 (Lit.).
[163] Zu Meyer s. Kap. IV, 123.
[164] s. Lorenz Adam Meyers „Sonnet“ auf das Ableben von Johann Georg Keyßler, in: Leichenpredigt auf Johann Georg Keyßler, Thurnau 1720, O2r–P1r.
[165] Hierzu und zum Folgenden s. FRIEDRICH FRITZ, Rosenbach, 51–53.
[166] JOHANN GEORG ROSENBACH, Führung Gottes, Vorbemerkungen, 38.
[167] s. Brief: Johann Michael Lang an August Hermann Francke, 18. Januar 1704, AFSt Halle, C 300.

den Verhaltens vielfach die Aufmerksamkeit der geistlichen und weltlichen Obrigkeit auf sich. Auf diese radikalpietistischen Vergesellschaftungen in der Markgrafschaft Brandenburg-Bayreuth, im Landgebiet der Reichsstadt Nürnberg, in den schwäbischen Reichsstädten Augsburg und Memmingen sowie im Fürstentum Coburg soll der Blick im Folgenden gelenkt werden.

a) Die Markgrafschaft Brandenburg-Bayreuth

Größere radikalpietistische Vergesellschaftungen existierten in der Markgrafschaft Brandenburg-Bayreuth, allerdings nicht in der Residenzstadt Bayreuth. Hier gab es offensichtlich nur einzelne Sympathisanten des radikalen Pietismus, so beispielsweise den Steuer- und Abgabeneinnehmer Wolff Adam Neudecker[168], der auch als Beauftragter der Kurfürstin Christiane Eberhardine[169], der Gemahlin Augusts des Starken, fungierte. Neudecker gehörte zu den Ansprechpartnern Rocks, der in der zweiten Oktoberhälfte 1723 mit zwei anderen Inspirierten, den Strumpfwirkern Gottfried Neumann[170] und Caspar Löw, für zehn Tage in Bayreuth weilte.[171] Rock, der von der Wetterau nach Schlesien unterwegs war, hatte hier aufgrund einer Audition seine große Reise unterbrochen, da er die Weisung erhalten hatte, die markgräfliche Regierung, ihre Beamten sowie die geistliche Obrigkeit zur Umkehr zu ermahnen. Allerdings galt sein Bußruf auch anderen, wenn er gerade vom Geist ergriffen wurde. So richtete er beispielsweise am 19. Oktober in dem Wirtshaus, in dem er logierte, an die teils betrunkenen, teils lärmenden und spielenden Gäste die Warnung: „O wehe denen Menschenkindern, die also den lebendigen Gott verachten, und seine heilige Majestät nicht fürchten wollen! Es wird sie, ehe sie sichs versehen, Zittern und Beben ankommen. Sie wollen den Gott, der ihnen Leben und Othem gegeben hat, und von einem Tag zu dem andern versorget, erhält und träget, nicht fürchten; Sie handeln übel, und sündigen in den Tag hinein; Sie treten das Blut ihres Jesu mit Füssen, und verunehren seine heilige Majestät, und rühmen sich doch Christen zu heissen [...] Höret auf, ihr Menschenkinder! übels zu thun: Denn es kommt ein Tag der Rache, da ihr vor Gericht müsset, um ein jedes unnützes Wort [Mt 12, 36] Rechenschaft zu geben [...] – O wehe denen, die nicht

---

[168] Neudecker (Neydecker) war anfänglich gelernter Schneider und danach fürstlicher Lakai, 1686 wurde er Bürger und heiratete im selben Jahr; freundliche Auskunft des Stadtarchivs Bayreuth.

[169] Zu Christiane Eberhardine, Kurfürstin von Sachsen, geb. Prinzessin von Brandenburg-Bayreuth s. Kap. II, 71, Anm. 161.

[170] Zu Neumann s. THEODOR WOTSCHKE, Neumann.

[171] Über Rocks Aufenthalt in Bayreuth s. JOHANN FRIEDRICH ROCK, Reyß-Büchlein Auf Bayreuth, 121–224; DERS., Reise-Beschreibung, 24–63. Vgl. HERMANN CLAUSS, Beziehungen Rocks, 76–80; THEODOR MEISTER, Separatisten.

wollen ablassen von Sünden! kehret um, es ist hohe Zeit, sonst müsset ihr verderben!"[172].
Eine weitaus größere Anzahl radikaler Pietisten gab es dagegen im markgräflichen Unterland, in Neustadt an der Aisch und seiner Umgebung, wo sich teilweise beachtliche Gemeinschaften gebildet hatten.[173] Zu deren Entstehung hatten Raab aus dem nahe gelegenen Erlangen sowie durchreisende oder besuchsweise hier verweilende radikalpietistische Sendboten und Emissäre nicht unbeträchtlich beigetragen. In späterer Zeit empfingen diese Kreise ihre Impulse jedoch vor allem aus der Lektüre von Schriften Jakob Böhmes, Johann Wilhelm Petersens, Johann Conrad Dippels, Gottfried Arnolds und Johann Georg Rosenbachs. Eigentliche Zentren des radikalen Pietismus im Aischgrund bildeten die Ortschaften Gutenstetten und Pahres, wo die Laien Nikolaus Pöhlmann und Georg Gräsel (Gressel) die führenden Gestalten waren.[174] Daneben gab es kleine radikalpietistische Kreise in Reinhardshofen[175], Stübach[176] und Oberhöchstädt[177].
Mit diesen Gemeinschaften sympathisierte Pfarrer Johann Ruckteschel[178], seit August 1703 Diaconus in dem zum Dekanat Neustadt an der Aisch gehörenden Marktflecken Burgbernheim. Nach seinem Studium in Leipzig hatte er sich 1702 auf seiner Studienreise nach Holland längere Zeit bei Gichtel in Amsterdam aufgehalten. Er hatte zwar schon vorher mit ihm korrespondiert[179], war aber erst während seines dortigen Aufenthalts zum Gichtelianer geworden. Als ihm der pietistisch gesinnte Pfarrer Georg Schilling von Zell bei Münchberg eine Adjunktstelle anbot, kehrte er in die Heimat zurück, zumal er den Pfarrer und seine Familie von Jugend auf kannte; besonders mit dessen Tochter Rosina Dorothea[180] war er freundschaftlich verbunden. Das Verhältnis zwischen ihm und der jungen Pfarrerstochter wurde bald vertrauter und inniger. Retrospektiv schrieb diese darüber: „Diese unsere Christliche Liebe war viel edler und zärter als eine gebundene Liebe, doch glaubte kein Mensch, wir beyde selber nicht, das[s] ein Ehestand aus dieser

---

172 JOHANN FRIEDRICH ROCK, Reise-Beschreibung, 24–25.
173 Über den radikalen Pietismus im Aischtal s. PAUL SCHAUDIG, Pietismus, 80–117, 108–109.
174 s. PAUL SCHAUDIG, Pietismus, 84–94.
175 s. PAUL SCHAUDIG, Pietismus, 94–95.
176 s. PAUL SCHAUDIG, Pietismus, 95.
177 s. PAUL SCHAUDIG, Pietismus, 95–97.
178 Zu Ruckteschel (Ruckdeschel) s. DBA NF 1104, 61; MATTHIAS SIMON, Bayreuthisches Pfarrerbuch, Nr. 2042 (Lit.). Vgl. GEORG WOLFGANG AUGUST FIKENSCHER, Gelehrtes Fürstenthum Baireut, Bd. 7, 256–257.
179 Bezüglich der Korrespondenz Gichtels mit Ruckteschel s. Kap. I, 39, Anm. 170.
180 Zu Rosina Dorothea Ruckteschel, geb. Schilling s. DBA NF 1102, 336–369; GEORG WOLFGANG AUGUST FIKENSCHER, Gelehrtes Fürstenthum Baireut, Bd. 8, 53–54. Vgl. FRIEDRICH WILHELM KANTZENBACH, Ruckteschel.

Bruder- und Schwesterlichen Freundschafft werden solte, dann Ruckteschel war noch weit mehr mit Gelübden der Einsamkeit in einen GOtt geopferten Wandel erfunden als ich".[181] Als Rosinas Vater im März 1703 starb, kamen beide überein, „der Welt ein blindes Geäff vor die Augen zu machen" und sich „durch Priesterliche Hand Copuliren" zu lassen, damit sie „ohne Aergerniß beysammen bleiben könnten". Von dieser Trauung, die im Mai in Zell stattfand, hatten zuvor die holländischen Freunde, allen voran Gichtel, dringend abgeraten. Dieser war davon überzeugt war, daß Rosina Schilling den keuschen Ruckteschel zum wirklichen Vollzug der Ehe – also nicht nur zur Josephsehe – gedrängt und ihn, wie die verführerische Delila den Helden Simson [Jdc 16], so seiner von Gott verliehenen Kraft beraubt habe. Das spirituelle Leben Ruckteschels habe dadurch schweren Schaden erlitten. In einem Brief schrieb Gichtel: „Wir hatten an diesem Mann ein Exempel Göttlicher Liebe und auch des Spiritus Mundi, welche beyde ihm heftig gezogen; weil er aber das Weib in seine Tinctur eingelassen, ist sie des Limbi Meister geworden, und Christus muste leer abziehen"[182]. In Markt Burgbernheim gerieten Johann Ruckteschel und besonders seine junge Frau Rosina sofort nach Dienstantritt mit dem dortigen Pfarrer Johann Georg Grüner in jahrelange persönliche und theologische Streitigkeiten.[183] Auch wegen seines Eheverständnisses entfachte Ruckteschel eine heftige Kontroverse.

Am Fest Christi Himmelfahrt 1704 versuchte er in einer Predigt über Joh 8 darzulegen, daß sich am sittlichen Verhalten zeige, ob jemand auf dem Weg zu Gott sei. Unmoralisches Verhalten wie „Geilheit und Unzucht" signalisierten dagegen den Weg in die Hölle. Unsittlichkeit gäbe es aber nicht nur unter Ledigen, sondern auch unter Verheirateten, wobei er auf Ausführungen Luthers und Veit Ludwig von Seckendorffs verwies.[184] Als Ruckteschel daraufhin in Burgbernheim und auswärts als „Ehe-Schänder"[185] verschrieen wurde, sah er sich veranlaßt, seine Eheauffassung näher zu entfalten. Dies tat er in zwei Nachmittagspredigten an den beiden Pfingstfeiertagen. Unter Zugrundelegung von Ex 19, 10–11 u. 12–13 betonte er, im Eheleben sollte um des Gottesverhältnisses willen sexuelle Enthaltsamkeit bzw. Mäßigung praktiziert werden. Da diese beiden Predigten aber keinesfalls zur Beruhigung der Gemüter beitrugen, sondern er bezichtigt wurde, gesagt zu haben: „Der Huren-Stand sey besser als der Ehestand"[186], verfaßte er noch im selben Jahr

---

[181] ROSINA DOROTHEA RUCKTESCHEL, Eröffnete Correspondenz, 2. Fortsetzung, 3. Sendschreiben (Leichen-Predigt), 21; die folgenden Zitate ebd.

[182] JOHANN GEORG GICHTEL, Theosophia practica, Bd. 5, 3743–3746 (Brief an Johann Friedrich Schultz vom 31. Mai 1707), hier 3744.

[183] Hierüber s. PAUL SCHAUDIG, Pietismus, 71–79.

[184] JOHANN RUCKTESCHEL, Gebrauch, 6 u.8.

[185] JOHANN RUCKTESCHEL, Gebrauch, 13.

[186] JOHANN RUCKTESCHEL, Gebrauch, 42.

seine Verteidigungsschrift „Der Rechte Gebrauch Und Mißbrauch Im Ehestandt".[187] Nachdem er darin zunächst auf die Veranlassung dieser Predigten eingegangen war, entfaltete er sein Verständnis von der Ehe. Er definierte sie als einen Stand, der „von Gott dem Herrn Selbst geordnet und eingesetzet"[188] wurde. Den primären Zweck der Ehe sah er in der Fortpflanzung, die nach dem Sündenfall allerdings „per copulam carnalem"[189] vollzogen werde. Der Sündenfall habe dem „Mißbrauch im Ehestandt"[190] Tür und Tor geöffnet, besonders beim ehelichen Beischlaf. Dieser sei zwar an sich selbst nicht „unrecht", werde aber „doch mehrmals, durch die Macht der Gelüste, verunreiniget".[191] Da beim Geschlechtsakt die „Lust-Seuche"[192] drohe, durch die der Mensch an Leib und Seele Schaden erleide, sei Enthaltsamkeit angesagt. Bei seiner Argumentation berief sich Ruckteschel nicht nur auf die Bibel, sondern auch auf die christliche Tradition und zeitgenössische Autoritäten. Von den Kirchenvätern zitierte er Justin, Origenes, Epiphanius von Salamis, Chrysostomus, Ambrosius und Augustin. Ferner verwies er neben Luther auf Martin Chemnitz, Johann Arndt und Veit Ludwig von Seckendorff; von den Pietisten gab er Texte von Spener und besonders von Gottfried Arnold wörtlich wieder. Bezeichnenderweise rekurrierte er in diesem Ehetraktat nirgends auf Gichtels Sophiaspekulation.

1714 wurde Ruckteschel dann Pfarrer in dem drei Wegstunden von Markt Burgbernheim entfernten Dorf Stübach. In diesem Dorf, ebenfalls im Dekanat Neustadt an der Aisch gelegen, blieb er bis zu seinem Tode 1722. Während er hier nicht mehr öffentlichkeitswirksam hervorgetreten ist, war dies bei seiner Frau durchaus der Fall. Sie verfaßte – vor allem während ihrer Witwenzeit – mehrere Schriften[193] und ergriff durch ihren asketischen Lebensstil und ihre freimütigen Äußerungen Partei für den Pietismus. Allerdings stand sie sowohl den kirchentreuen als auch den radikalen Pietisten keineswegs kritiklos gegenüber. Besonders opponierte sie gegen das heuchlerische Konventikeltum und wollte nur erbauliche Zusammenkünfte gelten lassen.[194]

---

[187] s. JOHANN RUCKTESCHEL, Gebrauch, 25: „Weilen uns aber Schuld gegeben wurde/ ob hätten wir gar zu hart von dem Ehestandt geredet/ und ihn vieler Sünde und Unreinigkeit bezüchtiget/ so entweder aus Unverstand/ da man nicht recht gehöret/ oder aus boßhaffter und muthwilliger Verdrehung/ muß entsprungen seyn/ so wolten wir itzo drauf antworten/ und unsere Meynung davon am Tag legen!".

[188] JOHANN RUCKTESCHEL, Gebrauch, 21.

[189] JOHANN RUCKTESCHEL, Gebrauch, 26.

[190] Diese Formulierung im Titel fokussiert die eigentliche Intention der Schrift.

[191] JOHANN RUCKTESCHEL, Gebrauch, 28.

[192] JOHANN RUCKTESCHEL, Gebrauch, 36; vgl. 20.

[193] Vgl. FRIEDRICH WILHELM KANTZENBACH, Ruckteschel.

[194] s. ROSINA DOROTHEA RUCKTESCHEL, Eröffnete Correspondenz, 2. Fortsetzung, 1. Sendschreiben, bes. 17–22.

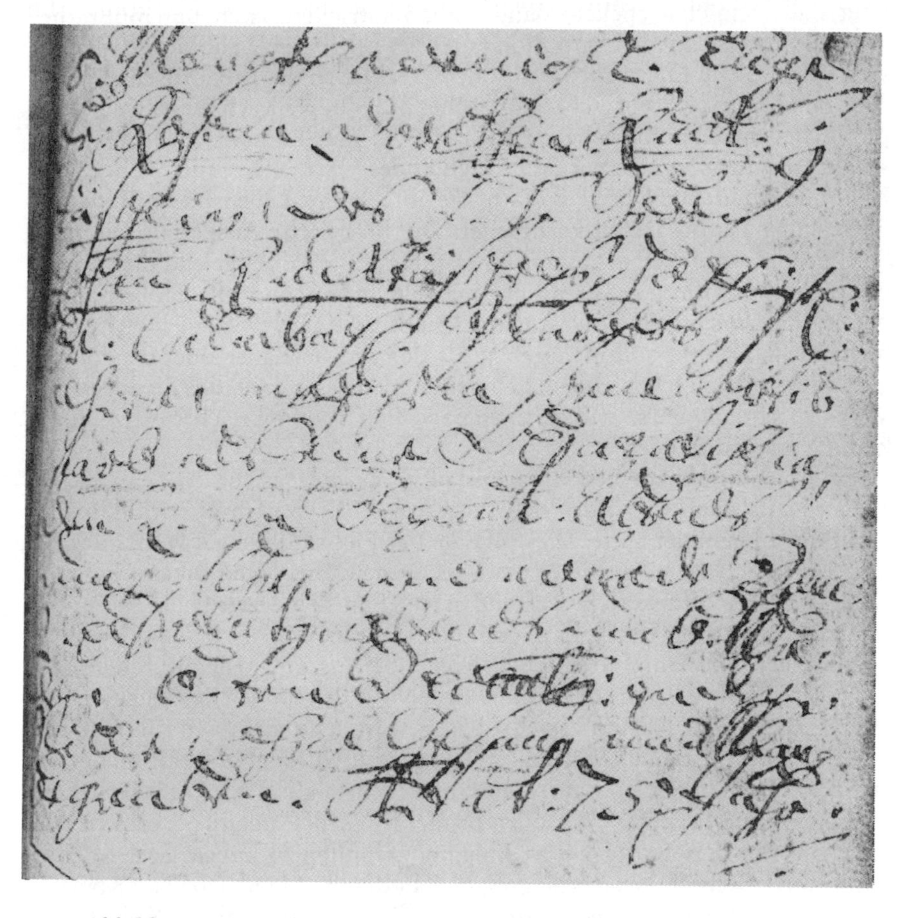

Abbildung 12. Beerdigungsmatrikel von Rosina Dorothea Ruckteschel, die am 2. Dezember 1744 in Stübach als „eine Separatistin“starb und „in der Stille ohne Gesang und Klang begraben“ wurde. Archiv der Kirchengemeinde Stübach.

Als Rosina Ruckteschel 1744 in Stübach verstarb, wurde sie wegen ihres Separatismus von der Kirche ohne Geläut und Leichenpredigt begraben. Sie hatte sich aber ohnehin jede Ansprache an ihrem Sarg ausdrücklich verbeten, da sie die allermeisten Leichenpredigten für unwahrhaftig hielt. Stattdessen hatte sie eine „Selbst gehaltene Leichen-Predigt“ verfaßt, die später veröffentlicht wurde. Darin ließ sie wichtige Stationen ihres Lebens Revue passieren und setzte sich mit Verdächtigungen auseinander. In diesem Zusammenhang verteidigte sie auch die „Liebe und Holdseeligkeit“ ihrer Ehe. Allerdings bekannte sie auch offen: „So Reuet es mich doch all mein Lebenlang, daß ich mich in eheliche Bande habe verstricken lassen, und müßrathe, allen die ihr Loß auf den Berg Zion unter der gekrönten Zahl suchen: daß sie sich keine solche Ehe vornehmen sollen"[195]. Durch die „abgöttische Liebe" zu ihrem Mann und wegen ökonomischer Sorgen, weil sich dieser „nichts ja pur nichts um die müheseeligen Geschäffte der Pfar-Einkünffte(n) annahm", sei sie „in einem Schlummer und Trägheit des Nachjagens und Suchens des Kleinods gefallen". Übrigens hatte sie ihre letzte Lebensphase und ihre Beerdigung bis ins Detail vorbereitet. Die liturgische Ausgestaltung ihrer Sterbestunde und die Form ihrer Einsargung hatte sie festgelegt, die Beerdigungszeit bestimmt, das Grabmal meißeln lassen und alle Stolgebühren bereitgelegt. Bezüglich dieser Angaben merkte sie ausdrücklich an: „Aber ja nicht mehr Gebühr soll man geben als der ärmste Bauer oder Taglöhner giebet: Dann weil ich mich bey Lebszeiten nie besser dann das Elendeste im Volck geachtet habe, so will ich auch nach dem Todt mit reicher Auszahlung kein Gepräng anfangen".

Eine nur begrenzte Bedeutung erlangte der offensichtlich sehr kleine radikalpietistische Kreis, der sich seit etwa 1707 in dem oberfränkischen Oberkotzau gebildet hatte. Die Anfänge des Pietismus gehen wohl auf den hier 1668 als Sohn eines Bierbrauers geborenen Theologen Johann Porst[196] zurück. Dieser öffnete sich während seiner Hauslehrerzeit bei dem Superintendenten Johann Georg Layritz in Neustadt an der Aisch dem Pietismus Spenerscher Observanz. 1695 ging er nach Berlin, um Spener, durch dessen gedruckte Bußpredigten er erweckt worden war, persönlich kennenzulernen. Hier wirkte er seit 1704 in verschiedenen Ämtern an mehreren Kirchen, bis er 1713 als Propst an die Nicolaikirche berufen wurde. Porst trat nicht nur zu Spener in näheren Kontakt, sondern verkehrte auch mit Francke. Da er mit seinem in Oberkotzau lebenden Bruder in Verbindung blieb, scheint der Pietismus auf diesem Wege dort Eingang gefunden zu haben. Sein Mittelpunkt war offensichtlich das Schloß, in dem Regina Magdalena von Kotzau, die Witwe des Prinzen Georg Albrecht d. J. von Brandenburg-Kulmbach, seit 1703 residierte. Zu Beginn des 18. Jahrhunderts weilte auch der aus Bayreuth gebürtige apokalyptisch-chiliastisch gesinnte Pietist Johann Christian Seitz[197] für einige Zeit in Oberkotzau. Als Hofmeister hielt er hier nach seiner Aussage „auff Befehl der Madame, die ihre Haußerbauung haben" wollte, „Hauß-Kirche", in der er „die Bibel und Lutheri Version gelesen und erklähret, auch dabey gesungen und gebetet" hat. Nachdem diese „Zu-

---

[195] ROSINA DOROTHEA RUCKTESCHEL, Eröffnete Correspondenz, 2. Fortsetzung, 3. Sendschreiben (Leichen-Predigt), 21–22; folgende Zitate ebd., 22–23, 29.

[196] Zu Porst s. MARTIN BRECHT, Francke, 499–500, 537 (Lit.).

[197] Zu Seitz s. DBA 1173, 367–372; ADB 33, 662–663. Vgl. FRIEDRICH BRAUN, Orthodoxie und Pietismus, 122–127.

sammenkunfft" ein dreiviertel Jahr lang stattgefunden hatte, wurde er am 14. November 1707 darüber vor dem Bayreuther Konsistorium verhört.[198] Drei Jahre später wurde er ausgewiesen und führte fortan ein unstetes Wanderleben.

b) Das Nürnberger Landgebiet – Altdorf und Umgebung

Auch im Territorium der Reichsstadt Nürnberg gab es – wie schon dargestellt – Anhänger des radikalen Pietismus, wobei vor allem Altdorf und Umgebung einen fruchtbaren Nährboden bildeten. Die wohl bedeutendsten Repräsentanten waren der Philosophieprofessor Georg Paul Rötenbeck und besonders der Theologieprofessor Johann Michael Lang. Ihre Häuser waren für umherziehende radikale Pietisten beliebte Anlaufstellen. Die beiden Professoren unterhielten briefliche und persönliche Verbindungen nicht nur zu zahlreichen kirchlichen, sondern auch zu separatistischen Pietisten. So korrespondierte Rötenbeck mit Vertretern der Philadelphier wie Jane Leade[199] und Spiritualisten wie Friedrich Breckling[200]. Mit ihnen allen war auch Lang freundschaftlich verbunden. Besonders intensive Kontakte unterhielten beide aber zu dem Sporergesellen Johann Georg Rosenbach, der sich im Herbst 1703 mehrere Wochen im Nürnberger Landgebiet[201], vor allem in und um Altdorf, aufhielt. Welche Hochschätzung dieser Laie von Lang erfuhr, wird aus dessen Zeilen an August Hermann Francke deutlich: „Mein Bruder wird mir zu Liebe halten, wenn ich Rosenbachen liebe, als der von Gott die Gnade hat, nicht nur Carceres zu überstehen, sondern auch die Martyria Laudatorum für Schaden zu achten [vgl. Phil 3, 7] [...] Er [sc. Rosenbach] kann deutlicher und kräfftiger predigen, als ich [...] Er dringet auch eher in die Hertzen, sonderlich der Einfältigen"[202]. Wie intensiv sich Rötenbeck und Lang sowie andere Altdorfer Professoren an der literarischen Kontroverse um Rosenbach beteiligt haben, wird noch darzustellen sein.

---

[198] Die Niederschrift des Verhörs („Verhör/ so Jo. Christian Seitz A. 1707. d. 14. Novembr. im Consistorio zu Bareith gehabt") sowie eine kurze Stellungnahme des Berichterstatters ist abgedruckt in: UnNachr 1708, 554–561; die Zitate finden sich ebd., 560. Über das Verhör vgl. auch FRIEDRICH BRAUN, Orthodoxie und Pietismus, 12.

[199] s. z. B. Brief: Georg Paul Rötenbeck an August Hermann Francke, 13. April 1703, gedr. in: THEODOR WOTSCHKE, Neue Urkunden (1932), 51, Nr. 22.

[200] s. z. B. Brief: Friedrich Breckling an Johann Heinrich May, 21. Mai 1710, auszugsw. gedr. in: THEODOR WOTSCHKE, Neue Urkunden (1931), 40, Anm. 2.

[201] Hierzu s. Kap. IV, 135–136 u. Kap. V, 182–184.

[202] Brief: Johann Michael Lang an August Hermann Francke, 18. Januar 1704, AFSt Halle, C 300.

In der Umgebung von Altdorf gab es damals vor allem in dem Dorf Weißenbrunn eine beachtliche Anzahl radikaler Pietisten[203], deren Sprecher der dortige Schulmeister Caspar Friedrich Himmler war.

c) Die ostschwäbischen Reichsstädte Augsburg und Memmingen

In Ostschwaben hatte der radikale Pietismus vor allem in den Reichsstädten Augsburg und Memmingen eine kleine Anhängerschaft. Sie scheint sich jedoch in Augsburg und Umgebung nur aus wenigen Einzelpersonen oder Familien rekrutiert zu haben. Diese erfuhren vor allem durch den Besuch des Inspirierten Rock, der in der ersten Novemberhälfte 1716 und Mitte August 1717 in dieser Gegend weilte[204], eine Vernetzung und Stärkung.

Dagegen kam es seit 1706 in Memmingen, wo der streitbare, lutherisch-orthodox gesinnte Georg Wachter von 1702 bis 1732 Superintendent war, zu größeren Vergesellschaftungen radikaler Pietisten.[205] Ihre führenden Gestalten waren die beiden Brüder Abraham[206] und Felix Funck[207]. Ersterer war von Beruf Säckler; letzterer hatte zuvor Theologie studiert, erhielt aber wegen unehrenhafter Verheiratung kein kirchliches Amt und wurde 1702 Präzeptor am Gymnasium. Der Umtriebigere und Radikalere von beiden war zweifelsohne der vielleicht zehn Jahre ältere Abraham, der den Pietismus auf seiner Wanderschaft durch Nord- und Mitteldeutschland kennengelernt hatte; auch Spener scheint er in Dresden begegnet zu sein.[208] Publizistisch trat er bezeichnenderweise mit einer 1708 in Nördlingen anonym gedruckten Schrift über die Fastnachtslustbarkeiten[209] hervor. Darauf replizierte der gebürtige Memminger Theologiestudent Michael Schäffler[210] im nächsten Jahr mit einer von dem lutherisch-orthodoxen Altdorfer Theologieprofessor

---

[203] Hierzu s. StA Nürnberg, S. I. L. 313, Nr. 1.

[204] Über Rocks ersten Aufenthalt in Augsburg vom 5.–11. November 1716 während seiner dritten Missionsreise s. JOHANN FRIEDRICH ROCK, Wohl und Weh, 83–99. Sein zweiter Aufenthalt in Augsburg fand vom 15.–18. August 1717 statt. In Memmingen weilte er vom 13.–18. November 1716 und vom 11.–12. Juli 1717.

[205] Hierzu und zum Folgenden s. FRIEDRICH BRAUN, Orthodoxie und Pietismus, passim.

[206] Zu Funck s. FRIEDRICH BRAUN, Orthodoxie und Pietismus, passim.

[207] Zu Funck s. FRIEDRICH BRAUN, Orthodoxie und Pietismus, passim, bes. 128–168.

[208] s. FRIEDRICH BRAUN, Orthodoxie und Pietismus, 78 (Quellen!).

[209] Diese nur bibliographisch nachweisbare Schrift trug den Titel „Die mit wehmüthigem Hertzen höchst-sündliche vom Teuffel herkommende, jedoch unter denen Christen entsetzlich-gewohnte, und aber nach göttlichem Wort beurtheilte Fastnachts-Freude, von einem über solches Laster seufzenden Christen“. Über deren Inhalt s. FRIEDRICH BRAUN, Orthodoxie und Pietismus, 54–58.

[210] Zu Schäffler s. Pfarrerbuch Bayerisch-Schwaben, Nr. 1061; vgl. Die Matrikel der Universität Altdorf, hg. v. ELIAS VON STEINMEYER, 2 Bde., Würzburg 1912; hier Bd. 1, Nr. 14831 u. Bd. 2, 486.

Sonntag inaugurierten Dissertation „Saltus ab extremo ad extremum"[211]. Im Herbst 1717 suchte Abraham Funck, der sich Rock immer enger angeschlossen hatte, um Entlassung aus dem Bürgerrecht nach, um in die Wetterau ziehen zu können. Sein Bruder Felix, der 1718 wegen seiner Gefolgschaft Tennhardts seines Amtes entsetzt wurde und 1732 verstarb, gab Sammlungen mit Liedern und Andachten heraus: 1726 die „Zehenden Geistl. Lieder und Reimen" und im nächsten Jahr die „Christlichen Lieder und Reime".[212] Zu diesen beiden Brüdern stieß im Frühjahr 1715 der asketische und enthusiastische Predigtamtskandidat Johann Heuß[213]. Nach vielen Konflikten mit der geistlichen und weltlichen Obrigkeit wurde er Anfang Juli 1717 aus der Stadt relegiert. Er zog nach Schwarzenau und gehörte hier jahrzehntelang zu den führenden Mitgliedern der Inspirationsgemeinden. In diesem Memminger Kreis radikaler Pietisten, die teils Anhänger Tennhardts, teils Rocks waren, wurden unter anderem Tennhardt-Schriften gelesen. Wesentliche Impulse zu einer Separation von der Kirche erhielten sie von Rock, der hier erstmals im November 1716 aufgetaucht und heftig mit Pfarrerschaft und Magistrat aneinandergeraten war.[214] Da das Verhältnis der lutherischen Pfarrerschaft sowie des Memminger Magistrats gegenüber den radikalen Pietisten immer repressiver wurde, wanderten – nach letzten vergeblichen Einigungsversuchen – am 1. November 1717 insgesamt 38 von ihnen aus. Diese Exulanten, Ehepaare mit Kindern, einzelne Männer ohne ihre Frauen und Ledige, zogen nach Schwarzenau in der Wetterau, dem Zentrum der Inspirationsgemeinden.[215] Die radikalen Pietisten, die in Memmingen geblieben waren, erhielten 1720 den Besuch des Chiliasten Seitz[216], dessen publizistische Karriere damals gerade begann.[217] Er warb für die Philadelphische Gemeinde, wobei er für das Jahr 1750 die Hochzeit des

---

[211] Über diese 1709 in Altdorf gedruckte Dissertation vgl. FRIEDRICH BRAUN, Orthodoxie und Pietismus, 56–58.

[212] Über dem Inhalt der „Lieder" s. FRIEDRICH BRAUN, Orthodoxie und Pietismus, 150–154; über den der „Christlichen Lieder" s. ebd., 154–194. Vgl. auch ebd., 197–198 (Beilage VI: F. Funkens pietistische Reime).

[213] Zu Heuß (Heiß) s. FRIEDRICH BRAUN, Orthodoxie und Pietismus, 74–78, 84–85, 87–89, 93, 99–102, 116, 119–121, 170 u. 195. Sehr wahrscheinlich waren der 1717 verstorbene Pfarrer Johannes Heuß und dessen Ehefrau Sara geborene Zoller seine Eltern; s. Pfarrerbuch Bayerisch-Schwaben, Nr. 449.

[214] Hierzu s. HERMANN CLAUSS, Beziehungen Rocks, 50–74. Über den ersten Aufenthalt Rocks in Memmingen vom 13. bis 18. November 1716 während seiner dritten Missionsreise s. JOHANN FRIEDRICH ROCK, Wohl und Weh, 101–119.

[215] Über die letzten Einigungsversuche und Abwanderung s. FRIEDRICH BRAUN, Orthodoxie und Pietismus, 105–121.

[216] Über seinen Aufenthalt in Memmingen s. FRIEDRICH BRAUN, Orthodoxie und Pietismus, 122–127.

[217] Wegen seiner Schriften s. PAUL TSCHACKERT, Art. Johann Christian Seitz, in: ADB 33, 662–663.

Lammes und den Anbruch des Millenniums prophezeite; allerdings würden Mose und Elia bereits 15 Jahre zuvor als Brautführer erscheinen. Nach ein paar Monaten verließ Seitz Memmingen wieder und begab sich schließlich nach Holland und England.

d) Das Fürstentum Oettingen

Auch im Fürstentum Oettingen fand der radikale Pietismus für einige Zeit einen Nährboden.[218] Zu seiner Verfestigung trugen seit Mai 1716 die wiederholten Aufenthalte Rocks in der Residenzstadt Oettingen und in ihrer Umgebung bei. Dem leistete wahrscheinlich auch das nachgiebige Verhalten des oettingischen Subdiaconus Johann Peter Kraft[219] Vorschub.[220] Gegen diese radikalpietistischen Kreise schritt die Obrigkeit jedoch 1717 und 1723 mit scharfen Mandaten ein, was von der Pfarrerschaft nachdrücklich unterstützt wurde, u. a. auch von Georg Michael Preu[221], der dem Hallischen Pietismus angehörte. Er verfaßte 1720 eine gegen Rock gerichtete Schrift mit dem Titel „Der Geist Der angegebenen wahren Aber Falsch befundenen INSPIRATION“. Darin druckte er Rocks Bericht über seinen ersten Aufenthalt in Oettingen am 22. und 23. Mai 1716 aus dessen „Wohl und Wehe“ wortgetreu ab und kommentierte ihn mit zahlreichen Anmerkungen. Dabei konnte Preu auf Notizen zurückgreifen, die er sich am 22. Mai während Rocks „Inspiration und Außsprach“ sowie seiner Unterredung mit ihm und Generalsuperintendent Tobias Wasser[222] gemacht hatte. Er konstatierte zahlreiche Unstimmigkeiten und Widersprüche und urteilte, „dass Gottes und Rocks Geist gantz einander zu wider seyen“.[223] Rock und seine Anhängerschaft ermahnte er deshalb abschließend, „sich ferner von der Schlangen nicht äffen zu lassen, sich ernstlich zu Gotte zu bekehren, und bey dessen allein seelig machendem Wort, welches uns kan vollkommen, zu allem guten Werck geschickt, und unsere Seelen, wie zur Seeligkeit durch den Glauben an Christo Jesu unterweissen, also auch seelig machen“ kann, zu bleiben. Da Preu in Rock und seinen Anhängern letztlich Enthusiasten sah, fügte er seiner Schrift einen Abschnitt aus dem vierten Buch von John Lockes epochemachendem Werk „An essay concerning human understanding“ an.[224] Danach sei für die „Enthusiasterey“ kennzeichnend, daß sie die Offenbarung ohne

---

[218] Hierzu und zum Folgenden s. H[ERMANN] CLAUSS, Separatisten.
[219] Zu Kraft s. Kap. III, 87, Kap. VI, 211 u. Kap. VII, 276.
[220] Hierzu vgl. KARLHEINRICH DUMRATH, Waisenhaus in Oettingen, 559–560 u. 562–563.
[221] Zu Preu s. bes. Kap. III, 87.
[222] Zu Wasser s. bes. Kap. III, 87.
[223] GEORG MICHAEL PREU, Geist, 5; das folgende Zitat ebd., 19.
[224] s. GEORG MICHAEL PREU, Geist, 23–36; die folgenden Zitate ebd., 25 u. 33.

die Vernunft „auf festen Fuß setzen will; Aber eben damit Vernunfft und Offenbahrung würcklich über einen Hauffen wirfft, und an deren Stelle lauter lehre Einbildungen setzet, welche ein Mensch sich selber geschmidet hat, und hernach vor einen vesten Grund deß Glaubens und Lebens annimmt". Nach der Überzeugung dieses englischen Empiristen hebt Gott aber „das Wesen der Menschen nicht auf, wenn er einen Propheten machet. Er lässet ihm alle seine Kräffte(n) der Seelen in ihrem natürlichen Zustand, damit er urtheilen könne, ob die Eingebungen, so er empfindet, von Gott seyen, oder nicht".

Auf diese Schrift Preus konterten Rocks Anhänger noch im selben Jahr mit einem „Gemeinschafftlichen Antwort-Schreiben". Ohne auf Lockes Enthusiasmusverständnis und seine Verhältnisbestimmung von Vernunft und Offenbarung einzugehen, warfen sie Preu vor, zwölf Unwahrheiten bezüglich Rocks religiöser Entwicklung und seiner Wirksamkeit in und um Oettingen verbreitet zu haben. Man entschuldigte dies aber mit seiner Jugend und vor allem damit, daß er „ohne zweifel von andern auch zu solcher Schrifft verleitet"[225] worden sei. Diese Vermutung ist wohl nicht ganz abwegig. Jedenfalls war Preu entsetzt, als dann am 13. Juni 1723 ein Ausweisungsbefehl an die Separatisten erging.[226] Infolge dieses Erlasses verebbte der radikale Pietismus im Fürstentum Oettingen, da einige besonders hartnäckige Separatisten das Land verließen.

e) Das Fürstentum Coburg

Ein kleiner Kreis radikaler Pietisten existierte auch in der Residenzstadt Coburg. Er war zwar zahlenmäßig unbedeutend, hielt aber infolge seiner beharrlichen Renitenz und geheimen Protektion durch einflußreiche Hallenser Pietisten die geistliche und weltliche Obrigkeit jahrelang in Atem.[227]

Im Herbst 1704 bekamen die dortigen radikalen Pietisten Besuch von dem ehemaligen Sporergesellen Rosenbach, der einer Einladung des Postmeisters Johann Philipp Winheim gefolgt war. Als der Magistrat davon erfuhr, arrestierte er den Ankömmling wegen seiner „eingebildeten Schwärmerey in Glaubens Sachen"[228] sofort, ohne Konsultation des Konsistoriums, und unterzog ihn in der ersten Novemberhälfte zwei Verhören. An deren Vor-

---

225 Gemeinschafftliches Antwort-Schreiben, 16.

226 s. Brief: Georg Michael Preu an August Hermann Francke, 18. Juli 1723, AFSt Halle, A 144, 1004; vgl. THEODOR WOTSCHKE, Neue Urkunden (1935), 176–177, Nr. 83.

227 Hierzu und zum Folgenden s. HORST WEIGELT, Cyprians Auseinandersetzung.

228 Brief: Magistrat von Coburg an Konsistorium, 28. Oktober 1704, StA Coburg, LA E 266, fol. 62r–v.

bereitung war auch der lutherisch-orthodoxe Theologe Ernst Salomon Cyprian, damals Direktor am Collegium Casimirianum, beteiligt. Bevor es jedoch zu Rosenbachs Ausweisung kam, war dieser, wie ausdrücklich vermerkt wurde, durch „frommer Herzen beystand u. vorschub" heimlich „ex arresto entwichen"[229].

Obgleich Rosenbach nur sehr kurz in Coburg gewesen ist, muß er doch auf einige radikalpietistisch gesinnte Bürger großen Eindruck gemacht haben, so vor allem auf die beiden Schuhmachermeister Johann Matthäus Brückner und Johann Schaller sowie auf deren Gesellen. Als der Stadtrat – noch während Rosenbachs Arrestierung – Brückners Böhmeausgabe requirierte und sie, entgegen seiner Zusage, nicht zurückgab, sondern sie dem Konsistorium aushändigte, spitzte sich der Konflikt kontinuierlich zu. Hierzu trug wiederum Cyprian nicht unwesentlich bei. Dieser Vertreter der lutherischen Spätorthodoxie erklärte nämlich im März 1706 in einem Schreiben[230] an das Konsistorium, in dem er vor allem den inzwischen erfolgten Übergang der Böhmeausgabe in seinen Besitz als rechtens hinstellte, Brückner habe neben anderen Coburger Bürgern das Predigtamt „wacker" gelästert, „Petersens Narren-Grillen applaudiert" und die Böhmeschriften für inspiriert gehalten. Außerdem merkte er tadelnd an, daß sich die Pfarrer noch vor zwanzig Jahren eines solchen Schwärmers wesentlich intensiver angenommen hätten. Man hätte es damals „nicht unterlassen", einem solchen Menschen „einen Prediger zu geben, der ihn auf den rechten Weg gebracht" hätte. Seiner Meinung nach würde sich die Mühe lohnen – „zumal nach den Principiis unserer Kirchen" – auch diesem Manne „recht zu helfen".
Auf diesen Tadel Cyprians, der bei dem Herzog in hohem Ansehen stand, reagierte das Konsistorium umgehend. Es gab die Rüge an das Geistliche Ministerium weiter, das daraufhin eine rege Aktivität gegenüber den radikalen Pietisten entfaltete.[231] Es kam zu Gesprächen und Verhören vor verschiedenen geistlichen und weltlichen Gremien. Schließlich eröffnete man einen Prozeß gegen die beiden Schuster. Deren Kritik an der lutherischen Kirche, ihrer Lehre und ihrer Institution war aber inzwischen immer radikaler und grundsätzlicher geworden. Außerdem opponierten sie nun auch hartnäckig und abfällig gegen die Religionsstatuten ihrer Zunftordnung. Obgleich einige hallensisch gesinnte Räte, wie Georg Paul Hönn, Ferdinand Adam von Pernau oder Adolph Ernst von Diemer, die angeklagten Schustermeister und ihre Familien insgeheim protegierten, konnten sie deren im September 1715 beschlossene Ausweisung aus dem Fürstentum Coburg nicht

---

[229] Brief: Ernst Salomon Cyprian an N. N., o. D., StA Coburg, B 2624, fol. 30r.

[230] s. Brief: Ernst Salomon Cyprian an Konsistorium, 30. März 1706, StA Coburg, LA E 269, fol. 8r–10r; die folgenden Zitate ebd.

[231] Hierzu und zum Folgenden s. HORST WEIGELT, Cyprians Auseinandersetzung, 73–80.

verhindern. Sie mußten „mit Sack und Pack die Stadt und das Land räumen“[232].

*

Wie in anderen Territorien des Alten Reichs war der radikale Pietismus auch in Franken und Ostschwaben keine einheitliche Bewegung. Er war vielmehr – schon allein wegen des recht unterschiedlich rezipierten Traditionsguts – sehr komplex und in sich spannungsreich. Abgesehen von ihrer gemeinsamen Kritik am institutionellen Kirchenwesen, die teils polemische, teils oppositionelle Züge trug, differierten die einzelnen Richtungen des radikalen Pietismus in ihren theologischen Konzeptionen und ihren frömmigkeitlichen Ausprägungen erheblich. Deshalb war auch das Verhältnis der radikalen Pietisten zu den Anhängern des Spener-Hallischen Pietismus keineswegs einheitlich. Bemerkenswert ist jedoch, wie sehr der radikale und der innerkirchliche Pietismus vor allem in der Frühphase – in ihrer gemeinsamen Frontstellung gegen die lutherische Orthodoxie – partiell miteinander kooperiert haben oder sogar ineinandergeflossen sind. Besonders deutlich zeigte sich dies bei den Altdorfer Professoren Lang und Rötenbeck und ihrem Freundeskreis. Eigentlich sind sich die kirchlichen und die radikalen Pietisten erst im ersten Jahrzehnt des 18. Jahrhunderts ihrer Unterschiede recht bewußt geworden und auf Distanz zueinander gegangen.

Das Ringen um Erneuerung und Verlebendigung des individuellen Christseins sowie um Etablierung urgemeindlich oder eschatologisch-apokalyptisch orientierter Gemeinschaften war beim radikalen Pietismus gemeinhin mit einer Kritik an Obrigkeit und Gesellschaft verknüpft. Diese wurde nicht selten mit beißender Schärfe vorgetragen, so daß Spannungen und Konflikte mit gesellschaftlichen und obrigkeitlichen Institutionen, die weitgehend noch dem Geist der lutherischen Orthodoxie verhaftet waren, nicht ausbleiben konnten.

Formal und material lassen sich beim radikalen Pietismus im Gebiet des heutigen Bayerns mehrere Momente ausmachen, die dessen Ambivalenz zur Aufklärung aufweisen. Hierfür stellt das Œuvre des Konsistorialrats Brendel in der Residenzstadt Thurnau das signifikanteste Beispiel dar.

Zukunftsweisend war, daß der radikale Pietismus dezidiert auf subjektive religiöse Erfahrung drang. Die persönliche Glaubenserfahrung des Einzelnen erhielt grundlegende Bedeutung. Zum anderen wurde von den radikalen Pietisten das Recht auf individuelle Glaubensüberzeugung und auf abweichendes religiöses Sozialverhalten innerhalb der Gesellschaft sowie auf Versammlungsfreiheit angemahnt. Emanzipatorisch wirkten sich diese

---

232 PHILIPP CARL GOTTHARD KARCHE, Jahrbücher, 442.

Forderungen auch auf einzelne Frauen im radikalen Pietismus aus, wie die Lebensgeschichte der engagierten und couragierten Pfarrfrau Rosina Dorothea Ruckteschel zeigt. Durch diese beiden Momente hat der radikale Pietismus auch im Gebiet des heutigen Bayerns – besonders in den Reichs- und Residenzstädten – auf seine Weise mit zur Entstehung der Moderne beigetragen.

V. Pietistische Streitigkeiten und antipietistische Maßnahmen

Seit Anfang des 18. Jahrhunderts ging die Obrigkeit in mehreren Territorien Frankens und Ostschwabens sowie in der Reichsstadt Regensburg verstärkt gegen den Pietismus vor. Anlaß dazu waren gemeinhin die Konventikel, in denen diese Frömmigkeitsbewegung für sie soziologisch konkret faßbar wurde. Die ergriffenen Maßnahmen reichten von bloßen Verwarnungen einzelner Pietisten bis zum Erlaß genereller antipietistischer Landesmandate, von Verhören und kurzen Arrestierungen bis zu monatelangen Haftstrafen oder sogar Landesverweisungen. Zumeist erfolgten diese Maßnahmen auf Initiative von lutherisch-orthodox gesinnten Pfarrern oder standen in Zusammenhang mit Streitigkeiten zwischen lutherischen Theologen und Pietisten. Einige dieser literarischen Fehden wurden in Franken so intensiv geführt, daß sie nicht nur lokale oder regionale Bedeutung hatten, sondern auch in anderen Territorien des Alten Reichs Aufmerksamkeit erregten. Auf zwei dieser literarischen Kontroversen soll zunächst das Augenmerk gerichtet werden, dem dann ein Überblick über wichtige obrigkeitliche Maßnahmen gegen den Pietismus im Gebiet des heutigen Bayerns folgt. Dabei werden sowohl lokal und temporal begrenzte Einzelaktionen als auch generelle Vorgehensweisen Beachtung finden. Ebenso wird hierbei auf ihre Veranlassung und Durchführung sowie auf ihre Bedeutung für die pietistische Bewegung einzugehen sein.

1. Auseinandersetzungen zwischen Vertretern der lutherischen Orthodoxie und Anhängern des Pietismus

a) Streitigkeiten um das Konventikelwesen

Zur ersten größeren literarischen Kontroverse zwischen lutherisch-orthodox gesinnten Theologen und Pietisten kam es zu Beginn des 18. Jahrhunderts in dem großen markgräflichen Dekanat Neustadt an der Aisch. Dabei ging es vor allem um die Berechtigung und Bedeutung pietistischer Konventikel.[1] Im Herbst 1701 äußerte der dortige Superintendent Wolfgang Christoph Räthel[2]

---

[1] Hierzu und zum Folgenden s. PAUL SCHAUDIG, Pietismus, 38–100.
[2] Zu Räthel s. MATTHIAS SIMON, Bayreuthisches Pfarrerbuch, Nr. 1894.

in einem gedruckten Synodalprogramm[3], das er für die Zusammenkunft seines Pfarrkapitels am 5. Oktober als Tischvorlage erstellt hatte, starke Bedenken gegen pietistische Privaterbauungsstunden. Räthel, der bereits auf der Kanzel gegen die neue Frömmigkeitsbewegung polemisiert hatte, ermahnte darin seine Pfarrer, auf separatistische Tendenzen in ihren Parochien acht zu geben. Als August Hermann Francke davon erfuhr, machte er dem Neustädter Superintendenten in einem Schreiben[4] vom 27. November 1701 Vorhaltungen und stellte ihm die Frage: „Sind nicht nothwendigere Dinge, deren man zu Errettung der armen Seelen die untergebene[n] Pfarrer erinnern möchte(n)?" Aus seinem Verhalten könne man nicht schließen, daß er „das Verderben unserer Zeit erkenne, und die Besserung angreiffe, wo sie anzugreiffen ist". Als Antwort publizierte Räthel 1702 anonym seine Schrift „Morgenröthe Der Dunkeln Frage: Was von/ heut zu Tag in etzlichen/ absonderlich auch unsern Orten/ einschleichenden einzeln Zusammenkünfften zu halten sey".[5] Darin erklärte er zunächst, man wäre schriftlich und mündlich wegen der pietistischen Konventikel an ihn herangetreten. Einige Männer hätten ihn „sehr amice" um „Rath" und einige „Weiblein um Rettung gebetten"[6]. Erneut bestritt er die Berechtigung, private Erbauungsstunden ohne obrigkeitliche Genehmigung und Aufsicht abzuhalten. Um seinem Urteil größeres Gewicht zu geben, rückte er in seine Schrift Luthers „Brief [...] von den Schleichern und Winkelpredigern" ein.[7] Aber auch auf Spener könnten sich nach Räthels Meinung solche privaten pietistischen Zusammenkünfte nicht berufen. Wenn er diesen „treffliche[n] Mann" [Spener][8], den er 1688 in Dresden besucht habe, recht verstehe, dann wünsche dieser nicht „eintzelne Zusammenkunffte(n) von jeden Ignoranten, Schneider[n], Leineweber[n], Ziegler[n], Maurer[n], Burger[n], Bauern, oder allerhand zusammen geloffenen Gesindlein, die etwan ex omnibus, aut pluribus aliquid, in toto nichts wissen, nichts gesetztes verstehen [...], sondern eine Veränderung des öffentlichen Gottesdienstes, in welchem man mit dem gemeinen Mann, und erudiendo etwas vertraulicher quoad credendo, et tradendos mores umgehe, als offt der blosse Schall der Predigt die Leute zur Besserung beleuchte". Schließlich hätten die Privatkonventikel, wie sie von den Pietisten veranstaltet würden, nach Räthel auch im Neuen Testament keinen Rückhalt. Bei den hier wiederholt erwähnten und von den Kirchenvätern gepriesenen Versammlungen handle es sich nämlich um

---

3 Über das Synodalprogramm „De libero arbitrio" s. PAUL SCHAUDIG, Pietismus, 38.

4 s. [WOLFGANG CHRISTOPH RÄTHEL,] Morgenröthe, 10–11; das folgende Zitat ebd., 11.

5 Hierzu und zum Folgenden s. PAUL SCHAUDIG, Pietismus, 38–40.

6 [WOLFGANG CHRISTOPH RÄTHEL,] Morgenröthe, 11.

7 [WOLFGANG CHRISTOPH RÄTHEL,] Morgenröthe, 30–64; vgl. WA 30, III, (510) 518–527.

8 [WOLFGANG CHRISTOPH RÄTHEL,] Morgenröthe, 87; die folgenden Zitate ebd., 87–88, 109–110.

Hauskirchen, also ausschließlich um häusliche Andachten der Familie und des Gesindes. Die von den Pietisten abgehaltenen Konventikel – zumal wenn sie während oder anstelle des Gottesdienstes durchgeführt würden – seien deshalb abzulehnen. Dezidiert erklärte er: „Allein das ist unrecht, und niemahls von Gott geboten, daß zu Beförderung des Worts des Herrn, und eines Gottseeligen Wandels, sich einige Ungelehrte, und halb-seucht- und wohlgelehrte, sonderlich die in keinen öffentlichen Lehr-Amt stehen oder ordentlichen Beruff dazu aufweisen könne[n], ohne, und wider das Episcopal-Rechts, Ministerii wissen, und Willen, förmliche Zusammenkünffte anordnen [...], ohne Beruff, sich unterfangen, und erkühnen wollen, ja wohl jeden Idioten, ungelehrten Schneider, Schuster, Ziegler, Tüncher, Schmierer, hergeloffenen Holunken, Weibern und Jungfrauen, die offtmahls sich vor gelehrter, als 10. Doctores ausgeben, die liberté einreumen zu reden, und zu lehren, was ihnen ihre Fantasie, und Geist, auf gut Enthusiastisch eingibet".

Auf diese Schrift Räthels, der offensichtlich noch im selben Jahr in einem zweiten Synodalprogramm[9] „De peccato in sectis" erneut gegen den Pietismus Front gemacht hatte, konterte 1703 der Erlanger Notar Johann Adam Raab[10], damals Anhänger eines kirchenkritischen Pietismus, mit seiner Schrift „Sonnen-klare Mittags-Helle/ Auf Die unter den Wolcken noch verborgene wenigstens gantz düster und finster hervorblickende Morgenröthe/ Welche zwar grosse Hitz und Feuer wider die wahren Christen/ sehr wenig aber sanffte und liechte Uberzeugung und lebendige Liebe in sich hält"[11]. In dieser im Ton moderaten, aber in der Sache entschiedenen Entgegnung verteidigte er die Pietisten und ihr Konventikelwesen, während er das Verhalten der lutherisch-orthodoxen Pfarrer kritisierte. Luthers Warnung vor den Winkelpredigern, d. h. vor den Täufern, treffe nicht auf die Pietisten zu, denn diese „suchen keine neue Lehre, die wider Lutherum und H[eilige] Schrift wäre, sondern ein neues Leben"[12]. Bittere Klage führte er darüber, daß man obrigkeitlich die „ungeistlich- und heillosen Zusammenkünffte" bei „Hochzeit-Meister- und Gesellen-Mahlen", bei „Sonntags-Kräntzlein, Schwelgereyen, Tantz- und Spiel-Compagnien" viel eher gestatte „als daß man denen frommen Christen eine ohne Ceremonie, äusserliche Unordnung und Geräusch geschehene bürger- und Christliche Zusammenkunfft, sich in Furcht des Herrn zu üben, erlaube und zulasse".

---

9 Ein Exemplar dieses Synodalprogramms konnte nicht ermittelt werden. Zur Sache s. PAUL SCHAUDIG, Pietismus, 40.

10 Zu Raab s. bes. Kap. IV, 141–150.

11 Hierzu und zum Folgenden s. PAUL SCHAUDIG, Pietismus, 41–43.

12 JOHANN ADAM RAAB, Mittags-Helle, 39; das folgende Zitat ebd., 75–76.

Daraufhin forderte Räthel am 31. Januar 1703 die Pfarrer seines Kapitels in einem gedruckten Zirkular[13] auf, bei ihren Parochianen und Schulmeistern genau zu eruieren, wer von ihnen Raabs „Mittags-Helle", d. h. die „von vielen s[alva] v[enia] Lügen, Heucheley, und unverschämter Boßheit gefüllte Scartequen [Schmähschrift]"[14], erhalten habe und durch wen sie vermittelt worden sei. Von ihren Ergebnissen sollten sie ihm dann „in Particulier-Briefen" vertraulich Mitteilung machen; er wollte hierauf dann rechtliche Schritte unternehmen, um „Ruhe zu schaffen".

Diese Aktivitäten blieben den Pietisten nicht unbekannt. Sie verbreiteten daraufhin Schmähschriften gegen die Pfarrer, vor allem gegen Räthel. Ein besonders scharfes Pasquill war am 31. Mai 1702 in Neustadt an dessen Gartentor angeschlagen worden. Darin fanden sich die „lästerlichsten Schmähungen": Superintendent Räthel wurde als Wolf, der Archidiaconus Matthias Salomon Schnizzer als Fuchs und Diaconus Johann Lorenz Samstag als Lamm apostrophiert.[15]

Im Jahr 1703 erschien unter dem Pseudonym Sigismund Mayenberger die pietistische Verteidigungsschrift: „Freymüthige Anrede Oder Missive, An die Herren Pastores, Diaconos, Und Adjunctos Der Dioeces zu Neustatt an der Aysch/ Die Morgenröthe und andere Sachen betreffend"[16]. Darin wurde der Verfall der Kirche beklagt und die Konventikel – unter Anführung zahlreicher Bibelstellen – erneut als schriftgemäß verteidigt. Auch wurde darauf hingewiesen, daß „die Privat-Zusammenkünffte dem Juri Episcopali der Regenten keinen Eingriff thun", wie die einschlägige Literatur zeige.[17] Räthel selbst aber wurde in dieser Schrift heftig attackiert und vor seinem Pfarrkapitel bloßgestellt. Der Verfasser erklärte: „Wäre H[err] R[äthel] aus der Warheit [vgl. Joh 18, 37], so wäre die Wahrheit ihm süsse: Nun er aber nicht aus der Warheit ist, so ists ihme Bitterkeit. Wann man aber von Narren, Lügnern, Heuchlern, Bettel-Sack und Scartequen sagen will, so ist das Circulare wohl recht damit angefüllt, in welchem keine einige Ration, sondern lauter Lästerungen enthalten sind, daß man je greiffen kan, die verkehrte Art sey bey ihme". Daraus könnten die Pfarrer des Neustädter Dekanats das unchristliche Verhalten ihres Superintendenten erkennen.

---

[13] Dieses Rundschreiben vom 31. Januar 1703 findet sich gedr. in: SIGISMUND MAYENBERGER (Pseud.), Freymüthige Anrede, 11–12; wiederabgedr. in: PAUL SCHAUDIG, Pietismus, 43–45.

[14] SIGISMUND MAYENBERGER (Pseud.), Freymüthige Anrede, 11; folgende Zitate ebd., 12.

[15] s. MATTHIAS SALOMON SCHNIZZER, CHRONICA der Statt Neüstatt an der Aÿsch, 1708, T. 2, 235, StadtA Neustadt a. d. Aisch. Vgl. MATTHIAS SALOMON SCHNIZZER, Chronica der Statt Neustatt an der Aysch, 195.

[16] Hierzu und dem Folgenden s. PAUL SCHAUDIG, Pietismus, 45–47.

[17] SIGISMUND MAYENBERGER (Pseud.), Freymüthige Anrede, 6; das folgende Zitat ebd., 14.

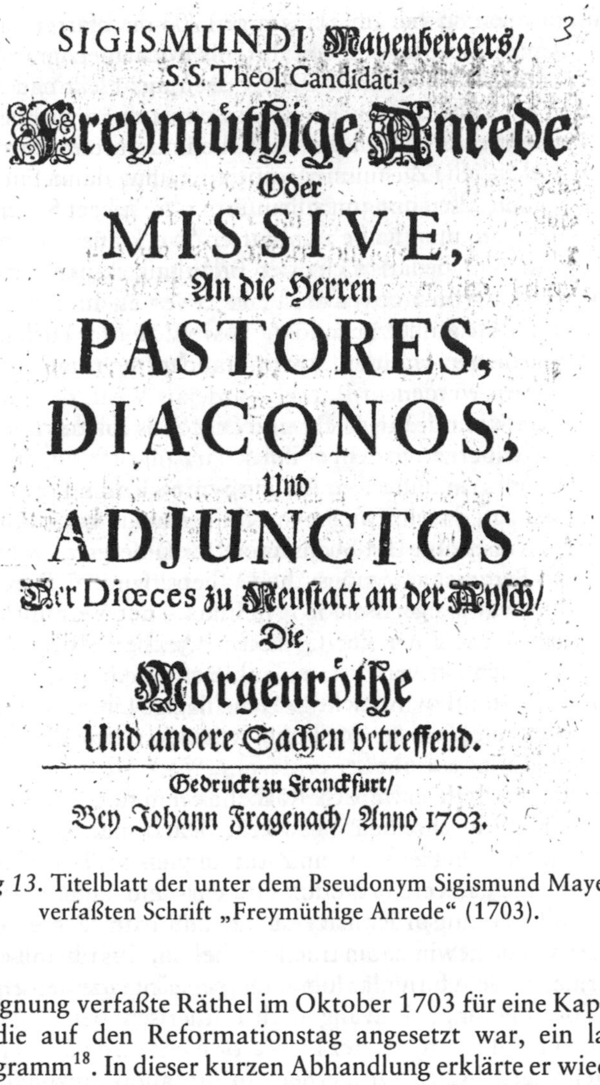

SIGISMUNDI Mayenbergers/
S.S. Theol. Candidati,
Freymüthige Anrede
Oder
MISSIVE,
An die Herren
PASTORES,
DIACONOS,
Und
ADJUNCTOS
Der Diœces zu Neustatt an der Aysch/
Die
Morgenröthe
Und andere Sachen betreffend.

Gedruckt zu Franckfurt/
Bey Johann Fragenach/ Anno 1703.

Abbildung 13. Titelblatt der unter dem Pseudonym Sigismund Mayenberger verfaßten Schrift „Freymüthige Anrede" (1703).

Als Entgegnung verfaßte Räthel im Oktober 1703 für eine Kapitelzusammenkunft, die auf den Reformationstag angesetzt war, ein lateinisches Synodalprogramm[18]. In dieser kurzen Abhandlung erklärte er wiederum, die pietistischen Konventikel hätten kein Paradigma in der Heiligen Schrift. Sein Kontrahent habe die angeführten Bibelstellen mißverstanden. Auch wies er darauf hin, daß die Obrigkeit seit der Reformation zahlreiche Edikte, Reskripte und Mandate gegen Separatisten erlassen habe. Daraufhin replizierte Sigismund Mayenberger mit dem nur vier Quartseiten umfassenden Traktat

---

[18] Das Synodalprogramm „De fide et bonis operibus" ist datiert auf den 31. Oktober 1703. Zur Sache s. PAUL SCHAUDIG, Pietismus, 47–48.

„Justissima per alienam rabiem extorta omni jure concessa imo mandata responsio“[19]. Unter Verurteilung von Räthels Synodalprogramm betonte er den Nutzen privater Konventikel. Diese wären nicht nur nach kirchlichem Recht, sondern auch nach weltlichen Gesetzen erlaubt; denn alles, was einem guten und ehrenhaften Zweck diene, dürfe nicht verworfen werden und habe auch keine obrigkeitliche Zustimmung nötig: „Quicquid ad finem bonum & honestum [...] tendit, illud non improbandum, nec indiget Superiorum venia [Alles, was auf einen guten und ehrenhaften Zweck ausgerichtet ist [...], ist nicht verwerflich und bedarf nicht der Erlaubnis der Obrigkeit]“[20]. Der segensreiche Einfluß von Konventikeln, in denen es durchaus auch Laien gestattet sei, Bibeltexte auszulegen, könne sowohl aus der Heiligen Schrift als auch aus der christlichen Tradition sowie aus Schriften neuerer evangelischer Theologen bewiesen werden.

Räthel richtete daraufhin im Dezember 1703 ein kurzes lateinisches Traktat[21] an Mayenberger, in dem er ihn scharf angriff und aufforderte, aus seiner Anonymität herauszutreten. An den Schluß dieses Traktates stellte er das folgende Gedicht, das ihm angeblich ein Freund zugesandt hatte: „Mejenberger. Durch Versetzung der Buchstaben: Mein Bergerer. // Ein Gemeiner Ber. // Wer mein Bergerer sey/ mögst du/ O Leser! wissen? // Nur ein gemeiner Ber/ der sich zwar los gerissen/ // vom Leitseil der Vernunfft/ vom Band der reinen Lehr/ // nach Art der Qvacker [Quäker] -Rott/ und brummt gewaltig sehr. // Doch ists verworren Zeug/ nur ein Gebrumm der Beren/ // sein Trotz und Ubermuth wird nicht gar lang mehr währen. // Weil Ihm/ und seinem Schwarm/ von gleichen Korn und Schrot/ // schon die Gerechtigkeit/ Straff/ Fall und Stürtzen droht“[22].

An seine Pfarrerschaft hatte sich Räthel aber schon am 29. November 1703 mit einem Rundschreiben[23] gewandt. Darin bedauerte er, daß unaufrichtige Kollegen den Pietisten sein Zirkular vom 31. Januar in die Hände gespielt hätten. Alle „sincère orthodox und ehr- und christliebenden Herrn confratres“ wollte er „ausdrücklich ersuchen, ihm amice ihre Gedanken zu eröffnen, oder wo sie gewiß dahin trachten, helfen, daß überall eadem fides, eadem doctrina, eaedem formulae loquendi [derselbe Glaube, dieselbe Lehre, die selben Formulierungen] Evangelisch-Lutherisch beibehalten werden, widrigenfalls er alß ihr vorgesetzter Inspector nicht verdacht werden würde, wo er an gehörigen hohen Ort fernere Information einzuholen und mit

---

19 Zur Sache vgl. PAUL SCHAUDIG, Pietismus, 49–50.

20 SIGISMUND MAYENBERGER (Pseud.), Responsio, unpaginiert [3].

21 Der Titel lautet: „Sigismundo Meyenbergero, ubi ubi terrarum moratur, Preces et Off. offert“; das Traktat ist datiert vom 12. Dezember 1703. Zur Sache s. PAUL SCHAUDIG, Pietismus, 50.

22 WOLFGANG CHRISTOPH RÄTHEL, Meyenbergero, unpaginiert [4].

23 Auszugsweise gedr. in: PAUL SCHAUDIG, Pietismus, 51; die folgenden Zitate ebd.

Benennung der sich selbst verratenden Novatores vor Gott und der erbaren Welt sich in seinem anvertrauten Amt sicher zu setzen genötigt wäre".

Der bislang regional begrenzte Streit eskalierte, als noch im gleichen Jahr eine kurze, aber äußerst verletzende antipietistische Schrift mit dem Titel „Wahrmundi Knipperdollings/ des Schneiders/ aufgefangene Missive und Recipisse An die Herren Pietisten in Christian-Erlang/ in/ und um Neustadt an der Aysch"[24] erschien. Dabei handelte es sich um das fingierte Sendschreiben eines treuherzigen, naiven Pietisten namens Knipperdolling, der sich angeblich vorübergehend in Franken aufgehalten hatte. In diesem Schreiben, adressiert an seine „Liebe[n] Brüder", bei denen er eine zeitlang gewesen war, lamentierte er über ungeistliche und unsittliche Vorkommnisse, die er unter den Pietisten in Erlangen sowie in Neustadt und Umgebung kennengelernt habe. Sie lebten untereinander in Zank, begingen Unzucht und Betrug, und trügen eine geheuchelte Frömmigkeit zur Schau. Auch in Halle wäre man über das Verhalten der fränkischen Pietisten, bei denen „Lästern/ Lügen und Laugnen" die „drey Haupt-Gründe und beste Glaubens-Articul" seien,[25] entsetzt. Angesichts dieser Tatsache könne er, Knipperdolling, nur ausrufen: „Schande! Schande! daß wir uns so grob verrathen/ und kein Mensch/ wir uns selbsten nicht mehr glauben wollen!" Zu Unrecht vermutete man hinter dem Pseudonym Knipperdolling den Superintendenten Räthel. Auch er selber hat sich mit aller Entschiedenheit dagegen verwahrt, an der Verfasserschaft oder der Herausgabe der Schrift in irgendeiner Weise beteiligt gewesen zu sein.[26]

Als Antwort auf dieses antipietistische Pamphlet erschienen 1704 zwei gedruckte Schriften. Die eine stammte aus der Feder des bislang schon an der Kontroverse beteiligten pseudonymen Mayenberger. In einem nur vierseitigen lateinischen Traktat „Stimuli conscientiae ex [...] Raethelii propriis scriptis ostensi"[27] verteidigte er erneut die pietistischen Konventikel und warnte den Superintendenten davor, die Pietisten weiterhin anzugreifen oder die weltliche Obrigkeit gegen sie aufzustacheln. Die andere, wesentlich bedeutsamere Schrift, verfaßt von dem Gutenstettener Pfarrer Johann Georg Örtel[28], trug den Titel „Nothwendige Wiederlegung/ Einer Verleumbderischen Schmäh-Schrifft/ Die von boßhafftigen Kindern der Finsternus [...] heraus gegeben

[24] Hierzu und zum Folgenden s. PAUL SCHAUDIG, Pietismus, 51–54.

[25] WAHRMUND KNIPPERDOLLING (Pseud.), Missive und Recipisse, 8; das folgende Zitat ebd.

[26] Hierzu s. PAUL SCHAUDIG, Pietismus, 52–53. Knipperdolling ist der Name des ehemaligen Bürgermeisters von Münster, der sich 1534 der Täuferbewegung anschloss und unter Johann von Leyden „Schwertträger", d. h. Henker wurde. Ob und inwiefern sich hinter dem Pseudonym Knipperdolling der Hallenser Johann Ludwig Marck verbirgt (s. PAUL SCHAUDIG, Pietismus, 51–52), bedarf weiterer Klärung.

[27] Zur Sache s. PAUL SCHAUDIG, Pietismus, 54–55.

[28] Zu Örtel s. MATTHIAS SIMON, Bayreuthisches Pfarrerbuch, Nr. 1720.

worden".[29] Obgleich Örtel der lutherischen Orthodoxie angehörte, wies er die in Knipperdollings „Missive und Recipisse" erhobenen Vorwürfe als boshafte Unterstellungen oder maßlose Übertreibungen zurück und stellte sich schützend vor die angegriffenen Pietisten. Diese apologetische Schrift, die wegen ihrer großen Sachlichkeit geeignet gewesen wäre, mäßigend zu wirken, kam jedoch zu spät. Bereits am 30. Oktober 1704 erließ nämlich Markgraf Christian Ernst von Brandenburg-Bayreuth ein antipietistisches Mandat[30] an das Neustädter Dekanat. Dafür lobte Räthel seinen Landesherrn in einem kurzen gedruckten Synodalprogramm vom 12. November 1705: „Dignum profecto TANTO PRINCIPE mandatum, dignum ut auro cedroque inscribatur et mentibus vestris omnibusque curae vestrae animabus innocescat, imo maxime dignum, ut publici juris factum ante omnium oculos versetur, quo sectarii et non vocati hi homunciones justam suae nequitiae poenam luant".[31] Infolge dieser jahrelangen hartnäckigen Agitationen des Superintendenten und einiger seiner Pfarrer, besonders des Archidiacons Matthias Salomon Schnizzer[32], konnten die Anhänger des Pietismus in dieser Gegend etwas zurückgedrängt werden; ein Teil von ihnen zog sich aus der Öffentlichkeit zurück und traf sich insgeheim in kleinen Kreisen.[33]

b) Kontroversen um Soteriologie und Ekklesiologie

Zentrum der zweiten größeren literarischen Kontroverse[34] zwischen Anhängern der lutherischen Orthodoxie und des Pietismus war zunächst die Universität Altdorf. Die Auseinandersetzungen, in denen es vor allem um soteriologische und ekklesiologische Themen ging, erstreckten sich dann aber bald weit über das Nürnberger Territorium hinaus, zumal auch die „Unschuldigen Nachrichten", das einflußreiche und weitverbreitete Organ der Spätorthodoxie, davon berichteten. Auslöser des Streits waren die schriftlichen Reverenzen, die – wie bereits erwähnt – der radikale Pietist Johann

---

29 Hierzu und zum Folgenden s. PAUL SCHAUDIG, Pietismus, 55–56.

30 Das Reskript findet sich in: MATTHIAS SALOMON SCHNIZZER, CHRONICA der Statt Neüstatt an der Aÿsch, 1708, T. 2, 235–236, StadtA Neustadt a. d. Aisch. Gedruckt ist diese Verordnung in: PAUL SCHAUDIG, Pietismus, 56–57; MATTHIAS SALOMON SCHNIZZER, Chronica der Statt Neustatt an der Aysch, 195.

31 WOLFGANG CHRISTOPH RÄTHEL, De Deo, unpaginiert [2].

32 Zu Schnizzer (Schnitzer) s. DBA NF 1172, 313; MATTHIAS SIMON, Bayreuthisches Pfarrerbuch, Nr. 2253.

33 Vgl. HEINZ RENKEWITZ, Hochmann von Hochenau, 261.

34 Über diese Kontroverse s. FRIEDRICH FRITZ, Rosenbach, 41–47; JOHANN GEORG WALCH, Religions-Streitigkeiten in der Evangelisch-Lutherischen Kirche, Bd. 2, 755–767 u. Bd. 5, 2, 1029–1032. Vgl. Rez. Officium gratitudinis, in: UnNachr 1707, 125–126.

Abbildung 14. Johann Georg Rosenbach (1680–1747).
Aus: Johann Georg Rosenbach, Wunder- und Gnaden-volle Führung Gottes, [1704]. Titelkupfer.

Georg Rosenbach[35] im Herbst 1703 von sechs Professoren aus allen vier Fakultäten der Universität Altdorf über seinen dortigen Aufenthalt erhalten hatte.

Trotz dieser Leumundszeugnisse war der Sporergeselle im Oktober 1703 aus Nürnberg ausgewiesen und den Altdorfer Theologen, besonders den beiden Kontrahenten Sonntag und Lang, obrigkeitlicherseits untersagt worden, weder „auf der Canzel noch in Cathedra Academia von dieser

---

[35] Zu Rosenbach s. bes. Kap. IV, 135–136. Vgl. FRIEDRICH FRITZ, Rosenbach.

Materie das geringste vorzubringen“[36]. 1704 veröffentlichte der Ermreuther Pfarrer Lorenz Adam Meyer[37] diese „attestata“ zusammen mit Rosenbachs „Glaubens-Bekäntnuß“[38] anonym in der zweiteiligen Schrift „Notwendige Addresse An Eine Christliche Obrigkeit“[39]. Diese Schrift war vor allem gegen den lutherisch-orthodox gesinnten Heilbronner Pfarrer Johann Philipp Storr gerichtet, der sein ehemaliges Beichtkind Rosenbach in seiner 1703 erschienenen „Abfertigung“[40] der Heterodoxie bezichtigt und wegen seiner Kirchenkritik heftig attackiert hatte. In den „attestata“ hatten sich die Altdorfer Gelehrten dagegen zu Rosenbach bekannt. Professor Lang hatte ihn in einem mitveröffentlichten Schreiben[41] an den Rektor der Universität sogar als einen „einfältigen Geist- und GOtt- erleuchteten Theologum“ bezeichnet. Er habe zwar keine Predigten gehalten, wohl aber „Christliche gute Vermahnungen ohne alle Kunst und Disposition, wie die H. Apostel und ersten Christen sich auch erbauet haben“.

Als Storr von dieser Publikation erfuhr, verfaßte er 1704 einen „Send-Brieff/ An die gesammte Lutherische fürnehm-berühmte Universitaet Altdorff“[42]. Darin setzte er sich besonders mit Langs Gutachten auseinander. Konsterniert zeigte er sich darüber, daß man Rosenbach an der Universität Altdorf derartig vorzügliche Zeugnisse ausgestellt habe. Deshalb schilderte er nochmals Details über Rosenbachs religiöse Entwicklung, über seine Konflikte mit den Eltern und der Heilbronner Obrigkeit sowie über seine Freundschaft mit Raab. Er äußerte die Hoffnung, daß der Rektor und der

---

36 StA Nürnberg, RV 3084, 73r–74r (13. Oktober 1703), hier 74r; vgl. Landpflegamt Manuale, 174, 416–418 (13. Oktober 1703).

37 Zu Meyer s. bes. Kap. IV, 124.

38 s. GOTTFRIED MÄLZER (Bearb.), Werke der württembergischen Pietisten, Nr. 2662. Über diese Schrift s. FRIEDRICH FRITZ, Rosenbach, 33.

39 s. GOTTFRIED MÄLZER (Bearb.), Werke der württembergischen Pietisten, Nr. 2656–2658; allerdings findet sich hier kein Hinweis darauf, daß Lorenz Adam Meyer Herausgeber und Mitautor dieser Schrift ist. Über diese Schrift und ihren Herausgeber s. FRIEDRICH FRITZ, Rosenbach, 43–45. Rötenbeck versicherte am 9. Juli 1704 in einem Brief an Francke (SB Berlin, Francke-Nachlaß, Kaps. 17. 2), daß weder er noch Lang zur Herausgabe dieser Schrift „angestiftet“ oder „geführt“ hätte, wie man in Nürnberg vermutet hatte. Rosenbachs „Glaubens-Bekäntnuß“ findet sich in: [LORENZ ADAM MEYER (Hg.),] Addresse, T. 1, 19–30; die attestata finden sich ebd., T. 2, 2–6 (Rötenbeck), 7–13 (Lang), 51–53 (Wagenseil), 53–55 (Werner), 55–57 (Apin), 57–59 (Omeis).

40 Vgl. GOTTFRIED MÄLZER (Bearb.), Werke der württembergischen Pietisten, Nr. 2656–2658. Über diese Schrift s. FRIEDRICH FRITZ, Rosenbach, 33–34.

41 [LORENZ ADAM MEYER (Hg.),] Addresse, T. 2, 14–51 („Schrifftliche Deduction Dessen/ Was bey offtmahliger Conversation, Mit Johann Georg Rosenbach Sporer- Gesellen/ Und bey Dessen fleissiger Beprüffung/ Als vor dem Angesichte Gottes/ beobachtet hat Johann-Michael Lang/ Th. D. P. P. und Ecclesiae Minister zu Altdorff“); die folgenden Zitate ebd., 31 u. 35.

42 Über diese Schrift s. FRIEDRICH FRITZ, Rosenbach, 45.

Lehrkörper dem „pasquillanten" zu verstehen geben würden, daß die Veröffentlichung der „Löblichen Universitaet Zeugnüsse" mißbräuchlich erfolgt sei.[43] Das könne man um so mehr erwarten, als der Altdorfer Universität bei der gegenwärtigen kirchlichen Lage daran gelegen sein müßte, „den Character einer auffrichtigen Lutherischen/ und bey unsern Libris Symbolicis Treuhaltenden Universitaet, ungekränckt zu erhalten; auch den Verdacht/ in welchen sie durch supponir- oder einseitige publicirung dieser Zeugnüße von einem ungenannten diffamanten schon gesetzet worden/ nach äusserstem Vermögen/ von sich abzuleynen".

Auf diese Schrift antwortete Lang, der von allen Altdorfer Professoren am stärksten ins Visier genommen worden war, Mitte desselben Jahres mit seiner „Christliche[n] und gründliche[n] Antwort auf Herrn M. Joh. Philipp Storrens [...] Send-Brief an Die gesamte Universität zu Altdorff wegen der Zeugnißen"[44]. In diesem vierteiligen Werk befaßte er sich zunächst mit den Bekenntnisschriften. Diese würden mißverstanden, wenn „man daraus will Neben-Bibeln/ oder (beßer und aufrichtiger von der Sache zu reden) Hyper-Bibeln/ wieder unserer Kirchen eigene und einstimmige Lehre/ machen"[45]. Sodann wandte er sich der lutherischen Orthodoxie zu. Hierbei unterschied er zwischen der „Schul-Orthodoxie" und der wahren lutherischen Orthodoxie. Erstere sei ein „Natur- und Kunst-Begriff", den sich „Natur- und Weltgelehrte Menschen/ von GOtt und Göttlichen Dingen aus ihren natürlichen Kräfften/ nach Anleitung des natürlich bedeutenden Bibel-Buchstabens" machten.[46] Die Anhänger der wahren lutherischen Orthodoxie wüßten – im Unterschied zu den „Schul-Orthodoxos" – darum, daß das, „was nicht durch das Wort GOttes in der Kirchen ausgerichtet wird/ wohl werde durch andere Mittel nimmermehr gethan werden. Darum ringen sie mit Beten/ Lehren/ Warnen/ Vermahnen auf alt-Apostolische Art/ und suchen ihres Amtes Seegen und Stärcke selbst in dem redlichen Gebrauch des Amtes/ so ihnen befohlen ist/ ohne viel die weltliche Obrigkeit zu belästigen/ oder zu ihren Willen zu bereden". Im dritten Teil ging er auf die von Storr „sehr beschriene Pietisterey/ sonderlich der Philadelpher"[47] ein. Freimütig bekannte er, er akzeptiere es gern, wenn man ihn einen Pietisten nenne; denn seiner Meinung nach gehe es den Pietisten erstens darum, „daß man die Religion und dero Reinigkeit nicht in Schul- und Wort-Gezänck/ sondern in Beweisung des Geistes und der Krafft [I Kor 2, 4], nach Art der ersten/ alten reinen Apostolischen Christen-Kirchen zu suchen" habe und zweitens, „daß man bey Bekehrung der Leute und Uberführung der Seelen/ den Anfang müße machen

---

43 JOHANN PHILIPP STORR, Send-Brieff, 109; das folgende Zitat ebd., 109–110.
44 Über diese Schrift s. FRIEDRICH FRITZ, Rosenbach, 45–46.
45 JOHANN MICHAEL LANG, Antwort, 51–52.
46 JOHANN MICHAEL LANG, Antwort, 71; das folgende Zitat ebd., 89.
47 JOHANN MICHAEL LANG, Antwort, 97; folgende Zitate ebd., 110–111.

von der Buße/ und nicht von Auswendig-Lernung gewißer Schul-Sätze und Schul-Controversien/ als die da bey noch ungereinigten Hertzen nichts als Kunst-geschwülstiges Wißen verursachten". Der letzte Teil der Schrift enthielt dann eine erneute Ehrenerklärung für Rosenbach, den er nach wie vor für einen frommen Zeugen Jesu Christi erachtete. „In GOttes Gericht gilt ein armer Sporer/ wann er GOtt fürchtet und recht thut/ mehr als ein Doctor und Magister oder Praelat oder was er auch seyn mag/ wann dieser weiter nichts ist/ als ein natürlich-gelehrter Schul-Mann/ Meynungs-Verfechter/ das ist/ ein blosser Schul- und Hirn-Orthodoxus"[48]. Auch der Ermreuther Pfarrer Meyer replizierte 1704 auf Storrs „Send-Brieff" mit seinem „Gegen- und Verantwortungs-Schreiben"[49]. Darin griff er Storr besonders wegen seines Insistierens auf die Bekenntnisschriften scharf an und betonte die Notwendigkeit eines frommen Lebens, wie es sich bei Rosenbach finde. „Regenten und Vättere" sollten solche Frommen in Ruhe lassen, auf daß sie „nicht erfunden" würden, als ob sie „wider GOtt streiten" wollten; „denn ja ohne einem rechtschaffenem Pietismo und wahrer Gottseeligkeit niemand/ er sey nun/ wer er wolle/ einen rechten Glauben haben/ noch vielweniger seelig werden kan"[50].

Auf Langs „Epistulam Apologeticam"[51], d. h. auf seine „Christliche und gründliche Antwort", konterte Storr 1705 mit seiner „Widerantwort Auf H[err]n Joh. Michael Langen [...] Antwort/ Auf mein an die gesamte Löbl. Universität Altdorff [...] abgelassenen Send-Brieff"[52]. Darin wurde vor allem Lang wegen seines Eintretens für den Sporergesellen angegriffen. Er sei „bey all seiner vorgegebenen fleissigenPrüfung/ dennnoch entweder von dem Ertzheuchler [sc. Rosenbach]/ der hinter dem Pusch gehalten und seinen Schalck besser und beständiger bergen können/ als er wol nicht gemeynet/ betrogen worden: oder aber/ er müsse ihm den rechten Wolffs-Zahn/ ob er schon guten Vorbericht [...] vor sich gehabt/ nicht recht haben fühlen wollen"[53].

Diese Auseinandersetzungen um die sogenannten Rosenbachschen Händel hatten inzwischen auch den Nürnberger Magistrat alarmiert. Dieser verwarnte Lang sowie dessen Kollegen und verbot ihnen, sich weiterhin in dieser Angelegenheit zu engagieren[54]. Auch verhinderte der Magistrat das Er-

---

48 JOHANN MICHAEL LANG, Antwort, 179.

49 Über diese Schrift s. FRIEDRICH FRITZ, Rosenbach, 45.

50 [LORENZ ADAM MEYER,] Gegen- und Verantwortungs-Schreiben, unpaginiert [A 10r–v].

51 Brief: Georg Paul Rötenbeck an August Hermann Francke, 9. Juli 1704, SB Berlin, Francke-Nachlaß, Kaps. 17. 2.

52 Über diese Schrift s. FRIEDRICH FRITZ, Rosenbach, 51.

53 JOHANN PHILIPP STORR, Widerantwort, 60.

54 s. Brief: Martin Diefenbach an Adam Rechenberg, 25. April 1705, ausz. gedr. in: THEODOR WOTSCHKE, Neue Urkunden (1931), 42–43, Anm. 2; hier 43.

scheinen einer Neuauflage von Rosenbachs Schrift „Wunder- und Gnaden-volle Führung Gottes“[55], die der Ermreuther Pfarrer Meyer bei dem Altdorfer Verleger Jobst Wilhelm Kohles[56], einem Schwager Langs, erneut drucken lassen wollte.[57] Während dieser auf der Frankfurter Buchmesse weilte, hatte die Obrigkeit im April 1705 jedoch „ganz unversehens dessen Buchdruckerei und Laden zu Altdorf gerichtlich eröffnen lassen und alle Bogen des neuen heimlich unter Händen gehabten Druckes oder neuen Auflage von des Sporergesellen ‚Wunderbarer Führung Gottes‘ weggenommen mit angehängter Bedrohung einer sehr ernstlichen Strafe.“[58] Infolge dieses entschlossenen Vorgehens konnte der Nürnberger Magistrat zwar die Rosenbachschen Händel im engeren Sinne beenden, nicht aber die dadurch ausgelösten theologischen Auseinandersetzungen zwischen Orthodoxie und Pietismus.

Im Jahre 1704 veranstaltete Professor Sonntag[59] an der Theologischen Fakultät Altdorf eine Disputation „Abdicatio entium rationis theologicorum“. Er forderte darin von den Pietisten die Beachtung von insgesamt neun Hauptpunkten[60], wenn ihnen am Frieden mit der lutherischen Orthodoxie gelegen sei: Sie sollten die „purgationem mysticam“ nicht zur Voraussetzung der Rechtfertigung erklären, die Gerechtigkeit Christi nicht zu einem habituellen Besitz des Menschen machen, die forensische Rechtfertigung und die Gerechtmachung nicht miteinander vermischen, die lutherische Kirche nicht Babel nennen, alle Heterodoxen nicht „unter dem Schein der Liebe“ tolerieren, Nicht-Pietisten nicht verächtlich behandeln, das Predigtamt nicht verlästern, das geistliche Priestertum aller Gläubigen nicht überbewerten und die sog. Normalbücher nicht außer Kraft setzen.

---

[55] Diese Schrift war erstmals 1703 ohne Ortsangabe erschienen. Auf diese Schrift entgegnete übrigens Johann Philipp Storr mit seinem 1704 erschienenen: „Sieg Der Wahrheit“; über diese Schrift s. FRIEDRICH FRITZ, Rosenbach, 50–51. In dieser Schrift behauptete Storr, daß sich Rosenbach mit seiner autobiographischen Schrift „Wunder- und Gnaden-volle Führung Gottes“ selbst dekuvriert und der Wahrheit zum Sieg verholfen habe. Seine Berichte über seine Widerfahrnisse in seiner württembergischen Heimat seien nämlich meistens frei erfunden oder verzerrt, und seine Ausführungen über seinen christlichen Glauben demaskierten ihn als heterodox. Seine Schrift entlarvte ihn also als “ein[en] Ertzheuchler/ lästerer/ Lügner und Schwermer/ der mit nichts anderst als „Enthusiast- und Socinistischen Ketzer- Gifft [...] Unter dem Schein der GOttseeligkeit/ zu morden kommen war“ (JOHANN PHILIPP STORR, Sieg Der Wahrheit, 94).

[56] Zu Kohles s. LORE SPORHAN-KREMPEL u. THEODOR WOHNHAAS, Nürnberger Buchdrucker, 216; GEORG ANDREAS WILL, Geschichte der Altdorfischen Buchdruckere, 31–32.

[57] s. FRIEDRICH FRITZ, Rosenbach, 44.

[58] Brief: Martin Diefenbach an Adam Rechenberg, 25. April 1705, ausz. gedr. in: THEODOR WOTSCHKE, Neue Urkunden (1931), 42–43, Anm. 2; hier 43.

[59] Zu Sonntag s. bes. Kap. III, 101.

[60] s. CHRISTOPH SONNTAG, Abdicatio, bes. 51–54. Eine gekürzte Wiedergabe dieser neun „Accords-Puncte(n)“ in deutsch findet sich in: Categorische Antwort, 31–32.

Noch im gleichen Jahr publizierte daraufhin ein pietistisch gesinnter Pfarrer aus dem Nürnberger Landgebiet anonym seine „Categorische Antwort/ auf P. Tit Herrn Doctors Sonntags vorgeschlagene IX. Accords-Puncten/ zwischen denen von Ihme so genannten Fanaticis und Orthodoxis". Darin wurde Sonntag scharf angegriffen; u. a. wurde er wegen seines Rechtfertigungsverständnisses der Heterodoxie bezichtigt.[61] Infolgedessen sah sich der Nürnberger Magistrat veranlaßt, diese Schrift zu konfiszieren. Sonntag verzichtete zwar auf eine selbständige Entgegnung, gab aber in einem damals gerade laufenden Promotionsverfahren eine Erklärung ab, warum er davon absehe, dem Verfasser der „Categorische(n) Antwort", den er despektierlich als „Mus alatus asebisticus", als „gottlose Fledermaus"[62], bezeichnete, zu antworten. Diese nur wenige Zeilen umfassende Mitteilung wurde als „Corrolarium"[63] mit der Dissertation publiziert. Darauf griff wiederum ein pietistischer Pfarrer[64] zur Feder und verfaßte am 19. Januar 1706 unter dem Pseudonym Sincerus Aletophilus ein kurzes „Eilfertiges Sendschreiben", in dem er Sonntag aufs heftigste attackierte. Teils polemisch, teils ironisch versuchte er, ihn sowohl theologisch als auch menschlich bloß zu stellen und schloß mit Drohungen und Mahnungen: „Ey so wehret denn nicht/ sondern helfft darzu/ daß das herrliche Reich JEsu Christi bald erschein/ und die Tage dieser letzten bösen Zeit mögen verkürzet werden [vgl. Mt 24, 22]! haltet Euch doch nicht für Christus Diener/ sondern erkennet/ daß ihr noch/ mit Saulos, schnaubet/ wieder den HErrn und seine Gesalbte [vgl. Act 9, 1]/ ob Ihr schon die vätterliche Gesetze kräfftigst mainteniret [aufrechterhaltet]! gedencket nur nicht/ Ihr seyd der Mond/ für welchen sich 11. Sternen neigen müsten/ Gen. 37. v. 9. denn der grössere soll dem kleinen dienen [vgl. Mt 20, 26 – 28; Mk 10, 43 – -44; Lk 22, 24 – 26]".[65]

Daraufhin meldete sich der Verfasser der „Categorischen Antwort" nochmals zu Wort mit der kurzen Schrift „Abgenöthigter Nach- und Gegenschall der Categorischen Antwort/ auf die gar groben Beschuldigungen/ die ihr zu Altdorff gantz gröblich sind nachgeschriehen [...] worden". Er bedauerte, daß Sonntag einer Auseinandersetzung ausgewichen sei und bezichtigte ihn der bewußten Fehlinterpretation seiner Schrift und Mißdeutung seiner Person.

Nun endlich sprang ein ehemaliger Student Sonntags in die Bresche. Anonym veröffentlichte er sein „Officium gratitudinis". Vehement trat er für

---

[61] Vgl. Rez. Officium gratitudinis, in: UnNachr 1707, 125–126.

[62] Abgenöthigter Nach- und Gegenschall, 4 u. 5.

[63] Das „Corrolarium" ist gedr. in: Abgenöthigter Nach- und Gegenschall, 4–5.

[64] Im „Officium gratitudinis" wird vermutet, daß der Verfasser der „Categorischen Antwort" mit dem des „Eilfertigen Send-Schreibens", das unter dem Pseudonym Sincerus Aletophilus erschien, identisch ist; das hat dieser jedoch bestritten (s. Abgenöthigter Nach- und Gegenschall, 3).

[65] ALETOPHILUS, SINCERUS (Pseud.), Eilfertiges Send-Schreiben, unpaginiert [3].

seinen ehemaligen Lehrer ein und erklärte, dieser trenne keinesfalls Gerechtsprechung und Gerechtmachung.[66] Schließlich erschien 1707 von einem anderen unbekannten Verfasser noch die „Recht Categorische Antwort". Darin riet dieser dem Verfasser der „Categorischen Antwort" und des „Nach- und Gegenschalls" dringend von einer nochmaligen Entgegnung auf das „Officium gratitudinis" ab. Weder Sonntag noch „sein steiff zugestutzter Auditor" verständen den „triplicem viam Mysticorum"; diesen erkennten nur diejenigen, die aus eigener Erfahrung wüßten: „Was der Stachel der Sünde/ was die Sinnes- Aenderung/ was der Glaube und die Rechtfertigung sc. in ihren Wesen seyn/ und wie sie in der Seele gefühlet und empfunden werden"[67]. Den „aufgeblasenen Disputir- Geistern und eigensinnigen Sectirern/ wird man solche Warheit nicht beybringen/ und wenn man sich auch noch so sehr bemühete; weilen sie sich selbst verstocken/ und den Rath GOttes wider sich selbst verachten mit denen Pharisäern. Darum heists auch hier billich: Lasset sie fahren/ sie sind blind/ und der Blinden Leiter [Math 15, 14]!"

Den Auseinandersetzungen, in denen es – vor allem in der zweiten Phase – um soteriologische und ekklesiologische Fragen ging, setzte der Nürnberger Magistrat mit einem gedruckten Dekret[68] vom 20. Oktober 1707 ein Ende. Es wurde allen Predigern und Lehrern zur Unterschrift vorgelegt. Darin wurden sie u. a. auf ihre Verpflichtung auf die Normalbücher hingewiesen; daneben wurde ihnen angedroht, daß man Verstöße dagegen unnachsichtig ahnden werde; ferner wurden sie aufgefordert, künftig polemische Auseinandersetzungen zu unterlassen.

2. *Obrigkeitliche Maßnahmen gegen Pietisten*

a) Sporadische Aktionen gegen Einzelpersonen und kleinere Gruppen

Die Obrigkeit ist gegen Anhänger des Spener-Hallischen Pietismus, vor allem aber gegen solche des radikalen Pietismus, auf mannigfache Weise vorgegangen. Hierzu sah sie sich oft durch verbale oder literarische Streitigkeiten zwischen ihren lutherisch-orthodox gesinnten Pfarrern und den Pietisten veranlaßt oder sogar gedrängt. Bei diesen obrigkeitlichen Maßnahmen handelte es sich zumeist um Aktionen gegen einzelne Personen oder kleinere pietistische Gemeinschaften. Gemeinhin verhörte und vermahnte

66 s. Officium gratitudinis, 14; vgl. Rez. Officium gratitudinis, in: UnNachr 1707, 126.
67 Recht Categorische Antwort, 4; die folgenden Zitate ebd.
68 Näheres über dieses Dekret s. Kap. V, 201–202.

man die betreffenden Pietisten, nur besonders renitente warf man ins Gefängnis oder verwies sie des Landes. Da es zu solchen sporadischen Einzelmaßnahmen nahezu in allen Territorien kam, kann im folgenden lediglich paradigmatisch auf einige Fälle hingewiesen werden.

Verhöre und Strafandrohungen

Signifikant für ein Einschreiten der Obrigkeit gegen einzelne Pietisten und kleinere pietistische Gemeinschaften waren die Vorgänge in Gutenstetten und seiner Filialgemeinde Pahres zu Beginn des 18. Jahrhunderts.[69] In diesen beiden markgräflich brandenburg-bayreuthischen Aischgrunddörfern, die von 1701 bis 1732 zu dem an den Würzburger Fürstbischof Johann Philipp von Greiffenclau verpfändeten Klosteramt Münchsteinach gehörten, gab es seit längerer Zeit eine unverhältnismäßig große Anzahl von Pietisten. Zuspruch erhielten sie mehrmals von führenden Gestalten des radikalen Pietismus. Nicht zuletzt wegen ihres provozierenden Verhaltens, das zum Teil auf andere Orte des Aischgrunds übergriff, erließ Markgraf Christian Ernst am 30. Oktober 1704 eine Anordnung[70] an das Konsistorium. Darin machte er dessen Räte auf „verschiedene Schwärmer u. unordentliche Leüte" aufmerksam, die „unter dem Nahmen des Pietismi verschiedene verwerffliche Neüerungen unternehmen, und Irrungen auch Ergernußen unter den gemeinen Leüten hervorthun, und sich nach und nach vermehren". Sie seien als gefährlich einzustufen, da sie „unter dem Schein eines gottseeligen Lebens [II Tim 3, 5] sich nur des müßiggehens befleißigen, und gute Ordnungen, ohne welche doch kein Staat bestehen kan, zu tadeln und übern Haüffen zu werffen, sich unterstehen". Man solle auf solche „Müßiggänger und eigennützige singulaire Leüte ein wachsames Auge haben" und sie anzeigen.

Diese Verordnung zeigte jedoch in Gutenstetten und Pahres keine größere Wirkung. Weiterhin gab es in dieser Pfarrei Pietisten, die teilweise gegen die „öffentlichen Kirch-Versammlungen und Sacramenta" polemisierten, insgeheim „Conventicula" abhielten und sich „zu[m] grossen Aergerniß" von der Kirchengemeinde separierten.[71] Zwar hatten einige der dortigen Pietisten

---

[69] Hierzu und zum Folgenden s. HEINZ RENKEWITZ, Hochmann von Hochenau, 259–261; PAUL SCHAUDIG, Pietismus, 84–94.

[70] MATTHIAS SALOMON SCHNIZZER, CHRONICA der Statt Neüstatt an der Aÿsch, 1708, T. 2, 235–236, StadtA Neustadt a. d. Aisch; die folgenden Zitate ebd., 235 u. 236. Vgl. MATTHIAS SALOMON SCHNIZZER, Chronica der Statt Neustatt an der Aysch, 195. Mit geringfügig abweichender Orthographie gedr. in: PAUL SCHAUDIG, Pietismus, 56–57; die folgenden Zitate ebd., 56 u. 57.

[71] Gerichtl. Registraturen wegen einiger Fanaticorum unterm Stifft Würtzburg. Actum Münchsteinach/ den 5. Febr. 1709, in: UnNachr 1710, 220–234, hier 220; die folgenden Zitate ebd.

inzwischen ihre kirchenfeindliche Gesinnung aufgegeben; da sie aber früher mit Separatisten „familiair gelebet/ und deren Zusammenkünffte frequentiret" hatten, galten sie weiterhin als „verdächtig".

Zum Eklat kam es Ende Januar 1709 anläßlich des Todes des Gutenstettener Tagelöhners Hans Landsmann.[72] Dieser radikale Pietist war drei Jahre lang dem Gottesdienst ferngeblieben, hatte Kirchgänger verspottet und war sonntags provokativ der Arbeit nachgegangen. Wenige Monate vor seinem Tod soll er sogar erklärt haben: „Er gehe nicht in die Kirche, da es lauter Lügen seien, was die Pfarrer predigten, und wenn er könnte, dann wollte er mit Freuden in der Kirche dreschen".[73] Als der Münchsteinacher Klosteramtsverwalter dem Würzburger Diözesanamt sein Ableben meldete und zugleich von dessen abweichendem religiösen Verhalten Anzeige erstattete, wurde angeordnet, seinen Leichnam am 2. Februar während des sonntäglichen Gottesdienstes ohne Begleitung des Chores in einer Ecke des Kirchhofs beizusetzen. Zugleich befahl der Pfandherr, alle verdächtigen Pietisten aus dieser Pfarrei zu vernehmen. Das Verhör[74] fand am 5. Februar in Münchsteinach statt, worüber sogar die „Unschuldigen Nachrichten" berichteten[75]. Vorgeladen wurden acht Personen: der Bauer Georg Gräsel (Gressel), Sebastian Hahn, der Schuhmacher Nikolaus Pöhlmann, der Büttner Hans Georg Hoffmann, der Schulmeister Johann Matthäus Müller, Matthäus Helm und Hans Grösel sowie Landsmanns Witwe. Während die beiden ersten aus der Filialgemeinde Pahres stammten, hatten alle übrigen ihren Wohnsitz in Gutenstetten. Das Verhör führten die drei lutherischen Pfarrer des Amtes Münchsteinach durch, nämlich Johann Georg Örtel[76] aus Gutenstetten, Magister Wilhelm Konrad Hedenus[77] aus Baudenbach und Stephan Grüner[78] aus Münchsteinach-Schornweisach. Hierbei wurden allen Vorgeladenen vier Fragen vorgelegt. Zunächst wollte man wissen, ob sie willens seien, „Lehr/ Glauben/ Kirchen- und Kirchen-Ordnungen [...] wie

---

[72] Hierzu und zum Folgenden s. LKA Nürnberg, Pfarreien IV, 37 (Münchsteinach), Nr. 1, fol. 97–117: Bericht des Pfarrers Stephan Grüner von Schornweisach.

[73] PAUL SCHAUDIG, Pietismus, 85.

[74] Hierzu und zum Folgenden s. LKA Nürnberg, Pfarreien IV, 37 (Münchsteinach), Nr. 1, fol. 54–76 (enthält: Verhör; Bekenntnisse der radikalen Pietisten Nikolaus Pöhlmann, Hans Georg Hoffmann u. Johann Matthäus Müller; Bericht an den Würzburger Fürstbischof Johann Philipp von Greiffenclau zu Vollraths). S. auch MATTHIAS SALOMON SCHNIZZER, CHRONICA der Statt Neüstatt an der Aÿsch, 1708, T. 2, 228–234, StadtA Neustadt a. d. Aisch. Vgl. MATTHIAS SALOMON SCHNIZZER, Chronica der Statt Neustatt an der Aysch, 193–195.

[75] s. Gerichtl. Registraturen, 221–222.

[76] Zu Örtel s. DBA 912, 364–366; DBA NF 963, 368; MATTHIAS SIMON, Bayreuthisches Pfarrerbuch, Nr. 1720.

[77] Zu Hedenus s. MATTHIAS SIMON, Bayreuthisches Pfarrerbuch, Nr. 959.

[78] Zu Grüner s. DBA NF 487, 398; MATTHIAS SIMON, Bayreuthisches Pfarrerbuch, Nr. 839.

andere Pfarr-Kinder zu folgen und [ihnen] nachzukommen", oder „in was vor Stücken" und warum sie sich davon dispensierten. Sodann folgte die Frage, wer sie zur Separation veranlaßt habe und welches ihre Lektüre gewesen sei. Die dritte Frage bezog sich auf ihre Konfessionszugehörigkeit, da „in dem Reich nur die Catholische/ Evangelische und Calvinische Religionen gelitten werden". Schließlich forderte man noch Auskunft darüber, ob sie bereit wären, ihr Verhalten zu ändern und Belehrungen anzunehmen. Das Verhörprotokoll läßt erkennen, daß sich die Opposition dieser Pietisten vor allem gegen ihren Ortspfarrer und nahezu alle Gemeindeglieder richtete, weil sie bei ihnen eine lebendige Frömmigkeit vermißten. Des weiteren übten sie aufgrund ihres Spiritualismus Kritik an Wort und Sakrament als media salutis und vertraten stattdessen ein unvermitteltes Gottes- bzw. Christusverhältnis. Bezüglich der zweiten Frage verneinten sie, von jemandem zur Separation vom gottesdienstlichen und gemeindlichen Leben verleitet worden zu sein. Hochmann von Hochenau habe sie bei seinen Besuchen[79] nur in mancherlei Anfechtungen getröstet. Die Schriften, die sie nach ihrem Geständnis gelesen hatten, stammten von Johannes Tauler, Jakob Böhme[80], Gottfried Arnold[81] und Johann Conrad Dippel. Von den acht Verhörten blieben vier hartnäckig bei ihrer religiösen Überzeugung und wiesen das Ansinnen einer pastoralen Unterweisung kategorisch zurück.[82] Abschließend wurden alle Vernommenen nochmals vermahnt. Am 1. März legte die Komission dem Fürstbischof einen Abschlußbericht[83] mit Empfehlungen über das weitere Vorgehen vor. Daraufhin erteilte dieser am Palmsonntag 1709 den radikalen Pietisten eine Ermahnung und zugleich das beneficium emigrationis. Zu ihrer Konsternation war jedoch kein Ort bereit sie aufzunehmen. Deshalb mußten sie schließlich in ihren Heimatdörfern bleiben; nur der Lehrer Müller wurde nach Münchsteinach versetzt. Die radikalen Pietisten verharrten weiterhin in religiöser Opposition, zumal sie in Rosina Dorothea Ruckteschel[84], der Pfarrfrau im nahegelegenen Stübach, eine engagierte Verteidigerin fanden.[85] Sie verfaßte 1709/1710 mindestens drei, allerdings nur handschriftlich verbreitete kleine Streitschriften, von denen leider nur

---

[79] s. Kap. IV, 131–132.

[80] Von Jakob Böhme hatte man gelesen „Christosophia, oder Der Weg zu Christo".

[81] Von Gottfried Arnold hatte man gelesen „Wahre Abbildung des inwendigen Christentums".

[82] Es handelte sich um Gräsel aus Pahres und um Pöhlmann, Hoffmann und Müller aus Gutenstetten.

[83] s. LKA Nürnberg, Pfarreien IV, 37 (Münchsteinach), Nr. 1, fol. 62–65 (Konzept), 76–72 (Reinschrift). Vgl. PAUL SCHAUDIG, Pietismus, 88–89.

[84] Zu Ruckteschel, geb. Schilling s. bes. Kap. IV, 162–166.

[85] s. PAUL SCHAUDIG, Pietismus, 90–94.

zwei überliefert sind.[86] Wie zäh sich der Pietismus in dieser Gegend halten konnte, wird auch daran deutlich, daß Markgraf Georg Wilhelm von Brandenburg-Bayreuth am 14. Mai 1714 aufgrund eines Berichts des Bayreuther Konsistoriums über radikalpietistische Umtriebe „in der Superintendur Neustadt an der Aisch und selbiger Diöces" erneut eine Verordnung[87] gegen die dortigen „sectirischen Separatisten" erließ. Darin wurde zunächst festgestellt, daß es hier separatistische Pietisten gebe, die sich seit mehreren Jahren von Gottesdienst und Abendmahl fernhielten, ihre Kinder nicht taufen ließen und allerlei schrift- und bekenntniswidrige Irrlehren zu Ärgernis oder Verunsicherung anderer Christen verbreiteten. Diese „sectirische[n] Sonderlinge" wurden sodann aufgefordert, sich „nach der Kirchenordnung und deren Christlichen Gebrauch zu richten" und sich unbedingt mindestens zweimal jährlich „zur Beicht und Communion busfertig einzufinden". Anderenfalls würden sie – anderen zum Exempel – unnachsichtig mit Landesverweisung bestraft werden.

Inhaftierungen und Landesverweisungen

Gelegentlich bestand das obrigkeitliche Vorgehen auch darin, einzelne Pietisten mit Gefängnishaft und Landesverweisung zu bestrafen. Von diesen Maßnahmen waren meistens Propagandisten und Emissäre des radikalen Pietismus betroffen, die sich im Gebiet des heutigen Bayerns für kürzere oder längere Zeit aufhielten, wie beispielsweise Hochmann von Hochenau[88].

Dagegen verurteilte die Obrigkeit eigene Untertanen nur in Ausnahmefällen zu Gefängnishaft oder sogar Landesverweisung. Verwiesen sei auf die beiden radikalpietistischen Schuhmachermeister Johann Matthäus Brückner und Johann Schaller in Coburg[89], die zusammen mit ihren Familien aufgrund eines Befehls Herzog Johann Ernsts im September 1715 zwangsweise aus

---

[86] s. ROSINA DOROTHEA RUCKTESCHEL, Was ich zu Ottenhoffen bey der Kindstauff und auf den Hochbacher Weg mit dem jungen Grüner geredet, Burgbernheim 15. Juni 1709, LKA Nürnberg, Pfarreien IV, 37 (Münchsteinach), Nr. 1, fol. 82–84; DIES., Kurze Erklärung Eines glaubens-bekäntnus, welches vorhin, durch Pasquillen, und ungerechte Angerechte Anschuldigung, von H. Stephan Grüner Pfarrer zu Schornweysach, der Autorin, abgenöthiget worden, [...] 18. Dezember 1710, ebd., fol. 160–171. Das „glaubens-bekäntnus" (vor 18. Dezember 1710) von Rosina Dorothea Ruckteschel ist zwar nicht erhalten, läßt sich aber in seinen Grundaussagen rekonstruieren; s. STEPHAN GRÜNER, Höchstgefährliche Schalkheit und Täuscherey zur Verführung: Wie solche in einem seltsamen Glaubens-Bekändtnus von Rosina Dorothea Rucktäschlin arglistig intendiret [...] Anno 1710, ebd., fol. 121–130.

[87] Gedr. in: Corpus Constitutionum Brandenburgico-Culmbacensium, Bd. 1, Bayreuth 1746, 253; die folgenden Zitate ebd. Vgl. LORENZ KRAUSSOLD, Pietismus 82–83; PAUL SCHAUDIG, Pietismus, 286–287.

[88] Zu Hochmann von Hochenau s. bes. Kap. IV, 127–132.

[89] s. Kap. IV, 172–173.

dem Fürstentum Coburg abgeschoben wurden.[90] Hierbei ist aber zu beachten, daß man ihre Expatriierung erst anordnete, nachdem man sich jahrelang vergeblich um ihre Rückführung zur lutherischen Orthodoxie bemüht hatte. Auch erfolgte ihre Ausweisung nicht zuletzt wegen ihrer hartnäckigen Opposition gegen die Bestimmungen der Zunftordnung, die alle Mitglieder obligatorisch zu regelmäßigem Kirchgang und Sakramentsempfang verpflichtete.

b) Antipietistische Verordnungen

Wesentlich einschneidender waren solche obrigkeitlichen Verordnungen, die die Pietisten einer Region oder eines ganzen Territoriums betrafen. Hierbei handelte es sich vor allem um das Verbot, Konventikel abzuhalten oder zu besuchen. Solche Erlasse gab es aber keineswegs in allen Gebieten Frankens und Ostschwabens. In vielen Territorien war nämlich die pietistische Bewegung entweder zu marginal oder zu moderat. In einigen anderen hegte die Obrigkeit sogar zeitweise gewisse Sympathien für die Pietisten und ergriff deshalb keine Maßnahmen gegen sie.

Regionale Verfügungen

In der Markgrafschaft Brandenburg-Bayreuth ist – abgesehen von dem Konventikelverbot vom Februar 1733, auf das später einzugehen sein wird – kein allgemeines Edikt gegen die Pietisten erlassen worden. Die beiden markgräflichen Erlasse[91] an das Konsistorium vom 30. Oktober 1704 und 14. Mai 1714 hatten letztlich nur die separatistischen Pietisten in und um Neustadt a. d. Aisch im Blick. Die übrigen obrigkeitlichen Anordnungen betrafen sogar lediglich pietistische Aktivitäten in einigen markgräflichen Orten.[92]

---

[90] s. PHILIPP CARL GOTTHARD KARCHE, Jahrbücher, Bd. 3, 442. Vgl. HORST WEIGELT, Cyprians Auseinandersetzung, 108–110.

[91] s. Kap. III, 105 u. Kap. V, 182 u. 195. Die Verordnung des Markgrafen Christian Ernst an das Konsistorium vom 30. Oktober 1704 findet sich gedr. in: PAUL SCHAUDIG, Pietismus, 56–57; die von Markgraf Georg Wilhelm an dasselbe vom 14. Mai 1714 findet sich gedr. in: Corpus Constitutionum Brandenburgico-Culmbacensium, Bd. 1, Bayreuth 1746, 253–54; PAUL SCHAUDIG, Pietismus, 82–83.

[92] Einige dieser obrigkeitlichen Maßnahmen sind erwähnt bei MATTHIAS SIMON, Kirchengeschichte Bayerns, Bd. 2, 494 (Quellen- bzw. Literaturverweise).

Patent wegen der sectirischen Separatisten, daß solche von ihrem sectirischen Separatismo abstehen, sich zur Kirche und Abendmahl halten, oder der Landesverweisung gewärtig seyn sollen.

Georg Wilhelm, M. z. B. C.

DEmnach von Unserm Consistorio pflichtmässiger Bericht eingelanget, was massen in der Superintendur Neustadt an der Aisch und selbiger Dioces hin und wieder verschiedene sectirische Separatisten auffstehen sollen, welche Theils geraume Jahre von dem öffentlichen Gottesdienste, wie auch der Beichte und Communion wegbleiben, Theils ihre Kinder tauffen zu lassen recusiren, Theils allerhand gefährliche Irrthümer wider die heilige Schrift und Symbolische Bücher der Evangelischlutherischen Kirche disseminiren, dadurch andere fromme Christen neben sich ärgern und confundiren, ja nach und nach gänzlich verführen, und aber Uns von Landesfürstlicher hoher Obrigkeit wegen zukommen will, dergleichen weit aussehenden ärgerlichen Beginnen keines Weges nachzusehen, sondern vielmehr denselben möglichster massen vorzubauen; als werden hierdurch solche sectirische Sonderlinge alles Ernstes ermahnet, annoch bey Zeiten in sich zu gehen, sich nach der Kirchenordnung und deren Christlichen Gebrauch zu richten, mithin alles Aergerniß und Irrthümer abzustellen, und insonderheit wenigstens des Jahrs zwey mahl zur Beicht und Communion bußfertig einzufinden, oder im Gegenspiele gewärtig zu seyn, daß die Uebertretere andern zum Exempel mit der Landesverweisung unnachbleiblich angesehen und bestrafet werden sollen. Wornach sich also männiglich zu achten, und für Schaden zu hüten wissen wird. Signatum unter vorgedrucktem Unsern Fürstlichen Regirungssigel Bayreuth, den 14. May 1714.

Abbildung 14. Antipietistisches Mandat des Markgrafen Georg Wilhelm von Brandenburg-Bayreuth vom 14. Mai 1714.
Aus: Corpus Constitutionum Brandenburgico-Culmbacensium, T. 1, Bayreuth 1746, 253.

Auch die in der Markgrafschaft Brandenburg-Ansbach erlassenen antipietistischen Verordnungen bezogen sich stets nur auf einzelne Orte oder allenfalls kleinere Gebiete. So richtete sich der am 1. Oktober 1708 ausgegebene Erlaß[93] lediglich gegen Pietisten in der Gegend der markgräflichen

[93] s. RICHARD PLOCHMANN, Reiz, 81 u. 83; KARL SCHORNBAUM, Religiöse Bewegungen, 216.

Dörfer Mainbernheim und Obernbreit. Sie waren stark von Pietisten aus Altdorf und Umgebung, wie z. B. von dem Weißenbrunner Lehrer Caspar Friedrich Himmler, beeinflußt und neigten zum Separatismus. In dem Erlaß wurde angedroht, diejenigen, die den Gottesdienst nicht besuchten sowie Taufe und Abendmahl verschmähten, innerhalb von vier Wochen des Landes zu verweisen.[94] Wegen dieser Strafandrohungen kam es innerhalb des Ansbacher Konsistoriums zu Differenzen, die jedoch wegen der Zwangsversetzung und alsbaldigen Entlassung des Generalsuperintendenten Christoph Christian Händel[95] nicht ausgetragen wurden.

Eine ähnlich regional begrenzte Verordnung erging an die Pietisten in Zirndorf und Roßtal; beide Orte gehörten zum markgräflich brandenburg-ansbachischen Dekanat Langenzenn.[96] Zwecks Belehrung wurden diese Pietisten nach Cadolzburg zu Pfarrer Johann Bernhold d. J.[97] einbestellt. Da sie jedoch an ihrer Überzeugung festhielten, wurde ihnen befohlen, das Land zu verlassen. Dieser Ausweisungsbefehl wurde am 20. Mai und am 28. August 1710 wiederholt.

Die 1719 von der markgräflichen Regierung in Ansbach gegen radikale Pietisten in Ostheim am Hahnenkamm ergriffenen Maßnahmen hatten ausschließlich lokale Bedeutung. Hier war es zu Konflikten zwischen ihnen und ihrem Ortspfarrer Johann Jakob Heller[98] gekommen.[99] Sie hatten „Kirche und öffentlichen Gottesdienst, das heilige Nachtmahl und das Predigtamt greulich gelästert, e. g. [exempli gratia, zum Beispiel] die Kirche ein Götzenhaus, ein Scheußhaus s[alva] v[enia] [mit Verlaub zu sagen], eine Mauerkirche, den Kelch des heiligen Nachtmahls einen Hurenbecher, ein Teufelsmahl geheißen, die h[eilige] Bibel einen Toten Buchstaben und die Prediger entsetzlich durchgezogen, in Gelacken [Gelagen], in Rockenstuben und in ihren conventiculis". Der damals in Nürnberg lebende General Johann Albrecht von Barner[100] bot ihnen an, sie in Ippesheim bei Uffenheim unterzubringen. An dem Beschluß der markgräflichen Regierung, diesen radikalen Pietisten einen Abzug ohne Entrichtung einer Nachsteuer zu gewähren, nahmen aber die kirchentreuen Einwohner von Ostheim spürbaren Anstoß und meinten ironisch: „Wer gern ohne Nachsteuer ziehen

---

94 Vgl. RICHARD PLOCHMANN, Reiz, 81 u. 83.

95 Zu Händel s. MATTHIAS SIMON, Ansbachisches Pfarrerbuch, Nr. 1005. Über Händels Entlassung s. MATTHIAS SIMON, Händel.

96 Hierzu und zum Folgenden s. MICHAEL WALTHER, Cadolzburgisches Denkmal, 78.

97 Zu Bernhold s. MATTHIAS SIMON, Ansbachisches Pfarrerbuch, Nr. 205.

98 Zu Heller s. MATTHIAS SIMON, Ansbachisches Pfarrerbuch, Nr. 1106.

99 Hierzu und zum Folgenden s. KARL SCHORNBAUM, Geschichte des Pietismus in Franken; die folgenden Zitate (Passagen aus einem Brief von Johann Jakob Heller an Georg Sebastian Pacius vom 23. Oktober 1719) ebd., 168.

100 Zu Barner s. bes. Kap. III, 97–98.

wolle, der dürfe nur Irrtum in der Lehre anfangen und treiben und gottlos werden und weiter keine Besserung tun."

Um 1731 machten sich Anhänger des radikalen Pietisten Victor Christoph Tuchtfeld[101] in dem Hofmarkt Fürth bemerkbar, in dessen Landeshoheit sich die Markgrafschaft Brandenburg-Ansbach, die Reichsstadt Nürnberg und das Fürstbistum Bamberg teilten. Als die markgräfliche Regierung in Ansbach von den radikalpietistischen Umtrieben erfuhr, wurde das Oberamt Cadolzburg am 31. Januar 1732 auf Anordnung des Markgrafen Carl Wilhelm Friedrich aufgefordert, diese Separatisten sofort auszuweisen.[102]

In der Reichsstadt Nürnberg mit ihrem großen Landgebiet verurteilte man wiederholt landfremde radikale Pietisten zu Gefängnisstrafen und Landesverweisungen. Dagegen war man mit der Inhaftierung oder sogar Expatriierung eigener Bürger äußerst zurückhaltend. Paradigmatisch hierfür ist das Verhalten des Magistrats gegenüber den kirchenkritischen Pietisten in Altdorf und Umgebung, besonders in Weißenbrunn, wo es zu Beginn des 18. Jahrhunderts relativ viele gab.[103] Magistrat und Pfarrerschaft von Nürnberg bemühten sich seit Frühjahr 1708 eifrig darum, sie durch Unterredungen und Verhöre der Kirche wieder zuzuführen.[104] Schließlich wurde ihnen 1714 befohlen, ihre Zugehörigkeit zur Kirche durch Teilnahme am Heiligen Abendmahl unter Beweis zu stellen oder auszuwandern. Dank der Intervention[105] der Prediger Marperger und Zeltner unterblieb jedoch die Durchführung des Emigrationsbefehls.[106]

Aber auch in kleineren fränkischen Territorien ist man in einzelnen Ortschaften oder Regionen gegen radikal gesinnte Pietisten vorgegangen, so in Unteraltertheim, das sich damals im Besitz der Grafschaft Castell-Remlingen befand.[107] Hier scharte sich spätestens seit 1718 eine Anzahl kirchenkritischer Pietisten um den Bäcker Andreas Landeck und Sebastian Geiger.

---

101 Zu Tuchtfeld s. HANS SCHNEIDER, Radikaler Pietismus, 166–167.

102 s. KARL SCHORNBAUM, Religiöse Bewegungen, 216. Übrigens stützte man sich auf diesen markgräflichen Befehl vom 31. Januar 1732 auch noch 1767 in einem Prozeß gegen radikale Pietisten in Fürth; s. ebd., 210–216.

103 Hierzu s. Kap. IV, 127–128.

104 s. StA Nürnberg, Landpflegamt Altdorf, S. I, L 313, Nr. 1 (Verhöre und Ausweisungen von Separatisten aus Altdorf und Weißenbrunn 1708–1715).

105 Bezüglich des Einspruchs Marpergers s. Herrn Bernh. Walther Marpergers, damals Predigers und Inspectors zu St. Egidien in Nürnberg, theologisches Bedenken in Sachen der Altdorfischen Separatisten, des Seilers und des Ecksteins, ohngefähr 1715 erstellet, in: GEORG ANDREAS WILL, Museum Noricum, 257–267.

106 s. THEODOR WOTSCHKE, Aus Briefen des Regensburger Superintendenten Serpilius, 109.

107 Hierzu und zum Folgenden s. FA Castell, Kanzleiakt 9327, 5838 (Die in Unteraltertheim eingeschlichene Pietisterei); FRIEDRICH HAUCK, Pietismus in Unteraltertheim. Vgl. DERS., Geschichte von Unteraltertheim und Steinbach, 27–29.

Man beklagte, daß unter den Dorfbewohnern keine christliche Sitte mehr vorhanden sei. Deshalb separierte man sich vom kirchlichen Leben, verzichtete auf den Sakramentsempfang und traf sich zur Erbauung in Konventikeln. Deswegen wurden die Separatisten schließlich von dem Adjunkt und späteren Pfarrer Karl Sittig Buchenröder[108], der anfangs mit ihnen sympathisiert hatte, bei der Herrschaft angezeigt und seit 1722 wiederholt verhört. Eine eventuelle Landesverweisung fürchteten sie nicht, da sie wähnten, gegebenenfalls im nahegelegenen wertheimischen Wenkheim Aufnahme zu finden, wo ebenfalls Konventikel stattfanden. Am 13. Juli 1722 verlangte Graf Carl Friedrich Gottlieb zu Castell-Remlingen[109], sie sollen ihr Verhalten gegenüber der Kirche modifizieren und ihre heimlichen Zusammenkünfte einstellen, anderenfalls würden sie ausgewiesen werden. Als sie der obrigkeitlichen Anweisung nicht nachkamen, befahl ihnen der Graf, ihre Güter zu verkaufen und innerhalb von sechs Wochen das Land zu verlassen. Da sich jedoch die Verkaufsverhandlungen schwierig gestalteten und der Bürgermeister Noah Rieß, der Freunde unter den Pietisten hatte, sich mit dieser Angelegenheit nicht befassen wollte, hielten sich die Separatisten Anfang 1723 immer noch in Unteraltertheim auf. Als trotz weiterer obrigkeitlicher Anordnungen der Güterverkauf nicht abgewickelt wurde, ordnete Graf Carl Friedrich Gottlieb von Castell-Remlingen am 6. April 1723 an, die Pietisten innerhalb von drei Tagen gewaltsam aus dem castellschen Territorium abzuschieben. Als diese Expatriierung am 9. April vollzogen wurde, suchten die Pietisten im nahegelegenen Wenkheim unterzukommen. Hier wurde ihnen aber die Aufnahme aus Furcht vor Unannehmlichkeiten verweigert, so daß sie am 21. April in ihr Dorf zurückkehren mußten. Um sie zu bestrafen, wurden in ihre Häuser vorübergehend zwangsweise Soldaten einquartiert. Vor allem aber war man obrigkeitlicherseits nun darauf bedacht, die von den Pietisten insgeheim fortgesetzten Konventikel und ihre Kontakte zu auswärtigen Gesinnungsgenossen zu unterbinden und die Veräußerung ihrer Güter zu forcieren. Trotz Gewährung erheblicher Preisnachlässe gestaltete sich der Verkauf äußerst schwierig, da es den Interessenten an sofort verfügbarem Geld mangelte. Schließlich emigrierten einige dieser Pietisten, u. a. nach Büdingen und Ebersdorf. Die meisten zogen aber erst 1724 – nach Erlaß eines erneuten Emigrationsbefehls – als Kolonisten in das südliche Ungarn.

---

[108] Zu Buchenröder s. MAX-ADOLF CRAMER (Bearb.), Baden-Württembergisches Pfarrerbuch I, 2, Nr. 397; GEORG KUHR (Bearb.), Ritterschaftliches Pfarrerbuch Franken, Nr. 264.

[109] Zu Carl Friedrich Gottlieb Graf zu Castell-Remlingen s. Europ. Stammtaf. NF Bd. XVI, Tafel 126.

Generelle Mandate

Zum Erlaß genereller antipietistischer Mandate ist es im Gebiet des heutigen Bayerns nur in der Markgrafschaft Brandenburg-Bayreuth, in einigen Reichsstädten sowie im Fürstentum Oettingen gekommen. Ausgelöst wurden sie ausnahmslos durch agitatorische Umtriebe radikaler Pietisten, die auch in erster Linie von diesen Verordnungen getroffen werden sollten. Diese Erlasse warnten unter Strafandrohung eindringlich vor jeglichem Separatismus von der Kirche und untersagten das Abhalten von Privaterbauungsstunden. Allerding wurde das Konventikelverbot vielfach nicht sehr streng gehandhabt.

Markgrafschaft Brandenburg-Bayreuth

Obgleich in der Markgrafschaft Brandenburg-Bayreuth für die Entwicklung des kirchlichen Pietismus während der Regentschaft von Georg Friedrich Karl ausgesprochen günstige Bedingungen herrschten, kam es 1733, im vorletzten Jahr seiner Herrschaft, überraschend zur Herausgabe eines allgemeinen Konventikelverbots.[110] Anlaß hierzu waren die seit Ende 1732 in Erlangen von dem pietistisch gesinnten Diaconus Martin Leonhard Haller[111] durchgeführten Erbauungsstunden. Gegen ihn polemisierte der dortige Superintendent Johann Achatius Memminger[112] alsbald in seinen Predigten, so daß „alle Häuser voll Scheltens und Schmähens auf die Pietisten“[113] waren. Um Ruhe und Ordnung wiederherzustellen, wies der zuständige Amtshauptmann Johann Georg von Fischern[114] den Diaconus an, seine Privatversammlungen zu unterlassen, bis ein obrigkeitlicher Entscheid vorliege. Als dieser dagegen protestierte und die Konventikel fortsetzte, informierte von Fischern die markgräfliche Regierung über die Vorgänge. Daraufhin erließ Markgraf Georg Friedrich Karl, von antipietistischen Kräften beeinflußt, am 11. Februar 1733 ein Reskript[115] an das Konsistori-

---

110 Hierzu und zum Folgenden s. JACOB BATTEIGER, Pietismus in Bayreuth, 95–99; PAUL SCHAUDIG, Pietismus, 143–145.

111 Zu Haller s. DBA NF 516, 61; MATTHIAS SIMON, Bayreuthisches Pfarrerbuch, Nr. 912.

112 Zu Memminger s. DBA 825, 275–276; DBA NF 874, 376; MATTHIAS SIMON, Bayreuthisches Pfarrerbuch, Nr. 1548.

113 Brief: Paul Eugen Layritz an Zinzendorf, 2. Februar 1733, UA Herrnhut, R. 19. B. k. 1. D. b. 97.

114 Johann Georg von Fischern (1681-1734) war von 1716 bis 1719 und von 1731 bis 1734 in Erlangen Amtshauptmann; freundliche Auskunft des Stadtarchivs/-Museums Erlangen.

115 Gedr. in: Corpus Constitutionum Brandenburgico-Culmbacensium, Bd. 1, Bayreuth 1746, 247–249.

um. Darin wurde ein Verbot solcher Zusammenkünfte ausgesprochen, sofern dafür nicht eine obrigkeitliche Ausnahmegenehmigung erteilt worden sei. Auf Drängen der pietistischen Konsistorialräte Silchmüller und Flessa verteidigte das Konsistorium jedoch die Konventikel gegenüber dem Markgrafen und plädierte dafür, Haller die Abhaltung von Privaterbauungsstunden weiterhin zu gestatten. Der Markgraf hielt jedoch an seinem Verbot fest und verfügte am 25. Februar 1733 in einem Reskript[116] deren Einstellung. Allenfalls sollten Predigtwiederholungsstunden „nach vollendetem ordinairen Gottesdienste" gestattet sein, „ohne daß deshalben ein anderer Ort [als die Kirche], es sey nun solcher ein Privat- oder sonst publiques Haus, erfordert wird". Daraufhin übersandte das Konsistorium eine entsprechende Anordnung[117] an die für Erlangen zuständige Landeshauptmannschaft sowie an den Superintendenten und den Bürgermeister von Neustadt an der Aisch.[118] Darüber hinaus ließ der Markgraf am 28. Februar 1733 wegen dieser privaten häuslichen Zusammenkünfte auch ein „Ausschreiben"[119] an die anderen Behörden ergehen. Deren Beamte sollten „in Conformität" mit der an das Konsistorium erlassenen „ernstlichen Verordnung" darauf achten, daß „dergleichen Neuerungen künftig hin aller Orten" unterblieben. Allerdings ist das Konventikelverbot, das formell nie aufgehoben wurde[120], weder strikt durchgesetzt noch besonders beachtet worden. Pietistischerseits versuchte man retrospektiv, den Erlaß dieser beiden markgräflichen Reskripte auf „böse Ohrenblaser und verleumderische Zungen" zurückzuführen, die den frommen Markgrafen Georg Friedrich Karl gegen sie vereinnahmt und instrumentalisiert hätten.[121] Dieser hätte jedoch alsbald „herzlich und vielfältig" bereut, irrigerweise das „Gute" verhindert und die „Glieder" Christi verletzt zu haben.

---

[116] Corpus Constitutionum Brandenburgico-Culmbacensium, Bd. 1, Bayreuth 1746, 249–250; die folgenden Zitate ebd., 250.

[117] Diese Anordnung vom 11. März 1733 ist gedr. in: Das Ungebührliche Verhalten Der Pietisten, 7.

[118] Vgl. Brief: Paul Eugen Layritz an Zinzendorf, 6. März 1733, UA Herrnhut, R. 19. B. k. 1. D. b. 98: „Serenissimus noster haben durch das Consistorium alle Privat-Versamlungen generalement im ganzen Lande verbieten laßen. Silchm[üller] et Flessa aber haben nicht subscribiret".

[119] s. Corpus Constitutionum Brandenburgico-Culmbacensium, Bd. 1, Bayreuth 1746, 251; das folgende Zitat ebd.

[120] Vielmehr wurde dieses Verbot von „Privatzusammenkünft[en]" unter Markgraf Friedrich durch ein „Ausschreiben" vom 17. Juli 1743 nochmals bekräftigt; s. Corpus Constitutionum Brandenburgico-Culmbacensium, Bd. 1, Bayreuth 1746, 251–252.

[121] Brief: Johann Christoph Silchmüller an Zinzendorf, 7. Februar 1736, UA Herrnhut, R. 18. A. 7. 133; das folgende Zitat ebd.

Für die Reichsstadt Nürnberg und ihr Territorium erließ der Magistrat bereits am 20. Oktober 1707 ein gedrucktes Dekret[122], das auf den ersten Blick als ein erstes allgemeines antipietistisches Mandat verstanden werden könnte. Jedoch war diese Verfügung, in der bezeichnenderweise das Wort Pietismus nicht vorkommt, offensichtlich ausschließlich gegen Separatisten gerichtet. Der unmittelbare Anlaß war wohl die Wirksamkeit des radikalen Pietisten Hochmann von Hochenau, in und um Nürnberg, im Herbst 1707.[123] In dem Dekret wandte sich der Magistrat an die gesamte Pfarrerschaft und an alle in „hohen als niedern Schulen arbeitende[n] Lehrer". Er warnte sie zunächst eindringlich davor, die Apokatastasislehre und die Vorstellung vom Millennium zu vertreten, mystische Schriften zu empfehlen, unklare Lehraussagen zu gebrauchen, die Funktion und Bedeutung der Symbolischen Bücher und der Normalschriften zu karikieren oder zu minimieren sowie sich in Wort und Schrift polemisch zu äußern. Sodann wurden die Geistlichen und Lehrer gewarnt, „frembde, unbekannte und ungeprüfte, zumal anderwärtig weggeschaffte Leute unbedachtsam auf[zu]nehmen". Strikt untersagt sei es, „Zusammenkünfftc und Versammlungen unter der Direction solcher übel berüchtigten Personen" zu erlauben oder, „sie seyen auch wer sie wollen, ohne Vorwissen Eines Hoch-Edlen Raths in solchen Versammlungen das Wort" ergreifen zu lassen. Damit war also keineswegs ein allgemeines Konventikelverbot ausgesprochen; vielmehr wurde nur allen landesfremden Pietisten untersagt, eigene Versammlungen abzuhalten oder als Redner in bestehenden Konventikeln aufzutreten. Dieses Dekret sollte Pfarrern und Lehrern zur Selbstprüfung dienen und sie gleichzeitig veranlassen, radikale Pietisten anzuzeigen, damit „die reine Lehre in hiesiger Stadt und Landschafft unperturbiret erhalten, Gottes Heil[iges] Wort, und dabey das ungeheuchelte wahre That-Christenthum durch Göttlichen Beystand noch ferner mächtig geschüzet, erhalten, und zu seines Heil[igen] Nahmens Ehre auf die spate Nachkommenschafft fortgepflanzet werden möge".

Aus Gewissensgründen meinte der Altdorfer Theologieprofessor Lang, das Dekret, wie es verlangt worden war, nicht unterschreiben zu können und schlug eine andere Formulierung vor. Daraufhin befahl ihm der Nürnberger Magistrat, seine Tätigkeit als Universitätsprofessor aufzugeben, sein Pfarramt niederzulegen und bis Lichtmeß, also bis 2. Februar, das Land zu verlas-

---

[122] Ein Exemplar des bei Balthasar Joachim Endter in Nürnberg 1707 gedruckten, unpaginierten Dekrets findet sich in StA Nürnberg, Rst. Nürnberg, Mandate, Verz. III, Nr. 961. Abgedr. in: E. Hoch-Edl. Raths der Reichs-Stadt Nürnberg Decret, wegen des Pietismi. vom 20. Oct. 1707, in: UnNachr 1710, 848–861; die folgenden Zitate ebd., 848. Vgl. Georg Andreas Will, Bibliotheca Norica, Bd. 1, T. 2, 157 u. Bd. 2, 282.

[123] Über die Aktivitäten Hochmann von Hochenaus in Nürnberg s. Kap. IV, 127–131.

sen. Obgleich der Rat von Altdorf und einzelne Bürger intervenierten, wurde der Befehl nicht revidiert. Lang nahm von seinen Mitbürgern schriftlich Abschied und folgte einem Ruf König Friedrichs I. in Preußen als Pfarrer und Inspektor[124] nach Prenzlau in der Uckermark; hier ist er am 10. Juni 1731 verstorben.

Das im Dekret ausgesprochene Auftrittsverbot landesfremder und verdächtiger Pietisten in Konventikeln wurde dann am 16. Juli 1708 durch eine Anordnung des Kirchen- und Vormundschaftsamts erheblich ausgeweitet.[125] Auf Verlangen des Nürnberger Rats sollten innerhalb von zwei Wochen auch diejenigen Zusammenkünfte eingestellt werden, die bisher in Pfarrhäusern stattgefunden hatten. Allerdings sollte es den „Herrn Beicht-Vättern" freigestellt sein, seelsorgerlichen „Unterricht" zu erteilen, „jedoch privatim u. ohne beyseyn mehrander Personen". Würde ein Pfarrer aber trotzdem „eine dergleichen Zusammenkunft in seinem Hauß künftig anzustellen verfolgen", dann „solle selbiger zuvor bey einem Hoch Edlen Rath die deswegen habende Beweg-Ursachen fürstellen, den modum tractandi erzehlen, die Personen, so darzu kommen wollen, nahmhaft machen u. sodann fernern Bescheid erwarten". Damit war im Grunde ein allgemeines Konventikelverbot ausgesprochen; jedoch wurde es von den Pietisten nicht streng befolgt, und der Magistrat verzichtete offensichtlich auch auf eine strikte Durchsetzung.

Am 11. Januar 1720 warnte der Nürnberger Magistrat erneut in einem gedruckten Mandat[126] die gesamte Pfarrerschaft vor den Agitationen radikaler Pietisten. Diese würden sich nicht „entblöden", andere von Predigt und Sakrament abzuhalten, das Ansehen des Predigtamts zu unterminieren und von der „wahren Evangelischen Lehre abwendig – und irr zu machen". Deshalb werden „alle treu-meynende[n] Pfarrherren und Kirchen-Diener" aufgefordert, vor „dergleichen Wölffe[n], wo sie zu vermerken, ihre Heerde getreulich zu warnen, und möglich zu verwahren; auch bey Hervorthuung und Aeusserung dergleichen Unfugs und Aergernus[ses] zeitliche und umständige Anzeige und Bericht an die hohe Obrigkeit zu thun". Da diese Anordnungen vor allem bezüglich der Konventikel aber offensichtlich nicht genau befolgt wurden, wiederholte sie der Nürnberger Magistrat 1739 nochmals.[127]

---

[124] Über sein persönliches Ergehen und seine wirtschaftliche Lage in Prenzlau s. Brief: Johann Michael Lang an Andreas Ingolstetter, 10. März 1710, gedr. in: GEORG ANDREAS WILL, Museum Noricum, 249–256.

[125] Anordnung des Kirchen- u. Vormundschaftsamtes an alle Geistliche, 16. Juli 1708, StadtB Nürnberg; das folgende Zitat ebd.

[126] Eines Hoch-Edlen Hochweisen Raths der Stadt Nürnberg Mandat Die Kirchen-Diener in der Stadt und auf dem Land, des Nürnbergischen Gebiets, betreffend. Gedruckt im Jahr Christi 1720. Folgende Zitate ebd., 6v u. 7r. Ein Exemplar findet sich in StadtB Nürnberg.

[127] Vgl. MATTHIAS SIMON, Kirchengeschichte Bayerns, Bd. 2, 495.

In Schweinfurt hat der Spener- Hallische Pietismus, wie deutlich wurde, keinen bedeutenderen Einfluß erlangen können. Daß er hier überhaupt ansatzweise Fuß fassen konnte, ist nicht ohne die anfänglich stillschweigende Duldung des streng auf die Wahrung seiner Kirchenhoheit bedachten Magistrats möglich gewesen. 1710 scheinen offensichtlich erstmals innerhalb des Rats Bedenken gegen den Pietismus laut geworden zu sein. Als nämlich der Alumnus Wolf darum nachsuchte, ihm ein Reisegeld und künftig auch noch ein Stipendium zu gewähren, wurde ihm zwar ersteres bewilligt und letztes in Aussicht gestellt, zugleich wurde er aber „wohlmeinend" ermahnt, sich „vor dem Pietismo und anderen schädlichen Büchern" zu hüten.[128] 1724 sowie im darauffolgenden Jahr erteilte der Magistrat zwei antipietistischen Schmähschriften[129] die Druckerlaubnis. Beide Pamphlete – in Form eines Dialoges zwischen Conradus und Gaudentius – richteten sich vor allem gegen den Rechtswissenschaftler Christian Thomasius, der in seinen „Gedancken und Erinnerungen" unter anderen den Schweinfurter Magistrat und das Ratsmitglied Johann Michael Tauber, allerdings ohne Namensnennung, wegen eines Hexenprozesses gegen Maria Margaretha Luck und ihre Tochter Maria Susanna attackiert hatte.[130] In den Streitschriften erfuhr nun auch der Spener-Hallische Pietismus eine harsche Kritik. August Hermann Francke wurde als pietistischer „Iman" apostrophiert und die „Pietistische[n] Schwermereyen" als Gefahr für die Obrigkeit hingestellt.[131] Dabei ist erstaunlich, über welch gute Informationen der unter dem Pseudonym Johann Niclas Saltzmann schreibende Autor, höchstwahrscheinlich Tauber, verfügte; so hinsichtlich der Querelen um Samuel Urlspergers „Krankenbuch"[132].

Am 12. März 1725 erließ der Magistrat von Schweinfurt ein allgemeines Konventikelverbot.[133] Dieser einstimmige Beschluß wurde damit begründet,

---

[128] Zitiert nach SIMON SCHOEFFEL, Kirchenhoheit der Reichsstadt Schweinfurt, 455.

[129] Johann Niclas Saltzmanns (wohl Pseud. für Johann Michael Tauber) Schrift „Unvernunfft" erschien 1724, ihr folgte 1725 „Thomasius". Die letztere Schrift setzte sich grundsätzlicher mit dem Pietismus auseinander als die erstere. Hierzu vgl. auch SIMON SCHOEFFEL, Kirchenhoheit der Reichsstadt Schweinfurt, 455–456.

[130] s. CHRISTIAN THOMASIUS, Gedancken und Erinnerungen, T. 1, 391–668 („Ein gantz ungegründeter und bißher unbekandter Hexen-Prozeß und daraus entstandene collision zweyer Collegiorum Juridicorum"); JOHANN NICLAS SALTZMANN (Pseud.), Unvernunfft, 35–44; vgl. SIMON SCHOEFFEL, Kirchenhoheit der Reichsstadt Schweinfurt, 450–451 u. 469.

[131] JOHANN NICLAS SALTZMANN (Pseud.), Unvernunfft, 30–31.

[132] s. JOHANN NICLAS SALTZMANN (Pseud.), Thomasius, 11–15. Über die Kontroverse s. Kap.VI, 222–224.

[133] s. StadtA Schweinfurt, Ratssitzung am 12. März 1725, RP 1725, f. 240; die folgenden Zitate ebd. Vgl. HEINRICH CHRISTIAN BECK, Chronik der Stadt Schweinfurt, Bd. 2, Abt. 2, Sp. 29–30; SIMON SCHOEFFEL, Kirchenhoheit der Reichsstadt Schweinfurt, 456.

daß die „bißanhero" abgehaltenen „Conventicula" „über hand genommen[e]" hätten. Bei diesen bislang geduldeten Zusammenkünften hatten sich offenbar besonders Predigtamtskandidaten engagiert. Sie sollten nun durch das Scholarchat – unter Hinzuziehung des Konsulenten Johann Friedrich Cramer – ermahnt werden, sich dieser Anordnung zu fügen, anderenfalls würden sie „nicht mehr in hiesiger Stadt geduldet" werden. Zu dieser nunmehr antipietistischen Haltung des Schweinfurter Magistrats haben möglicherweise auch zwei prophetische Mahnschreiben beigetragen, die ihm der radikale Pietist Rock 1719 gesandt hatte.[134] Offensichtlich befürchtete der Rat durch ein Umsichgreifen des Pietismus eine Unterminierung seiner Kirchenhoheit und machte dagegen Front.

Ostschwaben - Reichsstadt Memmingen und Fürstentum Oettingen

In den ostschwäbischen Territorien wurden lediglich in der Reichsstadt Memmingen und im Fürstentum Oettingen generelle Verordnungen gegen die Pietisten erlassen. Dabei ist allerdings bezüglich Memmingens zu beachten, daß mit diesen Maßnahmen im Grunde nur die Anhänger des kirchenfeindlichen Pietismus gemeint waren.[135] In dieser Reichsstadt hatte sich, wie erwähnt, nicht zuletzt infolge der Aktivitäten Tennhardts und Rocks ein äußerst renitenter Kreis radikaler Pietisten gebildet.[136] Gegen ihn schritt der Magistrat im Februar 1717 auf hartnäckiges Insistieren von Superintendent Georg Wachter durch ein Dekret ein.[137] In diesem Erlaß, den man von den Kanzeln verlesen ließ, wurde die Einstellung aller Konventikel gefordert. Da die Pietisten diese aber dennoch „auf unterschiedliche Weise" fortsetzten, wurden sie im Juni 1717 einzeln auf die Kanzlei zitiert, wo man ihnen das Versammlungsverbot einschärfte und fernere Polemik gegen die Geistlichkeit untersagte.[138] Als sie sich weigerten, dieser Anordnung nachzukommen, unternahm eine Kommission der Pfarrerschaft mit obrigkeitlichem Einvernehmen einen letzten Einigungsversuch. Als dieser scheiterte, erteilte der Magistrat den Unbeugsamen das beneficium emigrationis, woraufhin im November 1717 eine größere Anzahl von ihnen zu den Inspirierten in die Wetterau auswanderte.[139]

Auch im Fürstentum Oettingen wollte die Obrigkeit mit ihren antipietistischen Erlassen vor allem kirchenfeindlich eingestellte Pietisten treffen.[140] Am

---

134 s. SIMON SCHOEFFEL, Kirchenhoheit der Reichsstadt Schweinfurt, 456–458.
135 s. FRIEDRICH BRAUN, Orthodoxie und Pietismus, 81–121.
136 Hierzu s. Kap. IV, 168–170.
137 s. FRIEDRICH BRAUN, Orthodoxie und Pietismus, 95–97 u. 104–105.
138 s. FRIEDRICH BRAUN, Orthodoxie und Pietismus, 97.
139 s. FRIEDRICH BRAUN, Orthodoxie und Pietismus, 119–121.
140 s. MATTHIAS SIMON, Kirchengeschichte Bayerns, Bd. 2, 495.

14. Juni 1716 wurde in Oettingen zunächst eine Verfügung gegen die „Rottengeister“ von allen Kanzeln verlesen.[141] Im folgenden Jahr wandte sich ein Mandat an alle Pfarrer des Fürstentums und forderte sie auf, Separatisten und Inspirierte zu observieren, gegen ihre irrigen Auffassungen vorzugehen und sie zur Kirche zurückzuführen; Widerstrebende sollten dem Konsistorium überstellt werden. Erbauungsstunden sollten unter gewissen Kautelen erlaubt sein, so bei Anwesenheit eines Pfarrers und bei einer Beschränkung der Teilnehmerzahl auf drei bis vier Personen. Dagegen wurden alle übrigen Konventikel, die „bishero allzustark eingerissen seien“, künftig strengstens untersagt. Im Juni 1723 wurde dann auf Drängen des Generalsuperintendenten, Konsistorialrats und Oberhofpredigers Tobias Wasser[142] ein verschärftes – gedrucktes und von den Kanzeln verlesenes – Edikt[143] gegen separatistische Pietisten erlassen: Wer sich weigerte, am Gottesdienst teilzunehmen und die Sakramente zu empfangen, sollte innerhalb von sechs Wochen sein Eigentum verkaufen und das Land verlassen. Dieses scharfe Vorgehen der Obrigkeit gegen die Separatisten erschien übrigens dem hallensisch gesinnten Archidiaconus Georg Michael Preu[144] überzogen, obgleich er selbst wenige Jahre zuvor von Rock und seinen Anhängern heftig attackiert worden war.[145] Aufgrund des Mandats vom Juni 1723 emigrierten einige führende Separatisten aus dem Fürstentum Oettingen; die „Separatistenbewegung“ ebbte daraufhin allmählich ab.[146]

Die in Oettingen erlassenen Mandate richteten sich also nicht gegen diejenigen Pietisten, die „als Evangelische Christen, nach der Ordnung wandeln, und sich nicht von dem Gehör des göttlichen Worts und dem Gebrauch des heiligen Abendmahls absondern“[147]. Ihnen wurde vielmehr gestattet, „ihre Privatübungen der Gottseeligkeit mit Singen, Bethen, Lesen etc. mit denen Ihrigen nach denen öffentlichen Gottesdiensten immerhin vorzunehmen, doch daß ihrer nicht zu viel auf einmal zusammen kommen, und unter Gestalt eines öffentlichen Gottesdienstes, gleichsam eine besondere Gemeinde formiren, oder wo ia ihrer etliche zu gewissen Zeiten an Sonn- und Feyertägen und sonsten sich versammeln, daß solches, gleichwie an andern Orten auch observiret wird, nicht ohne Inspektion und dabeyseyn eines

---

141 Hierzu s. H[ERMANN] CLAUSS, Separatisten, 276–277; folgendes Zitat ebd., 277.

142 Zu Wasser s. bes. Kap. III, 87.

143 Das Edikt findet sich gedr. in: Der Oettingischen Kyrchen-Ordnung anderer Theil, welcher die Herrschaftlichen Edikte, Inhäsive und Konsistorialverordnungen enthält, Öttingen 1774, 159–164. Vgl. H[ERMANN] CLAUSS, Separatisten, 279–280.

144 Zu Preu s. bes. Kap. III, 87.

145 Über diese literarische Fehde s. H[ERMANN] CLAUSS, Separatisten, 278–279.

146 s. H[ERMANN] CLAUSS, Separatisten, 281.

147 Der Oettingischen Kyrchen-Ordnung anderer Theil (wie Anm. 143), 163; das folgende Zitat ebd.

Evangelischen Predigers geschehe". Die privaten Erbauungsstunden kirchentreuer Pietisten waren somit obrigkeitlicherseits toleriert, wenngleich unter bestimmten Auflagen.

*

Das Vorgehen der Obrigkeit gegen den Pietismus im Gebiet des heutigen Bayerns zu Anfang des 18. Jahrhunderts erfolgte, so kann resümierend festgestellt werden, vielfach erst im Zusammenhang mit Auseinandersetzungen zwischen der lutherisch-orthodoxen Pfarrerschaft und den Pietisten. Bei diesen Kontroversen ging es vor allem um das Konventikelwesen sowie um soteriologische und ekklesiologische Fragen. Die lutherisch-orthodox gesinnten Theologen kritisierten an den Pietisten besonders die Preisgabe der forensischen Rechtfertigungslehre, ihre Relativierung von Wort und Sakrament als media salutis, ihre Kritik an der Institution Kirche sowie ihren ethischen Rigorismus, wie er beispielsweise in der Ablehnung von Lustbarkeiten und Schauspielen evident wurde.

Die ergriffenen Maßnahmen richteten sich vorrangig gegen Anhänger des radikalen Pietismus, deren Opposition gegen das konstitutionelle Kirchenwesen nicht selten mit einer massiven Gesellschafts- und Obrigkeitskritik verknüpft war. Durch das Vorgehen der geistlichen und weltlichen Obrigkeit gegen die radikalen Pietisten wurden sich die Pietisten Spener-Hallischer Observanz vielfach erst ihres Unterschieds zu diesen bewußt.

Gemeinhin waren die obrigkeitlichen Maßnahmen lokal oder regional begrenzt und betrafen nur einzelne Pietisten oder kleinere pietistische Vergesellschaftungen. Es kam zu Verhören, gelegentlich zu Inhaftierungen und ausnahmsweise zu Ausweisungen. Generelle antipietistische Maßnahmen wurden in fränkischen und bayerisch-schwäbischen Territorien nur ganz selten ergriffen und blieben – wegen mangelnder Überwachung – fast immer ohne nachhaltige Wirkung. Auch hatten diese generellen antipietistischen Erlasse fast immer Separatisten im Visier, wenngleich kirchliche Pietisten auch davon betroffen wurden.

Durch diese Kontroversen erfuhr die Entwicklung der modernen Toleranz auch in Franken und Bayerisch-Schwaben eine Förderung. Hierzu trugen aber nicht nur die Forderungen der Pietisten nach Glaubens- und Meinungsfreiheit bei. Vielmehr haben auch die Streitschriften der lutherisch-orthodoxen Theologen diese Entwicklung indirekt begünstigt. Durch ihre literarischen Entgegnungen haben sie nämlich in starkem Umfang Öffentlichkeit konstituiert oder erweitert. Diesem Aspekt wurde bislang zu wenig Aufmerksamkeit geschenkt.

VI. Der Hallische Pietismus – Gesellschaftliche Akzeptanz und kichliche Marginalisierung

Seit dem zweiten Jahrzehnt des 18. Jahrhunderts entfaltete der Hallische Pietismus in Franken und in Ostschwaben eine stärkere Wirkungsmächtigkeit und erlangte vielerorts eine größere kirchliche und gesellschaftliche Akzeptanz. Einmal waren hier nun Pfarrer, Lehrer und Beamte tätig, die entweder in den Franckeschen Anstalten ihre Ausbildung erhalten und an der Universität Halle studiert hatten oder über anderweitige Verbindungen zur damaligen Hochburg des Pietismus verfügten. Unter ihnen gewann der Augsburger Pfarrer und Senior Samuel Urlsperger überregionale Bedeutung. Zum anderen trug auch ein mehrwöchiger Aufenthalt Franckes in Schwaben und Franken im Frühjahr 1718 wesentlich zur Konsolidierung und Expansion des Hallischen Pietismus bei. Dieser Besuch erfolgte im Rahmen einer Reise durch West- und Süddeutschland, die Francke in Begleitung seines Sohnes Gotthilf August und des Direktors der Halleschen Anstalten, Heinrich Neubauer, am 29. August 1717 in Halle angetreten hatte.

Im folgenden soll zunächst auf Franckes Besuchsreise durch Ostschwaben und Franken eingegangen werden. Hierbei wird vor allem seinen Kontakten, die er in den einzelnen Städten gehabt hat, Aufmerksamkeit geschenkt werden, ebenso seinen Vorschlägen zur Intensivierung des dortigen religiösen Lebens. Sodann werden Leben und Werk Samuel Urlspergers in den Blickpunkt rücken. Dieser war damals nicht nur der bedeutendste Repräsentant des Hallischen Pietismus im Gebiet des heutigen Bayerns, sondern des gesamten süddeutschen Raums. Schließlich soll der Hallische Pietismus in den fränkischen Territorien und im Fürstentum Coburg sowie im ostschwäbischen Raum überblicksmäßig dargestellt und auf seine Relevanz für Kirche und Gesellschaft befragt werden.

1. Franckes Reise durch Ostschwaben und Franken (1718) – Verlauf und Bedeutung

Der preußische König Friedrich Wilhelm I. hatte Francke 1717 eine Reise ins „Reich" genehmigt, damit er sich von den Strapazen seines Prorektorats erholen könne. Wegen seiner häufigen Gastpredigten, katechetischen Unterweisungen, Besichtigungen von karitativen und schulischen Einrichtungen sowie zahlreichen Unterredungen wurde die Reise, die ihn durch Sachsen, Thüringen und Hessen nach Süddeutschland führte, jedoch zu einem kräftezehrenden Propagandaunternehmen. Wie überall erfuhren auch in Ostschwaben und in Franken viele seiner Schüler und Anhänger durch den Besuch eine wesentliche Stärkung; darüber hinaus konnte er aber auch neue Freunde und Sympathisanten gewinnen.[1]

Von Ulm kommend, wo man in der Goldenen Krone logiert hatte[2], trafen Francke und seine Begleiter am 21. Januar 1718 in Augsburg ein.[3] Hier hielt sich die Reisegesellschaft fast drei Wochen lang bei dem Juwelier und Silberhändler Johann Gullmann auf, der den Gästen in seinem Haus großzügig „Quartier" gewährte.[4] Infolge der langen Verweildauer in der Stadt ergab sich für den Maler Bernhard Vogel[5] die Chance, Francke zu porträtieren, ohne daß dies weiter publik wurde.[6] Von Magistrat und Pfarrerschaft darum gebeten, predigte Francke am 26. Januar unter starker Beteiligung der Bevölkerung in der St. Annakirche über das Thema „Christus unser Alles" (Kol 3, 2).[7] Fünf Tage später hielt er im Armenkinderhaus eine Katechese über Mt 8, die er unter das Thema „Der Seelen Sicherheit bei Jesus" stellte. Außerdem besichtigte er das Gymnasium und die deutschen Schulen sowie verschiedene städtische Anstalten, nämlich das Waisen-, das Armen-, das Zucht-, das Pilger-, das Pfründnerhaus und das Hospiz. In letzterem wurden, so der Reisebericht, „die Blöden und Rasenden in besonderen Cellen verwahret". „Es sind selbige 12 u. so eingerichtet, dass sie alle mit einem Ofen können erwärmet werden. Bey Besichtigung derer, so darin lagen, unter welchen auch ein Italiäner war, recommendirte der Herr Professor denen Herren, den Gesundt Brunnen zu Deinach [Teinach] im Würtenbergischen, welcher auch wegen guter Proben bey solchem affect, selbst im Lande, des

---

1 Hierzu und zum Folgenden s. vor allem WILHELM GUSSMANN, Francke in Bayern (dieser Beitrag beruht auf: Nachrichten von dem Aufenthalt Aug. Herm. Franckes in Schwaben, WLB Stuttgart, Cod. hist. Q 137). Dagegen bezieht die folgende Darstellung ein: August Hermann Francke, Reisebericht, AFSt Halle, 171, 1; eine kritische Edition dieses ‚Berichtes' ist ein dringendes Desiderat.

2 s. Briefe: Rudolf Holl an August Hermann Francke, 26. Januar u. 1. Mai 1718, AFSt Halle, C, 136; vgl. THEODOR WOTSCHKE, Neue Urkunden (1933), 180, Nr. 50.

3 Über Franckes Aufenthalt in Augsburg s. bes. WILHELM GUSSMANN, Francke in Bayern, 20–21.

4 Brief: Johann Gullmann an Francke, 15. Dezember 1717, AFSt Halle, 53; vgl. THEODOR WOTSCHKE, Neue Urkunden (1933), 176, Nr. 46.

5 Zu Vogel s. DBA 1310, 424–431; DBA NF 1342, 452–457; ADB 40, 96–97; FRITZ TRAUGOTT SCHULZ, Art. „Vogel, Bernhard", in: ALBK 34, 475–477.

6 s. Brief: August Hermann Francke an seine Frau Anna Magdalena, 7. Februar 1718, gedr. in: GUSTAV KRAMER (Hg.), Neue Beiträge, 54–55, hier 55: „Nun ist auch mein Contrefait fertig, so, dass Niemand mehr was dran zu tadeln weiß, der's gesehen hat; denn sonst ists heimlich geschehen, damit es jetzo hier kein Geschwätz gebe".

7 s. ERHARD PESCHKE (Bearb.), Katalog der Predigten Franckes, Nr. 1357.

Narren Brünnle genennet wird."[8] Als Francke beim Rundgang durch das Zuchthaus auf einen Häftling stieß, der früher im Halleschen Waisenhaus als Kupferstecher angestellt gewesen war, nutzte er sogleich die Gelegenheit zu einem seelsorgerlichen Gespräch. Er wies den Gefangenen darauf hin, daß seine „Verachtung des gehörten Gotteswortes" ihn letztlich an „diesen schmählichen Platz gebracht habe"[9].

Trotz der ehrerbietigen Aufnahme vermochte Francke in Augsburg aber keinen wirklichen Einfluß auf die Pfarrerschaft zu gewinnen, zumal sich auch die Senioren des dortigen Kirchenwesens, Andreas Harder[10] und Johann Baptist Rentz[11], distanziert verhielten.

Wegen widriger Witterung konnte die Reisegesellschaft erst am 8. Februar die Fahrt fortsetzen. Über Wertingen, Höchstädt und Mönchsdeggingen ging es nach Nördlingen, wo man vom 9. bis 16. Februar im Gasthaus Zur Krone logierte.[12] Auch hier begegnete Francke wiederum mehreren Personen, die durch Ausbildung oder Studium mit Halle in näherer Verbindung standen. Nachdem er am 11. Februar der Lateinschule einen Besuch abgestattet und hier in allen fünf Klassen auch in den Unterricht eingegriffen hatte, besichtigte er tags darauf das neu errichtete Waisenhaus und beschenkte die Kinder mit Traktaten. Daneben fanden Unterredungen mit mehreren Pfarrern und Laien, ehemaligen „discipuli Hallenses", statt. Besonders eingehend unterhielt sich Francke mit Georg Michael Metzger[13], dem Inspektor und Katecheten des Waisenhauses, der in Halle studiert hatte und dort auch Informator gewesen war.

Von Nördlingen aus machte Francke am 11. Februar einen Abstecher ins nahegelegene Ederheim, um dort General Freiherrn Albrecht von Elster[14] und dessen Hausprediger Michael Wilhelm Liebermeister[15] zu treffen. Auch dieser hatte in Halle studiert und daneben als Präzeptor im Halleschen Waisenhaus gearbeitet; 1712 war er dem General von Francke als Hausprediger vermittelt worden. Nach Nördlingen zurückgekehrt, hielt Francke am 13. abends in der Stadtkirche eine eineinviertelstündige Gastpredigt[16] über die Sonntagsepistel I Kor 9, 24–10, 5. Sie stand unter dem Thema „Die Krone

---

[8] August Hermann Francke, Reisebericht, AFSt Halle, 171, 1, 18. Bei dem hier erwähnten Ort handelt es sich um Bad Teinach, unweit von Calw im Nordschwarzwald gelegen. Teinach war wegen seines Sauerbrunnens geschätzt.

[9] WILHELM GUSSMANN, Francke in Bayern, 20.

[10] Zu Harder s.Kap II, 76.

[11] Zu Rentz s. DBA 1023, 227–230; Pfarrerbuch Bayerisch-Schwaben, Nr. 980.

[12] Über Franckes Aufenthalt in Nördlingen und Umgebung s. bes. WILHELM GUSSMANN, Francke in Bayern, 21–25; vgl. J. KAMMERER, Francke im Ries, 91–96.

[13] Zu Metzger s. Kap. III, 86.

[14] Zu von Elster s. Kap. III, 90.

[15] Zu Liebermeister s. Kap. III, 90–91.

[16] s. ERHARD PESCHKE (Bearb.), Katalog der Predigten Franckes, Nr. 1358.

des Lebens“ und wurde von den älteren Schülern des Waisenhauses, unterstützt von ihren Inspektoren und Lehrern, mitgeschrieben. In einem ersten Teil entfaltete Francke die Metapher Krone als das herrliche Kleinod. Buße und Bekehrung stellte er im zweiten Teil als unabdingbare Voraussetzung zur Erlangung der uns von Christus erworbenen Krone heraus; abschließend wandte er sich in der Applikation eindringlich nacheinander an die Weltkinder, die Scheinchristen und die Bekehrten.

Am 15. Februar unternahm Francke eine kurze Fahrt nach Bopfingen, um dort vor allem die betagte Mutter und die Schwester seines engen Mitarbeiters Johann Daniel Herrnschmidt zu besuchen. Hier stellten sich ebenfalls ehemalige Schüler ein, u. a. Pfarrer Georg Weiler. Begleitet vom Waisenhausinspektor Metzger fuhr Francke am 16. mit seinen Reisegefährten nach der Residenzstadt Oettingen,[17] wo sie bis zum 23. Februar Gäste im Pfarrhof von Generalsuperintendent, Konsistorialrat und Oberhofprediger Tobias Wasser[18] waren. Zwischen dessen Familie und Francke entwickelte sich während dieser Tage ein besonders enges Verhältnis. Auch in Oettingen wurde Francke um eine Gastpredigt[19] gebeten, die er am 20. Februar in der St. Jakobskirche von 8 bis 11 Uhr „bey zimlich leidlicher Witterung u. großer Aufmerksamkeit des Auditorii“[20] hielt. Der Predigt „Das Ackerwerk Gottes“, die von einigen Stipendiaten in der Sakristei mitgeschrieben wurde, lag das Gleichnis vom Sämann (Lk 8, 4–15) zu Grunde. Der Fürst konnte wegen eines Gichtanfalls nicht am Gottesdienst teilnehmen, ließ sich aber durch Hofrat Johann Georg Meurer die Disposition der Predigt vorlegen. Zwei Tage zuvor hatte Francke schon im Waisenhaus, dessen Inspektor Johann Ulrich Wolfgang Reußner[21] war, eine katechetische Unterweisung mit den 42 Waisenkindern durchgeführt und ihnen die von seinem Schwiegersohn Johann Anastasius Freylinghausen verfaßte Erbauungsschrift „Ordnung des Heyls“ geschenkt. Am Sonntagnachmittag weilte Francke nochmals im Waisenhaus, wo diesmal Reußner in Anwesenheit zahlreicher Bürger katechesierte. Francke bemängelte übrigens die wenig gesicherte wirtschaftliche Grundlage dieser Anstalt, da Fonds und Grundbesitz fehlten. In Begleitung von Generalsuperintendent Wasser stattete er am folgenden Tag der lateinischen und der deutschen Schule einen Besuch ab und besichtigte auch noch das von der verwitweten Oberhofmeisterin Maria Barbara von Neuhaus[22] gestiftete Witwenhaus. Wie andernorts machte oder empfing er in Oettingen

---

[17] Über Franckes Aufenthalt in Oettingen s. bes. KARLHEINRICH DUMRATH, Waisenhaus in Oettingen, 558–563; WILHELM GUSSMANN, Francke in Bayern, 25–29. Vgl. J. KAMMERER, Francke im Ries, 96–98.

[18] Zu Wasser s. bes. Kap. III, 87.

[19] s. ERHARD PESCHKE (Bearb.), Katalog der Predigten Franckes, Nr. 1359.

[20] August Hermann Francke, Reise durch Bayern, AFSt Halle, 171, 1, 48.

[21] Zu Reußner (Reißner) s. Kap. III, 89.

[22] Zu von Neuhaus s. bes. Kap. III, 87–88 u. 108–109.

daneben noch zahlreiche Besuche. Er führte u. a. Gespräche mit Hofprediger Georg Friedrich Strehlin[23], Archidiaconus Georg Michael Preu[24], Waisenhausinspektor Reußner und Georg Christian Knörr, Rektor der Lateinschule, sowie mit den Hofräten Johann Georg Meurer, Christoph Michael Eirich, Johann Elias Keßler und Joachim Friedrich von Pfeil[25], dessen Seelsorger er in Halle jahrelang gewesen war. Eine weitere Unterredung hatte er mit seinem ehemaligen Schüler Johann Peter Kraft[26], der hier seit 1710 als Subdiaconus wirkte. Ihn rügte er wegen seiner nachgiebigen Haltung gegenüber den Anhängern des radikalen Pietismus, die seit Frühjahr 1716 stark unter dem Einfluß des Inspirierten Rock standen. Wie in Stuttgart gelang es Francke auch in Oettingen eine wöchentliche Gebetsstunde unter den Pfarrern zu institutionalisieren.

Die nächste Station der Reise war die Residenzstadt Ansbach, die man am 23. Februar 1718 abends – nach einer wegen Tauwetters äußerst strapaziösen Fahrt – erreichte.[27] Logis erhielt man im Haus des Landgerichtsassessors Christian Friedrich Junius[28], eines Kollegen Pachelbels[29], wo sich noch am selben Abend Johann Wilhelm von der Lith[30], der oberste Geistliche, einstellte, um ihm „auf Anstellung der Durchl[auchten] Herrschaften" zu ersuchen, kommenden Sonntag eine Gastpredigt „in der Stadt-Kirchen abzulegen"[31]. Tags darauf besuchte Francke nacheinander die Gottesdienste von Pfarrer von der Lith in der St. Johanniskirche und von Hofprediger Benedikt Andreas Staudacher[32] in der St. Gumbertuskirche. Während seines Aufenthalts in der Residenzstadt wurde er wiederholt von dem sechsjährigen Erbprinzen Carl Wilhelm Friedrich eingeladen. Als dieser ihn am Abend vor seiner Gastpredigt zu Tisch bat, „entschuldigte" er sich jedoch „wegen der morgenden Predigt"[33]. Einmal wurde Francke auch von Markgraf Wilhelm Friedrich[34], der eigens von seinem Lustschloß Unterschwaningen nach

---

23 Zu Strehlin s. Pfarrerbuch Bayerisch-Schwaben, Nr. 1251.

24 Zu Preu s. bes. Kap. III, 87.

25 Zu Pfeil s. Matrikel der Martin-Luther-Universität Halle-Wittenberg, Bd. 1, bearb. v. FRITZ JUNTKE, Halle 1960, 331.

26 Zu Kraft s. Kap. III, 87–90, Kap. IV, 170 u. Kap. VII, 276.

27 Über Franckes Aufenthalt in Ansbach s. bes. KARLHEINRICH DUMRATH, Waisenhaus in Oettingen, 558–563; WILHELM GUSSMANN, Francke in Bayern, 29–32.

28 Zu Junius s. DBA 615, 398–400. Vgl. JOHANN AUGUST VOCKE, Almanach, T. 2, 86.

29 Zu Pachelbel s. bes. Kap. III, 105–107, Kap. VI, 243 u. Kap. IX, 347.

30 Zu von der Lith s. Kap. III, 109–110.

31 August Hermann Francke, Reise durch Bayern, AFSt Halle, 171, 1, 48.

32 Zu Staudacher s. DBA 1213, 438-441; MATTHIAS SIMON, Ansbachisches Pfarrerbuch, Nr. 2877. Vgl. JOHANN AUGUST VOCKE, Almanach, T. 2, 16–18 u. 315.

33 August Hermann Francke, Reise durch Bayern, AFSt Halle, 171, 1, 59.

34 Zu Wilhelm Friedrich, Markgraf von Brandenburg-Ansbach s. GÜNTHER SCHUHMANN, Markgrafen von Brandenburg-Ansbach, 184–190 (Lit.).

Ansbach zurückgekehrt war, empfangen. Offensichtlich ungehalten darüber, daß Francke ihn auf der Durchreise nicht besucht hatte, empfing er ihn mit den Worten: „Nun ich laße mich bey Sie melden [...] Es sey zwar Schwaningen seiner Gemahlin eigenthümlich, aber er müße es doch als eine Feindschaft ansehen, daß der H[er]r Prof[essor] so still durchgereiset"[35]. Am 27. Februar predigte Francke in der St. Gumbertuskirche über Lk 18, 31–43. Sein Thema war „Vom Leiden, Sterben und Auferstehen Jesu Christi"[36]. An dem Gottesdienst nahm der Markgraf allerdings nicht teil; er war bereits in sein Sommerpalais Triesdorf gefahren. Mit Eleonore Juliane[37], der Witwe des Prinzregenten Friedrich Karl von Württemberg-Winnental, die 1710 ihren Wohnsitz im heimatlichen Ansbach genommen hatte, um ihrer Tochter, der Markgräfin Christiane Charlotte[38], zur Seite zu stehen, führte Francke längere Gespräche; ebenso mit von der Lith und Pachelbel, der auch auf seine Differenzen mit Landgerichtsassessor Junius zu sprechen kam. Ferner kam es zu Unterredungen mit der verwitweten Oberhofmeisterin von Neuhaus und anderen Angehörigen des Hofs. Als der Stiftsprediger und Kirchenrat von der Lith Francke beim Abschied fragte, ob er freudigen Herzens von Ansbach scheide, entgegnete er freimütig, daß er „im Würtenbergischen größern Seegen als hier gefunden habe"[39]. Deutlich hatte er damit zugleich auch die doch wesentlich andere Situation des Hallischen Pietismus in der fränkischen Residenzstadt markiert.

Am 1. März zogen Francke und seine Gefährten zunächst nach Heilsbronn weiter. Hier traf man mit Johann Friedrich Krebs[40], dem Rektor der Fürstenschule und Pfarrer an der Klosterkirche, zusammen, besuchte das Münster mit der Fürstengruft und besichtigte die Bibliothek. Noch am gleichen Tag erreichte man Nürnberg[41]. Hier logierte Francke mit seinen Begleitern in einem Gasthaus. Obgleich er unter der Pfarrerschaft einige Anhänger hatte, wurde er hier – trotz entsprechender Sondierungen – nicht offiziell zu einer Gastpredigt aufgefordert, wie er gehofft hatte. Am Sonntag, den 2. März, besuchte er deshalb vormittags den Gottesdienst von Bernhard Walter

---

35 August Hermann Francke, Reise durch Bayern, AFSt Halle, 171, 1, 58. Nach der Geburt des Erbprinzen Carl Wilhelm Friedrich 1712 hatte Markgraf Wilhelm Friedrich seiner Gemahlin Christiane Charlotte das Schloßgut geschenkt.

36 s. ERHARD PESCHKE (Bearb.), Katalog der Predigten Franckes, Nr. 1360.

37 Zu Eleonore Juliane, Herzogin zu Württemberg-Winnental s. Das Haus Württemberg, 237–238; Europ. Stammtaf., Bd. I, Tafel 77. Die Herzogin verfaßte auch geistliche Lieder, s. JOHANN CASPAR WETZEL, Hymnopoeographia, T. 1, 201.

38 Zu Christiane Charlotte, Markgräfin von Brandenburg-Ansbach s. Kap. III, 108, Anm. 135.

39 August Hermann Francke, Reise durch Bayern, AFSt Halle, 171, 1 ,63.

40 Zu Krebs s. DBA 706, 156–210; MATTHIAS SIMON, Ansbachisches Pfarrerbuch, Nr. 1606. Vgl. JOHANN AUGUST VOCKE, Almanach, T. 1, 185–188; T. 2, 124.

41 Über Franckes Aufenthalt in Nürnberg s. bes. WILHELM GUSSMANN, Francke in Bayern, 32–35.

Marperger[42] in der St. Egidienkirche und hörte nachmittags in der Marienkirche die Predigt von Georg Jakob Schwindel[43]. Am 6. und 7. März hielt er zwei Ansprachen[44] in den abendlichen Privaterbauungsstunden, die im Haus des damals sehr umstrittenen pietistischen Pfarrers Tobias Winkler[45] stattfanden. Selbstverständlich hatte Francke auch mehrere Unterredungen mit Anhängern oder Sympathisanten, so mit dem erst seit kurzem in Nürnberg lebenden Generalleutnant Johann Albrecht von Barner[46] und dem hohenlohe-ingelfingischen Hofrat Johann Friedrich Allgeyer, einem Gesandten beim Kreistag des fränkischen Reichskreises. Von einem unbekannten Gönner erhielt er 1000 Taler für das Hallesche Waisenhaus. Diese Spende sei ihm, so schrieb er an seine Frau Anna Magdalena, „auf eine solche Maniere" geschenkt worden, daß er sie „für viel besser achte, als wenn es 5000 wären"[47]. Bemerkenswert ist, daß er in Nürnberg keine karitative Anstalt oder Schule besichtigte, was er in anderen Städten eifrig getan hat. Jedoch unternahm er vom 5. zum 6. März einen kurzen Abstecher nach Altdorf, um die dortige Universität kennenzulernen. Hier hatte er u. a. eine Unterredung mit dem Theologen und Orientalisten Gustav Georg Zeltner[48], der später das von Johann Heinrich Callenberg ins Leben gerufene Institutum Judaicum et Muhammedicum[49] tatkräftig unterstützte. Insgesamt begegnete man Francke in Nürnberg seitens der Obrigkeit zwar nicht frostig, aber deutlich distanziert.

Am 10. März reisten Francke und seine Begleiter nach Erlangen weiter. Hier waren sie Gäste des Justizbeamten Johann Friedrich Schwarz[50] und dessen Familie. Wegen der herzlichen Aufnahme war er des Lobes voll über die „sehr lieben Leute(n)"[51]. Schon am folgenden Tag zog die Reisegesellschaft weiter nach Streitberg und übernachtete hier vom 11. zum 12. Einen Tag später gelangte man bis zum kleinen giechschen Residenzstädtchen

---

42 Zu Marperger s. bes. Kap. III, 97.

43 Zu Schwindel s. bes. Kap. VI, 250–251.

44 s. ERHARD PESCHKE (Bearb.), Katalog der Predigten Franckes, Nr. 1361 u. 1362.

45 Zu Winkler s. Kap. II, 60–63 u. Kap. VI, 248–250.

46 Zu Barner s. F. RUSCH (Hg.), Beiträge, 106–109.

47 Brief: August Hermann Francke an seine Frau Anna Magdalena, 10. März 1718, gedr. in: GUSTAV KRAMER (Hg.), Neue Beiträge, 59.

48 Zu Zeltner s. DBA 1408, 291–321; ADB 45, 52–53.

49 Zur Geschichte des am 9. April 1728 gegründeten Institutum Judaicum et Muhammedicum s. CHRISTOPH BOCHINGER, Abenteuer Islam, 15–47 (grundlegend); DERS., Callenbergs Institutum Judaicum, bes. 334–338; DERS., Zur Geschichte des Institutum Judaicum.

50 Johann Friedrich Schwarz (1678–1749) war seit 1698 deutscher Sekretär beim Justizcollegium der Neustadt Christian-Erlangen, 1722 wurde er wirklicher Justizrat; freundliche Auskunft des Stadtarchivs/-Museums Erlangen.

51 Brief: August Hermann Francke an seine Frau Anna Magdalena, 11. März 1718, gedr. in: GUSTAV KRAMER (Hg.), Neue Beiträge, 59–60, hier 60.

Thurnau, blieb jedoch „vor dem Thor in einem Wirthshause". Francke unterließ es also geflissentlich, diese Herberge radikaler Pietisten zu betreten, erkundigte sich „aber dennoch nach dem Herrn Pf. Brändel"[52].

Am 18. März erreichte die Reisegesellschaft mittags Kulmbach und wurde von Superintendent Johann Schard[53] in einem Gasthaus einquartiert. Zwei Tage später machte Francke in Oberkotzau bei Madame de Kotzau[54], der Witwe des 1703 verstorbenen Prinzen Georg Albrecht zu Brandenburg-Bayreuth, einen Besuch. „Sie ist", schrieb er nach Halle, „eine gar feine Seele, und ist wohl des Trostes recht froh als ein dürres Land des Regens."[55] Über Ebersdorf, Schleiz, Greiz, Köstritz und Gera ging es zurück nach Halle, wo man am 2. April 1718 eintraf.

Ergebnis dieser Reise Franckes durch Ostschwaben und Franken war zunächst, daß zahlreiche Theologen und Laien, die ihn schon von Halle her kannten, sich neu mit ihm verbunden fühlten. Deshalb konnte er davon ausgehen, daß sie den Hallischen Pietismus nun noch entschiedener in ihren Wirkungskreisen vertreten würden. Desweiteren gelang es Francke, nicht nur durch seine gutbesuchten Predigten und Ansprachen sowie seine Besuche in Schulen und Anstalten, sondern auch durch seine zahlreichen Unterredungen eine größere Öffentlichkeit mit dem Anliegen des Hallischen Pietismus bekannt zu machen. Seine Reise stand also vor allem im Dienst der Propaganda, die allerdings in dem ostschwäbischen Gebiet wesentlich erfolgreicher verlief als in Franken, wo er besonders in der Pfarrerschaft auf Reserviertheit und teilweise sogar Opposition stieß. Dies zeigte sich insbesondere bei seinem Besuch in der Reichsstadt Nürnberg. Das distanzierte Verhalten der weltlichen und geistlichen Obrigkeit lag wohl nicht zuletzt an seinen Kontakten zu Pfarrer Winkler und General von Barner. Beide galten als religiös fragwürdige Personen, und deshalb mußte ein Umgang mit ihnen bei Magistrat und Geistlichkeit Verdacht erregen.

2. Samuel Urlsperger – Repräsentant des Hallischen Pietismus im süddeutschen Raum

Auf seiner Reise ins „Reich" traf Francke auch mit demjenigen Theologen zusammen, der wenige Jahre später als Senior der Augsburger Pfarrerschaft zum bedeutendsten Repräsentanten des Hallischen Pietismus in Süddeutsch-

---

52 August Hermann Francke, Reise durch Bayern, AFSt Halle, 171, 1, 27. Zu Brendel s. bes. Kap. IV, 150–159.

53 Zu Schard s. DBA 1089, 208–213; DBA NF 1131, 312; MATTHIAS SIMON, Bayreuthisches Pfarrerbuch, Nr. 2118.

54 Diese war eine Bürgerliche mit Namen Regina Magdalena, geb. Lutz; s. Kap. IV, 166.

55 Brief: August Hermann Francke an seine Frau Anna Magdalena, 15. März 1718, gedr. in: GUSTAV KRAMER (Hg.), Neue Beiträge, 60–61, hier 61.

land überhaupt werden sollte: Samuel Urlsperger. Deshalb soll – nach einer kurzen biographischen Skizze – etwas ausführlicher auf dessen vielfältiges Wirken eingegangen werden.

a) Biographische Skizze

Geboren wurde Samuel Urlsperger[56] am 20. August 1685 in Kirchheim unter Teck im Herzogtum Württemberg als zehntes Kind des herzoglichen Verwaltungsbeamten Georg Reinhold Urlsperger und seiner Ehefrau Anna Katharina, einer Tochter des Kirchheimer Bürgermeisters Matthäus Haas. Nach dem Besuch der traditionsreichen Lateinschule seiner Vaterstadt[57] wechselte er auf die beiden württembergischen Klosterschulen, wahrscheinlich zunächst nach Blaubeuren und später nach Bebenhausen. Seit 1702 studierte er in Tübingen, wo er im Stift wohnte, und erwarb drei Jahre später den Magister Artium. Das anschließende Theologiestudium war nicht sehr intensiv und vor allem wenig kontinuierlich, da es immer wieder wegen Krankheiten unterbrochen werden mußte. Dominierte damals im Stift der Pietismus, so herrschte dagegen an der Theologischen Fakultät die Orthodoxie. Ob und wieweit sich Urlsperger schon hier dem Pietismus zuwandte, muß offenbleiben. Nach Ablegung des Konsistorialexamens im Frühjahr 1707 trat er im September des folgenden Jahres dank eines herzoglichen Stipendiums eine ausgedehnte Studien- und Bildungsreise an.

Zunächst ging er nach Erlangen, wo er sich 1709 mit der ihm von Jugend an bekannten Sophie Jäger von Jägersberg, einer Tochter des pietistischen Direktors der dortigen Ritterakademie, Christian Friedrich Jäger von Jägersberg[58], verlobte.[59] Anschließend zog er nach Halle und lernte dort August Hermann Francke kennen. Auf der Weiterreise nach England geriet sein Boot im Ärmelkanal in einen heftigen Orkan und erlitt Schiffbruch. Dieses Erlebnis auf stürmischer See führte zu seiner religiösen Erweckung. Nach einem halbjährigen Aufenthalt in Utrecht begab er sich nach London, wo er sich vor allem bei dem Hallischen Pietisten Anton Wilhelm Böhme[60], Prediger an der deutschen lutherischen Hofkapelle, aufhielt und u. a. das Auswandererproblem kennenlernte. Im Juli 1712 reiste er über Halle, wo er nun bei Francke logierte, Hannover, Magdeburg und Berlin zurück nach Stetten im

---

[56] Zu Urlsperger s. DBA 1298, 124–179; DBA NF 1331, 314–320; ADB 39, 361–364; BBKL 12, Sp. 943–945; Pfarrerbuch Bayerisch-Schwaben, Nr. 1300. Vgl. bes. REINHARD SCHWARZ (Hg.), Samuel Urlsperger (Lit.); WOLFGANG ZORN, Urlsperger.

[57] Hierzu und zum Folgenden s. THILO DINKEL, Schulzeit.

[58] Zu Jäger von Jägersberg s. ERNST MENGIN, Ritter-Academie, 21–23.

[59] Hierzu s. HANSJOCHEN HANCKE, Sophie Urlsperger.

[60] Über Urlspergers Verhältnis zu Böhme s. bes. DANIEL L. BRUNNER, Boehm, passim.

Remstal, wo er seine erste Stelle erhielt. 1714 wurde er zunächst zum Hofkaplan, dann zum Hofprediger und Konsistorialrat berufen. Wegen seiner freimütigen Kritik[61] an den sittlichen Mißständen am Hof des prunkliebenden Herzogs Eberhard Ludwig von Württemberg wurde er im April 1718 seines Amtes entsetzt und ohne Gehalt beurlaubt.[62] Besonders hatte er die illegitime Beziehung des Herzogs zu seiner Mätresse Friederike Wilhelmine Christiane von Graevenitz aus Mecklenburg, die dieser – obwohl verehelicht – 1707 heimlich geheiratet hatte, gerügt. Der unmittelbare Anlaß zu seiner Entlassung war aber wohl seine damalige Karfreitagspredigt. Sowohl während seines Konflikts mit dem Herzog als auch bei seiner Suspendierung aus dem Amt stand ihm Francke seelsorgerlich bei.[63] Nach einer zweijährigen Wartezeit erhielt Urlsperger 1720 die Spezialsuperintendentur im beschaulichen Herrenberg. Drei Jahre später wurde er nach Augsburg als Pfarrer an St. Anna und Senior des Geistlichen Ministeriums berufen.[64] Dies war die Folge des hartnäckigen Drängens einiger einflußreicher Persönlichkeiten des etablierten Bürgertums, die entweder Sympathisanten oder Anhänger des Hallischen Pietismus waren.

Während seines langjährigen Wirkens konnte Urlsperger dem Hallischen Pietismus in Augsburg eine gewisse Anerkennung verschaffen. Allerdings stieß seine auf Wiedergeburt und Heiligung dringende Verkündigung anfänglich nicht nur in der Augsburger Pfarrerschaft, sondern auch in der reichsstädtischen Bevölkerung auf erhebliche Widerstände. Am 31. Juni 1723 berichtete er Francke, den er seit Anfang 1718 in seinen Briefen stets mit „Liebster Herzenspapa" oder „Mein Hertzenspapa" anredete: „Der liebe Gott [hat] bishero kräftig beygestanden, und das Wort, so verkündiget worden, nicht ohngesegnet gelaßen. Einige sagen, es ist nötig und möglich so zu leben, wie man uns prediget; allein wir können noch nicht. Andere halten, wann man ihnen bezeuget, daß sie wiedergebohren und neue Menschen werden müßen, die Sache vor gantz impracticabel; man treibe die Sache zu hoch u. s. f. [so fort]. Andere wollen Singern folgen. Wie ich erst in dieser Stunde einen solchen, der ein sogenannter Meister-Singer bey denen jährlichen Burger-Comoedien ist, bey mir gehabt habe. Andere wollen und seuftzen; aber noch nicht recht. Andere hingegen freuen sich von Hertzen über den Vortrag, folgen u. laßen sich weisen [...] Sonsten liget die arme Statt in großer Sicherheit und ist den Wohllüsten mehr als zu Viel ergeben. [...] H[err] Senior [Gottfried] Lomer[65] stehet noch der Zeit sehr zurück, und hat

---

61 Hierzu s. MARTIN BRECHT, Botschaft, 98–102.

62 Hierzu und zum Folgenden s. GUSTAV WAIS, Urlspergers Entlassung; vgl. CHRISTOPH KOLB, Entlassung Urlspergers.

63 Hierüber s. bes. MARTIN BRECHT, Urlsperger, 163–169.

64 Hierzu und zum Folgenden s. FRITZ GRASSMANN, Urlspergers Konflikt, 80–90.

65 Zu Lomer s. DBA 780, 4–8; Pfarrerbuch Bayerisch-Schwaben, Nr. 740.

Abbildung 16. Samuel Urlsperger (1685–1773).
Kupferstich von Bernhard Vogel nach einem Gemälde von Gottfried Eichler.
Staats- und Stadtbibliothek Augsburg.

mich zur Verwunderung vieler guten Gemüter und andern klugen Leute noch niemalen besuchet, ohnerachtet ich 3 mal bey ihm gewesen."[66]

Länger als vier Jahrzehnte bekleidete Urlsperger das Seniorat; erst Anfang Mai 1765 legte er als Achtzigjähriger sein Amt nieder; gestorben ist er am 20. April 1772. Von den zehn Kindern, die er mit seiner Ehefrau Sophie hatte, überlebten ihn vier Töchter und sein Sohn Johann August.

Insgesamt gesehen hat Urlsperger dem Pietismus in Augsburg – vor allem wegen seiner karitativen und sozialen Leistungen – zwar einigen Respekt,

---

[66] Brief: Samuel Urlsperger an August Hermann Francke, 31. Juni 1723, SB Berlin, Francke-Nachlaß, Kaps. 21. 2. 1.

aber keinen durchgreifenderen Einfluß zu schaffen vermocht. Vielleicht hat er auch – unter kluger Einschätzung der Gegebenheiten – je länger, je mehr davon abgesehen.

b) Karitativ-soziale, missionarische und pastorale Aktivitäten

Urlspergers Wirksamkeit erstreckte sich auf den karitativ-sozialen und missionarischen sowie auf den erbaulichen und pastoraltheologischen Bereich. Dieser Einsatz geschah im Geist des Franckeschen Pietismus und vielfach auch in engster Kooperation mit Halle. Obgleich er immer wieder versucht hat, auch die evangelischen Bürger Augsburgs dafür zu aktivieren, ist ihm dies hier nur in bescheidenem Rahmen gelungen; seine Wirkung außerhalb Augsburgs war dagegen unvergleichlich größer.

Bezüglich seines karitativ-sozialen Engagements ist zuerst und vor allem sein Einsatz für die Salzburger Exulanten zu erwähnen[67]; auf deren Betreuung hat er jahrzehntelang ungemein viel Zeit und Kraft verwandt. Aufgrund eines Emigrationspatents des Erzbischofs Leopold Anton Eleutherius von Firmian vom 31. Oktober 1731 hatten diese um ihres lutherischen Glaubens willen ihre angestammte Heimat verlassen müssen.[68] Viele von ihnen wählten ihren Fluchtweg über Augsburg, wo sie von Urlsperger, selber Nachkomme steierischer Vertriebener, mit Rat und Tat unterstützt wurden. Dank großzügig bereitgestellter finanzieller Mittel durch die Society For Promoting Christian Knowledge[69] und in engster Zusammenarbeit mit den Trustees for Establishing the Colony in Georgia in America konnte er einem Teil dieser Glaubensflüchtlinge nicht nur dort in Eben-Ezer eine neue Heimat vermitteln,[70] sondern er organisierte auch weitgehend ihre Transporte dorthin. Darüber hinaus war er in Kooperation mit Gotthilf August Francke unermüdlich darauf bedacht, diese eher lutherisch-orthodox gesinnte Gemeinde mit pietistischen Predigern und Lehrern zu versorgen. Unter diesen sind vor allem Johann Martin Boltzius und Israel Christian Gronau, beide Vertreter des Hallischen Pietismus, hervorzuheben, die Ende 1733 den ersten Auswanderertrupp nach Amerika begleiteten. Diese Pfarrer, die zuvor in den Halleschen Anstalten tätig gewesen waren, harmonierten in einzigartiger Weise miteinander. Selbstverständlich war die Arbeit für Georgia nicht ohne erhebliche finanzielle Mittel möglich. Urlsperger machte deshalb die breite

---

[67] Hierzu und zum Folgenden s. GEORGE FENWICK JONES, Urlsperger und Eben-Ezer; Salzburg-Halle-Nordamerika, XXVII–LII (Einleitung von HERMANN WINDE); HORST WEIGELT, Pietismus und die Salzburger Exulanten.

[68] Über Anlaß und Verlauf der Expatriierung s. MACK WALKER, Salzburger Handel, 39–70.

[69] s. GORDON HUELIN, Relationship.

[70] Hierzu und zum Folgenden s. GEORGE FENWICK JONES, Salzburger Saga.

Öffentlichkeit in mehreren Publikationen – unter Auswertung und redigiertem Abdruck von Briefen und Diarien aus Eben-Ezer[71] – auf diese Siedlung der Salzburger Exulanten aufmerksam. Besonders hingewiesen sei auf die „Ausführlichen Nachrichten Von der Königlich-Groß-Britannischen Colonie Saltzburger Emigranten in America“[72], von denen zwischen 1735 und 1752 in Halle 18 Fortsetzungen erschienen, und auf das „Americanische Ackerwerk Gottes; oder zuverlässige Nachrichten, den Zustand der americanisch englischen und von den salzburgischen Emigranten erbauten Pflanzstadt Ebenezer in Georgien betreffend“[73], von dem in Augsburg zwischen 1754 und 1767 vier Bände gedruckt wurden.

Als Zinzendorf 1734 den Plan faßte, eine Anzahl von Brüdern und Schwestern der Herrnhuter Brüdergemeine ebenfalls in Georgia anzusiedeln, kam es zu einem heftigen Briefwechsel zwischen den Anhängern des Hallischen Pietismus und dem Grafen.[74] Vor allem Urlsperger befürchtete, die Herrnhuter würden wegen ihrer Lehrmeinungen einen negativen Einfluß auf die Salzburger Lutheraner ausüben und setzte deshalb alles daran, um dieses Vorhaben zu verhindern. In einem Brief an Friedrich Christoph Steinhofer versuchte Zinzendorf, seine Bedenken zu zerstreuen. Die Herrnhuter hätten „mit dem établissement der Salzburger keine connexion und verlang[t]en keine“, ihre „Lehre und Wandel“ sei „nicht nur durch Königl. Commissiones vor mehr als 2 Jahren untersucht und richtig befunden, sondern auch sonst nach aufrichtiger u. authentischer Darlegung unsers Freundes toties approbiret worden“[75]. Im Postskriptum fügte er an: „Der Zwek der wenigen Herrnhuter in Georgien ist 1. anzubauen, 2. Heyden bekehren. Ihre Lehre ist rein evangelisch, und zwar sensu rigidissimo. Ihre Zucht apostolisch, u. von demselben gehen sie keinen Schritt ab.“

Außer für die Salzburger Exulanten hat Urlsperger in und außerhalb der Stadt Augsburg eine mannigfache Liebestätigkeit zwecks Unterstützung von Waisenhäusern, Armenschulen und anderen Anstalten entfaltet. Seine besondere Fürsorge galt dem 1703 in Augsburg gegründeten Armenkinderhaus, dessen Administration ihm von 1731 bis 1765 oblag.[76]

Neben seinem sozial-karitativen Engagement ist sein Interesse an der Heidenmission zu nennen. Seit 1712 war er mit dem Tranquebarmissionar Bartholomäus Ziegenbalg bekannt. Dieser bat ihn Anfang Juli 1715 während eines Heimaturlaubs schriftlich darum, sich bei dem württembergischen Herzog Eberhard Ludwig für die Genehmigung einer Kollekte einzusetzen.

---

71 s. DIETRICH BLAUFUSS, Zensur.

72 s. WOLFGANG MAYER, Verzeichnis der Schriften Urlspergers, Nr. 90.

73 s. WOLFGANG MAYER, Verzeichnis der Schriften Urlspergers, Nr. 163.

74 s. die Korrespondenz in: UA Herrnhut, R. 14. A. 1, 3 u. 5.

75 Brief: Zinzendorf an Maximilian Friedrich Christoph Steinhofer, Januar 1735, UA Herrnhut, R. 14. A. 1. IIf, 5.

76 s. MADLEN BREGENZER, Pietistische Pädagogik, 133–135.

Sein Wunsch war es nämlich, bei seiner erneuten Ausreise nach Ostindien „ein reiches Allmosen aus Teutschland vor die armen Heyden mit sich nehmen zu können, da nunmehro zur Erweiterung deß gantzen Wercks, zur Aufbauung einer neuen raumlichen Kirche, zur Aufführung anderer Gebäude, zu Schulen, Druck- und Giesserey, und zu Wohnungen der Mit-Arbeiter, wie auch zur Anrichtung allerley Manufacturen, mit den neu-bekehrten Heyden, (die von den Ihrigen gäntzlich verlassen) große Unkosten erfordert werden“[77]. Tatsächlich konnte Urlsperger erreichen, daß der württembergische Herzog durch ein Reskript vom 23. September eine Landeskollekte für die Tranquebarmission billigte und zu diesem Zweck die Verlesung seines Traktats „Kurtze Historische Nachricht Von Dem Missions- und Bekehrungs-Werck auf der Cüste von Coromandel bey den Malabarischen Heyden in Ost-Indien“[78] von den Kanzeln anordnete.[79] In dieser kleinen Schrift skizzierte Urlsperger Anfänge und Entwicklung der Tranquebarmission, erwähnte ihre bisherigen Förderer und rief zu ihrer Unterstützung auf. Als er 1723 in den Augsburger Kirchendienst trat, setzte er seine Bemühungen für sie fort. Anläßlich des 200jährigen Jubiläums der Übergabe der Confessio Augustana konnte er sogar erreichen, daß obrigkeitlicherseits in Augsburg eine Kollekte für die ostindische Mission bewilligt wurde. Diese Spendenaktion, auf die Urlsperger die Augsburger Evangelischen in einer eigenen kleinen Schrift[80] hinwiesen hatte, erbrachte die beträchtliche Summe von 1100 Reichstalern.[81] Auch späterhin gingen immer wieder Missionsgelder für Halle durch seine Hände.[82]

Bei seinem Einsatz für die Mission wurde Urlsperger von Laien unterstützt, die selbst Aktivitäten entwickelten. So bat beispielsweise der wohlhabende Augsburger Handelsherr Johann Gullmann, Senior der Kaufmannschaft und Vorsteher des Waisenhauses, im Frühjahr 1729 Gotthilf August Francke – im Vorfeld der eben erwähnten Kollekte – um Werbematerial für die Mission. „Sollte von der königl. Dänischen Mission in Ost-Indien“, schrieb er nach Halle, „diese Meße die 25the Edition und Fortsetzung zu haben seyn und beliebig mir zu Austheilung unter den Evangel. Magistrat, Ministerio und andern Persohnen consequiren zu laßen, so hoffete zu einer

---

77 SAMUEL URLSPERGER, Kurtze Historische Nachricht, 12–13.

78 s. WOLFGANG MAYER, Verzeichnis der Schriften Urlspergers, Nr. 6.

79 Hierzu s. DANIEL JEYARA, Inkulturation in Tranquebar, 29–30. Das Reskript vom 23. September 1715 wurde gedruckt.

80 s. WOLFGANG MAYER, Verzeichnis der Schriften Urlspergers, Nr. 45.

81 Über die Kollekte s. JOHANN MARTIN CHRISTELL, Nachrichten, 157–158; CARL WILHELM HERING, Jubelfest, 336–343 („Verordnung und Verhalts= Instructionen, wie das Evangelische Jubelfest 1730. in Kirchen, und Schulen der Stadt Augsburg hat müssen gefeyert werden“), hier 338–339. Vgl. MARTIN BRECHT, Urlsperger, 171–173; DANIEL JEYARA, Inkulturation in Tranquebar, 30, Anm. 159.

82 s.Erfreuliches und Betrübendes, 71; THEODOR WOTSCHKE, Mitarbeiter, 229.

feinen collecte zu gelangen, wenn zumahlen ein Schreiben von T. Herrn Senior Urlsperger zu Reccomandation in solcher Collecte zugleich erfolgen würde"[83].

Ein besonders tatkräftiger Förderer der Ostindienmission war etwa zur selben Zeit Conrad Daniel Kleinknecht[84], der gleichfalls dem Hallischen Pietismus zugetan war. Dieser Leipheimer Pfarrer, dessen Engagement für die Mission auch in Ostschwaben und in Franken wichtig wurde, war nach seinem Studium in Jena und Halle zunächst Lehrer am dortigen Waisenhaus gewesen. 1725 wurde er Pfarrer in Pfuhl und 1731 in Leipheim, wo er 1753 starb. Für die Hallische Mission kollektierte er unermüdlich und stellte auch seine Feder in deren Dienst.[85] Als Freund Gotthilf August Franckes publizierte er 1738 in Ulm seine „Zuverlässige Nachricht Von der, Durch das Blut des erwürgten Lammes, Theur-erkaufften Schwartzen Schaaf- und Lämmer-Heerde; Das ist: Neu-bekehrten Malabarischen Christen, in Ost-Indien, Auf der Königlich-Dänischen Küsten Coromandel". In dieser Geschichte der Tranquebarmission hat er alle Berichte zusammengefaßt und so eine der frühesten Gesamtdarstellungen dieses Missionsgebiets geliefert. 1749 erschien in Augsburg die Fortsetzung seiner Missionsgeschichte Tranquebars. Beigefügt hatte er ihr auch noch eine „Nachricht" über die von Urlsperger geförderte Salzburger Exulantensiedlung in Eben-Ezer in Georgia und über das „Bekehrungs-Werck unter den Juden, Muhammedanern, Türcken und andern Völckern".[86] Darüber hinaus verfaßte Kleinknecht, der auch als Erbauungsschriftsteller hervorgetreten ist[87], einige kleinere Traktate, um für diese Mission zu werben.[88] Im selben Jahr wie seine Geschichte der Tranquebarmission erschien beispielsweise seine kleine Schrift „Ein Wort Demüthiger Bitte, Für die Unter der Schwartz-Braunen Schaaf- und Lämmer-Heerde Der Neu- bekehrten Malabarischen Heyden in Ost-Indien".

---

83 Brief: Johann Gullmann an Gotthilf August Francke, 31. März 1729, AFSt Halle, 53.

84 Zu Kleinknecht s. DBA 659, 217–233.

85 Über Kleinknecht und die Tranquebarmission s. Von der Ausbreitung, 1104–1105; DANIEL JEYARA, Inkulturation in Tranquebar, 31–32; THEODOR WOTSCHKE, Mitarbeiter, 229.

86 CONRAD DANIEL KLEINKNECHT, Nachricht 1749.

87 So z. B. seine 1743 in Augsburg gedruckte Schrift „Gute Exempel für die zarte Jugend; Das ist: Eine gantz neue Sammlung Auserlesener Exempel frommer Kinder; So wohl von ihrem Gottseeligen Bezeugen und frommen Lebens-Wandel/ als auch frölich- und seeligen Sterben". Bezüglich seines 1740 in Ulm herausgegebenen „Neue Testament unsers Herrn Jesu Christi mit D. Lutheri Randglossen und Vorreden, neuen Summarien Reimweise, über zehn tausend Parallelen und einer Vorrede von Gottes sonderbaren Vorsorge vor sein heilig geschriebenes Wort, durch Erfindung der Buchdruckerkunst"; s. Kap. IX, 347–348.

88 s. THEODOR WOTSCHKE, Mitarbeiter, 229.

Auch hinsichtlich des Erbaulichen und des Pastoraltheologischen gilt, daß Urlsperger „durch und durch [...] kirchlicher Praktiker“[89] gewesen ist, wie übrigens auch alle seine sonstigen Publikationen[90] zeigen. Neben Predigten, Kasualreden, Ansprachen und Gelegenheitsgedichten gab er 1722 in Stuttgart erstmals seine Seelsorgelehre „Der Krancken Gesundheit Und der Sterbenden Leben; Oder Schrifftmäßiger Unterricht Vor Krancke und Sterbende“[91] heraus. Diese Publikation erregte aber nicht nur Aufmerksamkeit, sondern löste auch eine heftige Kontroverse aus. Das in erster Linie als Handreichung für Pfarramtskandidaten gedachte Werk besteht aus drei Teilen. Während sich im ersten[92] vor allem Gebete für Kranke und Moribunde finden, bietet der zweite[93] zwölf Sterbebetrachtungen mit Gebeten und Liedern. Der dritte Teil[94] enthält zunächst[95] ein unvollendet hinterlassenes Manuskript[96] des württembergischen Hofpredigers Johann Reinhard Hedinger über den Umgang mit Kranken und Sterbenden. Diese Abhandlung hat Urlsperger durch zahlreiche eigene Zusätze und um einen längeren Abschnitt aus Marpergers „Getreuen Anleitung zur wahren Seelen-Cur“[97] und eine

---

89 MARTIN BRECHT, Botschaft, 97.

90 s. WOLFGANG MAYER, Verzeichnis der Schriften Urlspergers. Ergänzend zu dieser Werkbibliographie s. HELMUT ZÄH, Verzeichnis, A 3–4 u. 6–11.

91 s. WOLFGANG MAYER, Verzeichnis der Schriften Urlspergers, Nr. 17. 1723 erschien eine titel- und textgleiche Ausgabe im selben Verlag; vgl. WOLFGANG MAYER, Verzeichnis der Schriften Urlspergers, Nr. 21.

92 SAMUEL URLSPERGER, Krancken Gesundheit, 1–352 („Erster Theil in sich haltend Eine Aufmunterung zu Annehmung der Heyls-Ordnung, mit Neuen Gebetern und einem Vorrath geistlichen Zuspruchs Vor Betrübte, Krancke und Sterbende“).

93 SAMUEL URLSPERGER, Krancken Gesundheit, 353–576 („Anderer Theil, in sich haltend Zwölff Betrachtungen mit neuen Gebetern und Liedern“).

94 SAMUEL URLSPERGER, Krancken Gesundheit, 577–906 („Dritter Theil, in sich haltend Eine Anleitung So wol vor angehende junge Prediger, [...] als auch vor Krancke [...], wie sie sich nach ihren mancherley Seelen- und Leibes-Zuständen [...] ermahnen lassen sollen, Vornemlich Als Uberbleibsele des rechtschaffenen und in Gott ruhenden Theologi [...] Hedingers, [...], Aus einem von ihme hinterlassenen, doch incompleten Manuscript, theils aber aus des Auctoris dieses schrifftmäßigen Unterrichts eigener Meditation, und theils aus einigen Spenerischen Schrifften und der Marpergerischen Anleitung zur Seelen-Cur hergeleitet, und der Kirche Christi übergeben“).

95 SAMUEL URLSPERGER, Krancken Gesundheit, 581–754 („Vorbericht Des seeligen Herrn D. Hedingers“, „Von den Krancken-Besuchungen insgemein“, „Trost-Gründe vor Sterbende insgemein“, „Trost-Gründe vor Geistlich-Angefochtene“, „Trost-Gründe vor alte und baufällige Leute“, „Trost-Gründe vor Junge so wohl Krancke als auch Sterbende Leute“, „Trost-Gründe bey Morbis Chronicis, und langwierigen Lagern“, „Trost-Gründe bey schmertzlichen, schnellen, oder auch ein beschwerliches Ende habenden Kranckheiten“, „Trost-Gründe in besonderm schmertzlichen und tödtlichen Fällen“).

96 Die handschriftliche Vorlage ist nicht mehr vorhanden. Vgl. WOLFGANG SCHÖLLKOPF, Hedinger, 98–102.

97 s. SAMUEL URLSPERGER, Krancken Gesundheit, 639–675.

kürzere Passage aus Speners „Evangelischem Glaubens-Trost“[98] erweitert. Außerdem hat er in diesem Teil eine eigene Darstellung[99] veröffentlicht, in der er nicht nur wiederholt auf andere Theologen verwies, sondern auch aus deren Schriften zitierte. Besonders häufig begegnen Zitate von Arndt[100] und Spener[101]. Das Augsburger Geistliche Ministerium, das Urlsperger schon während des Berufungsverfahrens bei dem Stadtpfleger Paul von Stetten und dem Geheimen Rat katholisierender Tendenzen bezichtigt hatte, wies auf mehrere „anstößige Stellen“ in diesem Werk hin.[102] Hierbei handelte es sich um einen Abschnitt[103], in dem Urlsperger den Konnex zwischen Diesseits und Jenseits thematisiert und behauptet hatte, verstorbene Gläubige nähmen am Schicksal ihrer Hinterbliebenen lebhaften Anteil und seien ihnen nahe, wie auch das Neue Testament zeige. „Seelig Verstorbene sind uns öffters nach dem freyen Willen ihres Gottes näher, als wir fassen und glauben können. Mose und Elias waren den dreyen Jüngern auf dem Berg nahe, ob diese gleich geschlaffen, Luc. 9, 32. Man bedencke doch die Worte Ebr. 12, 23. Hierzu kommt die offtmalige sehr liebreiche Erfahrung, da man nicht nur im Traum, sondern mit wachenden Augen öffters die Seinige[n] und die, mit welchen man vor dem Herrn in einem Geist besonders verbunden gewesen, erblicket, vornemlich in der letzten Todes Stunde.“[104] Bei diesen Vorstellungen berief sich Urlsperger auch auf den Lutherschüler Johannes Mathesius und den lutherisch-orthodoxen Erbauungsschriftsteller Christian Scriver, aus deren Werken er zitierte.[105]

1725 publizierte Esaias Schneider[106], Diaconus an der St. Ulrichkirche, unter dem Pseudonym „Petraeus“ das Pamphlet „Schrifftmässiger Beweiß“, mit dem er sich gegen das Krankenbuch wandte. In dieser in Ulm gedruckten Schrift wollte er zeigen, daß Urlspergers Ausführungen teils mißverständlich, teils falsch seien. Zu den defizitären Passagen zählte er u. a. die Ausführungen über die Kontakte selig Verstorbener mit Angehörigen und Bekannten. Obgleich diese „meisterloß und ungereimt“[107] seien, setzte er sich mit ihnen

---

[98] s. SAMUEL URLSPERGER, Krancken Gesundheit, 689–691.

[99] s. SAMUEL URLSPERGER, Krancken Gesundheit, 755–906.

[100] s. z. B. SAMUEL URLSPERGER, Krancken Gesundheit, 762, 782, 846–850.

[101] s. z. B. SAMUEL URLSPERGER, Krancken Gesundheit, 780–781, 841–845, 845–846.

[102] s. Außstellungs-Puncten über Tit. Bl. Samuel Urlsperger ediertes Krankenbuch, 22. Februar 1723, SB Berlin, Francke-Nachlaß, Kaps. 21. 2. 1.

[103] SAMUEL URLSPERGER, Krancken Gesundheit, 762–777 („Trost-Gründe vor diejenige, die sich mit Scrupuliren kräncken, ob die Seeligen nach diesem Leben wol auch wieder einander kennen, und ob es ihrer Ruhe nicht entgegen seye, wann sie ihrer Hinterlassenen ingedenck verbleiben?“).

[104] SAMUEL URLSPERGER, Krancken Gesundheit, 769.

[105] s. Samuel Urlsperger, Krancken Gesundheit, 766, 768 u. 769 (Mathesiuszitate) und 773–777 (Zitat aus Scrivers „Seelen-Schatz“).

[106] Zu Schneider s. DBA 945, 289–290; Pfarrerbuch Bayerisch-Schwaben, Nr. 1114.

[107] [ESAIAS SCHNEIDER,] Beweiß, 33.

aufgrund von Schrift und Tradition auseinander. Wegen der alsbald einsetzenden unerquicklichen Auseinandersetzungen mißbilligte der Augsburger Magistrat den Druck der Schmähschrift und schlug vor, Urlsperger möge in einer Neuauflage seines „Krankenbuches" die anstößigen Passagen erläutern und den Vorgang im Vorwort richtigstellen. Daraufhin bat dieser seine Augsburger Bekannten, u. a. von Stetten, sowie seine Hallenser Freunde, A. H. Francke und Lange, sein für die geplante zweite Auflage entworfenes Vorwort sowie die neuen Zusätze kritisch durchzugehen.[108] Im Juni 1726 übergab er dann das revidierte Manuskript dem Geheimen Rat, der es seinerseits den Zensoren und dem Konvent vorlegte. Obgleich die Druckerlaubnis erteilt wurde, verzögerte sich der Neudruck um fast ein Vierteljahrhundert. Die revidierte Ausgabe von „Der Kranken Gesundheit und der Sterbenden Leben" erschien in Augsburg erst 1750.[109]

Durch seine vielfältigen karitativen, missionarischen und erbaulichen Aktivitäten war Urlsperger, der Vertraute A. H. Franckes und loyale Mitarbeiter seines Sohnes, zu einem bedeutenden Exponenten des Hallischen Pietismus geworden, den er gegenüber Zinzendorf und der Brüdergemeine deutlich abzugrenzen versuchte. Wie bereits erwähnt, waren seine erheblichen Vorbehalte gegen Zinzendorf vor allem anläßlich des Herrnhuter Kolonisationsvorhabens in Georgia deutlich zutage getreten.[110] Um sein Mißtrauen gegen die Brüdergemeine zu überwinden oder wenigstens zu minimieren, schlugen diejenigen, die – wie Philipp Georg Friedrich von der Reck – zwischen den Parteien zu vermitteln versuchten, eine persönliche Aussprache vor. Urlsperger stand einer solchen „Conferentz mit H[errn] Graf von Zinzendorf"[111] nicht ablehnend gegenüber. Allerdings wollte er ein solches Gespräch nur in Gegenwart von August Gottlieb Spangenberg und Hofprediger Johannes Winckler sowie von „einigen Deputirten von Halle und Herrnhut" führen. Auch Zinzendorf war zu einem solchen Treffen bereit und schrieb Ende Oktober 1734: „Wird man eine Conferenz vorschlagen, so werde ich sie eingehen, das habe ich schon vielmal versprochen und werde es auch halten."[112] Dieser Plan zerschlug sich jedoch, da seitens der Hallenser

---

108 s. Brief: Samuel Urlsperger an August Hermann Francke, 24. April 1726, SB Berlin, Francke-Nachlaß, Kaps. 21. 2. 1.

109 s. WOLFGANG MAYER, Verzeichnis der Schriften Urlspergers, Nr. 139. 1756 erschien eine weitere Ausgabe bei Johann Jakob Lotter in Augsburg (s. WOLFGANG MAYER, Verzeichnis der Schriften Urlspergers, Nr. 179). Im Jahre 1857 gab dann der Erweckte Karl Friedrich Ledderhose eine neue Ausgabe dieses Werks („Der Kranken Gesundheit") heraus.

110 s. die Korrespondenz in: UA Herrnhut R. 14. A. Nr. 1, 3 u. 5.

111 Brief: Philipp Georg Friedrich von Reck an Christian Ernst zu Stolberg-Wernigerode, 4. November 1734, UA Herrnhut, R. 14. A. Nr. 1, 44f; das folgende Zitat ebd.

112 Brief: Zinzendorf an Philipp Georg Friedrich von Reck, 30. Okt. 1734, UA Herrnhut, R. 14. A. 3, 3.

die Skepsis bezüglich des Nutzens eines solchen Vorhabens immer größer wurde. Christian Ernst Graf zu Stolberg-Wernigerode, Protagonist der antizinzendorfschen Partei, warnte sogar vor einem solchen Treffen. Am 7. November 1734 schrieb er an Urlsperger, er würde einer solchen Unterredung „hertz[lich] wiederrahten, er [sc. Zinzendorf] suchet nur eine neu cabale, in allen Conferentzen spricht er, wie man es haben will, und de post ist seine Praxis anderst, so daß hieraus dem Reiche Gottes erstl[ich] der gröste Schade erwachsen könnte."[113] Zinzendorf hat übrigens sehr wohl erkannt, von wem der Hauptwiderstand ausging, und hat deshalb den Grafen zu Stolberg-Wernigerode zur Rede gestellt.[114] Daraufhin erklärte dieser, er mache nicht gegen ihn Front, sondern gegen seine „Unlaute[r]-keiten" und „Klapperwercke", „so lange als Wahrheit Wahrheit" bleibe.[115]

3. *Erziehungsanstalten, karitativ-soziale Einrichtungen und Konventikel als Merkmale des Hallischen Pietismus in Franken und Ostschwaben*

Im folgenden soll die Entwicklung des Hallischen Pietismus im Gebiet des heutigen Bayerns – nach Franckes Besuchsreise – überblicksmäßig dargestellt werden. Da der Verlauf in den einzelnen Territorien recht unterschiedlich gewesen ist, müssen sie jeweils gesondert behandelt werden.

a) Die fränkischen Markgrafschaften, die Reichsstädte Nürnberg und Dinkelsbühl sowie das Fürstentum Coburg

Markgrafschaft Brandenburg-Bayreuth

Diese Markgrafschaft war während der Regentschaft Georg Friedrich Karls zweifelsohne dasjenige fränkische Territorium, in dem der Hallische Pietismus, vor allem Dank der Protektion des Landesherrn, eine besonders große Wirkungsmächtigkeit entfalten konnte.

Markgraf Georg Friedrich Karl[116], 1688 auf Schloß Obersulzbürg in der

---

[113] Brief: Christian Ernst zu Stolberg-Wernigerode an Samuel Urlsperger, 7. November 1734, UA Herrnhut, R. 14. A. 1, 135.

[114] Z. B. Briefe: Zinzendorf an Christian Ernst zu Stolberg-Wernigerode, s. a. u. Pfingsten 1736, UA Herrnhut, R. 14. A. 1, 135.

[115] Brief: Christian Ernst zu Stolberg-Wernigerode an Zinzendorf, 7. Mai 1736, UA Herrnhut, R. 14. A. 1, 145–146.

[116] Zu Georg Friedrich Karl, Markgraf von Brandenburg-Bayreuth s. OTTO VEH, Georg Friedrich Karl von Bayreuth. Vgl. [JOHANN ERNST TEICHMANN,] Beschreibung, 87–130.

Oberpfalz geboren, war über seine Mutter[117] weitläufig mit Zinzendorf verwandt. Über seine religiöse Entwicklung hat sein späterer Hofprediger und Beichtvater, Johann Christoph Silchmüller[118], retrospektiv berichtet. Danach hatte Durchlaucht während seines Lebens „drey besondere Gnadenblicke seiner [Gottes] Süssigkeit schmecken"[119] dürfen. „Den ersten in Ihrer Kindheit/ da Sie etwan 7. Jahr alt gewesen, zu welcher Zeit Sie nach Ihrem Kindlichen Alter recht von Hertzen fromm gewesen wären, und einsmals etwas von GOttes Liebe in Ihrer Seele empfunden hätten/ daß Sie bey nahe/ als entzücket/ Blicke in das ewige Leben gethan [...] Den andern besondern Gnadenblick der Liebe GOttes hätten Sie um die Zeit geschmäcket, da Sie in Holland das erste mal zum Heil. Abendmahl gangen wären. Es hätte Ihnen GOtt die Gnade gethan, daß Sie ein von Hertzen frommer und rechtschaffener Evangelisch-Lutherischer Prediger im Haag [Den Haag] [...] zu dem Heil[igen] Abendmahl zubereitet hätte [...] durch dessen Unterricht wären Sie vornehmlich auf den Grund eines rechtschaffenen Christenthums geführet worden/ und hätten erkennen lernen/ was für ein Unterschied zwischen dem Namen- und dem wahren Christen-thum sey." Der dritte Gnadenblick sei Durchlaucht jedoch einige Monate vor der letzten Erkrankung während des Abendmahlsempfangs zuteil geworden. „Damals hätte Sie GOtt recht kräfftig versichert/ daß er Ihnen gnädig sey/ und Ihnen alle Ihre Sünden vergeben hätte." Diese Schilderung verschweigt jedoch, daß der zweifelsohne ernsthaft um Frömmigkeit ringende Markgraf vielfach wechselnden religiösen Stimmungen unterworfen gewesen ist.

Georg Friedrich Karls Regierungsantritt am 22. Dezember 1726 wurde von den Pietisten voll froher Erwartung begangen. So verfaßte Rosina Dorothea Ruckteschel[120], Witwe des verstorbenen Stübacher Pfarrers Johann Ruckteschel, ein Gedicht und ein Sendschreiben.[121] In letzterem, gerichtet an

---

[117] Die Prinzessin Sophie Christine, geboren am 24. Oktober 1667, war eine Tochter des Grafen Albrecht Friedrich von Wolfstein (1644–1693) und seiner Gemahlin Sophia Luise (Ludovica), einer geborenen Gräfin zu Castell-Remlingen (1645–1717). Sophie Christianes Mutter war eine Schwester von Wolfgang Dietrich zu Castell-Remlingen (1641–1709). Dieser hatte sich am 7. März 1693 in zweiter Ehe mit Dorothea Renata von Zinzendorf und Pottendorf (1669–1743) vermählt. Diese war eine Schwester von Zinzendorfs Vater Georg Ludwig (1662–1700).

[118] Zu Silchmüller s. Kap. VI, 227, Anm. 124.

[119] JOHANN CHRISTOPH SILCHMÜLLER, Denckmahl, 13; die folgenden Zitate ebd., 13–15. Das „Denckmahl" findet sich auch abgedruckt in: [JOHANN ERNST TEICHMANN,] Beschreibung, 101–123.

[120] Zu Ruckteschel, geb. Schilling s. bes. Kap. IV, 162–166.

[121] ROSINA DOROTHEA RUCKTESCHEL, Eröffnete Correspondenz, 5. Sendschreiben, 38–48. Das Gedicht für Markgraf Georg Friedrich Karl findet sich ebd., 44–48; dieses „Freuden-Carmen" hatte Ruckteschel nicht selbst überreicht, sondern „ein ander Hoch-Fürstliches Haupt" hat es für sie dem Markgrafen „recommendiret" (38–39). Das

ihren Stübacher Patronatsherrn, forderte sie alle „Kinder Gottes“ auf, für ein „solches rares Kleinod“ zu beten.[122] Ihre besondere Freude drückte sie aber darüber aus, daß der neue Herrscher, wie man sage, „die Opern- und Comödien-Häuser zu Wittwen- und Waisen-Häuser[n] machen/ und alle Comödianten/ Spieler und Tanzmeister/ zu Karrenschieber[n] und Speißmeister[n] im Zuchthauß“ degradieren wolle. Tatsächlich ging der Markgraf alsbald gegen alle weltlichen Vergnügungen vor. Die „Opern und Spiel-Häuser“, so notierte sein Hofprediger am 13. November 1727 in sein Tagebuch, würden abgerissen, allen „Comoedianten und virtuosen“ werde gekündigt; „bey Hoff“ höre man „weder von spielen, noch tantzen, noch sauffen. Im Schloß ist alles so stille, als ob es ein Kloster wäre“[123].

Im Spätherbst 1727, kaum ein Jahr nach seinem Regierungsantritt, berief der Markgraf Johann Christoph Silchmüller[124], einen Schüler und Mitarbeiter Franckes, zu seinem Hofprediger, Beichtvater und Konsistorialrat. Dieser stammte aus Wasungen in Sachsen-Meiningen und hatte in Jena und Halle Theologie studiert. Anschließend war er Erzieher der beiden jüngeren Brüder des Erbprinzen Georg Friedrich Karl von Brandenburg-Bayreuth, Friedrich Ernst und Friedrich Christian, gewesen und hatte in den folgenden Jahren als Inspektor an der Lateinschule des Waisenhauses in Halle gewirkt; schließlich war er dort Pfarrer an der Zuchthauskirche geworden. Als er im November 1727 seine Stelle in Bayreuth antrat, fand er hier nach seinen eigenen Angaben nur wenige Erweckte vor;[125] trotzdem war der Boden nicht völlig unvorbereitet.

Seit fast einem Vierteljahrhundert wirkte in Bayreuth bereits der vielseitig gebildete Pfarrer Friedrich Kaspar Hagen[126], der allerdings nur bedingt dem Pietismus zuzurechnen ist. 1704 war er als Professor der Beredsamkeit, Dichtkunst und der griechischen Sprache an das Christian-Ernestinum berufen worden. 1710 avancierte er zum Hofdiaconus bzw. Hofprediger und sieben Jahre später – unter Beibehaltung seiner Hofpredigerstelle – zum Archidiaconus an der Stadtkirche und zum Theologieprofessor; 1723 wurde er Pfarrer und Superintendent sowie Oberhofprediger. Literarisch trat er mit der Herausgabe von zwei Gesangbüchern hervor. 1727 erschien unter seiner

---

„Sendschreiben“, das sich ebd., 38–44 findet, ist an ihren Patronatsherrn von Stübach gerichtet.

122 ROSINA DOROTHEA RUCKTESCHEL, Eröffnete Correspondenz, 5. Sendschreiben, 40; das folgende Zitat ebd., 44.

123 JOHANN CHRISTOPH SILCHMÜLLER, Bayreuther Tagebuch, 37–38.

124 Zu Silchmüller s. DBA 1186, 28–34; DBA NF 1226, 285; MATTHIAS SIMON, Bayreuthisches Pfarrerbuch, Nr. 2384. Vgl. FRIEDRICH WILHELM KANTZENBACH, Silchmüller (Lit.).

125 s. JOHANN CHRISTOPH SILCHMÜLLER, Bayreuther Tagebuch, 45.

126 Zu Hagen s. DBA 458, 30-42; DBA NF 510, 33; MATTHIAS SIMON, Bayreuthisches Pfarrerbuch, Nr. 882. Vgl. JACOB BATTEIGER, Geschichte des Pietismus in Bayreuth, 39–40.

Regie als Ersatz für das seit 1720 benutzte, von Generalsuperintendent Georg Albrecht Stübner bearbeitete „Neu-vermehrte vollständige Brandenburg-Bayreuthische Gesang-Buch“[127]; er hatte es mit einem Vorwort versehen und um eine Anzahl neuer Lieder vermehrt.[128] Auch die von Stübner 1723 erstellte kleinere Ausgabe des Gesangbuchs von 1720 überarbeitete Hagen. Versehen mit einem Vorwort und um eine Anzahl neuer Lieder vermehrt, erschien es ebenfalls 1727 unter dem Titel „GOtt geheiligte Frucht der Lippen/ Die seinen Namen bekennen/ Das ist: Bayreuthisches Gesang-Und Gebet- Buch, Worinnen Sowohl des seel. Herrn Dr. Martini Lutheri, als anderer treuen rechtglaubigen GOttes-Lehrer und frommer Christen Gesänge und Gebets-Formulen begriffen“[129]. Es enthält in 41 Abteilungen 722 Lieder, die poetologisch und inhaltlich teilweise äußerst dürftig sind. Verwiesen sei nur auf das unter den Liedern „Vom Heil[igen] Ehestand“ rubrizierte Lied von der braven Frau, dessen erster Vers lautet: „Ein Weib/ das GOtt den HErren liebt/ und sich stets in der Tugend übt/ ist vielmehr Lobs und Liebens werth/ Als alle Perlen auf der Erd“. Der 13. Vers versteigt sich sogar dazu: „Ihr Schmuck ist/ daß sie reinlich ist/ ihr Ehr ist daß sie ausgerüst/ Mit Fleisse/ der gewis zulezt den der ihn liebet hoch ergözt“.[130] 1736 ließ Hagen in Hof bei dem Verleger Johann Gottlieb Vierling eine Bibel[131] mit revidiertem Luthertext drucken. Dieser Bibelausgabe sind neben seiner Vorrede u. a. das „Informatorium biblicum“[132] sowie Zeit- und Völkertafeln, Münz- und Gewichtsverzeichnisse, Namensregister und Illustrationen beigegeben.

Ein entschiedener Anhänger des Pietismus war der Goldkronacher Johann Adam Flessa[133]. Er wurde 1724 Professor für Geschichte und Mathematik am Bayreuther Gymnasium, 1727 Hofdiaconus und 1731 Professor der Theologie am Christian-Ernestinum.[134] Aus seiner Feder stammt eine Reihe kleinerer Schriften, Gelegenheitsreden, Leichenpredigten und Lieder.[135] Herkömmlicherweise wird ihm auch das Jesuslied „Ich will dich immer

---

[127] Benutzt werden konnte nur die 2. Ausgabe von 1721.

[128] s. E. C. VON HAGEN, Nachrichten, 75–76.

[129] s. E. C. VON HAGEN, Nachrichten, 76. Benutzt wurde die 1730 in Bayreuth erschienene Ausgabe; eingesehen wurde auch die 1738 gedruckte Ausgabe. Ein Exemplar der Ausgabe von 1727 konnte nicht ermittelt werden.

[130] FRIEDRICH CASPAR HAGEN, GOtt geheiligte Frucht der Lippen, 308–310; hier 309.

[131] s. Deutsche Bibeldrucke, E 1318.

[132] Über das „Informatorium biblicum“ s. Kap. III, 106, Anm. 125.

[133] Zu Flessa s. DBA 328, 142–186; DBA NF 378, 301–303; ADB 7, 118; BBKL 2, Sp. 55–56; MATTHIAS SIMON, Bayreuthisches Pfarrerbuch, Nr. 583.

[134] 1741 wurde Flessa Professor der Theologie und Direktor des Akademischen Gymnasiums in Altona. Er starb 1775 als Konsistorialrat und Generalsuperintendent in Oldenburg.

[135] Ein Werkverzeichnis bei GEORG WOLFGANG AUGUST FIKENSCHER, Geschichte des Christian-Ernestinischen Collegii, 323–325 u. GEORG WOLFGANG AUGUST FIKENSCHER, Gelehrtes Fürstenthum Baireut, Bd. 2, 220–222.

treuer lieben, mein Heiland, gib mir Kraft dazu" zugeschrieben. 1728, also ein Jahr nach Silchmüller, trat dann Johann Michael Ansorg[136], ein ehemaliger Schüler der Neustädter Fürstenschule und Student Franckes, in den Brandenburg-Bayreuthischen Kirchendienst. Drei Jahre später wurde er in Bayreuth Subdiaconus, 1738 Archidiaconus und 1747 Konsistorialrat. Mit Flessa und Ansorg arbeitete Silchmüller vertrauensvoll zusammen. Alle drei hatten übrigens auch ein enges Verhältnis zu Zinzendorf und zu Mitgliedern der Herrnhuter Brüdergemeine.

Bereits einen Monat nach seinem Amtsantritt veranstaltete Silchmüller mit Billigung des Markgrafen Collegia oder Colloquia biblica. An diesen durften außer Pfarramtskandidaten, für die sie eigentlich vorgesehen waren, auch Laien aus der gesellschaftlichen Oberschicht teilnehmen.[137] Daneben führte er Erbauungsstunden für Erweckte durch, die zunächst am Sonntagvormittag und später am Mittwochnachmittag stattfanden. Sie standen ursprünglich nur Männern offen, bald wurden aber auch Frauen zugelassen. Ferner richtete Silchmüller sonntagnachmittags noch besondere katechetische Unterweisungen im Waisenhaus ein, an denen sich neben Bürgern auch Handwerker beteiligten.

Darüber hinaus engagierte er sich karitativ. Schon 1730 gründete er mit Unterstützung des Markgrafen nach Halleschem Vorbild ein Waisenhaus[138], dem er zeitlebens als Direktor vorstand. Es wurde sowohl von der markgräflichen Familie als auch von Pietisten subventioniert. Von Anfang an war in diese Anstalt eine Armenschule für Kinder mittelloser Eltern integriert. Anfang 1737 wurde dann noch eine Buchhandlung angegliedert, deren Sortiment recht gut bestückt war, wie die erhaltenen Kataloge zeigen.[139] Dagegen ist der Verlag des Waisenhauses nie recht in Gang gekommen; abgesehen von dem „Hochfürstl. Adress- und Schreibcalender" erschienen hier nur wenige Werke. Später wurden im Waisenhaus auch Arzneimittel verkauft, die offensichtlich aus der Halleschen Apotheke bezogen wurden.[140]

---

[136] Zu Ansorg s. DBA 27, 339–341; DBA NF 34, 201; MATTHIAS SIMON, Bayreuthisches Pfarrerbuch, Nr. 34. Vgl. JACOB BATTEIGER, Geschichte des Pietismus in Bayreuth, 37–39.

[137] Über diese Anfänge der Colloquia biblica und der Erbauungsstunden s. JOHANN CHRISTOPH SILCHMÜLLER, Bayreuther Tagebuch, bes. 58–60, 61 (22.–24. u. 29. Dezember 1727), 68–69 (25. Februar), 74–78 (16.–17. März) u. 90–92 (19. Mai 1728).

[138] Über das Waisenhaus s. Conferenzbuch des Waisenhauses 1730–1769, UB Bayreuth (Historischer Verein für Oberfranken), Ms. 28; JOHANN CHRISTOPH SILCHMÜLLER, Spuren. Vgl. JACOB BATTEIGER, Pietismus in Bayreuth, 41–47; FRIEDRICH WILHELM KANTZENBACH, Zinzendorf, 115; DERS., Geist und Glaube, 28–29.

[139] Hierzu und zum Folgenden s. WILFRIED ENGELBRECHT, Waisenhausdruckerei.

[140] s. Conferenzbuch des Waisenhauses 1730–1769, 164–165, Konferenz vom 23. Januar 1758, UB Bayreuth (Historischer Verein für Oberfranken), Ms. 28.

Abbildung 17. Das Bayreuther Waisenhaus, gegründet 1730 von Johann Christoph Silchmüller; im Vordergrund ein Bienenkorb als Symbol des Fleißes. Kupferstich um 1740. Stadtarchiv Bayreuth.

Das Waisenhaus, zunächst in einem der Stadt zu wohltätigem Zweck vermachten Gebäude untergebracht, nahm Pfingsten 1730 seinen Betrieb mit zwölf Kindern, sechs Knaben und sechs Mädchen, auf. Sie wurden von einer Waisenhausmutter betreut und von dem Lehrer Andreas Schmidt[141] unterrichtet. Ein Jahr später belief sich die Anzahl der Waisen schon auf 20 und die der externen Armenschulkinder auf 60. Als 1732 sogar 24 Kinder im Waisenhaus untergebracht waren und 100 Kinder die Armenschule besuchten, stellte man den Predigtamtskandidaten Christian Matthäus Augustin Ulmer[142] als zweiten Lehrer an. Zugleich nahm man aufgrund eines markgräflichen Reskripts den Neubau eines Waisenhauses vor dem Neuen Tor in Angriff. Grundsteinlegung war im Juni 1732, und schon im September des gleichen Jahres konnte es bezogen werden. Infolge der nun günstigeren Raumkapazitäten wuchs die Anzahl der Kinder in den nächsten Jahren kontinuierlich an. 1736 waren es 32 Waisen und 150 Armenschulkinder. Um die Lehrer zu entlasten, wurde zusätzlich ein Verwalter angestellt, zumal man sich bereits 1733 – wohl aus finanziellen Gründen – entschlossen hatte, gegen

---

141 Schmidt, aus Wundsiedel gebürtig und als Präzeptor und Waisenhausvater tätig, wurde auf Beschluß des Bayreuther Magistrats 1734 deutscher Stadtschul- und Rechenmeister. Freundliche Auskunft des Stadtarchivs Bayreuth.

142 Zu Ulmer s. DBA 1328, 12; MATTHIAS SIMON, Bayreuthisches Pfarrerbuch, Nr. 2583.

Entgelt auch Kinder wohlsituierter Eltern in die Anstalt aufzunehmen. Infolge der weiteren Zunahme der Waisenkinder und der Schüler in der Armenschule kam es 1741 zur Errichtung einer eigenen Waisenhausprediger-stelle, die Ulmer erhielt.

In der ersten Zeit rekrutierten sich das Personal für das Waisenhaus und die Lehrkräfte für die Armenschule ausnahmslos aus Pietisten. Als Inspektoren und Lehrer fungierten in der Regel Kandidaten der Theologie. Da ihre Besoldung kümmerlich und ihre Unterkunft teilweise erbärmlich war, kam es zu häufigen Wechseln. Bei ihrer Auswahl wurde vor allem darauf geachtet, daß „sie sich selbst von gantzem Hertzen zu dem lebendigen GOtt bekehret, und durch eine selbst eigene Erfahrung vor unserm Ertz-Hirten, JEsu Christo, gelernet haben, wie sie seine Lämmerlein weyden, und ihm dieselben zuführen sollen“[143].

Um die Teamarbeit im Waisenhaus zu optimieren, wurde vereinbart, „wo nicht alle 8, doch wenigstens 14 Tage“ eine Mitarbeiterbesprechung durchzuführen und die Beschlüsse „kürtzlich aufzuzeichnen, von was für Puncten und Materie in jeder Conferenz gehandelt, und was decretiret worden“ sei.[144] Laut Conferenzbuch wurden aber keineswegs regelmäßig Besprechungen abgehalten; zwischen 1747 und 1757 werden überhaupt keine Konferenzen mehr erwähnt.

Oberstes Erziehungsziel war es, die Kinder durch Unterweisung und Praxis zur Gottseligkeit zu führen und tüchtige Untertanen aus ihnen zu machen. Infolgedessen war der Religionsunterricht Hauptunterrichtsfach in dieser „Werckstätte der Gottseligkeit“[145]. Hierbei drang man auf die Praxis pietatis. Hinsichtlich der „Theologie“ beschloß man am 4. April 1732 in der Mitarbeiterbesprechung, „dahin zu sehen, daß die Kinder die Wahrheiten nicht nur historice lernen, sondern auch solche in die praxim u. Erbauung gewendet werden.“[146] In der Glaubensunterweisung, die auf Bekehrung fokussiert war, benutzte man neben der Bibel und Luthers „Kleinem Katechismus“ bezeichnenderweise vorrangig Freylinghausens „Ordnung des Heyls“, Spangenbergs anonym erschienenes Werk „Einflössung Der Vernünfftigen lautern Milch derer H. Catechismus-Lehren“ und Flessas Schrift „Einige Bewegungs-Gründe Zu einer Frühzeitigen Bekehrung“. Darin listete dieser die Gründe auf, die eine Bekehrung in der Jugend dringend gebieten. Sie sei nämlich nicht nur leichter, sondern ermögliche auch ein längeres Wachstum im Glauben und eine intensivere Vorbereitung auf die zukünftige geistliche

---

143 JOHANN CHRISTOPH SILCHMÜLLER, Spuren, 40–41.
144 Conferenzbuch des Waisenhauses 1730–1769, 3–4, UB Bayreuth (Historischer Verein für Oberfranken), Ms. 28.
145 JOHANN CHRISTOPH SILCHMÜLLER, Spuren, [5].
146 Conferenzbuch des Waisenhauses 1730–1769, 60, Konferenz vom 4. April 1732, UB Bayreuth (Historischer Verein für Oberfranken), Ms. 28.

Lebensaufgabe. Ferner belastete sie das Gewissen weniger mit Verfehlungen. „Wie süsse muß die Ruhe des Gemüthes schmecken, wenn uns die verflossene Jugend keine Brandmahle in das Gewissen eingedrucket hat."[147] Darüber hinaus sei eine frühzeitige Umkehr und Buße dem Lernprozeß förderlich, da die Bekehrten wegen ihrer innerweltlichen Askese Lustbarkeiten und Geselligkeiten mieden. Abschließend behauptete Flessa, die „grösten Männer im Reich der Gnaden" seien bereits „von Jugend auf fromm gewesen". Aus dem Alten Testament verwies er auf Joseph, Mose, Samuel und Daniel; aus dem Neuen Testament auf Johannes den Täufer und Timotheus. Aus der Kirchengeschichte erwähnte er nur Luther, „dessen Bekehrung und harter Buß-Kampff in die muntersten Jahre seines Lebens" gefallen seien, und Spener, wobei er sich auf Carl Hildebrand von Canstein berief. Dem erwähnten Werk Spangenbergs „Einflössung Der Vernünfftigen lautern Milch derer H. Catechismus-Lehren" lag Luthers „Kleiner Katechismus" zugrunde. Dessen Auslegungen waren aber durch Erläuterungen, Gebete und vor allem Katechismus-Lieder erweitert worden. Dabei wurden für alle sechs Hauptstücke zunächst jeweils neue Lieddichtungen präsentiert, die jedoch poetologisch defizitär und theologisch nicht unproblematisch sind. So lautet beispielsweise die vierte Strophe des Liedes „Ihr Christen denckt, wer Christus sey", das für das zweite Hauptstück gedacht war: „Durch Silber oder schönstes Gold, es nicht war zu erheben, daß der erzörnte Gott wurd hold; Blut muste Christus geben. Der Safft vom unbefleckten Lamm, der Sünden Krafft von uns wegnahm. O kostbares Erlösen."[148] Daneben sollten die „schicklichsten" der „alten Choral-Gesänge(n)" eingeübt werden. Von diesen wurde – wegen der vorausgesetzten allgemeinen Vertrautheit – jeweils nur der Beginn der ersten Strophe zitiert.

Neben den Religionsunterricht traten die Fächer Deutsch und Rechnen. Begabte Knaben wurden außerdem in die Anfangsgründe des Lateinischen eingeführt. Seit Sommer 1731 erhielten alle „Kinder, die zu der Musique Lust"[149] hatten, Klavier- und Gesangsunterricht. Die Klavierstunden erfreuten sich bald einer so großen Nachfrage, daß das Angebot mehrmals erweitert werden mußte.

Im Waisenhaus war der Tagesablauf, der im Sommer um halb sechs und im Winter um halb sieben begann und abends um acht bzw. neun Uhr endete, streng reglementiert. Vormittags waren drei und nachmittags zwei Stunden Unterricht. Die übrige Zeit war ausgefüllt von Hausarbeiten und

[147] JOHANN ADAM FLESSA, Bewegungs-Gründe, 23; die folgenden Zitate ebd., 38 u. 40. Von der Erstausgabe dieser Schrift konnte kein Exemplar nachgewiesen werden.

[148] [AUGUST GOTTLIEB SPANGENBERG,] Einflössung, 166; das folgende Zitat ebd., 119.

[149] Conferenzbuch des Waisenhauses 1730–1769, 40, Konferenz vom 8. Juni 1731, UB Bayreuth (Historischer Verein für Oberfranken), Ms. 28. Das reiche musikalische Lehrangebot bedarf dringend einer weiteren Erforschung.

kleineren Handarbeiten, zu denen jedes Kind verpflichtet war. Die Rekreationszeit wurde von den Präzeptoren überwacht, damit die Kinder „keinen Muthwillen treiben“[150] könnten. Zum feststehenden Tagesablauf gehörten die tägliche Morgen- und Abendandacht sowie am Sonntag neben dem Gottesdienstbesuch in der Schloß- oder Stadtkirche nachmittags die Katechisation im großen Saal des Waisenhauses.

Die Verköstigung war – abgesehen vom Frühstück – reichlich. Von dem generellen Schweigegebot während der Mahlzeiten waren nur die Lehrer und das Hauspersonal, die an einem gesonderten Tisch speisten, ausgenommen. Spielen und kindliche Vergnügungen, wie Schneeballwerfen und Schlittern[151], waren strikt untersagt. Auch durften die Kinder keinerlei Spielzeug besitzen und „wo sie dergleichen blicken“ ließen, sollte es ihnen „gleich weg genommen werden“.

Silchmüller schwebten also für sein Waisenhaus zweifellos die Halleschen Anstalten als Modell vor. Dies wird auch aus dem Titel deutlich, den er 1736 seiner Darstellung über Anfänge und Entwicklung dieser Bayreuther Anstalt gab: „Neue Spuren/ Der gütigen Vorsorge Gottes/ In der wahrhafften Beschreibung Von dem Anfang/ Fortgang und Wachsthum/ Des im Jahre 1730 errichteten Waysen-Hauses und Armen-Schule.“

Da für die große Anzahl von Waisenkindern oft nicht genügend Spenden eingingen und Silchmüller dem Management in keiner Weise gewachsen war, kam es wiederholt zu wirtschaftlichen Engpässen und sogar zu Existenzkrisen. Am 29. März 1740 sah er sich genötigt, nach Halle zu melden: „Mit Ende dieses Monaths gehet uns der Vorrath von Korn zu ende.“[152] Obgleich er bislang – so fuhr er fort – „keinen Menschen um einen Beitrag angesprochen, wenigstens weiter nichts gethan, als nur etwan gegen ein paar vertraute Freünde im vorigen Jahr in Briefen die Noth einfließen laßen, welche die große Theürung bey uns verursachet“, sondierte er diesmal bei den Halleschen Anstalten, ob sie ihm nicht „mit einer Hülfe unter die Arme greifen könnten“. Darüber hinaus beabsichtigte er, in einer gedruckten „Ersten Fortsetzung der Nachrichten vom hiesigem Waysenhaus“ sogar „publice“ auf die Notlage aufmerksam zu machen. Nachdem er 1741 nach Kulmbach versetzt worden war, gestaltete sich übrigens die Situation im Waisenhaus noch schwieriger.

Neben seinen pastoralen und karitativen Aktivitäten war Silchmüller auch literarisch im pietistischen Sinne tätig. Bereits 1730 erschien auf Wunsch des

---

[150] JOHANN CHRISTOPH SILCHMÜLLER, Spuren, 43.

[151] Conferenzbuch des Waisenhauses 1730–1769, 27, Konferenz vom 15. Dezember 1730: „[...] die Kinder ernstl[ich] zu erinnern sich deß Schnee-Ballwerffens und Glitschens auf dem Eiße zu enthalten“, UB Bayreuth (Historischer Verein für Oberfranken), Ms. 28. Das folgende Zitat ebd., 30, Konferenz vom 30. März 1731.

[152] Brief: Johann Christoph Silchmüller an August Hermann Francke, 29. März 1740, AFSt Halle, G 108; die folgenden Zitate ebd.

Markgrafen ein für die Gottesdienste in der Schloßkirche sowie zur privaten Erbauung der Hofangehörigen bestimmtes Gesangbuch „Neue Sammlung Erbaulicher und geistreicher Alter und Neuer Lieder“.[153] Über deren Auswahlkriterien gab Silchmüller in seiner Vorrede Rechenschaft. Hinsichtlich ihrer Anordnung im zweiten Teil dieses Gesangbuchs, in dem die gesamte christliche Glaubenslehre abgehandelt ist, hatte er sich „grösten Theils der Ordnung [...] bedienet, welche der grosse und nun selige Theologus Herr D. Spener bey seinen Glaubens-Lehren [...] an die Hand gegeben hat. Und welcher der treue Knecht Christi und Pastor zu Halle Herr Joh. Anastasius Freylinghausen in seinem schönen und beliebten Compendio Theologico mehrentheils gefolget ist“[154]. In diesem Gesangbuch ist er auch selber als Liederdichter hervorgetreten, und zwar mit dem Lied „ICh will von gnade singen“. Es handelt von der weltlichen Obrigkeit und seine letzte Strophe lautet: „HErr, hilff mir doch bey zeiten Und frühe alle schand, Sünd und gottlosigkeiten Vertilgen aus dem land. Ja! aus des hertzens hauß/ Als deiner stadt und zierde ‚Rott‘ alle lustbegierde, Als wilde rancken aus“[155]. Zusammen mit seinem Gesangbuch brachte Silchmüller ohne Namensnennung in Bayreuth auch ein Gebetbuch heraus: „Kurtzer Anhang Der In hiesigen Landen eingeführten und gewöhnlichen Fest- Wie auch Einigen andern auserlesenen Morgen- und Abend- Auch andern Gebeten, Nebst einer Kurtzen Vor-Erinnerung Von dem Mißbrauch der Gebet-Bücher, und der rechten Art, GOtt wohlgefällig zu beten.“ In der „Vor-Erinnerung“ wies er jedoch darauf“ hin, daß das freie Gebet das eigentliche sei: „Kurtz! wer ein wahrhaffter anbeter Gottes im Geist und in der wahrheit werden will, der wird nie dazu, noch zur rechten krafft, freudigkeit/ ausfluß und brünstigkeit im gebet kommen, wo er nicht auch ohne gebet-buch öffters in seinem kämmerlein und im verborgenen sein hertz selbst vor GOtt ausschütten lernet.“[156] Er wollte damit jedoch die Gebetbücher nicht grundsätzlich verwerfen; „rechtschaffene und GOtt in der wahrheit liebende seelen“ könnten auch „geistreiche“ Gebetbücher „zur Erbauung“ benutzen. Besonders wies er auf Arndts „Paradiesgärtlein“ hin, „welches billig vor allen andern recommendiret“ werde.

Ferner schuf Silchmüller eine Überarbeitung von Luthers „Kleinem Katechismus“, die er 1732 im Namen des gesamten Konsistoriums mit dem Titel „D. Martini Lutheri kleiner Catechismus samt einer in Frage und

---

[153] Über dieses Liederbuch s. E. C. VON HAGEN, Nachrichten, 76–78. Die zweite vermehrte Auflage erschien 1733, versehen mit der Vorrede der ersten Ausgabe von 1730; es enthielt 949 Lieder in 47 Abteilungen. Benutzt wurde die zweite Auflage.

[154] JOHANN CHRISTOPH SILCHMÜLLER, Sammlung, Vorrede [unpaginiert]. Vgl. FRIEDRICH WILHELM KANTZENBACH, Geist und Glaube, 29.

[155] JOHANN CHRISTOPH SILCHMÜLLER, Sammlung, 721–722, Nr. 775; hier 722.

[156] [JOHANN CHRISTOPH SILCHMÜLLER,] Anhang, 9; folgende Zitate ebd., 3 u. 5.

Antwort abgefaßten Ordnung des Heils, und ausführlichen Erläuterung"[157] im Druck erscheinen ließ. Der Unterrichtsstoff war für 23 Wochen, längstens jedoch für ein halbes Jahr, gedacht. In diesem Katechismus sollte den „Lehrenden" die „Lehre selbst (oder Credenda) [...] deutlich vorgetragen" und „mit Sprüchen der heiligen Schrift [...] bekräftiget" werden; sodann sollte ihnen vor allem gezeigt werden, „wie solche Application zur Erbauung angewendet, und in die Ausübung, (als Agenda) mit wahren Christenthum gebracht werden könne"[158]. Seitens der lutherischen Orthodoxie wurde dieser mehrfach aufgelegte pietistische Katechismus jedoch sogleich heftig attackiert, besonders von dem Bayreuther Oberhofprediger und Superintendenten Hagen sowie dem Kulmbacher Superintendenten Johann Georg Dieterich[159]. Deshalb bat der Markgraf 1733 durch seinen Rat Johann Wolfgang Kipping die Theologischen Fakultäten Leipzig, Jena und Tübingen um Stellungnahmen. Unter dem Titel „Drey Theologische Gutachten Welche Die Hochansehnlichen Theologischen Fakultäten Zu Leipzig, Jena und Tübingen Über den Zum Gebrauch in Kirchen und Schulen deß Marggraffthums Brandenburg-Culmbach Edirten Erläuterten kleinen Catechismum Lutheri Auf geschehenes Erfordern ausgestellet" wurden diese dann zwei Jahre später mit einem Vorbericht Silchmüllers publiziert. Während das Tübinger Gutachten[160] an dem pietistischen Katechismus im Grunde nichts auszusetzen fand, erklärte das Leipziger, er stimme zwar in den „Haupt-Puncten mit der Heil[igen] Schrifft und denen Symbolischen Büchern" überein, enthalte aber doch u. a. „in dem Vortrage selbst eines und das andere", das „mit dem Fürbilde der heilsamen Lehre nicht allerdings überein kommt"[161]. Das Jenaer Gutachten kam sogar zu dem Ergebnis, der Katechismus sei „mit einigen fast bedencklichen Redens-Arten/ welche leicht Anstoß geben könnten/ versehen"[162].

Angesichts dieser beachtlichen Entwicklung des Pietismus, die man vor allem auf die Aktivitäten Silchmüllers zurückführte, erwachte in der Markgrafschaft Bayreuth eine Opposition. Bereits am 17. März 1728 mußte er in seinem Tagebuch notieren, daß es um seine Person in den Gastwirtschaften zu Streitigkeiten gekommen sei und „sich neulich gar einige die Bier-Gläser darüber an die Köpfe geworffen hätten"[163]. Auch literarisch machte man

---

157 Hierzu s. JACOB BATTEIGER, Geschichte des Pietismus in Bayreuth, 58; DERS., Pietismus in Bayreuth, 59–70; FRIEDRICH WILHELM KANTZENBACH, Geist und Glaube, 28.

158 [JOHANN CHRISTOPH SILCHMÜLLER (Hg.)], Catechismus, Vorrede, 7–8.

159 Zu Dieterich s. DBA 236, 154–174; DBA NF 272, 124–126; MATTHIAS SIMON, Bayreuthisches Pfarrerbuch, Nr. 347.

160 s. Drey Theologische Gutachten, 16–27.

161 Drey Theologische Gutachten, 31; das Leipziger Gutachten findet sich 31–32.

162 Drey Theologische Gutachten, 27; das Jenaer Gutachten findet sich 27–31.

163 JOHANN CHRISTOPH SILCHMÜLLER, Bayreuther Tagebuch, 78.

gegen Silchmüller und andere Pietisten Front. 1731 erschien von dem aus Arzberg stammenden Bayreuther Predigtamtskandidaten Johann Simon Buchka[164] anonym das wiederholt aufgelegte Schmähgedicht „Muffel/ der Neue Heilige/ nach dem Leben geschildert"; Muffel war ein Anagramm für M[onsieur] le fou. In seinen Versen geißelte Buchka die Kultur- und Wissenschaftsfeindlichkeit der Pietisten sowie die Doppelbödigkeit ihrer Moral. „Durch List und Heucheley" würden sie sich in die Ämter stehlen und sich „um Gewinst bekehrt und heilig" stellen.[165] Als Buchka jedoch wenig später selber Pietist wurde, verfaßte er aus Reue über diese Verunglimpfung der Frömmigkeit der Stillen im Lande ein neues Gedicht: „Evangelische Buß-Thränen über die Sünden seiner Jugend, Und besonders Über eine Schrift, Die man Muffel, der Neue Heilige, betitult." Darin beklagte er in vielen Versen, daß er bis zu seinem 28. Geburtstag kaum ein Jahr „nicht in den Höllen-Pfuhl gefahren"[166] sei. Besonders gottlos habe er während seiner Studentenzeit gelebt. Diese sei ausgefüllt gewesen mit exzessiven Saufgelagen, leidenschaftlichen Spielrunden und sinnenfroher Sangeslust. „Mich ergötzte Canitz Flöthe, die von Doris Asche singt,// Mehr, als Luthers alte Harffe, die zum preiß der Gottheit klingt.// Bachus Lob, und Venus Ruhm, Günthers nasse Burschen-Lieder// Schallten stets von meinem Mund wie der Ton von Bergen wieder:// Aber bey dem Lob des Höchsten blieb so Herz als Lippe stumm,// Und der Sinn sah sich indessen nach verbotenen Dingen um." Um aber nicht in den Verdacht zu geraten, selber auch ein Opportunist zu sein, veröffentlichte Buchka, der in Hof 1735 Konrektor, 1739 Subdiaconus und Hilfsprediger und 1745 Syndiaconus und Freitagsprediger geworden war, dieses Gedicht erst sechs Jahre später.[167] 1740 erschien in der Verlagsbuchhandlung des Bayreuthischen Waisenhauses sogar eine erneute Ausgabe. Auch sonst ist Buchka als Verfasser von Gedichten und Liedern hervorgetreten.[168]

In Neustadt an der Aisch, einer der sechs Brandenburg-Bayreuther Residenzstädte, konnte der Hallische Pietismus damals ebenfalls stärker Fuß fassen. Durch Vermittlung Zinzendorfs fanden hier nämlich in den frühen 30er Jahren einige Hallenser, die im Zuge der Gegenreformation unter Kaiser

---

164 Zu Buchka (Buchta) s. DBA 156, 263–281; DBA NF 192, 233 u. 235; BBKL 1, Sp. 788; MATTHIAS SIMON, Bayreuthisches Pfarrerbuch, Nr. 248.

165 [JOHANN SIMON BUCHKA,] Muffel, 15; vgl. [DERS.,] Buß-Thränen, 79.

166 [JOHANN SIMON BUCHKA,] Buß-Thränen, 14; das folgende Zitat ebd., 43. In den zitierten Versen wird angespielt auf die „Klag-Ode über den Tod seiner ersten Gemahlin" von dem Lyriker Friedrich Rudolph Canitz (1654–1699) und auf die Studentenlieder des Lyrikers Johann Christian Günther (1695–1723).

167 s. [JOHANN SIMON BUCHKA,] Buß-Thränen, Vorrede (unpaginiert).

168 s. JOHANN SIMON BUCHKA, Auserlesene Gedichte; diese Gedichtsammlung erschien posthum 1755.

Karl VI. aus dem schlesischen Teschen vertrieben worden waren, Aufnahme und neue Betätigungsfelder. Bereits 1730 kam Johann Adam Steinmetz[169] als Superintendent und Inspektor des Gymnasiums hierher. Allerdings folgte er bereits zwei Jahre später einem Ruf König Friedrich Wilhelms I. in Preußen als Generalsuperintendent des Herzogtums Magdeburg und Abt des Klosters Berge, dem ein Pädagogium angegliedert war. Georg Sarganeck[170] wurde 1731 neuer Rektor der Neustädter Fürstenschule. Unter seiner Leitung entwikkelte sie sich zu einer fortschrittlichen, angesehenen und stark frequentierten Unterrichtsanstalt.[171] Die hier praktizierte Pädagogik war an der der Franckeschen Anstalten orientiert[172], auch hier wurden jetzt der Realienunterricht sowie Mathematik und Physik intensiviert.

Tatkräftig unterstützt wurde Sarganeck seit 1731 von Konrektor Paul Eugen Layritz[173]. Dieser übernahm dann 1736 das Rektorat der Fürstenschule, als Sarganeck, trotz aller Bemühungen, ihn zum Bleiben zu bewegen[174], Neustadt verließ und als Inspektor-Adjunctus an das Pädagogium in Halle wechselte. Unter diesem begabten und frommen Oberfranken, der die comenianische Pädagogik favorisierte[175], erlebte die Anstalt, wie noch deutlich werden wird, nochmals eine kurze Blütezeit.

Wegen dieser pietistischen Ausrichtung der Schule gab Samuel Urlsperger, die führende Gestalt des Hallischen Pietismus in Süddeutschland, 1738 seinen Sohn Johann August dorthin zur Erziehung.[176] An Gotthilf August Francke schrieb er: „Meinen Johann August konnte ich nach seinen Umständen nirgend hin füglicher bringen, als dahin, wo er iezt ist. Es ist wahr, H[err] Rector Layritz ist vor Herrenhut sehr pertirt. Es hat mich aber H[err] Superint[endent] Lerche versichert, daß bisanhero daselbst noch nichts contre orthod. oder sonsten Sectirisches vorgekommen. Auch haben die Scholarn, die von hier dorten sind, dergl[eichen] nichts berichtet."[177]

---

[169] Zu Steinmetz s. DBA 1220, 343–366; DBA NF 1261, 96–97; ADB 36, 1–5; MATTHIAS SIMON, Bayreuthisches Pfarrerbuch, Nr. 2435. Vgl. HERBERT PATZELT, Pietismus, 57–62; PAUL SCHAUDIG, Pietismus, 117–173.

[170] Zu Sarganeck s. DBA 1080, 379–389. Vgl. HERBERT PATZELT, Pietismus, 69–71.

[171] Über diese Schule s. MARIANNE DOERFEL, Gymnasium in Neustadt/Aisch; DIES., Ein zweites Halle in Neustadt/Aisch?; DIES., Schülerbeurteilungen.

[172] Hierzu s. u. a. HANS-KARL BECKMANN, Pädagogik.

[173] Zu Layritz s. DBA 746, 100–154; ADB 18, 88–89. Vgl. Nachrichten aus der Brüdergemeine 1838, 109–120 (Eigenhändiger Lebenslauf).

[174] s. Briefe: Johann Adam Steinmetz an Gotthilf August Francke, 24. Januar, 7. Februar 1734 u. 19. Februar 1736, SB Berlin, Francke-Nachlaß, Kaps. 20. 1.

[175] s. MARIANNE DOERFEL, Lernen ohne Zwang.

[176] s. AUGUST WOLFSCHMIDT, Matrikel, 34 u. 41.

[177] Brief: Samuel Urlsperger an Gotthilf August Francke, 17. November 1738, SB Berlin, Nachlaß Francke, Kap. 21, Nr. 208.

Nach dem Weggang von Steinmetz übernahm Johann Christian Lerche[178], der vier Jahre Praeceptor ordinarius am Pädagogium regium in Halle und neun Jahre schwedischer Gesandtschaftsprediger in Wien gewesen war, die Superintendentur in Neustadt an der Aisch. Er setzte die Arbeit im Sinne des Hallischen Pietismus fort, hatte jedoch – wie schon sein Vorgänger – auch mannigfache Verbindungen zur Herrnhuter Brüdergemeine. Überhaupt waren hier die Grenzen zwischen dem Hallischen und dem Herrnhuter Pietismus teilweise sehr fließend.

Im brandenburg-bayreuthischen Erlangen gab es ebenfalls einen kleinen Kreis Hallischer Pietisten, der vor allem von Martin Leonhard Haller[179], seit 1725 Diaconus und seit 1743 Archidiaconus, betreut wurde. Seine seit etwa Ende 1732 eingeführten Hausandachten und Betstunden erregten aber bald bei der weltlichen und geistlichen Obrigkeit Ärgernis.[180] Aufgrund ihrer Interventionen sah sich der Markgraf veranlaßt, am 11. und 25. Februar 1733 solche Privaterbauungsstunden zu verbieten.[181] Ob seine Verordnungen strikt befolgt wurden, ist jedoch fraglich.[182] Haller wurde aber keineswegs von allen Pietisten akzeptiert. In den 60er Jahren lehnten ihn radikalere Pietisten unter Führung des Samt- und Seidenfabrikanten Benedikt Jakob Dambacher[183] und des Brandenburg-Culmbachischen Hofrats Johann Nützel[184], des ersten Ophtalmologen an der Universität, wegen seiner kirchentreuen Haltung ab.[185]

Die für den Pietismus in der Markgrafschaft günstigen Rahmenbedingungen[186] endeten mit dem Tod Markgraf Georg Friedrich Karls am 17. Mai 1735. Sein nach pietistischem Muster erfolgtes Sterben schilderte Silchmüller, der sich – neben Flessa – als einziger Geistlicher während seiner letzten Tage in der Nähe aufhalten durfte, in der bereits erwähnten Schrift „Erbauliches Denckmahl der Letzten Stunden Des Weyland Durchlauchtigsten Fürsten und Herrn, HERRN Georg Friderich Carl". Danach bereitete sich der schwerkranke Markgraf sorgfältig auf sein Ende vor. Er ordnete seine

---

[178] Zu Lerche s. DBA 756, 134–139; DBA NF 805, 37; MATTHIAS SIMON, Bayreuthisches Pfarrerbuch, Nr. 1427. Über Lerches langjährigen Aufenthalt in Halle s. MARIANNE DOERFEL, Pietistische Erziehung.

[179] Zu Haller s. Kap. V, 199–200.

[180] s. JACOB BATTEIGER, Pietismus in Bayreuth, 95–98.

[181] s. Corpus Constitutionum Brandenburgico-Culmbacensium, Bd. 1, Bayreuth 1746, 247–249, 249–250; vgl. JACOB BATTEIGER, Pietismus in Bayreuth, 96–98.

[182] Vgl. JACOB BATTEIGER, Pietismus in Bayreuth, 99.

[183] Benedikt Jakob Dambacher (ca. 1711–1773), „Hochfürstlich privilegierter Stoff- und Sammetfabrikant", kam etwa 1752 nach Erlangen; freundliche Auskunft des Stadtarchivs/-Museums Erlangen.

[184] Zu Nützel s. DBA 906, 317-318 u. 320-321.

[185] s. KARL SCHORNBAUM, Separatisten in Erlangen.

[186] Die beiden markgräflichen Reskripte vom 11. u. 25. Februar 1733 hatten keine gravierenden Auswirkungen auf den Pietismus.

Beisetzungsfeierlichkeiten, schrieb Abschiedsbriefe, verfaßte sein Testament, empfing das Abendmahl und nahm von seinen Angehörigen und dem Hof Abschied. Besonders ausführlich berichtete Silchmüller aber über die letzten Unterredungen und Gebete Georg Friedrich Karls. Hierbei wies er eindringlich darauf hin, daß sich der Markgraf gegenüber seinem Leibarzt nachdrücklich zu Johann Arndts „Wahrem Christentum" bekannt habe. Diese Erbauungsschrift, die er unmittelbar vor seinem Krankenlager „völlig hinaus" gelesen habe, hätte er zwar schon zuvor gekannt, aber sich beim Herannahen seines Lebensendes „vorgesetzet, es mit Bedacht und Überlegung zu thun"[187]. Sie hätte ihm „ein grösseres Licht gegeben" und seinen „Seelen-Zustand so accurat vorgestellet", daß er darüber „manche Thränen" vergossen habe. Denn nun sei er zu der Erkenntnis gelangt, daß ihm „noch gar viel fehle" und es mit seinem „Christenthum noch besser werden müßte".

Unter seinem Nachfolger Friedrich und dessen Gemahlin Wilhelmine, der Lieblingsschwester Friedrichs des Großen, erfuhr der Pietismus bald eine zunehmende Marginalisierung oder sogar Verdrängung; dagegen wurde die Aufklärung nicht nur in der Residenzstadt, sondern auch in der gesamten Markgrafschaft immer stärker begünstigt.[188] So stellte man dem pietistischen Hofprediger Silchmüller bereits im März 1739 den aufklärerisch gesinnten Johann Christian Schmidt[189] als Kabinettsprediger zur Seite. 1735 hatte dieser eine antipietistische Denkschrift[190] verfaßt, die heftige Kritik auslöste. Um sie verrauchen zu lassen, bewilligte ihm Markgraf Friedrich ein Reisestipendium nach Holland, England und Frankreich. Auf dieser Bildungsreise suchte Schmidt von März 1737 bis Oktober 1738 vor allem Kontakt zu Theologen und Philosophen, die mit der Aufklärung sympathisierten oder ihr angehörten, so zu Christian Wolff in Marburg. Aus England brachte er zahlreiche deistische Bücher mit, um seine fränkische Heimat mit dieser „Religionsphilosophie der Aufklärung"[191] vertraut zu machen. Natürlich lernte er während der langen Reise auch Pietisten kennen. Über den Gottesdienst des dänischen Gesandtschaftspredigers Georg Petersen[192], an dem er

---

[187] JOHANN CHRISTOPH SILCHMÜLLER, Denckmahl, 39–40; folgende Zitate ebd., 40.

[188] Hierzu und zum Folgenden s. JACOB BATTEIGER, Pietismus in Bayreuth, 102–118.

[189] Zu Schmidt s. DBA 1117, 300–336; DBA NF 1162, 215; ADB 31, 741–742; MATTHIAS SIMON, Bayreuthisches Pfarrerbuch, Nr. 2214 (Lit.). Vgl. JOHANN THEODOR KÜNNETH, Beschreibung.

[190] Der Titel dieser 1735 verfaßten Denkschrift lautete: „Der pietistische Geist in der Stadt Bayreuth in sichtbarer Gestalt geschildert". Hierüber s. KARL LORY, Kulturbilder. Das Manuskript dieser Denkschrift, vorhanden „in der gräfl. von Giechschen Bibliothek in Thurnau" (ebd., 106), ist z. Z. nicht einsehbar; über Lorys Beitrag s. die Sammelrezension: O[TTO] RIEDER, Kirchengeschichtliches in den Zeitschriften der historischen Vereine Bayern (Fortsetzung), in: BBKG 7 (1901), 233–240, hier 236–237.

[191] ERNST TROELTSCH, Deismus, 429.

[192] Zu Petersen s. DBA 944, 178–179.

in Paris teilnahm, notierte er in sein Diarium: „Er predigte methodo Hallensi, und dies ist schon genug; denn wer einen Hallenser hört, der hört sie alle, und wer eine hällische Predigt hört, der hat nicht Ursache mehr zu hören. Denn ihre Sachen sind allemal einerley, ob sie gleich andre themata machen."[193] 1741 wurde Hofprediger Silchmüller, den Markgräfin Wilhelmine übrigens in ihren „Memoiren" heftigst kritisiert und herabgesetzt hat[194], auf die Superintendentur nach Kulmbach abgeschoben und Schmidt an seiner Stelle zum Hofprediger und Konsistorialrat ernannt. In der Haupt- und Residenzstadt Bayreuth, in der das Daseinsgefühl des Rokoko herrschte, oblag es nun Schmidt als Kabinettsprediger, das Markgrafenpaar „alle Sonntage im Zimmer zu erbauen und zu unterhalten"[195]. Im März desselben Jahres folgte Flessa einem Ruf nach Altona, und der dem Pietismus freundlich gesonnene Superintendent Friedrich Kaspar Hagen verstarb am 13. April. Von Kulmbach aus konnte Silchmüller nur noch eingeschränkt pietistische Interessen wahrnehmen oder sogar durchsetzen. Dies gilt auch für seine restlichen sieben Lebensjahre, nachdem Friedrich Christian, der letzte Markgraf der Brandenburg-Kulmbachischen Linie, ein mißtrauischer, eigensinniger und unentschlossener Greis, ihn 1763 – nach Schmidts Ableben – als Superintendenten und Oberhofprediger in die Residenzstadt zurückberufen und ihn im folgenden Jahr sogar zum Generalsuperintendenten ernannt hatte. Die großen Hoffnungen, die die Pietisten – vor allem im Bayreuther Waisenhaus mit ihrem frommen Inspektor Heinrich Gottlob Daniel Feiler[196] – auf seine Rückkehr gesetzt hatten[197], erfüllten sich nicht.

Zusammenfassend läßt sich feststellen: Bereits in den letzten Jahren von Silchmüllers Hofpredigertätigkeit, erst recht aber nach seinem Weggang nach Kulmbach, hatte der Pietismus in der Markgrafschaft immer mehr an Einfluß auf Kirche und Gesellschaft verloren. Er wurde zur „Privatsache"[198], zumal laut markgräflichem Erlaß[199] vom 17. Juli 1743 alle Privatversammlungen

---

193 JOHANN THEODOR KÜNNETH, Beschreibung, 28–29.

194 WILHELMINE, MARKGRÄFIN VON BAYREUTH, Memoiren, 189: „Dieser Mensch besaß unter der Maske der Religion einen unermeßlichen Ehrgeiz, mit dem ränkesüchtigsten Geist verbunden".

195 JOHANN THEODOR KÜNNETH, Beschreibung, 37. Von Schmidt erschienen mehrere, teilweise wiederholt aufgelegte Predigtsammlungen im Druck, z. B. „Heilige Reden" (4 Bde., 1752 u. 1753 sowie 1757 u. 1758) u. „Fortgesetzte Vollständige Sammlung Heiliger Reden" (1748). 1764 gab Johann Theodor Künneth eine Auswahl der Predigten seines Schwiegervaters unter dem Titel „Auserlesene Heilige Reden" heraus. Über Künneth s. JOHANN KRÖLL, Künneth.

196 Zu Feiler s. MATTHIAS SIMON, Bayreuthisches Pfarrerbuch, Nr. 521.

197 s. Conferenzbuch des Waisenhauses 1730–1769, 189, Konferenz vom 17. Juli 1764, UB Bayreuth (Historischer Verein für Oberfranken), Ms. 28.

198 JACOB BATTEIGER, Pietismus in Bayreuth, 117.

199 Gedr. in: Corpus Constitutionum Brandenburgico-Culmbacensium, Bd. 1, Bayreuth 1746, 251–252; das Zitat ebd., 252.

„ohnverzüglich benöthigten Falls durch adhibirende Zwangsmittel ab- und eingestellet“ werden sollten. Allerdings kamen dadurch keineswegs alle Erbauungsstunden zum Erliegen. Sie fanden weiterhin im pietistischen Waisenhaus statt, das jedoch vor allem in den 40er und 50er Jahren durch große geistliche und wirtschaftliche Krisen ging.[200] Der Geist der Aufklärung gewann eindeutig die Dominanz, vor allem nachdem 1739 der aus einer hugenottischen Familie stammende Arzt und Polyhistor Daniel von Superville[201] nach Bayreuth berufen wurde. Natürlich blieb dieser Paradigmenwechsel nicht auf Bayreuth, wo Markgräfin Wilhelmine seit 1737 die Oberleitung über das Theaterwesen innehatte, beschränkt,[202] sondern wirkte sich auf das gesamte Territorium aus. Der Hallische Pietismus, der in der Markgrafschaft vielerorts nicht nur Eingang, sondern auch eine beachtliche Aufnahme in die Gesellschaft gefunden hatte, war zu einer unbedeutenden Randerscheinung geworden.

Markgrafschaft Brandenburg-Ansbach

Auch in diesem Territorium gab es in der ersten Hälfte des 18. Jahrhunderts Kreise, die dem Hallischen Pietismus angehörten oder mit ihm sympathisierten.[203] Allerdings waren sie nicht im entferntesten so groß und einflußreich wie die in der Markgrafschaft Brandenburg-Bayreuth. Zurückzuführen ist dies vor allem darauf, daß das Ansbacher Fürstenhaus im Unterschied zum Bayreuther im 18. Jahrhundert keinen Regenten gehabt hat, der dem Pietismus aufgeschlossen gegenübergestanden oder ihn sogar protegiert hätte. Ja, während der langen Regentschaft Carl Wilhelm Friedrichs[204], des Wilden Markgrafen, hatte der Pietismus ausgesprochen schlechte Rahmenbedingungen. Weltverständnis und Lebensstil dieses tatkräftigen, jähzornigen und ausschweifenden Landesherrn widersprachen dem pietistischen Ethos. Deshalb ist es nicht verwunderlich, daß es in dessen Hofgesellschaft nur vereinzelte Anhänger des Hallischen Pietismus gab. Zu ihnen gehörte die seit 1711 am Hof angestellte Maria Barbara von Neuhaus[205]. 1720 legte die ehemalige Erzieherin des Erbprinzen Karl Wilhelm Friedrich im Alter von 59

---

200 Vgl. JACOB BATTEIGER, Pietismus in Bayreuth, 115–116.

201 Zu Superville s. DBA 1250, 335–340; ADB 54, 634–637.

202 Übrigens gewann die Haupt- und Residenzstadt Bayreuth erst seit 1745, als hier mit dem Bau des Opernhauses begonnen wurde und man musikalisch in kleinerem Maßstab mit Berlin und Dresden zu wetteifern versuchte, eine über die Provinz hinausgehende kulturelle Bedeutung.

203 Hierzu und zum Folgenden s. HERMANN CLAUSS, Untersuchungen.

204 Zu Markgraf Carl Wilhelm Friedrich s. GÜNTHER SCHUHMANN, Markgrafen von Brandenburg-Ansbach, 209–219.

205 Zu von Neuhaus und ihrem früheren Wirken in Ansbach s. Kap. III, 108.

Jahren zwar ihr Amt als Oberhofmeisterin nieder, blieb aber weiterhin in Ansbach wohnen. 1727 stiftete sie hier ein Witwenhaus, das auf dem weiträumigen Gelände des von Sophie Magdalena von Crailsheim ins Leben gerufenen Waisenhauses errichtet wurde. Bei der Grundsteinlegung im April hielt der Waisenhausprediger Albrecht Nikolaus Höppel[206] eine Rede und verfaßte aus diesem Anlaß auch ein Lied, dessen erste Strophe lautet: „ Wo Gott zum Hauß nicht gibt sein Gunst // So arbeit jedermann umsonst; // Wo Gott nicht wachet spat und früh // So ist vergebens alle Müh.“[207] Im Herbst des folgenden Jahres konnte Höppel das Gebäude mit einer Ansprache über I Kor 3, 11 einweihen. An der Nordfront des Hauses, das zwölf Witwen und einem kinderlosen Verwalterehepaar Raum bot, war die Inschrift angebracht: „WITWENHAVS 2. B. Mos. XXII, 22. 23. 24. Ihr sollt die Witwen nicht beleidigen/ wirst Du sie beleidigen/ so werde[n] sie zu mir schreyen/ und ich werde ihr Schreyen erhören etc. M. DCCXXVII“[208]. Die Heimbewohnerinnen waren gemäß den Statuten verpflichtet, alle angesetzten Betstunden zu besuchen.

Vier Jahre zuvor hatte die Freifrau bereits 10200 Gulden für bedürftige Witwen und ledige Adlige aus der Fränkischen Reichsritterschaft gestiftet. Diese finanzielle Unterstützung sollte ihnen allerdings nur unter gewissen Konditionen gewährt werden. So mußten sie sich u. a. verpflichten, freitags und sonntags nicht zu tanzen, „weil am Freytag unser Heyland für uns gestorben/ und der Sonntag zum Lobe Gottes gewidmet ist“[209].

Auch literarisch ist von Neuhaus hervorgetreten. 1721 erschien in Idstein anonym ihre „Geistliche Blumen-Sammlung“. Bei diesem Erbauungsbuch handelt es sich um eine Sammlung von Passagen aus Predigten, die sie nach den Gottesdiensten noch in der Kirche aus dem Gedächtnis niedergeschrieben hatte. Sie dienten ihr und ihrem Bekanntenkreis jahrelang zur Privaterbauung. Mit Unterstützung des Hallensers Johann Christian Lange, seit 1716 Superintendent und Hofprediger in Idstein, wurden sie „in Hoffnung/ daß es bey verschiedenen frommen Seelen werde angenehm und nützlich seyn“ in Auswahl gedruckt[210]. Nachweislich wurde diese „Geistliche Blumen-Samm-

---

206 Zu Höppel s. DBA 549, 167; MATTHIAS SIMON, Ansbachisches Pfarrerbuch, Nr. 1226 (Lit.).

207 ALBRECHT NIKOLAUS HÖPPEL, Rede, 6.

208 s. HERMANN DALLHAMMER, DAGMAR LECHNER u. BIRGIT SCHMIDT, Ansbacher Inschriften, 108 (Lit.).

209 Register über [...] Stifftungen, Welche [...] Maria Barbara [...] von Neuhauß [...] gemachet, 13.

210 [MARIA BARBARA VON NEUHAUS,] Geistliche Blumen-Sammlung, Vorbericht, unpaginiert [6r].

lung“ in dem von ihr gestifteten Witwenhaus als Andachtsbuch verwandt.[211]

Unter der markgräflichen Beamtenschaft in Ansbach ist zunächst der 1728 verstorbene Geheimrat Wolfgang Gabriel von Pachelbel[212] zu nennen. Schon bei seinen Zeitgenossen galt er als ein Hauptvertreter des Pietismus in der Residenzstadt. Auch Hofrat Christoph Friedrich von Seckendorff[213], Präsident des Geheimratskollegiums, bekannte sich dazu und gab deshalb einen seiner Söhne, Wilhelm Johann Friedrich[214], 1726 zur Erziehung ins Pädagogium nach Halle.[215] Da ihm die Bekämpfung der radikaleren Aufklärung ein Anliegen war, beauftragte er 1737 den vielseitig gebildeten, umtriebigen und abenteuerlustigen Johann Wolfgang Brenk[216] mit der Abfassung einer Streitschrift gegen das im Jahr zuvor in Wertheim anonym erschienene rationalistische Bibelwerk[217]. Übersetzer und Kommentator dieser sogenannten Wertheimer Bibel, von der jedoch nur der erste, den Pentateuch umfassende Teil gedruckt wurde, war der in Zell bei Schweinfurt geborene Pfarrerssohn Johann Lorenz Schmidt, der 1725 in Wertheim am Main Erzieher der Söhne der verwitweten Gräfin Amöna Sophia von Löwenstein-Wertheim-Virneburg geworden war.

Unter der Ansbacher Pfarrerschaft setzte sich, wie schon erwähnt, vor allem der auch literarisch hervorgetretene Johann Wilhelm von der Lith[218] für den Pietismus ein. Hingewiesen sei außer auf seine bereits genannten Predigtveröffentlichungen auf das von ihm herausgegebene „Gespräch des Herzens Mit GOTT In Psalmen und Lobgesängen Und geistlichen Lieblichen Liedern“. An diesem Liederbuch, das 1733, seinem Todesjahr, herauskam und mehrere Auflagen erlebte, wird schon anhand des darin aufgenommenen pietistischen Liedguts evident[219], wie stark er in der Hallischen Tradition verwurzelt war. Erwähnt seien auch seine kirchengeschichtlichen Veröffentlichungen, besonders seine 1733 in Schwabach erschienene „Erläuterung Der Reformations-Historie“. Gestützt auf gedruckte und handschriftliche Quel-

---

211 In dem Exemplar der „Geistlichen Blumen-Sammlung“, das im Besitz des Fürstlich Oettingen-Wallerstein'schen Archivs Harburg ist, findet sich die handschriftliche Notiz, daß die „Verfasserin die[ses] Buchs“ je ein Exemplar davon in „alle Stuben“ des Witwenhauses „geschenket, u. an Sonn-, Fest- u. Feÿertagen gemeinschaft[lich] zu lesen, rühml[ich] verordnet hatte“.

212 Zu von Pachelbel s. Kap. III, 105–107, Kap. VI, 211–212 u. Kap. IX, 347.

213 Zu von Seckendorff s. DBA 1167, 456. Vgl. GERHARD RECHTER, Seckendorff, 189–200.

214 Zu von Seckendorff s. GERHARD RECHTER, Seckendorff, 227–233.

215 Hierzu und zum Folgenden s. HERMANN CLAUSS, Untersuchungen, 107–108.

216 Zu Brenk s. DBA 142, 396–421; 904, 263.

217 s. Deutsche Bibeldrucke, E 1310.

218 Zu von der Lith s. Kap. III, 109–110 u. Kap. VI, 211–212.

219 s. [JOHANN WILHELM VON DER LITH,] Gespräch des Herzens, Erstes Register, die Autores der Lieder betreffend (unpaginiert, nach 598).

len im fürstlichen Archiv stellte er darin den Verlauf der Reformation in Franken von 1524 bis 1528 dar.

Aber nicht nur in der Residenzstadt selbst gab es Pietisten, die sich mit Halle verbunden wußten. Vielmehr lassen sich auch in einigen brandenburg-ansbachischen Orten hallensisch gesinnte Theologen und Laien ausmachen.[220] Genannt sei hier vor allem der seit 1730 in Wassertrüdingen amtierende Dekan Sigmund Ferdinand Weißmüller[221], der als Ansbacher Hofschreinerssohn seine Erziehung im Halleschen Waisenhaus erhalten hatte. Ferner ist auf den Ansbacher Georg Ulmer[222], seit 1730 Pfarrer in Berolzheim, zu verweisen. Auch er hatte u. a. in Halle studiert und war Lehrer in den Franckeschen Anstalten gewesen. In Schwabach wirkten der aus Ansbach stammende Johann Veit Engerer[223] und sein Sohn Johann Hellwig[224] im Sinne des Hallischen Pietismus. Johann Veit Engerer, der in Schwabach – mit Unterbrechung – von 1694 bis 1747 als Wallenrodtscher Vikar amtierte, kämpfte gegen Lustbarkeiten und Vergnügungen an Sonntagen und besonders bei Kirchweihfesten. An diesen Tagen werde die Sabbatruhe durch „aufgeführte Tänze, durch unheiliges Schießen, unchristliches Spielen mit Würffeln, Karten, und der gleich[en], grausaml[ich] verunehret, geschändet und verlästert“[225]. Daraus resultierte seiner Überzeugung nach die „unbeschreibl[ich] – böße Kinder Zucht“, die „alle Stände und Ordnungen je länger je mehr zerrüttet, verwüstet und verderbet“. Um solchem Übel zu wehren, inspizierte er Gastwirtschaften und schreckte dabei auch nicht vor brachialer Gewalt zurück. Dieser Rigorismus fand jedoch bei der kommunalen Obrigkeit keine Akzeptanz. Sie beschwerte sich vielmehr bei der markgräflichen Regierung darüber, daß Engerer „alle diejenigen verdammt, und deß Teüffels zu seÿn erkläret, die an einen Sonn- oder Feÿertag eine Recreation nach dem Gottes Dienst mit Spielen suchen, es seÿ mit Kartten, Kugeln oder auf andere

[220] Hierzu und zum Folgenden s. FRIEDRICH WILHELM KANTZENBACH, Pietismus in Ansbach, 291–292.

[221] Zu Weißmüller s. DBA 1348, 124–126; MATTHIAS SIMON, Ansbachisches Pfarrerbuch, Nr. 3249 (Lit.).

[222] Zu Ulmer s. DBA 1294, 245–248; MATTHIAS SIMON, Ansbachisches Pfarrerbuch, Nr. 3067 (Lit.).

[223] Zu Engerer s. DBA 285, 203–215; MATTHIAS SIMON, Ansbachisches Pfarrerbuch, Nr. 626 (Lit.). Vgl. Einige Jubelprediger, 1072–1075; JOHANN AUGUST VOCKE, Almanach, T. 1, 226; T. 2, 138–140.

[224] Zu Engerer s. DBA 285, 201–202; MATTHIAS SIMON, Ansbachisches Pfarrerbuch, Nr. 625 (Lit.). Vgl. Einige Jubelprediger, 1073–1075; JOHANN AUGUST VOCKE, Almanach, T. 1, 305; T. 2, 230–231.

[225] Brief: Johann Veit Engerer an das Konsistorium in Ansbach, 10. Dezember 1706, LKA Nürnberg, Markgräfliches Konsistorium Ansbach, Specialia. 766, Nr. 200; die folgenden Zitate ebd. Vgl. hierzu und zum Folgenden HERMANN CLAUSS, Untersuchungen, 120–21.

Art“[226]. Daneben richtete Engerer seine Aufmerksamkeit auf Konversionen Andersgläubiger zum Protestantismus, u. a. von Juden. In weit größerem Maße gilt dies aber von seinem Sohn Johann Hellwig, der zunächst sein Adjunkt war und dann von seinem Vater das Wallenrodtsche Vikariat übernahm. Er stand mit Callenberg und Zeltner[227] in Kontakt[228] und unterstützte das 1728 gegründete Institutum Judaicum et Muhammedicum. In Schwabach taufte er mehrere Juden; beispielsweise am Sonntag Jubilate 1734 in der Stadtkirche Löw Moses und Moses Bacherach, die dabei die Namen Wilhelm Frölich und Friedrich Gotthold erhielten.[229] Unter seinen Schriften[230] kommt dem 1732 publizierten Werk „Eine bewegliche und liebreiche Ansprache an die sämmtliche Judenschaft mit einer Antwort auf Einwürfe und Aergernisse“ besondere Bedeutung zu. In dieser Schrift wollte Engerer die wichtigsten „Einwürffe und Skrupel“[231] der Juden gegen den christlichen Glauben beheben. Als Dissenspunkte führte er die Trinitätslehre, das christliche Messiasverständnis und die Nichtbefolgung des Sabbats an. Die jüdischerseits gemachten Einwände versuchte er anhand des Alten Testaments, aber auch mittels der Vernunft zu entkräften. Hierbei ging er besonders auf die jüdische Messiasvorstellung ein, die alles andere als einheitlich sei. Die Verwerfung der Messianität Jesu von Nazareths durch die Juden erweise sich aber nicht nur aufgrund des alttestamentlichen Zeugnisses als falsch. Auch aus ihren sich ständig verstärkenden Leiden und Verfolgungen hätten die Juden ihre irrige Entscheidung erkennen müssen. „Nun aber seid ihr“, schrieb er an seine jüdischen Dialogpartner, „nach seiner [sc. Jesu] Verwerffung und Tod nicht nur nicht begnadiget, sondern von der Zeit an viel härter bestrafft worden, als da ihr eure Kinder dem Moloch aufgeopfferet und Avoda Sara Abgötterey triebet, und zwar mit Hunger unter Claudio[232], mit Krieg unter Nerone[233], mit Verfolgungen unter Vespasiano[234], ja von denen Römern viel härter als alle die von ihnen eroberte Städte geplagt worden,

[226] Brief: Richter, Bürgermeister und Magistrat von Schwabach an die markgräfliche Regierung in Ansbach, 12. August 1707, LKA Nürnberg, Markgräfliches Konsistorium Ansbach, Specialia 766, Nr. 202.

[227] Zu Zeltner s. DBA 1408, 291–321; ADB 45, 52–53.

[228] Bezüglich der Korrespondenz Johann Hellwig Engerers mit Johann Heinrich Callenberg s. AFSt Halle, K 10, fol. 64–65 (18. April 1732); K 12, fol. 93–94 (22. September 1732); K 14, fol. 249–250 (13. April 1733); K 19, fol. 40–41 (21. September 1734); K 20, fol. 78–79 (23. Dezember 1734); K 23, fol. 210–211 (26. September 1735); K 29, fol. 53–54 (26. Februar 1741).

[229] s. JOHANN HELLWIG ENGERER, Rechtschaffene Jünger Mosis.

[230] s. das Werkverzeichnis in: JOHANN AUGUST VOCKE, Almanach, T. 2, 139–140.

[231] JOHANN HELLWIG ENGERER, Ansprache, 42.

[232] Röm. Kaiser Claudius, 41–54.

[233] Röm. Kaiser Nero, 54–68.

[234] Röm. Kaiser Vespasian, 69–79.

zum offentlichen Zeichen, es sey alles dieses an euch von der gerechten Rache GOttes geschehen."[235]

Ein „Haupthindernis" der Hinkehr der Juden zum christlichen Glauben sah Engerer in deren Hochschätzung des Talmud. Die darin enthaltene Gottesvorstellung sei aber anthropomorph und widerspreche vielfach dem alttestamentlichen Zeugnis. Auch enthalte er „fabulöse Geschichten", beispielsweise wenn behauptet wird: „Sonn, Mond und Sterne(n) haben getanzt, da die Eva dem Adam zugeführet worden."[236] Abschließend forderte Engerer in dieser Schrift die Juden nochmals zur Konversion auf. Davon sollten sie sich nicht wegen eventueller wirtschaftlicher Einbußen noch wegen des von Christen erlittenen Unrechts abschrecken lassen. Hier sollten sie versichert sein: „Rechte Christen thun dieses nicht, sondern Unchristen."[237] Aufgrund dieser Schrift richtete Zeltner 1735 ein lateinisches Sendschreiben an Engerer, das dann mit dem Titel „De impedimentis et adjumentis conversionis Judaeorum praecipuis" gedruckt wurde. Darin ging er auf die Haupthindernisse ein, die Juden von einer Konversion abhielten, und entwickelte beachtliche Missionsstrategien.

Insgesamt gesehen stellte also der spätere Hallische Pietismus in der markgräflichen Residenzstadt Ansbach und im Umland eine zwar wahrnehmbare, aber wenig öffentlichkeitsrelevante Unterströmung dar. Der Grund hierfür ist – abgesehen von der mangelnden Unterstützung des Hofes und dem Fehlen einer Integrationsfigur – auch darin zu suchen, daß sich der Geist der Aufklärung in der Residenzstadt und in der Markgrafschaft relativ bald bemerkbar machte. Zu denjenigen, die zur Verbreitung einer gemäßigten Aufklärung beitrugen, zählen in Ansbach u. a. der Dramatiker und Lyriker Johann Friedrich von Cronegh[238] sowie der Anakreontiker Johann Peter Uz[239].

Der bedeutendste Vertreter dieser frühen theologischen Aufklärung und Antagonist des Pietismus in der Markgrafschaft Brandenburg-Ansbach war aber unzweifelbar der Feuchtwanger Dekan Georg Ludwig Oeder[240], der sich auf fast allen Gebieten der Theologie hervorgetan hat. Dieser 1694 im fränkischen Schopfloch geborene Pfarrerssohn hatte in Jena studiert und war zunächst Adjunkt in seiner Vaterstadt und dann Lehrer in Heilsbronn gewe-

---

[235] JOHANN HELWIG ENGERER, Ansprache, 7.

[236] JOHANN HELWIG ENGERER, Ansprache, 44.

[237] JOHANN HELWIG ENGERER, Ansprache, 51.

[238] Zu Cronegh s. DBA 210, 80–104; 713, 115; DBA NF 243, 144–146; ADB 4, 608–609; NDB 3, 423; BBKL 1, Sp. 1167.

[239] Zu Uz s. DBA 1299, 161–318; ADB 39, 443–449. Vgl. FRIEDRICH WILHELM KANTZENBACH, Uz.

[240] Zu Oeder s. DBA 910, 328–431; 961, 128; ADB 24, 147; MATTHIAS SIMON, Ansbachisches Pfarrerbuch, Nr. 2105 (Lit.). Vgl. FRIEDRICH WILHELM KANTZENBACH, Oeder (Lit.).

sen. Hierauf wurde er in Ansbach Konrektor und Rektor am Gymnasium; von 1737 bis1760 war er schließlich Pfarrer und Dekan von Feuchtwangen. 1743 erhielt er anläßlich der Gründung der Universität Erlangen die Ehrendoktorwürde. Anfänglich war er ein Anhänger der Vernünftigen Orthodoxie und bekämpfte als solcher in den 30er Jahren Johann Lorenz Schmidt, den Herausgeber der Wertheimer Bibel. Er verfaßte mehrere exegetische, apologetische, kontroverstheologische und historische Werke. Im Alter vollzog er dann behutsam den Übergang zur Neologie, wie zwei nach seinem Tod publizierte Schriften[241] zeigen; die zweiteilige „Christliche freye Untersuchung" über die Johannesapokalypse wurde 1769 von keinem geringeren als Johann Salomo Semler herausgegeben. Oeder ist, wie noch darzustellen sein wird, ein besonders hartnäckiger Widersacher der Herrnhuter in der Markgrafschaft Brandenburg-Ansbach gewesen.

Ein weiteres Beispiel für das Eindringen der Aufklärung – allerdings in einer gemäßigteren Form – in die Markgrafschaft stellt Pfarrer Friedrich Wilhelm Wolshofer[242] dar. Als Pfarrer von Hechlingen hielt er beispielsweise 1741 im Lustschloß Unterschwaingen am Hesselberg, wohin sich die über das ausschweifende Leben ihres Gemahls Carl Wilhelm Friedrich verbitterte Markgräfin Friederike Louise, eine Schwester Friedrichs des Großen, zurückgezogen hatte, eine Predigt über die Thematik „Der vernünfftige GOttes-Dienst"[243]. Im vernünftigen Gottesdienst, so führte Wolshofer aus, gehe es um „die Versöhnung mit Gott" und um „die Versöhnung des Nächsten". Eine fehlende Versöhnungsbereitschaft mit den Mitmenschen sei „wider die Vernunfft", „wider das Gesetz der Natur", „wider das Königliche Gebot: Liebet eure Feinde" und „wider allen, und besonders den vernünfftigen Gottes-Dienst"[244]. 1748 wurde Wolshofer Pfarrer in Roßtal; in den folgenden zwei Jahren begleitete er den jungen Erbprinzen Christian Friedrich Karl Alexander als Reiseprediger auf seiner Bildungsreise nach Holland. Seit 1762 wirkte er dann als Pfarrer und Dekan sowie als Konsistorialrat in dem damals noch zu Franken gehörenden Crailsheim. Während dieser Zeit wurde er übrigens auch von Sendboten der Brüdergemeine besucht; ein weiteres Indiz für seine Zugehörigkeit zur frommen Aufklärung.

---

[241] [GEORG LUDWIG OEDER,] Christliche freye Untersuchung; [GEORG LUDWIG OEDER,] Freye Untersuchungen.

[242] Zu Wolshofer s. DBA 1393, 136; OTTO HAUG (Bearb.), Pfarrerbuch Württembergisch Franken, T. 2, Nr. 3004; MATTHIAS SIMON, Ansbachisches Pfarrerbuch, Nr. 3349.

[243] Hierzu s. HERMANN CLAUSS, Untersuchungen, 137.

[244] FRIEDRICH WILHELM WOLSHOFER, Gottes-Dienst, 28 u. 30.

Reichsstadt Nürnberg

In dieser Reichsstadt gingen die Anhänger des Hallischen Pietismus kurze Zeit nach Franckes Besuch durch eine religiöse Krise,[245] die eigentlich schon mehr als ein Dezennium schwelte. Ausgelöst worden war sie durch Gottfried, einen Sohn des pietistisch gesinnten Pfarrers Winkler[246]. Dieser damals etwa Dreizehnjährige hatte seit 21. November 1707 – nach einer schweren Erkrankung – neben Christuserscheinungen vor allem Engelvisionen, unter anderen von den Erzengeln Gabriel und Raphael. Diese übermittelten ihm chiffrierte Botschaften und Weissagungen, die sowohl ihn selbst als auch andere betrafen. So wurde seinem fast erblindeten Vater prophezeit, er werde in Kürze sein Augenlicht zurückerhalten. Bald ließen die Engel Gottfried aber auch Kultgegenstände und Vasa sacra aus dem einstigen Tempel Salomos sehen. Gottfried modellierte diese Objekte aus Dragand, einer aus Bocksdorn gewonnenen Gummimasse, nach und präsentierte sie – trotz obrigkeitlichen Verbots – leichtgläubigen Besuchern. Seine Visionen und Auditionen sowie die nachgebildeten Gegenstände erregten bei manchen Frommen Irritationen und bei ihren Gegnern Hohn und Spott. Magistrat und Pfarrerschaft aber fürchteten mit Recht um ihre Reputation, da diese Vorkommnisse bald außerhalb des Nürnberger Territoriums publik wurden.[247] Es stellten sich nämlich auch hochrangige Gäste ein, um die von Gottfried verfertigten Sujets zu besichtigen. Beispielsweise erschienen am 3. August 1709 Prinz Ludwig Rudolph von Braunschweig-Wolfenbüttel mit seiner Gemahlin Christine Luise und Fürst Albrecht Ernst II. von Oettingen, die im Winklerschen Pfarrhaus „eine Menge allerhand von Dragand gemachte, verguldt und gemahlte Bielder und Gevässe“[248] bestaunten.

---

245 Hierzu und zum Folgenden s. Acta Des Gottfried Winklers angebliche Engels-Erscheinungen betreffende. von Ao. 1707 biß 1718. Tom. I; Acta Gottfried Winklers angebliche Engels-Erscheinungen betrl. de Anno 1719. à No. 1. usque Nm. 85. Tom. II; Acta Des Gottfried Winklers angebliche Engels-Erscheinungen betreffende Ao. 1720. à Nr. 220 usque ad Nr. 353. Tom IV, StadtB Nürnberg, Will II, 1280 a–c. Aufschlußreich sind ferner Das Wincklerische Visions-Werk u. Zu den Winklerischen Visions-Acten gehörig, StadtB Nürnberg, Will II, 1280 d u. e. In Will II, 1280 d finden sich zehn bislang unbekannte Briefe von Johann Wilhelm Petersen an Gottfried Winkler aus den Jahren 1712 bis 1719; ihre Edition ist geplant. [BERNHARD WALTER MARPERGER,] Acten-mässige Species Facti. Vgl. MATTHIAS SIMON, Winkler, 213–230 u. 232, Anm. 71 (Beschreibung der handschriftlichen Berichte).

246 Zu Winkler s. bes. Kap. II, 60–63.

247 So soll in der „Jenischen Post- und Ordinar-Zeitung“ unter dem 18. Februar 1708 ein entsprechender Artikel eingerückt gewesen sein. Ein Exemplar dieser Ausgabe konnte nicht ermittelt werden.

248 Acta Des Gottfried Winklers angebliche Engels-Erscheinungen, T. I, Nr. 34 (27. Januar 1710, unpaginiert), StadtB Nürnberg, Will. II, 1280a.

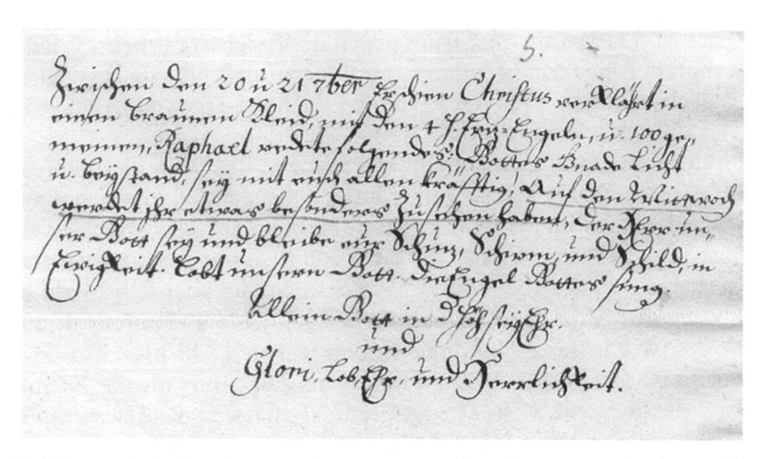

Abbildung 18. Aufzeichnung über Vision und Audition Gottfried Winklers in Nürnberg (vor 1720). Stadtbibliothek Nürnberg.

Obgleich die Nürnberger Prediger frühzeitig gegen das „Wincklersche Visions-Werck“ Front machten – sie wiesen u. a. darauf hin, daß die modellierten kleinen Möbel, „woran die Propheten solten gestanden haben, wie die heutigs tägige Französische und Englische à la mode Caffé und à l'Hombre Tischlein [Lomberspieltisch] formirt“ seien[249] – schritt der Magistrat zunächst nicht entschieden ein. Einerseits wollte man wohl auf den greisen, nahezu erblindeten Vater Tobias Rücksicht nehmen, andererseits hoffte man, die Erregung werde sich allmählich von selbst legen. Diese Rechnung schien aufzugehen. Als sich jedoch Anfang 1718 General von Barner in Nürnberg niederließ und ein Anhänger und Protegé Gottfrieds wurde, nahmen die ‚Visionen und Auditionen‘ sogleich wieder zu.[250] Der Magistrat sah sich genötigt, nun schärfer vorzugehen, vor allem nachdem Tobias Winkler am 2. Juni 1720 gestorben war. Gottfried, der seit April dieses Jahres – unter Bruch eines abgeschlossenen Lehrvertrags – in die Dienste des Generals getreten und dessen Sekretär geworden war, wurde inhaftiert und verhört. Er unterschrieb am 19. Dezember 1720 ein von der Obrigkeit formuliertes Geständnis, versprach darin außerdem, künftig diese „Irrthumer vom Grund der Seelen“ zu verabscheuen und die „hiesige Stadt zu vermeiden“.[251] Um der

---

[249] [Bernhard Walter Marperger,] Acten-mässige Species Facti, 9.

[250] [Bernhard Walter Marperger,] Acten-mässige Species Facti, 12: „Demnach, blieb dieserwegen alles stille, und die Wincklerischen selbst, machten gar nicht viel mehr von ihrem Werck, biß A. 1718. sich die Scena auf einmal änderte, und die Anwesenheit des Herrn Gen. B. den schier verschwundenen Engel, wiederum reden und agiren machte“.

[251] Acta Des Gottfried Winklers angebliche Engels-Erscheinungen, T. IV, Nr. 298 (19. Dezember 1720, unpaginiert).

inzwischen von General von Barner gegen die Reichsstadt beim Wiener Hof angestrengten Klage zu begegnen, publizierte der Nürnberger Magistrat unter Federführung von Pfarrer Bernhard W. Marperger dann einen Bericht über das „Wincklerische Visions-Werck“.

Während der Zeit der Auseinandersetzungen um Winckler gab es unter der Nürnberger Pfarrerschaft nur wenige, die dem Hallischen Pietismus anhingen oder mit ihm sympathisierten. Neben dem 1723 hochbetagt verstorbenen Spitalprediger Wirth[252] ist hier eigentlich nur der pietisten-freundliche Pfarrer Georg Jakob Schwindel[253] zu nennen, der aber selbst bald weitere Turbulenzen auslöste. 1684 als Sohn eines Schneiders geboren, studierte er in Altdorf sowie in Jena Theologie und war von 1708 bis 1711 Magister legens in Jena. Drei Jahre später kam er als Diaconus an die Nürnberger Spitalkirche und wurde 1730 Mittagsprediger an der St. Katharinenkirche.[254] Er predigte unter großem Zulauf, war ein gern gewählter Beichtvater und galt bei den Armen als Wohltäter. Nach dem Tod von Wirth, dem er gesinnungsmäßig nahestand, übernahm er nicht nur die Leitung von dessen Armenschule, sondern setzte auch die von ihm eingeführten Erbauungsstunden, an denen 100 bis 150 Personen teilnahmen, fort, stellte sie jedoch 1728 aus nicht völlig geklärten Gründen – möglicherweise aus Raummangel – ein.

Schwindel war daneben auch emsig literarisch tätig. Bereits 1707 soll er ein Andachtsbuch mit dem Titel „Himmels-Schlüssel gläubiger Christen“ in Druck gegeben haben.[255] Die Herausgabe des „Manuale casuisticum“, das 1717 unter dem Pseudonym Gotthold erschien, erregte jedoch den Widerspruch seiner Amtsbrüder. Dieses Handbuch sollte unerfahrenen Predigern als Orientierungshilfe in dogmatischen und kirchenrechtlichen sowie vor allem in ethischen Fragen dienen; so beispielsweise, ob ehelicher Geschlechtsverkehr während vermuteter Schwangerschaft der Ehefrau erlaubt sei.[256] Zur Beantwortung dieser Themen wurden einschlägige Schriften, besonders von Johann Konrad Dannhauer und Hartmann sowie vor allem von Spener, zitiert oder paraphrasiert. Neben diesen Werken hat Schwindel später umfangreiche biographische und bibliographische Schriften verfaßt, die jedoch zum größten Teil ungedruckt blieben.

---

[252] Zu Wirth s. bes. Kap. III, 91–97.

[253] Zu Schwindel s. DBA 1165, 313–340; 1187, 380; 1166, 190; ADB 33, 469; MATTHIAS SIMON, Nürnbergisches Pfarrerbuch, Nr. 1299. Vgl. MATTHIAS SIMON, Schwindel.

[254] Hierzu und zum Folgenden s. MATTHIAS SIMON, Schwindel.

[255] s. GEORG ANDREAS WILL, Nürnbergisches Gelehrten-Lexicon, Bd. 3, 661; es soll wiederholt aufgelegt worden sein. Ein Exemplar konnte jedoch nicht nachgewiesen werden.

[256] s. [GEORG JAKOB SCHWINDEL,] Manuale casuisticum, 244–251. Die Herausgabe dieses Werkes, das wegen des Pseudonyms Gotthold bibliothekarisch auch Christian Scriver zugeschrieben wurde, bedarf noch näherer Untersuchung.

Anfänglich scheint Schwindel bei seinen Kollegen an der Spitalkirche trotz gelegentlicher Unstimmigkeiten recht beliebt gewesen zu sein, denn sie wählten ihn 1732 zu ihrem Senior. Sieben Jahre später schlug dieses Vertrauen dann aber abrupt in offene Feindseligkeit um. In diese Auseinandersetzungen wurden auch Anhänger und Freunde der Herrnhuter Brüdergemeine involviert, obgleich Schwindel mit diesen keineswegs besonders eng verbunden war. Aufgrund von Denunziationen einiger psychisch labiler und übel beleumdeter Frauen wurde er – unter klammheimlicher Häme einiger Kollegen – des Ehebruchs, der Gotteslästerung und der Zauberei angeklagt. Daraufhin wurde Schwindel, der bei den Voruntersuchungen ein recht naives und bizarres Verhalten an den Tag legte, seines Amtes entsetzt und kam unter Verlust seiner Bezüge in eine zweijährige Untersuchungshaft. Sein im Mai 1739 beim Reichshofgericht in Wien angestrengter Appellationsprozeß – der am Reichsvikariatsgericht fortgesetzt wurde – endete nach 13 Jahren zwar mit einem Freispruch. Schwindel war aber ein gebrochener Mann, der am 14. August 1752, wenige Monate nach Prozeßende, starb.

Reichsstadt Dinkelsbühl

In der Reichsstadt Dinkelsbühl war seit 1725 der Lehrer Johann Christoph Hechtlein[257], der zuvor Inspektor im Augsburger Armenkinderhaus gewesen war, im Sinne des Hallischen Pietismus tätig. Über seine große Arbeitslast – bei drückendsten wirtschaftlichen Verhältnissen – schrieb er 1727 an Francke: „Ganz alleine bin ich, u. habe einen numerum von 40 Scholaren, welche in 3 auch wohl mehrere Classes eingetheilt sind, die ich, außer dem Lateinischen, in der Music, im Schreiben, im Griechischen und einige auch im Hebräischen, mit Unterricht versehen muß. Solchergestalt bin ich von Frühe 7 biß Abends 5 Uhr alle Tage in der Woche eingespannt, die Speiß-Stunde von 11–12 ausgenommen: Daneben ist die Besoldung so schmal, daß zwischen selbiger und der vielfältigen sauren Arbeit fast eine Proportion ist. Dem ohngeachtet bin ich freudig gewesen, göttl[ichem] Winck zu folge, die vorhergesehene Last zu übernehmen, in Hofnung, daß derjenige, deßen Kraft in den Schwachen mächtig ist [II Kor 12, 9], mir seinen Beystand nicht versagt werde.“[258] Einen Gleichgesinnten hatte Hechtlein in Dinkelsbühl in dem Diaconus bzw. Pfarrer Johannes Busch[259], der die Hallische Mission unterstützte.

---

[257] Zu Hechtlein (Hechtlin) s. GEORG KUHR (Bearb.), Ritterschaftliches Pfarrerbuch Franken, Nr. 1026 (Lit.).

[258] Brief: Johann Christoph Hechtlein an August Hermann Francke, 12. März 1727, AFSt Halle, G 116; vgl. THEODOR WOTSCHKE, Neue Urkunden (1934), 114, Nr. 57.

[259] Zu Busch s. DBA 170, 131–132; MATTHIAS SIMON (Hg.) Pfarrbücher der Reichsstädte (Dinkelsbühl), Nr.7.

Fürstentum Coburg

In diesem Territorium gab es in jener Zeit offensichtlich nur noch verschwindend wenige Anhänger des Hallischen Pietismus. Einer von ihnen war Johann Gottlieb Wilhelm Rosler[260], der zweite Sohn des Kanzlers Johann Burkhard Rosler. Er wirkte seit 1709 in Coburg als Hofdiaconus und dann seit 1718 als Hofprediger und Archidiaconus in Hildburghausen, wo er wegen seines sittlichen Rigorismus bald angefeindet wurde. 1723 wurde er Pfarrer in Neuses und 1725 Superintendent in Neustadt bei Coburg. Seit 1713 stand er mit August Hermann Francke in Briefwechsel[261] und sandte wiederholt junge Menschen mit Empfehlungsschreiben nach Halle. Einen dubitativen Rückhalt hatte der Pietismus in Coburg in dem kränklichen Erbprinzen Christian Ernst[262], der sich dieser neuen Frömmigkeit völlig geöffnet hatte. Er residierte jedoch schon seit 1729 nicht mehr in Coburg, sondern in Saalfeld, wo sein Hof zu den dezidiert pietistischen Adelssitzen zählte.

b) Die ostschwäbischen Reichsstädte Augsburg und Kaufbeuren sowie das Fürstentum Oettingen

Reichsstadt Augsburg

In Ostschwaben wurde Augsburg, wie dargestellt, durch Samuel Urlsperger zu einem gewissen Stützpunkt des Pietismus. Er gab sich anfänglich sogar der Hoffnung hin, diese Stadt zu einem zweiten Halle machen zu können. Hierfür wollte er offenbar auch Augsburgs weitreichende Handelsbeziehungen, große Wirtschaftskraft und reichsrechtliche Position nutzen. Dieses Vorhaben ließ sich jedoch in keiner Weise verwirklichen, was er selbst bald erkannt hat. Allerdings gab es hier eine Reihe von einflußreichen Persönlichkeiten, die mit Urlsperger freundschaftlich verbunden waren und sich als Anhänger oder Sympathisanten des Hallischen Pietismus verstanden. Organisatorischer Mittelpunkt dieses Kreises war, wie gezeigt, zweifelsohne das Augsburger Armenkinderhaus. Dagegen gelang es Urlsperger nicht, in der Pfarrerschaft einen größeren Rückhalt zu finden.

---

[260] Zu Rosler s. Die Matrikel des Gymnasiums Casimirianum Academicum, 199; Die Matrikeln des Gymnasiums Casimirianum Academicum zu Coburg. Ergänzungsheft, 182.

[261] 16 Briefe an Francke finden sich in der SB Berlin, Francke-Nachlaß, Kaps. 18. 2.

[262] Christian Ernst, Herzog von Sachsen-Coburg-Saalfeld (1683–1745), regierte von 1729 bis 1745 gemeinsam mit seinem Halbbruder Franz Josias, Herzog von Sachsen-Coburg-Saalfeld (1697–1764); allein regierte dieser von 1745 bis 1764.

Reichsstadt Kaufbeuren

In der vom Protestantismus dominierten Reichsstadt Kaufbeuren fand der Hallische Pietismus nur vorübergehend und spärlich Eingang. Hier lebte zwar seit 1688 David Heider[263], ein Verwandter Franckes, der aber dem Pietismus eher fern stand, wie die erhaltene Korrespondenz[264] zeigt. Im Sinne des Hallischen Pietismus wirkte jedoch von 1720 bis 1724 Johann Martin Christell[265], der ihn wohl in Pommern während seiner dortigen Tätigkeit als Hauslehrer kennengelernt hatte. Er war zunächst Adjunkt und dann Rektor an der evangelischen Lateinschule der Reichsstadt.[266] Mit Unterstützung der evangelischen Ratsmehrheit führte er in dieser Schule pietistische Reformen durch. Bedeutsam wurden seine wöchentlich dienstags durchgeführten Kinderlehren[267], in denen er den Katechismus auslegte und die Kinder mit Bekehrungs- und Erweckungsberichten bekannt machte. Jedoch wurde er schon 1724 nach Augsburg auf das vierte Diakonat an der Barfüßerkirche berufen. Von 1744 bis zu seinem Tod 1770 amtierte er dann zunächst als Pfarrer an der Heilig-Kreuz-Kirche und dann an St. Ulrich.

Christells Wirksamkeit wurde dann durch den schon von der Aufklärung beeinflußten Pfarrer Johann Jakob Brucker[268] in gewisser Weise fortgesetzt.[269] Dieser Theologe[270], der der milden Aufklärung zugehörte, aber trotzdem Sympathie für pietistische Frömmigkeit hegte, sah – gemäß der von ihm entworfenen Schulordnung[271] – in der Erkenntnis des Heils und dessen "thätige[r] *Ausübung*" das eigentliche Bildungsziel der Schule. Im Religionsunterricht wollte er Speners Katechismustabellen eingeführt wissen und auf praktische Frömmigkeit dringen. Lärmvolles Spielen oder gar Herumtollen

---

263 Zu Heider s. K[ARL] KIEFER, Familie Heider, 161.

264 Fünf Briefe von David Heider an August Hermann Francke vom 30. Januar 1695, 12. März, 23. April u. 20. August 1698 sowie 14. Januar 1699 finden sich im AFSt Halle, C 71; vgl. THEODOR WOTSCHKE, Neue Urkunden (1932), 106, Nr. 29. In der Korrespondenz ging es fast ausschließlich um familiäre Belange.

265 Zu Christell s. DBA 188, 323–325; Pfarrerbuch Bayerisch-Schwaben, Nr. 161.

266 Über die Lateinschule s. FRITZ JUNGINGER, Geschichte der Reichsstadt Kaufbeuren, 166–175; HERMANN OBLINGER, Pietistische Lateinschule.

267 Zu Christells Kinderlehren s. KARL ALT, Brucker, 24, 53.

268 Zu Brucker s. DBA 149, 172–214; 1426, 135–139; DBA NF 183, 260–287; ADB, Bd. 3, 397, NDB 2, 647; Pfarrerbuch Bayerisch-Schwaben, Nr. 143. Vgl. KARL ALT, Brucker; WILHELM SCHMIDT-BIGGEMANN u. THEO STAMMEN (Hg.), Jacob Brucker (1696–1770). Eine Werkbibliographie Bruckers bei HELMUT ZÄH, Verzeichnis.

269 Über Bruckers Wirken als Rektor s. KARL ALT, Brucker, 94–125.

270 Dagegen will Gunther Wenz (Brucker, 28) ihn als einen „pietistisch durchwirkt[en]" Spätorthodoxen verstehen.

271 Die Schulordnung findet sich im Kirchenarchiv Dreifaltigkeitskirche Kaufbeuren, SC/104b (ehem. Schubl. 7, III); das folgende Zitat ebd., fol. 3. Die Ordnung ist abgedr. in: KARL ALT, Brucker, 109–122; das folgende Zitat ebd., 110.

der Schüler sollte unnachsichtig bestraft werden. Brucker konnte erreichen, daß das Scholarchat im Oktober 1737 diese Schulordnung mit ihren im Grunde pietistischen Zielen akzeptierte und sie durch Veröffentlichung obrigkeitlich für alle evangelischen Schulen für verbindlich erklärte. Neben den dienstäglichen Kinderlehren veranstaltete er nach dem sonntäglichen Abendgottesdienst auch Bibelbesprechungsstunden für Erwachsene.[272] Wegen seiner philosophie-historischen Arbeiten, deren Bedeutung jedoch umstritten ist, gilt Brucker als der Begründer der Historiographie der neuzeitlichen Philosophie.

Fürstentum Oettingen

Außer in den beiden genannten schwäbischen Reichsstädten konnte der Hallische Pietismus auch im Fürstentum Oettingen einen gewissen Einfluß gewinnen. Hier wirkte Georg Michael Preu[273] bis zu seiner Berufung nach Augsburg 1729 im Sinn des Hallischen Pietismus. Er war zuvor seit 1710 Pfarrer in Magerbein und Kleinsorheim gewesen, ehe er 1715 zum Archidiaconus in Oettingen ernannt wurde. Allerdings ließ ihm Generalsuperintendent Wasser[274], der an sich dem Pietismus nicht unfreundlich gesonnen war, nicht völlig freie Hand. Er ging nämlich, wie Preu an Francke schrieb, „feuereifrig" gegen radikalere, kirchenkritische Pietisten vor, stachelte die Obrigkeit gegen diese „armen Leute" auf und bewirkte den Erlaß eines Emigrationsedikts[275]. Einen warmherzigen und besonnenen Förderer erhielt der Hallische Pietismus dann aber in Superintendent Georg Adam Michel[276], dem von 1747 bis 1780 die Leitung des Oettingischen Kirchenwesens oblag. Er hatte Kontakte zu Gotthilf August Francke sowie zu Samuel Urlsperger. Aus Halle bezog er u. a. Erbauungsliteratur. Auch der Herrnhuter Brüdergemeine stand Michel nicht „ohne Teilnahme gegenüber"[277]. Große Aufgeschlossenheit für lebendige Frömmigkeit begegnet ferner bei Georg Jacob Schäblen[278], der seit 1766 Inspektor des Oettinger Waisenhauses war. Vier Jahre später wurde er Diaconus, ein Jahr darauf Archidiaconus an der St. Jakobskirche. 1780 wurde er dort zunächst Pfarrer, später dann Generalsu-

---

[272] Hierzu s. KARL ALT, Brucker, 84–85.
[273] Zu Preu s. bes. Kap. III, 87.
[274] Zu Wasser s. bes. Kap. III, 87.
[275] Brief: Georg Michael Preu an August Hermann Francke, 18. Juni 1723, AFSt Halle, A 144, 1004–1007; vgl. THEODOR WOTSCHKE (1935), Neue Urkunden, 176–177, Nr. 85, hier 177.
[276] Zu Michel s. Pfarrerbuch Bayerisch-Schwaben, Nr. 810. Vgl. PAUL SCHATTENMANN, Michel, 83–108.
[277] PAUL SCHATTENMANN, Michel, 98.
[278] Zu Schäblen s. DBA 1085, 380–385; Pfarrerbuch Bayerisch-Schwaben, Nr. 1051.

perintendent und Konsistorialrat. In seiner Person vereinigten sich volksaufklärerisches Wollen und frömmigkeits-theologisches Anliegen, wie sein literarisches Werk zeigt.[279]

*

Der Einfluß des Hallischen Pietismus im Gebiet des heutigen Bayerns ist vor allem darauf zurückzuführen, daß hier seit Anfang des 18. Jahrhunderts viele Pfarrer und Lehrer wirkten, die ihre Ausbildung in Halle erhalten hatten. Auch die 1718 erfolgte Reise August Hermann Franckes durch Ostschwaben und Franken hat zu seiner Konsolidierung und Expansion beigetragen. Schließlich erhielt der Hallische Pietismus in der Mitte des 18. Jahrhunderts in dem Augsburger Pfarrer und Senior Samuel Urlsperger eine markante Identifikationsfigur.

Die Bedeutung des Hallischen Pietismus für diese Territorien lag erstens darin, daß es vielerorts zu einer Intensivierung des religiösen Lebens kam. Hierzu trugen häusliche Andachten und Konventikel wesentlich bei. Da man auf private und gemeinschaftliche Bibellektüre größten Wert legte, schuf man nicht nur pietistische Bibelausgaben, sondern stellte auch Erbauungsliteratur sowie Gesang- und Gebetbücher bereit.

Zweitens unterstützte man die Mission, auf die der Hallische Pietismus bekanntlich sein Augenmerk sehr früh gerichtet hat. Man sammelte Spenden und las eifrig Berichte von den Missionsfeldern. In dem Zusammenhang ist auch das Interesse an der Judenmission bemerkenswert. Um Angehörige des „Volkes Gottes" für den christlichen Glauben zu gewinnen, flossen aus einer ganzen Reihe von Städten Frankens und Ostschwabens immer wieder finanzielle Mittel nach Halle zur Unterstützung von Callenbergs Institutum Judaicum et Muhammedicum. Wie aus dessen Periodikum „Fortwährende Bemühung"[280] hervorgeht, kamen fast alle Gelder aus größeren Städten, wie Nürnberg, Schweinfurt, Rothenburg ob der Tauber, Augsburg, Memmingen und Kempten. Dagegen waren Spenden aus kleineren Städten wie Schwabach und Erlangen oder sogar Dörfern wie Neusitz bei Rothenburg o. T. die Ausnahme. Einige Anhänger und Freunde des Hallischen Pietismus befaßten sich auch literarisch mit der Hinkehr „Israels" zum Christentum.

Drittens engagierten sich Anhänger des Hallischen Pietismus in Franken und Ostschwaben karitativ-sozial. Neben Stiftungen wurde hier – wie

[279] Hierzu s. RUDOLF SCHENDA, Schäblen.

[280] s. JOHANN HEINRICH CALLENBERG, Fortwährende Bemühung, 1. St. 1752, 132f; 2. St. 1752, 18; 3. St. 1752, 51–52, 83, 140; 4. St. 1753, 5, 11, 22, 36, 66, 71; 5. St. 1753, 32; 6. St. 1753, 85, 96; 7. St. 1755, 27, 80; 8. St. 1755, 32, 56; 9. St. 1758, 37, 87, 101, 118, 126, 128, 210. Berichtszeitraum von 1746 bis1754.

andernorts – die Errichtung von Waisenhäusern geradezu zu seinem Kennzeichen. Gehörte doch das karitativ-soziale Engagement zum Programm der von Francke intendierten Generalreform der Welt. Unter diesem Aspekt ist auch Urlspergers unermüdlicher Einsatz für die Salzburger Exulanten zu sehen.

Großes Interesse hatte der Hallische Pietismus viertens am Erziehungswesen. An einigen Orten Frankens und Ostschwabens wurden Schulen gegründet oder bestehende im Sinne des Hallischen Pietismus reformiert. Dabei wurde dem Katechumenat verstärkte Aufmerksamkeit geschenkt. Dies gilt vor allem hinsichtlich der Armenschulen von Nürnberg und Bayreuth. Im Unterricht selbst erhielten die Realien größere Bedeutung. Durch diese karitativ-sozialen und pädagogischen Aktivitäten erlangte der Hallische Pietismus in mehreren fränkischen und ostschwäbischen Gebieten eine beachtliche gesellschaftliche Akzeptanz, auch wenn er von der lutherisch-orthodox gesinnten Geistlichkeit marginalisiert wurde.

VII. Zinzendorf und die Herrnhuter Brüdergemeine

Der Herrnhuter Pietismus war im Gebiet des heutigen Bayerns allenfalls eine religiöse Unterströmung, wenn man von einigen Orten und Gebieten absieht, in denen er vorübergehend eine beachtliche Vitalität entwickelt und das damalige religiöse Leben mitbeeinflußt hat. Seine Anfänge sind hier aufs engste mit Zinzendorfs verwandtschaftlichen und persönlichen Beziehungen nach Franken verknüpft. Deshalb werden zunächst diese dargestellt, bevor auf die Entstehung früher herrnhutisch gesinnter Kreise Ende der 20er und Anfang der 30er Jahre des 18. Jahrhunderts eingegangen wird. Sodann soll die Aufmerksamkeit auf das kleine Dorf Rehweiler, im Steigerwald an der Straße zwischen Abtswind und Geiselwind gelegen, gerichtet werden. Hier verfolgte der fromme und skrupulöse Graf Ludwig Friedrich zu Castell-Remlingen, ein Vetter Zinzendorfs, um 1735 eine Zeitlang den Plan, eine „Colonie von Herrnhuthe“[1] zu errichten. Schließlich soll die Diasporaarbeit der Brüdergemeine im fränkischen und ostschwäbischen Raum zur Darstellung gelangen, und zwar von ihren ersten ungeordneten Anfängen bis zu ihrer Etablierung um 1760. Dabei kann natürlich nur denjenigen Orten oder Territorien etwas mehr Beachtung zuteil werden, in denen es nicht nur vereinzelte Anhänger oder Freunde der Brüdergemeine gab, sondern wo diese sich als sogenannte auswärtige Geschwister zu „verbundenen Häuffleins“ zusammengeschlossen hatten.

1. Zinzendorf und Franken – Seine verwandtschaftlichen Beziehungen und seine Bemühungen um Einflußnahme

Von Zinzendorfs verwandtschaftlichen Beziehungen nach Franken waren die nach der Grafschaft Castell von besonderer Relevanz. Dieses kleine Territorium, in den östlichen Ausläufern des Steigerwaldes gelegen, wurde seit 1719 von seiner verwitweten Tante Dorothea Renata[2], einer Schwester seines Vaters Georg Ludwig von Zinzendorf[3], regiert. Der lutherischen Orthodoxie zugetan,[4] pflegte sie eine kirchliche Frömmigkeit. Ferner hatte Zinzendorf

---

[1] Brief: Ludwig Friedrich zu Castell-Remlingen an Zinzendorf, 21. Februar 1736, gedr. in: HORST WEIGELT, Beziehungen, 139–141, Nr. 29; hier 139.

[2] Zu Dorothea Renata zu Castell-Remlingen s. Europ. Stammtaf. NF, Bd. XVI, Tafel 125.

[3] s. GERHARD MEYER, Zinzendorf, 207f.

[4] Über ihre große Büchersammlung s. EVA PLETICHA, Adel und Buch, 125–126.

Verbindungen zur Markgrafschaft Brandenburg-Bayreuth, wo in der Haupt- und Residenzstadt Bayreuth seine pietistisch gesinnte Großtante, Prinzessin Sophie Christiane, geb. von Wolfstein[5], lebte.[6] Sie war die Mutter von Sophie Magdalene, der späteren Gattin des dänischen Königs Christian VI. Verwandtschaftliche Beziehungen hatte Zinzendorf schließlich auch noch nach Nürnberg. Auf Schloß Oberbürg, vor den Toren der Stadt gelegen, hatte seine verwitwete Tante Margareta Susanna von Pohlheim[7], die älteste Schwester seines Vaters und einstige Mätresse des sächsischen Kurfürsten Johann Georg III., ihr Domizil.[8] Diese Tante, bekannt als die ‚schöne Susi', führte ein kultiviertes, geselliges Haus und war streng auf Etikette bedacht.

Zur ersten persönlichen Begegnung Zinzendorfs mit diesen Verwandten kam es im Sommer 1720, als er sich auf der Rückreise von seiner Kavalierstour[9] nach Holland und Frankreich in die Oberlausitz befand. Von Straßburg, Basel und Zürich kommend, machte er im Juni zunächst in Schloß Oberbürg Station. Hier befaßte er sich mit kleineren literarischen Arbeiten und hielt sonntags im Schloß Andachten. Darüber schrieb er: „Ich predige alle Sonntage, daß meinen Zuhörern die Haut schauern möchte."[10] Während des mehrwöchigen Aufenthalts verliebte sich der 20jährige in seine attraktive Cousine Juliane[11]; die alsbald anvisierte Heirat kam aber nicht zustande.[12] Da ihm der weltliche Lebensstil und das ausgeprägte Standesbewußtsein seiner Tante widerstrebten, erfüllte ihn auf Schloß Oberbürg ein wachsendes Unbehagen. Seine damalige Stimmung spiegelt sich sehr eindrücklich in einem Brief an seinen Halbbruder wider: „Ach, mein verehrter Carl, Du kanst nicht glauben, wie abgeschmackt mir die Welt auf meiner Reyse fürkommen ist. Es ist ein elendes jämmerliches Ding umb alle Hoheit der Großen, und ist doch keiner so prächtig, es thuts ihm immer einer zuvor. Darüber kerkern und plagen sie sich vor Neyd bald zu Tode. O splendida miseria!"[13] Schließlich

---

[5] Zu Sophie Christiane von Brandenburg-Bayreuth s. Europ. Stammtaf. NF, Bd. XVI, Tafel 92; vgl. Bd. I, 1, Tafel 140.

[6] Über die Verwandtschaftsverhältnisse s. Kap. VI, 226, Anm. 117; vgl. GERHARD MEYER, Zinzendorf, 207. Im UA Herrnhut finden sich Briefe von Markgräfin Sophie Christiane von Brandenburg-Bayreuth an Zinzendorf.

[7] Zu Margareta Susanna von Pohlheim s. GERHARD MEYER, Zinzendorf, 144–145.

[8] s. GERHARD MEYER, Zinzendorf, 144–145 u. 207.

[9] Über Zinzendorfs Bildungsreise s. DIETRICH MEYER, Zinzendorf und Herrnhut, 13–17 (Lit.).

[10] Brief: Zinzendorf an Ulrich Bogislaus von Bonin, 21. Juli 1720, UA Herrnhut, R. 20. A. 8. a. 35–37.

[11] Zu Juliane Dorothea Amalie von Pohlheim s. GERHARD MEYER, Zinzendorf, 203.

[12] Juliane heiratete am 20. November 1720 Zinzendorfs Halbbruder Friedrich Christian von Zinzendorf; s. GERHARD MEYER, Zinzendorf, 203.

[13] Brief: Zinzendorf an Karl Dubislav von Natzmer, 10. Juli 1720, UA Herrnhut, R. 20. A. 8. a. 26–28.

beendete er im Juli 1720 seinen Aufenthalt in Oberbürg abrupt und reiste nach Castell weiter.

Hier hatte Zinzendorf ursprünglich nur einen achttägigen Aufenthalt vorgesehen, der sich aber wegen einer Erkrankung und wegen seines Engagements beim Amtsenthebungsverfahren gegen den korrupten Kanzleirat Johann Paul Jäger[14] bis Anfang Januar 1721 ausdehnte.[15] Während dieser Zeit ging er seiner Tante in ökonomischen Fragen sehr selbstbewußt zur Hand. Auch übernahm er erzieherische Aufgaben bei seinen beiden jüngeren Vettern August Franz Friedrich[16] und Ludwig Friedrich[17]. Weil er August Franz Friedrich, den älteren, sogar mit nach Sachsen nehmen wollte, um ihm dort eine weitere Ausbildung zu geben, entwarf er einen detaillierten Plan über die angestrebten Erziehungsziele und deren Realisation. Erstaunlich viele Funktionen wollte er dabei selbst übernehmen, konzedierte jedoch: „In Haushaltungssachen und der Oeconomie, so viel ihme davon nöthig ist zu wissen, soll durch meine Leute auch der nöthige Unterricht und Anweise geschehen, weil ich davon wenig verstehe."[18] Wie schon in Oberbürg verliebte er sich – diesmal offensichtlich tiefer – auch hier in eine Cousine, in die drei Jahre jüngere Sophie Theodora[19]. Als er seine Heiratsabsichten andeutete, bekundeten zwar Mutter und Vormund ihr Einverständnis, Sophie Theodora aber stand diesem Ansinnen vorsichtig distanziert gegenüber.[20] Trotzdem brach Zinzendorf Anfang 1721 in die Oberlausitz auf, um bei seinen Angehörigen die Einwilligung zur Eheschließung einzuholen. Ende Februar 1721 traf er dann wieder in Castell ein, und zwar in Begleitung seines ebenfalls noch ledigen Freundes Heinrich XXIX. Reuß-Ebersdorf[21]. Ihn hatte er unterwegs in Ebersdorf aufgesucht, da er wegen eines Schadens an seiner Kutsche die Reise unterbrechen mußte. Hier erfuhr er, daß dessen Familie für Heinrich ebenfalls Sophie Theodora als potentielle Heiratskandidatin in Betracht gezogen hatte. Angesichts dieser Situation schlug Zinzendorf vor, sein Freund und er sollten gemeinsam nach Castell reisen und dort Sophie Theodora die Entscheidung überlassen. Da man sich aber in der Reußschen Familie nicht

---

14 s. Acta Castell, UA Herrnhut, R. 20. A. 12.

15 Hierzu und zum Folgenden s. bes. HANS-WALTER ERBE, Zinzendorf, 224–226.

16 Zu August Franz Friedrich zu Castell-Remlingen s. Europ. Stammtaf. NF, Bd. XVI, Tafel 125.

17 Zu Ludwig Friedrich zu Castell-Remlingen s. DBA NF 219, 160; NDB 3, 172; Europ. Stammtaf. NF, Bd. XVI, Tafel 125.

18 Erziehungsplan Zinzendorfs für August Franz Friedrich zu Castell-Remlingen, 15. November 1720, UA Herrnhut, R. 20. A. 14. 50; vgl. Brief: Zinzendorf an Dorothea Renata zu Castell-Remlingen, o. D., ebd., 51.

19 Zu Sophie Theodora zu Castell-Remlingen s. Europ. Stammtaf. NF, Bd. XVI, Tafel 125.

20 Hierzu und zum Folgenden s. WILHELM JANNASCH, Erdmuthe Dorothea Gräfin von Zinzendorf, 342–384.

21 Zu Heinrich XXIX. Reuß-Ebersdorf s. SIGISMUND STUCKE, Reußen, 192–196 u. 214.

ganz sicher war, ob man dem Vorschlag folgen dürfe, griff man zum Los. „Die Mama [Erdmuthe Benigna]", schrieb Zinzendorf auf der Weiterreise in einem Brief, „hat 3mal gezogen allemal die Worte: Laßet den Knaben ziehen, der Herr ist mit ihm [vgl. Gen 43, 8]. Diese Worte hat auch der 29te selbst und H[err] [Heinrich] Schubert gezogen [...] Der Mama Gegenursachen bestehen allein in der mütterl[ichen] Liebe, den Sohn nicht gerne wegzulaßen, außer diesen findet sie die Sache räthlich, so auch der 29te selbst, Schwester Erdmuth [Erdmuthe Dorothea] u. H[err] Schubert. Gott laße die geliebteste Schwester wohl rathen. Ich bin gantz geschlagen u. nicht imstande mich mehr außzudrucken. Ich hätte noch viel wichtige Ursachen anzuführen. Gott aber wird mit seiner Überzeugung das beste thun."[22] Als die beiden Grafen mit ihrer Begleitung nach mehreren Reisetagen, die sie „fast die ganze Zeit mit Singen, Beten und Hersagung der schönsten Sprüche nach dem Alphabeth zugebracht"[23] hatten, am 25. Februar in Castell anlangten, gab Sophie Theodora alsbald ihre Präferenz für Heinrich XXIX. zu erkennen. Zinzendorf erklärte daraufhin sogleich seinen Verzicht, der ihm allerdings wesentlich schwerer gefallen ist, als er es später – religiös verbrämt – dargestellt hat.[24] Bei der Verlobung an Reminiscere 1721 trug er nachmittags zur Gestaltung der Schloßandacht bei und verfaßte zur Feier ein Gedicht[25]. Über den Verlobungsakt berichtete er nach Ebersdorf u. a. folgendes: „Am Sonntag Reminiscere habe ich erstl[ich] den Gottesdienst, welcher leider schlecht beschaffen ist, mit einiger Praeparation meines Gemüthes auf die Hauptsache beygewohnet, darauf ich gefastet u. gebettet. Nach der Tafel [...] Hierauf las ich die Predigt von dem zeitlichen Leben als einer Saatzeit mit so vieler Bewegung meines Hertzens, daß ich an die andere Sache, welche mir ein Verlust scheinen solte, nicht viel gedachte. Vor der Predigt ward gesungen H[err] Jesu Gnaden Sonne etc. Nach derselben Ich weiß mein Gott, daß all mein Thun etc. [...] Darauf machte ich meine kurze Gratulation und dann ward gesungen: O wie Seelig sind die Seelen etc. Nach diesem Lobe den Herrn den mächtigen etc. Aus dessen letztern Worten: Seele vergiß es ja nicht, ich Gelegenheit zu einem kurzen Gebete nahm."[26]

In den nächsten sechs Jahren besuchte Zinzendorf seine Verwandten in Franken zwar nicht mehr, stand aber seit 1724 mit seinem Vetter Ludwig Friedrich, vertraulich Lutz genannt, im Briefwechsel. Im April dieses Jahres

---

22 Brief: Zinzendorf an Marie Benigna Reuß-Ebersdorf, 20. Februar 1720, UA Herrnhut, R. 20. A. 8. a. 205–207.

23 Brief: Ulrich Bogislaus von Bonin an Erdmuthe Benigna Reuß-Ebersdorf, 27. Februar 1721, UA Herrnhut, R. 20. A. 14. 53.

24 s. Brief: Zinzendorf an Henriette Sophie von Gersdorf, 8. März 1721, UA Herrnhut, R. 20. A. 8. a. 104–110.

25 s. NIKOLAUS LUDWIG VON ZINZENDORF, Gedichte, 43.

26 Brief: Zinzendorf an Erdmuthe Benigna Reuß-Ebersdorf, 6. März 1721, UA Herrnhut, R. 20. A. 14. 58.

hatte dieser nämlich sein Jurastudium an der Viadrina in Frankfurt an der Oder aufgenommen.[27] Infolge seiner zunehmenden religiösen Entfremdung von seinen Angehörigen öffnete er sich immer mehr seinem Vetter und suchte bei ihm Anlehnung und Unterstützung.

Erst im November 1727 trat Zinzendorf erneut eine Reise nach Franken an, weil er am 23. in Bayreuth eine Audienz bei Markgraf Georg Friedrich Karl[28] hatte. Begleitet wurde er von dem Mähren Johann Nitschmann, der beim Empfang vor Aufregung, „übers Reverenz machen nieder fiel u. den Holzkasten, Feuerzange u. Schaufel umschmiß"[29]. Tags darauf hatte Zinzendorf dann eine persönliche Unterredung mit dem Markgrafen, der bekanntlich dem Pietismus aufgeschlossen gegenüberstand. Über das mehrstündige Gespräch[30] ist nichts bekannt; es muß aber zweifelsohne im Zusammenhang damit gesehen werden, daß der Pietismus damals in der Markgrafschaft, dank der landesherrlichen Protektion, zusehends an Einfluß gewann. Das war Zinzendorf nicht entgangen[31], und deshalb war er darauf bedacht, seine Beziehungen zum Markgrafen zu festigen. So bat er ihn, das Patenamt bei seinem Sohn Christian Renatus zu übernehmen.[32]

Auf dieser Reise kam Zinzendorf auch nach Coburg[33], wohin ihn der pietistisch gesinnte, kränkliche Erbprinz Christian Ernst[34] eingeladen hatte.[35] Dieser nahm ihn dann sogar in seiner Kutsche bis nach Saalfeld mit, „um desto ungestörter, nicht nur über einige(n) äusserliche(n) Dinge(n), sondern auch von seinem Herzen mit ihm zu reden". Zwischen den beiden kam es in den nächsten Jahren zu einem recht intensiven Briefwechsel.[36] 1728 weilte

---

[27] s. Aeltere Universitäts-Matrikeln. I. Universität Frankfurt a. O., Bd. 2, hg. v. ERNST FRIEDLAENDER, Leipzig 1888, 313, Z. 26–27.

[28] Zu Georg Friedrich Karl von Brandenburg-Bayreuth und seiner Verwandtschaft mit Zinzendorf s. Kap. VI, 225–227. Im UA Herrnhut finden sich Briefe von Zinzendorf an Georg Friedrich Karl von Brandenburg-Bayreuth und von diesem an jenen.

[29] Extrahirter Lebenslauf des seligen Jüngers [Zinzendorf] (Ranzauische Arbeiten), UA Herrnhut, R. 20. A. a. 47.

[30] s. JOHANN CHRISTOPH SILCHMÜLLER, Bayreuther Tagebuch, 42.

[31] s. Brief: Zinzendorf an Georg Friedrich Karl von Brandenburg-Bayreuth, 21. August 1727, UA Herrnhut, R. 20. C. 2. b. 19; gedr. in: JACOB BATTEIGER, Pietismus in Bayreuth, 119–121, Beilage 1.

[32] s. Brief: Zinzendorf an Georg Friedrich Karl von Brandenburg-Bayreuth, 24. Januar 1728, UA Herrnhut, R. 20. C. 2. b. 21.

[33] Hierzu und zum Folgenden s. RAINER AXMANN, Coburg, Zinzendorf und die Herrnhuter Brüdergemeine, 49f.

[34] Zu Christian Ernst von Sachsen-Coburg-Saalfeld s. Europ. Stammtaf. NF, Bd. I, 1, Tafel 164.

[35] AUGUST GOTTLIEB SPANGENBERG, Leben, Bd. 3, 457. Die zwei folgenden Zitate ebd., 457 u. 500. Christian Ernst von Saalfeld (1638–1745) trat 1729 die Regentschaft im Fürstentum Sachsen-Coburg-Saalfeld an.

[36] Briefe von Christian Ernst von Sachsen-Coburg-Saalfeld an Zinzendorf im UA Herrnhut.

Zinzendorf nochmals in Coburg und hat sich dort – wie er seiner Frau Erdmuthe Dorothea schrieb – „mit etlichen Personen, die unsern HErrn JEsum Christum lieb hatten, herzlich erquikt, und eine Rede über Micha 6, 3 gehalten".

Für die weiteren Beziehungen Zinzendorfs nach Franken war von entscheidender Bedeutung, daß sein Vetter Lutz bald zu einem glühenden Bewunderer der Brüdergemeine wurde. Nachdem er Zinzendorf – nach Beendigung seines Studiums in Frankfurt a. d. Oder – wiederholt an den beiden frommen Grafenhöfen Ebersdorf und Greiz begegnet war,[37] reiste er Mitte Oktober 1730 in Begleitung seines pietistisch gesinnten Hofmeisters Johann Georg Hertel[38] nach Herrnhut, um „daselbst seinen Heiland recht kindlich zu suchen"[39]. Hier empfing er während seines beinahe viermonatigen Aufenthaltes starke Eindrücke vom religiösen Leben der Brüdergemeine. Beim Abschied trug er sich am 6. Februar 1731 in das Gästebuch von Zinzendorfs Hausverwalter mit den Worten ein: „Du bist ein heilig Volk dem Herrn Deinem Gott, und der Herr hat Dich erwählet, daß Du sein Eigentum seiest aus allen Völkern, die auf Erden sind [vgl. Dtn 7, 6]."[40] An seinen Vetter selbst aber schrieb er wenige Tage später auf der Heimreise nach Castell: „Wann ich dran gedenke, was der Herr an mir gethan hat, wie er mich geführet und was vor Wunder vor aller Augen er mich in Herrnhuth hat sehen laßen, so erkenne ich leichtlich, daß Er allein Gott ist."[41] Als Ludwig Friedrich zu Castell im Frühjahr 1731, nach fast genau siebenjähriger Abwesenheit, in seine fränkische Heimat zurückkehrte, konnte Zinzendorf davon ausgehen, in ihm dort künftig einen begeisterten Anhänger und eifrigen Verteidiger der Brüdergemeine zu haben.

Für die weitere Einflußnahme Zinzendorfs in Franken war zweitens wichtig, daß in der Markgrafschaft Brandenburg-Bayreuth bald einige einflußreiche Stellen mit Theologen besetzt wurden, die zu seinen Anhängern zählten oder sich ihm zukünftig anschließen sollten. Schon während seines Aufenthaltes Ende November 1727 gelang es ihm, den Bayreuther Hofprediger Johann Christoph Silchmüller[42], einen ehemaligen Francke-Schüler und Inspektor an der Lateinschule der Halleschen Anstalten, in seinem Sinne zu beeinflussen. Drei Monate später, im Frühjahr 1728, ließ Zinzendorf ihm

---

[37] Über die verschiedenen Begegnungen zwischen Zinzendorf und Ludwig Friedrich zu Castell-Remlingen s. HORST WEIGELT, Beziehungen, 11–16.

[38] Zu Hertel s. Aeltere Universitäts-Matrikeln. I. Universität Frankfurt a. O., Bd. 2, hg. v. ERNST FRIEDLAENDER, Leipzig 1888, 313, Z. 28–29.

[39] Brief: Zinzendorf an die Brüdergemeine in Herrnhut, 7. Oktober 1730, UA Herrnhut, R. 20. A. 16. 57. a; vgl. b.

[40] Diarium von Herrnhut 1731 (erstellt von F. S. HARK), UA Herrnhut, R. 6. A. b. 6. c. 41f.

[41] Brief: Ludwig Friedrich zu Castell-Remlingen an Zinzendorf, 18. Februar 1731, gedr. in: HORST WEIGELT, Beziehungen, 68–70, Nr. 7; hier 68.

[42] Zu Silchmüller und seinem Wirken in Bayreuth und Kulmbach s. bes. Kap. VI, 227–240.

durch den durch Bayreuth reisenden Mähren David Nitschmann, den späteren Bischof der Brüdergemeine, „Die Historie dieser mitten im Pabstthum auferstandenen Zeugen Jesu Christi" zukommen.[43] Führende Mitglieder der Brüdergemeine nutzten diese Gelegenheit, um auch dem Markgrafen ein Exemplar dieser Schrift zu übersenden. In ihrem Begleitschreiben[44], in dem kurz über die Entstehung der Brüdergemeine berichtet wird, äußerten sie die Hoffnung, der Markgraf werde den Sendboten Nitschmann gnädig empfangen und ihr „grosses Geschenk zugleich annehmen, nehmlich die Fürbitte vieler hundert Seelen in unserer Gemeine, dass E[ure] D[urchlaucht] ein treuer und frommer Knecht Gottes seyn und bleiben mögen". In der Folgezeit öffnete sich Silchmüller immer stärker dem Herrnhuter Pietismus.

Etwa zwei Jahre später, im August 1730, gelang es Zinzendorf dank Silchmüllers tatkräftiger Unterstützung, daß sein Vertrauter Johann Adam Steinmetz[45], zunächst ebenfalls ein Anhänger des Hallischen Pietismus, vom Markgrafen als Pfarrer und Superintendent nach Neustadt an der Aisch berufen wurde.[46] Die Superintendentur war im Juni 1729 durch den Tod des Pietistengegners Wolfgang Christoph Räthel[47] vakant geworden. Wenig später kamen dann noch weitere Theologen nach Neustadt, die sich ebenfalls bald dem Herrnhuter Pietismus öffneten, so Georg Sarganeck[48] als Rektor der Lateinschule und der ursprünglich hallensisch gesinnte Paul Eugen Layritz[49] als Konrektor. Die Residenzstadt Bayreuth und die untergebirgische Landeshauptstadt Neustadt an der Aisch, eine der fünf markgräflichen Nebenresidenzen, bildeten also bereits um 1730 in gewisser Weise erste Stützpunkte des Herrnhuter Pietismus; von hier breitete er sich nicht nur in einige Gebiete der Markgrafschaft Brandenburg-Bayreuth aus, sondern strahlte auch in andere fränkische Territorien hinein.

---

[43] s. Brief: Zinzendorf an Georg Friedrich Karl von Brandenburg-Bayreuth, 17. Januar 1728, UA Herrnhut, R. 6. A. a. 23. d. 1; gedr. in: JACOB BATTEIGER, Pietismus in Bayreuth, 121f, Beilage 2. Bezüglich dieser Schrift s. DIETRICH MEYER, Bibliographisches Handbuch zur Zinzendorf-Forschung, Nr. 190.

[44] s. Brief: Herrnhuter Brüdergemeine an Georg Friedrich Karl von Brandenburg-Bayreuth, 17. Januar 1728, UA Herrnhut, R. 6. A. a. 23. d. 2; gedr. in: JACOB BATTEIGER, Pietismus in Bayreuth, 122–124, Beilage 4; das folgende Zitat ebd., 124.

[45] Zu Steinmetz s. bes. Kap. VI, 237.

[46] s. Briefe: Zinzendorf an Georg Friedrich Karl von Brandenburg-Bayreuth, 31. Dezember 1729, 19. Februar u. 30. März 1730, UA Herrnhut, R. 20. C. 2. b. 24 u. 25 a u. b; gedr. in: JACOB BATTEIGER, Pietismus in Bayreuth, 125–128, Beilagen 6–8.

[47] Zu Räthel s. Kap. III, 104, Anm. 115.

[48] Zu Sarganeck s. bes. Kap. VI, 237.

[49] Zu Layritz s. bes. Kap. VI, 237.

2. *Frühe Freundeskreise Zinzendorfs und der Brüdergemeine in Franken und Ostschwaben sowie in der Reichsstadt Regensburg*

a) Bayreuth und Neustadt an der Aisch als Zentren des Herrnhutertums in der Markgrafschaft Brandenburg-Bayreuth

In der Residenzstadt Bayreuth entwickelte sich, wie bemerkt, der Hofprediger und Konsistorialrat Johann Christoph Silchmüller zu einem einflußreichen Freund Zinzendorfs und der Brüdergemeine. Wohl nicht zuletzt mit seiner Unterstützung schlossen sich hier bereits 1728, also ein Jahr nach dem Besuch Zinzendorfs, zehn bis zwölf Personen zu einem „verbundenen Häufflein" zusammen.[50] Nicht unerheblich war es, daß in dem 1730 von Silchmüller gegründeten Waisenhaus Freunde und Mitglieder der Brüdergemeine als Lehrkräfte und Hauspersonal Anstellung fanden.[51] Teilweise waren sie hier über längere Zeit hin tätig, wie beispielsweise das Führungszeugnis[52] für Rosina Nitschmann[53] zeigt. Nach dem „Attestat" Silchmüllers hat sie dort viereinhalb Jahre als „Haushälterin" in den ihr „anvertrauten Geschäften mit solcher Treüe und Redligkeit gedienet, auch Ihren gantzen Wandel vor dem Herrn in solcher Lauterkeit geführet, daß sie mir und allen, die sie gekennet, allezeit ein erbauliches Exempel sowohl einer treüen, fleißigen und ordentlichen Bedienten, als auch einer ächten Jüngerin des lieben Heylandes gewesen ist". Selbstverständlich waren diese Brüder und Schwestern bestrebt, nicht nur selbst ihren „täglichen Umgang(s) mit dem Heiland"[54] zu pflegen, sondern auch andere dazu anzuhalten. Stabilisiert wurde dieser frühe Herrnhuterkreis in Bayreuth durch Sendboten der Brüdergemeine, die hier wiederholt für kürzere oder längere Zeit zu Besuch weilten.

---

50 s. Brief: Caspar Dietrich an Zinzendorf, 27. August 1728, UA Herrnhut, R. 19. B. k. 1. B. a. 12.

51 s. FRIEDRICH WILHELM KANTZENBACH, Zinzendorf, 115; vgl. DERS., Geist und Glaube, 28.

52 s. Empfehlungsschreiben für Rosina Nitschmann von Johann Christoph Silchmüller vom 6. Mai 1740, UA Herrnhut, R. 19. B. k. 1. B. a. 21; das folgende Zitat ebd.

53 Es läßt sich nicht ermitteln, um welche Rosina Nitschmann es sich handelt.

54 Besonders beim späteren Zinzendorf und in der Herrnhuter Brüdergemeine findet sich dieser Ausdruck in manigfacher Form für „glauben". Vgl. DIETRICH MEYER, Christozentrismus, 27–29, 40, 89f, 264f u. 277; GUNTRAM PHILIPP, Wirtschaftsethik, 406f u. 435f; HELLMUT REICHEL, Zinzendorfs Auffassung von Arbeit und Dienst, 51f; MARTIN SCHMIDT, Wiedergeburt, 282.

Abbildung 19. Johann Christoph Silchmüller (1694–1771).
Kupferstich (Ausschnitt) von Georg Lichtensteger (1771).
Stadtarchiv Bayreuth.

In Neustadt an der Aisch gab es ebenfalls frühzeitig einen aktiven Kreis von Anhängern und Freunden der Brüdergemeine, der vor allem von dem Superintendenten Johann Adam Steinmetz geschützt und gefördert wurde. „Unser lieber Steinmetz in Neustadt", so schrieb Hofprediger Silchmüller am 24. November 1731 an Zinzendorf, „rumoret daselbst dermasen im Seegen, daß Sie in Herrnhuth Gott zu preißen und für die bayreuthischen Lande besonders zu beten Ursache haben."[55] Unterstützt wurde er von Rektor Georg Sarganeck und besonders von Paul Eugen Layritz, dem späteren Leiter der

[55] Brief: Johann Christoph Silchmüller an Zinzendorf, 24. November 1731, UA Herrnhut, R. 18. A. 7. 131; gedr. in: JACOB BATTEIGER, Geschichte des Pietismus in Bayreuth, 213f, Beilage 18; hier 213.

Hochfürstlichen Schule. Dieser fühlte sich immer mehr zur Brüdergemeine hingezogen, so daß er schließlich im Juli 1742 bei ihr um Aufnahme nachsuchte. Ende des Jahres verließ er Neustadt an der Aisch und zog in die Wetterau, wo er zunächst in der Brüdersiedlung Marienborn das Pädagogium und das theologische Seminar leitete; später wurde er mit verschiedenen Führungsaufgaben innerhalb der Brüdergemeine betraut. Auch Christian Lerche[56], seit 1733 Nachfolger von Steinmetz in der Neustädter Superintendentur, war der Büdergemeine freundschaftlich zugetan.

Für die Entwicklung des Herrnhuter Pietismus in Neustadt und Umgebung war es förderlich, daß sich hier wiederholt Mitarbeiter Zinzendorfs für einige Zeit aufhielten. So stellten sich im Sommer 1731 Christian David, damals wohl die markanteste Gestalt der Mährischen Brüder, und David Dannenberger ein.[57] Sie besuchten die Konventikel und kamen dadurch auch in näheren Kontakt zu deren Teilnehmern. Beispielsweise konnte Christian David mehrere Mädchen dazu ermuntern, künftig eigene Erbauungsstunden durchzuführen. Anfang März 1734 machten hier dann die beiden nach Augsburg reisenden Sendboten Nitschmann und Linner Station. „Wir danken", schrieben Sarganeck, Dörfler[58] und Layritz nach Herrnhut, „unsern Herrn vor diese auch zu uns geschenkte Liebe, und habens nicht lassen können, auch schriftlich zu berichten, daß eure, aber auch unsre Brüder, bey uns im Segen gewesen, als Knechte und Kinder des lebendigen Gottes in Freundlichkeit, Demuth und Liebe bey und unter uns vom 1. Mart bis zu dem 6ten eiusd[em] gewandelt. Ihr werdet es uns hoffentlich vergeben, daß wir sie einige Tage länger, als sie selbst anfangs gewolt, bey uns behalten. Wir wolten uns einmal recht mit ihnen erquicken und uns selbst untereinander durch ihre Gegenwart ermuntern."[59] Manche dieser Abgesandten aus Herrnhut hielten sich auch längere Zeit in Neustadt auf, wie beispielsweise zwei Schwestern, für deren Entsendung Layritz Zinzendorf am 29. Juni 1734 herzlich dankte und die Wichtigkeit ihrer längerfristigen Anwesenheit hervorhob: „Sie sind uns sehr nöthig. Denn unsre Schwestern sind sehr zerstreuet, und niemand ist da, der sie samlet. Die Brüder kommen wohl wöchentlich ein paar mal zusammen: es ist aber kein rechter Ernst da. Doch hoffe ich, unser HErr werde bald und kräftiger durchbrechen. Die beyden Schwestern sind bey unserm Bruder Heller, der fast der redlichste ist, ein-

---

[56] Zu Lerche s. bes. Kap. VI, 238. Vgl. PAUL SCHAUDIG, Pietismus, 143–173.

[57] s. Brief: Johann Adam Steinmetz an Zinzendorf, 17. August 1731, UA Herrnhut, R. 20. C. 30. b. 72; gedr. in: JACOB BATTEIGER, Pietismus in Bayreuth, 135–137, Beilage 13.

[58] Zu Dörfler s. DBA 244, 379–389; DBA NF 281, 219; MATTHIAS SIMON, Bayreuthisches Pfarrerbuch, Nr. 366.

[59] Brief: Georg Sarganeck, Johann Balthasar Dörfler und Paul Eugen Layritz an die Gemeine in Herrnhut, 6. April 1734, UA Herrnhut, R. 19. B. k. 1. D. a. 7. 92.

logiret. Da werden sie auch bleiben, und theils nehen, theils spinnen, und striken lernen, damit sie mit der leztern Arbeit desto commoder [bequemer] und ungehindeter die Schwestern besuchen können. Sobald sie solten von der Obrigkeit wegen Anfechtungen bekommen, so nehmen wir sie in unser Hauß; da sind sie endlich ungestöret."[60]

Auch Zinzendorf selbst besuchte Neustadt mehrmals, nämlich in den Jahren 1732 und 1733[61] sowie 1735. Vor seinem ersten Aufenthalt hatte er sogar erwogen, seinen ständigen Wohnsitz dorthin zu verlegen. Er hatte Anfang 1732 seinen Vertrauten Friedrich von Wattewille in geheimer Mission zu Markgraf Georg Friedrich Karl gesandt. Möglicherweise versehen mit einem Handschreiben Zinzendorfs an den Markgrafen[62] sollte er sondieren, ob in dessen Territorium für ihn nicht ein geeignetes Amt zur Verfügung stünde. Dabei reflektierte Zinzendorf besonders auf den Posten des Amtshauptmanns in Neustadt an der Aisch, der seines Wissens zur Neubesetzung anstand. Er erklärte sich bereit, ohne Bezüge oder Privilegien tätig zu sein; er wünschte lediglich, „die Autorität und die Erlaubniß unter des Markgrafen Befehl zu arbeiten, was im Reich Gottes vorkommen mochte"[63]. Zugleich sollte sein Mittelsmann beim Markgrafen aber auch durchblicken lassen, daß er außerdem noch am dänischen Hof engagiert sei und darüber hinaus in Herrnhut Verpflichtungen habe. Er könne „also nicht immer persönlich auf einen sothannen [solchen] Ammte sein". Trotzdem „solte aber darum nichts allenthalben versäummet werden". Der Markgraf erklärte dem Unterhändler in einer Privataudienz jedoch, daß kein Amt vakant sei; die Neustädter Stelle

---

60 Brief: Paul Eugen Layritz an Zinzendorf, 29. Juni 1734, UA Herrnhut, R. 19. B. k. 1. D. b. 106.

61 s. Extrahirter Lebenslauf des seligen Jüngers [Zinzendorf] (Ranzauische Arbeiten), UA Herrnhut, R. 20. A. a. 82–83: „Den 23. Apr[il] [1732] that Er eine Reise nach Neustadt an der Aisch, um den Superintend[enten] Steinmez, der auf seine Recommendation dahin gekommen war, [...] zu besuchen [...]. Den 3. May kam Er über Jena u. Saalfeld zu Neustadt an". Ebd., 94: „Den 16ten April trat der sel[ige] J[ünger] [...] seine Rückreise über Neustadt an der Aisch, Castell u. Ebersdorf nach H[errn]hut an. In Neustadt kehrte Er den 22. Apr[il] bey dem H[errn] Sarganeck u. nachher zur Gemeine gekommenen Br[uder] Layritz ein u. war denen daselbst unter großem Druck stehenden erweckten Seelen zum großen Trost u. Segen."

62 s. Brief (Entwurf): Zinzendorf an Georg Friedrich Karl von Brandenburg-Bayreuth, 4. November 1731, UA Herrnhut, R. 20. C. 2. b. 27; gedr. in: JACOB BATTEIGER, Pietismus in Bayreuth, 137f, Nr. 14.

63 Brief: Zinzendorf an Friedrich von Wattewille, 12. Januar 1732, UA Herrnhut, R. 20. A. 16. 78. Vgl. Extrahirter Lebenslauf des seligen Jüngers [Zinzendorf] (Ranzauische Arbeiten), UA Herrnhut, R. 20. A. 20. a. 82–83: „Zu Anfang dieses Jahres [1732] hatte er durch den Br[uder] von Wattewille dem von Bareuth seine Dienste anbieten laßen u. sich ein Amt von ihm in Neustadt an der Aisch oder sonst im Lande ausbitten laßen, wo er unter Befehl des Marggrafen mit genugsamer auctoritaet u. Erlaubniß vor seinen Herrn etwas thun und ausrichten könte".

sei bereits unter der Hand vergeben worden.[64] So hatte er seinem entfernten Verwandten diskret, aber unmißverständlich zu verstehen gegeben, daß er an seinem unmittelbaren Dienst nicht interessiert war. Trotz dieser Zurückweisung war Zinzendorf aber weiterhin bemüht, den Kontakt zum Markgrafen aufrechtzuerhalten und bat ihn deshalb darum, sein „Gesuch bedenklicher Umstände wegen [...] in gnädigste Vergeßenheit [zu] stellen". Er betonte, seine Anfrage im „Interesse" des Heilands an ihn gerichtet zu haben; dieser habe ihn „schon manche, sonst meinem Kopffe nicht gemäße demarche [Schritte] thun machen"[65].

b) Die Reichsstadt Nürnberg

In der Reichsstadt Nürnberg existierte ebenfalls recht früh ein zwar kleiner, aber aktiver Herrnhuterkreis, der 1727 etwa 30 Personen zählte. Sein Mittelpunkt war der vermögende und angesehene Kaufmann Jonas Paul Weiß[66], der durch den brüderischen Sendboten Hans Neißer für den Herrnhuter Pietismus gewonnen worden war. Zu diesem Kreis gehörte auch der aus Augsburg gebürtige Kupferstecher und Verleger Martin Tyroff[67], der in Nürnberg durch Heirat in den Besitz der Weigelschen Kunsthandlung gekommen war. Als Leiter dieser Werkstatt und vielseitiger Stecher betätigte er sich auf allen Gebieten des Kupferstichs. Zu seinen besten Radierungen zählen diejenigen des rationalistischen Wertheimer Bibelwerks[68]. Von Zinzendorf schuf er einen Stich, der – nach dem Urteil eines Zeitgenossen – „dem Orginal gar ähnlich"[69] gewesen sein soll. Bemerkenswerterweise schloß sich jedoch keiner der

---

64 Vgl. Brief: Friedrich von Wattewille an Zinzendorf, 30. Januar 1732, UA Herrnhut, R. 20. A. 16. 79: „Er könne aber vor jezo des Herrn Grafen Begehren kein Genüge thun, indem kein Amt vacant war nach seinem Besinnen. Ich replicirte hierauf: der Graff habe seine Absicht auf N. [Neustadt an der Aisch] gehabt, welches zu s[einem] Dessein [Vorhaben] ein sehr bequemer Ort wäre und hätte gehört, dasselbe wär seit kurzem vacant worden; bekam aber zu Antworts: Es wäre auch dieses schon vergeben, aber unter der Hand, und wär nur noch nicht publicirt".

65 s. Brief: Zinzendorf an Georg Friedrich Karl von Brandenburg-Bayreuth, 7. Februar 1732, UA Herrnhut, R. 20. C. 2. b. 28; gedr. in: JACOB BATTEIGER, Pietismus in Bayreuth, 141f, Nr. 17.

66 Zu Weiß s. HERBERT HAMMER, Dürninger, 34 u. 56f; OTTO STEINECKE, Diaspora, T. 3, 8–11.

67 Zu Tyroff s. DBA 1290, 353–356; DBA NF 1324, 148–151; ADB 39, 56; FRITZ TR[AUGOTT] SCHULZ, Art. ‚Tyroff, Nürnberger Kupferstecherfamilie', in: ALBK 33, 514–515.

68 s. Deutsche Bibeldrucke, E 1310.

69 Brief: Christoph Bürgmann an W. Ernst Bartholomäi, 4. November 1749, gedr. in: THEODOR WOTSCHKE, Mitarbeiter, 117. Ein Exemplar dieses Stichs findet sich im UA Herrnhut, PX. 8. Als Vorlage diente wahrscheinlich das bekannte Ölgemälde Zinzendorf mit der „Lichtenburg" im Hintergrund (vermutlich 1747).

Nürnberger Pfarrer diesem Kreis an; auch Zinzendorfs diesbezügliche Bemühungen in den Jahren 1733 und 1735 blieben erfolglos.[70]

1731 geriet dieser Nürnberger Kreis infolge des Auftretens des radikalen Pietisten Victor Christoph Tuchtfeld[71], der damals mit Zinzendorf in Kontakt stand, in Konflikt mit der Obrigkeit. Dieser ehemalige lutherische Pfarrer im Halleschen und Magdeburgischen war wegen seiner Lehre und auch wegen seiner Protektion ekstatischer Mägde seines Amtes enthoben worden. In der Folgezeit wirkte er umtriebig mehrerenorts im mittel- und norddeutschen Raum. Anfang 1731 kam er auf Einladung und Kosten des herrnhutisch gesinnten Kaufmanns Weiß nach Nürnberg.[72] Aber noch bevor man in der dortigen Pfarrerschaft seinen Besuch recht wahrnahm, hatte er die Reichsstadt wieder verlassen, um jedoch alsbald „mit Sack und Pack, Weib und Kindern" zurückzukehren. Er logierte nun in einer von den „öffentlichbekannten, anbrüchigen [verderbten], zum theil gantz verhärteten Separatisten, zubereiteten Garten-Wohnung". Unter den herrnhutisch Gesinnten sowie auch unter anderen Pietisten versuchte er in und um Nürnberg, Philadelphische Gemeinschaften zu sammeln. Er „besuchte nicht nur verschiedene Leute in der Stadt, und informirte [...] Kinder im Christenthum; sondern wurde auch von dergleichen Personen wieder heimgesucht, ihre Gebets- und andere Übungen mit einander zu halten". Auf Tuchtfelds hektische Tätigkeit, die er auch auf das große Landgebiet ausweitete, war der Magistrat durch einen Bericht seines Pflegers in Lauf sowie durch anderweitige Informationen – im Juni waren drei Schreiben aus Halle[73] eingetroffen und hatten vor diesem „ungeistlichen Cyclopen" gewarnt – aufmerksam geworden.[74] Man beschloß, Tuchtfeld „in das löbl[iche] Bürgermeister Amt zu erfordern, ihn wegen seines ehemaligen Aufenthalts, und wie er anhero gekommen, was sein Thun und Laßen allhier seye, und was er für Correspondenz habe, auch, wo und von weme er Sustentations-Mittel [Lebensunterhalt] bekomme, umständl[ich] zu examiniren, auch zugleich zu bedeuten, daß er nebst den Seinigen seine Weg weiter nehmen und sowohl hiesige Stadt als Landschaft müßig gehen"[75]

---

[70] s. OTTO STEINECKE, Diaspora, T. 3, 8. Vgl. auch MATTHIAS SIMON, Schwindel, 26. Simon vermutet mit einiger Wahrscheinlichkeit, daß es sich bei dem Pfarrer, den Zinzendorf als Betreuer dieses Kreises zu gewinnen suchte, um Georg Jakob Schwindel (zu Schwindel s. bes. Kap.VI, 250–251) oder möglicherweise um Christian Hirsch (s. MATTHIAS SIMON, Nürnbergisches Pfarrerbuch, Nr. 552) gehandelt hat.

[71] Zu Tuchtfeld s. DBA 1288, 301–302; ADB 38, 772–774. Vgl. HANS SCHNEIDER, Radikaler Pietismus, 166f (Lit.).

[72] Hierzu und zum Folgenden s. [GUSTAV PHILIPP MÖRL u. a.,] Vermahnung; die folgenden Zitate finden sich ebd., 16, 17; vgl. auch StA Nürnberg, RV 3453–3457: Verlässe der Herren Älteren, Nr. 66, 237–239.

[73] Exzerpte aus diesen Schreiben finden sich in: Der Von einem reißenden Schaaff, Verfolgte Unschuldige Wolff.

[74] s. StA Nürnberg, RV 3453, 28 (30. Mai 1731).

[75] StA Nürnberg, RV 3453, 66 (8. Juni 1731).

solle. Als Tuchtfeld dieser Aufforderung nicht nachkam, sondern sich weiterhin in dem markgräflichen Garten vor dem Tiergärtnertor aufhielt, beauftragte der Magistrat am 3. Juli 1731 die Prediger der Stadt, über Tuchtfeld unter Heranziehung seiner Publikationen eine Stellungnahme abzugeben.[76] Daraufhin bemühten diese sich, anhand von 50 kürzeren und längeren Exzerpten aus sieben Tuchtfeldschriften – „auf drey vollen Bögen" – zu zeigen, „wie weit" dieser von der Augsburger Konfession „abgehe, und die Leute davon abführe". Da die Pfarrer aber einem weiteren Umsichgreifen der Tuchtfeldschen Ideen wehren wollten, warnten sie aufgrund obrigkeitlicher Weisung am 15. Juli 1731 von den Kanzeln vor ihm, wobei sie an das für den 8. Trinitatissonntag vorgeschriebene Evangelium Mt 7, 13–23 anknüpften. Über diese Kanzelabkündigungen, von den einzelnen Pfarrern jeweils individuell formuliert, waren die Anhänger Tuchtfelds alteriert und verfaßten ihrerseits zu dessen Verteidigung eine „Scarteque" [Schmähschrift][77], die heftige Injurien gegen die Nürnberger Prediger enthielt. Deshalb ordnete der Magistrat an, alle Exemplare oder Abschriften dieser Schrift zu konfiszieren, um sie vom Scharfrichter verbrennen zu lassen. Tuchtfeld selbst sollte ergriffen und gewaltsam aus der Stadt verwiesen werden. Dieser richtete jedoch am 11. September 1731 ein „Memorial" an den Nürnberger Magistrat, zu dem die Prediger der Stadt erneut Stellung nahmen.[78] Aufgrund dieses Gutachtens entschied der Rat, an seinem Ausweisungsbeschluß festzuhalten. Tuchtfeld sollte „nebst seiner Frau und Kindern hiesiger Stadt, Landes und Gebiet sich gänzlich enthalten"; würde er dennoch „weiter sich alhier" aufhalten, dann wäre er „handvest zu machen"[79].

Währenddessen arbeiteten die Nürnberger Pfarrer unter der Federführung des St. Sebalder Predigers und Antistes Gustav Philipp Mörl[80] an einer Schrift, in der sie vor den Irrlehren Tuchtfelds warnten und ihre Gesprächsverweigerung ihm gegenüber verteidigten. Mit obrigkeitlicher Genehmigung erschien Ende 1731 diese „Der Nürnbergischen Prediger treu-hertzige Vermahnung und Warnung an ihre anvertraute Gemeinden"[81]. In dieser dreiteiligen Schrift – versehen mit einem kurzen Vor- und einem längeren Nachwort – gingen die Prediger zunächst auf Tuchtfelds Aktivitäten in der Reichsstadt Nürnberg

---

[76] Hierzu s. [GUSTAV PHILIPP MÖRL u. a.,] Vermahnung, 17f; das folgende Zitat ebd., 18. Vgl. auch StA Nürnberg, RV 3453–3457: Verlässe der Herren Älteren, Nr. 66, 237–239.

[77] [GUSTAV PHILIPP MÖRL u. a.,] Vermahnung, 19. Diese nur handschriftlich verbreitete Schmähschrift ist zwar nicht erhalten, ihr Inhalt ergibt sich aber aus ebd., 127–141.

[78] s. [GUSTAV PHILIPP MÖRL u. a.,] Vermahnung, 133.

[79] StA Nürnberg, RV 3457, 80–81 (2. Oktober 1731).

[80] Zu Mörl s. DBA 852, 114–151, 226; DBA NF 904, 241; MATTHIAS SIMON, Nürnbergisches Pfarrerbuch, Nr. 888.

[81] [GUSTAV PHILIPP MÖRL u.a.,] Vermahnung; die folgenden Zitate finden sich ebd., 63, 128 u. 129.

sowie auf die Maßnahmen der weltlichen und geistlichen Obrigkeit ein. Sodann unterzogen sie im zweiten Teil seine Lehre einer eingehenden Kritik, wobei sie ausführlich aus seinen Publikationen zitierten. Sie kritisierten besonders seine Vorstellung vom Millennium, das seiner Auffassung nach die Beseitigung des institutionellen Kirchenwesens und den Sturz jeglicher weltlicher Obrigkeit zur Folge haben werde. Ferner opponierten sie gegen Tuchtfelds subjektive Versöhnungslehre und bekannten sich dezidiert zum satisfaktorischen Strafleiden Christi als Grund von Rechtfertigung und Heiligung. Schließlich wandten sie sich gegen sein Verständnis vom Inneren Wort. Wegen seiner Verknüpfung, ja sogar Identifikation von verbum internum und Vernunft werde es „endlich zu einem blosen Naturalismo" kommen, „wenns noch ganz erbar zugehet, und der Satan, noch aus dem Spiel bleibt". Damit hatten sie den Konnex zwischen radikalem Pietimus und Aufklärung erkannt. Im dritten Teil der Schrift versuchten sie ihr bisheriges Verhalten gegenüber Tuchtfeld zu verteidigen. Die Prediger erklärten, sie hätten ihn deshalb nicht zu einer persönlichen Unterredung empfangen, weil ihnen dies „theils unnöthig, theils nachtheilig und bedenklich" erschienen sei. Er hätte nämlich „schon allbereit den Ober-herrlichen Befehl, [...] sich von hier weg zu begeben", mitgeteilt bekommen. „Eine Privat-Unterredung kunte nachmals nichts mehr fruchten, sondern hätte nur den Lauff des ganzen Handels verwirret".

Ein Jahr später veröffentlichte Tuchtfeld, der sich nach einem Besuch in Herrnhut seit 1732 in Berleburg aufgehalten hatte, als Replik auf die „Vermahnung" sein „Aufrichtiges Glaubens-Bekenntniß". In dieser kurzen Darstellung ging er auf wesentliche Aspekte seiner Theologie ein. Einen Schwerpunkt bildete dabei seine Vorstellung von einer progressiven Heiligung, die bei ihm letztlich auf einen Perfektionismus hinauslief. Ein anderer war sein donatistisches Kirchenverständnis, wobei er meinte, sich auf Luthers Vorrede zur „Deutschen Messe" berufen zu können.[82] Über seine Eschatologie machte er bezeichnenderweise keinerlei Aussagen.

Auch einige Freunde Tuchtfelds fühlten sich genötigt, in die Kontroverse einzugreifen, um seinen Glauben und seine Lebensführung zu verteidigen.[83] Der radikale Pietist Johann Konrad Dippel publizierte 1732, kurz vor seinem Tod, unter dem Pseudonym Christianus Democritus seine polemisch-satirische Schrift „Predigt vor Nürnberger Prediger oder die [...] verzögerte Remarquen über des Nürnbergischen Ministerii sogenannte Ermahnung und Erinnerung". Darin meinte er, daß sich eine Verteidigung Tuchtfelds eigentlich erübrige. Ein jeder „Bürger in Nürnberg, der seine Sinne als ein ehrlicher

[82] s. VICTOR CHRISTOPH TUCHTFELD, Glaubens-Bekenntniß, 39–41.

[83] s. u. a. Hell-Polirter Kätzer-Spiegel; Der Von einem reißenden Schaaff, Verfolgte Unschuldige Wolff; Von Einem Nicht Paulisch.

Mann brauchen will und kann"[84], werde und müsse einräumen, daß Tuchtfelds „Vortrag", obgleich „er schon hier und da in Neben-Sachen seine Fehler und Praejudicia [Schäden] hat, doch hundertmal förmlicher und zur Seligkeit nebst wahrer Religion bequemer sey, als das elende Gezeug, welches als rein Lutherisch ihm gegenüber stehet". Noch wesentlich dezidierter als Tuchtfeld erteilte Dippel der traditionellen Soteriologie eine Absage. Nicht Gott müsse durch das stellvertretende Strafleiden Christi versöhnt werden, wie man „lästerlich fabelt", sondern die durch die Sünde „verwirrte Menschheit". Dies geschieht, indem der Mensch sich dem Geist Christi öffnet und so wieder in die Gemeinschaft mit Gott versetzt wird. „Hier sehet ihr dann alsobald", schrieb Dippel an die lutherischen Prediger Nürnbergs, „daß Imputation keine Gerechtigkeit, kein Heyl und keine Seeligkeit machen kan; sondern vor den, der in Christo seelig werden will, allein das Wieder-Umkehren mit dem verlauffenen Sohn nöthig ist, den Schwein-stall und die Schweins-Kost der Sünden und der Lüsten dieser Zeit zu verlassen, sich in seines Vatters Hauß durch die Gnade oder den Geist Christi lassen zurückführen, und allda die himmliche oder wahrhaffte Güter wiederum finden [vgl. Lk 15, 11–32]. Sehet doch wie leicht dieser Weeg des Heyls und dieses wahre Evangelium zu fassen und zu begreiffen ist, und wie groß eure Unart und Finsterniß müsse seyn, daß ihr euch so eine verworrene und lahme Theologie ausgekünstelt".

Die Nürnberger Freunde und Anhänger der Herrnhuter Brüdergemeine setzten trotz obrigkeitlicher Warnung ihre Versammlungen weiterhin fort. Am 23. Dezember 1735 schlossen sich hier sogar „Sieben Seelen weiblichen Geschlechts" zu einer festeren Vergesellschaftung zusammen. In einem Statut[85] verpflichteten sich diese Frauen zu einem heiligen Leben und zweimaliger Gebetsversammlung pro Woche. Dabei wollten sie „nichts thun, als sich vor dem erwürgten Lamm [Apk 5, 6 u. 13, 8] unterwerffen, und ohne viel Worte zu machen, ihm ihr ganztes Hertz und in- und äusserliche Umstände hertzlich darlegen". Außerdem kamen sie noch einmal in der Woche zusammen, um die Einhaltung dieser Statuten zu überprüfen, wobei sie, „einander in geringsten nicht schonen, aber doch immer lieben" wollten.

Als der Wernigeroder Hofprediger Samuel Lau 1738 den Erbgrafen Henrich Ernst zu Stolberg-Wernigerode auf dessen Bildungsreise durch Süddeutschland, die Schweiz und Holland begleitete, kam er auch nach Nürnberg und lernte hier den Herrnhuterkreis durch Teilnahme an verschiedenen Veranstaltungen näher kennen. So berichtet das Reisetagebuch u. a. über einen Besuch einer Erbauungsstunde am 3. Mai: „Wir redeten sehr offen-

---

[84] JOHANN KONRAD DIPPEL (Pseud.: CHRISTIANUS DEMOCRITUS), Predigt, 9f; das folgende Zitat ebd., 25.

[85] s. Sieben Seelen weiblichen Geschlechts; die folgenden Zitate ebd., 1114. Bezüglich weiterer Veröffentlichungen dieser Vereinbarung s. DIETRICH MEYER, Bibliographisches Handbuch zur Zinzendorf-Forschung, 240, Nr. 759.

hertzig von den süßesten u. nöthigsten Grund-Wahrheiten des evangel[ischen] Christenthums, u. Gott erquickte uns zusammen durch sein Wort u. an einander, daß diese Stunde gewiß unter die gesegnetste u. süßeste in meinem gantzen Leben zehlen kan."[86]

Da jedoch einige Mitglieder des Nürnberger Herrnhuterkreises, besonders der Goldspinner Johann Gram[87], in die schon erwähnten skandalösen Vorgänge um den Prediger Schwindel[88] involviert wurden, observierte die Obrigkeit sie verstärkt. Seit Anfang des Jahres 1739 ermittelte dann das Kirchenamt gegen Gram, in dessen Haus damals die Erbauungsveranstaltungen stattfanden. Schließlich faßte der Magistrat am 9. November 1739 den Beschluß, in den Früh- und Vespergottesdiensten des kommenden Sonntags ein generelles Konventikelverbot bekanntgeben zu lassen und die Pfarrer aufzufordern, „in ihren Predigten auch dessen zu gedenken"[89]. Gram sollte jedoch bereits freitags auf das Bürgermeisteramt einbestellt werden, um ihm das „Mandat ernstlich und mit Warnung vor empfindlicher Strafe vorzuhalten, anbey zu befragen, wer die Personen seyn, die solche Conventicula bißhero besucht haben". Gegen dieses Vorgehen protestierten die herrnhutisch Gesinnten, unter ihnen Jonas Paul Weiß und Johann Gram, am 11. Dezember 1739 mit Übergabe einer „Vorstellung"[90]. Darin erklärten sie, die Anordnung sei „wider den Sinn Christi und den Trieb des Geistes"; sie könnten deshalb das Konventikelverbot nicht befolgen. Würde man darauf insistieren, dann wollten sie sich lieber expatriieren lassen.

Da aber das Konventikelverbot nicht zurückgenommen wurde, beschloß der renommierte Kaufmann Weiß im Frühjahr 1741, sein Bürgerrecht aufzugeben und wegzuziehen.[91] Als der Magistrat davon erfuhr, versuchte er mehrfach, ihn umzustimmen, indem er unter anderem Prediger zu ihm sandte.[92] Weiß war aber zu keiner Revision seines Entschlusses bereit. Nach Entrichtung einer Nachsteuer von 5500 Gulden, d. h. von zehn Prozent seines gesamten versteuerten Vermögens, erklärte er am 1. November 1741 vor dem

---

86 Reise-Diarium, verzeichnet von einem Gefährten des Grafen Henrich Ernst [zu Stolberg-Wernigerode], auf dessen Reise durch Deutschland, Schweiz und Holland, 1738, LA Magdeburg, LHA Rep. H. Stolberg-Wernigerode J, Nr. 16a, 16v–17r. Vgl. L[UDWIG] RENNER, Lebensbilder, 256–257.

87 Zu Gram (Kram) s. MATTHIAS SIMON, Schwindel, 26, Anm. 49.

88 Zu Schwindel s. bes. Kap. VI, 250–251.

89 StA Nürnberg, RV 3564, 94–95 (9. November 1739), folgendes Zitat ebd., 95; vgl. MATTHIAS SIMON, Schwindel, 47.

90 s. StA Nürnberg, RV 3566, 6–7 (11. Dezember 1739), folgendes Zitat ebd., 6; vgl. MATTHIAS SIMON, Schwindel, 47f.

91 s. StA Nürnberg, RV 3585, 95 (31. Mai 1741).

92 s. StA Nürnberg, RV 3586, 16–17 u. 53 (5. u. 17. Juni 1741); RV 3588, 8 (29. Juli 1741).

Rat sein ererbtes Bürgerrecht für beendet[93] und zog über die Wetterau nach Herrnhut, das er bereits von Besuchen her kannte.[94] Hier übernahm er später die Wirtschaftsleitung.

Die übrigen herrnhutisch Gesinnten blieben jedoch in Nürnberg wohnen. Trotz des Konventikelverbotes setzten sie ihre Zusammenkünfte fort, wenngleich dies offensichtlich in reduziertem Ausmaß geschah.[95] Man sammelte sich nun vor allem um den Schuhmachermeister Michael Kastenhuber[96]. Anfänglich war er ein Anhänger des Hallischen Pietismus gewesen, aber 1741 durch den Sendboten Johann Konrad Lange[97] für die Brüdergemeine gewonnen worden. Im September berichtete er nach Herrnhut: „Kastenhuber wird ein ganzer Bruder, er hat Gnade bekommen, die sich so an ihm bewißen, daß es ihm auch die andern glauben können. Seine Frau ist nun auch offen Ohr worden, sie gläubt nun, das sie ein tückisches Herz hat, es sind verdrießliche Sachen beÿ ihr herauskommen."[98] Infolge des offiziellen Fortbestands des Konventikelverbots hatte sich die Situation für die Anhänger und Freunde der Brüdergemeine in Nürnberg verschlechtert. Dagegen entwickelte sich in der Folgezeit der nahegelegene Marktflecken Fürth immer mehr zum Zentrum des Herrnhutertums in Franken. Hier waren nämlich die Rechtsverhältnisse zwischen der Reichsstadt Nürnberg, der Markgrafschaft Brandenburg-Ansbach und der Dompropstei Bamberg nicht nur kompliziert, sondern auch strittig. Ein koordiniertes obrigkeitliches Vorgehen dieser Dreierherrschaft gegen die herrnhutisch Gesinnten war deshalb hier kaum zu erwarten.

c) Die Reichsstadt Augsburg

In Ostschwaben war Augsburg zweifelsohne diejenige Stadt, in der der Herrnhuter Pietismus seit etwa 1730 einen wichtigen Stützpunkt hatte.[99] Selbstverständlich gab es damals, und teilweise sogar früher, auch in anderen Orten Ostschwabens vereinzelt Freunde der Brüdergemeine. Verwiesen sei hier besonders auf Mönchsroth im Fürstentum Oettingen, wo Johannes Dober mit seiner Familie lebte, deren Mitglieder für die Anfänge des Herrn-

---

93 s. StA Nürnberg, RV 3591, 43–44 (1. November 1741).

94 s. MATTHIAS SIMON, Schwindel, 48.

95 Vgl. dagegen MATTHIAS SIMON, Schwindel, 48.

96 Kastenhuber erlangte 1739 das Meisterrecht; freundliche Auskunft des Stadtarchivs Nürnberg.

97 Zu Lange s. bes. Kap. VII, 289–291.

98 Brief: Johann Konrad Lange an Jonas Paul Weiß, 9. September 1741, UA Herrnhut, R. 19. B. k. 1. C. a. 40. Vgl. Brief: Michael Kastenhuber an die Gemeine in Herrnhut, 11. Juli 1741, ebd., R. 19. B. k. 2. E. b. 16.

99 Hierzu und zum Folgenden s. THEODOR WOTSCHKE, Herrnhuter in Augsburg.

hutertums im fränkisch-schwäbischen Gebiet wichtig wurden.[100] Von seinen Söhnen zog Martin[101] bereits 1723 nach Herrnhut; ein Jahr später folgte ihm sein Bruder Johann Leonhard[102], der als 17jähriger „immediate [unmittelbar] vom H[ei]l[an]d selbst auf eine sehr fühlbare Weise ergriffen" worden war.

Abbildung 20. Johann Leonhard Dober (1706–1766).
Ölgemälde von Johann Georg Ziesenis.
Unitätsarchiv Herrnhut.

---

[100] Hierzu und zum Folgenden s. PAUL SCHATTENMANN, Entstehung, 219–226; DERS., Dober.

[101] Zu M. Dober s. DBA 242, 310. Vgl. COLIN J. PODMORE, Art. „Dober, (Johann) Martin", in: The Blackwell Dictionary of Evangelical Biography 1730–1860, ed. by DONALD M. LEWIS, Vol. 1, Oxford 1995, 314.

[102] Zu L. Dober s. DBA 242, 311–313; DBA NF 279, 51–55; BBKL 1, Sp. 1335–1337. Vgl. Lebenslauf, UA Herrnhut, R. 22. 1. a. 73 u. 121. 6; vgl. GN 1832, I, 3, 416–437; sowie COLIN J. PODMORE, Art. „Dober, (Johann) Leonhard", in: The Blackwell Dictionary of Evangelical Biography 1730–1860, ed. by DONALD M. LEWIS, Vol. 1, Oxford 1995, 313f.

Johann Leonhard Dober kehrte 1727 nochmals in seine Heimat zurück, um dann 1730 – zusammen mit seinen Eltern – nach Herrnhut überzusiedeln. Im August 1732 zog er – zusammen mit David Nitschmann – nach der westindischen Insel St. Thomas.[103]

In der Reichsstadt Augsburg scharten sich die herrnhutisch Gesinnten vor allem um Christian Dupp[104], einen Silberschmied.[105] Dieser hatte in Halle seine schulische Ausbildung erhalten und war durch Heinrich Neuser mit der Brüdergemeine bekannt geworden. In seine Vaterstadt zurückgekehrt, war er hier in deren Sinne tätig und konnte auch andere dafür gewinnen. Einer von ihnen, der Schreiner Christian Günther, besuchte 1730 Herrnhut und berichtete hier begeistert von Augsburg. Daraufhin trafen hier ein Jahr später die beiden Sendboten Christian David und David Dannenberger ein und konnten einen Kreis von Gleichgesinnten sammeln. 1735 wurden dann die Augsburger Anhänger der Brüdergemeine durch den Sendboten Georg Schmidt[106] in „Banden" organisiert. Dies erregte jedoch bald das Mißtrauen des Augsburger geistlichen Ministeriums, das schließlich im Herbst 1736 eine Untersuchung durchführte.[107] Dadurch wurden die herrnhutisch Gesinnten aber nur in ihrem Vorbehalt gegenüber den evangelischen Pfarrern bestärkt.

d) Die Reichsstadt Regensburg

Abgesehen von Franken und Ostschwaben lassen sich im Gebiet des heutigen Bayerns auch in der Reichsstadt Regensburg gewisse Spuren des Herrnhuter Pietismus nachweisen. Dabei knüpfte er offensichtlich teilweise an den Hallenser Kreis an, der hier seit etwa 1700 existierte. Dank der Vermittlung des Superintendenten Johann Joachim Metzger kam 1730 der an sich nach Halle hin orientierte Diaconus Johann Peter Kraft[108] an die Neupfarrkirche. Zuvor hatte er seit 1720 im pietistischen Sinne in Pappenheim als Pfarrer der Bergpfarrei gewirkt. Von Bedeutung war ferner, daß 1732 der später vor allem als Liederdichter bekannt gewordene Christoph Karl Ludwig Reichs-

---

[103] Über Dobers Missionstätigkeit s. Johann Leonhard Dober aus Mönchsroth; [KARL] BRUNNACKER, Der erste bayerische Missionar.

[104] Auch Dupps Bruder Johann Jakob, Graveur und Silberschmied, gehörte zu den Anhängern der Herrnhuter Brüdergemeine. Er wurde später ihr Mitglied und war in der Diasporaarbeit tätig; s. bes. Kap. VII, 298–301.

[105] Hierzu und zum Folgendem s. THEODOR WOTSCHKE, Herrnhuter in Augsburg, passim.

[106] Zu Schmidt s. DBA 1116, 101; ADB 31, 728–780.

[107] Hierüber vgl. Ein Schreiben aus Augspurg von den dasigen Privatzusammenkünften, in: AHE 2, 8 (1738), 663–668.

[108] Zu Kraft s. bes. Kap. III, 87, Kap. IV, 170 u. Kap. VI, 211.

freiherr von Pfeil[109], dessen Vater Quirin Heinrich ein enger Freund Franckes gewesen war, von Herzog Eberhard Ludwig von Württemberg als Legationssekretär seines Landes zum Immerwährenden Reichstag nach Regensburg versetzt wurde. Der erst 20jährige Pfeil, der als Jurastudent seine Bekehrung erlebt hatte, begann hier bald eine Korrespondenz mit Zinzendorf. Zu dieser Kontaktaufnahme war er durch seine Schwester Louise Amalie, die seit kurzem in Herrnhut als Erzieherin von Zinzendorfs Tochter Benigna tätig war, mitveranlaßt worden.[110] Er wurde ein begeisterter Freund der Brüdergemeine[111], wie der Brief eindrücklich zeigt, den er 1733 zusammen mit Pfarrer Kraft und 18 anderen „Mitgenossen an der Trübsal und an dem Reich" [Apok 1, 9] an den Herrnhuter Kreis in Augsburg gerichtet hat.[112] Tatkräftig engagierte er sich für die Belange der Brüdergemeine. So sondierte er auf Ansuchen Zinzendorfs – ganz im geheimen – in England bei The Trustees for Establishing a Colony in Georgia, die seit 1733 die Besiedlung dieser englischen Kolonie betrieben, ob die Möglichkeit bestünde, dort Herrnhuter anzusiedeln.[113] Anfang 1735 konnte tatsächlich ein erster Transport, begleitet von August Gottlieb Spangenberg, nach Georgia abgehen, dem im August desselben Jahres unter Führung David Nitschmanns ein zweiter folgte. Das freundschaftliche Verhältnis wurde jedoch merklich beeinträchtigt, als Pfeil im Oktober 1734 eine nicht standesgemäße Ehe mit Anna Maria Fürst einging. Zinzendorf, der diese vermeintliche Mesalliance missbilligte,[114] nahm Pfeil gegenüber nun eine spürbar distanzierte Haltung an. Diese Mißstimmung tangierte auch den Regensburger Herrnhuterkreis empfindlich, konnte jedoch seine Weiterexistenz nicht gefährden. Dabei ist auch zu berücksichtigen, daß Pfeil bereits Ende 1737 von dem neuen Landesherrn, Herzog Karl Rudolf, als Justiz- und Regierungsrat nach Württemberg zurückberufen wurde. Hier war er in den nächsten Jahrzehnten auf fast allen Ebenen der inneren Landesverwaltung tätig. Als Pfeil und Zinzendorf sich dann Ende Juni 1739 in Tübingen unversehens erneut begegneten, entspannte sich das

[109] Zu Pfeil s. DBA 951, 311–322; DBA NF 1001, 154; ADB 25, 646–647; BBKL 7, Sp. 416–417. Vgl. HANS-JOACHIM KÖNIG, Pfeil; HARTMUT LEHMANN, Pietismus, 104–108. Verzeichnis der Werke und Lieder Pfeils in: GOTTFRIED MÄLZER (Bearb.), Die Werke der württembergischen Pietisten, Nr. 2129–2164.

[110] s. Briefe: Christoph Pfeil an Louise Amalie Pfeil, 29. September, 8. u. 30. November 1733, UA Herrnhut, R. 21. A. 125. 2–4.

[111] s. Briefe: Christoph Pfeil an Zinzendorf, 30. Juni u. 29. September 1733, UA Herrnhut, R. 21. A. 125. 5 u. 6.

[112] Vgl. THEODOR WOTSCHKE, Herrnhuter in Augsburg, 170f.

[113] s. Briefe: Christoph Pfeil an Zinzendorf, 10. Dezember 1733, 14. Juni, 10. u. 23. September 1734, UA Herrnhut, R. 14. A. 3. 14. 2–4; ferner Briefe: Christoph Pfeil an Zinzendorf, 18. März u. 4. Juni 1734, ebd., R. 21. A. 125. 9 u. 10.

[114] s. Brief: Zinzendorf an Christoph Pfeil, 24. Oktober 1734, UA Herrnhut, R. 21. A. 125. 15. Später stellte es sich heraus, daß sie eine Adlige war, nämlich eine geborene Fürst von Kupferberg und Keulendorf.

Verhältnis nicht nur wieder, sondern wurde geradezu überschwenglich. Evident wurde dies nicht zuletzt darin, daß Pfeil für die Brüdergemeine das damals vor den Toren Stuttgarts gelegene und mit eigener Jurisdiktion ausgestattete Schloßgut Kaltental kaufte.[115] Zinzendorf, der Pfeil Anfang Juli zusammen mit seiner Frau in Stuttgart besuchte und das Gut besichtigte, stellte in Aussicht, hier „übers Jahr" mit der „Pilgergemeine" einzuziehen „und das Württembergische Land auszupredigen".[116] Obgleich in der zweiten Jahreshälfte tatsächlich zwei Brüder und eine Schwester in Kaltental eingezogen, um das Gut inzwischen zu „administriren"[117], wurde der ursprüngliche Siedlungsplan nicht realisiert. Hierzu hat mit Sicherheit auch beigetragen, daß Pfeil mehr und mehr Anschluß an die führenden Gestalten des Schwäbischen Pietismus gewann, seit 1740 besonders an Johann Albrecht Bengel. Dessen Deutung der Johannesoffenbarung inspirierte ihn zu den 1741 erschienenen „Apocalyptischen LIEDER von der offenbarten Herrlichkeit und Zukunft des HERRN"[118]; darin hatte er einzelne Verse und Perikopen der Johannesapokalypse frei nachgedichtet. Auch zahlreiche andere Lieder, die sich in den drei umfangreichen Liedersammlungen von 1782 und 1783 finden,[119] verraten deutlich den Einfluß Bengels. Mit Pfeils Anlehnung an den Württembergischen Pietismus fanden zwar seine direkten Kontakte zu Zinzendorf ihr Ende, er erhielt aber durch seine Schwester weiterhin Informationen über die Brüdergemeine. 1782, also zwei Jahre vor seinem Tod, kam es dann sogar noch einmal zu einem kurzen Briefwechsel mit August Gottlieb Spangenberg, dem Nachfolger Zinzendorfs und „Ordner[s] der Unität"[120].

Obwohl Zinzendorf also bereits seit Anfang der 30er Jahre briefliche Kontakte nach Regensburg hatte, stellten sich hier erst im Juli 1740 zwei „abgesandte Brüder" ein, ein ehemaliger Messerschmied und ein Gärtner.[121] Sie wollten, wie Pfarrer Jakob Christian Schäfer an Fresenius, den Heraus-

---

115 s. Brief: Christoph Pfeil an Zinzendorf, 30. Juni 1739, UA Herrnhut, R. 19. B. l. 2. b. c. 204.

116 Brief: Christoph Pfeil an Louise Amalie Pfeil, 18. Juli 1739, UA Herrnhut, R. 19. B. 1. 2. b. c. 206.

117 Brief: Christoph Pfeil an Zinzendorf, 13. November 1739, UA Herrnhut, R. 19. B. l. 2. b. c. 207.

118 Die zweite und dritte verbesserte und vermehrte Auflage dieser Liedersammlung erschien dann 1749 bzw. 1753 in Memmingen; diese Ausgabe enthielt 70 Lieder. Ein Exemplar der ersten Auflage konnte nicht nachgewiesen werden.

119 Über diese drei Liederbücher – nach ihrem jeweiligen Druckort genannt: Memminger („Evangelisches Gesangbuch"), Dinkelsbühler („Glaubens- und Herzens-Gesänge") und Wernigeroder Gesangbuch („Majestäts-Lieder") – s. HANS-JOACHIM KÖNIG, Pfeil, 148. Vgl. Kap. IX, 353–354.

120 GERHARD REICHEL, Spangenberg, 208.

121 Hierzu und zum Folgenden s. JOHANN PHILIPP FRESENIUS, Bewährte Nachrichten, Bd. 2, St. 2, 725–760 (Nachrichten von Herrnhutischen Sachen aus Regensburg).

geber der „Bewährten Nachrichten von Herrnhutischen Sachen“, schrieb[122], von hier weiter „in die Türckey reisen, um daselbst den Heiland zu verkündigen“. Auf Schäfers Rückfrage, wie dies möglich sein solle, da sie „weder die Türckische noch eine andere daselbst gewöhnliche Sprache“ beherrschten, entgegneten sie: „Das ist unsere geringste Sorge. Wenn wir dorthin kommen, wird uns der Heiland die Sprache schon lernen.“ In der längeren Unterredung berührte der lutherische Pfarrer auch verschiedene Aspekte des christlichen Glaubens. So fragte er die beiden Laien: „Wie wollet ihr einer Person rathen, welche um das Heil ihrer Seele bekümmert ist?“ Die Antwort war: „Es ist da weiter nichts nöthig, als daß eine solche Seele sich dem Heiland überlasse.“ Als Schäfer nachfragte: „Was heist denn das: sich dem Heiland überlassen“, antworteten sie: „Das heist so viel: Sich dem Heiland so gantz hingeben.“ Daraufhin bemerkte dieser: „Dies ist eben so dunckel, als das erste. Wie wenn also weiter gefragt wird: Aber wie hab ich es denn zu machen, wenn ich mich dem Heiland hingeben will?“ Auf diese erneute Nachfrage bemerkten sie: „Ey, Sie vernünfteln und philosophiren zu viel. Da lassen wir uns nicht ein. Wir könten durch sie leicht vom lieben Heiland und unserm Hertzen abkommen.“ Diese beiden Herrnhuter Sendboten haben dann aber ihr Ziel doch nicht erreicht; vielmehr kehrten sie in Ungarn um. Angemerkt sei noch, daß die Regensburger Freunde der Brüdergemeine auch mit Ebersdorf in mancherlei Verbindungen gestanden haben.[123]

3. Rehweiler als „Colonie von Herrnhuth“ – Ein gescheitertes Projekt

In der Mitte der 30er Jahre des 18. Jahrhunderts wäre es in Rehweiler, an der Straße von Castell nach Geiselwind gelegen, beinahe zur Errichtung einer Siedlung der Herrnhuter Brüdergemeine gekommen.[124] Dieses Steigerwälder „Gut und Örtlein“[125] hatte Ludwig Friedrich zu Castell-Remlingen[126] Anfang September 1734 gekauft. Er fühlte sich von seinen lutherisch-orthodoxen Familienangehörigen religiös unverstanden und wollte sich deshalb in einiger Entfernung von Castell ein eigenes Domizil schaffen. Zugleich verfolgte er aber mit dem Erwerb von Rehweiler den Plan, dort ein pietistisches Gemein-

---

[122] s. JOHANN PHILIPP FRESENIUS, Bewährte Nachrichten, Bd. 2, St. 2, 727–748 (Brief vom 9. Mai 1747); die folgenden Zitate finden sich ebd., 729 u. 735–738.
[123] s. JOHANN PHILIPP FRESENIUS, Bewährte Nachrichten, Bd. 2, St. 2, 749–760 (Brief vom 25. August 1745 oder 1746).
[124] Hierzu und zum Folgenden s. vor allem HANS-WALTER ERBE, Zinzendorf, 226–248.
[125] Abschrift der Urkunde, in welcher der Brandenburg-Culmbachische Rat Johann Georg Hertel dem Grafen Ludwig Friedrich zu Castell das Gut Rehweiler verkauft, FHA Castell, I. c. 9. 14.
[126] Zum jungen Ludwig Friedrich zu Castell-Remlingen s. Kap. VII, 259–262.

wesen zu etablieren. Hierbei ist zu beachten, daß die pietistische Bewegung in dieser Gegend damals besonders virulent gewesen ist.[127]

Bald nach dem Erwerb des nur wenige Gebäude umfassenden Weilers ging Graf Lutz daran, sein Vorhaben zu realisieren, wobei ihm sicherlich Herrnhut als Modell vorschwebte. In der nächsten Zeit forcierte er die Zusammenarbeit mit seinem Vetter Zinzendorf, den er wegen des rasch anwachsenden Ortes nun vor allem um personelle Hilfe und finanzielle Unterstützung anging.[128] Wiederholt bat er ihn um Entsendung von Mährischen Brüdern, besonders von Handwerkern, die beim Ausbau Rehweilers helfen sollten. Auch ersuchte er ihn mehrmals darum, ihm bei der Kapitalbeschaffung zu günstigen Konditionen behilflich zu sein.

Zunächst nahm Graf Lutz die Errichtung einer äußerst bescheidenen rechteckigen Schloßanlage in Angriff. Hierbei handelte es sich um sechs symmetrisch zugeordnete, teilweise durch Holzgänge miteinander verbundene Gebäude. Sie lagen an einem leichten Hang und waren von unterschiedlicher Größe. Die beiden oberen und größten waren für den Schloßherrn bestimmt; die beiden mittleren waren vermutlich für die Verwaltung gedacht; eins von ihnen wurde seit 1735 als Schule genutzt. Dagegen waren die beiden unteren und kleinsten Gebäude wohl für Wirtschaft und Küche vorgesehen.

1735 wurde – etwas oberhalb der Schloßanlage – auch mit dem Bau einer rechteckigen, querorientierten Saalkirche von 9, 80 mal 19, 50m begonnen, mit sechs Fenstern auf der Ostseite, vier auf der Westseite und je zwei auf der Nord- und Südseite. Auf der Mitte des Firsts befand sich ein kleiner hölzerner Dachreiter. Im Inneren war das Kirchengebäude vermutlich schon damals – oder vielleicht auch erst nach 1772 – ähnlich wie der Herrnhuter Kirchensaal mit einer dreiseitig umlaufenden Empore ausgestattet. Da die finanziellen Mittel des Grafen jedoch äußerst beschränkt waren, zog sich der Bau jahrelang hin.[129] Erst am 17. Sonntag nach Trinitatis 1774, also zwei Jahre nach dem Tod von Graf Lutz, konnte die Kirche, im Inneren nur mit einem graubeigen Schlämmanstrich versehen, eingeweiht werden. Kurz zuvor hatte man einen Altar, eine Kanzel und eine Orgel erworben, die ebenso wie die Empore, die Säulen und das herrschaftliche Kirchengestühl mit weißer Kreidefarbe angestrichen waren. Kanzel und Altar kamen aus der Werkstatt des Dettelbacher Holz- und Steinbildhauers Johann-Michael Becker. Der Altar mit Spätrokokoornamenten besaß an Stelle eines Altarbildes einen Kruzifixus, seit-

---

[127] So in der Kleinstadt Prichsenstadt. Über den dortigen Pietismus s. [KARL FRIEDRICH HEINRICH] ASPACHER, Pietisten; GERHARD WÖPPEL, Prichsenstadt, 271–273.

[128] Hierzu und zum Folgenden s. bes. HORST WEIGELT, Beziehungen, 21–34.

[129] Bis die Kirche fertig war, mußten sich die Gemeindeglieder von Rehweiler sowie die von auswärts herbeieilenden Erweckten zum Gottesdienst in einem Saal des Waisenhauses versammeln.

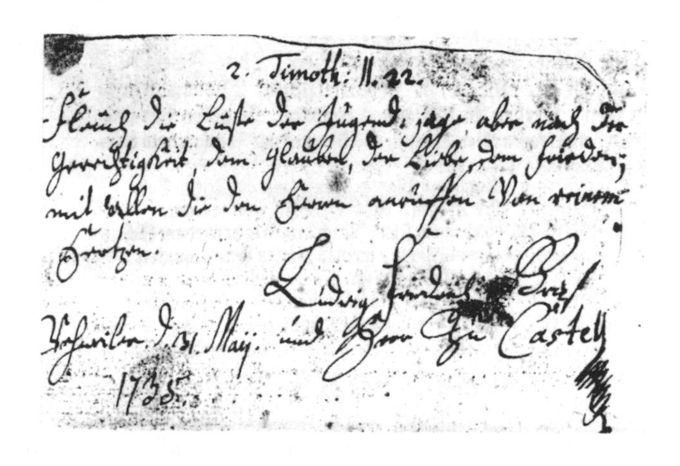
2. Timoth: II. 22.
Fliehe die Lüste der Jugend, jage aber nach der Gerechtigkeit, dem Glauben, der Liebe, dem Frieden; mit allen die den Herrn anrufen von reinem Herzen.
Ludwig Friedrich Graf
Rehweiler d. 31. Maij. und Herr zu Castell
1735.

Abbildung 21. Eigenhändiger Eintrag Ludwig Friedrichs zu Castell-Remlingen vom 31. Mai 1735 in das Gebetbuch eines Prichsenstädter Bürgers. Privatbesitz.

wärts von zwei Engeln flankiert, und im oberen Aufbau ein Halbrelief des Guten Hirten.[130]

Wahrscheinlich noch 1735, spätestens jedoch im folgenden Jahr, nahm Graf Lutz ein zweites Projekt in Angriff. Er ließ, etwas unterhalb der Schloßanlage am Ende des Hangs, mit dem Bau eines Waisenhauses beginnen. Kirche, Schloßanlage und Waisenhaus waren also axial angelegt.

Graf Lutz war darauf bedacht, sowohl in Rehweiler als auch in der Umgegend seelsorgerlich und missionarisch zu wirken. Da ihm anfänglich außer seinem Hofrat Johann Georg Hertel[131] keine weiteren befähigten Mitarbeiter zur Verfügung standen, hielt er zunächst selbst die Erbauungsstunden. Allerdings versuchte er auch auswärtige oder durchreisende Pfarrer und Predigtamtskandidaten sowie Sendboten und Anhänger der Brüdergemeine zur Verkündigung zu gewinnen. So schrieb er beispielsweise am 7. Februar 1735 von Rehweiler aus an Zinzendorf: „Gestern ist der liebe Bruder Lairiz[132] hier geweßen und hat hier gepredigt, welches schon etliche Mal von Bruder

---

[130] Übrigens wurde die Kirche wahrscheinlich 1878 umgebaut und der Innenraum längsachsig ausgerichtet. Die Emporenbrüstung wurde umgestaltet und eine neue Orgel installiert. Bei der grundlegenden Renovierung im Jahr 1973/74 wurde sowohl außen wie innen ein Zustand hergestellt, der sich der einstigen Konzeption annähert. Zwischen 1994 und 1996 erfolgte eine erneute Renovierung. Der Rokokoaltar, der bei dieser Gelegenheit durch einen einfachen Altartisch ersetzt wurde, findet sich heute auf dem Schwanberg in der Communität Casteller Ring.

[131] Zu Hertel s. Kap. VII, 262 u. 279.

[132] Zu Layritz s. bes. Kap. VI, 237 u. Kap. VII, 263–267.

Sarganek[133] und Dörffler[134] geschehen."[135] Zu diesen Versammlungen in Rehweiler stellten sich auch zahlreiche Bewohner aus umliegenden Städten, Dörfern und Märkten ein, so aus Castell, Greuth, Prühl, Stierhöfstetten, Burghaslach, Langenberg, Buch, Rüdenhausen, Abtswind, Prichsenstadt, Wiesenbronn, Eichfeld, Gräfenneues und anderen Orten. „Wann der Weg gut ist", berichtete Graf Lutz, „so kommen wohl aus 10 und mehr benachbarten Orten die Leute, das Evangelium zu hören, und meinen, dergleichen hätten sie noch nie gehöret." Johann Christoph Wernberger[136], der lutherisch-orthodox gesinnte Pfarrer von Stierhöfstetten, meinte jedoch retrospektiv, man sei lediglich aus „Näscherey in der Religion"[137] dorthin geströmt.

Um Verkündigung und Seelsorge in geordnetere Bahnen zu lenken, bemühte sich Graf Lutz darum, einen eigenen Hofprediger für Rehweiler zu gewinnen. Er wandte sich deswegen an August Gottlieb Spangenberg, an seinen Schwager Heinrich XXIX. Reuß-Ebersdorf und vor allem an seinen Vetter Zinzendorf. An letzteren schrieb er: „Solte daß nicht genug seyn, Dich und Deine Brüder zu bewegen, mir zu einem Gehülffen, i[d] e[st] facultatem S[acra] S[acramenta] administrandi [d. h. das Recht der Sakramentsverwaltung] habenden Tubingischen, erweckten und mit der Gabe der Erwekkung begabten Bruder zu verhelffen, der zugleich in effectu [in der Tat] Confessionarius, Consistorial Rath, Hoffprediger, Cathecheta, Schulmeister, Allmoßenpfleger etc. seyn könne."[138] Trotz aller Anstrengungen konnte aber ein so vielfältig einsetzbarer Theologe erst im September 1738 mit dem stark nach Halle hin orientierten Magister Johann Pöschel[139], der zuvor in Diensten von Heinrich XXIX. Reuß-Ebersdorf gestanden hatte, gewonnen werden.

Als Zinzendorf Mitte Dezember 1735 in Castell zu Besuch weilte, fuhr er in einer Kutsche auch nach Rehweiler. Trotz einer schweren Beinverletzung stieg er aus, besah sich – wie er am 23. Dezember 1735 seinem Sekretär Tobias Friedrich mitteilte – „alles"[140] und gewann sowohl hinsichtlich der gegenwärtigen Situation als auch der weiteren Entwicklungsmöglichkeiten

---

133 Zu Sarganeck s. Kap. VI, 237, Kap. VII, 263 u. 265–267.

134 Zu Dörfler s. bes. Kap. VII, 266.

135 Brief: Ludwig Friedrich zu Castell-Remlingen an Zinzendorf, 7. Februar 1735, gedr. in: HORST WEIGELT, Beziehungen, 120–123, Nr. 23; hier 121. Das folgende Zitat ebd.

136 Zu Wernberger s. DBA 1353, 345; MATTHIAS SIMON, Ansbachisches Pfarrerbuch, Nr. 3265.

137 Bericht: Johann Christoph Wernberger an Dekanat Uffenheim, 8. Oktober 1748, LKA Nürnberg, MKA Gen. 23.

138 Brief: Ludwig Friedrich zu Castell-Remlingen an Zinzendorf, 7. Februar 1735, gedr. in: HORST WEIGELT, Beziehungen, 120–123, Nr. 23; hier 122.

139 Zu Pöschel s. DBA 968, 16; ADB 26, 453–454; GEORG KUHR (Bearb.), Ritterschaftliches Pfarrerbuch Franken, Nr. 2096 (Lit.). Als Pöschel in Rehweiler eintraf, war es aber längst zum Bruch zwischen den beiden Vettern gekommen.

140 Brief: Zinzendorf an Tobias Friedrich, 23. Dezember 1735, UA Herrnhut, R. 20. C. 23. 31. 3.

einen günstigen Eindruck. An seine Frau Erdmuthe Dorothea schrieb er: „In Rehweiler geht ein Werk des Herrn auf."[141] Deshalb ermutigte er auch die anläßlich seines Besuchs aus Prichsenstadt nach Rehweiler herbeigeeilten Frommen, sich hier anzusiedeln und eine „Gemeine"[142] zu bilden. Er scheint sich aber nicht ganz sicher gewesen zu sein, ob sein Vetter Lutz seiner jetzigen Überzeugung treu bleiben werde. Jedenfalls führte Zinzendorf in Rehweiler mit Hofrat Hertel noch ein Separatgespräch, in dem es um die Sicherstellung des in Angriff genommenen Unternehmens ging, falls Lutz sterben oder „die Sache fahren" lassen würde. Seine Bedenken schienen jedoch bald gegenstandslos zu werden, denn Graf Lutz wurde in Nürnberg, wohin er Zinzendorf auf seiner Weiterreise begleitet hatte, vollends zum begeisterten Parteigänger Herrnhuts. In einem Brief an seinen Sekretär berichtete Zinzendorf: „Hier [sc. in Nürnberg] aber bekam der Luz seine volle Ladung u. ward so herumgesetzt, daß er noch nie so geweßen ist. Er erstaunte über meine Bemühungen von [für] ihm in Holland, über die Treu der Brüder, über die Hoffnungen [...] vor [für] Rehweiler, er war glücklich in seinen hiesigen Expeditionen [Unternehmungen]. Mit einem Wort, er lies sich um einen Finger wikeln, u. ich glaube, daß er wird künftig aushalten u. die Reise nach Castell wird nicht umsonst seyn." Die Formulierung „um den Finger wickeln" zeigt zugleich in bedenklicher Weise, wie stark Zinzendorf seine Mitarbeiter auch zu instrumentalisieren wußte.

In den nächsten Monaten intensivierte sich die Zusammenarbeit der beiden Vettern noch mehr. Zinzendorf sah sich auf Drängen von Graf Lutz nach Mitarbeitern, vor allem nach Handwerkern, sowie Krediten zu günstigen Konditionen um. Darüber hinaus leitete er sogar eine Privatkollekte bei seinen holländischen Freunden und Bekannten in die Wege. Graf Lutz seinerseits faßte bezüglich der Kolonie immer konkretere Pläne. Wenige Tage nach seinem Abschied von Zinzendorf in Nürnberg versprach er ihm brieflich, den Mähren Häuser zu bauen und ihnen alle Freiheiten zu gewähren. Auch erklärte er sich bereit, „nach Gottes Willen und der Ordnung des Creutz Reiches mit ihnen zu leiden, und wann es seyn soll, mich von Hauß und Hoff jagen zu laßen. O, was wäre mir das für eine Seeligkeit, einer so theuren Gemeindte zu dienen, noch seeliger aber, wann ich einmal würdig würde, ein Glied davon zu seyn"[143]. In seinem Antwortschreiben stellte Zinzendorf in Aussicht, „unfehlbar Exulanten von uns"[144] nach Rehweiler zu entsenden,

---

[141] Brief: Zinzendorf an Erdmuthe Dorothea von Zinzendorf, 20. Dezember 1735, UA Herrnhut, R. 20. B. 22. b. 265.

[142] Brief: Zinzendorf an Tobias Friedrich, 23. Dezember 1735, UA Herrnhut, R. 20. C. 23. 31. 3; die folgenden Zitate ebd.

[143] Brief: Ludwig Friedrich zu Castell-Remlingen an Zinzendorf, 26. Dezember 1735, gedr. in: HORST WEIGELT, Beziehungen, 123–127, Nr. 24; hier 124.

[144] Brief: Zinzendorf an Ludwig Friedrich zu Castell-Remlingen, 20. Januar 1736, gedr. in: HORST WEIGELT, Beziehungen, 128–129, Nr. 25; hier 128.

sobald dort die notwendigen räumlichen Kapazitäten geschaffen seien. Hierauf erklärte Graf Lutz am 21. Februar 1736 sogar: „Mir ist es so, als wann einmal Rehweiler eine Colonie von Herrnhuth werden müßte.“[145] Hierbei läßt sich nicht eindeutig klären, ob Graf Lutz meinte, in Rehweiler solle sich eine Kolonie der Brüdergemeine separat ansiedeln, oder ob er sogar die Hoffnung hegte, daß sich der ganze Ort letztendlich zu einem Gemeinort entwickeln werde.[146]

Wohl nicht zuletzt infolge der am 20. März 1736 vom sächsischen Kurfürsten Friedrich August II. verfügten definitiven Ausweisung[147] Zinzendorfs aus Sachsen ging Graf Lutz im Mai daran, in Rehweiler Land für die Mährischen Brüder vermessen zu lassen. Er wollte sie abgesondert ansiedeln, da er befürchtete, daß die in der Ortschaft bereits ansässigen Katholiken „sehr erbittert über die Exulanten werden dürfften und also böse Nachbarn geben“[148] könnten. Auch das Finanzierungsproblem schien sich zu lösen, da der Amsterdamer Kaufmann Isaak Lelong bereit war, die geplanten Kollekten zu koordinieren. Ihm übersandte Graf Lutz – gemäß Zinzendorfs Anregung – eine obrigkeitliche Bescheinigung, versehen mit dem „allergrösten Cantzleysiegel“ von Castell.

Im August 1736 kam es jedoch völlig unerwartet zum Zerwürfnis zwischen den beiden Vettern. Mitte Juni dieses Jahres war Ludwig Friedrich zu Castell-Remlingen nach dem seit 1640 dänischen Altona gereist, um dort König Christian VI. von Dänemark als Kammerherr aufzuwarten. Sowohl auf dem Hin- als auch auf dem Rückweg machte er in Wernigerode Station. Warum er diesen bedeutenden reichsständischen Hof aufsuchte, an dem man bekanntlich dezidiert den Hallischen Pietismus protegierte, aber gegen Zinzendorf und die Brüdergemeine opponierte oder sogar intrigierte, ist ungeklärt.[149] Möglicherweise hatte er sich vorgenommen, zwischen Christian Ernst zu Stolberg-Wernigerode, der treibenden Kraft der antiherrnhutischen Partei, und Zinzendorf zu vermitteln. Jedenfalls kam es hier zu zwei längeren Gesprächen über Zinzendorf. Als dieser von dem Besuch seines Vetters in Wernigerode erfuhr, erwachte in ihm sofort das Mißtrauen. Mitte August 1736 trafen die Vettern dann zufällig in Magdeburg bei Johann Adam Steinmetz, dem Generalsuperintendenten des Herzogtums Magdeburg und Abt des

---

[145] Brief: Ludwig Friedrich zu Castell-Remlingen an Zinzendorf, 21. Februar 1736, gedr. in: HORST WEIGELT, Beziehungen, 139–141, Nr. 29; hier 139.

[146] Hierzu s. HORST WEIGELT, Beziehungen, 30.

[147] Das Verbannungsdekret, datiert vom 20. März 1736, wurde Zinzendorf erst am 21. April 1736 in Ebersdorf durch David Nitschmann im Original übergeben; s. FRIEDRICH SIGWART HARK, Konflikt, 25f; FERDINAND KÖRNER, Staatsregierung, 32f.

[148] Hierzu und zum Folgenden s. Brief: Ludwig Friedrich zu Castell-Remlingen an Zinzendorf, 2. Mai 1736, gedr. in: HORST WEIGELT, Beziehungen, 150f, Nr. 32; hier 151. Das folgende Zitat ebd., 150.

[149] Hierzu s. u. a. GERHARD REICHEL, Entstehung.

Klosters Berge, zusammen. Es kam zu einer erregten Aussprache, über deren Verlauf jedoch keine Details bekannt sind. Nur so viel darf als gesichert gelten: Zinzendorf verdächtigte seinen Vetter, seinen „Mantel nach dem Winde“[150] zu hängen. Er unterstellte Graf Lutz, in Wernigerode – aber wohl auch am königlichen Hof – mit der antiherrnhutischen Partei kontaktiert oder sogar sympathisiert zu haben. Deshalb ließ er seinem Ärger freien Lauf und war, wie Graf Lutz in einem Brief vermerkte, „übel“ auf ihn „zu sprechen“[151].

Zinzendorfs Zerwürfnis mit seinem Casteller Vetter scheint jedoch zunächst weder von seiner Familie noch von seinem engeren Mitarbeiterstab recht wahrgenommen worden zu sein. Jedenfalls machten brüderische Sendboten weiterhin in Rehweiler Station, so Ende August 1736 der gerade aus Amerika zurückgekehrte David Nitschmann oder im Juli 1738 Christian David. Sogar im Spätherbst 1741 weilten nochmals einige Mitglieder der Brüdergemeine wochenlang in Rehweiler.[152] Später bemühten sich dann einzelne Mitarbeiter Zinzendorfs um eine Aussöhnung, unter ihnen sein Jugendfreund Friedrich von Wattewille.[153]

Dagegen war es den Freunden und Sympathisanten der Brüdergemeine in Rehweiler und den umliegenden Orten nicht entgangen, daß Graf Lutz immer mehr mit dem hallischen Lager sympathisierte. In Anbetracht dieser Umorientierung des Grafen Lutz und wohl auch unter dem Eindruck von Berichten über die neuen Gemeinorte Marienborn und Herrnhaag[154] in der Wetterau erwachte in manchen von ihnen der Wunsch, dorthin zu emigrieren. Ende der 30er und Anfang der 40er Jahre verließen mehrmals kleinere Gruppen ihre angestammte fränkische Heimat und zogen in das Büdinger Territorium. Hier fanden sie entweder für immer eine neue Bleibe oder eine vorläufige Unterkunft, bis sie andernorts Aufgaben zugewiesen bekamen. Allerdings glückte die Integration in die so völlig anders strukturierte Gemeinschaft keineswegs allen; deshalb kehrten ihr manche nach einiger Zeit enttäuscht den Rücken und wanderten wieder ab, so Georg Matthäus Holbig mit seiner Familie aus dem Steigerwalddorf Stierhöfstetten.[155] Dieser Erweckte, einst „ein begütherter bambergischer Unterthan und Bauer“[156], hatte in den späten

---

[150] Brief: Zinzendorf an N. N., 26. Oktober 1736, UA Herrnhut, R. 20. A. 17. 2. 145.

[151] Brief: Ludwig Friedrich zu Castell-Remlingen an Erdmuthe Dorothea von Zinzendorf, UA Herrnhut, R. 20. B. 16. a. 197.

[152] s. Brief: Martin Carl Holfelder an Martin Neusser, 2. November 1741, UA Herrnhut, R. 19. B. k. 2. b. 109.

[153] Hierzu und zum Folgenden s. HORST WEIGELT, Zinzendorfs Aufenthalte, 128–129.

[154] Über den Gemeinort Herrnhaag s. u. a. HANS MERIAN, Einführung.

[155] Hierzu und zum Folgenden s. HORST WEIGELT, Holbig.

[156] Bericht: Johann Christoph Wernberger an Dekanat Uffenheim, 8. Oktober 1748, LKA Nürnberg, MKA Gen. 23; die folgenden Zitate finden sich ebd. Zu Wernberger s. MATTHIAS SIMON, Ansbachisches Pfarrerbuch, Nr. 3265.

30er Jahren – zum Verdruß seines Ortspfarrers Johann Martin Mauritii[157] – eifrig an den Erbauungsveranstaltungen in dem wenige Kilometer entfernten Rehweiler teilgenommen. Darüber vernachlässigte er sein „Hauswesen“ bis zur völligen Aufgabe. Anfang der 40er Jahre zog er dann mit seiner Familie in die Wetterau. Im Zusammenhang mit seiner Übersiedlung verlor er mehrere hundert Reichsgulden, obgleich Johann Christoph Wernberger, seit 1740 Pfarrer in Stierhöfstetten, in die Angelegenheit eingegriffen hatte. Zunächst erhielt Holbig eine kümmerliche Unterkunft auf der Ronneburg, wo sich neben Juden, Separatisten und Zigeunern auch einige Anhänger Zinzendorfs niedergelassen hatten. In diesem Kreis – zu einer Übersiedlung in die nahegelegene Brüdersiedlung Herrnhaag kam es nicht – fand Holbig aber nicht die Aufnahme, die er sich ersehnt hatte. Ja, er erfuhr Zurückweisungen seitens der Gemeine. So schlug man ihm die Taufe seines neugeborenen Kindes ab; und als es starb, verweigerte man ihm einen „Platz zum Begräbniß“, so daß er „mit großen Kosten und Mühe Tauff und Sepultur [Begräbnis] unter den Reformirten dortiger Gegend suchen u. erlangen mußte“. Als Grund dafür führte Wernberger, sein früherer Gemeindepfarrer, an, daß er „in deren Form nicht gantz passete“. 1746 entschloß sich Holbig schließlich, mit seiner Familie die Wetterau wieder zu verlassen und nach Rehweiler zu ziehen, wo inzwischen die Abkehr vom Herrnhuter Pietismus erfolgt war. Hier fristete nun der früher begüterte Holbig „mit vielen Kindern in großer Miseria [Elend]“ sein Dasein. Aus seiner jetzigen Abneigung gegen die Brüdergemeine machte er kein Hehl und „legte hie und da kräfftige Zeugnisse wider Hernhuth ab“. Entsprechend äußerte er sich auch wiederholt gegenüber dem Frankfurter Senior Johann Philipp Fresenius, einem der entschiedensten Wortführer der Zinzendorfgegner, der seit 1747 die „Bewährten Nachrichten von Herrnhutischen Sachen“ herausgab.

Graf Lutz, der sich anfänglich sehr nach einer Aussöhnung mit seinem Vetter gesehnt hatte, orientierte sich, wie bemerkt, seit Anfang der 40er Jahre immer stärker zum Hallischen und vor allem zum Württembergischen Pietismus. Mit dessen führenden Vertretern, besonders mit Friedrich Christoph Oetinger[158] und Georg Konrad Rieger[159], führte er eine intensive Korrespondenz. Oetinger, dem er in seinen Briefen wiederholt von seinen Glaubens-

---

[157] Zu Mauritii s. MATTHIAS SIMON, Ansbachisches Pfarrerbuch, Nr. 1885.

[158] Zahlreiche Briefe Oetingers an Ludwig Friedrich zu Castell-Remlingen sind ausz. gedr. in: CHRISTIAN GOTTLIEB BARTH (Hg.), Süddeutsche Orginalien, [1. H.,] 34–54; 2. H., 28–42, und in: FRIEDRICH CHRISTOPH OETINGER, Leben und Briefe, 557–577, 580–621, 625–628, 641–645, 651–659, 668–671, 676–681. Ferner finden sich Briefe in: UB Tübingen, Mh 745, Nr. 17f, 20 u. 23.

[159] Zahlreiche Briefe, die Georg Konrad Rieger zwischen 1737 und 1741 an Ludwig Friedrich zu Castell-Remlingen gerichtet hat, finden sich in: FHA Castell, I. c. 9. 23. 2–35, 44–46, 49–62 („Briefe des Pfarrer Rieger in Stuttgart an den Grafen Ludwig Friedrich C. Rehweiler“).

zweifeln und Depressionen berichtete, besuchte er übrigens 1752 in Weinsberg und 1760 in Herrenberg, und dieser weilte fünf Jahre später bei ihm in Rehweiler.[160] Von entscheidender Bedeutung für seinen definitiven Anschluß an den Hallischen Pietismus war jedoch seine Heirat mit Ferdinande Adriane zu Stolberg-Wernigerode am 10. Dezember 1744 in Wernigerode.[161] Als Tochter des Grafen Christian Ernst zu Stolberg-Wernigerode war sie im Geist des Hallischen Pietismus erzogen worden. Wegen der Hochschätzung der Bibellektüre im wernigerödischen Zion hatte sie sich gute hebräische und griechische Sprachkenntnisse angeeignet, um das Alte und Neue Testament im Urtext lesen zu können. Dieses Bibelstudium betrieb sie auch noch im hohen Alter regelmäßig, seit 1780 zusammen mit dem Rehweiler Pfarrer Christian Friedrich Buchrucker[162], einem der Wegbereiter der fränkischen Erweckungsbewegung. Wie das Verzeichnis ihrer hinterlassenen Bücher ausweist, war sie vor allem mit pietistischer Literatur Spener-Hallischer Observanz vertraut. Nach seiner Eheschließung entwickelte sich ein recht vertrautes Verhältnis zwischen Graf Lutz und seinem Schwiegervater, der ihn nicht nur immer wieder finanziell unterstützte, sondern ihm seit 1750 sogar eine jährliche Pension aussetzte; auch schenkte er ihm wiederholt wertvolle Bücher.[163]

Als Graf Lutz 1767 – nach dem Tod seines Bruders August Franz Friedrich – Lehensadministrator und Senior des Hauses wurde und 1770 seinen ständigen Wohnsitz nach Castell verlegte, hatte sich sein starkes Verlangen, Rehweiler zu einem streng pietistischen Gemeinwesen umzugestalten, längst abgeschwächt. Nach seinen eigenen Worten trachtete er nun immer weniger danach, ein äußeres Reich Gottes zu verwirklichen.[164] Am 22. Juni 1772 ist Ludwig Friedrich zu Castell-Remlingen, dessen physische Gesundheit und psychische Konstitution in seinen letzten Lebensjahren sehr labil waren, an „Schwind- und Wassersucht“[165] in Castell gestorben. Zwei Monate vor seinem Ende schrieb er an den Würzburger Fürstbischof Adam Friedrich von Seinsheim: „Meine Gesundheit nimmt täglich mehr ab, und ich sehe das Ende meines Lauffes sich mehr und mehr herannahen. Gottlob! Der von dem Tode

---

[160] s. FRIEDRICH CHRISTOPH OETINGER, Leben und Briefe, 582 (Nr. 287), 628 (Nr. 464); vgl. HORST WEIGELT, Beziehungen, 45.

[161] Hierzu und zum Folgenden s. HORST WEIGELT, Beziehungen, 41f u. 49.

[162] Zu Buchrucker s. DBA 157, 105–106; GEORG KUHR (Bearb.), Ritterschaftliches Pfarrerbuch Franken, Nr. 269. Vgl. KARL BUCHRUCKER, Buchrucker.

[163] Über den Buchbesitz von Ludwig Friedrich zu Castell-Remlingen s. EVA PLETICHA, Adel und Buch, 122–124.

[164] s. Brief: Ludwig Friedrich zu Castell-Remlingen an Christian Ernst zu Stolberg-Wernigerode, 20. Januar 1747, LA Magdeburg, LHA Rep. H. Stolberg-Wernigerode A 86, Fach 3, Nr. 1; vgl. HORST WEIGELT, Beziehungen, 48.

[165] Brief: Ludwig Friedrich zu Castell-Remlingen an Christian Friedrich Carl zu Castell-Remlingen, 23. April 1772, FHA Castell, I. c. 9. 87.

erstandtene Held hat auch für mich den Tod überwunden und wird mich als Glied nicht zurücklassen."[166]

4. *Anfänge der Diasporaarbeit der Brüdergemeine*

In denjenigen Orten Frankens und Ostschwabens, in denen es Anhänger oder Freunde der Herrnhuter Brüdergemeine gab, hielten sich wiederholt deren Sendboten auf. Zumeist handelte es sich um durchreisende Missionare, die nur wenige Tage zu Besuch weilten. Gelegentlich blieben einzelne Mitglieder hier aber auch für längere Zeit, da sie – wie bereits deutlich wurde – in pietistischen Anstalten, Waisenhäusern und Schulen, eingesetzt wurden. Seit Anfang des vierten Jahrzehnts des 18. Jahrhunderts zogen dort – wie in anderen Territorien des Deutschen Reichs – jedoch auch sogenannte Boten oder Diasporaarbeiter umher.

Zinzendorf hatte schon sehr früh die eminente Wichtigkeit der Diasporaarbeit betont. Seiner Ansicht nach gehörte es zu den unabdingbaren Aufgaben der Brüdergemeine[167], sich aller Gläubigen anzunehmen, die verstreut in der „Diaspora"[168], d. h. in den einzelnen Konfessionskirchen leben. „Die Diaspora ist das Volk Gottes in der ganzen Welt in unterschiedenen äußerlichen Verfassungen, aber auf einerlei Prinzipiis stehend."[169] Diese in der Zerstreuung wohnenden Christen sollten von Boten oder Diasporaarbeitern der Brüdergemeine – zumeist einfachen Handwerkern – aufgesucht, seelsorgerlich begleitet und miteinander in Konnexion gebracht werden. Zinzendorf schätzte die Diaspora, die Kinder Gottes in den Konfessionskirchen, sehr, ja er achtete sie sogar höher als die Gemeine. Evident wird dies aus seinem Hymnus auf die Diaspora: „GOtt Lob für die Diaspora,// Die nun erscheinet hie und da;// Sie ist ein gutes Salz der Erd;// Man ehret sie, sie ist es werth."[170] Deshalb warnte er dringend davor, propagandistisch auf die Brüdergemeine

---

[166] Brief: Ludwig Friedrich zu Castell-Remlingen an Adam Friedrich von Seinsheim, 19. April 1772, FHA Castell, I. c. 9. 61; vgl. HORST WEIGELT, Beziehungen, 48.

[167] Über die Diasporaarbeit s. DIETRICH MEYER, Zinzendorf und Herrnhut, 65–68 (Lit.) u. HORST WEIGELT, Diasporaarbeit der Herrnhuter und Christentumsgesellschaft 112–125 u. 140–144 (Lit.). Bezüglich der Diasporaarbeit in Bayern s. HORST WEIGELT, Pietismus in Bayern, 308–309 u. 317.

[168] Der Terminus „Diaspora" (I Petr 1, 1) für die geistliche Betreuung von Christen in den Konfessionskirchen wurde von der Brüdergemeine amtlich erstmals am 22. September 1749 auf der Synode zu London verwendet.

[169] Jüngerhaus-Diarium, 16, III, 1754, UA Herrnhut.

[170] NIKOLAUS LUDWIG VON ZINZENDORF, Reden, 169. In der ersten Ausgabe dieser Berthelsdorfer Reden, die 1758 in Barby erschien, trug der Lobpreis den Titel: „Eine Litaney von der Diaspora"; und der oben zitierte Vers lautete: „Ave Diaspora,// Mit Reverentia!// Du bist das Salz der erd;// Ave! Du bist es werth" (Anhang, unpaginiert).

hinzuweisen oder sogar jemand zum Beitritt zu drängen.[171] Vielmehr äußerte er den Wunsch: „Ich hätte gern, das[s] jedes in s[einer] Religion blieb, u. die Gaben des Geistes nach Maaß ihrer Religion empfingen [...] Ist das der Br[üde]r Sinn daß sie niemanden an seiner Religion wollen stutzig machen.“[172]

a) Das „Kleine Pilgerrad“ und der Beginn der Diasporaarbeit in Ostschwaben und Franken

Die Anfänge der eigentlichen Diasporaarbeit im fränkischen und ostschwäbischen Raum gehen auf das Wirken des Laienpredigers Johann Konrad Lange[173] zurück.[174] Dieser wurde 1707 in einem Dorf unweit von Kassel als Sohn eines reformierten Hufschmieds geboren. Nach dem frühen Tod seines Vaters erlernte er als 13jähriger in Kassel das Schneiderhandwerk. In Halle erlebte er eine Erweckung, die ihn von seinen Prädestinationszweifeln befreite. Als er wegen seiner labilen Gesundheit den erlernten Beruf aufgeben mußte, nahm er dankbar eine Anstellung in der Apotheke des Halleschen Waisenhauses an. Da er hier jedoch erneut erkrankte, wurde er 1730 oder 1731 von Siegmund Jacob Baumgarten an August Gottlieb Spangenberg in Jena verwiesen, der damals als Magister an der Universität stark besuchte Vorlesungen hielt. Spangenberg nahm sich des jungen Mannes an und unterstützte ihn finanziell. Durch ihn lernte Lange auch Christian David kennen, der ihn hier in den herrnhutischen Kreis einführte. 1732 begleitete er dann Spangenberg nach Herrnhut, wo er wenig später in die Brüdergemeine aufgenommen wurde. In deren Dienst hat er sich fortan mit Hingabe und Eifer gestellt. 1737 heiratete er in Berlin Anna Maria Kohn und ging im April des folgenden Jahres zusammen mit ihr und ihrem Bruder Jakob auf eine vierjährige „Pilgerreise“. Den Lebensunterhalt für sich und seine Familie bestritt er von seiner Hände Arbeit. Da sie „alle so schwächliche Leute“

---

[171] Z. B. NIKOLAUS LUDWIG VON ZINZENDORF, Homiliae über die Wunden-Litaney der Brüder, 159: „Es ist eine Donquichotten-Arbeit, einen Menschen in der Welt zu bereden, daß er ein Bruder wird: hingegen ist nichts zu risquiren, wenn man alle seine Kräfte anwendet, jederman mit allen Argumenten, die uns GOtt in unsern Verstand gibt, abzuhalten, kein Bruder zu werden“.

[172] Synode zu Ebersdorf, 9. Juni 1739, UA Herrnhut, R. 2. A. 2. 24–25.

[173] Zu Lange s. Lebenslauf, UA Herrnhut, R. 22. 59. 4.

[174] Über Langes Diasporatätigkeit in Süddeutschland s. MARTIN BRECHT, Der württembergische Pietismus, 258 u. 292; WILHELM CLAUS u. FRIEDRICH BUCK, Württembergische Väter, Bd. 1, 170–195; ROBERT GEIGES, Lange; MATTHIAS SIMON, Kirchengeschichte Bayerns, Bd. 2, 504f; OTTO STEINECKE, Diaspora, T. 3, 11f u. 32f; HORST WEIGELT, Pietismus in Bayern, 308.

waren, transportierten sie ihre Habe auf einem „Schiebkarren"[175]; deshalb wurden Lange und seine Begleitung auch das „Kleine Pilgerrad" genannt.

Nachdem Lange zunächst im sächsischen, thüringischen und hessischen Gebiet umhergezogen war, wirkte er seit 1739 im Auftrag Zinzendorfs in Württemberg und betreute dort die Frommen in Städten und Dörfern an der Enz, im Schwarzwald und in der Tübinger Gegend. Im Frühjahr 1741 kam er dann für drei Monate nach Augsburg; später wurde Fürth für ein dreiviertel Jahr sein Standquartier. Von hier aus betreute er Freunde und Sympathisanten der Herrnhuter Brüdergemeine in Nürnberg, Feucht, Schwabach, Langenzenn, Erlangen, Neustadt an der Aisch und Ansbach.[176] Er nahm sich aber dieser herrnhutischen Kreise nicht nur seelsorgerlich an, sondern gab ihnen auch feste Organisationsstrukturen.

Dieser Sendbote besuchte jedoch keineswegs ausschließlich Anhänger der Brüdergemeine. Dank seiner Kommunikationsfähigkeit und seines missionarischen Eifers kam er häufig auch mit Außenstehenden in Kontakt und konnte manche gewinnen, wie das Anwachsen des Herrnhutertums im mittelfränkischen Raum während dieser Jahre zeigt. Zu ihnen gehörte beispielsweise der Schwabacher Lateinschullehrer und Kantor Albrecht Christian Ilgen[177], der sein Haus bald für Erbauungsstunden öffnete.[178] Wegen seines Engagements für die Brüdergemeine mußte er jedoch seitens der Obrigkeit manche Repressalien erdulden.[179]

Aber auch den Juden, die in Franken zahlreiche große Gemeinschaften bildeten, wandte Lange seine Aufmerksamkeit zu. Unterstützt von seinen Freunden, predigte er ihnen „das Lamm mit seinem Versühnen". Über seine Erfahrungen bei seinem Umgang mit Juden schrieb er: Wir „kehren uns nicht dran, ob sie sich gleich noch so hartnäckigt anstellen; so weiß ich gewiß, es bleibt etwas im Herzen stecken davon, das sie ihrer Lebtage nicht loß werden. Mein Muth und Liebe zu ihnen ists, was ich auch gewiß weiß, und auf das Lösegeld berufe ich mich vorm Lamme und flehe es an, die Decke von ihren

---

[175] Brief: Johann Konrad Lange an Jonas Paul Weiß, 9. September 1741, UA Herrnhut, R. 19. B. k. 1. C. a. 40.

[176] Bezüglich Langes Tätigkeit in Nürnberg s. Briefe: Johann Konrad Lange an Jonas Paul Weiß, 9. September 1741, UA Herrnhut, R. 19. B. k. 1. C. a. 40 u. Michael Kastenhuber an die Gemeine in Herrnhut, 31. Juli 1741, ebd., R. 19. B. k. 2. E. b. 16; bezüglich seines Wirkens in Erlangen s. Brief: Balthasar Memmert u. a. nach Herrnhut, ebd., R. 19. B. k. 2. F. 2. 47; bezüglich seines Wirkens in Schwabach s. Brief: Albrecht Christian Ilgen an August Gottlieb Spangenberg, 26. September 1742, ebd., R. 19. B. k. 2. F. 4. 59.

[177] Zu Ilgen s. MATTHIAS SIMON, Ansbachisches Pfarrerbuch, Nr. 1364.

[178] s. Briefe: Albert Christian Ilgen an Polykarp Müller, 26. September 1742, UA Herrnhut, R. 19. B. k. 2. F. 4. 59 (ausz. gedr. in: THEODOR WOTSCHKE, Neue Urkunden, 51f, Nr. 93) u. ders. an die Gemeine in Herrnhut, 24. März 1743, ebd., R. 19. B. k. 2. F. 4. 60.

[179] s. Brief: Albert Christian Ilgen an Polykarp Müller, 26. September 1742, UA Herrnhut, R. 19. B. k. 2. F. 4. 59 (ausz. gedr. in: THEODOR WOTSCHKE, Neue Urkunden, 51, Nr. 93); vgl. [HERMANN] CLAUSS, Herrnhuter Brüder.

Herzen [vgl. II Kor 3, 15 u. 16] abzuziehen; den[n] das ist gewis, das[s] ihre Herze etwas besonders umgeben hat, welches man bey den Christen doch nicht antrift, sie mögen auch noch so durchtauffelt [durchteufelt] sein als sie wollen"[180]. Drei Tage später bekannte er seinem Briefpartner: „Mein Herze wallet mir immer mehr gegen die Juden und siehet schon von weitem die Gnade und Zeiten von ihren Seligkeiten."[181]

Nach Beendigung seiner Diasporaarbeit in Franken zog er mit seiner Familie über Herrnhut nach Polen und später alleine weiter nach Rußland. Sein hochfliegender Plan, von dort aus nach China zu reisen, ließ sich aus verschiedenen Gründen nicht verwirklichen, und so kehrte er Mitte 1747 nach Herrnhaag zurück. In der Folgezeit wurde er, zumeist mit seiner Frau, in verschiedenen Gebieten als Diasporaarbeiter eingesetzt; im Mai 1767 ist er auf einer Reise in Frankfurt am Main gestorben.

Bereits während Langes Aufenthalt in Franken, vor allem aber danach, wirkten hier vorübergehend auch noch andere Sendboten der Herrnhuter Brüdergemeine. Im Jahre 1742/43 bereisten Johann Friedrich Schurrer[182] und der in Wallhausen bei Crailsheim geborene Martin Wäckler[183] diese Gegend. Im Sommer 1747 unternahm der aus Ammerndorf in Franken gebürtige Johann Jakob Müller[184], der zuvor jahrelang Zinzendorf auf seinen Reisen als Sekretär begleitet hatte und auch schon als Diasporaarbeiter in der Schweiz eingesetzt gewesen war, zusammen mit seiner Ehefrau eine Besuchsreise durch Franken. Wie schon Lange suchte auch er zu den dort lebenden Juden, deren größte Gemeinde mit einer Jeschiwa damals in Fürth bestand, Kontakt. Über seinen Besuch in einer der dortigen Synagogen[185] am Samstag, den 22. Juli 1747, notierte er in seinem Reisebericht: „Nachmittag giengen wir in die Juden-Schule, wir kuntens aber nicht lange unter ihnen schaffen, weil es sehr

---

180 Brief: Johann Konrad Lange an Polykarp Müller, 3. November 1741, UA Herrnhut, R. 19. B. k. 1. C. a. 41.

181 Brief: Johann Konrad Lange an Polykarp Müller, 6. November 1741, UA Herrnhut, R. 19. B. k. 1. C. a. 43 (ausz. gedr. in: THEODOR WOTSCHKE, Neue Urkunden, 53f, Nr. 94, Anm. 2).

182 Zu Schurrer s. Lebenslauf, UA Herrnhut, R. 22. 33. 37. Über Schurrers Reisetätigkeit s. Brief: Johann Friedrich Schurrer an Johann Nitschmann, 12. Mai 1742, UA Herrnhut, R. 19. B. k. 1. C. a. 46.

183 Zu Wäckler s. Lebenslauf, UA Herrnhut, R. 22. 30. 22; vgl. GN 1783, I. Beil. zur 4. Woche III, 4. Über Wäcklers Reisetätigkeit s. bes. Briefe: Martin Wäckler an Polykarp Müller, 4. Dezember 1742, 17. Januar u. 10. Februar 1743, UA Herrnhut, R. 19. B. k. 1. C. a. 44 (ausz. gedr. in: THEODOR WOTSCHKE, Neue Urkunden, 53f, Nr. 94) u. 45–46.

184 Zu Müller s.Lebenslauf, UA Herrnhut, R. 22. 29. 23; vgl. GN 1781, XIII. Beil. zur 52. Woche II. Über Müllers Reisetätigkeit s. Bericht von Juli/August 1747, UA Herrnhut, R. 19. B. k. 1. C. a. 51. a u. b.

185 In Fürth gab es damals außer der Hauptsynagoge und der Kahlsschule eine Reihe von Nebensynagogen; s. S[IGFRID] HAENLE, Geschichte der Juden, 180f.

enge war u. weil uns recht weh und jammerig ums Herz wurde über das arme u. doch liebe Volck, wir sahen recht liebe Gesichter unter ihnen u. kuntens glauben, daß wenn ihnen das Seiten-Höhligen[186] funckelte im Herzen, sie würden niedlicher aussehen als keins von unsern Geschwistern. Ihr Wesen u. Art hat auch würckl[ich] so was, daß man sehr lebhaft vorstellen kan, wie mit einem erstaunlichen Vorzug sie, beliebt u. vernarrt übers Seiten-Höhligen, seÿn u. thun würden, wenn sies sähen u. fühlten in ihren Herzen. Das tröstete uns auch über sie, daß sie doch nicht vergehen werden, sondern das Höhligen im Lämmlein noch sehen u. dar-durch hingerissen werden."[187]

Außer diesen genannten Sendboten haben damals sehr wahrscheinlich noch andere Franken bereist.[188] Selbstverständlich berichteten sie bei ihren Besuchsdiensten auch von dem religiösen Leben in den Siedlungen und Gemeinorten der Brüdergemeine. Dadurch erwachte oder steigerte sich bei manchen Frommen das Verlangen, sich dort niederzulassen. So schrieb beispielsweise Martin Wäckler nach einem Besuch in Ansbach, wo auf Betreiben des Neustädter Hutmachers Fischer[189] ein kleiner Herrnhuterkreis um den Hofweber und Dessinateur Johann Michael Frickinger[190] entstanden war[191], am 10. Februar 1743 an die Brüdergemeine in Marienborn: „In Anspach habe ich die Woche Besuch gethan, da ist ein lediger Bruder Nahmens Stättner, der zur theuren Gemeine will."[192] Noch im selben Jahr sind dann etwa zwölf weitere Personen von dort nach dem Gemeinort Herrnhaag übergesiedelt.[193] Zu diesem Entschluß haben wahrscheinlich auch die Angriffe des Ansbacher Hof- und Stiftspredigers Georg Samuel Esenbeck[194] beigetragen.

---

186 s. dazu AUGUST LANGEN, Wortschatz, 286f.

187 Johann Jakob Müller, Reisebericht, Juli 1747, UA Herrnhut, R. 19. B. k. 1. C. a. 51. a u. b.

188 s. „Relation des Br. Buttlers von der Franck. Diaspora", UA Herrnhut, R. 19. B. k. 7. a. 3. Sowohl Verfasserschaft als auch Datum (1756, so das Repertorium) sind jedoch nicht gesichert.

189 Wahrscheinlich handelt es sich um Johann Michael Fischer. S. MATTHIAS SALOMON SCHNIZZER, CHRONICA der Statt Neüstatt an der Aÿsch, 1708, T. 1, 180, StadtA Neustadt an der Aysch; vgl. MATTHIAS SALOMON SCHNIZZER, Chronica der Statt Neustatt an der Aysch, 59.

190 Zu Frickinger s. DBA NF 401, 140; Art. „Frickinger, Johann Michael", in: ALBK 12, 452.

191 s. Brief: Johann Michael Frickinger an [Johann Michael ?] Fischer, 1743, ausz. gedr. in: THEODOR WOTSCHKE, Neue Urkunden, 54–57, Nr. 95.

192 Brief: Martin Wäckler an die Brüdergemeine in Marienborn, 10. Februar 1743, UA Herrnhut, R. 19. B. k. 1. C. a. 46.

193 Hierzu und zum Folgenden s. Brief: Johann Michael Frickinger an [Johann Michael ?] Fischer, 1743, ausz. gedr. in: THEODOR WOTSCHKE, Neue Urkunden, 54–57, Nr. 95. Vgl. OTTO STEINECKE, Diaspora, T. 3, 11.

194 Zu Georg Samuel Esenbeck s. DBA 294, 107–111; MATTHIAS SIMON, Ansbachisches Pfarrerbuch, Nr. 649.

b) Herrnhutertum – Ausbreitung und Widerstände

Nahezu von Anfang an war der Marktflecken Fürth derjenige Ort im heutigen Bayern, der die größte Anzahl von Freunden und auswärtigen Geschwistern der Brüdergemeine aufwies.[195] Zurückzuführen ist diese Entwicklung, wie schon bemerkt, nicht zuletzt darauf, daß hier die Besitz- und Rechtsansprüche zwischen der Markgrafschaft Ansbach-Bayreuth, der Dompropstei Bamberg und der Reichsstadt Nürnberg in manchem strittig waren und sich deshalb gewisse Freiräume für abweichendes religiöses Verhalten boten.[196] Neben Fürth gab es aber damals in Franken und Ostschwaben auch noch andere Orte mit einer nennenswerten Anzahl von herrnhutisch Gesinnten. In der Markgrafschaft Brandenburg-Bayreuth trifft dies zu für die Städte Neustadt an der Aisch, Bayreuth und Erlangen, in der Markgrafschaft Brandenburg-Ansbach für die Residenzstadt Ansbach sowie für die Städte Schwabach, Langenzenn und Feuchtwangen. In den fränkischen Reichsstädten hatte die Brüdergemeine nur in Nürnberg und Weißenburg eine größere Anhängerschaft; bezüglich Ostschwabens gilt dies vor allem für Augsburg, wo sich – ähnlich wie in Fürth – drei reichsunmittelbare Territorialgewalten[197] die Herrschaft teilten, sowie für einige Orte im Fürstentum Oettingen.

In manchen Gebieten ging die Obrigkeit gegen Anhänger und Freunde der Brüdergemeine vor. Wohl nicht zuletzt deshalb stagnierte seit Mitte der 40er Jahre die Diasporaarbeit für etwa 15 Jahre. Ein besonders hartnäckiger Gegner der Brüdergemeine war der theologisch gebildete und literarisch vielfältig hervorgetretene Feuchtwangener Dekan und Pfarrer Georg Ludwig Oeder[198]. Um seine Gemeinde vor den Herrnhutern zu warnen, veröffentlichte dieser Theologe, der damals der milden theologischen Aufklärung angehörte, im Frühjahr 1748 zusammen mit seinen beiden Kaplänen Johann Friedrich Pinggiser[199] und Georg Ludwig Vogel[200] – mit Zustimmung des Ansbacher Konsistoriums – die Schrift „Der Kirchen-Diener in Feuchtwang Treugemeinte Warnung, An ihre herzlich geliebte Pfarr-Gemeinde Sich vor der Herrenhutischen Seuche zu verwahren. Nebst kurzer Prüfung der Berlinischen Reden

---

[195] Die Geschichte des Herrnhutertums in Fürth bedarf dringend einer weiteren Forschung.

[196] Darin gründete auch der damals prozentual sehr hohe jüdische Bevölkerungsanteil.

[197] Reichsstadt, Hochstift und die Reichsstifte St. Ulrich und Afra.

[198] Zu Oeder s. DBA 910, 328–431; 961, 128; ADB 24, 147; NDB 19, 425; MATTHIAS SIMON, Ansbachisches Pfarrerbuch, Nr. 2105. Vgl. FRIEDRICH WILHELM KANTZENBACH, Oeder (Lit.).

[199] Zu Pinggiser s. DBA 959, 194–195; MATTHIAS SIMON, Ansbachisches Pfarrerbuch, Nr. 2210.

[200] Zu Vogel s. MATTHIAS SIMON, Ansbachisches Pfarrerbuch, Nr. 3116.

des Hrn. Gr. v. Z. Aus Noth und dringende Liebe gestellet".[201] Darin bezichtigte er Zinzendorf aufgrund seiner „Berliner Reden" (1738) der Irrlehre, wobei er vor allem auf dessen Gotteslehre, Christologie und Trinitätslehre sowie auf sein Verständnis von Rechtfertigung und Heiligung rekurrierte. Nachdrücklich wies er auf die Gefahr des Konventikelwesens hin. Zwar sei die Aufforderung, „daß die Christen einander erbauen, besuchen, ermahnen, warnen, trösten und bessern" sollten, unterstützungswürdig, aber vor „Zusammenkünfften von allerley Personen, und zwar zahlreich, die nicht in ein Hauß gehören"[202], müsse gewarnt werden. Solche Versammlungen fänden zwar „unter dem Vorwand der Erbauung" statt, verursachten aber „mit Vorlegung verdächtiger und irriger Bücher, und ohne Aufsicht [...] großen Schaden". Auch führten solche Konventikel „unausbleiblich" zu geistlicher Arroganz und Geringschätzung anderer Christen sowie zur Mißachtung des öffentlichen Gottesdienstes, „wie die Erfahrung bezeuget". Obgleich dieser „Hirtenbrief" nur für die Feuchtwangener Gemeinde gedacht war, empfahl ihn das Ansbacher Konsistorium im Vorwort „allen Gemeinden" in der Markgrafschaft Brandenburg-Ansbach zur Beherzigung.

Aufgrund eines obrigkeitlichen Befehls – der Markgraf war auf herrnhutische Umtriebe in Gunzenhausen und Feuchtwangen hingewiesen worden – forderte das Ansbacher Konsistorium am 30. August 1748 von allen Dekanaten der Markgrafschaft Berichte über eventuelle Aktivitäten „der gefährlichen herrnhuthische(n) Secte"[203] an. Man sollte mitteilen, „ob und wieviel dergl[eichen] anstößige Persohnen in den anvertrauten Capitul sich befinden, ob sie würkliche motus [Unruhen] machen, und ihre Irrthümer ausbreiten, auch ihnen deswegen Widerstand geschehen, und ob sonsten von separatistischen Unordnungen etwas sich äußere". Die ausführliche Stellungnahme[204] des Feuchtwanger Dekanats, die als erste einlief, wußte von einem kleinen, aber nicht sonderlich renitenten Herrnhuter Freundeskreis zu berichten, der sich zur Erbauung treffe und die Brüdergemeine finanziell unterstütze. Keinerlei herrnhutische Aktivitäten gab es den Berichten zufolge in den Dekanaten Crailsheim[205] und Leutershausen[206]. Im Dekanat Uffenheim hatte man le-

---

[201] Hierzu und zum Folgenden s. bes. KARL SCHORNBAUM, Religiöse Bewegungen, 145–168 u. 193–210.

[202] [GEORG LUDWIG OEDER,] Warnung, 63; die folgenden Zitate ebd., 64, 56 u. 2.

[203] Erlaß: Markgräfliches Konsistorium Ansbach an Dekanate, 30. August 1748, LKA Nürnberg, MKA Gen. 23; das folgende Zitat ebd.

[204] Berichte: Georg Ludwig Oeder an Ansbacher Konsistorium, 12. September 1748, u. Georg Ludwig Vogel an Ansbacher Konsistorium, 11. September 1748, LKA Nürnberg, MKA Gen. 23.

[205] Bericht: Dekanat Crailsheim an Ansbacher Konsistorium, 4. November 1748, LKA Nürnberg, MKA Gen. 23.

[206] Bericht: Dekanat Leutershausen an Ansbacher Konsistorium, 26. November 1748, LKA Nürnberg, MKA Gen. 23.

diglich in dessen nördlichem Teil etliche Freunde der Brüdergemeine ausgemacht, so in dem Dorf Michelfeld, wo der kirchentreue Weber Bittorff mit seinem Sohn von der Bevölkerung als Herrnhuter „ausgeruffen und gehalten“[207] wurde, und im Amt Prichsenstadt, wo sich etwa fünf Bürger zu Erbauungsstunden trafen; ob diese dabei das „Herrnhutische oder Winzingerothische Gesang-Buch“ benutzten, war dem Ortspfarrer unbekannt.[208] Auch im Dekanat Weimersheim gab es laut den vorgelegten Berichten nur in wenigen Ortschaften einige Personen, die mit der Brüdergemeine sympathisierten, nämlich in Bubenheim, Ettenstatt, Treuchtlingen, Wettelsheim, Weimersheim und Alfershausen.[209] Lediglich im Dekanat Langenzenn[210] hat es offensichtlich mehrere Freunde der Brüdergemeine gegeben. In Langenzenn selbst war Vikar Johann Philipp Engelhardt[211] der Brüdergemeine freundlich gesonnen, im Unterschied zu seinem Dekan, Johann Wilhelm Kirchmaier[212], der ihr ablehnend gegenüberstand. Aus dem Dekanat Wassertrüdingen teilte der gebildete und weitgereiste Dekan Siegmund Ferdinand Weißmüller[213] mit Genugtuung mit, in seinem Bezirk hätten die ehemaligen Herrnhuter dank seiner Bemühungen ihre Gesinnung aufgegeben.[214] Außerdem merkte dieser einstige Schüler Christian Wolffs an, daß er seit acht Jahren „etliche weitläuffige Schreiben“ an Zinzendorf gerichtet hätte, um ihn davon abzuhalten, die Kirche weiter zu „turbiren [beunruhigen]“.[215] Auch hätte er ihm vorgehalten, durch seinen metaphorischen Wortgebrauch vom Lamme „formire“ er „ein neues göldnes Kalb“ [vgl. Ex 32] und „prostituire“ das Erlösungsgeschehen bei den Spöttern. „Aber da war keine Stimme noch Aufmerken [vgl. I Reg 18,

---

[207] Bericht: Johann Simon Wiedmann an Dekanat Uffenheim, 21. Oktober 1748, LKA Nürnberg, MKA Gen. 23.

[208] Bericht: Lorenz Michael Grieninger an Dekanat Uffenheim, 4. Oktober 1748, LKA Nürnberg, MKA Gen. 23. Gemeint ist wohl das pietistische „Wernigerödische Gesang-Buch“, das 1712 erstmals erschien und mehrere Auflagen erfuhr; über dieses Gesangbuch s. WALTER BEYSE, Wernigeröder Gesangbuch.

[209] s. Bericht: Dekanat Weimersheim an Ansbacher Konsistorium, 10. Dezember 1748, LKA Nürnberg, MKA Gen. 23.

[210] s. Bericht: Dekanat Langenzenn an Ansbacher Konsistorium, 9. Dezember 1748, LKA Nürnberg, MKA Gen. 23.

[211] Zu Engelhardt s. MATTHIAS SIMON, Ansbachisches Pfarrerbuch, Nr. 620.

[212] Zu Kirchmaier s. DBA 651, 292–296; MATTHIAS SIMON, Ansbachisches Pfarrerbuch, Nr. 1472.

[213] Zu Weißmüller s. DBA 1348, 124–126; MATTHIAS SIMON, Ansbachisches Pfarrerbuch, Nr. 3249.

[214] s. Bericht: Siegmund Ferdinand Weißmüller an Ansbacher Konsistorium, 23. November 1748, LKA Nürnberg, MKA Gen. 23; die folgenden Zitate ebd.

[215] Über die Korrespondenz Siegmund Ferdinand Weißmüllers mit Zinzendorf ist nichts bekannt. Auch in den Synodalprotokollen aus diesem Zeitraum findet sich der Name Weißmüller nicht.

29], außer daß die Berlinischen Reden zeigen, daß er manchmahl mich imitirt, manchmahl sugillirt [verhöhnt]" hat.

In keinem dieser genannten Dekanate wurde die Angelegenheit weiter verfolgt; auch das Konsistorium betrachtete sie wohl als unerheblich. Lediglich in Feuchtwangen drang man rigoros auf Verhaltensmodifikationen bei den herrnhutisch gesinnten Parochianen. Man versuchte dies durch Kirchenzuchtmaßnahmen und scharfe Verhöre zu erreichen, jedoch ohne Erfolg. Als Oeder zusammen mit seinen beiden Kollegen dem Konsistorium von seinen vergeblichen Bemühungen Mitteilung machte, ordnete dieses an, mit jedem herrnhutisch Gesinnten nochmals einzeln in Güte zu sprechen und von ihnen lediglich eine „Erklährung zu verlangen, ob sie sich zu unserer Kirche halten – oder völlig davon absondern wollten"[216]. Obgleich man in Feuchtwangen diese Vorgehensweise für aussichtslos hielt, beugte man sich schließlich dieser abermaligen Anordnung. Unter Hinzuziehung des Inquisitionsrats Georg Simon Liebrich kam es am 25. April 1749 zu einer eingehenden Untersuchung, deren Protokoll dem Konsistorium zugeleitet wurde. Wenige Tage später wandten sich die Anhänger der Brüdergemeine in einer Klageschrift direkt an Markgraf Carl Wilhelm Friedrich von Brandenburg-Ansbach. Da sie sich darin zu gewissen Zugeständnissen bereit erklärten, wurde der Dekan von Feuchtwangen angewiesen, entgegenkommend mit ihnen zu verfahren. Oeder und seine Kapläne hielten jedoch ein solches Verhalten gegenüber den herrnhutisch Gesinnten weder theologisch noch pastoral für vertretbar. Deshalb ersuchten sie das Konsistorium am 1. Juli darum, dem Markgrafen die gesamten Unterlagen vorzulegen.[217] Daraufhin wurde das Feuchtwangener Dekanat am 11. Juli 1749 erneut aufgefordert darzulegen, „ob die Beklagten die groben Irrthümer der schädlichen Secte hegen, vertheidigen, ausbreiten, würkliche Zerrüttungen und Schaden in der Gemeinde verursachen"[218] würden. Zu diesem Zweck verfaßte Dekan Oeder eine ausführliche „Verantwortung"[219], die vom Konsistorium wunschgemäß an den Markgrafen weitergeleitet wurde. In einem Begleitschreiben schlugen die Konsistorialräte ihrerseits erneut ein moderates Verhalten gegenüber den herrnhutisch Gesinnten vor. Daraufhin erhielt das Feuchtwangener Dekanat am 14. November 1749 die vom Markgrafen gebilligte Anweisung, den „erwähnten Personen ihre bißher gepflogenen Zusammenkünffte ernstlich zu verbieten u. abzustellen, die Zinzendorfschen Schrifften nach ihrem eigenen Anerbieten

---

[216] Erlaß: Ansbacher Konsistorium an Geistliches Ministerium Feuchtwangen, 28. Februar 1749, LKA Nürnberg, MKA Gen. 23.

[217] s. Schreiben: Georg Ludwig Oeder, Johann Friedrich Pinggiser u. Georg Ludwig Vogel an Ansbacher Konsistorium, 1. Juli 1749, LKA Nürnberg, MKA Gen. 23.

[218] Erlaß: Ansbacher Konsistorium an Dekanat Feuchtwangen, 11. Juli 1749, LKA Nürnberg, MKA Gen. 23.

[219] s. Bericht: Georg Ludwig Oeder, Johann Friedrich Pinggiser u. Georg Ludwig Vogel an Ansbacher Konsistorium, 22. Juli 1749, LKA Nürnberg, MKA Gen. 23.

abzufordern und sie immer mehr und mehr zum öffentlichen Gottesdienst und ordentlichen Gebrauch des H[eiligen] Abendmahls durch fleißigen Privat-Zuspruch und gründlichem Unterricht anzuhalten und dadurch wiederum auf den rechten Weg zu leiten"[220]. Die herrnhutisch Gesinnten gingen tatsächlich weitgehend darauf ein, wie sie in ihrer Appellation an den Markgrafen versprochen hatten. Sie lieferten ihre Schriften ab und stellten ihre regelmäßigen Versammlungen ein; allerdings baten sie den Markgrafen darum, ihnen untereinander „einen Besuch und anderweitigen bürgerlichen Umgang, welcher in größter Stille geschicht, nicht [zu] verwehren; Man könne ja den Tag des Herrn nicht beßer zubringen, als wann man den Befehl Gottes durch der Apostel Munde – als: Laßet das Wort Christi unter euch reichlich wohnen in aller Weißheit, lehret und vermahnet euch selbst mit Psalmen und etc. etc. [Kol 3, 16] item: Erbaue einer den andern etc. [I Thess 5, 11b] und: Ermahnet euch untereinander etc. [I Thess 5, 11a] – begierig nachkomme".[221] Da aber Dekan Oeder von den Anhängern und Sympathisanten der Herrnhuter Brüdergemeine darüber hinaus eine ausdrückliche Distanzierung von Zinzendorf und dessen theologischen Lehren verlangte, schwelte der Konflikt, in den das Konsistorium und der Markgraf mannigfach involviert wurden, weiter. Erst Anfang 1752 trat eine gewisse Beruhigung ein. Allerdings setzten die herrnhutisch Gesinnten ihre Zusammenkünfte wohl weiter fort oder nahmen sie erneut auf.

c) Die Konsolidierung der Diasporaarbeit der Brüdergemeine

Die Diasporaarbeit wurde in Franken zwar anfangs mit großer Spontaneität und bewundernswürdigem Engagement in Angriff genommen, letztlich aber konzeptionslos betrieben, sieht man einmal von der Wirksamkeit Langes ab. Um die Arbeit effektiver zu gestalten, konstituierte sich 1760 – dem Todesjahr Zinzendorfs – in Herrnhut die Diasporakonferenz, die dem Direktorium der Brüdergemeine direkt unterstellt wurde. Diesem „ordentliche[n] Collegium" wurde die Aufgabe übertragen, mit allen Diasporaarbeitern brieflichen Kontakt zu halten und ihre Berichte entgegenzunehmen. Darüber hinaus sollte es darauf achten, daß „ein jedes Häufflein gehörig bedient und besorgt werde"[222]. Als die Diasporakonferenz ihre Tätigkeit nach sechs Jahren wieder einstellte, übernahm die Unitäts-Ältesten-Konferenz selbst die Oberaufsicht

---

[220] Erlaß: Ansbacher Konsistorium an Dekanat Feuchtwangen, 14. November 1749, LKA Nürnberg, MKA Gen. 23.

[221] Brief: Johann Georg May, Johann Andreas Holzmüller u. Johann Matthäus Metzger an Carl Wilhelm Friedrich von Brandenburg-Ansbach, 15. Januar 1750, LKA Nürnberg, MKA Gen. 23.

[222] Protokoll der Diasporakonferenz, 30. Juli 1760, UA Herrnhut, R. 19. A. b. 2.

über die Diasporaarbeit, und zwar unmittelbar über diejenigen Gebiete, in denen es keinen Gemeinort oder keine Brüdergemeinsiedlung gab.

Am 27. November 1767 erließ die Unitäts-Ältesten-Konferenz eine für das gesamte Diasporawerk grundlegende Instruktion.[223] Darin wurde mit Nachdruck darauf hingewiesen, daß die Brüdergemeine neben der Heidenmission die Aufgabe habe, „das Wort vom Creuz unter denen, die nach seinem Namen genennet sind, allgemein zu machen". An allen Christen sollten die Diasporaarbeiter also Seelsorge üben, sie in ihrem Christsein stärken und dabei denjenigen Frommen ihre besondere Aufmerksamkeit schenken, die bereits mit der Brüdergemeine irgendwie in Verbindung stünden. Vor allem sollten sie sich um die Errichtung und Pflege sogenannter Hauskirchen bemühen, in denen der jeweilige „Haus-Vater Priester und Liturgus" ist, der nicht nur mit seinem „heiligen und exemplarischen Wandel prediget, sondern auch täglich seine Familie, Kinder und Gesinde, dem treuesten Herzen Jesu empfielt, sie mit gesalbtem Herzen und Munde zum Heiland hinweist". Sofern sich diese Geschwister und auswärtigen Freunde der Brüdergemeine schon zu „verbundenen Häuffleins" zusammengeschlossen hätten, sollten sie sich um deren Versammlungen, Chöre und andere spezielle Vereinigungen kümmern. Allerdings durften diese Veranstaltungen liturgisch nicht in der selben Weise begangen werden wie in der Gemeine. Auch war es ihnen strikt verboten, den „Bundes-Kelch" und das „Pedilarium" [Fußwaschung] zu feiern; Agapen [Liebesmahle] sollten ebenfalls nicht ohne weiteres abgehalten werden.

1760 nahm Johann Jakob Dupp[224] zusammen mit seiner Ehefrau Magdalena (Lenel) seine Diasporatätigkeit in Franken auf, der er dann fast anderthalb Jahrzehnte nachgegangen ist. 1707 als Sohn eines Silberschmieds in Augsburg geboren, bekam er hier bereits 1727 durch zwei Sendboten Kontakt mit der Brüdergemeine. Als drei Jahre später mehrere ihrer Anhänger die Stadt verließen und zur Ortsgemeine Herrnhaag in der Wetterau zogen, wurden „die Prediger darüber so aufgebracht", daß sie, „mit Zusicherung der Obrigkeit, eine Untersuchung gegen sie angestellt, und in einer Nacht alle erweckte[n] Mannsleute ins Gefängniß gebracht" haben. Nach ihrer Freilassung begaben sich „viele Bürger mit ihren Familien und beÿnahe alle ledigen Brüder zur Gemeine" in Herrnhaag. Dupps „Umstände" ließen es nicht zu, diesem Beispiel sogleich zu folgen. Erst 1743 erhielt er von seinen „Eltern Erlaubniß, einen Besuch auf dem Herrnhaag zu machen". Hier wohnte er seit September zunächst im Brüderhaus und wurde drei Jahre später in die Gemei-

---

223 s. Schreiben des Directorii betreffend die Arbeit der Brüder in den Religionen und inspecie die Bedienung der Diaspora in denselben, 27. November 1767, UA Herrnhut, R. 19. A. b. 1. 6; die folgenden Zitate ebd.

224 Zu Dupp s. Lebenslauf, UA Herrnhut, R. 22. 27. 21; vgl. GN 1793, IX. Beil. zur 36.Woche I, 4. Die folgenden Zitate finden sich ebd.

ne aufgenommen. Seit 1747 hielt er sich dann in Herrnhut auf und wurde dort 1756 zusammen mit seiner Frau Magdalena Dorothea, geb. Bader, die er zwei Jahre zuvor geheiratet hatte, zur Akoluthie, d. h. zum Helferdienst durch Handschlag und Zuspruch eines Bibelworts angenommen. Im folgenden Jahr wurde ihm die Betreuung der auswärtigen Geschwister und Freunde in der Umgebung von Herrnhut anvertraut und 1759 die derjenigen in Dresden. 1760 wurde ihm schließlich zusammen mit seiner Frau die Diasporaarbeit in Franken übertragen und Fürth als Wohnsitz zugewiesen, von wo aus sie „alle übrige Orte dieser Gegend besuchen" und sich der „Erweckten annehmen sollten". Daraufhin entstand in Fürth innerhalb weniger Jahre „ein geschlossenes Häufflein", das „auf die ganze Gegend einen gesegneten Eindruck hatte". Vier Jahre später wurde jedoch das Ehepaar Dupp von der Unitäts-Ältesten-Konferenz überraschend angewiesen, seinen Wohnsitz nach dem Gemeinort Ebersdorf im Vogtland zu verlegen, um künftig von dort aus nicht nur Franken, sondern auch Ostschwaben sowie das Vogtland und das Erzgebirge geistlich zu betreuen. Diese Verlegung des Wohnsitzes der Diasporaarbeiter von Fürth nach Ebersdorf war zweifelsohne eine äußerst problematische und folgenschwere Entscheidung für das gesamte Gebiet des heutigen Bayerns. Dieser Gemeinort im Vogtland lag von den fränkischen und ostschwäbischen Territorien geographisch viel zu weit entfernt, um hier die Anhänger oder Freunde der Brüdergemeinde kontinuierlich und effektiv betreuen zu können.

Neben Dupp und seiner Frau wirkten anfänglich auch noch andere Sendboten der Brüdergemeine gleichzeitig vorübergehend in Franken, nämlich Johann Caspar Schmidt[225] und vor allem der gebürtige Dinkelsbühler Andreas Adam Gademann[226], damals Gehilfe des Brüderhausvorstehers in Ebersdorf.

Außer den fränkischen und ostschwäbischen Territorien besuchte das Ehepaar Dupp seit 1766 auch wiederholt die damals etwa 5500 Einwohner zählende Residenzstadt Coburg im Fürstentum Sachsen-Coburg-Saalfeld.[227] Zu den dortigen Anhängern und Freunden der Brüdergemeine zählten u. a. der Tuchmacher Johann Erhardt Geyer, der Hoforganist und Kammerdiener Johann Nicol Güldner, der Seifensieder und Lichterzieher Johann Georg Franck, der Schneider Johann Michael Fleischmann, der Posamentierer

---

[225] Zu Schmidt s. Lebenslauf, UA Herrnhut, R. 22. 8. 51 u. R. 22. 117. 102. Über seine Reisetätigkeit s. Berichte „Besuch in der Ebersdorfischen Diaspora. 1. Im Bayreuthischen vom 22. Jun.–2. Jul. 1761", UA Herrnhut, R. 19. B. k. 7. a. 16 u. „Besuch in der Fränkischen Diaspora vom 23. Nov.–18. Dec. 1761", ebd., 17.

[226] Zu Gademann s. Lebenslauf in: „Diarium der Gemeine zu Herrnhut Monat September 1808", UA Herrnhut, R. 6. A. b. 33. Über seine Reisetätigkeit s. „Diarien u. Berichte v. d. Diaspora in Franken u. Schwaben (von Gademann)" (1766–1768), UA Herrnhut, R. 19. B. k. 8. a. 4, 6 u. 7.

[227] Hierzu und zum Folgenden s. RAINER AXMANN, Coburg, Zinzendorf und die Herrnhuter Brüdergemeine, 52–64.

[Bortenmacher] Johann Michael Mengewein und die beiden Brüder Heinrich Benjamin und Christian Heinrich Ehrlich, beide Tuchmacher.

In der Regel hat Dupp, wie seine Berichte[228] ausweisen, seine Reisen in halbjährlichem Turnus durchgeführt. Zusammen mit seiner Frau hat er die auswärtigen Geschwister und Freunde in ihren Wohnungen aufgesucht, sie seelsorgerlich betreut und Versammlungen abgehalten. Hierbei wurde gesungen und gebetet, die Losungen und die Bibel sowie die Gemeinnachrichten gelesen. Auch suchten die Diasporaarbeiter den Kontakt zu solchen Pfarrern, die der Brüdergemeine in irgend einer Weise nahestanden, so zu Johann David Döderlein[229], der seit 1753 in Unterickelsheim wirkte, zu Friedrich Lorenz Esper[230], der nacheinander als Pfarrer in Neudrossenfeld bei Kulmbach, in Wunsiedel und Frauenaurach sowie als Superintendent in Kulmbach amtierte, zu Matthäus Friedrich Degmair[231] in Augsburg, zu Andreas Rehberger[232] in Nürnberg, zu General-Superintendent Georg Adam Michel[233] in Oettingen und zu Superintendent Johann Balthasar Dörfler[234] in Wunsiedel. Auch dessen Nachfolger, der Naturforscher und Theologe Johann Friedrich Esper d. J.[235], der zuvor seit 1764 Pfarrer in Uttenreuth gewesen war, hatte trotz seiner Kritik an Zinzendorfs Christologie und Ekklesiologie Verbindung zur Herrnhuter Brüdergemeine. Hierbei ist jedoch zu beachten, daß er – wie schon sein Vetter Friedrich Lorenz – eigentlich dem späteren Hallischen Pietismus näherstand. Erst 1773 sahen sich Dupp und seine Frau wegen

---

[228] Über Dupps Reisetätigkeit s. Berichte „Catalogus der Fränkischen Diaspora oder: Special-Bericht der Orte u. Personen, die wir besucht haben Ao. 1760“, UA Herrnhut, R. 19. B. k. 7. a. 1; „Diarium von Dupp aus dem Jahre 1761“, ebd., 7. a. 3. b. 4–14; „Extract aus dem Diario der Geschw. Dupps und Ihrem Besuch in der Fraenckischen Diaspora, von Jan.–Jun: 1761“, ebd., 7. a. 15; „Diarium 1762“, ebd., 7. a. 18–23; „Diarium 1763“, ebd., 7. a. 24a–29; „Diarium u. Berichte v. d. Diaspora in Franken u. Schwaben“ (1764–1773), ebd., 8. b. 1–3, 5, 8–13.

[229] Zu Döderlein s. MATTHIAS SIMON, Ansbachisches Pfarrerbuch, Nr. 492. Über die Beziehungen Döderleins zur Brüdergemeine vgl. FRIEDRICH WILHELM KANTZENBACH, Pietismus in Ansbach, 292; KARL SCHORNBAUM, Herrnhuter in Franken, 23–39 u. 81–95.

[230] Zu Esper s. DBA 294, 336–338; DBA NF 341, 105; MATTHIAS SIMON, Bayreuthisches Pfarrerbuch, Nr. 466.

[231] Zu Degmair s. DBA 226, 152–154; HANS WIEDEMANN, Augsburger Pfarrerbuch, Nr. 42.

[232] Zu Rehberger s. DBA 1008, 101–112; ADB 27, 586; BBKL 7, Sp. 1497–1498; MATTHIAS SIMON, Nürnbergisches Pfarrerbuch, Nr. 1074.

[233] Zu Michel s. bes. Kap. VI, 254. Über die Beziehungen Michels zur Brüdergemeine s. PAUL SCHATTENMANN, Michel, 97–106.

[234] Zu Dörfler s. DBA 244, 379–389; DBA NF 281, 219; MATTHIAS SIMON, Bayreuthisches Pfarrerbuch, Nr. 366.

[235] Zu Esper s. DBA 294, 343–367; DBA NF 341, 111–113; ADB 6, 376–377; NDB 4, 655–656; MATTHIAS SIMON, Bayreuthisches Pfarrerbuch, Nr. 472. Vgl. WALTER TAUSENDPFUND u. GERHARD PHILIPP WOLF, Esper; GERHARD PHILIPP WOLF, Esper.

„zunehmenden Alters“ und Hinfälligkeit genötigt, die Universitäts-Ältesten-Konferenz darum zu bitten, sie von ihrer Verpflichtung zu entbinden. Daraufhin erhielten sie die „Erlaubnis“, in „der Gemeine zu Herrnhut auszuruhen“.[236]

*

Die Freunde und auswärtigen Geschwister der Herrnhuter Brüdergemeine in Franken und Ostschwaben, entweder von Zinzendorf oder von seinen frühen Mitstreitern gewonnen, trachteten – so kann man zusammenfassend konstatieren – vor allem danach, sich gegenseitig zu erbauen und andere zu einer lebendigen christozentrischen Frömmigkeit zu ermuntern. In Opposition zur Aufklärung, die dazumal in Kirche und Gesellschaft zunehmend an Einfluß gewann, hielt man dezidiert an der Gottessohnschaft Jesu Christi, an dessen satisfaktorischem Strafleiden und an der Erlösungsbedürftigkeit der Menschen fest. Man praktizierte und propagierte einen „täglichen Umgang(s) mit dem Heiland“[237]. Diese christologisch perspektivierte Frömmigkeitstheologie führte nicht selten zu einer Marginalisierung von Natur und Kultur.

Mancherorts bildeten sich in Franken und Ostschwaben typische Gemeinschaftsformen der Herrnhuter Brüdergemeine heraus. Zur Entstehung eines eigenen Gemeinorts ist es hier jedoch nirgends gekommen. Nur in Rehweiler, dem Allodialgut von Ludwig Friedrich Graf zu Castell-Remlingen, wäre beinahe eine „Colonie von Herrnhuth“ gegründet worden. Da damals nur sehr wenige Pfarrer den herrnhutisch Gesinnten wohlwollend gegenüberstanden und bereit waren, deren seelsorgerliche Betreuung zu übernehmen, widmeten sich die Sendboten der Brüdergemeine in steigendem Maße dieser Aufgabe. Infolge der regen Kontakte der Freunde und Anhänger der Brüdergemeine untereinander und ihrer vielfältigen Zusammenkünfte wurde bei ihnen verbale und nonverbale Kommunikationsfähigkeit eingeübt und intensiviert.

Ferner förderte der Herrnhuter Pietismus in Bayern den Missionsgedanken. Sowohl durch Sendboten als auch mittels Literatur wies die Brüdergemeine hier auf ihre Aktivitäten unter nichtchristlichen Völkern hin und sammelte Geld für die Mission. Damals stellten sich auch mehrere junge Männer aus Franken und Schwaben sowie aus Regensburg aktiv in deren Missionsdienst.[238] Abgesehen von dem im oberfränkischen Langenau bei Ludwigsstadt geborenen Alwin Theodor Feder, der Theologie studiert hatte, handelte es sich ausschließlich um Laien mit einer handwerklichen Berufsausbildung.

---

236 Johann Jakob Dupp, Lebenslauf, UA Herrnhut, R. 22. 27. 21.
237 s. Kap. VII, 264, Anm. 54.
238 Hierzu und zum Folgenden s. [OTTO] HILDMANN, Bayern in der Mission (Lit.).

Unter ihnen befand sich der bereits erwähnte Kunsttöpfer Johann Leonhard Dober aus Mönchsroth, der von 1732 bis 1735 als Missionar in der Karibik und in Surinam wirkte. Nach seiner Rückkehr übernahm er – durchs Los bereits 1733 dazu bestimmt – das Amt des Generalältesten[239] und wurde 1747 zusammen mit Johannes von Wattewille zum Bischof der Brüdergemeine ordiniert. Einen bleibenden Platz in der Geschichte der Brüdergemeine hat er aber dadurch erlangt, daß er ihr erster Missionar überhaupt gewesen ist.

[239] Johann Leonhard Dober legte 1741 wegen Überforderung sein Generalältestenamt nieder; da niemand bereit war, dieses Amt zu übernehmen, wurde – nach Befragung des Loses – Jesus Christus selbst als Generalältester eingesetzt. Vgl. DIETRICH MEYER, Zinzendorf und Herrnhut, 42.

VIII. Der Spätpietismus zwischen Verharren und Neuaufbruch

Der Pietismus zwischen 1780 und 1815/1819, also etwa in der Zeit vom Vorabend der Französischen Revolution bis zum Ende der Freiheitskriege bzw. dem Beginn der Restaurationsepoche, stand zweifelsohne in mannigfachem Konnex mit dem Spener-Hallischen sowie dem Herrnhuter Pietismus. Trotz des Zusammenhangs dürfen aber auch die Differenzen nicht übersehen werden. Man hat ihn deshalb als Spätpietismus bezeichnet, um so auch terminologisch den Unterschied anzudeuten.[1]

Der Spätpietismus befand sich erstens in einer ganz anderen Frontstellung gegenüber der Aufklärung als der Spener-Hallische und auch der Herrnhuter Pietismus. Vor allem ersterer hatte sich im Kampf gegen die Orthodoxie zeitweilig sogar mit der Aufklärung verbinden können. Nun hatte sich die Frontstellung aber verschoben, da die Aufklärung in der zweiten Hälfte des 18. Jahrhunderts mit der Entstehung von Neologie und Rationalismus eine Radikalisierung erfuhr. Gegen die Angriffe der Aufklärungstheologie auf das altkirchliche Dogma, ihre Negation der Erlösungsbedürftigkeit des Menschen, ihre Ablehnung der traditionellen satisfaktorischen Versöhnungslehre und ihre Kritik an der Heiligen Schrift kämpfte der Spätpietismus genauso wie gegen deren Tendenz, die christliche Botschaft auf das Ethische zu reduzieren. In dieser Situation vollzogen die Vertreter des späteren Pietismus nicht selten einen Schulterschluß mit den Spätorthodoxen. Aus einstigen Gegnern wurden zwar keine Freunde, aber – unter dem Druck der Verhältnisse – doch zeitweilig Kombattanten.

Im Spätpietismus erfuhr zweitens die subjektive Erfahrung sowie die religiöse Gefühlskultur eine wesentliche Steigerung. Hierbei war es allerdings erheblich, welcher pietistischen Tradition sich die einzelnen Spätpietisten jeweils verbunden wußten. Die nun stärkere Betonung der subjektiven Erfahrung sowie die intensivere Pflege der Gefühlskultur sind auf Einflüsse von Sturm und Drang sowie besonders der Frühromantik zurückzuführen. Von diesen Geistesströmungen waren die Spätpietisten im Gebiet des heuti-

[1] Bezüglich der Terminologie s. u. a. MARTIN BRECHT, Spätpietismus und Erweckungsbewegung, 5. Allerdings wird der Begriff Spätpietismus problematisch, wenn die Evangelische Erweckungsbewegung des 19. Jahrhunderts und andere Frömmigkeitsaufbrüche des 19. und 20. Jahrhunderts, wie beispielsweise die Gemeinschaftsbewegung, die Charismatische Bewegung u. a., ohne jede Einschränkung ebenfalls unter Pietismus subsumiert werden.

gen Bayerns jedoch zumeist nur indirekt beeinflußt, wenn man von Ausnahmen absieht.

Da dem Spätpietismus markante Identifikationsfiguren fehlten, sammelten sich seine Anhänger vor allem in zwei Vergesellschaftungen, nämlich in den Sozietäten der Deutschen Christentumsgesellschaft sowie in Gemeinschaften, die sich mit der Herrnhuter Brüdergemeine verbunden fühlten und von deren Diasporaarbeitern betreut wurden.

Selbstverständlich gab es auch in Bayern zahlreiche Spätpietisten, die sich diesen Vergesellschaftungen nicht direkt angeschlossen haben, sondern andere Möglichkeiten suchten und fanden. Sie hielten sich zu Personalgemeinden oder literarischen Zirkeln, die sich um pietistisch beeinflußte Sondergestalten wie Johann Kaspar Lavater oder Johann Heinrich Jung-Stilling gebildet hatten, oder lebten teils als Einzelgänger, teils isoliert in innerer Emigration ihre pietistische Tradition. Fast immer standen sie aber trotzdem irgendwie mit der Christentumsgesellschaft oder mit der Herrnhuter Brüdergemeine in brieflichem oder persönlichem Kontakt. Verwiesen sei beispielsweise auf Pfarrer Christian Friedrich Buchrucker[2], der seit 1780 in den Steigerwalddörfern Rehweiler und von 1794 bis zu seinem Lebensende 1824 in Kleinweisach gewirkt hat. Mit zahlreichen Zeitgenossen, die wie er gegen die Aufklärung opponierten, stand er in brieflicher Verbindung, so mit dem Zürcher Theologen und Schriftsteller Johann Kaspar Lavater.[3]

Im folgenden werden zunächst die Christentumsgesellschaft mit ihrer bedeutenden Nürnberger Sozietät und daraufhin die Herrnhuter Gemeinschaften im fränkischen und ostschwäbischen Raum zur Darstellung gelangen. Dabei muß jedoch der territorialgeschichtliche Rahmen aus Gründen des Gesamtzusammenhanges gelegentlich überschritten werden.

1. Die Nürnberger Sozietät der Deutschen Christentumsgesellschaft – Entstehung, Struktur und Tätigkeitsfelder

Zuerst ist die Entstehung der 1780 gegründeten Christentumsgesellschaft kurz zu skizzieren, da ihr Initiator und anfänglicher Promotor, Johann August Urlsperger, aus Augsburg stammte und hier etwas länger als zwei Jahrzehnte im Kirchendienst gestanden hat. Sodann wird auf die Entwicklung der Ende 1781 gegründeten Nürnberger Sozietät, der ersten Partikulargesellschaft im Deutschen Reich überhaupt, eingegangen werden.

---

[2] Zu Buchrucker s. DBA 157, 105–106; GEORG KUHR (Bearb.), Ritterschaftliches Pfarrerbuch Franken, Nr. 269. Vgl. KARL BUCHRUCKER, Buchrucker.

[3] Über Buchruckers Beziehungen zu Lavater s. HORST WEIGELT, Lavater und die Stillen im Lande, 70–72.

a) Urlsperger und die Anfänge der Deutschen Christentumsgesellschaft

Gründer der Deutschen Christentumsgesellschaft[4] war Johann August Urlsperger[5], der 1728 in Augsburg als zehntes und letztes Kind Samuel Urlspergers[6], des Pfarrers zu St. Anna und Seniors der Augsburger Pfarrerschaft, geboren wurde. Als führender Repräsentant des Hallischen Pietismus im süddeutschen Raum war Samuel Urlsperger darauf bedacht, Johann August, der als einziger seiner Söhne ein höheres Alter erreichte, eine pietistische Erziehung zu geben.[7] Deshalb schickte er ihn auf die Fürstenschule in Neustadt an der Aisch und später auf das St. Anna-Gymnasium in Augsburg, das seit 1743 unter der Leitung des pietistisch gesinnten Gottfried Hecking[8] stand. Seine gymnasiale Abschlußarbeit[9] befaßte sich mit der Salzburger Exulantensiedlung Eben-Ezer in Georgia, zu deren Gründung der Hallische Pietismus den Anstoß gegeben hatte. Auch die Auswahl der Universitäten Tübingen und Halle, wo Johann August von 1747 bis 1754 Theologie studierte[10], geschah unter pietistischer Perspektive. Jedoch mußte sein Vater dann den Briefen seines Sohnes konsterniert entnehmen, daß sich in Halle längst der Übergang zur Aufklärung vollzogen hatte und sich sogar einzelne Mitglieder der Theologischen Fakultät der neuen Richtung bereits angeschlossen hatten. So schrieb er 1752 an Johann Albrecht Bengel über Sigmund Jakob Baumgarten: „O! wie besorge ich, daß er ein anderer Mann seye, als ich ihn An[no] 1727. u. 33. in Halle und Pölzig habe kennen lernen!“[11]

Nach Abschluß seines Studiums verfolgte Urlsperger bereits 1755 auf seiner sechsmonatigen Bildungsreise durch das Deutsche Reich und Dänemark den Plan, die divergierenden Richtungen des kirchlichen Pietismus in

---

4 Über die Deutsche Christentumsgesellschaft s. u. a. HORST WEIGELT, Christentumsgesellschaft; DERS., Pietismus im Übergang vom 18. zum 19. Jahrhundert, 710–719; DERS., Diasporaarbeit der Herrnhuter und Christentumsgesellschaft, 125–140 u. 144–149 (Lit.). Bezüglich der Christentumsgesellschaft in Bayern s. HORST WEIGELT, Pietismus in Bayern, 305 u. 316.

5 Zu Urlsperger s. DBA 1298, 93–123; DBA NF 1331, 304–313; ADB 39, 355–364; BBKL 12, Sp. 940–943; Pfarrerbuch Bayerisch-Schwaben, Nr. 1299. Vgl. HORST WEIGELT, Urlsperger (Lit.); WOLFGANG ZORN, Urlsperger.

6 Zu Urlsperger s. bes. Kap. VI, 214–225. Über die Kinder Urlspergers s. HANSJOCHEN HANCKE, Sophie Urlsperger, 68–70.

7 Über Urlspergers Schulzeit und Studium s. HORST WEIGELT, Urlsperger, 67–73.

8 Zu Hecking s. DBA 492, 160–174.

9 JOHANN AUGUST URLSPERGER, De praestantia coloniae Georgico-Anglicanae prae coloniis aliis.

10 s. Die Matrikeln der Universität Tübingen, Bd. 3, bearb. v. ALBERT BÜRK u. WILHELM WILLE, Tübingen 1953, Nr. 34472.

11 Brief: Samuel Urlsperger an Johann Albrecht Bengel, 29. Mai 1752, Württ. LB Stuttgart, Cod. Hist. fol. 1002, 44, 220.

einer Gesellschaft zu bündeln,[12] die sich apologetisch mit der Aufklärungstheologie auseinandersetzen sollte. Dieses Gesellschaftskonzept, das er in Frankfurt am Main auch mit dem dortigen, vom Pietismus geprägten, lutherischen Senior Johann Philipp Fresenius besprach, ließ sich jedoch trotz aller Bemühungen nicht realisieren.

Ende 1755 trat Urlsperger in den Augsburger Kirchendienst, wo er in den nächsten Jahren verschiedene Ämter an der Barfüßer- und an der St. Anna-Kirche innehatte.[13] Während dieser Zeit unterstützte er den Vater in seinen mannigfachen pietistischen Aktivitäten. Vor allem stand er ihm in seiner weitgespannten Fürsorgetätigkeit an den Salzburger Exulanten und deren Siedlung in Eben-Ezer in Georgia zur Seite. 1765 begann er sich dann mit der in Theologie und Kirche um sich greifenden theologischen Aufklärung literarisch auseinanderzusetzen.[14] In mehreren Schriften bemühte er sich vor allem darum, das altkirchliche Trinitätsdogma gegen Angriffe der Neologen zu verteidigen. Als er jedoch Mitte der 70er Jahre erkannte, daß die Aufklärungstheologen seine apologetischen Bemühungen ablehnten, sofern sie diese überhaupt zur Kenntnis nahmen, kam er wieder auf seinen ursprünglichen Gesellschaftsplan zurück. Diesem Projekt konnte er sich nun intensiver widmen, da er 1776, im Alter von nur 48 Jahren, sein Pfarramt und Seniorat in Augsburg – wohl überstürzt – aus gesundheitlichen Gründen niedergelegt hatte.

Eine Chance, sein Gesellschaftsvorhaben[15] zu realisieren, bot sich ihm, als er im Juli 1779 wegen der Salzburger Exulanten nach Halle reisen mußte.[16] Er wählte seine Reiseroute so, daß er mit möglichst vielen Gleichgesinnten über die Notwendigkeit einer Verteidigung des christlichen Glaubens sprechen konnte. Dabei scheint vor allem die Unterredung mit Oberkonsistorialrat Johann Esaias Silberschlag in Berlin konstruktiv gewesen zu sein.[17]

---

[12] Über Urlspergers Studienreise und Gesellschaftsgründungsversuch s. HORST WEIGELT, Urlsperger, 73–75; DERS., Urlsperger und die Anfänge der Christentumsgesellschaft, 52.

[13] Hierzu und zum Folgenden s. HORST WEIGELT, Urlsperger, 75–88.

[14] Hierzu s. HORST WEIGELT, Urlsperger und seine Auseinandersetzung mit der Aufklärungstheologie. Eine Auflistung der wichtigsten apologetischen Schriften Urlspergers einschließlich ihrer Standortnachweise findet sich ebd., 239–245. Vgl. GEORG GREMELS, Trinitätslehre Urlspergers.

[15] Hierzu und zum Folgenden s. bes. HORST WEIGELT, Urlsperger und die Anfänge der Christentumsgesellschaft (Lit.).

[16] s. [JOHANN AUGUST URLSPERGER,] Nachricht, 2.

[17] s. Brief: Johann Esaias Silberschlag an NN, 22. November 1779, UB Basel, ACG, D, V, 1, a, Nr. 5; ausz. gedr. in: ERNST STAEHELIN (Hg.), Christentumsgesellschaft I, 116 –117, Nr. 16.

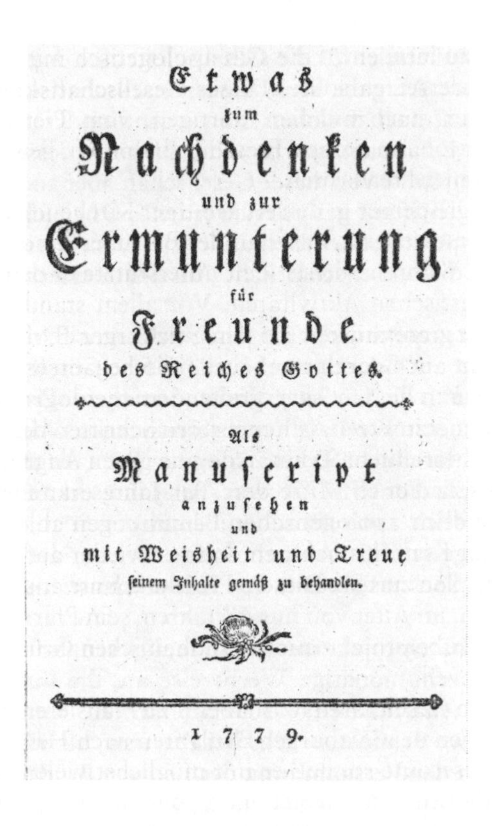
Etwas
zum
Nachdenken
und zur
Ermunterung
für
Freunde
des Reiches Gottes.

Als
Manuscript
anzusehen
und
mit Weisheit und Treue
seinem Inhalte gemäß zu behandlen.

1779.

Abbildung 22. Titelblatt von Johann August Urlspergers Werbeschrift „Etwas zum Nachdenken und zur Ermunterung für Freunde des Reiches Gottes“ (1779) für eine erbauliche und apologetische Gesellschaft.

Nachdem Urlsperger Anfang Oktober 1779 in scinc Vaterstadt zurückgekehrt war, schrieb er, von Freunden und Bekannten dazu aufgefordert, den Traktat „Etwas zum Nachdenken und zur Ermunterung für Freunde des Reiches Gottes“[18], den er zunächst ausschließlich an Freunde und Bekannte sandte; später publizierte er ihn auch in Zeitschriften.[19] Um das Gesellschaftsprojekt zu forcieren, verfaßte er noch im selben Jahr eine zweite Schrift: „Ohnvorgreifliche Gedanken eines Ungenanten“[20]. In beiden Propa-

---

[18] Der Traktat erschien anonym sowie ohne Angabe des Druckorts und des Jahres.

[19] Z. B. in: Fliegende Blätter. Für Freunde der Toleranz, Aufklärung und Menschenverbesserung 1 (1783), 200–219. Der Beitrag erschien unter dem Titel: „Von einer Deutschen Gesellschaft thätiger Beförderer reiner Lehre und der Gottseeligkeit“.

[20] Auch dieser Traktat erschien anonym und ohne Angabe des Druckorts, jedoch mit der Jahreszahl 1779.

gandaschriften postulierte er für die Gesellschaft eine doppelte Zielsetzung: Einmal sollte es ihre Aufgabe sein, „jenen naturalistischen Bemühungen entgegen zu arbeiten, nach welchen man eigentlich Kraft und Wesen des Christenthums hinwegräumen, und bloß den Nahmen desselben beybehalten will“[21]. Zum anderen sollte von dieser Gesellschaft aber auch das „praktische Christenthum [...] gleich gut gefördert werden“. Obgleich er beide Zielsetzungen scheinbar äquivalent nebeneinander stellte, präferierte er zweifelsohne die erstere, also die wissenschaftliche Auseinandersetzung mit Neologie und Rationalismus.

Mit an Sicherheit grenzender Wahrscheinlichkeit ist Urlsperger zu diesem Gesellschaftsprojekt auch durch zwei ausländische Gesellschaften inspiriert worden, nämlich durch die 1698 gegründete Society for Promoting Christian Knowledge[22], der er seit 1764 als korrespondierendes Mitglied angehörte, und durch die 1771 errichtete Societas Svecana Pro Fide et Christianismo[23], deren externes Mitglied er seit 1778 war. Allerdings hatte er deren eigentliche Anliegen gründlich mißverstanden; denn die Society for Promoting Christian Knowledge sah ihre Aufgabe keineswegs in der Bekämpfung der Aufklärung und die Societas Svecana Pro Fide et Christianismo allenfalls nur bedingt.

Um sein Gesellschaftsprojekt rascher zu realisieren, trat Urlsperger Mitte Juli 1779 eine sechzehnmonatige Werbereise an, die ihn zunächst durch Württemberg nach Schaffhausen und Zürich führte.[24] Von dort aus wandte er sich nach Basel, wo er nicht so sehr bei Pfarrern, als vielmehr bei Laien, zumeist Mitgliedern der Versammlung der Ledigen Brüder, Gehör fand, so bei dem Strumpfwarenfabrikanten Wilhelm Brenner im Clarahof. Auf seiner weiteren Reise rheinabwärts stieß Urlsperger, der sich der Gesellschaftsgründung schon ganz nahe wähnte, jedoch nur noch auf ein freundliches, aber unverbindliches Interesse. Deshalb änderte er in Frankfurt am Main spontan seine Route. Anstatt nach Halle zu reisen, begab er sich nach London, dem Sitz der Society for Promoting Christian Knowledge.

Während seines dortigen achtmonatigen Aufenthalts fand er bei einigen einflußreichen Persönlichkeiten Unterstützung, so bei Adam Lampert, Pfarrer an der Deutschen Evangelisch-Lutherischen Marienkirche in der Savoy. Vor allem aufgrund von dessen Initiative wurde am 25. Dezember 1779 in London eine Gesellschaft zur Beförderung reiner Lehre und wahrer Gottseligkeit gegründet. Noch am selben Tag schrieb Urlsperger emphatisch an seine

---

21 [Johann August Urlsperger,] Gedanken, unpaginiert; folgendes Zitat ebd.

22 Über die Society of Promoting Christian Knowledge (SPCK) und die Gründung der Deutschen Christentumsgesellschaft s. u. a. Eamon Duffy, Society.

23 Über die Societas Svecana Pro Fide et Christianismo und die Gründung der Deutschen Christentumsgesellschaft s. u. a. Allan Parkman, Societas.

24 Hierzu und zum Folgenden s. Horst Weigelt, Urlsperger und die Anfänge der Christentumsgesellschaft, 55–56.

Freunde in Basel: „Gottlob, ich kann Ihnen zum Troste melden [...]: die Geselschaft ist da!"[25] Nachdem sie eine Satzung erhalten hatte, verließ er am 27. Mai 1780 London wieder und reiste – überall für die Sozietät werbend – durch Holland, Ostfriesland, Niedersachsen, Brandenburg und Franken in seine ostschwäbische Heimat zurück.

Als Urlsperger am 18. November 1780 in Augsburg bei seiner seit Jahren kränkelnden Frau Anna, geb. Ouchterlony[26], eintraf, fand er hier die Nachricht vor, daß sich am 30. August 1780 in Basel einige seiner dortigen Freunde zu einem Engeren Ausschuß der Deutschen Gesellschaft thätiger Beförderer reiner Lehre und wahrer Gottseligkeit konstituiert hatten. Dieser Engere Ausschuß bestand aus dem Basler Theologieprofessor und Kirchenratsmitglied Johann Wernhard Herzog, der das Präsidium übernahm, den Pfarrern Johann Rudolf Burckhardt und Jakob Friedrich Meyenrock, dem Kaufmann und Fabrikanten Wilhelm Brenner, der als Schatzmeister fungierte, dem Handelsbediensteten Georg David Schild, der die Korrespondenz besorgte, sowie aus Jakob Friedrich Liesching, der das Protokoll führte. Auf der Gründungssitzung wurden auch sogleich die Statuten des Geschäftsgangs festgelegt. Hierbei wurde vor allem beschlossen, über sämtliche Sitzungen, in denen u. a. erhaltene Briefe verlesen und besprochen werden sollten, Protokoll zu führen. Davon sollten Abschriften angefertigt werden, „um solche unter den übrigen Gliedern, so dazu Lust haben, umgehen zu lassen, damit sie dadurch immer genau inne werden, was im ganzen vorgehet"[27].

Die Deutsche Gesellschaft thätiger Beförderer reiner Lehre und wahrer Gottseligkeit expandierte in den folgenden Jahren rasch im gesamten deutschen Sprachraum durch Bildung von Partikulargesellschaften. Die erste konstituierte sich Ende 1781 in Nürnberg. 1782 bildeten sich Sozietäten in Stuttgart, Frankfurt am Main, Stendal, Berlin, Prenzlau, Magdeburg, Minden und Wernigerode; 1783 konstituierten sich Partikulargesellschaften in Penkun (Pommern), Halberstadt, Stettin, Altona, Osnabrück, Köthen (Anhalt) und Pasewalk an der Uecker, 1784 in Demmin an der Peene, Flensburg, Dresden, Rögnitz, Dargun, Amsterdam und Zehdenick an der Havel, 1785 in Beggerow und Harlingen an der Wattensee.[28]

---

[25] Brief: Johann August Urlsperger an [Georg David Schild], 25./31. Dezember 1779, UB Basel, ACG, D, III, 1, Nr. 6; ausz. gedr. in: ERNST STAEHELIN (Hg.), Christentumsgesellschaft I, 118–119, Nr. 19; hier 118.

[26] Zu Urlsperger, geb. Ouchterlony s. HANSJOCHEN HANCKE, Sophie Urlsperger, 68.

[27] Protokoll über die Sitzung des Engeren Ausschusses der Christentumsgesellschaft, 30. August 1780, UB Basel, ACG, A, II, 1–3 (unpaginiert); gedr. in: ERNST STAEHELIN (Hg.), Christentumsgesellschaft I, 145–149, Nr. 53; hier 148.

[28] s. ERNST STAEHELIN (Hg.), Christentumsgesellschaft I, 9, Nr. 32 u. Nr. 36 sowie 10, Nr. 39.

Die schnelle Ausbreitung der Deutschen Christentumsgesellschaft[29] ist allerdings nur zum geringsten Teil Urlspergers Verdienst gewesen, obgleich er nicht nur alle seine Zeit, sondern auch sein gesamtes Vermögen dafür investiert hat. Beharrlich und nicht selten auch penetrant machte er auf die Gesellschaft aufmerksam, so beispielsweise Prinz Friedrich II. Eugen von Württemberg-Stuttgart und seine Gemahlin Friederike Sophie Dorothea, geb. Prinzessin von Brandenburg-Schwedt, als sie am 3. November 1781 Augsburg passierten.[30] Auch verfaßte Urlsperger im Oktober 1781 auf Ersuchen des Engeren Ausschusses nochmals eine Werbeschrift mit dem Titel „Beschaffenheit und Zwecke einer zu errichtenden Deutschen Gesellschaft thätiger Beförderer reiner Lehre und wahrer Gottseligkeit". Darin betonte er erneut die doppelte Aufgabenstellung der Gesellschaft, nämlich „die Beförderung beydes, des unterrichtenden als [auch des] ausübenden Christenthums"[31].

Die eigentliche Ursache für die rasch aufeinander erfolgten Gründungen von Partikulargesellschaften lag zweifelsohne in dem elementaren Bedürfnis der damaligen Pietisten nach einem religiösen Sammelbecken. Sie entbehrten einer Identifikationsfigur und fühlten sich zunehmend bedrückt und beunruhigt von einer sich radikalisierenden Aufklärungstheologie, die in Kirche und Gesellschaft zunehmend um sich griff. Daß die Christentumsgesellschaft aber diese Funktion so rasch wahrnehmen konnte, ist vor allem auf das große Engagement ihres Engeren Ausschusses in Basel zurückzuführen. Durch die angefertigten und handschriftlich vervielfältigten Briefexzerpte und Sitzungsprotokolle wurden praktisch alle ihre Mitglieder untereinander vernetzt. Aus arbeitsökonomischen Gründen publizierte man diese Korrespondenzauszüge dann seit 1783 in der Monatszeitschrift „Auszüge aus dem Briefwechsel der Deutschen Gesellschaft thätiger Beförderer reiner Lehre und wahrer Gottseligkeit"[32]. Die Protokolle des Engeren Ausschusses oder des Basler Zentrums wurden dagegen weiterhin handschriftlich verbreitet. Um Erstellung und Versand der Protokolle sowie die Beantwortung der Korrespondenz überhaupt bewältigen zu können, stellte man seit Ende 1782 einen vollamtlichen Sekretär an. Die bedeutendsten unter ihnen waren die Württemberger Karl Friedrich Adolf Steinkopf (1795 bis 1801), Christian Gottlieb Blum-

---

[29] Diese Bezeichnung setzte sich allerdings erst allmählich durch, nachdem sie zwischenzeitlich verschiedene Namen geführt hatte; hierüber s. HORST WEIGELT, Urlsperger und die Anfänge der Christentumsgesellschaft, 63.

[30] s. Brief: Johann August Urlsperger an Jakob Friedrich Liesching, 16.–18. November 1781, UB Basel, ACG, D, III, 2, Nr. 34f; ausz. gedr. in: ERNST STAEHELIN (Hg.), Christentumsgesellschaft I, 169–170, Nr. 71.

[31] JOHANN AUGUST URLSPERGER, Beschaffenheit, 28.

[32] Ihr Titel wurde jedoch schon drei Jahre später in „Sammlungen für Liebhaber christlicher Wahrheit und Gottseligkeit" verändert. Die Zeitschrift erschien von 1786 bis 1912 in 127 Jahrgängen.

hardt (1804 bis 1807) und vor allem Christian Friedrich Spittler (1801 bis 1867).

Gegen Urlspergers Konzeption einer wissenschaftlich-apologetischen Aufgabenstellung der Sozietät erhoben sich jedoch frühzeitig Bedenken. Besonders die württembergischen Pietisten waren mehrheitlich überzeugt, man könne gegen die Aufklärungstheologie letztlich literarisch nichts ausrichten.[33] Auch hielten sie den wissenschaftlichen Diskurs für wenig förderlich. „Für den größten Theil unserer Mit-Brüder", schrieb Wilhelm Jakob Eisenlohr, „ist es gesund, wenn ihnen nicht zu viel starke Speisen auf einmahl vorgesezt werden. Der geistliche Magen ist wie der leibliche beschaffen. Eine geschmeidige und einfache Kost bekommt ihm am besten. Alle Nimietaeten [Übermaß] taugen nichts. Und das ist schon ein verderbter Goût, der immer nur mit Lecker-Bissen gespeißt seyn will."[34] Da auch andere Partikulargesellschaften diese Auffassung teilten, beschloß der Engere Ausschuß am 5. Oktober 1785, sich nur noch der erbaulichen Aufgabenstellung zu widmen und deshalb auch den „Namen der Deutschen Gesellschaft zur thätigen Beförderung reiner Lehre u. wahrer Gottseligkeit abzulegen" und ihn auf einen „unbestimmten niedrigen Titul herabzustimmen"[35]. Fortan verwandte man verschiedene Bezeichnungen, bis sich dann seit 1804 der von Christian Gottlieb Blumhardt vorgeschlagene Name Deutsche Christentumsgesellschaft allmählich durchsetzte.

Der Deutschen Christentumsgesellschaft, deren Mitglieder politisch dezidiert konservativ waren, ging es vor allem um Erbauung. Daneben war allerdings auch ein beachtliches karitatives und missionarisches Potential vorhanden, das jedoch nachgeordnet war. Unter Berufung auf die Bibel hielt man an der Erlösungsbedürftigkeit des Menschen, an der Gott-Menschheit Christi und an der Versöhnung durch dessen stellvertretenden Opfertod fest.

Aus der Deutschen Christentumsgesellschaft gingen seit 1802 mehrere Tochtergesellschaften hervor, die die Muttergesellschaft in kurzer Zeit an Bedeutung weit übertrafen. Von diesem Wachstum profitierte die Muttergesellschaft jedoch nicht, sondern wurde im Gegenteil dadurch finanziell und personell geschwächt und letztlich ausgezehrt.[36]

Als erste entstand 1802 in Basel die Gesellschaft zur Verbreitung erbaulicher Schriften, 1804 folgte die Gründung einer Bibelgesellschaft und 1815

---

[33] Hierzu s. MARTIN BRECHT, Pietisten, bes. 85–86.

[34] s. Brief: Wilhelm Jakob Eisenlohr an Johann Christoph Mezger, 21. Januar 1788, UB Basel, ACG, D, V, 8, Nr. 7; ausz. gedr. in: ERNST STAEHELIN (Hg.), Christentumsgesellschaft I, 322–323, Nr. 256; die zitierte Briefpassage ist hier ausgelassen.

[35] Gesellschafts-Zirkular des Engeren Ausschußes, 5. Oktober 1785, UB Basel, ACG, A, I, 1, 454–469, hier 456; ausz. gedr. in: ERNST STAEHELIN (Hg.), Christentumsgesellschaft I, 270–272, Nr. 193, hier 271.

[36] Hierzu und zum Folgenden s. HORST WEIGELT, Pietismus im Übergang vom 18. zum 19. Jahrhundert, 716–718 (Lit).

die der Basler Missionsgesellschaft. 1817 konstituierte sich der Verein der freywilligen Armen-Schullehrer-Anstalt, 1820 kam die Gesellschaft zur Verbreitung des Christentums unter den Juden dazu, die 1831 in Gesellschaft von Freunden Israels umbenannt wurde; 1828 entstand schließlich noch die Pilgermission, die schließlich in St. Chrischona bei Basel ihr Zentrum fand.

b) Konstituierung und Entwicklung der Nürnberger Partikulargesellschaft

Urlspergers bereits erwähnte Propagandaschrift „Beschaffenheit und Zwecke einer zu errichtenden Deutschen Gesellschaft" wurde an eine größere Anzahl von „Freunden des Reiches Christi"[37] versandt.[38] Beigefügt war ein gedrucktes Anschreiben des Engeren Ausschusses[39], worin zur Errichtung von Partikulargesellschaften aufgerufen wurde. Nach Urlspergers Vorschlag[40] sollten auch im Gebiet des heutigen Bayerns mehrere Personen solches Werbematerial erhalten. An Superintendent Johann Theodor Künneth[41] in Bayreuth sollte sogar „ein Duzend Pacquete [...] abgehen; der damit auch Erlang[en] und andere Bayreuthische Städte versorgen wird". In Nürnberg sollte der Kaufmann Johann Tobias Kießling[42] „ein paar Dutzend Exemplare" bekommen. „Er wird", so merkte Urlsperger an, „nicht nur Nürnberg und die Nachbarschaft, sondern auch das Vogtländische mit Piecen versehen, ja biß gegen Dreßden hin sich ausdehnen." In Augsburg wollte Urlsperger – seine dortigen, immer eingeschränkteren Möglichkeiten mehr ahnend als erkennend – die Werbeschrift „so weit es rathsam und dermalen [...] möglich ist" selbst verbreiten und bat deshalb um Zusendung von etwa hundert Exemplaren. Ferner erklärte er sich bereit, weitere Exemplare auf eigene Kosten an folgende Städte zu senden: Regensburg „und durch Regensburg villeicht nach Wien", Sulzbach in der Oberpfalz, Ortenburg, Neustadt an der Aisch, Oet-

---

[37] s. ERNST STAEHELIN (Hg.), Christentumsgesellschaft I, 8, Nr. 28.

[38] Anscheinend hatte man dieser Werbebroschüre aber auch einen der beiden Traktate von 1779 beigelegt; s. ERNST STAEHELIN (Hg.), Christentumsgesellschaft I, 163, Anm. 274.

[39] Allgemeines Einladungsschreiben des Engeren Ausschusses („Sämtlichen Freunden des Reiches Christi"), 1. November 1781, UB Basel, ACG, G, I; ausz. gedr. in: ERNST STAEHELIN (Hg.), Christentumsgesellschaft I, 168–169, Nr. 70.

[40] Meine [sc. Johann August Urlspergers] Anmerkungen zur Versendung der die Errichtung der Societät betreffenden gedruckten Schriften und Briefe angehend, 3. Oktober 1781, UB Basel, ACG, D, III, 2, Nr. 29, folgende Zitate ebd.; gedr. in: ERNST STAEHELIN (Hg.), Christentumsgesellschaft I, 163-168, Nr. 69, folgende Zitate ebd., 167–168.

[41] Zu Künneth s. DBA 720, 144–179; DBA NF 769, 370; MATTHIAS SIMON, Bayreuthisches Pfarrerbuch, Nr. 1352 (Lit).

[42] Zu Kießling s. DBA NF 702, 404–419; NDB 11, 601; BBKL 3, Sp. 1470–1473 (Lit.); ÖBL 3, 329. Vgl. GRETE MECENSEFFY, Kießling; DIES., Kießling und die österreichischen Toleranzgemeinden.

tingen, Kirchheimbolanden und Grünstadt. Auch nach Memmingen sollte eine Zusendung erfolgen; hier war er sich aber noch unschlüssig, „obs rathsamer“ sei, daß er sie „selber hinsende oder daß es von Basel aus geschehe“.

Trotz dieser massiven Werbung kam es im Gebiet des heutigen Bayerns lediglich in Nürnberg zur Gründung einer Partikulargesellschaft.[43] In der konstituierenden Sitzung[44] am 13. Dezember 1781 wurden Diaconus Andreas Götz[45] von St. Egidien zum Korrespondenten, Diaconus Johann Gottfried Schöner[46] von der Marienkirche zum Protokollanten und Kaufmann Johann Tobias Kießling[47] zum Kassierer bestellt. Man beschloß monatlich einmal zusammenzukommen, und zwar zunächst im Hause Kießlings. Bei den Zusammenkünften wollte man, „so lange die Umstände nichts anderes anordnen“, „1. Ein kurzes Gebeth thun, 2. Ein Stück aus der Heiligen Schrift, 3. Sonst etwas Erbauliches u. zur Erbauung dienliches lesen“. Diese erste Sozietät im Deutschen Reich entwickelte sich in den nächsten Monaten so gut, daß man sogar erwog, den Engeren Ausschuß von Basel in das geographisch zentraler gelegene, „willige(s) und muntere(s) Nürnberg“[48] zu verlegen.[49]

Der erste Leiter der Nürnberger Sozietät wurde Johann Dreykorn[50], seit 1776 Diaconus an der Jakobskirche. Ihre treibende Kraft war jedoch Johann Tobias Kießling, der 1766 als 23jähriger durch eine Predigt Andreas Rehbergers[51] über Röm 4, 5 eine Erweckung erlebt hatte. Künftig verband er seinen Kaufmannsberuf unermüdlich mit missionarischen und karitativen Tätigkeiten. Vor allem nahm er sich der Protestanten in den Habsburgischen Ländern an, besonders derer in Oberösterreich, Kärnten, Westungarn und der Steiermark. Seine Unterstützung des dortigen Protestantismus kann vor allem für die Zeit vor dem Erlaß des Toleranzpatents am 13. Oktober 1781

---

[43] s. Brief: Andreas Götz an [Jakob Friedrich Liesching], 20. Dezember 1781, UB Basel, ACG, D, V, 1, c, Nr. 7; ausz. gedr. in: ERNST STAEHELIN (Hg.), Christentumsgesellschaft I, 172–173, Nr. 75.

[44] Hierzu und zum Folgenden s. Aktum Nürnberg, 13. Dezember 1781, UB Basel, ACG, V, 1, c, zu 7.

[45] Zu Götz s. DBA 404, 73; MATTHIAS SIMON, Nürnbergisches Pfarrerbuch, Nr. 412.

[46] Zu Schöner s. bes. Kap. VIII, 314–315, 323–324 u. 336 u. Kap. IX, 352–353 u. 374.

[47] Zu Kießling s. bes. Kap. VIII, 312–314, 320–322 u. Kap. IX, 349–350.

[48] Protokoll über die Sitzung des Engeren Ausschusses der Christentumsgesellschaft, 31. Juli 1782, UB Basel, ACG, A, I, 1, 34–37, hier 37; ausz. gedr. in: ERNST STAEHELIN (Hg.), Christentumsgesellschaft I, 189, Nr. 100.

[49] s. Brief: Johann Ulrich Geilinger an Johannes Schäufelin, 3. Oktober [1782], UB Basel, ACG, D, I, a, 11, Nr. 2; ausz. gedr. in: ERNST STAEHELIN (Hg.), Christentumsgesellschaft I, 191, Nr. 103.

[50] Zu Dreykorn s. DBA 253, 150–154, 156–160; DBA NF 291, 457; MATTHIAS SIMON, Nürnbergisches Pfarrerbuch, Nr. 256 (Lit.).

[51] Zu Rehberger s. DBA 1008, 101–112; ADB 27, 586; BBKL 7, Sp. 1497–1498; MATTHIAS SIMON, Nürnbergisches Pfarrerbuch, Nr. 1074 (Lit.).

nicht hoch genug veranschlagt werden. Innerhalb von fünfzig Jahren reiste er 106 Mal von Nürnberg aus zu Messen nach Österreich und nutzte jede Gelegenheit, um dort Geldspenden, Bibeln und Erbauungsschriften zu verteilen sowie Gottes Wort zu verkündigen. Obgleich Laie, spendete er als „Notbischof" sogar einige Male das Abendmahl. Infolge seines übermäßigen finanziellen Einsatzes für die Evangelischen in den Ländern der Habsburgermonarchie und wegen des 1811 in Österreich angesichts der Kriegslasten und Kriegsfolgen proklamierten Staatsbankrotts mußte Kießling im folgenden Jahr für sein „Handlungs-Haus" Konkurs anmelden.[52]

Seelsorgerlich betreut wurde die Nürnberger Sozietät vor allem von Johann Gottfried Schöner[53], der zum einflußreichsten Mittler zwischen Spätpietismus und Erweckungsbewegung in Franken werden sollte. Dieser 1749 in Rügheim bei Schweinfurt geborene Pfarrerssohn hatte in Leipzig, wo er Christian Fürchtegott Gellert näher kennenlernte, und in Erlangen Theologie studiert. Danach war er in Erlangen und Baiersdorf als Hauslehrer und Hofmeister tätig gewesen, bevor er 1773 in den Kirchendienst der Reichsstadt Nürnberg trat und nacheinander verschiedene Ämter bekleidete. 1776 wurde er Diaconus an der Frauenkirche und 1785 an St. Lorenz, wo er dann 1809 Pfarrer wurde.

Schöner, der 1776 nach monatelanger schwerer Krankheit unter dem Einfluß Kießlings eine Bekehrung erlebt hatte, genoß das unbedingte Vertrauen der Spätpietisten unterschiedlicher Observanz. Auch mit den Führern und Anhängern der Allgäuer katholischen Erweckungsbewegung stand er in Kontakt. Als Seelsorger war er sehr beliebt, und seine Predigten zählten in Nürnberg zu den am meisten besuchten. Neben seinen pfarramtlichen Aufgaben betätigte sich Schöner trotz großer körperlicher Hinfälligkeit auch schriftstellerisch. Er veröffentlichte Predigten sowie katechetische und erbauliche Schriften[54]. Daneben trat er als Verfasser von Kirchenliedern und Gedichten hervor.[55] Zu seinen bekanntesten Liedern gehört „Himmel an, nur Himmel an soll der Wandel gehn"[56]. Ferner gab er einige Liedersammlungen

---

[52] s. Brief: Johann Tobias Kießling an Christian Friedrich Spittler, [Juni 1812], StA Basel, SpA, V, 21, II; ausz. gedr. in: ERNST STAEHELIN (Hg.), Christentumsgesellschaft II, 233f, Nr. 69, hier 233.

[53] Zu Schöner s. DBA 1131, 61–68; ADB 32, 297–299; BBKL, 9, Sp. 646–649 (Lit.); MATTHIAS SIMON, Nürnbergisches Pfarrerbuch, Nr. 1250 (Lit.). Vgl. FRIEDRICH BAUM, Pfarrfamilie Schöner.

[54] s. KLAUS LEDER, Kirche und Jugend, 311–312; DOROTHEA RAMMENSEE (Bearb.), Bibliographie der Nürnberger Kinder- und Jugendbücher, Nr. 1398.

[55] Hierzu und zum Folgenden s. KLAUS LEDER, Kirche und Jugend, 312; GEORG ANDREAS WILL, Nürnbergisches Gelehrten-Lexicon, Bd. 7, 1213. Vgl. DIETER WÖLFEL, Nürnberger Gesangbuchgeschichte, 225.

[56] Dieses Lied mit seinen 10 Strophen findet sich in: Sammlungen für Liebhaber christlicher Wahrheit und Gottseligkeit (1806), 222–224, hier 222.

heraus. Erwähnt seien sein erstes, 1777 erschienenes Liederbuch „Einige Lieder zur Erbauung“[57] sowie seine „Vermischten geistlichen Lieder und Gedichte“, die er 1790 herausgab.

Abbildung 23. Johann Gottfried Schöner (1749–1818).
Schabkunstblatt von Karl Johann Georg Reuß (1776).
Landeskirchliches Archiv Nürnberg.

---

[57] Vgl. DIETER WÖLFEL, Nürnberger Gesangbuchgeschichte, 225.

Außer den beiden Pfarrern Dreykorn und Schöner sowie dem Kaufmann Kießling gehörten im Jahre 1783/84 weitere 21 Personen zur Nürnberger Partikulargesellschaft, unter anderen der Verleger Johann Philipp Raw[58], in dessen Verlag in großem Umfang Erbauungsliteratur herauskam, beispielsweise von Johann Kaspar Lavater und Jung-Stilling. Ferner hatte die Nürnberger Sozietät zwölf „Beytragende Ehrenmitglieder“[59], unter ihnen den Altonaer Unternehmer Jakob Gysbert van der Smissen[60], den sächsischen Adligen Heinrich Kasimir Gottlob Graf zu Lynar[61] und den auch als Liederdichter hervorgetretenen Freiherrn Christoph Karl Ludwig von Pfeil[62]. Dieser lebte, nachdem er den württembergischen Staatsdienst quittiert hatte, seit 1761 auf seinem Gut Unterdeufstetten, an der Grenze von Schwaben und Franken gelegen; er griff aber als bevollmächtigter Gesandter Preußens beim Schwäbischen und Fränkischen Kreis auch immer wieder aktiv in die Landespolitik ein. Als Schloßherr kümmerte er sich patriarchalisch um das geistliche und leibliche Wohl seiner Untertanen[63] . Ungemein produktiv ist er als Liederdichter gewesen; allerdings sind seine Dichtungen poetologisch oft wenig wertvoll. Im fortgeschrittenen Alter sichtete er mit Hilfe von Freunden, unter anderen des Memminger Predigers und Bibliothekars Johann Georg Schelhorn[64], seine Lieder und gab einen großen Teil 1782 und 1783 in drei Sammlungen heraus: „Evangelisches Gesangbuch“, „Glaubens- und Herzens-Gesänge“ sowie „Majestäts-Lieder“.

Da den Mitgliedern der Nürnberger Partikulargesellschaft kein eigener Versammlungsraum zur Verfügung stand, kam man zunächst jeweils am ersten Sonntag im Monat nachmittags „in dem Hause eines Mitglieds, wo

---

[58] Zu Raw s. DBA 1004, 14. Vgl. WALTER HAHN, Verlag der Raw'schen Buchhandlung, 89–99.

[59] Eine Auflistung der Ehrenmitglieder findet sich in: Verzeichniß der Mitglieder der Gesellschaft thätiger Beförderer reiner Lehre und wahrer Gottseligkeit vorzüglich in Deutschland und der Schweiz, UB Basel, ACG, A, I, 1, 538–582, hier 562; gedr. in: ERNST STAEHELIN (Hg.), Christentumsgesellschaft I, 212–218, Nr. 135, hier 214.

[60] Zu van Smissen s. DBA 1191, 52–5. Vgl. MANFRED JAKOBOWSKI-TIESSEN, Christentumsgesellschaft, 232–234.

[61] Zu Lynar s. DBA 792, 128–139.

[62] Zu Pfeil s. bes. Kap. VII, 276–278 u. Kap. IX, 353–354.

[63] Vgl. Pfeils „Huldigungs-Rede an die Unterthanen zu Deufstetten den 12.Julii 1761“, in: CHRISTOPH KARL LUDWIG VON PFEIL, Evangelisches Gesangbuch, 361–364; hier 363: „Als ein Vater und Hirte, will ich euch, ohne Ansehen der Religion, wozu ihr euch äusserlich bekennet, und worinn niemand beeinträchtigt werden solle, allesamt lieben, weiden, für euch sorgen, euer und eurer Kinder Bestes, Nahrung, und Auskommen, geist- und leibliche Wohlfahrt zu befördern suchen; und wenn ihr im kindlichen Gehorsam und Vertrauen, meiner Anweisung, Führung, Rath und Verordnungen folget, so werdet ihr aller knechtischen Furcht und Zucht gänzlich enthoben seyn.“

[64] Zu Schelhorn s. DBA 1095, 67 u. 71–81 sowie 83–90; ADB 30, 75f. Vgl. FRIEDRICH BRAUN, Schelhorn.

Platz und Gelegenheit dazu vorhanden“[65] war, zusammen. Um diese Zusammenkünfte vorzubereiten, traf sich ein engerer Mitarbeiterkreis bereits in der vorausgehenden Woche „in der Wohnung des Vorstehers, oder wo es demselben sonsten beliebt“. Die Versammlungen, die grundsätzlich öffentlich waren, dauerten zwei bis drei Stunden. Sie wurden mit Gebet und Ansprache eines Pfarrers über „eine wichtige biblische Stelle oder besonders wichtigen Satz aus den Glaubenslehren und Lebenspflichten oder anderem geistlichen Gegenstand zur Beförderung reiner Lehre und wahrer Gottseligkeit“ eröffnet. Danach wurden die eingegangenen Protokolle des Basler Zentrums und anderer Partikulargesellschaften sowie Briefe verlesen und ausführlich besprochen; die darin gemachten „Vorschläge [wurden] untersucht und geprüft, die gemachten Erfahrungen angemerkt und überhaupt Alles in ein kernhaftes Protokoll gebracht“. Der Protokollauszug wurde dann an die auswärtigen Mitglieder verschickt, vor allem aber nach Basel, damit er dort in das Hauptprotokoll eingearbeitet werden konnte. Alle Protokolle und Briefe, die aus zeitlichen Gründen in den Versammlungen nicht mehr bekanntgegeben werden konnten oder die man nochmals zu lesen wünschte, ließ man zirkulieren, „da sich dann jedes auszeichnen kann, was ihm gefällt, um in der nächsten Versammlung seine Meinung darüber zu sagen“.

In den Jahren 1784/85 stieg die Mitgliederzahl der Nürnberger Sozietät auf 42 Personen[66] an. Davon wohnten dreißig in Nürnberg und zwölf auswärts; dazu kamen noch vier Freunde. Unter den auswärtigen Mitgliedern befand sich auch Urlsperger, der jedoch in der Nürnberger Sozietät keine starke Position besaß. Allerdings hatte die Partikulargesellschaft in Diaconus Dreykorn und Graf zu Lynar zwei Mitglieder, die wie Urlsperger wiederholt eine literarische Auseinandersetzung mit der Aufklärungstheologie anmahnten.[67] Graf zu Lynar publizierte 1784 sein „Sendschreiben an die Deutsche Gesellschaft zur Beförderung reiner Lehre und wahrer Gottseligkeit“[68] und Dreykorn veröffentlichte im selben Jahr anonym seine „Nachricht von der Deutschen Gesellschaft zur Beförderung reiner Lehre und wahrer Gottseligkeit“[69]. Vor allem diese kurze Schrift löste innerhalb der Christentumsgesell-

---

[65] [JOHANN DREYKORN,] Nachricht von der Deutschen Gesellschaft zur Beförderung reiner Lehre und wahrer Gottseligkeit; ausz. gedr. in: ERNST STAEHELIN (Hg.), Christentumsgesellschaft I, 235–239, Nr. 167. Das Zitat und die folgenden Zitate ebd., 238.

[66] s. Namen der Gesellschafts-Glieder, Ende 1784, StA Basel, SpA, D, D, Nr. 3, 12–15; gedr. in: ERNST STAEHELIN (Hg.), Christentumsgesellschaft I, 239–250, Nr. 168, hier 242–243.

[67] Hierzu und zum Folgenden s. HORST WEIGELT, Urlsperger und die Anfänge der Christentumsgesellschaft, 61–70.

[68] Dieser Traktat ist ausz. gedr. in: ERNST STAEHELIN (Hg.), Christentumsgesellschaft I, 229–230, Nr. 155.

[69] Zu Dreykorn s. bes. Kap. VIII, 313

schaft eine recht kontroverse Diskussion aus. Als daraufhin ein auswärtiges Mitglied der Magdeburger Sozietät, Georg Christoph Silberschlag[70], Pfarrer am Stendaler Dom und zugleich Generalsuperintendent der Altmark und Prignitz, die Herausgabe einer theologischen Zeitschrift anregte, um den aufklärerischen Journalen Paroli zu bieten, stimmte die Nürnberger Sozietät sogleich zu und schlug als Titel vor „Neue gelehrte Zeitung für die alte Wahrheit herausgegeben von Beförderern reiner Lehre u. wahrer Gottseligkeit“[71]. Natürlich war Urlsperger für diese Unterstützung dankbar und versuchte Mitte Dezember 1784 nochmals, das Basler Zentrum dazu zu bewegen, der Christentumsgesellschaft ein doppeltes Direktorium zu geben: „Eins eigentlich u. hauptsächl[ich] zur Erbauung u. das ander vor die gelehrte Bemühungen.“[72] Auch warb er brieflich bei einzelnen Mitgliedern für diese Konzeption.[73] Die meisten Partikulargesellschaften wandten sich jedoch – wie bereits erwähnt – dagegen. Deshalb beschloß der Engere Ausschuß im Oktober 1785, die wissenschaftlich-apologetische Aufgabenstellung fallenzulassen und sich als Gesellschaft auf Erbauung und praktische Liebestätigkeit zu konzentrieren. Man erklärte, künftig „blos eine Gemeinschaft der Gläubigen zu seyn, die sich untereinander stärkt, aufmuntert, brüderliche Handreichung leistet u. bei dem Anblik des ausgebreiteten Verderbens durch den Anblik des ausgebreiteten Gnadenwerks dennoch Muth erhält u. erzeugt, der Wahrheit treu u. an Jesu unserm Versöhner u. ewigen Könige allein zu leben u. zu sterben. Welches um so leichter ist, je mehr wir uns wie eine Kette zusammenschließen u. durch Friede u. Einigkeit u. Kraft aus der Höhe immer stärker werden. Da auf reine Lehre u. wahre Gottseligkeit nothwendig gesehen werden muß, wann eine solche Gesellschaft nicht auf Abwege gerathen solle, so bleibt das Bestreben darnach u. Aufmerksamkeit darauf immer unsere Hauptsache, wie es nicht anderst seyn kan. Aber unsere Thätigkeit wird nur auf uns eingeschränkt u. nicht auf die Welt ausgedehnt, außer was durch einzelne etwa ohne Antheil des Ganzen geschieht“.[74] Dieser Grundsatzentscheidung beugte sich schließlich auch die Nürnberger Partikulargesellschaft, wie die weitere Entwicklung zeigt.

---

[70] Zu Silberschlag s. DBA 1185, 337–351; DBA NF 1226, 197; ADB 34, 314.

[71] Protokoll der Nürnberger Partikulargesellschaft, 8. Dezember 1784, UB Basel, ACG, A, I, 1, 313–315, hier 314; ausz. gedr. in: ERNST STAEHELIN (Hg.), Christentumsgesellschaft I, 234, Nr. 165.

[72] Brief: Johann August Urlsperger an Johannes Schäufelin, 15./19. Dezember 1784, UB Basel, ACG, D, III, 3, Nr. 34.

[73] So korrespondierte er beispielsweise mit Pfarrer Johann Jasche in Wernigerode.

[74] Gesellschafts-Zirkular des Engeren Ausschußes, 5. Oktober 1785, UB Basel, ACG, A, I, 1, 454–469, hier 468; ausz. gedr. in: ERNST STAEHELIN (Hg.), Christentumsgesellschaft I, 270–272, Nr. 193, das Zitat fehlt hier.

Nach dem Tod Dreykorns im Jahre 1799 übernahm der Zuchthausverwalter Conrad August Erdle[75] die Leitung der Nürnberger Sozietät; ihm folgte 1819 Tobias Naumann[76], ein Neffe Kießlings. Da er als Kaufmann über weitverzweigte Beziehungen verfügte, suchte er diese auch für die Christentumsgesellschaft fruchtbar zu machen. Im Jahre 1844 ging er schließlich als Mitarbeiter Spittlers nach Basel, wo er jedoch bereits am 9. März 1847 unerwartet starb.

Unter Erdle und Naumann erfolgte in der Nürnberger Partikulargesellschaft eine Öffnung gegenüber anderen erweckten Kreisen. So bestand eine Verbindung zu Anhängern und Freunden der Herrnhuter Brüdergemeine. Sporadisch nahm man an deren Veranstaltungen teil, besonders wenn Diasporaarbeiter zu Besuch weilten.[77] Recht intensive Kontakte hatte die Nürnberger Partikulargesellschaft auch zur Allgäuer katholischen Erweckungsbewegung[78]. Mit deren Initiator, dem Pfarrer Martin Boos[79], korrespondierte man und unterstützte ihn finanziell.[80] Vor allem aber stand man mit Johannes Evangelista Goßner[81] in Verbindung, dessen Schriften man gerne las. Als dieser damalige Pfarrer von Dirlewang im Frühjahr 1810 zusammen mit Pfarrer Franz Xaver Bayr[82] aus Pfronten, seinem späteren Amtsnachfolger, für einige Tage in Nürnberg weilte[83], schrieb er emphatisch darüber nach Basel: „Baier und ich waren unlängst in Nürnberg u. sahen u. lernten kennen alle die lieben dortigen Freunde, den auserwählten lieben Mann Gottes Schöner. Du solltest ihn nur sehen – man kann ihn nicht ansehen, ohne innigst gerührt zu werden –, eine demuthsvolle Seele in einer schwachen zitternden Hütte – voll Leiden und Kreutz, von allen Seiten gedrückt u. gemartert. Sein Leib schon wie todt und erstorben, fast nicht mehr in seiner Gewalt wegen heftigem Zittern, und sein Geist noch voll Thätigkeit und edler Vielsamkeit.

---

[75] Zu Erdle s. ERNST STAEHELIN (Hg.), Christentumsgesellschaft I, 28 u. Christentumsgesellschaft II, 55–56. Über das Nürnberger Zuchthaus in dieser Zeit s. MARLENE SOTHMANN, Das Armen-, Arbeits-, Zucht- und Werkhaus in Nürnberg, 123–181, 207–230.

[76] Zu Naumann s. u. a. ERNST STAEHELIN (Hg.), Christentumsgesellschaft II, 108.

[77] Allerdings ist dies auch schon vorher gelegentlich der Fall gewesen; s. HORST WEIGELT, Diasporaarbeit, 63–64.

[78] Zur Allgäuer katholischen Erweckungsbewegung s. HORST WEIGELT, Die Allgäuer katholische Erweckungsbewegung (Lit.).

[79] Zu Boos s. DBA 126, 46; DBA NF 154,347–391; ADB 3, 138–139; NDB 2, 452; BBKL 1, Sp. 699–701. Vgl. HILDEBRAND DUSSLER, Feneberg, 85–94.

[80] s. HORST WEIGELT, Boos, 105.

[81] Zu Goßner s. DBA 409, 151; DBA NF 466, 335–377; ADB 9, 407–410; NDB 6, 652–653; BBKL 2, Sp. 268–271. Vgl. HILDEBRAND DUSSLER, Feneberg, 94–97.

[82] Zu Bayr s. HILDEBRAND DUSSLER, Feneberg, 82–85.

[83] Über den Aufenthalt Großners in Nürnberg vgl. HERMANN DALTON, Goßner, 106–107; HILDEBRAND DUSSLER, Feneberg, 83.

Überhäuft mit beschwerlichen Arbeiten u. doch voll Liebe und unermüdeter Dienstfertigkeit –, der Kleinste, Ärmste in seinen Augen, und groß in Gott, ehrwürdig dem Freunde der Kinder [sc. Christus]. Nichts würde mich mehr betrüben, als wenn er uns bald entrißen würde. Und ach! Sie drücken ihn fast zu Boden! Auch unter den übrigen fanden wir recht liebevolle, achtungswerthe Wesen. Im Kießlingischen Hauß ist die Gutmüthigkeit und zuvorkommende Liebe, der ächte Christus-Sinn hausgeseßen [heimisch]; es athmet alles Liebe. Wir wohnten da einer Versammlung bey, wo wir die meisten der Nürnberger Gesellschaft kennen lernten. O wie war uns da so wohl! Wir fanden den [sc. Christus] in ihrer Mitte, der ungesehen so nahe seyn kann, als sähe man ihn."[84]

c) Tätigkeitsfelder der Nürnberger Partikulargesellschaft

Neben der Erbauung engagierte sich die Nürnberger Sozietät auch auf karitativem und missionarischem Gebiet. Wiederholt sandte man Geldspenden nach Österreich; besonders nahm man sich, wie schon bemerkt, der dortigen notleidenden Protestanten an, zu denen Kießling intensive Kontakte pflegte. Mehrfach betätigte sich die Nürnberger Sozietät auch als Vermittlerin von Spenden dorthin. So erschien beispielsweise auf Anregung[85] von Susanna Elisabeth von Üxküll, geborene von Palm, der Frau des Kreisgesandten und Staatsministers Friedrich Emich Johann von Üxküll[86], Anfang 1787 im Basler Gesellschaftsbericht[87] ein Aufruf, die evangelischen Gemeinden im Nachbarland finanziell zu unterstützen und Spenden an die Nürnberger oder Frankfurter Partikulargesellschaft zu überweisen. Um beispielhaft voranzugehen, wurde in diesem Spendenaufruf sogleich darauf hingewiesen, daß man „in Basel einstweilen Gulden 200 für die Evangelischen in Oesterreich bestimmt habe(n), und zwar Gulden 100 für ein simples Bethaus der Gemeine zu St. Peter im Feld bei Villach, 100 Gulden aber für andere Bedürfniße oesterreichischer Gemeinen". Die daraufhin bereits Ende Januar 1787 überwiesenen

---

[84] Brief: Johannes Evangelista Goßner an Christian Friedrich Spittler, 24. Mai 1810, StA Basel, SpA, V, 11; ausz. gedr. in: ERNST STAEHELIN (Hg.), Christentumsgesellschaft II, 218f, Nr. 48, hier 219; die Passage ist hier nur auszugsweise wiedergegeben.

[85] Brief: Wilhelm Jakob Eisenlohr an den Engeren Ausschuß, 7. Dezember 1786, UB Basel, ACG, D, V, 6, Nr. 159; ausz. gedr. in: ERNST STAEHELIN (Hg.), Christentumsgesellschaft I, 300–301, Nr. 228.

[86] Zu Üxküll s. WALTHER PFEILSTRICKER (Bearb.), Neues Württembergisches Dienerbuch, Bd. 1, § 1124.

[87] Gesellschaftsbericht vom 3. Januar 1787, UB Basel, ACG, A, I, 2, 758–778, folgendes Zitat 778; ausz. gedr. in: ERNST STAEHELIN (Hg.), Christentumsgesellschaft I, 301, Anm. 657, folgendes Zitat ebd.

Spenden in Höhe von 660 Gulden gingen dann durch Kießlings Vermittlung an die „lieben Glaubens-Brüdern“ in den Habsburgischen Ländern.[88]

Zum anderen setzte sich die Nürnberger Partikulargesellschaft missionarisch ein. Dies geschah vor allem dadurch, daß man in großem Umfang Erbauungsliteratur verteilte. Dabei ist zu berücksichtigen, daß zu den Mitgliedern der Nürnberger Sozietät Johann Philipp Raw gehörte, einer der bedeutendsten Verleger von Erbauungsliteratur seiner Zeit.[89] Er war in der Frühzeit der eigentliche Verleger der Christentumsgesellschaft. In seinem Verlag erschienen nicht nur schlichte Traktate, sondern auch anspruchsvollere Erbauungsbücher. So verlegte er 1790 Lavaters Erbauungsbuch „Evangelisches Handbuch für Christen oder Worte Jesu Christi“; beim Korrekturlesen war ihm übrigens Pfarrer Schöner behilflich.[90] 1801, im Todesjahr Lavaters, brachte Raw dann noch dessen „Sammlung Christlicher Gebether“ heraus, die später zwei weitere Auflagen erlebte.[91] Ferner erschienen in seinem Verlag von 1795 bis 1816 in 30 Heften Jung-Stillings Volksschrift „Der Graue Mann“ und mehrere andere seiner Werke[92], ein Indiz, wie gern man diesen Autor gelesen hat. Jedoch stießen auch manche theologischen Vorstellungen Jung-Stillings in Kreisen der Christentumsgesellschaft auf Kritik oder sogar auf Ablehnung. Vor allem erhob man Einwände gegen seine Berechnung des Weltendes, das er für 1816 mit apokalyptischen Drangsalen prophezeit hatte; für die Frommen gäbe es aber, so hatte er erklärt, im Kaukasus einen Bergungsort, wo sie vor diesen endzeitlichen Trübsalen sicher seien.

Selbstverständlich bediente sich die Nürnberger Partikulargesellschaft bei ihrem Vertrieb von Erbauungsliteratur keineswegs ausschließlich des Raw'schen Sortiments, obgleich dieses äußerst preiswert war und damals von Amerika bis Rußland Absatz fand. Man verbreitete auch Erbauungsschriften aus anderen Verlagen, wofür das vielfach aufgelegte Kommunionsbuch von

---

88 Brief: Johann Tobias Kießling an Ferdinand Heinrich Lempp, 27. Januar 1787, UB Basel, ACG, D, IV, 1, Nr. 4; ausz. gedr. in: ERNST STAEHELIN (Hg.), Christentumsgesellschaft I, 304, Nr. 233.

89 Hierzu und zum Folgenden s. WALTER HAHN, Verlag der Raw'schen Buchhandlung; DERS., Verlag und Sortiment der Joh. Phil. Raw'schen Buchhandlung. Vgl. auch DOROTHEA RAMMENSEE (Bearb.), Bibliographie der Nürnberger Kinder- und Jugendbücher, passim.

90 s. WALTER HAHN, Verlag der Raw'schen Buchhandlung, 142, Nr. 18. Vgl. HORST WEIGELT, Lavater und die Stillen im Lande, 131–132.

91 s. WALTHER HAHN, Verlag der Raw'schen Buchhandlung, 151, Nr. 87 u. 167, Nr. 205; DERS., Verlag und Sortiment der Joh. Phil. Raw'schen Buchhandlung, 140. Vgl. HORST WEIGELT, Lavater und die Stillen im Lande, 176.

92 s. WALTER HAHN, Verlag der Raw'schen Buchhandlung, 146, Nr. 48 („Der Graue Mann“ erschien bis 1816); 149, Nr. 70; 152, Nr. 99; 153, Nr. 108; 155, Nr. 121 u. Nr. 127; 157, Nr. 135b u. Nr. 137; 160, Nr. 156; 163, Nr. 177; 164–165, Nr. 187; 166, Nr. 198 u. 199; 167, Nr. 203; 168, Nr. 213; DERS., Verlag und Sortiment der Joh. Phil. Raw'schen Buchhandlung, 119, 144, 172.

Wilhelm Gottlieb Reiz „Empfindungen des Glaubens vor, bei und nach dem Tische des Herrn“[93] ein Beispiel ist.

Die von der Nürnberger Partikulargesellschaft verteilte Erbauungsliteratur gelangte überwiegend in die Habsburgischen Länder, wie eine briefliche Mitteilung Kießlings, die in den Basler Gesellschaftsbericht[94] eingerückt wurde, zeigt. Darin ließ Kießling wissen, daß ihm dank der Unterstützung des vermögenden Straßburger Kaufmanns Johann Georg Hebeisen[95] aus Tübingen 1000 Exemplare des Kommunionsbuchs von Reiz „zum Austheilen an die evangelische Gemeinen“ zugesandt worden seien. Von dem Bremer Kaufmann Diedrich Titjen[96] habe er fünf Louis d'Or sowie „eine Kiste mit mehr als 300 Stücken Erbauungsbüchern“ und von dem Frankfurter Unternehmer Remigius Eyßen[97] außer den bereits empfangenen 50 Bibeln „noch eine Kiste 350 Pfund schwer mit verschiedenen Erbauungsbüchern, Bibeln, neuen Testamenten“ erhalten.

Zu den missionarischen Aktivitäten der Partikulargesellschaft in Nürnberg gehörte auch ihr Engagement für die erste Deutsche Bibelgesellschaft, die sich hier am 1. September 1804 konstituierte.[98] Der Anstoß dazu war von der British and Foreign Bible Society ausgegangen, die im April dieses Jahres durch Karl Friedrich Adolf Steinkopf[99], seit 1801 Pfarrer an der deutschen lutherischen Savoykirche in London, eine entsprechende Anfrage nach Nürnberg gerichtet hatte.[100] Als in der Sozietät darüber verhandelt wurde, war auch der damals in Nürnberg zu Besuch weilende Diasporaarbeiter Johann Georg Furkel[101] anwesend. Er notierte in sein Diarium: „Am Himmelfahrts Tage [10. Mai 1804] wurde ich zu einer Conferenz der Vorsteher von der

---

93 Gesellschaftsbericht, 2. September 1789, UB Basel, ACG, A, I, 3, 1454–1477, hier 1462; ausz. gedr. in: ERNST STAEHELIN (Hg.), Christentumsgesellschaft I, 340–341, Nr. 275, hier 341. Das Kommunionsbuch von Wilhelm Gottlieb Reiz erschien seit 1764 in mehreren Auflagen in unterschiedlichen Verlagen; ab 1795, in 9. Auflage verlegte es dann Raw; s. WALTER HAHN, Verlag der Raw'schen Buchhandlung, 145, Nr. 44.

94 Gesellschaftsbericht, 2. September 1789, UB Basel, ACG, A, I, 3, 1454–1477, folgende Zitate 1462; ausz. gedr. in: ERNST STAEHELIN (Hg.), Christentumsgesellschaft I, 340–341, Nr. 275, folgende Zitate ebd., 341.

95 Zu Hebeisen s. ERNST STAEHELIN (Hg.), Christentumsgesellschaft I, 37–38.

96 Zu Titjen s. ERNST STAEHELIN (Hg.), Christentumsgesellschaft I, 77.

97 Zu Eyßen s. ERNST STAEHELIN (Hg.), Christentumsgesellschaft I, 28.

98 Über die Entstehung der Nürnberger Bibelgesellschaft und ihre Herausgabe eines Neuen Testaments s. bes. MATTHIAS SIMON, Entstehung des Zentralbibelvereins, 46–53.

99 Zu Steinkopf s. DBA 1220, 126–128; DBA NF 1260, 328; ADB 35, 739–741; BBKL 10, Sp. 1306–1309.

100 Hierzu und zum Folgenden s. WINFRIED EISENBLÄTTER, Steinkopf, 98–99 (wichtige Stationen von Steinkopfs Reise von Stuttgart nach London 1801), 182–201 (über Steinkopfs Bemühungen um Bibelverbreitung). Vgl. Briefexzerpt: Johann Rudolf Huber an Johann Jakob Heß, 1. September 1804, UB Basel, ACG, D, VI, 1, Nr. 2; ausz. gedr. in: ERNST STAEHELIN (Hg.), Christentumsgesellschaft I, 491–492, Nr. 496.

101 Zu Furkel s. bes. Kap. VIII, 328–329.

Deutschen Gesellschaft eingeladen, worinn das vom Pfarrer Steinkopf aus London eingegangene u. seitdem bekannt gemachte Schreiben von dem Entstehen der Bibel Societaet gelesen u. resolvirt wurde, eine ähnliche in Deutschland zu errichten zu suchen."[102]

Wenig später regte Steinkopf auch noch in Basel bei den Mitgliedern des Engeren Ausschusses die Gründung einer Bibelgesellschaft an. Hier war man jedoch der Ansicht, ein solches Unternehmen sollte von beiden Sozietäten gemeinsam in Angriff genommen werden, um eine „äußerste Wohlfeilheit des Preises" für die Bibeln zu erzielen.[103] Der Druckort sollte Nürnberg sein, denn in Basel müßten aus lokalen und kantonalen Gründen „dreyerley Bibeln" gedruckt werden: „die Zürchersche, die von Piscator, u. die von Luther; und es läßt sich nicht wohl erwarten, daß in der Schweitz so reichliche Beyträge zu diesem Zwecke würden zusammen geschoßen werden, daß ein so großes, dreyfaches Unternehmen zu Stande gebracht werden könnte". Dagegen könnte man sich in Nürnberg mit dem Druck der Lutherübersetzung begnügen. Dieser Vorschlag, besonders die Idee des „Zusammenschluß[es]" zu „einer Hauptgesellschaft", stieß in Nürnberg auf begeisterte Zustimmung.[104] Daraufhin wurde am 31. Oktober 1804 in Basel eine Bibelgesellschaft gegründet, die zweite Tochtergesellschaft der Christentumsgesellschaft. Bereits in der konstituierenden Sitzung faßte man den Entschluß, in der Schweiz eine Kollekte zu veranstalten und diese zur Bestreitung der Druckkosten nach Nürnberg zu überweisen, jedoch „unter folgendem unnachläßlichen Bedingniß: daß die Bibel nicht mit kleinern Lettern als denjenigen gedruckt werde wie das Ihnen von Basel übersandte Probeblatt des N[euen] T[estaments]".[105] Auch aus ganz Deutschland flossen bald Spenden zur Unterstützung des Unternehmens nach Nürnberg. Die Herstellung der Bibelausgabe wurde daraufhin hektisch in Angriff genommen und dilettantisch betrieben. Bereits 1806 kam es im Raw'schen Verlag zum Druck eines Neuen Testamentes mit einer Auflagenhöhe von etwa 5000 Exemplaren.[106] Es trug den Titel „Das Neue Testament unsers Herrn und Heylandes Jesu Christi,

---

[102] Johann Georg Furkel, Bericht von seiner Reise 1804, UA Herrnhut, R. 19. B. k. 12. 6.

[103] s. Briefexzerpt: Johann Rudolf Huber an Johann Jakob Heß, 1. September 1804, UB Basel, ACG, D, VI, 1, Nr. 2; ausz. gedr. in: ERNST STAEHELIN (Hg.), Christentumsgesellschaft I, 491–492, Nr. 496, folgendes Zitat ebd., 492.

[104] s. Brief: Johann Gottfried Schöner an Christian Gottlieb Blumhardt, 9. Oktober 1804, StA Basel, SpA, V, 37; ausz. gedr. in: ERNST STAEHELIN (Hg.), Christentumsgesellschaft I, 494–495, Nr. 500, hier 495.

[105] Brief: Johann Rudolf Huber an Johann Gottfried Schöner, 31. Oktober 1804, UB Basel, ACG, D, VI, 1, Nr. 7; ausz. gedr. in: ERNST STAEHELIN (Hg.), Christentumsgesellschaft I, 495, Nr. 501.

[106] Hierzu und zum Folgenden s. WALTER HAHN, Verlag der Raw'schen Buchhandlung, 128–132; MATTHIAS SIMON, Entstehung des Zentralbibelvereins, 50; DERS., Zur Entstehung, 373–374.

verdeutscht von D. Martin Luthern mit jeden Capitels kurzen Summarien auch richtigen Parallelen".[107] Wort- und Sacherklärungen zu einzelnen Versen, die wohl mit an Sicherheit grenzender Wahrscheinlichkeit von Schöner stammen, waren sehr knapp gehalten. Diese Bibelausgabe erwies sich jedoch als recht defizitär, da Schöner einen „unerfahrenen Schriftgiesser und Drucker"[108] mit der Arbeit betraut hatte. Die benutzten Typen waren nicht einheitlich und zum Teil unsauber; auch hatte man schlechtes Papier verwandt, auf dem die Druckerschwärze ungleichmäßig stark haftete. Hinzu kam, daß der Text wegen mangelnder Sorgfalt bei der Korrektur zahlreiche Druckfehler aufwies. Angesichts dieses Fiaskos beschloß man – nach einem längeren Briefwechsel mit dem äußerst deprimierten Pfarrer Schöner[109] –, das gesamte Unternehmen nach Basel zu verlagern und hier eine neue Ausgabe des Neuen Testaments zu veranstalten.[110] Neben der mangelhaften Druckqualität waren wohl vor allem das unzulängliche Management Schöners und auch seine gesundheitliche Instabilität die Gründe dafür, daß man es bei der ersten Auflage bewenden ließ.[111] Der neu projektierten Ausgabe des Neuen Testaments legte man in Basel diejenige Version der Lutherübersetzung zugrunde, die – versehen mit einer Vorrede von Carl Hildebrand von Canstein – erstmals 1712 im Waisenhaus zu Halle erschienen war.[112] Mit der Herstellung beauftragte man den hochqualifizierten Schriftschneider und -gießer Wilhelm Haas[113] sowie den ausgezeichneten Drucker Felix Schneider[114], ein Mitglied der Basler Sozietät der Herrnhuter Brüdergemeine. 1807 erschien „bey der Deutschen Bibel-Anstalt" in Basel „Das Neue Testament unsers Herrn und Heilands Jesu Christi"[115]. Bereits Ende des nächsten Jahres lag dann auch schon die erste in Stereotypdruck erstellte Vollbibel mit den Apokryphen vor: „Die Bibel oder die ganze Heilige Schrift des alten und neuen Testaments, nach der deutschen Übersetzung D. Martin Luthers".[116] 1895 erschien sie in der 60. und letzten Auflage.[117] Von dieser Bibelausgabe sollen

---

[107] Ein Exemplar findet sich in UB Leipzig (Sig. Biblia 1418 g).

[108] HANS HAUZENBERGER, Basel und die Bibel, 75.

[109] Der Briefwechsel mit Schöner findet sich größtenteils in der UB Basel, ACG, D, VK, 1.

[110] Vgl. Brief: Johann Philipp Raw an Johann Rudolf Huber, 28. Dezember 1805, UB Basel, ACG, D, VI, 1, Nr. 26; ausz. gedr. in: ERNST STAEHELIN (Hg.), Christentumsgesellschaft I, 502–503, Nr. 516.

[111] Vgl. MATTHIAS SIMON, Zur Entstehung, 373–374.

[112] Zu dieser Ausgabe s. WILHELM GUNDERT, Geschichte der deutschen Bibelgesellschaften, 21–23.

[113] Zu Haas s. DBA 445, 188–190.

[114] Zu Schneider s. DBA 1125, 121–122. Vgl. FRITZ GRIEDER, Felix Schneider.

[115] Hierzu und zum Folgenden s. HANS HAUZENBERGER, Basel und die Bibel, 76.

[116] Über diese Basler Bibel s. WILHELM GUNDERT, Geschichte der deutschen Bibelgesellschaften, 61–62; ALBERT OSTERTAG, Bibel, 151–161.

[117] Die Vorrede der letzten Auflage von 1895 enthält einen kurzen Überblick über die Geschichte dieser Bibelausgabe.

insgesamt etwa eine halbe Million Exemplare verkauft oder verteilt worden sein.

2. *Auswärtige Geschwister und Freunde der Herrnhuter Brüdergemeine – Ihr religiöses Leben und ihre Betreuung durch Diasporaarbeiter*

In einer Reihe von Orten Frankens und Ostschwabens gab es während der Zeit des späteren Pietismus Erweckte, die der Herrnhuter Brüdergemeine als auswärtige Geschwister angehörten oder ihr als Freunde nahestanden. Sie trafen sich sporadisch oder regelmäßig zu Veranstaltungen, in denen man die Bibel oder auch Erbauungsschriften las, geistliche Lieder sang, gemeinsam betete und einander geistlichen Beistand leistete. Seelsorgerlich betreut wurden sie vor allem durch Sendboten der Brüdergemeine, die sie durch ihre Besuchsreisen zugleich auch untereinander verbanden. Da die Diasporatätigkeit sowohl für die Freunde als auch für die auswärtigen Geschwister der Brüdergemeine von so grundlegender Bedeutung war, sollen zunächst die Biogramme derjenigen Sendboten skizziert werden, die im letzten Drittel des 18. und in den zwei ersten Jahrzehnten des 19. Jahrhunderts im Gebiet des heutigen Bayerns wirkten. Sodann soll der Blick auf die Verbreitung des Herrnhutertums in diesen Territorien gelenkt werden. Hierbei wird vor allem auf diejenigen Regionen und Orte einzugehen sein, in denen damals eine etwas größere Anzahl von herrnhutisch Gesinnten lebte. In diesem Zusammenhang wird auch die individuelle und gemeinschaftliche Gestaltung ihres religiösen Lebens darzustellen sein. Schließlich soll nach dem Verhältnis der Freunde und auswärtigen Geschwister der Brüdergemeine zu Anhängern anderer Frömmigkeitsrichtungen gefragt werden. Hierbei wird deutlich werden, daß sie – von Ausnahmen abgesehen – zwar in ängstlicher Distanz zur Welt, aber nicht in strikter Isolierung gegenüber anderen Frömmigkeitsbewegungen gelebt haben. Vor allem hatten sie damals mannigfache Kontakte zu Mitgliedern der Christentumsgesellschaft sowie der Allgäuer katholischen Erweckungsbewegung.

a) Herrnhuter Sendboten und ihre seelsorgerlichen Besuchsreisen

Das Diasporawerk erfuhr nach dem Tod Zinzendorfs eine Umstrukturierung und Konsolidierung.[118] Wie in anderenTerritorien des Deutschen Reichs erlebte es in den 70er und vor allem in den 80er Jahren auch in Franken und Ostschwaben ein großes Wachstum. Diese Blütezeit wurde jedoch durch die

---

[118] Über die Anfänge und Entwicklung des Diasporawerks s. Kap. VII, 288–301.

Wirrnisse der beiden Koalitionskriege und in Folge der Napoleonischen Feldzüge sowie durch die politischen Umwälzungen stark beeinträchtigt.

Von Sommer 1760 bis 1773 hatte man, wie bereits erwähnt, dem gebürtigen Augsburger Johann Jakob Dupp die Betreuung der Diasporageschwister in Franken anvertraut.[119] Als er 1773 aus Alters- und Gesundheitsgründen seinen Dienst aufgeben mußte, wurde er von dem Stettiner Christian Andreas Hofmann[120], einem gelernten Zinngießer, abgelöst. Seit Frühjahr 1774 bereiste er, wie sein Vorgänger von Ebersdorf aus, zusammen mit seiner dort aufgewachsenen Frau Eleonora Benigna[121], neben dem Vogtland und dem Erzgebirge auch die fränkischen Gebiete.[122] Als ihm 1780 die Betreuung der Brüdergemeine in Haarlem übertragen wurde, ging die fränkische Diasporaarbeit auf Johann Christian Grasmann über.

Grasmann[123], 1745 im holsteinischen Gemeinort Pilgerruh geboren, verbrachte seine Kindheit und Jugend in mehreren Siedlungen der Herrnhuter Brüdergemeine und erlernte in der Unitätsdruckerei von Barby das Buchdruckerhandwerk. Als Fünfjähriger war er Zinzendorf noch persönlich begegnet, als er in der Kinderanstalt in Großhennersdorf untergebracht war, wo damals der Graf mit seiner Familie auf Schloß Friedburg wohnte. Zusammen mit den anderen Kindern habe er sich, so berichtete er in seinem Lebenslauf, immer darauf gefreut, wenn Zinzendorf mit ihnen „das Sabbaths-Liebesmahl hielt, welches in Butterschnitten und Thee bestund. Die Verse, welche gesungen wurden, pflegte er auf Frage und Antwort zu richten und ließ sich von einem und andern Kinde die Tages-Loosung, welche damals für die Kinder in deutscher, lateinischer und griechischer Sprache gedruckt wurden, auswendig hersagen“[124]. Von Ebersdorf aus versorgte Grasmann von Frühjahr 1781 bis Herbst 1787 die fränkischen Gebiete.[125] Unterstützt wurde er hierbei von seiner Frau Sophia Catharina, geborene Schwäger, und nach deren Tod 1784 von seiner zweiten Frau Anna Sophia, geborene Nietsche.

---

119 Hierüber s. bes. Kap. VII, 298–301.

120 Zu Hofmann s. UA Herrnhut, Dienerblätter. Biographische Übersichten von Personen, die im Dienst der Brüdergemeinde standen, H–J.

121 Zu Hofmann, geborene Vollrath s. Lebenslauf, UA Herrnhut, R. 22. 68. 82.

122 Über Hofmanns Reisetätigkeit s. Diarium von der „Besuchsreise in der Fränkischen u. Schwäbischen Diaspora, vom 8. April bis 16. Juny 1774“, UA Herrnhut, R. 19. B. k. 8. b. 14; sein „Bericht v. s. Besuch in der Fränk. Diaspora Ao 1776“, ebd., 15; „Berichtsbrief von 1780“, ebd., 17.

123 Zu Grasmann s. Lebenslauf, UA Herrnhut, R. 22. 42. 12; vgl. GN 1829, II. Teil A. 3.

124 Johann Christian Grasmann, Lebenslauf, UA Herrnhut, R. 22. 42. 12.

125 Über seine Reisetätigkeit s. Berichte von 1781–1787, UA Herrnhut, R. 19. B. k. 10. a. 1–3 u. 5–8.

Als man Grasmann zur Betreuung der Sozietät in und um Basel abordnete, wurde der Schlesier Gottlob Friedrich Burghardt[126], der in Oels und Danzig sowie Elbingen eine Ausbildung als Chirurg erhalten hatte, sein Nachfolger. Die Brüdergemeine hatte er Ende 1750 in dem sieben Jahre zuvor entstandenen schlesischen Gemeinort Gnadenfrei kennengelernt. Über diese erste Begegnung berichtete er später in seinem Lebenslauf: „Ich kann nicht ausdrücken, was in meinem Innersten vorging, da ich Gnadenfrey, den ersten Gemeinort, den ich sah, erblickte. Und der Anblick der Gemeine auf dem Saale u. ihr Gesang gab mir einen himmlischen Eindruck; ja es war mir, als wenn auch alle leblosen Sachen mich anlachten und sich mit mir freueten. O wie dankbar war ich dem H[ei]l[an]d, daß Er mich hierher gebracht!“[127] Da der bisherige Wundarzt Gnadenfrei gerade verlassen hatte, wurde ihm sogleich gestattet, sich hier als Chirurg niederzulassen; in die Gemeine wurde er jedoch erst Anfang 1752 aufgenommen.

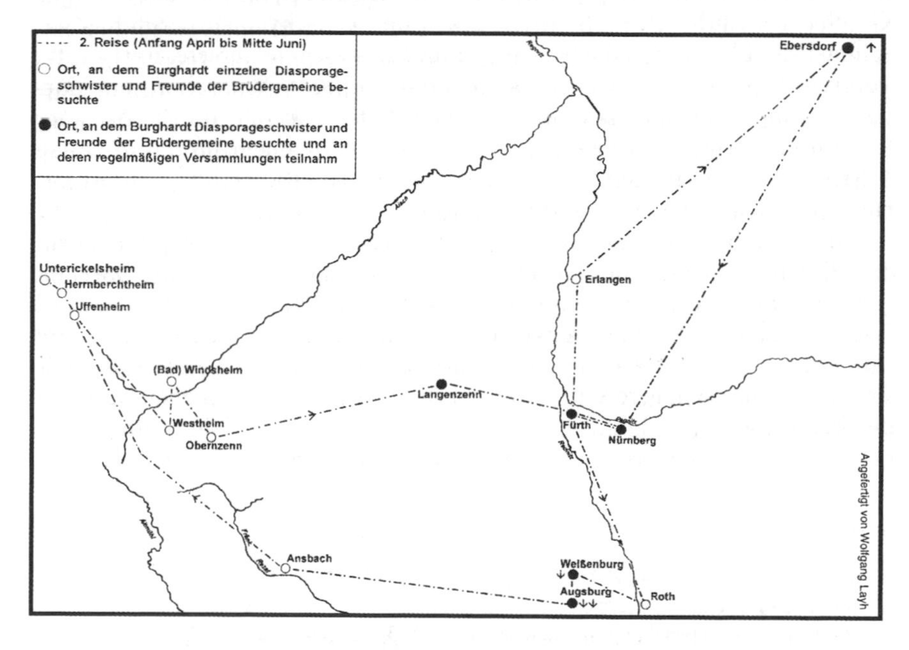

Abbildung 24. Reiseroute des Diasporaarbeiters Gottlob Friedrich Burghardt durch Franken und Ostschwaben im Frühjahr 1790.
Aus: Horst Weigelt, Die Diasporaarbeit der Herrnhuter Brüdergemeine in Franken während des Alten Reiches, in: ZBKG 64 (1995), 59.

---

[126] Zu Burghardt s. Lebenslauf, UA Herrnhut, R. 22. 31. 9; vgl. GN 1803, Beil. IX. II. 2.

[127] Gottlob Friedrich Burghardt, Lebenslauf, UA Herrnhut, R. 22. 31. 9; das folgende Zitat ebd.

Später hielt er sich auch noch in anderen Gemeinorten auf, u. a. in Herrnhut, wo sich ihm die Gelegenheit bot, „den theuern ehrwürdigen lieben Jünger, den sel[igen] Graf Zinzendorf zu sehen u. auf dem Saal zu hören". Seit Ende 1787 versorgte er die fränkischen und ostschwäbischen Gebiete zusammen mit seiner Frau Johanna Elisabeth, geborene Hoffmann.[128] Nach ihrem frühen Tod setzte er acht Jahre lang seine Besuchsreisen alleine fort. Auf diesen suchte er Kontakte zu Anhängern der Christentumsgesellschaft und der Allgäuer katholischen Erweckungsbewegung, war aber auch an Gesprächen mit evangelischen Pfarrern sehr interessiert.

Burghardt wurde dann durch den Schwarzwälder Wilhelm Ludwig Degeler[129] ersetzt, der 1781 in Herrnhut der Brüdergemeine beigetreten war. Nachdem er zehn Jahre lang in der dortigen renommierten Großhandelsfirma Abraham Dürninger[130] u. Co. tätig gewesen war und in den Gemeinorten Kleinwelka in der Niederlausitz und Gnadenfeld in Oberschlesien verschiedene Ämter innegehabt hatte, wurde er „zur Bedienung unserer auswärtigen Geschwister und Freunde"[131] in Franken und Ostschwaben berufen. Zwischen 1798 bis 1802 bereiste er die ihm zugewiesenen Gebiete, unterstützt von seiner Ehefrau Anna Barbara, geborene Boller.[132] Wie schon sein Vorgänger Burghardt interessierte er sich von Anfang an sehr für die Allgäuer katholische Erweckungsbewegung und nahm zu einigen ihrer führenden Vertreter Verbindung auf, so zu Johann Baptist von Ruoesch[133], dem Regierungspräsidenten des Fürstentums Oettingen-Spielberg.

Von 1803 bis 1808 übernahm dann der tatkräftige und geistig ungemein rege Diasporaarbeiter Johann Georg Furkel[134] zusammen mit seiner zweiten Frau Susanna Catharina, geborene Benkert, die Betreuung des Distrikts.[135] Furkel stammte aus Ansbach, wo er nach dem Schulbesuch eine Sattlerlehre durchlaufen hatte. Auf seiner Gesellenreise kam er 1778 in Zürich mit der Brüdergemeine in nähere Verbindung. 1782 besuchte er den Gemeinort Gnadenfrei, wo seine Aufnahme in die Brüdergemeine erfolgte. Nachdem er einige Jahre in Gnadenberg als Diasporaarbeiter für den schlesischen Teil des

---

128 Über Burghardts Reisetätigkeit s. Berichte von 1787–1797, UA Herrnhut, R. 19. B. k. 11. 1–6 u. 8–12.

129 Zu Degeler s. Lebenslauf, UA Herrnhut, R. 22. 37. 17; vgl. GN 1827, II. Teil A. 5.

130 Zu Dürninger s. DBA NF 296, 414–443; NDB 4, 172–173.

131 Anna Barbara Degeler s. Lebenslauf, UA Herrnhut, R. 22. 37. 17.

132 Über Degelers Reisetätigkeit s. Berichte von 1798-1802, UA Herrnhut, R. 19. B. k. 12. 1–4. 1802 wurde er als Diasporaarbeiter nach dem Gemeinort Neudietendorf und ein Jahr später nach Berlin versetzt.

133 Zu Ruoesch s. HILDEBRAND DUSSLER, Feneberg, 128–130.

134 Zu Furkel s. Lebenslauf, UA Herrnhut, R. 22. 31; vgl. GN 1838, 431–456. Sehr interessant sind auch Furkels „Wahre, christliche Anecdoten und Erzählungen aus dem Leben und Wirken eines alten Pilgers", UA Herrnhut, R. 22, 42. 10.

135 Dazu gehörte nun auch noch Württemberg.

Riesengebirges und in Berthelsdorf als Vorsteher der dortigen Brüdersozietät tätig gewesen war, wurde er 1803 nach Ebersdorf abgeordnet, um von hier aus Franken und Ostschwaben zu versorgen. Eine kontinuierliche Reisetätigkeit war ihm jedoch wegen der Kriegswirren nicht möglich. Aus seinen recht detaillierten Reiseberichten[136] wird deutlich, wie auch er Kontakt zu wichtigen Vertretern der Allgäuer katholischen Erweckungsbewegung gesucht und gefunden hat. Er lernte sowohl deren führende Geistliche, wie Johann Michael Feneberg[137], Johannes Evangelista Goßner, Franz Xaver Bayr, Johann Baptist Langenmeyer[138] und Andreas Siller[139], als auch deren einflußreiche Laien, u. a. Johann Baptist von Ruoesch, kennen.[140] Auch Professor Johann Michael Sailer[141], den stillen Protektor der frühen Allgäuer Erweckungsbewegung, suchte er im Juli 1805 in Landshut auf. Nachdem dieser ihn, so berichtete er in seinem Diarium, „herzlich gegrüßt u. geküßt hatte", führte er ihn „zu dem an seiner Wand hängenden Bildnis des sel[igen] Br[uders] Spangenbergs[142] und sagte: Diesen Mann schätze ich sehr"[143].

Auf Furkel folgte Georg Conrad Leupold[144]. Obgleich er schon 1808 seinen Dienst in Bayern, seit 1806 Königreich, antrat, besuchte er erst ein Jahr später die fränkischen und ostschwäbischen Gebiete.[145] Allerdings machte seine Ausreise auf das westindische Missionsfeld noch im selben Jahr einen erneuten Wechsel in der Diasporaarbeit notwendig. Seinen Platz nahm von 1809 bis 1812 Johann Daniel Suhl[146]ein, der in dürftigsten Verhältnissen in Bellenhausen im Herzogtum Sachsen-Meiningen aufgewachsen war und das Leineweberhandwerk erlernt hatte. Nach seiner religiösen Erweckung besuchte er von Walthershausen aus, wohin er auf seiner Gesellenreise gelangte, mehrfach den Gemeinort Neudietendorf und wurde hier schließlich 1782 in die Gemeine aufgenommen. In der Folgezeit wurde er hier sowie später in Gnadenfeld und Niesky mit Erziehungsaufgaben betraut, bis er 1809 nach

---

136 Über Furkels Reisetätigkeit s. Berichte von 1803–1807, 1807–1808, UA Herrnhut, R. 19. B. k. 12. b. 5–8 u. 10–11.

137 Zu Feneberg s. DBA 313, 314–316; DBA NF 360, 411–451; ADB 6, 619–620; NDB 5, 77; BBKL 2, Sp. 15–16. Vgl. HILDEBRAND DUSSLER, Feneberg.

138 Zu Langenmeyer s. HILDEBRAND DUSSLER, Feneberg, 118–124.

139 Zu Siller s. HILDEBRAND DUSSLER, Feneberg, 101–102.

140 s. Johann Georg Furkel, Etwas von der Bekehrungs und Verfolgungs Geschichte etlicher catholischer Geistlicher im Kemptischen (1803), UA Herrnhut, R. 19. B. k. 12. 5.

141 Zu Sailer s. DBA 1075, 75–153; DBA 1116, 400–434; ADB 30, 178–192; BBKL 8, Sp. 1182–1197.

142 August Gottlieb Spangenberg (1704–1792), wichtigster Mitarbeiter Zinzendorfs und behutsamer Neuorganisator der Brüder-Unität.

143 Johann Georg Furkel, Bericht von 1805, UA Herrnhut, R. 19. B. k. 12. b. 7.

144 Zu Leupold s. Lebenslauf, UA Herrnhut, R. 22. 38. 4; vgl. GN 1834, 769–786.

145 Über Leupolds Reisetätigkeit s. Bericht von 1809, UA Herrnhut, R. 19. B. k. 13. a. 3.

146 Zu Suhl s. Lebenslauf, UA Herrnhut, R. 22. 41. 33; vgl. GN 1840, 693–709.

Ebersdorf entsandt wurde. Begleitet von seiner aus Weißenburg stammenden Frau Maria Magdalena, geborene Huß, bereiste Suhl von 1810 bis 1812 dasKönigreich Bayern.[147]

Sein Nachfolger wurde Gottfried Besel[148], der erst wieder 1816 und 1817 Besuchsreisen in Franken und Ostschwaben durchführen konnte.[149] Auch er hatte recht intensive Kontakte zur Nürnberger Partikulargesellschaft sowie zu Anhängern der Allgäuer katholischen Erweckungsbewegung.

Als 1817 die Diasporaarbeit schließlich Johann Christian Adam[150] übertragen wurde, konnte er das Gebiet des Königreichs Bayern nicht bereisen, „da [...] der Besuch im Bayrischen von dasiger Landes-Regierung aus verboten worden“[151] war. Deshalb richtete die Unitäts-Ältesten-Konferenz 1819 eine Bittschrift an König Maximilian I. Joseph von Bayern, auf die aber offensichtlich keine Antwort erfolgt ist.

Die Sendboten der Brüdergemeine bereisten ihr Gebiet oft unter großen Strapazen, zumal sie aus finanziellen Gründen, aber wohl auch aus internalisierter Bescheidenheit die häufig unwegsamen Straßen überwiegend zu Fuß zurücklegten. Sodann hatten sie hinsichtlich Kost und Unterkunft große Einschränkungen und Molesten auf sich zu nehmen. Die Logis, die sie gemeinhin bei Freunden oder auswärtigen Geschwistern der Brüdergemeine erhielten, waren teilweise recht armselig, gelegentlich auch unhygienisch. So berichtete Johann Jakob Dupp, daß er und seine Frau Anfang September 1760 in Erlangen bei dem herrnhutisch gesinnten Ehepaar Leonhard und Maria Kunigunda Haller in „ein kleines Kämmerchen einlogiert“ worden seien, darin sich nur „eine alte Bethstelle“ befunden habe.[152] Der Raum selbst sei „vielleicht von dem Ungeziever in etlichen Jahren nicht gereiniget worden, daher die Wände sogar angefüllt waren“, so daß sie des „Nachts öfter“ aufgewacht seien. „Ihn [Dupp] beunruhigte einmal eine horrible große Wanze im linken Ohr.“ Er „wußte anfänglich nicht, was es war, nahm sie heraus und schmieß sie weg“; an dem „absurde[n] und häßliche[n] Gestank“ merkte er dann, „was es war“. Trotzdem harrte das Ehepaar „unter vielem Eckel“ in diesem Logis aus, um seine Gastgeber nicht zu brüskieren. Allerdings haben sie es ihnen bei der Verabschiedung „gesagt und gezeiget; die armen Leute waren verlegen und wußten es nicht besser zu machen“.

---

[147] Über Suhls Reisetätigkeit s. Berichte von 1810–1812, UA Herrnhut, R. 19. B. k. 13.b. 4, 7 u. 9.

[148] Zu Besel s. UA Herrnhut, Dienerblätter. Biographische Übersichten von Personen, die im Dienst der Brüdergemeine standen, A–Bl.

[149] Über Besels Reisetätigkeit s. Berichte von 1816 u. 1817, UA Herrnhut, R. 19. B. k. 13. c. 13 u. 15.

[150] Zu Adam s. Lebenslauf, UA Herrnhut, R. 22. 39. 3; vgl. GN 1837, 669–674.

[151] Carl Friedrich Enkelmann, Reisebericht von 1820, UA Herrnhut, R. 19. B. k. 14. a. 2.

[152] Catalogus der Fränkischen Diaspora, UA Herrnhut, R. 10. B. k. 7. a. Die folgenden Zitate ebd.

Die Diasporaarbeiter suchten auf ihren Rundreisen, die sie in der Regel einmal jährlich unternahmen, Kontakte zu Pietisten unterschiedlicher Observanz, in erster Linie natürlich zu solchen, die der Brüdergemeine nahe standen oder auswärtige Geschwister waren. Diese suchten sie geistlich zu betreuen, d. h. zu einem „täglichen Umgang mit dem Heiland"[153] zu führen und zu einem intensiven religiösen Gemeinschaftsleben anzuhalten. Es ging ihnen also einerseits um Seelsorge und andererseits um Gemeinschaftspflege. Diese doppelte Zielsetzung thematisierten die Diasporaarbeiter in Einzel- und Gruppengesprächen, in Hausandachten und Versammlungen. Letztere fanden gemeinhin nur an den Orten statt, in denen sich Diasporageschwister zu „Verbundenen Häuffleins" zusammengeschlossen hatten. Hier versammelten sich jedoch häufig auch weiter voneinander entfernt lebende Anhänger und Freunde der Brüdergemeine spontan, wenn brüderische Sendboten an einem Ort zu Besuch weilten.

Begleitet und unterstützt wurden die Diasporaarbeiter fast immer von ihren Ehefrauen. Um von vornherein jeglichen Verdacht auszuschließen, war es den Diasporaarbeitern nämlich nur bei deren Anwesenheit gestattet, Seelsorge an anderen Frauen zu üben. Ihre mitreisenden Ehefrauen übernahmen aber in der Regel diese Aufgabe.

Wie im Diasporawerk allgemein üblich, hatten auch die Sendboten in den fränkischen und ostschwäbischen Gebieten der Unitäts-Ältesten-Konferenz von ihrer Reisetätigkeit schriftlich Bericht zu erstatten, was meistens in Form von tagebuchähnlichen Aufzeichnungen geschah. Selbstverständlich differieren diese Berichte erheblich wegen des recht unterschiedlichen Bildungsstands und Wahrnehmungsvermögens der einzelnen Diasporaarbeiter sowie ihrer verschiedenen Reflektionsfähigkeit und Spiritualität. Insgesamt vermitteln sie jedoch wertvolle Kenntnisse über die damalige Verbreitung und Struktur des Herrnhutertums und eröffnen interessante Einsichten in Verkündigung und Seelsorgepraxis der Diasporaarbeiter.

Als die bayerische Regierung am 24. März 1809 ein allgemeines Konventikelverbot verhängte[154], durch das „alle geheimen gottesdienstlichen Versammlungen verboten"[155] wurden, war auch die Tätigkeit der Diasporaarbeiter betroffen. Künftig war es „blos dem Hausvater erlaubt, mit den Seinigen

---

[153] Über den Begriff s. Kap. VII, 264, Anm. 54.

[154] Königlich-Baierisches Regierungsblatt, 1809, 897–920: „Edikt über die äussern Rechts-Verhältnisse der Einwohner des Königreiches Baiern, in Beziehung auf Religion und kirchliche Gesellschaften, zur näheren Bestimmung der §§ VI. und VII. des ersten Titels der Konstitution", hier 899: „§. 5. Sobald aber mehrere Familien zur Ausübung ihrer Religion sich verbinden, so wird jederzeit hiezu Unsere ausdrückliche Genehmigung erfodert, nach dem im zweiten Abschnitte folgenden näheren Bestimmungen. §. 6. Hienach sind alle heimliche Zusammenkünfte, unter dem Vorwande des häuslichen Gottes-Dienstes, verboten."

[155] Berichte über die Ebersdorfer Diaspora von 1811, UA Herrnhut, R. 19. B. k. 13. 7.

Morgen- und Abendandacht zu halten, wobey aber von den Nachbarn niemand erscheinen sollte. Nur die sollten geduldet werden, die von dem Könige direct Erlaubniß bekommen" hatten. Dieses Konventikelverbot wurde zwar nicht überall und stets streng befolgt, jedoch schritt die Obrigkeit ein, sobald sie von dessen Nichtbeachtung erfuhr. So kam der Diasporaarbeiter Johann Daniel Suhl 1812 mit der Polizei in Konflikt, als er in Augsburg an einer Zusammenkunft der auswärtigen Geschwister und Freunde teilnahm.[156]

Aufgrund einer behördlichen Anzeige erließ die bayerische Regierung im Frühjahr 1813 eine weitere Verordnung[157], durch die die Diasporaarbeit praktisch zum Erliegen kam. Es wurde nämlich den „sich so nennenden Assoziirten der Herrnhuter-Brüder-Gemeinde" zwar die „Erlaubniß zu ihren Privat-Andachten unter Aufsicht der Polizei ertheilt", weiterhin blieb es aber „strengstens untersagt, mit auswärtigen Brüder-Gemeinden, deren geistlichen oder weltlichen Vorstehern oder Missionären in irgend einer Verbindung zu stehen, – von ihnen Visitationen oder Verhaltungsvorschriften anzunehmen, oder die Brüder-Gemeinde mit Geldbeiträgen zu unterstützen". Daraufhin haben in den nächsten drei Jahren keine Sendboten der Herrnhuter Brüdergemeine mehr bayerisches Gebiet betreten.[158]

b) Herrnhutertum zwischen 1780 und 1813/15

In der Zeit des Spätpietismus gab es in mehreren fränkischen und ostschwäbischen Dörfern und vor allem in den Städten Anhänger und Freunde der Brüdergemeine. Für das Jahr 1770 listete beispielsweise der Diasporaarbeiter Dupp in seinem Bericht 25 Orte auf, in denen er insgesamt 367 Erweckten einen Besuch abgestattet hatte.[159] 1788 wußte der Diasporaarbeiter Burghardt von „etliche[n] u. 20 Orten" zu berichten[160], und 1808 teilte Furkel mit, daß er „an 16 Orte besucht und 362 Geschwister und Freunde gesprochen habe"[161]. Die Gesamtanzahl der Freunde und auswärtigen Geschwister

---

[156] Johann Daniel Suhl, Reisebericht von 1812, UA Herrnhut, R. 19. B. k. 13. b. 9.

[157] G[EORG F.] DÖLLINGER, Sammlung der im Gebiete der inneren Staats-Verwaltung des Königreiches Bayern bestehenden Verordnungen, aus amtlichen Quellen geschöpft und systematisch geordnet, Bd. 8, 3, München 1838, 1787, § 1792 (Erlaß, München 29. April 1813); die folgenden Zitate ebd.

[158] Erst Carl Friedrich Enkelmann (zu Enkelmann s. Lebenslauf, UA Herrnhut R. 22. 51. 12; vgl. GN 1863, I, 785–796), seit 1818 Diasporaarbeiter des Ebersdorfer Distrikts, unternahm seit 1820 wieder Reisen ins Königreich Bayern; über Enkelmanns Reisetätigkeit s. Berichte von 1820–1821, 1823–1824, 1826–1830, UA Herrnhut, R. 19. B. k. 14. a. 2–3, 5–6 u. 8–15.

[159] s. Auszug aus den Diaspora-Berichten, 1770, UA Herrnhut, R. 19. A. b. 10.

[160] Gottlob Friedrich Burghardt, Bericht von 1788, UA Herrnhut, R. 19. B. k. 11. 2.

[161] Johann Georg Furkel, Bericht von 1808, UA Herrnhut, R. 19. B. k. 12. 8.

im Gebiet des heutigen Bayerns, die über viele Jahre hinweg bemerkenswert konstant blieb, war also prozentual gesehen verschwindend klein.

Zumeist lebten die Anhänger und Freunde der Brüdergemeine vereinzelt oder hatten zwei und drei Gleichgesinnte am selben Wohnort oder in der näheren Umgebung. Nur in einigen größeren Städten war damals ihre Anzahl etwas größer. In Franken handelte es sich um die Städte Fürth und Nürnberg, Bayreuth, Hof und Wunsiedel sowie Ansbach und Langenzenn. In Ostschwaben galt dies für Augsburg, Nördlingen und Oettingen. Mit Einschränkungen kann auch die damalige Residenzstadt Coburg zu den Städten gerechnet werden, in denen – zumindest für einige Jahrzehnte – ein kleiner Kreis von Freunden der Brüdergemeine existierte.[162] Allerdings wurde das Coburger Gebiet von den Diasporaarbeitern offensichtlich nicht regelmäßig besucht.[163] Die zahlenmäßig größten und aktivsten Gemeinschaften bestanden damals zweifelsohne in Nürnberg und Fürth sowie vor allem in Augsburg.[164]

Diejenigen Anhänger und Freunde der Brüdergemeine, die an ihren Wohnorten nur mit ihren Familien oder allenfalls mit ganz wenigen Gleichgesinnten lebten, hielten meist keine regelmäßigen Konventikel ab, sondern versammelten sich höchstens sporadisch.[165] Jedoch bildeten sie mit ihren Familien sog. „Hauskirchen", die in der Brüdergemeine hochgeschätzt wurden. Hier stand der jeweilige Hausvater seiner Familie gleichsam als „Priester und Liturgus" vor, und zwar als einer, der nicht nur mit „seinem heiligen und exemplarischen Wandel prediget, sondern auch täglich seine Familie, Kinder und Gesinde, dem treuesten Herzen Jesu empfielt, sie mit gesalbten Herzen und Munde zum Heiland hinweist"[166]. Bei diesen täglichen Hausandachten verwandte man neben den Losungen der Brüdergemeine auch deren Liederbücher. Ansonsten las man besonders gern die „Gemeinnachrichten", die allerdings nicht jeder ohne weiteres erhielt.[167] Durch dieses Journal wurden die in der Diaspora lebenden herrnhutisch Gesinnten auch mit den weltweiten Aktivitäten der Brüdergemeine vertraut gemacht. Zugleich bekamen sie dadurch aber auch Informationen über fremde Völker und Kulturen, unbekannte Sitten und Gebräuche und nicht zuletzt über andere Religionen.

---

[162] s. RAINER AXMANN, Coburg, Zinzendorf und die Herrnhuter Brüdergemeine.

[163] So fehlen von 1769 bis 1786 entsprechende Aufenthaltshinweise in den Reiseberichten der Diasporaarbeiter.

[164] s. z. B. Gottlob Friedrich Burghardt, Bericht von 1788, UA Herrnhut, R. 19. B. k. 11. 2: „Hier [sc. Fürth] ist – Augsburg ausgenommen – das größte verbundene Häuflein von 21 Personen".

[165] s. HORST WEIGELT, Diasporaarbeit.

[166] Schreiben des Directorii betreffend die Arbeit der Brüder in den Religionen und in specie die Bedienung der Diaspora in denselben, 27. November 1767, UA Herrnhut, R. 19. A. b. 1. 6.

[167] Über die Empfänger der Gemeinnachrichten existieren Listen.

Vor allem an Festtagen wallfahrteten Anhänger und Freunde der Brüdergemeine nicht selten zu den Gemeinorten, die in der Nähe ihrer jeweiligen Wohnsitze lagen oder wohin sie verwandtschaftliche oder persönliche Beziehungen hatten.[168] Diese Brüdersiedlungen erschienen ihnen wegen der Mannigfaltigkeit und Intensität des religiösen Lebens oft als Orte einer höheren Welt. Nach solchen Besuchen erwachte in ihnen nicht selten das brennende Verlangen, für immer dorthin zu ziehen, was sich allerdings nur in seltenen Fällen realisieren ließ.

Überall dort aber, wo in einer Stadt oder einem Markt eine größere Anzahl von auswärtigen Geschwistern lebte, wie in Augsburg, Fürth oder Nürnberg, kam es zur Bildung von „Verbundenen Häuffleins", die regelmäßige Versammlungen abhielten. Für diese Vergesellschaftungen war ein Leiter verantwortlich, der gelegentlich von einem oder mehreren Helfern unterstützt wurde. Dieser „Verbundenen Häuffleins" nahmen sich die Diasporaarbeiter stets in besonderer Weise an, wenn sie für kürzere oder längere Zeit am Ort weilten. Ihre Versammlungszeiten legten sie zeitlich so, daß sie keinesfalls mit kirchlichen Veranstaltungen kollidierten, um so von vornherein Konflikte mit der Obrigkeit zu vermeiden. Auch ist zu bedenken, daß die Anhänger und Freunde der Brüdergemeine in aller Regel an den allgemeinen Gottesdiensten teilnahmen. Gelegentlich hatten einzelne Pfarrer auf dem Land oder in der Stadt sogar ein freundliches Verhältnis zu ihnen. Allerdings ist für die damalige Zeit kein einziger Fall bekannt, wo ein Pfarrer diese Zusammenkünfte regelmäßig besucht hätte.

In diesen Versammlungen standen freies Gebet und Gesang sowie kurze erbauliche Ansprachen im Mittelpunkt. Hierbei verwandte man in der Regel unkritisch die alt- und neutestamentlichen Texte, die das Losungsbüchlein für den jeweiligen Tag vorsah. Häufig wurde auch aus den „Gemeinnachrichten" vorgelesen, um Informationen aus dem Leben der Brüdergemeine und besonders Neuigkeiten vom Missionsfeld zu vermitteln. Außerdem wurden gelegentlich ausgewählte Abschnitte aus Schriften Zinzendorfs gelesen.

An den Versammlungen durften aber auch Männer und Frauen teilnehmen, die nicht zu den auswärtigen Geschwistern oder Freunden der Brüdergemeine gehörten. Sie stellten sich offensichtlich besonders gern bei Anwesenheit von Diasporaarbeitern oder anderen brüderischen Sendboten ein. So notierte beispielsweise Burghardt in seinem Rechenschaftsbericht von 1790, daß bei seinem Aufenthalt in Nürnberg Anfang Juni auch Johann Tobias Kießling und andere Mitglieder der Christentumsgesellschaft an der Versammlung teilgenommen hätten. „Auch waren einige gantz neue gekommen, die es nur zufälliger Weise gehört, daß der Besuch aus der Gemeine wieder da sey, und hatten sichs ausgebeten, einer Versamlung beyzuwohnen, und

[168] Von Franken und Ostschwaben aus begab man sich gern nach Ebersdorf, Herrnhaag und Marienborn, gelegentlich aber auch in das entfernte Herrnhut.

hatten nachhero sich geäußert, wie schätzbar und gesegnet ihnen das Gehörte an ihrem Hertzen sey."[169]

Dagegen wurde das Chorwesen, das wohl entscheidende Strukturprinzip der Brüdergemeine, lediglich in Fürth, Augsburg und Nürnberg partiell und zeitweise praktiziert; denn hier wurden nur die ledigen Brüder und die unverheirateten Schwestern eine Zeitlang zu Chören zusammengefaßt. Das religiöse Leben war also selbst in den Orten, in denen es noch relativ viele auswärtige Geschwister der Brüdergemeine gab, auch nicht ansatzweise so vielgestaltig wie in den Gemeinorten.

Damals gab es in einigen Orten im Gebiet des heutigen Bayerns auch Personen von höherem gesellschaftlichen Rang, die sich der Brüdergemeine freundschaftlich verbunden fühlten oder zu ihr Kontakte hatten. Jedoch war ihre Anzahl nicht groß und der Anteil des Adels sehr gering. Namentlich aufgeführt sind in den Reiseberichten von 1760 bis 1815 lediglich folgende Adlige: Johann Christian Daniel Edler von Schreber[170] und Eleonora Albertina Maria Buirette von Oehlefeldt[171] aus Erlangen, der Württembergische Gesandte in Regensburg Christoph Johann Karl von Seckendorff[172], Generalleutnant Karl Philipp von Unruh[173] aus Bayreuth, der Präsident des Oettingischen Fürstentums Johann Baptist von Ruoesch und Franz Xaver Joseph von Ruffin[174], Besitzer des Schloßes Weyhern bei Baindlkirch; die beiden letzteren waren engagierte Anhänger der Allgäuer katholischen Erweckungsbewegung.

Hinsichtlich der Pfarrer, die von den Sendboten der Brüdergemeine besucht wurden, sind in den Diasporaberichten zwischen 1774 und 1784 folgende genannt: in Windsheim Georg Christoph Reiz[175], der früher Informa-

---

169 Gottlob Friedrich Burghardt, Bericht von 1790, UA Herrnhut, R. 19. B. k. 11; gedr. in: HORST WEIGELT, Diasporaarbeit, 64.

170 Zu Schreber s. DBA 1137, 418, 424–449; DBA NF 1183, 134–135. Johann Christian Daniel Edler von Schreber (1739–1810) war von 1769 bis 1810 Professor für Medizin an der Universität Erlangen und seit 1791 Präsident der Akademie der Naturforscher; freundliche Mitteilung des Stadtarchivs und Stadtmuseums Erlangen.

171 Eleonora Albertina Maria Buirette von Oehlefeldt, geb. Freiin von Eyb-Vestenberg (gest. 27. Januar 1803) war seit 1782 Witwe; freundliche Auskunft des Stadtarchivs und Stadtmuseums Erlangen.

172 Zu Seckendorff s. DBA 1167, 347–351; WALTHER PFEILSTRICKER (Bearb.), Württembergisches Dienerbuch, 1, §1370. Vgl. GERHARD RECHTER, Seckendorff, 253–255.

173 Zu Unruh s. DBA NF 1330, 229–231. Vgl. KURT VON PRIESDORFF (Hg.), Soldatisches Führertum, Bd. 2, Hamburg 1937, Nr. 930, 454–455. Karl Philipp von Unruh (1731–1805), Ritter des großen roten Adler- und Verdienstordens, hatte 1795 als Oberst das in Bayreuth stationierte Infantrieregiment (Nr. 45) übernommen; freundliche Auskunft des Stadtarchivs Bayreuth.

174 Zu Ruffin s. Gothaisches genealogisches Taschenbuch der freiherrlichen Häuser 6 (1856), 570; ERNST HEINRICH KNESCHKE (Hg.), Neues allgemeines Deutsches Adels-Lexicon, Bd. 7, Leipzig 1867, 621–622. Vgl. HILDEBRAND DUSSLER, Feneberg, 97 u. 213.

175 Zu Reiz s. MATTHIAS SIMON (Hg.), Pfarrerbuch der Reichsstädte (Windsheim), Nr. 82.

tor und Diaconus am frommen Grafenhof Greiz gewesen war; in Nürnberg Andreas Götz[176] und Johann Gottfried Schöner; in Westheim Heinrich Gottlob Daniel Feiler[177], der zuvor elf Jahre Inspektor am Bayreuther Waisenhaus gewesen war; in Urfersheim Johann Andreas Paullus[178]; in Hof der Versperprediger Johann Christoph Weiß[179], zuvor Lehrer in Kloster Berge, und der Freitagsprediger Johann Adam Hagen[180]; in Wunsiedel Superintendent Johann Balthasar Dörfler[181]; in Augsburg Matthäus Friedrich Degmaier[182] und Matthias Jakob Adam Steiner[183], seit 1771 an St. Ulrich zunächst als Diaconus und dann als Pfarrer tätig, sowie Johann August Urlsperger und in Oettingen Generalsuperintendent Georg Adam Michel[184].

Seit 1804 standen übrigens auch einige fränkische Pfarrer mit der 1754 in Herrnhut gegründeten Predigerkonferenz[185] in Verbindung.[186] Hierbei handelte es sich um einen überkonfessionellen und internationalen Zusammenschluß von Pfarrern und Predigtamtskandidaten[187] zwecks gegenseitiger Erbauung sowie Erörterung praktischer Fragen von Verkündigung und Seelsorge. Anfänglich traf man sich mehrmals im Jahr, später nur ein einziges Mal, und zwar am ersten Sonntag nach Trinitatis. Wem eine persönliche Teilnahme nicht möglich war, konnte der Predigerkonferenz auch als korrespondierendes Mitglied angehören.

Bei Anhängern und Freunden der Brüdergemeine war man sich in der Ablehnung der Aufklärung einig. Ihr Protest erfolgte zumeist insgeheim und nicht lautstark. Nur gelegentlich kam es auch zu offenem Widerstand, wie das Verhalten des Lehrers Pankraz Adam Schmidt[188] von der Bayreuther

---

[176] Zu Götz s. DBA 404, 73; MATTHIAS SIMON, Nürnbergisches Pfarrerbuch, Nr. 412.

[177] Zu Feiler s. DDA NF 357, 356; MATTHIAS SIMON, Bayreuthisches Pfarrerbuch, Nr. 521.

[178] Zu Paullus s. DBA NF 986, 145; MATTHIAS SIMON, Bayreuthisches Pfarrerbuch, Nr. 1777.

[179] Zu Weiß s. DBA 1346, 138–139; DBA NF 1383, 45; MATTHIAS SIMON, Bayreuthisches Pfarrerbuch, Nr. 2710.

[180] Zu Hagen s. DBA 458, 179–185; DBA NF 510, 138; MATTHIAS SIMON, Bayreuthisches Pfarrerbuch, Nr. 886.

[181] Zu Dörfler s. bes. Kap. VII, 266 u. Kap. VII, 300.

[182] Zu Degmaier s. HANS WIEDEMANN, Augsbuger Pfarrerbuch, Nr. 42.

[183] Zu Steiner s. DBA 1219, 151–160; ADB 35, 706; HANS WIEDEMANN, Augsburger Pfarrerbuch, Nr. 228.

[184] Zu Michel s. bes. Kap. VI, 254 u. Kap. VII, 300.

[185] Über die Predigerkonferenz s. DIETRICH MEYER, Zinzendorf und Herrnhut, 65–68 (Lit.).

[186] s. H. J. LONZER, Prediger-Conferenz, 26.

[187] Seit etwa 1814 durften auch Lehrer an den Konferenzen teilnehmen.

[188] Pankraz Adam Schmidt (1751–1814) erhielt die Schulmeisterstelle, die zuvor sein Vater Gottfried Georg innegehabt hatte, im Mai 1772 verliehen. „1812 wurde sein Unterricht als musterhaft bezeichnet, er unterrichtete täglich 186 Schüler und 151 Schülerinnen in zwei Stuben“. Freundliche Auskunft des Stadtarchivs Bayreuth.

Stadtschule zeigt. Von diesem Freund der Brüdergemeine berichtete der Diasporaarbeiter Johann Georg Furkel folgende Episode: „In Baÿreuth kannte ich einen Schullehrer [Pankraz Adam Schmidt], der in der ganzen Stadt allgemein geliebet u. geachtet war; u. da ich das letzte Mal beÿ ihm war, eine Anzahl von dreÿhundert u. sechzig Kinder, mit Hülfe eines Provisors zu unterrichten hatte. Diesem wurden auch von seinem Superintendenten[189] alle neu herausgekommene[n] Schulbücher mit dem Befehl zugestellt: in seiner Schule fleißigen Gebrauch davon zu machen. Er prüfte sie, stellte sie in seinen Bücherschrank u. machte in seiner gewohnten Weise immer fort. Wenn er denn gefragt wurde: Ob er auch das neue Buch in seiner Schule in Gebrauch genommen habe, so antwortete er schlichtweg: Das Buch kan ich in meiner Schule nicht gebrauchen; u. sagte seine Gründe warum. Nun erschien einmal wieder ein neues Buch, welches den Titel hatte: „Gesundheits Catechismus“[190]. Davon erwartete man nun große Wirkungen zum Besten der Kinder. Der Superintendent gab ihm nicht etwa nur eins davon, sondern er erschien selbst im schwarzen Priesterrock in der Schule, hinter ihm kam eine Magd mit einem Korb voll dieser Bücher. Er hielt eine Anrede an die Kinder, legte etliche auf jede Tafel, zeigte ihnen die darin befindlichen Abbildungen u. sagte zu dem Lehrer: Es ist der ausdrückliche Befehl des Consistoriums, daß auch Sie fleißigen Gebrauch von diesem Buche machen sollen. Der Schullehrer schwieg stille; u. als der Superintendent weggegangen war, nahm er die Bücher von den Tafeln hinweg, legte sie in einen Korb u. schickte sie durch seine Magd dahin wieder zurück, wo sie hergekommen waren. Nun ließ ihn der Superintendent rufen u. sagte: Herr Schmidt! Diese Handlung, die Sie jezt begangen haben, muß ich dem Consistorium anzeigen, u. es kan Ihnen ihr Amt kosten. Der Schullehrer sagte: In Gottes Namen; ich werde demohngeachtet doch nicht verderben. Superindent: Aber warum weigern Sie sich denn, so schöne u. nützliche Bücher in ihrer Schule einzuführen? Schullehrer: [...] Wenn ich nun alle mir dargebotenen Neuerungen annehmen wollte, so müßte ich wider Eid u. Gewißen handeln u. würde mich mit Dingen mühen, die nicht viel Nutzen schaffen könnten. Hier stehe ich, ich kan nicht anders handeln.“[191] Aus dieser Episode wird paradigmatisch deutlich, daß sich An-

[189] Es handelt sich wohl um Johann Kapp, möglicherweise aber auch um Johann Theodor Künneth; s. MATTHIAS SIMON, Bayreuthisches Pfarrerbuch, Nr. 1163 u. 1352.

[190] Wahrscheinlich handelt es sich um den von dem Gräflich Schaumburg Lippischen Hofrat und Leibarzt Bernhard Christoph Faust (1755–1842) 1794 erstmals herausgegebenen und mit vier Illustrationen versehenen „Gesundheits-Katechismus zum Gebrauche in den Schulen und beym häuslichen Unterrichte“. Dieses hygienische und medizinische Schulbuch, das zahlreiche Auflagen erlebte, propagierte im aufklärerischen Pathos vor allem eine vernünftige Körperpflege und Lebensweise.

[191] Johann Georg Furkel, Wahre, christliche Anekdoten und Erzählungen aus dem Leben und Wirken eines alten Pilgers, UA Herrnhut, R. 22. 42. 10. 112–114. Bezüglich der konfessorischen Schlußbemerkung in der Anekdote vgl. WA 7, 877.

hänger und Freunde der Herrnhuter Brüdergemeine nicht argumentativ mit der Aufklärung auseinandersetzten, sondern ihr konfessorisch begegneten.

Im Gegensatz zu den Anhängern der Neologie und des Rationalismus hielten die Freunde und auswärtigen Geschwister der Herrnhuter Brüdergemeine an den altkirchlichen Dogmen, der Gottessohnschaft Jesu Christi, der Erlösungsbedürftigkeit des Menschen und an der Inspiration der Heiligen Schrift fest. Dabei argumentierte man biblizistisch, wie eine Notiz im Reisebericht Furkels von 1804 zeigt. Dieser Diasporaarbeiter reiste am 12. Mai dieses Jahres in der Postkutsche von Nürnberg nach dem Gemeinort Ebersdorf. Unter den Mitreisenden befand sich ein „aufgeklärter Apotheker“[192], der „die Person des Heilandes nur für einen tugendhaften Menschen u. die Bibel für ein menschliches Buch“ hielt. Furkel „suchte ihn aber zu überzeugen, daß alle die irren, welche Jesum nicht für das hielten, was er wäre: nemlich der hochgelobte Sohn Gottes, der Schöpfer aller Dinge, der Erlöser der gefallenen Menschen, der wahrhaftige Gott u. das ewige Leben“. Denn, so fuhr er fort, „wie kan ein bloßer Mensch, sey er auch der allerklügste, durch ein bloßes Wort die unheilbarsten Krankheiten heilen, Blindgeborne sehend machen, Aussätzige reinigen, Todte erwecken, und den Sturmwinden gebieten, daß sie aufhören? Wie kan er sagen: wann u. wie er sterben u. wieder lebendig werden würde. Ein solcher muß mehr als Mensch, muß Gott selber seyn! Und was die Bibel anbelangt: Wie können Männer Begebenheiten einige hundert Jahre vorher aufzeichnen, die hernach an Jesu buchstäblich in Erfüllung gingen, der sich selbst darauf berief: daß alles, was die Propheten geweissaget haben, an ihm in die Erfüllung ginge. Und die Apostel sagen: Dass von diesem Jesu alle Propheten zeugeten, dass in seinem Namen Vergebung der Sünden haben sollten alle, die an ihm glauben würden. Ein solches Buch müsse mehr dann menschliche Erdichtung, müsse göttliche Offenbarung seÿn.“ Ein solches Schriftverständnis konnte allerdings bei Neologen und radikalen Aufklärern nicht mehr verfangen.

3. Interaktionen zwischen den Anhängern der Brüdergemeine, der Deutschen Christentumsgesellschaft und der Allgäuer katholischen Erweckungsbewegung

Die anfänglichen Antagonismen oder Animositäten zwischen den Anhängern der Herrnhuter Brüdergemeine und den Mitgliedern der 1780 gegründeten Deutschen Christentumsgesellschaft traten angesichts der in Gesellschaft und Kirche verstärkt um sich greifenden Aufklärung bald immer mehr zurück und schlugen vielerorts sogar in Solidarität um. In Opposition zur radikale-

[192] Johann Georg Furkel, Bericht von 1804, UA Herrnhut, R. 19. B. k. 12. 6; alle folgenden Zitate ebd.

ren Aufklärung vollzog man einen Schulterschluß und betonte – allerdings in recht unterschiedlicher Weise – ein erfahrungsorientiertes, verinnerlichtes und tätiges Christsein. Infolgedessen kam es zu mannigfachen persönlichen Kontakten zwischen den Frommen unterschiedlicher Observanz.

Auswärtige Geschwister und Freunde der Brüdergemeine nahmen in Nürnberg wiederholt an Zusammenkünften der dortigen Sozietät der Deutschen Christentumsgesellschaft teil. Auch wurden hier Sendboten oder Diasporaarbeiter der Brüdergemeine während ihrer Besuche öfters aufgefordert, in den Versammlungen der Partikulargesellschaft das Wort zu ergreifen, was sie auch bereitwillig taten. Umgekehrt nahmen Mitglieder der Nürnberger Sozietät an den Konventikeln der Freunde und auswärtigen Geschwister der Brüdergemeine teil, vor allem wenn Diasporaarbeiter zu Gast weilten. So vermerkte beispielsweise Johann Christian Grasmann in seinem Bericht von 1782: „In Nürnberg kamen außer den uns Bekannten noch 10 Personen, die sich zur Urlsperchschen Gesellschaft halten, in die Abendversammlung.“[193] Oder Johann Georg Furkel notierte 1808: „In Nürnberg wurden die zwei Versammlungen, die ich da gehalten habe, von mehr als 50 Personen von der Deutschen Gesellschaft besucht, die alle für den genossenen Segen von Herzen dankbar waren und uns ihre Liebe und Vertrauen vielfältig zu fühlen und zu erkennen gaben.“[194]

Bemerkenswert ist, daß sich auch das Verhältnis Johann August Urlspergers zur Brüdergemeine ständig besserte. Dieser einstige Gegner Zinzendorfs hatte nun nicht nur in Augsburg und dann in Oettingen, wohin er 1796 mit seiner kranken Frau Anna übergesiedelt war[195], Kontakte zu Freunden und auswärtigen Geschwistern der Brüdergemeine, sondern wurde auch wiederholt von den Diasporaarbeitern in seiner Wohnung aufgesucht. So lenkte Wilhelm Ludwig Degeler bei seinem ersten Aufenthalt in der Residenzstadt Oettingen Ende Oktober 1798 seine Schritte sogleich zu ihm. Dieser „lies sich“, so berichtet er, „in ein freundschaftliches Gespräch mit mir ein u. versicherte mich, daß seit dem er einen Besuch in einigen Gemeinen gemacht, u. des sel[igen] Gr[afen] v[on] Zinzendorfs Schriften gelesen habe, ihm alle Bedenklichkeiten wegen der Br[üde]r Sache verschwunden u. sie als ein Werk des Herrn ansehe. Des andern Tages kam er ganz unvermuthet in unsere Versammlung u. äußerte sich nach Endigung derselben über ein und das andere sehr schön.“[196]

Als 1798 die Allgäuer katholische Erweckungsbewegung begann, suchten die Mitglieder der Nürnberger Sozietät der Deutschen Christentumsgesellschaft und die herrnhutisch Gesinnten, besonders deren Diasporaarbeiter,

---

[193] Johann Christian Grasmann, Bericht von 1782, UA Herrnhut, R. 19. B. k. 10. 2.
[194] Johann Georg Furkel, Reisebericht von 1808, UA Herrnhut, R. 19. B. k. 12. 11.
[195] s. bes. PAUL SCHATTENMANN, Urlsperger.
[196] Wilhelm Ludwig Degeler, Bericht von 1798, UA Herrnhut, R. 19. B. k. 12. 2.

sofort den Kontakt zu ihr. Obgleich sich die Beziehungen der Deutschen Christentumsgesellschaft zu dieser katholischen Erweckungsbewegung später sehr intensiv gestalteten[197], waren anfänglich vor allem die Kontakte der Brüdergemeine zu ihr sehr spontan und emotional. Vorwiegend hatten herrnhutisch Gesinnte persönliche Beziehungen zu deren eigentlichen Trägern, so zu Martin Boos, Johannes Evangelista Goßner oder zu Johann Baptist von Ruoesch. Interessanterweise haben die damaligen Diasporaarbeiter diese Kontakte sogar noch unterstützt und gefördert. So besuchte beispielsweise der Diasporaarbeiter Gottfried Besel im Frühjahr 1817 in München den hier an der Kirche zu Unserer Lieben Frau wirkenden Benefiziaten Goßner und wurde von diesem mit anderen Erweckten bekanntgemacht. Goßner ließ es sich dann nicht nehmen, ihn auf seiner Weitereise ein Stück Wegs zu begleiten, und zwar sieben Stunden weit zu einem erweckten Posthalter, bei dem sie übernachteten. Am anderen Tag reiste Besel dann zu Boos weiter, den er seit 15 Jahren nicht mehr gesehen hatte.[198] Boos hatte nach seiner Ausweisung aus Österreich bei Walpurga von Ruffin, der Witwe des 1815 verstorbenen Franz Xaver Joseph von Ruffin, auf Schloß Weyhern bei Baindlkirch – damals im Besitz Joseph von Ruffins – Zuflucht gefunden und war für einige Zeit Hofmeister bei ihren zwei Söhnen Aloys Raphael und August geworden.[199]

*

Die Deutsche Christentumsgesellschaft und die Diasporaarbeit der Herrnhuter Brüdergemeine bildeten also ein Netzwerk, in dem sich die meisten Spätpietisten zusammenfanden. Darüber hinaus gab es selbstverständlich noch Kreise, die sich um herausragende Einzelgestalten, wie Jung-Stilling oder Johann Kaspar Lavater, sammelten. Zumeist hatten diese Zirkel aber irgendwie Kontakte zu Anhängern der Deutschen Christentumsgesellschaft oder der Herrnhuter Brüdergemeine.

Die Anhänger und Freunde der Brüdergemeine verharrten – so wurde deutlich – in der Zeit des Spätpietismus keinesfalls in einer strengen Isolation, sondern öffneten sich zunehmend anderen Frömmigkeitsgruppen. Ihr Hauptinteresse war völlig auf individuelle und vor allem gemeinschaftliche Erbauung fokussiert. Es ging ihnen darum, den „täglichen Umgang mit dem lieben

---

[197] So nahm Johannes Evangelista Goßner 1811 für mehrere Monate die Stelle eines Sekretärs der Deutschen Christentumsgesellschaft in Basel wahr; hierzu s. HORST WEIGELT, Diasporaarbeit der Herrnhuter und Christentumsgesellschaft, 129

[198] Vgl. Gottfried Besel, Bericht von 1812, UA Herrnhut, R. 19. B. k. 13. 15.

[199] Zu Ruffin s. Gothaisches genealogisches Taschenbuch der freiherrlichen Häuser 6 (1856), 568–570; ERNST HEINRICH KNESCHKE (Hg.), Neues allgemeines Deutsches Adels-Lexicon, Bd. 7, Leipzig 1867, 621–622.

Heiland“ zu pflegen und andere dazu zu ermuntern. Hierbei haben sie – wie ihre Kontakte zu Vertretern der Allgäuer katholischen Erweckungsbewegung zeigen – konfessionelle Schranken überwunden und so einen Beitrag zu den Anfängen der ökumenischen Bewegung geleistet. Bemerkenswert ist daneben bei den herrnhutisch Gesinnten ihr reges Interesse an der Missionstätigkeit der Brüdergemeine, über die sie durch Schriften und Artikel in den Gemeinnachrichten sowie durch Berichte heimkehrender Missionare informiert wurden. Auch haben sich mehrere Franken und Schwaben, die sich der Brüdergemeine angeschlossen hatten, direkt in den Dienst der Mission gestellt.[200] Dagegen läßt sich bei den Anhängern und Freunden der Brüdergemeine in Franken und Ostschwaben damals kein stärkeres karitativ-soziales oder pädagogisches Engagement beobachten.

Dagegen stößt man bei den Mitgliedern der sehr agilen und von der Sozialstruktur her etwas elitär anmutenden Nürnberger Sozietät der Deutschen Christentumsgesellschaft auf ein beachtliches karitatives und auch soziales Potential. Allerdings muß man konstatieren, daß dieses sich allmählich in Richtung Wohlfahrtspflege entwickelte. Durch rege Schriften- und Traktatverbreitung – wofür durch die leistungsstarke Raw'sche Verlagsbuchhandlung günstige Möglichkeiten gegeben waren – versuchten sie die Frommen mit Erbauungsliteratur und Liederbüchern zu versorgen. Hierbei betätigte man sich überkonfessionell, besonders nachdem man persönliche oder briefliche Beziehungen zu führenden Mitgliedern der Allgäuer katholischen Erweckungsbewegung aufgenommen hatte.

---

[200] Ein Überblick findet sich in: [OTTO] HILDMANN, Bayern in der Mission.

IX. Die Bedeutung des Pietismus für Frömmigkeit und Kirche, Kultur und Gesellschaft sowie sein Einfluß auf die Erweckungsbewegung des 19. Jahrhunderts

Im Gebiet des heutigen Bayerns hat der Pietismus sowohl für individuelles Christsein und für kirchliches Leben als auch für Gesellschaft und Kultur mannigfache Relevanz gehabt. Er trug zu einer Verinnerlichung und Intensivierung der persönlichen und auch der institutionellen Religiosität bei. Seine Bedeutung für Kultur und Gesellschaft erstreckte sich vor allem auf den karitativ-sozialen und den pädagogischen Bereich. Literaturgeschichtlich erlangte er vor allem durch die Schaffung religiöser Gebrauchsliteratur Relevanz. Dagegen war sein Beitrag in der Poesie gering, sieht man von der geistlichen Lyrik ab. Auf das alles wurde im Verlauf der Darstellung bereits wiederholt hingewiesen. Hier sollen jedoch diese frömmigkeitsgeschichtlichen und kirchenreformerischen sowie gesellschaftlichen und kulturellen Aspekte nochmals thematisch zusammengefaßt werden. Sodann soll noch auf den Einfluß des Pietismus auf die Evangelische Erweckungsbewegung, die wichtigste Frömmigkeitsbewegung im 19. Jahrhundert, kurz eingegangen werden. Erkenntnisleitendes Interesse wird hierbei insbesondere die Frage nach Kontinuität und Diskontinuität zwischen Pietismus und Erweckungsbewegung sein.

1. Relevanz des Pietismus für individuelles Christsein und kirchliches Leben

Die einzelnen geschichtlichen Ausformungen des Pietismus waren in Franken und Ostschwaben, wie deutlich wurde, von recht unterschiedlicher Intensität: Während der Spenersche Pietismus, der vor allem in den Reichsstädten wirksam wurde, letztlich eine Episode blieb, entfaltete der Hallische Pietismus einen wirkungsmächtigen Einfluß. Der Herrnhuter Pietismus war aufs ganze gesehen in den fränkischen und ostschwäbischen Territorien letztlich eher ein Randphänomen; dennoch bildete er – vor allem während der Aufklärungsepoche – mancherorts eine beachtliche Unterströmung. Von bemerkenswert großer Präsenz war dagegen in Franken und Ostschwaben der radikale Pietismus, was bislang in der Forschung nicht genügend wahrgenommen worden ist.[1]

Das Grundanliegen des kirchlichen Pietismus war es, das individuelle Christsein und das kirchliche Leben zu verinnerlichen und zu aktivieren. Dieses Ziel suchten seine Anhänger – je nachdem, welcher pietistischen Observanz sie sich zugehörig fühlten – auf verschiedenen Wegen und mit unterschiedlicher Gewichtung zu erreichen. Unter Betonung von Bekehrung und Wiedergeburt intendierte man eine lebendige individuelle Frömmigkeit, wozu besonders Hausandacht und Konventikel dienen sollten. Dem innerkirchlichen Pietismus ging es daneben auch darum, das gemeindliche und gottesdienstliche Leben durch Predigt und Konfirmation zu stärken. Bibeln wurden gedruckt und verbreitet, pietistische Liedersammlungen und Erbauungsbücher geschaffen und vertrieben. Das Interesse an der Mission wurde geweckt und gesteigert. Durch karitativ-soziale Einrichtungen sowie durch Erziehungsanstalten versuchte man die Gesellschaft zu verändern und zu reformieren. Die radikalen Pietisten mahnten dagegen vor allem das Recht auf persönliche Glaubensfreiheit und individuelle religiöse Lebensgestaltung an. Ihr individuelles Christsein und ihre religiösen Vergesellschaftungen versuchten sie – auch unter Einbuße gesellschaftlicher Akzeptanz oder Erduldung von Repressalien – zu verwirklichen. Dem institutionellen Kirchenwesen standen sie jedoch entweder gleichgültig oder dezidiert oppositionell gegenüber.

a) Einrichtung von Konventikeln

Um das religiöse Leben zu fördern und zu intensivieren, legten sowohl der kirchliche als auch der radikale Pietismus nicht nur großen Wert auf persönliche und familiäre Hausandacht, sondern drangen darüber hinaus auf Einführung von privaten Erbauungsstunden. Man hat deshalb das Konventikelwesen als eines der soziologisch signifikantesten Merkmale des Pietismus bezeichnet. Dabei ist bemerkenswert, daß in der fränkischen Reichsstadt Schweinfurt schon erbauliche Versammlungen abgehalten wurden, bevor Spener in den „Pia desideria“ Konventikel empfohlen hat.[2] Dennoch geht die Verbreitung der Collegia pietatis auch in Franken und Ostschwaben zweifelsohne auf sein Reformprogramm zurück. Bald nach dem Erscheinen der „Pia desideria“ kam es hier mancherorts zur Einführung solcher Erbauungs-

---

[1] Zwar gibt es schon eine Reihe von Monographien und Beiträgen über einzelne radikale Pietisten oder radikalpietistische Gemeinschaften (s. Kap. IV, 123–174), aber es fehlt bislang der Versuch einer grundlegenden zusammenfassenden Darstellung.

[2] s. Kap. II, 51–52.

stunden, vor allem in den Reichs- und Residenzstädten, wo Anhänger oder Sympathisanten Speners im Kirchendienst standen.

In den Konventikeln suchten Erweckte, Bekehrte oder Wiedergeborene Erbauung und Anleitung zu einer christlichen Lebensgestaltung. Dazu dienten Gebet und Gesang sowie die Lektüre von Bibel und Erbauungsschriften. Besonders gern und oft griff man zu Johann Arndts „Vier Büchern vom Wahren Christentum". Diese Versammlungen dienten ferner dem Austausch religiöser Erfahrungen, was offensichtlich besonders emotional bei den Freunden und auswärtigen Geschwistern der Herrnhuter Brüdergemeine der Fall gewesen ist. Dadurch kam es zu gruppendynamischen Prozessen unter den Teilnehmern, wobei deren Leiter nicht selten gleichsam die Funktion eines Supervisors wahrnahmen. Solche Gespräche förderten nicht nur die Gesprächskompetenz der Teilnehmer in außerordentlicher Weise, sondern trugen auch zur Ausbildung einer besonderen religiösen Sprachkultur bei, was sich mühelos am Sprachschatz des Pietismus exemplifizieren läßt. Nicht zuletzt war der gegenseitige Austausch in den Konventikeln auch für die Herausbildung einer eigenen religiösen Lebenswelt bedeutsam.

An den Erbauungsstunden nahmen in der Regel von Anfang an auch Frauen teil. Ihnen wurde gemeinhin nur eingeräumt, Fragen zu stellen; nur ausnahmsweise war es ihnen gestattet, ihre Meinung zu äußern oder sogar Zusammenkünfte zu leiten. Allerdings gab es – vor allem unter den Anhängern und Freunden der Herrnhuter Brüdergemeine – auch geschlechtsspezifische Versammlungen.

Die Konventikel wurden jedoch nicht selten von der geistlichen und weltlichen Obrigkeit beargwöhnt, erschwert oder sogar behindert. Unter dem Druck solcher obrigkeitlicher Maßnahmen – im Gebiet des heutigen Bayerns zumeist ausgelöst durch die Aktivitäten radikaler Pietisten – wuchs aber bei den Teilnehmern oft nur ihr Zusammengehörigkeitsbewußtsein. Wurden Konventikelverbote verhängt, dann hielten sie ihre Versammlungen nicht selten insgeheim ab und entzogen sich so der Öffentlichkeit.

b) Intensivierung des religiösen Lebens durch Predigt und Konfirmation

Während die radikalen Pietisten an der institutionellen Kirche teils desinteressiert waren, teils gegen sie polemisierten oder sie sogar als Hure Babel brandmarkten und bekämpften, engagierten sich die kirchlichen Pietisten durchaus für eine Reform der Kirche. Waren doch Speners „Pia desideria" geradezu durchdrungen von der Notwendigkeit, Möglichkeit und Erwartung einer kirchlichen Erneuerung.

Auch in Franken und Ostschwaben sowie im Fürstentum Coburg haben sich Anhänger des Spener-Franckeschen Pietismus auf mannigfache Weise für eine Intensivierung des kirchlichen Lebens eingesetzt. Dies gilt auch für die Freunde und auswärtigen Geschwister der Herrnhuter Brüdergemeine, wenngleich sie dieses Anliegen ungleich weniger entschlossen aufgegriffen haben. Ja nicht selten geriet bei ihnen die Kirche aus ihrem Blickfeld. Die Bemühungen um eine Verlebendigung des gottesdienstlichen und gemeindlichen Lebens gingen vor allem von Pfarrern und Patronatsherren aus, die entweder selbst dem innerkirchlichen Pietismus angehörten oder ihm aufgeschlossen gegenüberstanden.

Im Mittelpunkt des Interesses pietistisch gesinnter Pfarrer – vor allem Hallischer Observanz – stand eine Verkündigung, in der die unbedingte Notwendigkeit von Bekehrung und Wiedergeburt betont und Anleitungen zu einer frommen Lebensführung gegeben wurden. Solche Gottesdienste besuchten die Pietisten bevorzugt – oft unter Verletzung des geltenden Parochialzwangs – und hielten auch andere dazu an.

Um die Teilnahme an den sonn- und feiertäglichen Gottesdiensten zu erleichtern und die Befolgung strikter Sonntagsruhe zu fördern, begrüßte man im kirchlichen Pietismus grundsätzlich eine Verlegung der Märkte und Kirchweihen auf Werktage.[3] Wahrscheinlich gingen solche obrigkeitlichen Anordnungen nicht selten – direkt oder indirekt – auf pietistische Einflüsse zurück. So gab die markgräfliche Regierung in Ansbach am 2. Juni 1708 einen Erlaß heraus, in dem *„das üppiche Spielleuth halten, Karten und Kugelspiehl und alles Gäst setzen [...] an denen Sonn-, Fest- und Feyertägen bey empfindlicher Straffe verbotten“* wurde und *„dahero die Kirchweyhen und Jahr Märckte auff die Monn- oder nechst folgende Werck Täge verleget [...] werden“* sollten.[4] Daneben versuchten pietistische Pfarrer mittels Kirchenzuchtmaßnahmen bei ihren Parochianen eine Minimierung sonntäglicher Lustbarkeiten und eine Maximierung der Gottesdienstbesuche zu erreichen.

Ferner war den Anhängern des kirchlichen Pietismus an einer Erweiterung des Gottesdienstangebotes gelegen.[5] Sie machten deshalb wiederholt entsprechende Stiftungen, so beispielsweise die vom Hallischen Pietismus beeinflußte Freifrau Sophie Magdalena von Crailsheim[6]. Für zusätzliche kirchliche Veranstaltungen in der markgräflichen Haupt- und Residenzstadt Ansbach sowie in den Ortschaften ihres Patronats stellte sie reiche finanzielle Mittel zur Verfügung.[7]

Eine weitere Chance zur Intensivierung des kirchlichen Lebens schien den Anhängern des kirchlichen Pietismus die Konfirmation zu bieten. Vor allem

---

[3] Hierzu und zum Folgenden vgl. MATTHIAS SIMON, Kirchengeschichte Bayerns, Bd. 2, 511.

[4] Zitat nach: HERMANN CLAUSS, Untersuchungen, 101. Das seinerzeit benutzte Exemplar findet sich nicht mehr im Kirchenarchiv Schwabach, Pfarramt St. Martin, Nr. 520 (Verordnungen der Regierung in Ansbach 1695–1716).

[5] Hierzu und zum Folgenden vgl. MATTHIAS SIMON, Kirchengeschichte Bayerns, Bd. 2, 511–512.

[6] Zu von Crailsheim und ihren diesbezüglichen Stiftungen s. Kap. III, 106–107.

[7] s. SIGMUND VON CRAILSHEIM, Reichsfreiherren von Crailsheim, Bd. 2, 236–242.

im Pietismus Spenerscher Observanz sah man in der Konfirmationspraxis eine Möglichkeit, Jugendliche anzuleiten, die in ihrer Taufe empfangene Gnade zu erkennen, zu ergreifen und zu aktivieren. Deshalb wurde in der ersten Hälfte des 18. Jahrhunderts in zahlreichen fränkischen und ostschwäbischen Territorien die Konfirmation eingeführt.[8] Jedoch gehen keineswegs alle damaligen Einführungen von Konfirmationsfeiern auf Anregung oder Einflußnahme des Pietismus zurück. Vielerorts erfolgte diese Neuerung nachweislich ohne jegliche pietistische Beeinflussung.

c) Bibelausgaben – Druck und Vertrieb

Wie in anderen deutschen Territorien erwachte auch im Gebiet des heutigen Bayerns unter dem Einfluß des Pietismus ein verstärktes Interesse an der Bibel, was sowohl für die individuelle Frömmigkeitspflege und die familiäre Hausandacht als auch für das Konventikelwesen und das kirchliche Leben von Bedeutung war. Dieses Interesse äußerte sich einerseits in der Schaffung neuer Bibelausgaben, denen entsprechende Vorworte und Erläuterungen beigegeben waren. Andererseits wurde das an dem Verlangen deutlich, die Bibel stärker im Volk zu verbreiten. Aus diesem Grund spendeten pietistische Kreise oder Einzelpersonen nicht selten beträchtliche Geldsummen, um Bibeln preisgünstig abgeben oder sogar verschenken zu können.

---

[8] Eine sehr knappe summarische Auflistung über die Einführung der Konfirmation im Gebiet des heutigen Bayerns findet sich bei MATTHIAS SIMON, Kirchengeschichte Bayerns, Bd. 2, 512. Bezüglich der Konfirmation in einzelnen Territorien oder Orten sind besonders folgende Detailuntersuchungen wichtig: HERMANN CLAUSS, Wann wurde die Konfirmation im bayerischen Franken eingeführt, in: BBKG 22 (1916), 171–177; DERS., Weiteres zur Geschichte der Konfirmation in Franken, in: BBKG 23 (1917), 177–187; DERS., Zur Geschichte der Konfirmation in Franken. Die Grafschaft Pappenheim, in: BBKG 28 (1922), 62–65; DERS., Zur Geschichte der Konfirmation in Lohr bei Rothenburg, in: BBKG 23 (1917), 187–189; ERNST DORN, Zur Geschichte der Konfirmation in Erlangen, in: ZBKG 11 (1936), 43–50; WILHELM KNEULE, Beichte, Konfirmation und Kirchenzucht in der ehemaligen Markgrafschaft Brandenburg-Bayreuth-Kulmbach 1533–1810. Vorbemerkungen, in: ZBKG 37 (1968), 101–102; AUGUST PETER, Die Einführung der Konfirmation in Altdorf 1734, in: BBKG 21 (1915), 57–64; KARL SCHORNBAUM, Zur Geschichte der Konfirmation im Fürstentum Ansbach, in: DERS., Zur Geschichte der Konfirmation in Feuchtwangen, in: BBKG 23 (1917), 189–190; DERS., Zur Geschichte der Konfirmation in Franken, in: BBKG 23 (1917), 189; DERS., Zur Geschichte der Konfirmation im Gebiet der Reichsstadt Rothenburg ob der Tauber, in: ZBKG 11 (1936), 120–124; THEOBALD TRENKLE, Die Einführung der Konfirmation in der evangelischen Gemeinde Regensburg, in: BBKG 23 (1917), 191–196; THEODOR ZAHN, Zur Geschichte der Konfirmation im Unterfränkischen, in: ZBKG 4 (1929), 132–169.

Pietistische Bibelausgaben

Unter den damals in Franken erschienenen Bibelausgaben gab es einige, die als pietistisch bezeichnet werden können, wenngleich zum Teil mit gewissen Einschränkungen.[9] Hierzu zählt – in zeitlicher Reihenfolge – die 1683 von dem Superintendenten Heinrich Arnold Stockfleth[10] aus Neustadt an der Aisch herausgegebene reich illustrierte Bibel, die in Nürnberg verlegt wurde und mehrere Auflagen erlebte. Ihr Herausgeber stand dem Pietismus zwar aufgeschlossen oder sogar wohlgesinnt gegenüber, blieb aber der lutherischen Orthodoxie verbunden.

Eine ausgesprochen pietistische Bibelausgabe besorgte 1713 der Ansbacher Jurist und Geheime Rat Wolfgang Gabriel Pachelbel[11], der mit August Hermann Francke in Verbindung stand. Aus dem Vorwort der in Weißenburg gedruckten Bibel wird Pachelbels pietistisches Anliegen evident. Bezeichnenderweise rückte er in diese Vorrede einen Auszug aus dem „Informatorium biblicum“[12] ein, das der Arndtschüler Melchior Breler herausgegeben hatte.

Eine weitere Bibelausgabe, die unter dem Einfluß des Hallischen Pietismus stand, stammte ebenfalls von einem Laien, nämlich von dem Altdorfer Historiker und Orientalisten Gustav Georg Zeltner.[13] Dieser Professor, den Francke auf seiner großen Reise ins „Reich“ Anfang März 1718 von Nürnberg aus in Altdorf besucht hatte, stand mit Johann Heinrich Callenbergs Institutum Judaicum in Verbindung. 1730 gab er eine Bibel[14] mit Erläuterungen und Anmerkungen in Druck. Dank Zeltners Vorarbeiten konnte 1740 in Altdorf posthum noch eine zweite Ausgabe erscheinen.

Schließlich kann noch die 1736 in Hof erschienene Bibelausgabe des Superintendenten Friedrich Kaspar Hagen – mit Vorbehalt – als pietistisch bezeichnet werden.[15] Dieser bedeutende markgräfliche Theologe hatte durchaus Sympathien für den Pietismus, schloß sich jedoch diesem nicht völlig an.

Neben diesen Vollbibeln erschienen außerdem zwei pietistische Ausgaben des Neuen Testaments.[16] Eine ließ der mit Halle eng verbundene Leipheimer

---

[9] Hierzu und zum Folgenden vgl. MATTHIAS SIMON, Kirchengeschichte Bayerns, Bd. 2, 512–513.

[10] Zu Stockfleth und seiner Bibelausgabe s. Kap. I, 28.

[11] Zu Pachelbel und seiner Bibelausgabe s. Kap. III, 106.

[12] Hierzu s. Kap. III, 106, Anm. 125.

[13] Zu Zeltner und seinen Beziehungen nach Halle s. Kap. VI, 213.

[14] s. Deutsche Bibeldrucke, E 1250 u. 1251.

[15] Zu Hagen und seiner Bibelausgabe s. Kap. VI, 228.

[16] Die 1719 zusammen mit dem Psalter in Oettingen gedruckte Ausgabe des Neuen Testaments, der das „Informatorium biblicum“ (vgl. Kap. III, 106 Anm. 125 beigegeben

Pfarrer Conrad Daniel Kleinknecht[17] 1740 in Ulm drucken. Im Vorwort feierte er die Erfindung der Buchdruckerkunst als besondere Providenz Gottes zur Verbreitung seines Wortes. Originell sind die den Bibeltexten beigegebenen gereimten Summarien. Ferner ist noch eine spätpietistische Ausgabe des Neuen Testaments zu erwähnen, die 1806 in Nürnberg in der Verlagsbuchhandlung von Johann Philipp Raw[18] erschien.[19] Herausgeber war das Komitee der Deutschen Bibelgesellschaft mit dem gemeinsamen Nürnberger und Basler Ausschuß. Man hatte sich das Ziel gesetzt, möglichst preiswerte Bibeln herzustellen und zu verbreiten. Da die Ausgabe jedoch zahlreiche Druckfehler aufwies und auch drucktechnisch sehr defizitär war, ließ man es bei der ersten Auflage in Nürnberg bewenden und verlagerte das Projekt nach Basel. Hier entwickelte sich das Unternehmen sehr gut und erlangte für die weltweite Bibelverbreitung größte Bedeutung.

Hingewiesen sei in diesem Zusammenhang noch auf die sechsbändige „Historien- Kinder- und Bet-Bibel/ Oder: Das Geheimnis der Gottseeligkeit und der Bosheit/ In Löblichen und sträfliche[n] Geschichten", die in Augsburg während des Seniorats Samuel Urlspergers erschien.[20] Dieses von Abraham Kyburz erstellte Bibelwerk, dessen erster Band 1737 herauskam, ist zweifelsohne im Kontext des damals in Augsburg vorsichtig eindringenden Hallischen Pietismus zu sehen. Die ersten vier Bände erschienen im Verlag Johann Andreas Pfeffel; abgeschlossen wurde das Bibelwerk allerdings erst 1763.

Bibelverbreitung und -kolportage

Die Verbreitung von Bibeln wurde auch im fränkischen und ostschwäbischen Pietismus zunächst nicht durch Organisationen oder Vereine betrieben,[21] sondern erfolgte aufgrund der Initiative Einzelner, vor allem von Standesherrschaften und Pfarrern.[22] Deren Interesse war dabei fast ausschließlich auf das eigene Territorium oder die eigene Pfarrei gerichtet. So stiftete – um zunächst auf zwei pietistisch gesinnte Adlige hinzuweisen – Sophie Friederike Jäger von Jägersberg, geborene Groß von Trockau auf Trendel, die Frau des späteren ersten Direktors der Erlanger Ritterakademie, 1699 für jedes Anwesen in Trendel und im Filialdorf Ursheim – im südlichen Hahnenkamm

---

war und die vom Oettingischen Waisenhaus in Kommission vertrieben wurde, kann wohl nur bedingt den pietistischen Bibelausgaben zugerechnet werden.

17 Zu Kleinknecht und seiner Bibelausgabe s. Kap. VI, 221, Anm. 87.

18 Hierzu s. Kap. VIII, 323–324.

19 Zu dieser Ausgabe des Neuen Testaments s. Kap. VIII, 322–325.

20 Hierzu und zum Folgenden s. FRIEDRICH BRAUN, Augsburger Bibelwerk.

21 Der vereinsmäßige Vertrieb geschah erst seit der Erweckungsbewegung.

22 Hierzu und zum Folgenden s. MATTHIAS SIMON, Kirchengeschichte Bayerns, Bd. 2, 513.

gelegen – eine Bibel, womit sie ein Gelübde erfüllte.[23] Die vom Hallischen Pietismus beeinflußte Maria Barbara von Neuhaus[24], markgräfliche Oberhofmeisterin in Ansbach, trug dafür Sorge, daß jährlich fünf Jugendliche aus dem dortigen Waisenhaus anläßlich ihres ersten Abendmahlsgangs eine Bibel als Geschenk erhielten.[25]

Der dem kirchlichen Pietismus aufgeschlossen gegenüberstehende Pfarrer Johann Konrad Meyer[26] von Volkratshofen, das damals der Landeshoheit der Reichsstadt Memmingen unterstand, hatte den dringenden Wunsch, daß in allen 28 Bauernhöfen seiner Pfarrei Volkratshofen, die er von 1699 bis 1716 innehatte, eine Bibel vorhanden wäre[27]. Nachdem er eine Summe von 185 Gulden in der Gemeinde und bei Patriziern kollektiert oder aus Stiftungsfonds erhalten hatte, kaufte er eine entsprechende Anzahl Foliobibeln aus der renommierten Nürnberger Offizin Endter und legte zugleich fest, daß diese für immer auf den Höfen verbleiben müßten.

Zur Bibelverbreitung durch Vereine oder Gesellschaften kam es in Franken erstmals, als man im September 1804 in Nürnberg zur Gründung einer Deutschen Bibelgesellschaft schritt.[28] Neben der Herstellung einer preisgünstigen Bibel setzte sich diese von Anfang an das Ziel, die Heilige Schrift in großer Anzahl im Volk zu verbreiten, d. h. „theils sie zu verschenken, theils um einen äusserst wohlfeilen Preis zu verkaufen“[29].

Als unermüdlicher Bibelkolporteur erwies sich der Nürnberger Kaufmann Johann Tobias Kießling[30], ein besonders aktives Mitglied der dortigen Sozietät der Deutschen Christentumsgesellschaft. Auf seinen zahlreichen Geschäftsreisen zu Messen in habsburgische Länder nahm er immer wieder Bibeln mit, um sie dort Evangelischen zukommen zu lassen. Die dazu nötigen Mittel stellten ihm zumeist die Deutsche Bibelgesellschaft und das Zentrum der Deutschen Christentumsgesellschaft in Basel zur Verfügung. Aber auch von der Londoner Bibelgesellschaft erhielt er – vor allem dank der Vermittlung Basler Freunde – mehrfach Zuwendungen.

Bemerkenswert ist, daß Kießling Bibeln auch an Katholiken verteilte, so beispielsweise an Gemeindeglieder der römisch-katholischen Pfarrei Gall-

---

23 Hierzu s. ERNST MENGIN, Ritter-Academie, 6–7; TH[EODOR] STARK, Heimatbuch, 327.

24 Zu Neuhaus und ihrer Stiftung von Bibeln s. Kap. III, 108.

25 Hierzu s. Register über [...] Stifftungen, Welche [...] Maria Barbara [...] von Neuhauß [...] gemachet, 12.

26 Zu Meyer s. Pfarrerbuch Bayerisch-Schwaben, Nr. 771.

27 Hierzu und zum Folgenden s. FRIEDRICH BRAUN, Bibelsache in Bayern, 268; DERS., Orthodoxie und Pietismus, 34.

28 Hierzu und zum Folgenden s. Kap. VIII, 322–324.

29 Brief: Johann Rudolf Huber an Johann Jakob Heß, 1. September 1804, UB Basel, ACG, D, VI, 1, Nr. 2. Vgl. auch HANS HAUZENBERGER, Basel und die Bibel, 73.

30 Zu Kießling und seinem Einsatz für die Bibelverbreitung s. Kap. VIII, 322.

neukirchen im oberösterreichischen Mühlviertel.[31] Hier wirkte Martin Boos[32], der Initiator der Allgäuer katholischen Erweckungsbewegung, als Priester von 1806 bis zu seiner Amtsenthebung 1815. Als es in dieser großen Pfarrei um 1810 zu religiösen Erweckungen kam, entstand unter seinen Parochianen eine starke Nachfrage nach Bibeln, die Kießling nach Kräften zu befriedigen suchte.

d) Gesangbücher, Liedersammlungen und Erbauungsliteratur

Neben der Herausgabe von Bibeln und ihrer Verbreitung legte der Pietismus großes Gewicht auf die Schaffung von Gesangbüchern und Liedersammlungen sowie von Erbauungsliteratur.

Gesang- und Liederbücher

Auch in Franken und Ostschwaben schufen die Anhänger des Pietismus eine große Anzahl von Liederbüchern, durch die die Frömmigkeit gefördert werden sollte.[33] Die allermeisten von ihnen waren ausschließlich zum Privatgebrauch oder für die Verwendung in Konventikeln bestimmt. Einige dieser Liederbücher wurden jedoch auch von der Obrigkeit offiziell zur Benutzung in den Kirchengemeinden eingeführt. Sie stellen allerdings, insgesamt gesehen, anteilsmäßig nur einen Bruchteil der Gesangbücher dar, die zu dieser Zeit neu geschaffen wurden; denn bekanntlich war in der Epoche des fürstlichen Absolutismus jede Standesherrschaft darauf bedacht, ihre Kirchenhoheit nicht nur durch eigene Agenden, sondern auch durch eigene Gesangbücher zu demonstrieren.

Die Herausgeber der wenigen pietistisch beeinflußten oder geprägten Gesangbücher, die in Franken und Ostschwaben allgemein verbindlich zum gottesdienstlichen Gebrauch eingeführt wurden, gehörten fast alle dem Hallischen Pietismus an. Sie überarbeiteten dafür zumeist bereits in Verwendung befindliche Gesangbücher. Dazu zählt die zweite Ausgabe des Oettinger

---

[31] Hierzu und zum Folgenden s. HORST WEIGELT, Allgäuer katholische Erweckungsbewegung; DERS., Boos.

[32] Zu Boos s. Kap. VIII, 319 u. 340.

[33] Einen ersten Überblick über die Gesang- und Liederbücher in fränkischen und ostschwäbischen Territorien im 18. Jahrhundert bietet MATTHIAS SIMON, Kirchengeschichte Bayerns, Bd. 2, 514–516. Selbstverständlich kam es auch zu zahlreichen Überarbeitungen bzw. Neuausgaben von solchen Gesangbüchern, die bereits in den einzelnen Territorien in Gebrauch waren. Matthias Simon meinte jedoch fälschlicherweise, daß die „pietistische Bewegung“ hierbei „keinen Einfluß“ (ebd., 515) ausgeübt habe.

Gesangbuchs[34], die Pfarrer Michael Preu[35] 1719 bearbeitet hat. Das darin enthaltene Lied „Herzliebster Seelenbräutigam, bind uns mit Dir in eins zusamm" hat er selbst verfaßt. Dieses „Neue vermehrte Gesangbuch des Fürstentums Oettingen", zu dem Generalsuperintendent Tobias Wasser die Vorrede geschrieben hat, erschien im Verlag des Oettingischen Waisenhauses. Wie beliebt das Gesangbuch war, wird daran deutlich, daß es noch zwei weitere Auflagen erlebte. Zu den pietistisch beeinflußten Überarbeitungen sind ferner die zwei Bayreuther Gesangbücher von Superintendent Friedrich Kaspar Hagen[36] zu rechnen. 1727 wurde anstelle des bisher in der Markgrafschaft Brandenburg-Bayreuth benutzten „Neu-vermehrten Brandenburg-Bayreuthischen Gesang- und Gebet-Buchs", das 1720 von dem Superintendenten Georg Albrecht Stübner geschaffen worden war, unter dem gleichen Titel ein von Hagen zusammengestelltes Gesangbuch eingeführt. Im selben Jahr erfolgte die Überarbeitung des kleineren Bayreuther Gesangbuchs „GOtt geheiligte Frucht der Lippen/ Die seinen Namen bekennen/ Das ist: Bayreuthisches Gesang- Und Gebet-Buch". Die in diese beiden für Kirche und Schule bestimmten Gesangbücher aufgenommenen pietistischen Lieder sind poetologisch aber recht dürftig.

Dagegen handelt es sich bei dem 1730 von dem markgräflichen Hofprediger Johann Christoph Silchmüller[37] geschaffenen Hofgesangbuch „Neue Sammlung Erbaulicher und geistreicher Alter und Neuer Lieder" um eine Neuschöpfung. Der dem Pietismus freundlich gesinnte Markgraf Georg Friedrich Karl hatte es zur Verwendung bei den Gottesdiensten in der Bayreuther Schloßkirche und zum privaten Gebrauch der Hofangehörigen und Bediensteten in Auftrag gegeben. Silchmüller ist darin unter der Rubrik „Vom Obrigkeitlichen Stande" mit dem Lied „ICh will von gnade singen" auch als Dichter vertreten[38].

Das 1704 in der kleinen Residenzstadt Thurnau eingeführte und auch für die Gemeinden in der Herrschaft Giech bestimmte Gesangbuch „Erbauliche Hauß und Kirchen-Andacht" war – wie der Titel ausweist – auch als ein pietistisches Gemeindegesangbuch gedacht.[39] Allerdings gehörte sein Schöpfer, Pfarrer und Konsistorialrat Georg Christoph Brendel[40], dem radikalen Pietismus an. Genau wie sonst in seinen Schriften wußte er jedoch seine religiöse Überzeugung auch in diesem Gesangbuch zu kaschieren. Er hatte

---

[34] Über dieses Gesangbuch s. [JULIUS] GMELIN, Öttinger Gesangbuch, 15–20.

[35] Zu Preu und dem Öttinger Gesangbuch s. Kap. III, 87.

[36] Zu Hagen und den Bayreuther Gesangbüchern (1727 u. 1730) s. Kap. VI, 227–228.

[37] Zu Silchmüller und seinem Hofgesangbuch s. Kap. VI, 233–234.

[38] [s. JOHANN CHRISTOPH SILCHMÜLLER,] Sammlung, 721–722, Nr. 775.

[39] Die unveränderte zweite Auflage erschien 1725 und wurde in Thurnau in der dortigen gräflichen Hofdruckerei gedruckt. Erst im Jahre 1769 erschien ein völlig neues Gesangbuch; s. Pfarrakten Thurnau.

[40] Zu Brendel und seinem Gesangbuch s. Kap. IV, 154–155.

darin unter anderem mehrere Lieder der 1699 verstorbenen pietistischen Gräfin Barbara von Giech aufgenommen und selber 17 Lieder beigesteuert.

Im Rahmen dieser Darstellung ist es unmöglich, einen Überblick über die zahlreichen pietistischen Liederbücher oder -sammlungen zu geben, die ausschließlich zur privaten und häuslichen Erbauung oder zum Gebrauch in Konventikeln bestimmt gewesen waren. Um aber einen Eindruck von der Fülle dieser literarischen Gattung zu vermitteln, seien hier paradigmatisch die bedeutendsten pietistischen Liederbücher aufgeführt, die zu dieser Zeit allein in der Reichsstadt Nürnberg gedruckt worden sind.

1700 gab hier der vom Hallischen Pietismus stark beeinflußte Hospizprediger Ambrosius Wirth[41] ein Liederbuch in Druck mit dem Titel „Lieder-Schatzes Erster Theil/ Darinnen 500. so wol alte als neue/ schöne/ auserlesene Geist- und Schriftreiche Lieder zu finden/ Welche sich alle mit dem Buchstaben A anfangen". Dieses Liederbuch war wohl nicht „nur zu eines Jeden beliebiger Privat-Andacht"[42] gedacht, sondern auch zum Gebrauch in den von ihm initiierten und geleiteten Konventikeln bestimmt. Von Wirth stammt auch das 1714 verfaßte „Geistreiche Gesangbüchlein", das sicherlich vor allem in seiner 1702 gegründeten Schule benutzt wurde. Als dieses Jugendliederbuch vergriffen war, gab er die darin enthaltenen Lieder – zusammen mit einer Auswahl aus des „Lieder-Schatzes Erster Theil" und aus anderen Gesangbüchern – neu heraus: „Des Geistlichen Lieder-Schatzes vollständiger Theil"; es enthielt 876 Lieder.

1701 veröffentlichte dann der mit dem Pietismus zumindest sympathisierende Wöhrder Pfarrer und bedeutende Dichter David Nerreter[43], Mitglied des Pegnesischen Blumenordens, sein zweiteiliges Liederbuch „Zu dem Lobe GOttes angestellte Geistliche Sing-Schul". Von dieser umfangreichen, zum privaten Gebrauch bestimmten „Sing-Schul" erschien 1707 eine zweite vermehrte Auflage: „Zum Lobe GOttes angestellte Neue Geistliche Sing-Schul". Darin finden sich auch Lieder von Nerreter, die seine Verbundenheit mit dem Pietismus deutlich werden lassen.

Aus der Zeit des Spätpietismus ist noch auf die von Johann Gottfried Schöner[44] herausgegebenen Liedersammlungen zu verweisen. Angeführt sei hier das 1777 publizierte Büchlein „Einige Lieder zur Erbauung", das Schöner, damals Diaconus an der Nürnberger Frauenkirche, unmittelbar nach seiner religiösen Erweckung durch den Kaufmann Johann Tobias Kießling herausgegeben hat. Es enthält elf Lieder und „Einige Seufzer in Versen".

---

41 Zu Wirth und seinem „Geistlichen Lieder-Schatzes Erster Theil" sowie seinem „Geistreichen Gesangbüchlein" und seinem „Geistlichen Lieder-Schatzes vollständiger Theil" s. Kap. III, 96–97.

42 Vorrede (31. Mai 1700), unpaginiert.

43 Zu Nerreter und seiner „Singschule" s. Kap. II, 65.

44 Zu Schöner und seinen Liederbüchern s. Kap. VIII, 314–315.

1790 erschienen dann Schöners „Vermischte geistliche Lieder und Gedichte“. Einige hatte er schon zuvor veröffentlicht, unterzog sie nun aber einer Revision. Die in der Sammlung enthaltenen 45 Lieder und Gedichte thematisieren – oft in holprigen Versen – vor allem Feste des Kirchenjahres und Aspekte der christlichen Glaubenslehre. So wird im Lied „Für Freunde der Gottheit Christi“ entschieden gegen die aufklärerische Kritik am altkirchlichen Dogma Front gemacht: „Weicht, verwegne Bibelspötter!// Ist es recht, daß ihr sprecht:// Christus unser Retter// sey nicht GOtt? – In Lehr und Werken// glänzet ER; Ist es schwer,// Seinen Ruhm zu merken?“ (Vers 1); „Tief im Herzen treibt – ermuntert –// wärmt Sein Wort! Jeder Ort// wo ER auftritt, wundert –// spürt die Weisheit – tiefe – große – !// Solch ein Licht, kommt es nicht// aus des Vaters Schoose“ (Vers 4).[45] Außer diesen Liederbüchern erschien in Nürnberg während des 18. Jahrhunderts noch eine ganze Reihe von Liedersammlungen, die unter pietistischem Einfluß standen[46]; sie erlangten jedoch keine größere Bedeutung.

An der Schaffung pietistischer Liederbücher beteiligten sich im fränkischen und ostschwäbischen Gebiet auch einige Adlige. Von der pietistisch gesinnten Prinzessin Sophie Christiane von Brandenburg-Bayreuth, einer Nichte von Zinzendorfs Tante Dorothea Renata zu Castell-Remlingen,[47] erschien 1703 in Nürnberg das Liederbuch „Glauben-schallende Und Himmel-steigende Herzens- Music/ Bestehend In 1052. auserlesenen/ mehrentheils neuen/ und von unterschiedlichen Autoren zusammen getragenen Liedern“. Auch dieses Einzelgesangbuch war vor allem für den privaten Gebrauch und für die Hausandachten im Schloß Schönberg bestimmt, wo Sophie Christiane zusammen mit ihrem Gemahl, dem Prinzen Christian Heinrich, residierte. Unter den Dichterinnen und Dichtern dieses Gesangbuchs – fast alle dem späten 17. Jahrhundert zugehörig – finden sich zahlreiche Adlige, deren Lieder oft nur mit ihrem Monogramm gekennzeichnet sind. Es handelt sich um Morgen- und Abendlieder, um Lieder zum Kirchenjahr, um Psalmen- und Katechismuslieder, um Trost- und Danklieder sowie um Reise- und Wetterlieder.

Vor allem ist aber Christoph Karl Ludwig von Pfeil[48] zu nennen, der jedoch bereits dem späteren Pietismus zuzurechnen ist. Dieser Adlige, der seit 1763 auf seinem Gut in dem damals ansbachischen Unterdeufstetten bei Crailsheim lebte, verfaßte im Laufe seines langen Lebens eine große Anzahl geistlicher Lieder. Im höheren Alter sah er sie mit Hilfe von Freunden durch, um sie in Auswahl herauszugeben. Insgesamt erschienen drei umfangreiche Sammlungen von Liedern, die er aus eigener Erfahrung „bei mancherlei

[45] JOHANN GOTTFRIED SCHÖNER, Lieder und Gedichte, Nr. VII, 22–24, hier 22 u. 23.
[46] Hierzu s. DIETER WÖLFEL, Nürnberger Gesangbuchgeschichte, 195–197.
[47] Über die verwandtschaftlichen Beziehungen s. Kap. VI, 226, Anm. 117.
[48] Zu Pfeil und seiner geistlichen Lyrik s. Kap. VII, 278 u. Kap. VIII, 316.

äusserlichen und innerlichen Umständen und Führungen" gedichtet hatte. 1782 publizierte er in Memmingen sein „Evangelisches Gesangbuch", zu dem der Memminger Prediger und Stadtbibliothekar Johann Georg Schelhorn ein Vorwort verfaßte. Es enthält in chronologischer Folge 264 Lieder aus der Zeit von 1730 bis 1768. Diese Anordnung hatte er gewählt, weil er die Lieder vielfach anläßlich einer konkreten Begebenheit gedichtet hatte und sie so Zeugnisse „von dem weisen Gang der göttlichen Vorsicht, und den innerlichen und äusserlichen Führungen"[49] seines Lebens waren. Ein Jahr später lagen dann auch Pfeils „Glaubens- und Herzens-Gesänge", die Jahre 1763 bis 1783 umfassend, im Druck vor. Diese Sammlung war in der Reichsstadt Dinkelsbühl von einer „Gesellschaft Christlicher Freunde" in der Absicht herausgegeben worden, sie „so wohlfeil als möglich, in die Hände zu bringen"[50]. Sie umfaßt 340 Lieder sowie einen Anhang mit 52 Gesängen. Im selben Jahr erschienen in Wernigerode durch Vermittlung des dortigen Pfarrers Johann Jasche auch Pfeils „Majestäts-Lieder". Es handelt sich um sieben Gesänge, in denen er die Majestät Gottes in Schöpfung und Heilswerk unter dezidiert christologischer Perspektivierung thematisierte. Pfeils Lieder mit ihren zahlreichen Redefiguren sind zwar poetologisch von geringem Wert, wurden aber während der Zeit der Evangelischen Erweckungsbewegung wiederholt nachgedruckt und gern gesungen. Auch in Gesangbüchern des 20. Jahrhunderts finden sich noch einzelne seiner Lieder. Am bekanntesten ist heute wohl sein Offenbarungslied „Bet-Gemeine! heilge dich// Mit dem heilgen Oele!// JESU Geist ergiesse sich// Dir ins Herz und Seele!// Laß den Mund, alle Stund,// Vom Gebet und Flehen// Heilig übergehen"[51]. Da Pfeils Lieder vielfach Gelegenheitsgedichte sind, sind sie auch für seine Biographie erhellend, was bislang kaum beachtet wurde.

Erbauungsschriften und Traktate

Der Pietismus hat bekanntlich großen Anteil an der christlichen Erbauungsliteratur.[52] Allerdings haben weder der kirchliche noch der radikale Pietismus in Franken und Ostschwaben hierzu wesentliche Beiträge geleistet. Es läßt sich hier nämlich keine einzige Erbauungsschrift ausmachen, die wiederholt aufgelegt worden ist und bei den Pietisten nachweislich größere, überregiona-

---

[49] CHRISTOPH KARL LUDWIG VON PFEIL, Evangelisches Gesangbuch, Vorrede, unpaginiert [3].

[50] CHRISTOPH KARL LUDWIG VON PFEIL, Glaubens- und Herzens-Gesänge, Präliminarien, unpaginiert.

[51] CHRISTOPH KARL LUDWIG VON PFEIL, Apocalyptische Lieder, 199–202, Nr. 33; hier 199–200. Zu diesem Lied s. HEKG 3, 2, 251–252, Nr. 275; vgl. HEKG 2, 1, 249–251, Nr. 200.

[52] s. RUDOLF MOHR, Erbauungsliteratur, hier 57–70.

le Resonanz gefunden hat. Eine gewisse Ausnahme stellt allenfalls Samuel Urlspergers[53] Werk „Der Krancken Gesundheit Und der Sterbenden Leben“ dar. Es erschien 1722 und 1723 in Stuttgart sowie 1750 und 1756 in Augsburg; 1857 gab es Karl Friedrich Ledderhose, Vertreter der Badener Erweckungsbewegung und Verfasser mehrerer erbaulicher Lebensbeschreibungen, in Ludwigsburg nochmals neu heraus. Bei diesem Werk handelt es sich eigentlich um eine zunächst nur für Predigt- bzw. Pfarramtskandidaten bestimmte erbauliche Pastoraltheologie. Da Urlsperger jedoch mit seinem „Kranken-Buch“ nicht nur den zukünftigen Pfarrern, sondern allen Leidenden und Moribunden direkt Trost in mancherlei Anfechtungen geben und Anleitung zum Beten bieten wollte, kann es auch zum Erbauungsschriftum gezählt werden.

Wenngleich also der Pietismus im Gebiet des heutigen Bayerns kein Werk hervorgebracht hat, das in irgendeiner Weise mit den klassischen Erbauungsschriften, den alten Tröstern, zu vergleichen ist, haben dennoch einige Erbauungs- und Andachtsbücher zeitweilig zumindest regionale Bedeutung erlangt. Sie stammen zumeist aus der Feder von Pfarrern, die in Spener-Hallischer Tradition standen. Hingewiesen sei hier zunächst auf den Rothenburger Superintendenten Johann Ludwig Hartmann[54], obgleich er zweifelsohne mehr der reformwilligen Orthodoxie als dem Pietismus zuzurechnen ist. Dieser Spenerkorrespondent verfaßte mehrere Schriften, in denen er gesellschaftliche Mißstände und individuelles Fehlverhalten anprangerte und zu einem christlichen Leben anleiten wollte.

In der Reichsstadt Nürnberg verfaßte vor allem der Hospizprediger Ambrosius Wirth[55] einige Erbauungsschriften im weitesten Sinn. Hierbei hatte er wegen seines großen seelsorgerlichen und pädagogischen Engagements in seiner Armenkinderschule besonders die Jugend als Zielgruppe im Auge. Signifikant hierfür ist sein 1698 erschienenes Werk „Schrifft-Kern/ Oder Biblisches Spruch-Buch“, dem er Luthers Kleinen Katechismus konzeptionell zugrunde gelegt hatte.

In der Markgrafschaft Brandenburg-Bayreuth ist der Theologe, Schriftsteller und Dichter Heinrich Arnold Stockfleth[56], der aber nur bedingt als Pietist gelten kann, als Erbauungsschriftsteller hervorgetreten. Er verfaßte die 1677 in Sulzbach erschienenen „Sonntäglichen Andachts-Stunden betitult: Die Hütte-Gottes bey den Menschen“ und das 1698 in Münchberg gedruckte Andachtsbuch „Tägliche Haußkirche Oder Morgen- und Abend-Opffer“. In

---

[53] Zu Urlsperger und seiner erbaulichen Pastoraltheologie „Der Krancken Gesundheit Und der Sterbenden Leben“ s. Kap. VI, 222–223.

[54] Zu Hartmann und seinen Erbauungsschriften s. Kap. I, 9–10. Vgl. PAUL SCHATTENMANN, Hartmann Superintendent, 72–77 (Hartmann-Bibliographie).

[55] Zu Wirth und seinen Erbauungsschriften s. Kap. III, 96.

[56] Zu Stockfleth und seiner Andachtsliteratur s. Kap. I, 28–29.

seinen Erbauungsbüchern, die geistreich konzipiert und sprachlich klar formuliert sind, drang er in anspruchsvoller Weise auf eine Verinnerlichung des christlichen Glaubens.

Ein dezidiert pietistisches Erbauungsbuch ist dagegen die „Geistliche Blumen-Sammlung“, eine Anthologie von Predigtauszügen für alle Sonn- und Feiertage des Kirchenjahres, das 1721 in der Residenzstadt Idstein im Druck erschien. Dieses Florilegium aus Predigten bedeutender Theologen hatte die Hofmeisterin Maria Barbara von Neuhaus[57] zunächst nur zu ihrer persönlichen Erbauung erstellt[58], jedoch „auch dann und wann/ durch Vorlesung dieser oder jener Stellen/ andere damit gelegenheitlich zu erbauen aus recht christlicher Absicht sich beflissen“[59]. Unter Mithilfe des pietistischen naussau-idsteinschen Hofpredigers und Superintendenten Johann Christian Lange und des Idsteiner Rektors und Pfarrers Johann Ludwig Cramer, der die Unterteilung der Predigten „in viele kleine Aphorismos oder Absätze“ vorgenommen hatte, wurde das Manuskript dann redigiert und gedruckt. Allerdings dürfte die Verbreitung dieser erbaulichen Sammlung, die Sonn- und Feiertagspredigten zum Kirchjahr sowie Festtagspredigten enthält, mit Sicherheit gering gewesen sein.

Im Unterschied zu den Vertretern des Spener-Hallischen Pietismus hat sich von den Freunden und auswärtigen Geschwistern der Herrnhuter Brüdergemeine in Franken und Ostschwaben keiner als Erbauungsschriftsteller betätigt. Begründet ist dies wohl vor allem darin, daß sie großenteils Illiteraten waren. Auch waren sie darin überzeugt, ihre Erbauung stärker durch Interaktionen in ihren mannigfachen Zusammenkünften zu erfahren.

Die radikalen Pietisten haben im fränkischen Raum zwar eine beachtliche literarische Produktivität entfaltet, jedoch handelt es sich hierbei zumeist um Kontrovers- oder Propagandaschriften. Erbauungsliteratur begegnet selten, fehlt aber keineswegs völlig. Hier ist vor allem Georg Christoph Brendels[60] Postille „Das Wachsthum Im Christenthum“ zu nennen, die 1714 in Thurnau in der Giechschen Hof- und Kanzleidruckerei Johann Friedrich Regeleins gedruckt wurde. Dieses voluminöse Predigtbuch bewirkte aber nicht nur Erbauung, sondern rief – wegen der darin vertretenen radikalpietistisch-spiritualistischen Vorstellung vom Seelenfunken und der Identifizierung von

---

57 Zu Maria Barbara von Neuhaus und ihrer Predigtanthologie „Geistliche Blumen-Sammlung“, s. Kap. VI, 242–243.

58 [MARIA BARBARA VON NEUHAUS,] Geistliche Blumen-Sammlung, Vorrede, ungaginiert [9v]: „Weilen nun auch ich durch die Gnade meines GOttes viele herrliche und kräfftige Predigten gehöret: so habe ich das wenige/ so ich davon behalten/ in der Kirch zu Papier gebracht/ und zu Hauß in ein Buch geschrieben/ und habe mich biß diese Stunde daran erquicket/ durch Lesung solcher heiligen Lehren“.

59 [MARIA BARBARA VON NEUHAUS,] Geistliche Blumen-Sammlung, Vorbericht, unpaginiert [5v]; das folgende Zitat ebd., unpaginiert [7v].

60 Zu Brendel und seiner Postille s. Kap. IV, 157–158.

menschlichem und göttlichem Geist – die Kritik der lutherischen Orthodoxie hervor. Neben diesem Theologen ist besonders der Laie Johann Adam Raab[61] als Erbauungsschriftsteller zu nennen. Dieser Erlanger Notar entfaltete, wie deutlich wurde, eine äußerst rege literarische Produktivität. Viele seiner Veröffentlichungen wollten zwar der Erbauung dienen, waren aber zugleich auch Streitschriften; dennoch dominierte vor allem in seinen frühen Werken im allgemeinen die erbauliche Perspektivierung. Hingewiesen sei auf das 1699 erschienene umfangreiche Werk „Der zum Thätigen Christenhtum Durch die Enge † Pforte wandlende Wahre Christ", auf die 1700 veröffentlichte Schrift „Der Barmherzige Samariter" oder auf die 1702 publizierte „Buß-Stimme Aus Zion".

Von den fränkischen Spätpietisten ist vor allem der beliebte Nürnberger Prediger und Seelsorger Johann Gottfried Schöner[62] als Erbauungsschriftsteller bekannt geworden. Seine Schriften publizierte er fast ausnahmslos bei dem Nürnberger Verleger Johann Philipp Raw, der bekanntlich in großem Umfang Erbauungsliteratur herausgebracht hat.[63] Da es sich bei Schöners Veröffentlichungen besonders um Predigten oder Ansprachen von zumeist äußerst geringem Umfang handelt, sind sie wohl eher der Traktatliteratur zuzuordnen.

e) Mission unter Heiden und Juden

Zu den signifikanten Merkmalen des Pietismus gehört bekanntlich sein Engagement für die Mission, was in besonderer Weise für den Hallischen und den Herrnhuter Pietismus gilt. Auch die fränkischen und ostschwäbischen Pietisten waren lebhaft an Berichten aus nichtchristlichen Ländern und über die Judenmission interessiert. Darüber hinaus waren sie bereit, die Missionsunternehmungen nicht nur durch Spenden zu unterstützen, sondern sich auch selbst als Missionare zur Verfügung zu stellen.[64] In dem Zusammenhang ist daran zu erinnern, daß das einzige umfassende Missionskonzept des frühen Pietismus im Gebiet des heutigen Bayerns entworfen wurde. Es stammt von Freiherrn Justinian von Welz[65], der Anfang 1664 nach Regensburg zum Sitz des Corpus Evangelicorum gereist war, um dessen Mitglieder für eine umfassende Mission an der nichtchristlichen Menschheit zu bewe-

---

[61] Zu Raab und seinen Erbauungsschriften s. Kap. IV, 143–145 u. 147–148.

[62] Zu Schöner und seinen Erbauungsschriften und Traktaten vgl. Kap. VIII, 314.

[63] Eine Zusammenstellung der bei Raw erschienenen Werke Schöners findet sich bei WALTER HAHN, Verlag der Raw'schen Buchhandlung, 116–118.

[64] Über die pietistische „Missionsarbeit" im Gebiet des heutigen Bayerns vgl. MATTHIAS SIMON, Kirchengeschichte Bayerns, Bd. 2, 509–510.

[65] Zu Welz und seinem Missionskonzept s. Kap. I, 37–38.

gen. Er legte mehreren Gesandten der evangelischen Stände Werbeschriften vor, konnte sie jedoch nicht für seinen Plan gewinnen.

Weltweites missionarisches Wirken von Hallensern und Herrnhutern und das Echo in Franken und Ostschwaben

Als König Friedrich IV. von Dänemark 1705 nach Möglichkeiten suchte, seine Kolonien in Südindien zu christianisieren, erklärte sich August Hermann Francke in Halle bereit, dieses Vorhaben vor allem durch die Entsendung von Theologen, zumeist Predigtamtskandidaten, zu fördern.[66] Alsbald erwachte auch bei seinen Anhängern in Franken und Ostschwaben ein reges Interesse an der Mission.[67] Dabei ging ein besonderes Engagement von dem Augsburger Senior Samuel Urlsperger[68] aus, der für Halle jahrzehntelang als Kollektant und Koordinator im süddeutschen Raum tätig war. Unermüdlich und erfolgreich warb er vor allem für die von Dänemark ausgehende Tranquebarmission. Selbstverständlich flossen aber nicht nur aus Augsburg Gelder nach Halle[69]; auch von anderen Orten, vor allem aus Reichsstädten, wurden Spenden übersandt, beispielsweise aus Nürnberg[70], Dinkelsbühl[71], Nördlingen[72] und Lindau[73]. Besonders vielfältig setzte sich der Leipheimer Pfarrer Conrad Daniel Kleinknecht[74] für die Hallische Mission unter den Tamilen ein. 1738 veröffentlichte er seine „Zuverlässige Nachricht Von der Durch das Blut des erwürgten Lammes Theuer erkaufften Schwartzen Schaaf- und Lämmer-Heerde; Das ist Neu-bekehrten Malabarischen Christen, in Ost-Indien, Auf der Königlich-Dänischen Küste Coromandel". Diese erste geschichtliche Darstellung der Tranquebarmission erfuhr 1749 eine Fortsetzung, der jedoch außerdem noch Nachrichten von anderen Missionsfeldern sowie von der Salzburger Kolonie Eben-Ezer in Georgia beigegeben

---

66 Über die ostindische Mission s. MARTIN BRECHT, Francke, 527–529 u. 539 (Lit.).

67 Der Sohn König Friedrichs IV., der Kronprinz und spätere König Christian VI., heiratete 1721 Sophie Magdalene, Prinzessin von Brandenburg-Bayreuth. Sie war eine Schwester des Markgrafen Georg Friedrich Karl von Brandenburg-Bayreuth, der dem Hallischen Pietismus aufgeschlossen gegenüberstand.

68 Zu Urlspergers Engagement für die Mission s. Kap. VI, 219–221.

69 s. JOHANN MARTIN CHRISTELL, Nachrichten, 154–163; Erfreuliches und Betrübendes, 71; Carl Wilhelm Hering, Jubelfest, 336–339.

70 s. EMIL FRIED[RICH] HEINR[ICH] Medicus, Geschichte, 231.

71 s. Brief: T. M. J. Busch an Gotthilf August Francke, 25. April 1746, gedr. in: Inländisches, in: Missionsblatt für Bayern 4 (1845), 19–20. Vgl. ALBRECHT FRANZ PÜRCKHAUER, Geschichte, 109.

72 s. EMIL FRIED[RICH] HEINR[ICH] MEDICUS, Geschichte, 362.

73 s. KARL WOLFART (Hg.), Geschichte, Bd. 1, Abt. 2, 163.

74 Zu Kleinknecht und seinem Einsatz für die Mission s. Kap. VI, 221.

waren. Daneben verfaßte Kleinknecht mehrere Traktate, um dadurch Spenden für die Tranquebarmission einzuwerben.

Wohl in noch stärkerem Maße als für den Hallischen Pietismus war die Heidenmission für die Herrnhuter Brüdergemeine von konstitutiver Bedeutung. Ihre Sendboten missionierten in viel mehr Ländern als die Hallenser; auch war die Anzahl ihrer Missionare weitaus größer. Bei den Freunden und auswärtigen Geschwistern der Herrnhuter Brüdergemeine in Franken und Ostschwaben läßt sich ebenfalls ein reges Interesse an der Mission konstatieren. Einzeln oder gemeinsam las man in den „Gemeinnachrichten" vom Wirken brüderischer Sendboten unter den Heiden. Darüber hinaus berichteten Diasporaarbeiter oder zurückgekehrte Missionare ihnen bei Besuchen immer wieder über Neuigkeiten von den Missionsgebieten und versuchten dadurch, Opfersinn zu wecken oder wachzuhalten. Auch haben einzelne Pfarrer, Lehrer und Beamte, die mit der Brüdergemeine freundschaftlich verbunden waren oder mit ihr sympathisierten, versucht, andere für die Mission zu begeistern, so beispielsweise der Kantor Albrecht Christian Ilgen, später Rektor und Pfarradjunkt an der Schwabacher Lateinschule, oder der Bayreuther Waisenhausinspektor und nachmalige Oberhöchstädter Pfarrer Johann Christoph Hechtlein[75] sowie Pfarrer Christian Gottfried Örther[76] in Gülchsheim und Hofrat Johann Christoph Richter[77] in Bayreuth.

Unter den Herrnhuter Sendboten, die zu nichtchristianisierten Völkern zogen, befanden sich auch mehrere Franken und Schwaben. Sie hatten fast alle frühzeitig ihre angestammte Heimat verlassen und waren nach Herrnhut oder anderen Gemeinorten verzogen, von wo sie dann in den Missionsdienst gestellt wurden. Besonders bekannt wurde der Mönchsrother Johann Leonhard Dober[78], der von 1732 bis 1735 als Missionar auf der Karibikinsel St. Thomas wirkte. Er war der erste Franke unter den Herrnhuter Missionaren und zeichnete sich durch große Eigenständigkeit aus. Bis Mitte des 18. Jahrhunderts kamen aus mittelfränkischen Gebieten Johann Stättner aus Eyb, Johann Gräbenstein aus Alfershausen, Balthasar Friedrich Memmert aus Erlangen, Christoph Schmidt aus Nürnberg und Peter Wenzel aus Eltersdorf; aus Oberfranken stammten Joh. Michael Engelhardt aus Bayreuth, Albin Feder aus Langenau und Johann Friedrich Schlegel aus Markersreuth; von Schwaben kamen Johann Brucker aus Augsburg und Georg Ohneberg aus Kempten; aus der Reichsstadt Regensburg stellten sich Leonhard Gattermeyer und Simon Sebald zur Verfügung.[79]

---

[75] Zu Hechtlein (Hechtlin) s. MATTHIAS SIMON, Bayreuthisches Pfarrerbuch, Nr.956.

[76] Zu Örther s. MATTHIAS SIMON, Ansbachisches Pfarrerbuch, Nr. 2114.

[77] Johann Christoph Richter (1701–1782) wurde 1753 in Bayreuth Rat und Erster Hofsekretär, 1762 erhielt er den Titel eines Hofrats und wurde 1769 verabschiedet; freundschaftliche Auskunft des Stadtarchivs Bayreuth.

[78] Zu Dober s. Kap. VII, 275–276 u. 302.

[79] s. [OTTO] HILDMANN, Bayern in der Mission.

Im Pietimus läßt sich ein lebhaftes Interesse an einer Konversion der Juden zum christlichen Glauben beobachten. Ihre ersehnte und erwartete Hinkehr war vielfach mit eschatologischen Hoffnungen, besonders dem Chiliasmus verknüpft. Vor dem Anbruch des Millenniums erwartete man eine allgemeine Bekehrung des Volkes Israel zu Jesus Christus. Dazu sollte die Judenmission dienen, der man pietistischerseits auch in Franken und Ostschwaben großes Interesse entgegenbrachte. Hierbei sind nicht so sehr die Taufen einzelner Juden bemerkenswert; denn solche gab es auch zur Zeit der Orthodoxie und der Aufklärung, worauf man mit Recht hingewiesen hat.[80] Vielmehr sollte die angespannte, eschatologisch firmierte Aufmerksamkeit, die man im Pietismus den Judentaufen geschenkt hat, in der Forschung verstärkte Beachtung finden.

Im Unterschied zur lutherischen Orthodoxie regte man erstmals im fränkischen Pietismus an, die Judenmission institutionell zu betreiben. So forderte, wie gezeigt wurde, der dem Pietismus zumindest nahestehende Altdorfer Professor Johann Christoph Wagenseil[81], ein exzellenter Kenner der jüdischen Literatur, bereits 1705 die Errichtung einer Gesellschaft zur Bekehrung der Juden. Diese Anregung wurde jedoch damals nicht aufgegriffen und realisiert. Durch die Erstellung eines jiddisch-deutschen Wörterbuchs schuf Wagenseil, der mit Spener und Francke korrespondierte, aber die lexikalische Voraussetzung für eine bessere Kommunikation zwischen Christen und Juden. Dieses Nachschlagewerk „Belehrung der Jüdisch-Teutschen Red- und Schreibart“ erschien 1699 in Königsberg.

Von großer Bedeutung war ferner, daß auch in Franken und Ostschwaben zahlreiche Pietisten die Arbeit des 1728 von Johann Heinrich Callenberg in Halle gegründeten Institutums Judaicum tatkräftig unterstützten. Die Spenden kamen fast ausschließlich aus größeren Städten[82], wobei vor allem die Beiträge aus Nürnberg und Umgebung hervorragten[83]. Zwei besonders eifrige Förderer waren Gustav Georg Zeltner[84], Professor für Geschichte und orientalische Sprachen in Altdorf, und der Schwabacher Diaconus Johann Hellwig Engerer[85]. Zeltners Schriften hatten wegen seiner ausgezeichneten Talmudkenntnisse und seiner intensiven Beschäftigung mit der damaligen Situation der Juden ein hohes wissenschaftliches Niveau. In einer beschäftigte er sich – in Auseinandersetzung mit Engerer – mit den Schwierigkeiten, auf

---

80 Hierzu s.u. a. GUIDO KISCH, Judentaufen, 6–21.

81 Zu Wagenseil und seinem Interesse am Judentum s. Kap. II, 66 u. Kap. III, 99–100.

82 Detailuntersuchungen über das Spendenaufkommen sind ein dringendes Desiderat.

83 Über die Unterstützung der Judenmission in der Reichstadt Nürnberg s. CHRISTOPH BOCHINGER, Callenbergs Institutum Judaicum, 100.

84 Zu Zeltner und seinen Erwägungen zur Judenmission s. Kap. VI, 213 u. 246.

85 Zu Engerer und seinem Engagement in der Judenmission s. Kap. VI, 245–246.

die Juden damals bei einer Konversion zum christlichen Glauben stießen. Engerer, dem sehr an einer Bekehrung des Volkes Israel gelegen war, erteilte mehreren Juden Taufunterricht, wie die gedruckten Taufansprachen zeigen. Er befaßte sich aber auch mit dem sog. „Tauf-Betrug"; d. h. mit der Praxis jener jüdischen Konvertiten, sich um materieller oder gesellschaftlicher Vorteile willen gelegentlich wiederholt taufen zu lassen. Um diesen Mißbrauch zu unterbinden, unterbreitete er detaillierte Vorschläge.

Die Freunde und auswärtigen Geschwister der Herrnhuter Brüdergemeine in Franken hatten zwar zweifelsohne auch Interesse an der Judenmission, doch scheint dieses weniger stark gewesen zu sein. Größere Aufmerksamkeit schenkten dagegen einige Diasporaarbeiter den Juden, die vor allem in und um Fürth einen überproportional großen Bevölkerungsanteil bildeten. Unter ihnen ragte besonders Johann Konrad Lange[86] hervor, dessen sehr emotionale Aufmerksamkeit für die Juden ausschließlich missionarisch motiviert war. Zu erwähnen ist auch der langjährige Sekretär Zinzendorfs, Johann Jakob Müller[87], der im Sommer 1747 zusammen mit seiner Ehefrau das fränkische Gebiet bereiste. Jedoch besaßen die hier eingesetzten Sendboten der Brüdergemeine weder nähere Kenntnisse der jüdischen Literatur, noch waren sie des Jiddischen mächtig; auch dürften sie kaum mit der Situation des damaligen Judentums in Franken hinlänglich vertraut gewesen sein. Das Verhältnis Christentum und Judentum betrachteten sie ausschließlich unter christologischem Aspekt.

2. *Relevanz des Pietismus für Gesellschaft und Kultur*

Der Pietismus war nicht nur für die Intensivierung der individuellen Frömmigkeit und für die Realisation kirchlicher Reformen von Bedeutung, sondern hatte im Gebiet des heutigen Bayerns auch für Gesellschaft und Kultur eine gewisse Relevanz. Im folgenden wird zunächst der Einfluß des Pietismus auf die Gesellschaft thematisiert werden. Dieser bestand vor allem darin, daß seine Anhänger eine Reihe karitativ-sozialer Einrichtungen ins Leben gerufen und dadurch mit zu einer Gesellschaftsreform beigetragen haben.

a) Karitativ-soziale Aktivitäten des Hallischen Pietismus

Die Errichtung von Waisenhäusern kann, wie mit Recht mehrfach hervorgehoben wurde,[88] geradezu als ein Schibboleth für das Eindringen der pie-

---

86 Zu Lange und seinem Engagement für Judenkonversionen s. Kap. VII, 290–291.
87 Zu Müller und seiner Teilnahme am Synagogengottesdienst in Fürth s. Kap. VII, 291–292.
88 s. z. B. MARTIN SCHMIDT, Pietismus, 78: „Mit dem Waisenhaus besaß der Pietismus

tistischen Bewegung, – vor allem Hallischer Observanz – in eine Stadt oder in ein Territorium gelten. Verstanden wurden diese karitativ-sozialen Einrichtungen gleichsam als „Die Fußstapffen Des noch lebenden und waltenden liebreichen und getreuen GOTTES“[89]. Sie sollten zwar keinen Gottesbeweis darstellen, wohl aber ein Gotteserweis sein; d. h. diese Institute sollten die Realität Gottes demonstrieren, der sich seiner Verheißung gemäß Verlassener und Bedürftiger annimmt. Aber auch für die Ausbreitung des Hallischen Pietismus waren diese Waisenhäuser wichtig. Da sie sich in einer gewissen Unabhängigkeit von der geistlichen Obrigkeit etablieren konnten und nicht unbedingt von dem Wohlwollen der Pfarrerschaft abhängig waren, vermochten sie sich zu Stützpunkten oder sogar Bastionen des Hallischen Pietismus zu entwickeln.

In fränkischen und ostschwäbischen Territorien wurde eine ganze Reihe pietistischer Waisenhäuser errichtet. Dabei ging gelegentlich lediglich der Impuls zur Gründung auf den Hallischen Einfluß zurück. Meistenorts wurde aber auch die Gesamtkonzeption dem Halleschen Waisenhaus bis ins Detail nachgebildet oder sogar imitiert. Hierbei hat man jedoch gemeinhin die unterschiedlichen politischen, gesellschaftlichen und wirtschaftlichen Rahmenbedingungen viel zu wenig beachtet.

Das erste in Franken unter pietistischem Einfluß gegründete Waisenhaus entstand 1711 in der markgräflichen Haupt- und Residenzstadt Ansbach. Es beruhte auf einer Stiftung der mit Halle verbundenen Freifrau Sophie von Crailsheim.[90] Sie finanzierte nicht nur den Bau dieser Anstalt, sondern sicherte darüber hinaus durch Fonds deren Unterhalt. In der Folgezeit subventionierte auch die Oberhofmeisterin Maria Barbara von Neuhaus, die in Ansbach zu den Anhängerinnen Franckes zu rechnen ist, dieses Waisenhaus durch finanzielle Mittel. In diesem Zusammenhang ist auch das 1728 von ihr gestiftete Witwenhaus zu erwähnen, zumal es auf dem großen Gartengrundstück des Waisenhauses errichtet wurde.[91]

1730 wurde in Bayreuth, der Haupt- und Residenzstadt der Markgrafschaft Brandenburg-Bayreuth, ebenfalls ein Waisenhaus errichtet, dessen Initiator und Promotor Konsistorialrat und Hofprediger Johann Christoph Silchmüller[92] gewesen ist. Nicht nur bei seiner Errichtung, sondern auch bei

---

eine Institution [...] Das Waisenhaus wurde geradezu zum Kennzeichen. Wo immer man im Geiste August Hermann Franckes tätig war, ob als Freund oder als Schüler, gründete man ein Waisenhaus und hätte das getan, auch wenn man keine Waisen gehabt hätte“.

[89] So der Titel von August Hermann Franckes Schrift über die 1695 erfolgte Gründung des Halleschen Waisenhauses; sie erschien erstmals 1701.

[90] Zu Crailsheim und dem von ihr gestifteten und subventionierten Ansbacher Waisenhaus s. Kap. III, 107–108 u. Kap. VI, 242.

[91] Zu Neuhaus und dem von ihr gestifteten Ansbacher Witwenhaus s. Kap. VI, 241–242.

[92] Zu Silchmüller und dem Bayreuther Waisenhaus s. Kap. VI, 229–233.

der Zielsetzung und der Arbeitsweise war das Hallesche Waisenhaus zweifelsohne Paradigma. Ja, man versuchte, dieses geradezu – en miniature – zu kopieren, was beispielsweise an der Angliederung einer Buchhandlung und eines Verlags evident wird, obgleich hierfür kein wirklicher Bedarf bestand. Finanziell wurde das Unternehmen auch von dem frommen Markgrafen Georg Friedrich Karl unterstützt. Als Mitarbeiter und Mitarbeiterinnen wurden in den ersten Jahren ausschließlich Pietisten Hallischer oder Herrnhutischer Observanz akzeptiert, die nachweislich eine Bekehrung erlebt hatten. Seit Regierungsantritt des aufklärerisch gesinnten Markgrafen Friedrich und seiner Gemahlin Wilhelmine im Jahr 1735 herrschten dann jedoch für das Waisenhaus hinsichtlich seiner religiösen Konzeption ungünstige Rahmenbedingungen. Aber auch nach dem Ableben des Markgrafen 1763 kam es zu keiner neuen Blüte. Zwei Jahrzehnte nach dem Tod Silchmüllers (1771) wurde es aufgelöst.

Außer diesem Waisenhaus wurde in Bayreuth im August 1744 noch eine andere karitativ-soziale Institution, das Stift in St. Georgen[93], feierlich eingeweiht. Stifter dieses Pfründnerhauses war der 1736 kinderlos verstorbene Georg Christoph von Gravenreuth[94] aus Kalmreuth im Herzogtum Sulzbach. Ferner ist auf die Wiederinbetriebnahme und Vergrößerung des mittelalterlichen Seelhauses, eines Versorgungsinstituts für arme ledige Frauen, im Jahr 1732 zu verweisen. Es erscheint jedoch nicht gerechtfertigt, diese beiden Stiftungen in einen unmittelbaren Konnex mit dem Pietismus zu bringen.[95]

Ebenfalls eine Frucht des Hallischen Pietismus war das 1702 von dem Geheimen Rat Georg Paul Hönn[96] in Coburg gestiftete Waisenhaus. Wegen dieser Anstalt, die von Anfang an relativ klein konzipiert war, korrespondierte Hönn wiederholt mit Halle. Unterstützung fand er in Coburg vor allem bei Johann Conrad von Scheres[97], der seit 1688 der ranghöchste Beamte im Fürstentum Sachsen-Coburg war.

Schließlich ist noch auf das Waisenhaus hinzuweisen, das Ludwig Friedrich Graf zu Castell-Remlingen 1735/36 auf seinem steigerwaldschen Allodialgut Rehweiler – im Zusammenhang mit der Schlößleinskolonie – errichtet hat.[98] Dieses Waisenhaus war in seiner Zielsetzung ausschließlich aufs Religiöse fokussiert. Trotz des großen persönlichen Engagements des Grafen,

---

[93] Zu Gravenreuth und dem Stift zu St. Georgen s. [JOHANN] HIRSCH, Stift zu St. Georgen; KARL MÜSSEL, Geschichte des Gravenreuthischen Stifts.

[94] Zu Gravenreuth s. KARL MÜSSEL, Georg Christoph von Gravenreuth.

[95] Einen entsprechenden Zusammenhang konstatiert MATTHIAS SIMON, Kirchengeschichte Bayerns, Bd. 2, 513.

[96] Zu Hönn und dem von ihm gestifteten Coburger Waisenhaus s. Kap. III, 116–117.

[97] Zu Scheres und seiner Unterstützung des Coburger Waisenhauses s. Kap. III, 116.

[98] Zu Ludwig Friedrich zu Castell-Remlingen und dem Waisenhaus in Rehweiler s. Kap. VII, 281.

der zur Zeit der Gründung noch mit seinem Vetter Nikolaus Ludwig von Zinzendorf kooperierte, kümmerte das Waisenhaus von Anfang an wegen unklarer Organisationsstruktur, völlig unzureichender wirtschaftlicher Sicherung und mangelhafter personeller Ausstattung dahin.

Dagegen ist die Anzahl der Waisenhäuser, die im ostschwäbischen Gebiet unter dem direkten Einfluß des Pietismus errichtet wurden, wesentlich geringer gewesen; eigentlich handelt es sich nur um zwei, nämlich um das Waisenhaus in der Residenzstadt Oettingen und das in der Reichsstadt Nördlingen. Hierbei erreichte das 1714 in Oettingen gegründete Waisenhaus zweifelsohne die größere Bedeutung.[99] Seine Entstehung verdankte es vor allem der Initiative des dortigen Generalsuperintendenten Friedrich Heinrich Cammerer, der dem kirchlichen Pietismus freundlich gesonnen war. Dank der obrigkeitlich verfügten regelmäßigen Kollekten, der geordneten Wirtschaftsführung und der klaren Personalstruktur konnte diese Anstalt, die Francke auf seiner Reise durch Süddeutschland besichtigt hat, rasch expandieren. Seit 1717 war dem Waisenhaus ein Buchverlag angeschlossen, der dessen wirtschaftliche Grundlage erweiterte und ein wichtiges Instrumentarium für dessen Öffentlichkeitsarbeit war.

In der kleinen schwäbischen Reichsstadt Nördlingen ist es 1715 unter dem Einfluß des Hallischen Pietismus – aufgrund eines Magistratsbeschlusses – ebenfalls zur Gründung eines Waisenhauses gekommen.[100] An dieser Anstalt, der von Anfang an ein Armen- und Arbeitshaus angegliedert war, wirkte Georg Michael Metzger, ein ehemaliger Informator in Halle, als Katechet und Inspektor. Auch diesem Waisenhaus stattete Francke einen eingehenden Besuch ab, als er im Februar 1718 für einige Tage hier weilte.

Jedoch gehen keineswegs alle Waisenhäuser, die in dieser Zeit im Gebiet des heutigen Bayerns gegründet wurden, auf pietistische Initiativen zurück. Verwiesen sei beispielsweise auf das 1713 in Kempten eingeweihte Waisenhaus.[101] Möglicherweise nicht völlig unbeeinflußt von Nachrichten über die Gründung des Halleschen Waisenhauses, regten die evangelischen Pfarrer in Kempten 1695 beim Magistrat die Errichtung einer solchen Anstalt an. Über diesen Antrag wurde zwar am 17. Juni dieses Jahres in einer Ratssitzung verhandelt[102], aber erst Anfang 1707, nachdem die Pfarrer auf den Kanzeln erneut die Erstellung eines Waisenhauses angemahnt hatten, setzte der Magistrat einen Ausschuß – bestehend aus vier Ratsherrn und zwei Predigern – ein, um das Projekt voranzutreiben. Dennoch konnte die Anstalt, vor allem aus finanziellen Gründen, erst im Dezember 1713 ihre Pforten für 30 Kinder

---

[99] Über das Oettinger Waisenhaus s. Kap. III, 88–90; vgl. Kap. VI, 210.

[100] Über das Nördlinger Waisenhaus s. Kap. III, 85–86; vgl. Kap. VI, 209–210.

[101] s. MARGIT BAUER u. a., Schulwesen, 293 (Lit.).

[102] Hierzu und zum Folgenden s. A[DOLF] HR[OSCHLER], Sammelmappe; GUSTAV KERN, Festschrift.

öffnen. Für sie wurde zwar sogleich ein Waisenhausverwalter angestellt, ein ständiger Präzeptor wurde aber erst im September 1722 berufen. Im folgenden Jahr erhielt das Waisenhaus, übrigens als einzige derartige Anstalt im Allgäu, eine eigene deutsche Schule.

Neben Waisen nahm sich der Pietismus in einigen fränkischen und ostschwäbischen Orten auch unversorgter Witwen durch Errichtung von Witwenhäusern an. In diesen Heimen, durch mildtätige Stiftungen finanziert, sollten mittellose oder bedürftige Frauen Unterkunft und Verpflegung finden. Zu nennen sind hier die in den Residenzstädten Oettingen und Ansbach von Maria Barbara von Neuhaus gestifteten Häuser, für deren weiteren Unterhalt sie durch Bereitstellung eines Fonds vorgesorgt hat.[103] Ferner ist auf das 1733 wohl auf Initiative des Coburger pietistischen Rats Georg Paul Hönn errichtete adlige Damenstift in Waizenbach[104] zu verweisen.

Keinerlei pietistische Wurzeln hatte dagegen das Witwen- und Waisenhaus „Zu den Wunden Christi", das am 6. August 1711 in Neustadt an der Aisch von dem streng lutherisch-orthodox gesinnten Superintendenten Wolfgang Christoph Räthel eingeweiht wurde.[105] Diese Anstalt, gedacht für Pfarrers- und Lehrerswitwen und deren Kinder, stellt vielmehr einen Alternativentwurf zum pietistischen Waisenhauskonzept dar. Die aufwendigen Baumaßnahmen wurden vor allem aus kirchlichen Spenden und Landeskollekten sowie aus Mitteln kirchlicher und kommunaler Fonds bestritten. Das große Hauptgebäude und das kleinere Vorhaus wurden auf dem Grund des abgebrannten Seckendorffschen Schlosses errichtet. Dieses Gelände, vor dem Langenfelder Tor gelegen, hatte Markgraf Christian Ernst abgabenfrei zur Verfügung gestellt. Gemäß der stark gottesdienstlich und liturgisch ausgerichteten Hausordnung waren sämtliche Heimbewohner, die ein Habit mit Ordenszeichen tragen sollten, verpflichtet, an allen normalen Gemeindegottesdiensten teilzunehmen. Außerdem sollten sie täglich drei liturgische Gebetszeiten im Oratorium, im Hauptgebäude gelegen, abhalten. Darüber hinaus hielt Räthel samstags nach der Vesperpredigt für sie noch einen eigenen Gottesdienst.

---

103 Zu Neuhaus und den von ihr in Oettingen und Ansbach gegründeten Witwenhäusern s. Register über [...] Stifftungen, Welche [...] Maria Barbara [...] von Neuhauß [...] gemachet, 8–10, 14–16. Vgl. Kap. III, 88 u. Kap. VI, 242.

104 Über das Waizenbacher adlige Damenstift s. Kap. III, 117.

105 Über Räthel und das Neustädter Witwen- und Waisenhaus s. MATTHIAS SALOMON SCHNIZZER, CHRONICA der Statt Neüstatt an der Aÿsch, 1708, T. 2, 686–689, 242–243 (zwischen 242 und 243 findet sich ein gedrucktes Informationsblatt Räthels über die Entstehung, Anlage und Hausordnung des Witwen- und Waisenhauses eingefügt), StadtA Neustadt a. d. Aisch; vgl. MATTHIAS SALOMON SCHNIZZER, Chronica der Statt Neustatt an der Aysch, 149, 197–198. S. auch MAX DÖLLNER, Neustadt, 288, 353, 542; ALFONS KALB, Geschichte, 85–87; PAUL SCHAUDIG, Pietismus, 61–62 u. 129–130; GEORG MATTHÄUS SCHNIZZER, Kirchen-Bibliothek, 18–19.

Allerdings scheinen die Insassen, deren Anzahl übrigens wohl von Anfang an äußerst gering gewesen ist, diesen Vorgaben nur teilweise entsprochen zu haben.[106] Für die Kinder der Witwen sahen die Statuten folgende Regelung vor: Die Buben sollten bis zum elften Lebensjahr Schulunterricht erhalten und dann mit Unterstützung ein Handwerk erlernen oder eine höhere Lehranstalt besuchen, um später ein Studium aufzunehmen. Die Mädchen sollten dagegen so lange bei ihren Müttern bleiben, nähen, stricken und haushalten lernen, bis sich ihnen „anständige Heyrathen oder anderwärtige Dienste" bieten würden. Da für das Witwen- und Waisenhaus kein Fonds zum Unterhalt errichtet worden war, sondern es nur durch Gottesdienstkollekten subventioniert werden sollte, geriet es bald in größte wirtschaftliche Schwierigkeiten. Infolgedessen konnten nur noch ganz wenige Hilfsbedürftige aufgenommen werden. 1729 wurden – nach Räthels Tod – die letzten Bewohner „in das Hospital verpflanzt"[107]. Mit markgräflicher Bewilligung wurden die Gebäude seit 1731 für die Neustädter Lateinschule umgebaut; diese erhielt dadurch nicht nur größere Klassenräume, sondern auch Wohnungen für ihre Lehrkräfte.

Neben den Waisen- und Witwenhäusern sind auch die vom kirchlichen Pietismus ins Leben gerufenen Armenschulen Ausdruck seines karitativsozialen Engagements. Da diese Anstalten aber vor allem für das Bildungswesen von Relevanz waren, werden sie unter dem kulturellen Aspekt behandelt.

b) Die Bedeutung des Pietismus für die Literatur und das Erziehungswesen

Der kulturellen Bedeutung des Pietismus ist bislang nicht die Aufmerksamkeit geschenkt worden, die ihr eigentlich gebührt. Zwar gibt es einige Spezialuntersuchungen, aber größere Gesamtdarstellungen sind weiterhin ein dringendes Desiderat.[108] Verallgemeinernd kann man sagen, daß die kulturelle Bedeutung des Pietismus im Gebiet des heutigen Bayerns vor allem einerseits im Literarischen und andererseits im Pädagogischen lag.

---

[106] s. MATTHIAS SALOMON SCHNIZZER, CHRONICA der Statt Neüstatt an der Aÿsch, 1708, T. 2, 242, StadtA Neustadt a. d. Aisch; folgendes Zitat ebd., 243. Vgl. MATTHIAS SALOMON SCHNIZZER, Chronica der Statt Neustatt an der Aysch, 197; folgendes Zitat ebd., 198.

[107] GEORG MATTHÄUS SCHNIZZER, Kirchen-Bibliothek, 19.

[108] Vgl. den noch ausstehenden vierten Band der von MARTIN BRECHT u. a. herausgegebenen „Geschichte des Pietismus".

Der Beitrag des Pietismus zur Gebrauchsliteratur und zur geistlichen Lyrik

Der Pietismus hat nicht nur den deutschen Wortschatz erweitert und bereichert,[109] sondern auch zur Fortentwicklung einiger literarischer Gattungen einen wesentlichen Beitrag geleistet. Dies gilt insbesondere für die Gebrauchsgattungen Briefe, Tagebücher und Autobiographien. Korrespondenzen, Diarien und Lebensbeschreibungen waren nämlich im Pietismus hervorragende Mittel, um Selbstbeobachtung zu intensivieren und religiöse Verantwortung für andere wahrzunehmen.

In Franken und Ostschwaben war allerdings der Beitrag des Pietismus auf diesem Gebiet insgesamt gesehen recht bescheiden. Zwar haben auch die hiesigen Pietisten zum Teil eifrig korrespondiert und so zur Entwicklung der Briefkultur beigetragen,[110] aber nur der Augsburger Pfarrer und Senior Samuel Urlsperger[111] hat einen wirklich weltweiten Briefwechsel geführt. Leider konnte die umfangreiche Korrespondenz dieses führenden Repräsentanten des Hallischen Pietismus im süddeutschen Raum großenteils bislang nicht gefunden werden und muß als verloren gelten.[112]

Bezüglich der Tagebuchkultur ist vor allem auf das allerdings nur knapp sieben Monate umfassende „Diarium Baruthinum" des Bayreuther Hofpredigers Johann Christoph Silchmüller[113] zu verweisen. Ein Beispiel für die Hochschätzung der Autobiographie stellt „Der wahre und gewisse Weg durch die enge † Pforte zu Jesu Christo" von Johann Adam Raab dar.[114] In dieser umfangreichen Lebensbeschreibung, die 1703 im Druck erschien, schilderte der Erlanger Notar seine Kindheit und Jugend, seine Schulzeit und Berufsausbildung, seine Verlobung und Heirat sowie vor allem seine religiöse Entwicklung. Da jedoch die erwähnten Personen und Orte fast ausnahmslos

---

[109] Hierzu vgl. u. a. Kap. IX, 344.

[110] Verwiesen sei z. B. auf die Korrespondenz von Gottlieb Spizel; s. bes. Kap. II, 72–78.

[111] Zu Urlsperger und seinem Briefwechsel s. Kap. VI, 214–225.

[112] Erhalten ist jedoch immerhin eine recht beachtliche Anzahl von Briefen (in Form von Ausfertigungen, Abschriften, Auszügen, Entwürfen) Urlspergers an August Hermann Francke und dessen Sohn Gotthilf August im Archiv der Franckeschen Stiftungen, Halle (s. bes. Salzburg- Halle- Nordamerika; vgl. MARTIN BRECHT, Urlsperger) und an den dänischen Diplomaten Johann Hartwig Ernst Graf von Bernstorff im Rigsarkivet Kopenhagen (s. HORST WEIGELT, Urlspergers Korrespondenz). Eine große Anzahl von Briefen Urlspergers befindet sich auch im Londoner Archiv der SPCK (s. GEORGE FENWICK JONES, Urlsperger und Eben-Ezer; hier weitere Nachweise. Abschriften und Auszüge aus der Korrespondenz Urlspergers und der SPCK wegen der Salzburger Exulanten finden sich auch im Archiv der Franckeschen Stiftungen, Halle; s. Salzburg- Halle- Nordamerika), im Archiv der Deutschen Christentumsgesellschaft in Basel, deponiert in der Universitätsbibliothek Basel (s. ERNST STAEHELIN, Christentumsgesellschaft I u. II, passim) sowie im Archiv Stolberg-Wernigerode.

[113] Silchmüllers „Diarium Baruthinum" reicht nur vom 30.10.1727 bis zum 22.5.1728.

[114] Zu Raab und seiner Autobiographie s. Kap. IV, 148.

nicht namentlich genannt werden und die Chronologie vielfach vage bleibt, fehlen geschichtliche Konkretion und Lokalkolorit. Ferner sei auf die stark ihre eigene Biographie thematisierenden Publikationen der fränkischen Pfarrfrau Rosina Dorothea Ruckteschel[115] hingewiesen. Diese gab in ihrer „Eröffneten Correspondenz" perspektivenreiche Einblicke in ihr bewegtes Leben; vor allem gilt dies für ihre darin publizierte „Selbst gehaltene Leichen-Predigt"[116]. Mit großem Freimut machte sie darin ihre Kritik an der lutherischen Orthodoxie und ihre Kontroversen mit deren Vertretern öffentlich.

Dagegen haben einige Pietisten im Gebiet des heutigen Bayerns einen nicht unwesentlichen Beitrag für die geistliche Dichtkunst geleistet, wie ihre Lieder in zahlreichen pietistischen Liedersammlungen und Gesangbüchern zeigen.[117] In diesen geistlichen Liedern und Gelegenheitsgedichten steht das betende Ich mit seinen religiösen Empfindungen und Erfahrungen – besonders seiner Jesusfrömmigkeit – vielfach im Mittelpunkt. Sieht man von einigen Adligen und höheren Beamten wie dem Coburger Kanzler Johann Burkhard Rosler[118] ab, waren die Liederdichter fast ausnahmslos Pfarrer[119]. Einer von ihnen, der Nürnberger Pfarrer David Nerreter, war sogar Mitglied des Pegnesischen Blumenordens.[120] Unter den Adligen hat sich Freiherr Christoph Karl Ludwig von Pfeil besonders als Liederdichter hervorgetan.[121] Obgleich sich auch Frauen an der Schaffung von Gedichten und Liedern beteiligt haben, wofür die geistlichen Lieder von Barbara von Giech[122] und Maria Barbara von Neuhaus[123] Beweise sind, waren sie doch deutlich unterrepräsentiert. Gegen diese mangelnde Präsens von Frauen in der literarischen Öffentlichkeit hat Rosina Dorothea Ruckteschel, die selber zahlreiche Gelegenheitsgedichte verfaßt hat,[124] protestiert. Voller Zorn forderte sie: „Weg mit den Kindischen Haasen-Eyern, und Heydnischen Fabeln, daß ein Frauenzimmer allezeit hinter den Öffen, bey dem Eßig-Krug, bleiben sollte."[125] Sie hielt es also für puren Unsinn, daß eine Frau immer nur im Haus bleiben und nicht in der Öffentlichkeit in Erscheinung treten sollte.

---

[115] Zu Ruckteschel und ihren Schriften s. Kap. IV, 164, Anm. 193.

[116] s. ROSINA DOROTHEA RUCKTESCHEL, Eröffnete Correspondenz, 2. Fortsetzung, 3. Sendschreiben (Leichenpredigt).

[117] Hierzu s. Kap IX, 350–354: Gesang- und Liederbücher.

[118] Zu Rosler als geistlicher Dichter s. Kap. III, 115–116.

[119] Zu den Lieddichtungen von Nerreter s. Kap. II, 65; von Preu s. Kap. III, 87; von Silchmüller s. Kap. VI, 233–234; von Brendel s. Kap. IV, 154–155; von Schöner s. Kap. VIII, 314–315.

[120] Hierzu s. Kap. II, 65.

[121] Zu Pfeil als Liederdichter s. Kap. VII, 278, Kap. VIII, 316 u. Kap. IX, 353–354.

[122] Zu Barbara von Giech als Liederdichterin s. Kap. IV, 154–155.

[123] Zu Maria Barbara von Neuhaus als Liederdichterin s. Kap. III, 88.

[124] Zu Ruckteschel als Dichterin s. Kap. VI, 226–227.

[125] ROSINA DOROTHEA RUCKTESCHEL, Eröffnete Correspondenz, 6. u. 7. Sendschreiben, 58.

Der Beitrag des Pietismus für das Erziehungswesen – Schulgründungen und Durchführung pädagogischer Reformen

Im Unterschied zum literarischen Bereich war der Beitrag des fränkischen und ostschwäbischen Pietismus für das Erziehungs- und Schulwesen wesentlich gewichtiger.

In Franken erlangten vor allem folgende pietistische Schulen und Erziehungsanstalten für einige Zeit größere Bedeutung: Die von dem Hospizprediger Ambrosius Wirth in Nürnberg ins Leben gerufene Armenkinderschule und die von dem Hofprediger Johann Christoph Silchmüller in Bayreuth stark geförderte Armenkinderschule sowie das renommierte Fürstliche Gymnasium in Neustadt an der Aisch und die Ritterakademie in Erlangen.

Vorbild für die 1702 von dem Franckefreund Wirth[126] in Nürnberg initiierte Armenkinderschule waren zweifelsohne die Halleschen Anstalten. In der Nürnberger Armenkinderschule wurden mittellose Jugendliche anfänglich daheim durch Schüler aus den Trivialschulen, später durch Kollaboratoren in Wirths Wohnung und schließlich durch mehrere Lehrkräfte in einem eigenen Schulgebäude unentgeltlich unterrichtet. In der Endausbauphase waren es mehrere hundert Schüler, die in verschiedenen Klassen unterwiesen wurden. Kindern, deren Eltern nicht das nötige Schulgeld aufbringen konnten, um sie in die Deutsche Schule zu schicken, wurde auf diese Weise wenigstens eine gewisse Schulbildung ermöglicht, zumal dank großzügiger Spenden auch Lehrmaterial und Verpflegung kostenlos zur Verfügung gestellt werden konnten. Der Unterricht erstreckte sich in erster Linie auf religiöse Unterweisung sowie Lesen und Gesang. Erst gegen Ende des 18. Jahrhunderts wurde das Fächerspektrum erweitert. Nun wurden die Kinder außer im Rechnen auch in naturkundlichen, geschichtlichen und ökonomischen Fächern unterrichtet. Als 1883 mit der generellen Abschaffung des Schulgelds der Unterschied zwischen Armenschule und Zahlschule wegfiel, wurde auch die Wirthsche Armenkinderschule aufgelöst und in die öffentliche Volksschule integriert.

Die 1730 in der Residenz- und Hauptstadt Bayreuth errichtete Armenkinderschule war von Anbeginn an mit dem hier von Hofprediger Silchmüller[127] gegründeten Waisenhaus verbunden. Die Lehrkräfte rekrutierten sich zumindest anfänglich ausnahmslos aus dezidierten Pietisten. Der Unterricht folgte dem Vorbild der Halleschen Anstalten. Im Zentrum stand der Religionsunterricht. Daneben wurden die Fächer Deutsch und Rechnen sowie – für Begabte – die Anfangsgründe in Latein erteilt. Bemerkenswert ist, daß der Realienunterricht – wie übrigens auch in der Nürnberger Armenkinderschule – eine sehr geringe Rolle spielte. Dagegen wurde der Musik-

---

126 Zu Wirth und seiner Armenkinderschule s. Kap. III, 95–96.

127 Zu Silchmüller und der dem Waisenhaus integrierten Armenschule s. Kap. VI, 229–233.

unterricht intensiv betrieben. Darüber hinaus wurden Klavier- und Gesangsstunden angeboten; die Nachfrage konnte aber kaum befriedigt werden, obgleich wiederholt zusätzliche Lehrkräfte angestellt wurden. Diese musische Ausrichtung der Bayreuther Armenkinderschule ist bislang ungenügend erforscht. Sie muß wohl auch im Zusammenhang mit der reichen musikalischen Blüte gesehen werden, die die Residenzstadt Bayreuth damals unter Markgräfin Wilhelmine, der Schwester des musikalisch begabten Preußenkönigs, erlebte.

Große kulturelle und gesellschaftliche Bedeutung errang das Fürstliche Gymnasium in Neustadt an der Aisch.[128] Unter den Rektoraten von Johann Jakob Schober sowie besonders von Georg Sarganeck und Paul Eugen Layritz entwickelte es sich zu einer der bedeutendsten pietistischen Bildungsanstalten im Deutschen Reich. Deshalb hat man Neustadt in der neueren Forschung sogar als „zweites Halle“[129] bezeichnet. In der Pädagogik folgte man auch in dieser Erziehungsanstalt anfänglich im Wesentlichen der der Halleschen Anstalten. Aus diesem Grund schickten nicht nur Pietisten aus Franken und Ostschwaben, sondern auch aus anderen deutschen Gebieten und europäischen Ländern ihre Söhne zur Schulausbildung gern dorthin.[130] Eine überproportional große Anzahl der Schüler gehörte dem Adelsstand an. Unter dem Rektorat von Layritz, das dieser seit 1736 innehatte, gewann dann jedoch hier verstärkt die Pädagogik von Johann Amos Comenius an Einfluß. Evident wird dies anhand einer kleinen Schrift, die er anläßlich der Entlassungsfeier von Abiturienten im Juli 1742 herausgab: „Manes Comenii vindicatos eiusque docendi discendique methodum a Petri Baylii iniuriis liberatam praemittit Actui Oratorio“[131]. Anlaß zu dieser apologetischen Schrift war eine scharfe Kritik Pierre Bayles an Comenius. Der allmähliche Niedergang des Fürstlichen Gymnasiums setzte 1735 ein, als seit dem Regierungsantritt von Markgraf Friedrich und seiner Gemahlin Wilhelmine, die mit Voltaire korrespondierte, der Geist der Aufklärung in der Markgrafschaft Brandenburg-Bayreuth protegiert wurde. Hinzu kam, daß der tatkräftige Rektor Sarganeck im selben Jahr an das Pädagogium nach Halle wechselte. Der Zerfall wurde dann unaufhaltbar, als 1748 auch noch der

---

[128] Über das Illustre Gymnasium bzw. die Fürstenschule in Neustadt an der Aisch s. Kap. III, 103–104. Vgl. MARIANNE DOERFEL, Gymnasium in Neustadt/Aisch (Lit.).

[129] s. MARIANNE DOERFEL, Ein zweites Halle in Neustadt/Aisch?

[130] s. AUGUST WOLFSCHMIDT, Matrikel.

[131] Von diesem 1742 in Nürnberg gedruckten Schulprogramm erschien 1992 in Neustadt a. d. Aisch ein Reprint (mit Übersetzung, Einführung und bio-bibliographischen Anmerkungen), hg. v. MARIANNE DOERFEL; vgl. DIETRICH BLAUFUSS, Rez. ‚Die Verteidigung der Didaktik des Comenius durch Paul Eugen Layritz, Conrektor und Rektor der Schule in Neustadt an der Aisch: 1731–1742. [Übersetzung,] Dokumente und Kommentare, hg. v. Marianne Doerfel, Neustadt a. d. Aisch 1992‘, in: ZBKG 62 (1993), 237–241.

pädagogisch versierte Rektor Layritz Mitglied der Herrnhuter Brüdergemeine wurde und nach Herrnhaag in die Wetterau übersiedelte. Der neue Rektor, Johann Balthasar Dörfler, konnte am Gymnasium zwar etwas vom pietistischen Geist bewahren, aber die Schulanstalt verlor an Renommee. Hierbei ist auch zu berücksichtigen, daß 1743 in Bayreuth eine privilegierte Universität errichtet worden war, die noch im selben Jahr nach Erlangen verlegt wurde. Mit dieser letzten im Alten Reich gegründeten Universität konnte das Fürstliche Gymnasium in Neustadt natürlich nicht konkurrieren.

Vorübergehend erlangte auch die pietistisch konzipierte Ritterakademie in Erlangen eine größere Bedeutung; sie war 1701 von Freiherrn Christoph Adam Groß von Trockau unter Einsatz seines ererbten Vermögens ins Leben gerufen worden.[132] An diesem Erziehungsinstitut, in unmittelbarer Nähe des Schlosses gelegen, wurden alle für die Lebens- und Berufswelt des Adels relevanten Fächer und Wissenschaftsdisziplinen angeboten. Allerdings hatte diese Lehranstalt nur eine kurze Blüte und siechte dann dahin, bis sie 1741 teilweise mit dem Gymnasium in Bayreuth zusammengelegt und teilweise in eine Trivialschule umgewandelt wurde.

Dagegen gab es in Ostschwaben keine Schulanstalt, die so stark vom Pietismus geprägt gewesen wäre wie die erwähnten Schulen und Erziehungsinstitute in Franken. Allenfalls könnte das St. Anna-Gymnasium in Augsburg genannt werden, das von 1743 bis 1773 von dem in Halle ausgebildeten Rektor Gottfried Hecking geleitet wurde.[133] Auch im Lehrerkollegium gab es einige Lehrkräfte, die eine pietistische Ausrichtung protegierten. Die damals grundsätzlich pietistenfreundliche Einstellung am St. Anna-Gymnasium wird nicht zuletzt an den vergebenen Themen für die Abschlußarbeiten evident. So schrieb beispielsweise Johann August Urlsperger 1747 seine Examensarbeit über die Siedlung der Salzburger Exulanten in Eben-Ezer in Georgia: „De praestantia coloniae Georgico – Anglicanae prae coloniis aliis". Mit einer gekürzten Fassung dieser Schrift warb dann übrigens sein Vater Samuel im Territorium der Reichsstadt Ulm nicht ohne Erfolg um Bauern und Handwerker für die Ansiedlung Eben-Ezer, die unter Mangel an Arbeitskräften litt.[134]

Auch die sechsklassige evangelische Lateinschule in der Reichsstadt Kaufbeuren stand zumindest in den frühen 20er Jahren des 18. Jahrhunderts unter einem gewissen pietistischen Einfluß.[135] Hier konnten nämlich seit 1721 unter dem Rektor Johann Martin Christell[136] pietistische Reformen

---

[132] Zu Groß und der Erlanger Ritterakademie s. Kap. III, 101–102.

[133] Über das Augsburger St. Anna-Gymnasium und seine zeitweilige Beeinflußung durch den Hallischen Pietismus s. Kap. VIII, 305.

[134] s. GEORGE FENWICK JONES, Urlsperger und Eben-Ezer, 197–198.

[135] Hierzu und zum Folgenden s. FRITZ JUNGINGER, Geschichte der Reichsstadt Kaufbeuren, 168–171.

[136] Zu Christell und der evangelischen Lateinschule in Kaufbeuren s. Kap. VI, 253.

sowohl bezüglich des Lehrplans als auch der Methode durchgeführt werden. Als man ihn 1724 nach Augsburg auf die vierte Diaconatsstelle bei den Barfüßern berief, wurde Johann Jakob Brucker, der neben dem Rektorat auch noch das Amt eines Diaconus an der Kirche zur Hl. Dreifaltigkeit innehatte, sein Nachfolger. Obgleich er stark von der gemäßigten Aufklärung beeinflußt war und dieser zuzurechnen ist, setzte er die Schultradition fort, da er den sittlichen Erziehungszielen des Pietismus mit gewisser Sympathie gegenüberstand. Mit ausdrücklicher Billigung des Scholarchats wurde deshalb im Oktober 1729 die pietistische Pädagogik an der evangelischen Lateinschule bestätigt. Eine vom Kaufbeurer Magistrat genehmigte Schulordnung von Oktober 1737 regelte dann sogar den Unterricht an sämtlichen evangelischen Schulen der Stadt im pietistischen Sinne.

In dem Zusammenhang ist noch darauf hinzuweisen, daß wohlhabende Pietisten hin und wieder das Schulgeld für arme Kinder übernommen haben, um deren Ausbildung zu ermöglichen oder zu fördern. Allerdings wurden solche Übernahmen von Schulgebühren im 17. und 18. Jahrhundert vielfach praktiziert; sie sind also keineswegs signifikant für die Anhänger oder Sympathisanten des Pietismus. Dennoch gehören diesbezügliche karitative Zuwendungen zum Erscheinungsbild des Pietismus und seien deshalb hier erwähnt. So machte beispielsweise Maria Barbara von Neuhaus 1702 zum Gedenken an ihre verstorbene Mutter, Maria Elisabetha von Hund, eine Stiftung von 500 Gulden. Aus den Zinserträgen sollten jeweils „8. arme Kinder in die Schule geschicket und vor jedes derselbigen das gewöhnliche Schul-Geld mit 1. fl. jährlich gezahlet werden. Die Kinder selber aber jedes jährlich zu einem Buch oder Papier 15. Kr. bekommen“[137].

3. Pietismus und Evangelische Erweckungsbewegung des 19. Jahrhunderts – Kontinuität und Diskontinuität

Der Pietismus stellt in vielem ein Bindeglied zur Evangelischen Erweckungsbewegung des 19. Jahrhunderts sowie zur Gemeinschaftsbewegung dar. Es ist zwar unzutreffend, zwischen der Evangelischen Erweckungsbewegung und dem Pietismus einen mehr oder minder gleitenden oder sogar nahtlosen Übergang sehen zu wollen, aber der Pietismus – besonders der spätere – stellte wesentliche frömmigkeitstheologische sowie geistesgeschichtliche Elemente bereit, die für die Entstehung und Entwicklung der Evangelischen Erweckungsbewegung von kaum zu überschätzender Bedeutung gewesen sind. Diese allgemeine Feststellung gilt auch für die Gemeinschaftsbewegung, allerdings ist der Beitrag des Pietismus zu deren Entstehung und Ausbildung

[137] Register über [...] Stifftungen, Welche [...] Maria Barbara [...] von Neuhauß [...] gemachet, 6. Vgl. Kap. III, 88.

wesentlich partieller und – infolge noch anderer frömmigkeitlicher Einflüsse aus England – gebrochener gewesen.[138]

Die Erweckungsbewegung im Gebiet des heutigen Bayerns machte sich seit 1823 zunächst im fränkischen Erlangen bemerkbar. Der kleine Kreis von Erweckten, der sich – etwas später – auch in der Residenz- und Universitätsstadt München herauskristallisierte, rekrutierte sich vorwiegend aus dorthin Berufenen. Der führende Vertreter und Mittelpunkt in Erlangen war der geistig bewegliche, äußerst kontaktfreudige und warmherzige Gotthilf Heinrich von Schubert[139], der hier seit 1827 an der Universität wirkte. Der eigentliche Initiator der Fränkischen Erweckungsbewegung[140] und ihre anfänglich führende Gestalt war jedoch Johann Christian Gottlob Ludwig Krafft[141]. Dieser gebürtige Rheinländer war seit 1817 in Erlangen Prediger an der deutsch-reformierten Gemeinde und seit 1818 auch außerordentlicher Professor für reformierte Theologie an der Friedrich-Alexander-Universität. Durch ihn erfuhren zahlreiche Studierende eine religiöse Erweckung; so beispielsweise auch Wilhelm Löhe, der im Wintersemester 1827/28 – in seinem dritten Semester – dessen Dogmatikvorlesung[142] besuchte. Über die erste Stunde dieses Kollegs schrieb er an seine Schwester Dorothea: „Wir gingen alle aus dem Auditorium, keiner konnte den andern fragen: Was

---

[138] Da die Geschichte der Gemeinschaftsbewegung in Bayern noch unzureichend erforscht ist, können über den Einfluß des Pietismus auf diese komplexe Frömmigkeitsbewegung noch keine gesicherten Aussagen gemacht werden. Über die Gemeinschaftsbewegung in Bayern s. bes.: CHRISTIAN DIETRICH u. FERDINAND BROCKES, Privat-Erbauungsgemeinschaften, 39–44; PAUL FLEISCH, Moderne Gemeinschaftsbewegung, 127–128; GERHARD HIRSCHMANN, Kirche, 898; FRIEDRICH WILHELM KANTZENBACH, Anfänge der Gemeinschaftsbewegung; DERS., Gemeinschaftsbewegung in Bayern, 353–368; CHRISTOPH MEHL, Mehl, 155–270; JÖRG OHLEMACHER, Gemeinschaftschristentum, 406–407 u. 456; HANS VON SAUBERZWEIG, Geschichte der Gnadauer Gemeinschaftsbewegung, 460–465; MATTHIAS SIMON, Kirchengeschichte Bayerns, Bd. 2, 667–669; KARL THAUER, Taten Jesu (unkritisch).

[139] Zu Schubert s. Kap. IX, 376.

[140] Zur Geschichte der Fränkischen Erweckungsbewegung s. bes. KURT ALAND, Bayrische Erweckungsbewegung; DERS., Geschichte der bayrischen Erweckungsbewegung; GUSTAV ADOLF BENRATH, Erweckung, 238–242 u. 269; DERS. [u. a.], Erweckung/Erweckungsbewegung, 212–213; ERICH BEYREUTHER, Erweckungsbewegung, 31–33; HILDEBRAND DUSSLER, Feneberg; WALTER HAHN, Verlag der Raw'schen Buchhandlung; DERS., Verlag und Sortiment der Joh. Phil. Raw'schen Buchhandlung; LUDWIG HAMMERMAYER, Aufklärung, 994–995, 997–98; GERHARD HIRSCHMANN, Kirche, 888–889; FRIEDRICH WILHELM KANTZENBACH, Erweckungsbewegung; DERS., Lebendige Gemeinde; GEORG PICKEL, Krafft; MATTHIAS SIMON, Kirchengeschichte Bayerns, Bd. 2, 591–623, 738–39; GOTTFRIED THOMASIUS, Wiedererwachen des evangelischen Lebens; L[UDWIG] TIESMEYER, Erweckungsbewegung; HORST WEIGELT, Raumer.

[141] Zu Krafft s. DBA NF 749, 432–434; ADB 17, 14–5; NDB 12, 643; BBKL 4, Sp. 582–584. Vgl. bes. WILHELM NEUSER, Pietismus; GEORG PICKEL, Krafft.

[142] Krafft las „Theologiae dogmaticae ecclesiae reformatae partem priorem ex dictatis suis". Freundliche Mitteilung von Professor Dr. Alfred Wendehorst, Erlangen.

meinst Du? Nach einem solchen Kampf und solchen Erfahrungen im geistlichen Leben muß man Dogmatik lesen. Diese andern glaubenslosen Professoren – ich habe keinen Begriff mehr, wie die noch Dogmatik lesen können. Wer so geführt ist, den will ich hören, der redet, was er erfahren hat und so am gewissesten weiß".[143]

Etwa zur gleichen Zeit wie in Erlangen konstituierte sich auch in Nürnberg ein zweites Zentrum der Fränkischen Erweckungsbewegung. Ihm gehörten nahezu alle bedeutenderen Mitglieder und Freunde der dortigen Sozietät der Deutschen Christentumsgesellschaft an. Deshalb können sie gleichsam als Vermittler zwischen dem späteren Pietismus und der Erwekkungsbewegung angesehen werden. In gewisser Weise gilt dies auch schon für ihr renommiertes Mitglied Johann Gottfried Schöner[144]. Dieser äußerst rührige und literarisch ungemein fruchtbare, aber auch hypersensibel veranlagte und körperlich gebrechliche Nürnberger Pfarrer starb zwar bereits 1818, also vor dem eigentlichen Beginn der Fränkischen Erweckungsbewegung; er hat aber manche ihrer Momente antizipiert.

Die Fränkische Erweckungsbewegung ist also sicherlich nicht ohne den Pietismus zu verstehen. Jedoch besteht heute in der Territorialgeschichtsforschung Konsens darüber, daß ihre Entstehung keineswegs monokausal erklärt werden kann. Vielmehr trugen dazu auch noch andere Strömungen und Ereignisse bei, besonders die Romantik und das religiöse Erleben der Freiheitskriege.

Obwohl die Freiheitskriege für die meisten Vertreter der Fränkischen Erweckungsbewegung keine größere Relevanz für ihre eigene religiöse Entwicklung gehabt haben, wurden doch einige ihrer Repräsentanten und Anhänger davon nachhaltig beeinflußt. Verwiesen sei vor allem auf Karl von Raumer[145], der seit April 1823 in Nürnberg Lehrer am Privatgymnasium Heinrich Dittmars war und seit 1827 in Erlangen als Universitätsprofessor für Mineralogie und Naturgeschichte wirkte. Wie seine Autobiographie zeigt, waren ihm die Erfahrungen in den Freiheitskriegen, an denen er als Landwehroffizier und Adjutant August Graf Neithardt von Gneisenaus bis zur Eroberung von Paris teilgenommen hat, zu einem tiefen Gotteserleben geworden. Am 19. Oktober 1813, dem letzten Tag der Völkerschlacht bei Leipzig, notierte er in sein Tagebuch: „In Mark Ranstädt [Markranstädt] erhielten wir genaue Nachricht über das Resultat der Leipziger Schlacht; wir hatten Großes erwartet, was wir erfuhren, war aber weit über alle unsre Erwartung. Ich suchte eine einsame Stelle, um meinen Thränen freien Lauf

---

[143] Brief: Wilhelm Löhe an Dorothea Schröder, 14. November 1827, in: WILHELM LÖHE, GW, Bd. 1, 261.

[144] Zu Schöner s. bes. Kap. VIII, 314–315.

[145] Zu Raumer s. ADB 27, 420–23; BBKL 7, Sp. 1405–1408. Vgl. bes. HORST WEIGELT, Raumer (Lit.).

zu lassen und von ganzem Herzen Gott für den Segen unserer Waffen und die Befreiung meines geliebten Vaterlandes zu danken"[146]. Für Raumer war Gott derjenige geworden, der in der Geschichte konkret erfahrbar und aufweisbar ist.

Weitaus stärker beeinflußte jedoch die Romantik das Werden der Fränkischen Erweckungsbewegung. Besonders in Mittelfranken wirkten etliche bedeutende Frühromantiker, von denen einige zumindest zeitweilig der Erweckungsbewegung nahestanden oder mit ihren Mitgliedern gesellschaftlich verkehrten. Zu nennen ist hier der aus Schweinfurt gebürtige Dichter Friedrich Rückert[147], der 1826 als schon bekannter Dichter und Übersetzer arabischer und persischer Literatur auf den Lehrstuhl für Orientalistik der Universität Erlangen berufen wurde, wo er bis 1841 wirkte.[148] Anzuführen ist sodann der romantische Naturphilosoph Friedrich Wilhelm Schelling, der von 1820 bis 1827 in Erlangen lebte und hier, soweit es sein Gesundheitszustand zuließ, unter großem Zulauf – gerade auch für Theologen – Vorlesungen hielt.[149] Er gehörte nicht nur dem hier 1819 gegründeten Missionsverein an, sondern war auch Mitglied und zeitweise Vorstand des 1822 auf Initiative von Krafft entstandenen Erlanger Bibelvereins. Als dessen Vorsitzender hielt er eine Rede „Ueber den Werth und die Bedeutung der Bibelgesellschaften". Er sah nämlich in der Bibelverbreitung „das zuverlässigste Mittel [...], zu verhindern, dass jener ehrwürdige Stand [sc. der Theologen] jemals das werde, was man ihn oft, ebenso gehässig als unhistorisch, nennen hört, eine Kaste, als welche er, wie die Priesterkaste Indiens, sich eben nur durch den ausschließenden Besitz und Gebrauch heiliger Bücher behaupten könnte"[150].

Etwa zur gleichen Zeit wirkte in Erlangen der gelehrte, aber auch extravagante Orientalist Johann Arnold Kanne[151]. Dieser von der Romantik tief beeinflußte Sprach- und Mythenforscher hatte Ende 1814 in Nürnberg, wo er Lehrer für Archäologie und Geschichte am dortigen Realinstitut gewesen war, eine religiöse Erweckung[152] erlebt. Er war zu den Nürnberger Erweck-

---

146 KARL RAUMER, Leben, 192–193.

147 Zu Rückert s. DBA 995, 285–286; 1064, 154–167; DBA NF 1105, 364–369; ADB 29, 445–453; BBKL 8, Sp. 941–944.Vgl. HELMUT PRANG, Friedrich Rückert.

148 Über Rückerts Wirksamkeit in Erlangen s. ALFRED WENDEHORST, Geschichte, 100–122 (Lit.).

149 Über die Beeinflussung bayerischer Theologen durch Schelling s. HORST WEIGELT, Raumer, 38–39; HERMANN ZELTNER, Schelling.

150 FRIEDRICH WILHELM JOSEPH VON SCHELLING, Ueber den Werth und die Bedeutung der Bibelgesellschaften, 251.

151 Zu Kanne s. DBA 625, 95–122; DBA NF 678, 379; ADB 15, 77–78; NDB 11, 105–107; BBKL 3, Sp. 1017–1019. Vgl. bes. MARTIN HIRZEL, Lebensgeschichte, 151–201; ERICH NEUMANN, Kanne; DIETER SCHREY, Mythos.

152 Über dieses Bekehrungserlebnis s. JOHANN ARNOLD KANNE, Leben, Bd. 1, 291; vgl. MARTIN HIRZEL, LEBENSGESCHICHTE, 162–163.

ten, vor allem zu den Mitgliedern der Deutschen Christentumsgesellschaft in nähere Beziehung getreten, besonders zu dem „Rosenbeck" Georg Matthias Burger[153]. Unter rigorosem Bruch mit seiner Vergangenheit – was sich auf sein wissenschaftliches Schaffen destruktiv auswirkte – setzte er sich fortan in Wort und Schrift fast nur noch für Erweckung und Erbauung ein. 1817 folgte er einem Ruf an die Universität Erlangen, um über orientalische Sprachen zu lesen. Dort ist er nach siebenjähriger Lehrtätigkeit am 17. Dezember 1824 verstorben.

Vor allem erlangte jedoch Gotthilf Heinrich von Schubert[154] für die Fränkische Erweckungsbewegung große Bedeutung. Er war 1809 durch die Vermittlung seines Lehrers Schelling[155] an das Realinstitut in Nürnberg gekommen.[156] Von 1819 bis 1827 hatte er in Erlangen die neugeschaffene Professur für Naturgeschichte (Zoologie und Botanik) inne.[157] Dieser Vertreter einer mystischen Naturphilosophie war ein Wegbereiter der Romantik in Franken und wurde zu einer führenden Gestalt der Fränkischen Erweckungsbewegung.[158] Dank seiner weitreichenden persönlichen und brieflichen Verbindungen sowie der Aura seiner Persönlichkeit beeinflußte und förderte er die Erweckungsbewegung nicht nur hier, sondern auch in anderen deutschen Gebieten.

Der Beitrag der Romantik für das Werden der Fränkischen Erweckungsbewegung bestand vor allem darin, daß sie nachdrücklich auf die Bedeutsamkeit des subjektiven Gefühlserlebnisses hinwies, den Sinn für das Transzendente weckte und auf das Organische in der Geschichte aufmerksam machte. So ist also die Romantik für die Entstehung und Entwicklung der Fränkischen Erweckungsbewegung von großer Relevanz gewesen, obgleich der Einfluß des späteren Pietismus – insgesamt gesehen – sicherlich stärker gewesen ist.

Die Fränkische Erweckungsbewegung hat in vielfältiger Weise zu einer Verlebendigung des christlichen Glaubenslebens beigetragen und mannigfache Aktivitäten auf missionarischem und sozial-karitativem Gebiet ent-

---

[153] Zu Burger s. DBA NF 204, 83–91; NDB 3, 45; BBKL 1, Sp. 45. Vgl. WILHELM KUNZE, Burger; DERS., Rosenbäcker Matthias Burger.

[154] Zu Schubert s. DBA 1144, 331–350; ADB 32, 631–635; BBKL 9, Sp. 1030–1040. Vgl. bes. GOTTLIEB NATHANAEL BONWETSCH, Schubert; PAUL KREBS, Anthropologie; EMMA LOTHAR-REINSCH, Gotthilf Heinrich von Schubert; FRANZ RUDOLF MERKEL, Schubert. Für Schuberts religiöse Entwicklung ist auch sein Werk „Erwerb" äußerst aufschlußreich.

[155] s. GUSTAV LEOPOLD PLITT (Hg.), Aus Schellings Leben, Bd. 2, 129.

[156] Über Schuberts Tätigkeit am Nürnberger Realinstitut s. ARMIN GEUS, Schubert und das Nürnberger Realinstitut.

[157] Über Schuberts wissenschaftliche Wirksamkeit in Erlangen s. ARMIN GEUS, Zoologie in Erlangen; ALFRED WENDEHORST, Geschichte, bes. 86–87.

[158] Über Schuberts Bedeutung für die Erweckungsbewegung s. u. a. FRIEDRICH WILHELM KANTZENBACH, Schubert.

wickelt.[159] Ihre besondere Bedeutung liegt aber darin, daß sie damals in der Theologischen Fakultät der Universität Erlangen Eingang gefunden und die entstehende Erlanger Theologie nicht unwesentlich mitgeprägt hat.[160] Diese theologische Richtung, nicht unwesentlich mitbestimmt vom Pietismus, hat nicht nur die Bayerische Landeskirche, sondern die evangelische Theologie des 19. und 20. Jahrhunderts in Deutschland entscheidend beeinflußt.

*

Der kirchliche Pietismus hat also im Gebiet des heutigen Bayerns lediglich in einigen Territorien vorübergehend einen dominierenderen Einfluß auf Kirche und Gesellschaft ausgeübt. Erinnert sei an die kleine Reichsstadt Windsheim unter der Superinterdentur von Johann Heinrich Horb, an die Markgrafschaft Brandenburg-Bayreuth während der Regentschaft von Markgraf Georg Friedrich Karl, an die Herrschaft Giech mit dem Residenzstädtchen Thurnau unter dem Superintendenten Georg Christoph Brendel oder an das Steigerwalddorf Rehweiler, das Allodialgut von Ludwig Friedrich zu Castell-Remlingen. Zumeist stellte der kirchliche Pietismus jedoch nur eine Unterströmung mit allerdings zum Teil beachtlicher Vitalität dar. Sozial manifest wurde er in seiner Spener-Hallischen Provenienz vor allem in Konventikeln sowie in sozial-karitativen Einrichtungen (Waisen- und Witwenhäusern) und Erziehungsanstalten (Armenkinderschulen und höheren Bildungsanstalten). Literarisch schlug er sich besonders in Bibelausgaben, Gesang- und Liederbüchern, Predigtsammlungen und Erbauungsschriften nieder.

Trotz der mannigfachen Verbindungen Zinzendorfs nach Franken kam es hier nicht zur Gründung eines Gemeinorts oder einer Niederlassung der Brüdergemeine. Präsent war der Herrnhuter Pietismus in Franken und Ostschwaben vor allem durch Sendboten der Brüdergemeine, besonders durch deren Diasporaarbeiter, die vom vogtländischen Ebersdorf aus ihre Auswärtigen Geschwister und ihre Freunde seelsorgerlich betreuten und miteinander vernetzten. Sie nahmen sich aber auch Erweckten anderer Frömmigkeitstraditionen an, was besonders im letzten Drittel des 18. Jahrhunderts bedeutsam war, als in manchen Gebieten die Aufklärung in Kirche und Gesellschaft verstärkt Eingang fand und radikalisierte.

Der radikale Pietismus entfaltete sowohl in Franken als auch in Ostschwaben eine beachtliche Wirkungsmächtigkeit. Unterstützt von führenden Gestalten, die auf ihren Missionsreisen diese Gebiete wiederholt aufsuchten, sammelten sich radikale Pietisten – unterschiedlicher Provenienz – in kleineren

---

[159] Hierzu s. die grundlegende Literatur in Kap. IX, 373, Anm. 140.

[160] Die wichtigste Literatur hierüber bei RUDOLF KELLER, Von der Spätaufklärung und der Erweckungsbewegung zum Neuluthertum (bis1870), bes. 35–49.

Vergesellschaftungen. Sie mahnten nachdrücklich das Recht auf subjektive Glaubensfreiheit und auf individuelle christliche Lebensgestaltung an. Dies geschah in Wort und Schrift unter bewußter Akzeptanz von Diskriminierung, Existenzvernichtung und sogar Landesverweisung.

Obgleich der Pietismus in den fränkischen und ostschwäbischen Gebieten letztlich – sieht man von Ausnahmen ab – eher nur einen unterschwelligen Einfluß auf das damalige Kirchenwesen gehabt hat, sollte seine Bedeutung für das individuelle christliche Leben und die Gesellschaft nicht unterschätzt werden. Auch gilt es zu beachten, daß er über die Deutsche Christentumsgesellschaft und durch Kreise der Herrnhuter Brüdergemeine im 19. Jahrhundert auf Entstehung und Ausformung der Fränkischen Erweckungsbewegung sowie der Gemeinschaftsbewegung in Bayern eingewirkt hat. Damit soll keineswegs bestritten werden, daß jene nicht auch von der Romantik und diese von der angelsächsischen Evangelisations- und Heiligungsbewegung mitgeprägt worden ist. Jedoch ist der Einfluß des Pietismus auf beide Frömmigkeitsbewegungen im Gebiet des heutigen Bayerns zweifelsohne stärker gewesen.

Abkürzungen und Siglen

Die bibliographischen Abkürzungen folgen SIEGFRIED M. SCHWERTNER, Internationales Abkürzungsverzeichnis für Theologie und Grenzgebiete (IATG), 2. überarb. u. erw. Aufl., Berlin u. New York 1992 = DERS., Theologische Realenzyklopädie. Abkürzungverzeichnis, 2. Aufl., Berlin u. New York 1994. Um jedoch einen allgemeinen Gebrauch dieser Untersuchung zu erleichtern, sind die verwendeten Abkürzungen einiger für die Erforschung des Pietismus besonders relevanter territorial- und kirchengeschichtlicher Zeitschriften, Reihen und Handbücher aufgeführt.

Abkürzungen von Zeitschriften, Reihen und Handbüchern

ADB	Allgemeine deutsche Biographie
AGO	Archiv für Geschichte und Altert(h)umskunde von Oberfranken
AGP	Arbeiten zur Geschichte des Pietismus
AHVU	Archiv des Historischen Vereins von Unterfranken und Aschaffenburg
ALBK	Allgemeines Lexikon der bildenden Künstler
BBKG	Beiträge zur bayerischen Kirchengeschichte
BBKL	Biographisch-bibliographisches Kirchenlexikon
BGP	Bibliographie zur Geschichte des Pietismus
BWKG	Blätter für württembergische Kirchengeschichte
DBA	Deutsches biographisches Archiv
DBA NF	Deutsches biographisches Archiv. Neue Folge
EJ	Encyclopaedia Judaica
EKGB	Einzelarbeiten aus der Kirchengeschichte Bayerns
Europ. Stammtaf.	Europäische Stammtafeln
Europ. Stammtaf. NF	Europäische Stammtafeln. Neue Folge
FSATS	Fortgesetzte Sammlung von alten und neuen theologischen Sachen
GG	Goedekes Grundriß zur Geschichte der deutschen Dichtung. Neue Folge

GN	Gemeinnachrichten
HEKG	Handbuch zum evangelischen Kirchengesangbuch
HWP	Historisches Wörterbuch der Philosophie
JBCobLdStift	Jahrbuch der Coburger Landesstiftung
JbMiss	Jahrbuch für Mission. Nürnberg
JELLB	Jahrbuch für die Evangelisch-Lutherische Landeskirche Bayerns
JFLF	Jahrbuch für fränkische Landesforschung
JGP	Jahrbücher zur Geschichte des Pietismus
JGPrÖ	Jahrbuch für die Geschichte des Protestantismus in Österreich
JHVMF	Jahresbericht (Jahrbuch) des historischen Vereins in Mittelfranken
JVHN	Jahrbuch des historischen Vereins Nördlingen und Umgebung
MVGN	Mitteilungen des Vereins für Geschichte der Stadt Nürnberg
NDB	Neue deutsche Biographie
NLZ	Nikolaus Ludwig von Zinzendorf. Materialien und Dokumente
-.L	-. Leben und Werk in Quellen und Darstellungen
-.ZBG	-. Zeitschrift für Brüdergeschichte
ÖBL	Österreichisches biographisches Lexikon
PuN	Pietismus und Neuzeit
QFBKG	Quellen und Forschungen zur bayerischen Kirchengeschichte
UnNachr	Unschuldige Nachrichten
VGFG	Veröffentlichungen der Gesellschaft für Fränkische Geschichte
VHVOPf	Verhandlungen des Historischen Vereins von Oberpfalz und Regensburg
ZBG	Zeitschrift für Brüdergeschichte
ZBKG	Zeitschrift für bayerische Kirchengeschichte
ZBLG	Zeitschrift für bayerische Landesgeschichte

Siglen von Bibliotheken und Archiven

AFSt Halle	Archiv der Franckeschen Stiftungen zu Halle
F(H)A Castell	Fürstliches (Haus)Archiv Castell
UFB Erfurt/Gotha	Universitäts- und Forschungsbibliothek Erfurt/Gotha
HAB Wolfenbüttel	Herzog August Bibliothek Wolfenbüttel
LA Mageburg	Landesarchiv Magdeburg
LKA Nürnberg	Landeskirchliches Archiv Nürnberg
SB Berlin	Staatsbibliothek Berlin
StA Nürnberg	Staatsarchiv Nürnberg
StadtA Basel	Stadtarchiv Basel
StadtA Coburg	Stadtarchiv Coburg
StadtA Magdeburg	Stadtarchiv Magdeburg
StadtA Nürnberg	Stadtarchiv Nürnberg
StadtB Nürnberg	Stadtbibliothek Nürnberg
SUB Hamburg	Staats- und Universitätsbibliothek Hamburg
SuStB Augsburg	Staats- und Stadtbibliothek Augsburg
UA Herrnhut	Unitätsarchiv in Herrnhut
UB Basel	Universitätsbibliothek Basel
UB Bayreuth	Universitätsbibliothek Bayreuth
UB Leipzig	Universitätsbibliothek Leipzig
UB Tübingen	Universitätsbibliothek Tübingen
WLB Stuttgart	Württembergische Landesbibliothek, Stuttgart

Quellenverzeichnis

Nicht aufgenommen wurden in dieses Quellenverzeichnis im Druck erschienene Verordnungen (Mandate, Reskripte und Erlasse). Sie sind unter Angabe des Archiv- bzw. Bibliotheksnachweises jeweils an den betreffenden Stellen im Anmerkungsapparat aufgeführt. Ebensowenig wurden Bibelausgaben berücksichtigt.

Abgenöthigter Nach- und Gegenschall der Categorischen Antwort/ auf die gar groben Beschuldigungen/ die ihr zu Altdorff [...] sind nachgeschriehen [...] worden [...], o. O. u. J. (Abgenöthigter Nach- und Gegenschall)

Andacht-erweckende Seelen-Cymbeln/ Das ist: Geistreiche Gesänge [...] Martini Lutheri und anderer Geistreicher Evangelischer Christen/ [...] in einen vierstimmigen Contrapunct gesetzt von Georg Falcken [...] Sampt einer Vorrede [...] Johann. Ludovici Hartmanni[...], [Rothenburg o.T.] 1672. (Andacht-erweckende Seelen-Cymbeln)

ARNDT, JOHANN: Gesammlete Kleine Schrifften Welche gröstentheils bishero rar und nicht mehr zu bekommen, viele aber noch gar nicht übersetzet gewesen, [...] Mit einer Historischen Vorrede Herrn Johann Jacob Rambachs [...], Geistreiche Schrifften und Werke 3, Leipzig u. Görlitz 1736. (Gesammlete Kleine Schrifften)

Auszüge aus dem Briefwechsel der Deutschen Gesellschaft thätiger Beförderer reiner Lehre und wahrer Gottseligkeit, 3 Bde., Basel 1783–1785. (Auszüge)

Auszug aus einem noch ungedruckten theologischen Briefwechsel, aus dem vorigen Jahrhundert, an Ahasverus Fritsch, in: Hallische Samlungen zur Beförderung theologischer Gelehrsamkeit herausgegeben von D. Joh. Sal. Semler, St.1, Halle 1767, 68–117. (Auszug)

[BARGER, JOHANN WILHELM:] Seelen erquickendes Harpffen-Spiel, Oder Schweinfurthisches neu aufgelegtes Gesang-Buch, in welchem sowohl [...] Luthers, als auch anderer alten und neuen Geist-reichen Männer, erbauliche Lieder [...] sammt einem neu vermehrten Gebet-Büchlein [...] zu finden. Die siebende Auflage, Schweinfurt 1754. (Seelen erquickendes Harpffen-Spiel)

[BRELER, MELCHIOR:] Paraenesis votiva Pro Pace Ecclesiae Ad Theologos Augustanae Confessionis [...], [Rothenburg o.d. T. 1626]. (Paraenesis)

BRENDEL, GEORG CHRISTOPH: Aufrichtige Anfrage An alle rechtschaffen Vernünfftige/ GOtt/ Warheit und Friede liebende Menschen [...] Wegen des Vom Herrn Gottlieb Wernsdorffen [...] Erregten unnöthigen Streits, Was davon zu halten/ Und Wie man sich dabey zu verhalten habe? [...], Greiz o. J. (Anfrage)

[DERS.:] Das Verfluchte Heilige Allmosen, Welches Zum Deckmantel der schändlichen Betteley [...] gemißbrauchet wird [...], 2. Aufl., o. O. 1746. (Allmosen)

DERS.: Das Wachsthum Im Christenthum/ Welches aus denen ordentlichen Sonn- und Fest-Tags-Evangelien [...] In freyen Thematibus Anno 1713. in der Kirche zu Thurnau zu befördern gesuchet/ und Aus dem Munde des Predigers von der Schul-Jugend daselbst nachgeschrieben [...] und dem Drucke überlassen worden [...], Thurnau 1714. (Wachsthum)

DERS.: Der Neue Tempel ohne Götzen in der Neuen Kirche/ Das ist: Deutliche Anweisung Wie die äußerlichen Kirchen-Häußer Zu Wiederaufrichtung des verstörten Tempels Gottes im Herzen [...] heylsamlich genützet/ und ohne Abgötterey gebrauchet werden können [...] Allen Christlichen Gemüthern zu bescheidener Beurtheilung wohlmeinend dargeleget [...], Thurnau 1709. (Tempel)

[DERS.:] Einfältige Untersuchung der Lehre vom Gewißen/ Ob und was daßelbe in allen Menschen sey? Nach seinem Ursprung/ Wesen/ Würckung und Nuzen/ Aus dem Lichte der allgemeinen Vernunfft/ der göttlichen Offenbahrung und eigener Empfindung [...] entworffen [...], o. O. 1715. (Gewißen)

DERS. (Hg.): Erbauliche Hauß und Kirchen-Andacht, Bestehend in denen geistreichsten alten und neuen Liedern und Gebethen, welche [...] auf hohe Verordnung [...] in Ordnung gebracht, und zum Druck befördert worden von [...] Georg Christoph Brendeln [...], 2. Aufl., Thurnau 1725. (Hauß und Kirchen-Andacht)

[DERS.:] Festgestellte Warheits-Gründe/ Die einige wahre allgemeine seeligmachende RELIGION betreffend [...] und allen Völckern [...] zur Überlegung gegeben [...], o. O. u. J. (Warheits-Gründe)

[DERS.:] Gründlicher Beweiß so wohl nach der H. Schrifft als gesunden Vernunfft/, Daß eine Weltliche Obrigkeit [...] Fug und Macht habe/ die von Ihr selbst beruffen- und verordnete Pfarrer und Kirchen-Diener nach Ihrem Belieben und Gutbefinden wiederum abzusetzen/ wie und wann sie wolle [...], o. O. u. J. (Bcwciß)

BUCHKA, JOHANN SIMON: Auserlesene Gedichte in Ordnung gebracht, und mit einem Vorbericht von den besondern Lebensumständen des seligen Verfassers begleitet von J[ohann] M[ichael] P[urrucker], Hof u. Bayreuth 1755. (Auserlesene Gedichte)

[DERS.:] Evangelische Buß-Thränen über die Sünden seiner Jugend, und besonders über eine Schrifft, die man Muffel der Neue Heilige betitult [...], 2. Aufl., Basel 1737. (Buß-Thränen)

[DERS.:] Muffel / der Neue Heilige / nach dem Leben geschildert, und bey Gelegenheit einer Magister-Promotion zu Wittenberg in folgendem Gedichte entworffen, 3. Aufl., Basel 1737. (Muffel)

CALLENBERG, JOHANN HEINRICH: Fortwährende Bemühung um das Heil des Jüdischen Volks [...], 1.–9.St., Halle 1752–1758. (Fortwährende Bemühung)

Categorische Antwort/ auf [...] Sonntags vorgeschlagene IX. Accords-Puncten/ zwischen denen von Ihme so genannten Fanaticis und Orthodoxis [...] Samt einem Anhang eines Bedencken der Hochlöblichen Theologischen Facultät zu Leipzig, Leipzig u. Frankfurt 1705. (Categorische Antwort)

CHRISTELL, JOHANN MARTIN: Besondere und ausführliche Nachrichten Von der Evangelischen Barfüsser- Und St. Jacobs-Kirchen In Augspurg [...], Augsburg 1733. (Nachrichten)

Coburgisches Gesang-Buch/ In welchem [...] Martini Lutheri, und anderer Geistreichen gelährten Männer Schrifftmäßige Psalmen und Lieder/ wie auch etliche Lateinische/ in hiesiger Kirchen/ gebräuchliche Hymni und Collecten befindlich [...], 8. Aufl., o. O. 1660. (Coburgisches Gesang-Buch)

CYPRIAN, ERNST SALOMON: Die Sitten-Lehre CHristi aus denen alten Kirchen-Lehrern erkläret [...], Leipzig 1733. (Sitten-Lehre CHristi)

Das Ungebührliche Verhalten Der Pietisten Gegen die Weltliche Obrigkeit, Bey Gelegenheit Zweyer Befehle [...] Des [...] Marg-Grafens zu Bayreuth. sc. sc.

Deutlich vor Augen geleget, o. O. 1734. (Das Ungebührliche Verhalten Der Pietisten)
Der Briefwechsel Carl Hildebrand von Cansteins mit August Hermann Francke, hg. v. PETER SCHICKETANZ, TGP III, 1, Berlin u. New York 1972. (Der Briefwechsel Carl Hildebrand von Cansteins)
Der Von einem reißenden Schaaff, Verfolgte Unschuldige Wolff Oder Kurtze Abfertigung Der drey Läster-Briefe, Welche im Monat Junio 1731. von Halle aus An das Ministerium zu Nürenberg, wieder Tuchtfelden sind geschrieben worden [...], o. O. 1732. (Der Von einem reißenden Schaaff, Verfolgte Unschuldige Wolff)
Der Wunder-volle und heilig-geführte Lebens-Lauf Des Auserwehlten Rüstzeugs Und Hochseligen Mannes GOttes, Johann Georg Gichtels, in: JOHANN GEORG GICHTEL, Theosophia practica, Bd. 7, Leiden 1722, 1–366. (Der wunder-volle und heilig-geführte Lebenslauf)
[DIETERICH, JOHANN GEORG:] Send-Schreiben/ Oder Schrifftmäßiges Gedencken über Gratiani Pantophili ohnlängst herausgegebene so genandte Festgestellte Warheits-Gründe/ Die einige wahre allgemeine seeligmachende Religion betreffend/ sc. [...], o. O. 1712. (Sendschreiben)
DILHERR, JOHANN MICHAEL u. HARSDÖRFFER, GEORG PHILIPP: Drei-ständige Sonn- und Festtag-Emblemata, oder Sinne-bilder, mit einem Nachw. v. Dietmar Peil, Nachdr. der Ausg. Nürnberg o. J. (um 1660), Emblematisches Cabinet 18, Hildesheim u. a. 1994. (Sinne-bilder)
DILHERR, JOHANN MICHAEL (Hg.): Gülden Kleinod der Kinder Gottes/ Das ist: Der waare Weg zum Christenthumb/ Herrn Emanuel Sonthoms: Aus dem Englischen/ in das Teutsche versetzet/ und ietzo auffs neue [...] an vielen Orten geändert/ und mit zweyen herrlichen neuen Tracktätlein vermehret/ deren das I. von dem Gespräch deß Hertzens. II. von der geistlichen Hoffart handelt [...] Sammt einem Bericht Johann Michael Dilherrns [...], Nürnberg 1657. (Gülden Kleinod der Kinder Gottes)
DERS.: Oratio, de recta liberorum educatione [...], Nürnberg [1642]. (Oratio de recta liberorum educatione)
[DIPPEL, JOHANN KONRAD:] Predigt vor Nürnberger Prediger oder die [...] gegen Wohlgemuth versprochene [...] Remarquen über des Nürnbergischen Ministerii sogenannte Ermahnung [...] gegen die molimina [...] Victoris Tuchtfeldts [...], o. O. 1732. (Predigt)
Drey Theologische Gutachten Welche Die Hochansehnliche Theologische Facultäten Zu Leipzig, Jena und Tübingen Uber den Zum Gebrauch in Kirchen und Schulen deß Marggraffthums Brandenburg-Culmbach Edirten Erlauterten kleinen Catechismum Lutheri [...] ausgestellet [...], Bayreuth 1735. (Drey Theologische Gutachten)
[DREYKORN, JOHANN:] Nachricht von der Deutschen Gesellschaft zur Beförderung reiner Lehre und wahrer Gottseligkeit, welche seit einigen Jahren [...] sich ausgebreitet hat [...], o. O. 1784. (Nachricht)
Einflössung Der Vernüfftigen lautern Milch/ derer H. Catechismus-Lehren/ in den Mund Derer Unmündigen und Säuglingen; Oder: Kurtze doch grund-richtige Erläuterung Des kleinen Catechismi D. Martin Luthers [...] Angewiesen Von einem der Sich Christi Tröstet, Speyer 1714. (Einflössung)

Enchiridion: Der kleine Catechismus: für die gemeine Pfarrherrn und Prediger/ Nach dem alten Exemplar D. Martini Lutheri/ Sampt angehengten Fragstücken, Nürnberg 1633. (Enchiridion)
[ENGERER, JOHANN HELLWIG:] Das ist: Bewegliche und Lieb-reiche Ansprache An die Sämmtliche Judenschafft [...], Schwabach 1732. (Ansprache)
DERS.: Der Himmlische König David bey seinem Jsrael, Wurde Bey solenner Tauff-Handlung Dreyer Jüdischen Proselyten [...] den 2. December, Anno 1736. In der Stadt-Kirch zu Schwabach betrachtet; Und nebst [...] Tauff-Sermon und Glaubens-Bekänntnuß Auf Verlangen zum Druck ausgefertiget [...], [Nürnberg] 1737. (Tauff-Handlung)
DERS.: Jüdischer Tauf-Betrug/ Aufgedeckt mit VII. CAVTELen/ Und einem Christlichen Vorschlag/ Wie zu mehrer Vermeidung des Mißbrauchs dieses Heil. Sacraments und der Unkosten/ ein zur Taufe sich angebender Jude aufzunehmen; Bey Gelegenheit eines gebohrnen Judens/ Jsaac Joseph Leib [...], Der zwar den 13. Octobr. 1730. zu Wittenberg getauft – hierauf zu Amsterdam [...] zum Judenthum schändlich zuruck gefallen, Endlich aber in dem Fürstenthum Onolzbach [...] Nach seiner aufs neu Gewinn-süchtiger Weiß gesuchten Tauf auf wunderbare Art ergriffen worden [...], Schwabach 1732. (Tauf-Betrug)
DERS.: Rechtschaffene Jünger Mosis, Wurden Bey der solennen Tauff-Handlung Zweyer bishero nach dem Fleisch gewesenen Juden, Nemlich Löw Moses, anjetzo Wilhelm Frölich, Dann Moses Bacherach, nunmehr Friedrich Gotthold genannt, [...] den 16. May, Anno 1734 In der Stadt-Kirch zu Schwabach [...] vorgestellet [...], Schwabach [1734]. (Rechtschaffene Jünger Mosis)
Erneuertes vollständiges Gesang-Büchlein/ Darinnen Alle Geistliche Lieder/ So In der Christlichen Evangelischen Gemeine allhier gesungen werden/ zu finden [...], Regensburg 1690. (Erneuertes vollständiges Gesang-Büchlein)
FAUST, BERNHARD CHRISTOPH: Gesundheits-Katechismus zum Gebrauche in den Schulen und beym häuslichen Unterrichte, Faks. d. Ausg. Bückeburg 1794, mit einem Nachwort hg. v. MARTIN VOGEL, 2. Aufl., Stuttgart 1976. (Gesundheits-Katechismus)
FLESSA, JOHANN ADAM: Einige Bewegungs-Gründe Zu einer Frühzeitigen Bekehrung/ der Jugend überhaubt/ absonderlich aber der studirenden [...], 2. Aufl., Bayreuth [1732]. (Bewegungs-Gründe)
FRANCKE, AUGUST HERMANN: Antwort-Schreiben an einen Freund zu Regenspurg, Halle 1707, in: August Hermann Francke, Streitschriften, hg. v. ERHARD PESCHKE, TGP II, 1, Berlin u. New York 1981, 217–230. (Antwort-Schreiben)
DERS.: Christus der Kern Heiliger Schrifft Oder Einfältige Anweisung/ Wie man Christum/ als den Kern der gantzen H. Schrifft/ recht suchen [...] solle [...], Halle 1702. (Christus der Kern Heiliger Schrifft)
DERS.: Collegium pastorale über D. Joh. Ludovici Hartmanni pastorale evangelicum, 2 T., Halle 1741 u. 1743. (Collegium pastorale)
DERS.: Der Große Aufsatz. Schrift über eine Reform des Erziehungs- und Bildungswesens als Ausgangspunkt einer geistlichen und sozialen Neuordnung der Evangelischen Kirche des 18. Jahrhunderts, hg. v. OTTO PODCZECK, ASAW. PH 53, 3, Berlin 1962. (Der Große Aufsatz)
DERS.: Die Fußstapffen Des noch lebenden und waltenden liebreichen und getreuen GOTTES/ Zur Beschämung des Unglaubens/ und Stärckung des Glaubens/ Durch den Ausführlichen Bericht Vom Wäysen-Hause/ Armen-Schulen/ und übriger Armen-Verpflegung Zu Glaucha an Halle [...], Halle 1701. (Fußstapffen)

DERS.: Historische Nachricht/ Wie sich die Zuverpflegung der Armen und Erziehung der Jugend in Glaucha an Halle gemachte Anstalten veranlasset [...] und das gantze Werck [...] von An. 1694. biß A. 1697. [...] eingerichtet sey [...], o. O. 1697. (Nachricht)

FREYLINGHAUSEN, JOHANN ANASTASIUS: Neues Geist-reiches Gesang-Buch, auserlesene/ so Alte als Neue/ geistliche und liebliche Lieder/ Nebst den Noten der unbekannten Melodeyen/ in sich haltend [...], Halle 1714. (Neues Geist-reiches Gesang-buch)

DERS.: Ordnung des Heyls/ nebst einem Verzeichniß der wichtigsten Kern-Sprüche H. Schrifft [...] Wie auch einem so genannten güldenen A/B/C und Gebetlein [...], Halle 1708. (Ordnung des Heyls)

FUNCK, FELIX: Christliche Lieder und Reimen Auch Gedancken Von der Hochzeit zu Cana/ von Adam/ Eva, Cain, Judas, von allgemeiner Liebe GOttes [...], o. O. 1727. (Christliche Lieder)

DERS.: GOTT Und dem Nächsten zu Lieb. Zehenden Geistl. Lieder und Reimen/ Wie auch Gedancken Von Hiobs Weib/ Davids Tantz/ Salomons Seeligkeit, Hochzeit zu Cana/ Rang und Streit mit der Sünde sc. [...], o. O. 1726. (Lieder)

Gemeinschafftliches Antwort-Schreiben auf Herr Georg Michael Preuen [...] Falsche Prüfung des INSPIRATIONs-Geistes in Johann Friedrich Rocken [...] von gedachten Rockens Consorten, o. O. 1720. (Gemeinschafftliches Antwort-Schreiben)

Gerichtl. Registraturen wegen einiger Fanaticorum unterm Stifft Würtzburg. Actum Münchsteinach/ den 5. Febr. 1709., in: UnNachr 1710, 220–234. (Gerichtl. Registraturen)

GICHTEL, JOHANN GEORG: Theosophia practica, 3. Aufl., 7 Bde., Leiden 1722. (Theosophia practica)

HAGEN, FRIEDRICH KASPAR (Hg.): GOtt geheiligte Frucht der Lippen/ Die seinen Namen bekennen/ Das ist: Bayreuthisches Gesang- Und Gebet-Buch, Worinnen Sowohl [...] Martini Lutheri, als anderer treuen rechtglaubigen GOttes-Lehrer und frommer Christen Gesänge und Gebets-Formulen begriffen [...], Bayreuth 1730. (GOtt geheiligte Frucht der Lippen)

HARTMANN, JOHANN LUDWIG: Pastorale Evangelicum, seu instructio plenior ministrorum verbi libris quatuor [...], Nürnberg 1722. (Pastorale Evangelicum)

DERS.: Veri christianismi impedimenta et adjumenta, Ursachen der Verkehrung/ und Mittel zur Verbesserung/ im Geist- und Weltlichen/ auch im Hauß- und Schul-Standt/ Wie die Pia Desideria in würckliche Praxin zu richten [...], Frankfurt a. M. 1680. (Impedimenta et adjumenta)

HELD, JOHANN: Pietatis et justitiae restitutio ex scholis, oratione inaugurali in Gymnasio Aegidiano [...] MDCXXXIII. exhibita et demonstrata a Johanne Sauberto [...] Accessit Philippi Melanchthonis Oratio [...] Hisce praemissa est historica enarratio de Gymnasii Aegidiani origine [...] a M. Johanne Held [...], Nürnberg 1673. (Pietatis et justitiae restitutio)

Hell-Polirter Kätzer-Spiegel Der Abbildung Eines abscheulichen Anti-Christs in Halle, Aus denen Orthodoxen aufgestanden, Welcher in einen Pasquillantischen Schreiben an die Prediger [...] in Nürenberg [...] sich aufs Theatrum praesentiret Contra Victor Christoph Tuchtfeldten [...], Frankfurt u. Leipzig o. J. (Hell-Polirter Kätzer-Spiegel)

HERING, CARL WILHELM: Das erste und zweite Jubelfest der Uebergabe der Augsburgischen Confession [...] nebst der Geschichte der Uebergabe [...], Chemnitz 1830. (Jubelfest)

HEUNISCH, CASPAR: Haupt-Schlüssel über die hohe Offenbahrung S. Johannis. Nachdr. d. Ausg. Schleusingen 1684. Mit Beitr. v. Thomas Wilhelmi, Christoph Trautmann und Walter Blankenburg, hg. v. THOMAS WILHELMI, Basel 1981. (Haupt-Schlüssel)

HOEFEL, JOHANN: Historisches Gesang-Buch/ In dessen erst- und anderm Theil keine als nur solche Geistliche Lieder zu finden/ Welche vom Leben/ Lehr/ Glauben [...] der heiligen Märterer [...] Im dritten Theil sonst andere Historische Geschichten zusammen gebracht worden [...], Schleusingen 1681. (Historisches Gesang-Buch)

HÖNN, GEORG PAUL: Besondere Nachricht Einer [...] in Francken Errichteten Gesellschafft [...] Ausgefertiget von Georg Paul Hönn [...] Welcher auch seinen [...] Lebens-Lauff beygefüget, Coburg 1736. (Nachricht)

[DERS.:] Unvorgreiffliche Gedancken wie [...] das Stadt- und Land-Betteln Zu Nutzen des wahren Armuts [...] abgeschaffet werden könne [...], Nürnberg 1716. (Unvorgreiffliche Gedancken)

HÖPPEL, ALBRECHT NIKOLAUS: Die Versorgung Der Waisen Als eine Billige/ Nöthige und Nüzliche Sache Insgemein, und Insbesondere Bey denen Anstallten des Hoch-Fürstl. Waisen-Hauses zu Anspach [...], Ansbach 1729. (Versorgung)

DERS.: Rede Welche Bey Grund-Legung Des [...] Wittwen-Hauses Den 3. Apr. Anno 1727. gehalten wurde [...], Ansbach o. J. (Rede)

HORB, JOHANN HEINRICH: Der gründliche Wort-Verstand Des Kleinen Catechismi D. Martini Lutheri [...], 2. Aufl., Frankfurt a. M. 1686. (Wort-Verstand)

[DERS.:] Erfordertes Bedencken Auff Hn. Philipp Jacob Speners/ der H. Schrifft Doctoris und Senioris zu Franckfurt/ Teutsche Vorrede zu deß seligen Arndii Postill: Eines Evangelischen Theologi und Superintendenten, in: Philipp Jakob Spener, Die Werke Philipp Jakob Speners. Studienausgabe, Bd. I, 1: Die Grundschriften T. 1, hg. v. KURT ALAND, Gießen u. Basel 1996, 258–333. (Erfordertes Bedencken)

HRUSCOWIZ, SAMUEL: Explorationem spiritus Brendeliani qua doctrinam de justificatione, renovatione [...] praeside Gottlieb Wernsdorfio [...] instituet Samuel Hruscowiz [...], Wittenberg [1719]. (Explorationem)

HYPERIUS, ANDREAS: Ein treuer und Christlicher Raht/ Wie man die Heilige Schrifft täglich lesen und betrachten solle [...] In zweyen Büchern abverfasset. Erstlich in Latein beschrieben/ von D. Andrea Hyperio, nachgehends verdeutscht von Georgio Nigrino; Jetzund zum Truck befördert [...] von Elia Veieln [...], Ulm 1672. (Raht)

JESUM Liebender Seelen zeitlicher Vorschmack ewiger Freuden/ Bestehend In Hertz-schallendem Lob- und Danck-Opffer: Oder neu-verfertigtes Oettingisches Gesang-Buch, Darinnen Viele durch D. Martin Luthern und andere Geistreiche Männer wohlabgefasste Lieder zu finden [...] Um ein merckliches abermals vermehret und verbessert [...], Oettingen 1719. (JESUM Liebender Seelen zeitlicher Vorschmack ewiger Freuden)

JUNG-STILLING, HEINRICH: Der Graue Mann, Nürnberg 1795–1816. (Der Graue Mann)

KANNE, JOHANN ARNOLD: Leben und aus dem Leben merkwürdiger und erweckter Christen aus der protestantischen Kirche. Nebst angehängter Selbstbiographie des Verfassers, Bd. 1., Bamberg u. Leipzig 1816. (Leben)

K[LEINKNECHT], C[ONRAD] D[ANIEL]: Ein Wort Demüthiger Bitte, Für die, Unter der Schwartz-Braunen Schaaf- und Lämmer-Heerde Der Neu-bekehrten Malabarischen Heyden in Ost-Indien, Arme und Dürfftige Glieder JESU Christi [...], Ulm 1738. (Wort)

DERS.: Gute Exempel für die zarte Jugend; Das ist: Eine gantz neue Sammlung Auserlesener Exempel frommer Kinder [...] in XVII. besondere Articul abgetheilt [...] Aus sichern gedruckten und geschriebenen Nachrichten mit Fleiß zusammen getragen [...], Augsburg 1743. (Exempel)

DERS.: Zuverlässige Nachricht Von der, Durch das Blut des erwürgten Lammes, Theur-erkaufften Schwartzen Schaaf- und Lämmer-Heerde; Das ist: Neu-bekehrten Malabarischen Christen, in Ost-Indien [...] Darinnen [...] Von dem wichtigen Bekehrungs-Werck in Ost-Indien überhaupt [...] Bericht [...] ertheilet wird [...], Ulm 1738. (Nachricht)

DERS.: Zuverläßige Nachricht/ Von der, durch das Blut des erwürgten Lammes theur-erkauften Schwarzen Schaaf- und Lämmer-Heerde/ Oder von den Neubekehrten Malabarischen Christen in Ost-Indien [...] Darinnen von Anfang dieses Missions-Wercks und dessen Wachsthum bis auf unsere Zeiten, hinlängliche Nachricht ertheilet wird [...] Deme noch beygefügt: Nachrichten von den Englis. Colonisten Georgiens zu Eben-Ezer in America; wie auch dem Bekehrungs-Werck unter den Juden, Muhammedanern, Türcken und andern Völckern sc., Augsburg 1749. (Nachricht 1749)

KNIPPERDOLLING, WAHRMUND (Pseud.): Wahrmundi Knipperdollings [...] aufgefangene Missive und Recipisse An die Herren Pietisten in Christian-Erlang/ in/ und um Neustadt an der Aysch [...] Gegeben [...] den 4. Octobr. 1703, Wittenberg (fing.?) o. J. (Missive und Recipisse)

KÜNNETH, JOHANN THEODOR: Kurzgefaßte Beschreibung des Lebens und der Reisen [...] Johann Christian Schmidts [...], in: M. Johann Christian Schmidts [...] auserlesene Leichen- oder geistliche Gedächtnißreden [...], Leipzig u. Bayreuth 1764, 9–44. (Beschreibung)

LANG, JOHANN MICHAEL: Christliche und gründliche Antwort auf Herrn M. Joh. Philipp Storrens [...] Send-Brief an Die gesamte Universität zu Altdorff wegen Der Zeugnißen/ so von sechs Doctoribus und Professoribus daselbst/ dem bekannten Sporers-Gesellen/ Joh. Georg Rosenbach schrifftlich ertheilet [...], o. O. u. J. (Antwort)

LAVATER, JOHANN KASPAR: Evangelisches Handbuch für Christen oder Worte Jesu Christi, Nürnberg 1791. (Handbuch)

DERS.: Sammlung Christlicher Gebether [...] Neue Auflage, Nürnberg 1801. (Sammlung Christlicher Gebether)

LAYRITZ, PAUL EUGEN: Manes Comenii vindicatos eiusque docendi discendique methodum a Petri Baylii iniuriis liberatam praemittit Actui Oratorii classis primae discipulorum scholae Neapolitanae ad Aissum d. XV. iul. MDCCXXXXII habendo ad quem [...] invitat Paullus Eugenius Layriz scholae rector, Nürnberg o. J. (Manes Comenii)

LITH, JOHANN WILHELM VON DER: Erläuterung Der Reformations-Historie, Vom 1524. bis zum 28. Jahr [...], Schwabach [1733]. (Erläuterung)

[DERS.:] Gespräch des Herzens Mit GOTT In Psalmen und Lobgesängen Und geistlichen Lieblichen Liedern [...], Ansbach 1733. (Gespräch des Herzens)
LÖHE, WILHELM: Gesammelte Werke, hg. v. KLAUS GANZERT, 7 Bde., Neuendettelsau 1951–1986. (GW)
LONZER, H.J.: Einiges aus der hundertjährigen Geschichte der Prediger-Conferenz zu Herrnhut, zur Jubelfeier derselben d. 14. Juny 1854 [...], Herrnhut u. a. [1854]. (Prediger-Conferenz)
LUTHER, MARTIN: Deutsche Messe und Ordnung Gottesdiensts (1526), in: WA 19, (44) 72–113 (667–669).
DERS.: Ein Brief D. M. Luthers von den Schleichern und Winkelpredigern (1532), in: WA 30 III, (510) 518–527.
LYNAR, HEINRICH CASIMIR GOTTLOB: Sendschreiben an die Deutsche Gesellschaft zur Beförderung reiner Lehre und wahrer Gottseligkeit, Leipzig 1784. (Sendschreiben)
[MARPERGER, BERNHARD WALTER u.a.:] Acten-mässige Species Facti, woraus umständlich zu ersehen, wie das Wincklerische Visions-Werck in die dreyzehen Jahr lang [...] fortgetrieben, endlich aber [...] gantz nichtig und unrichtig [...] befunden worden, [Nürnberg] 1720. (Acten-mässige Species Facti)
DERS.: Getreue Anleitung zur wahren Seelen-Cur/ bey Krancken und Sterbenden [...], Nürnberg 1717. (Anleitung)
DERS. (Hg.): Johann Tillotsons [...] Aufrichtiger Nathanael/ zur Entdeckung der falschen und Beförderung der wahren Gottseeligkeit/ das erstemal im Teutschen herausgegeben/ und mit vielen Anmerkungen beleuchtet [...], Nürnberg 1716. (Aufrichtiger Nathanael)
MAYENBERGER, SIGISMUND (Pseud.): Freymüthige Anrede Oder Missive, An die Herren Pastores [...] Der Dioeces zu Neustatt an der Aysch/ Die Morgenröthe Und andere Sachen betreffend, Frankfurt 1703. (Freymüthige Anrede)
DERS. (Pseud.): Justissima per alienam rabiem extorta omni jure concessa imo mandata responsio ad Dn. M. Guolffgang. Christophor. Raethelium [...], o. O. u. J. (Responsio)
DERS. (Pseud.): Stimuli conscientiae ex Dn. M. Gvolfg. Christ. Raethelii propriis scriptis ostensi [...], o. O. u. J. (Stimuli)
[MEYER, LORENZ ADAM:] Der sich selbst verurtheilende [...] Johann Philipp Storr/ Daß er warhafftig ungeistlich und störrig sey. In einem freundlichen Gegen- und Verantwortungs-Schreiben/ Auff dessen An die gesammte Hochlöbl. Universität Altdorff abgelassenen Send-Brieff [...], o. O. 1704. (Gegen- und Verantwortungs-Schreiben)
[DERS.:] Nothwendige Addresse An Eine Christliche Obrigkeit Wegen Der [...] Abfertigung [...] Johann Philipp Storren [...] wider Johann Georg Rosenbachs [...] beygedrucktes Glaubens-Bekänntniß, o. O. 1704. (Addresse)
[DERS. (Hg.):] Wahre und Gewissenhaffte Zeugnüsse/ Welche die Universitaet Altdorff/ Und mehrere Oerter Johann Georg Rosenbach [...] ertheilet [...], o. O. 1704. (Zeugnüsse)
MEYFART, JOHANN MATTHÄUS: Christliche Erinnerung/ An Gewaltige Regenten/ und Gewissenhaffte Praedicanten/ wie das abschewliche Laster der Hexerey mit Ernst außzurotten/ aber in Verfolgung desselbigen auff Cantzeln und in Gerichtsheusern sehr bescheidentlich zu handeln sey [...], Schleusingen 1635. (Erinnerung)

DERS.: Das Hellische Sodoma auß Gottes Wortt [...] In Zweÿen büchern beschrieben [...], Coburg 1630. (Das Hellische Sodoma)
DERS.: Das Himlische Jerusalem Oder Das Ewige Leben Der Churkinder Gottes [...], Coburg 1627. (Das Himlische Jerusalem)
DERS.: Das Jüngste Gericht in zweyen Büchern [...], Nürnberg 1632. (Das Jüngste Gericht)
DERS.: Tuba Novissima, Das ist/ VOn den vier letzten dingen des Menschen/ nemlich/ von dem Todt/ Jüngsten Gericht/ ewigen Leben unnd Verdamniß/ Vier unterschiedliche Predigten/ gehalten zu Coburgk [...], Coburg 1626, Nachdr. in: Deutsche Neudrucke: Barock 26, hg. v. ERICH TRUNZ, Tübingen 1980. (Tuba Novissima)
DERS.: Tuba poenitentiae prophetica, Das ist/ Das dritte Capitel des Bußpropheten Jonae/ in fünff unterschiedlichen Predigten [...] Zu Ende ist beygefügt ein schöner Bußgesang [...] componiret Von Melchiore Franco [...], Coburg 1625. (Tuba)
Miscellanea quaedam ad Biographiam Rosenbachii pertinentia, So von einem/ der alles belebt/ mitgetheilt worden., in: UnNachr 1716, 426–437. (Miscellanea Rosenbachii)
[MÖRL, GUSTAV PHILIPP u.a.:] Der Nürnbergischen Prediger treu-hertzige Vermahnung und Warnung an ihre anvertraute Gemeinden/ wegen schon öffters, und jetzo wieder neuerlich entstandenen Glaubens-Irrungen [...], Nürnberg 1731. (Vermahnung)
MÜLLER, HEINRICH: Geistliche Erquickstunden/ oder Dreyhundert Hauß- u. Tisch-Andachten. Vor diesem eintzel in dreyen Theilen nach einander herauß gegeben/ jetzo [...] vermehret/ und in ein Wercklein [...] zusammen getragen [...], Frankfurt a. M. 1667. (Geistliche Erquickstunden)
Nachricht von dem Leben und Fatis des HochFürstl. Sachsen-Coburgischen Theologi, weyland Herrn Joh. Heinrich Hasseln, übersendet von J.Fr.G., in: FSATS 1728, 177–180. (Nachricht von Hasseln)
Nachricht wegen einer Stelle De D. Altorfiensibus, in: UnNachr 1716, 356.
NERRETER, DAVID: Beweglicher Kurzer Begriff des Thätigen oder zeitlich- ewig-waarhafftig- seeligmachenden Christentums [...], Nürnberg 1688. (Begriff)
DERS.: Catechetische Firmung oder Glaubens-Stärkung eines erwachsenden That-Christen/ Zu zeitlich- und ewiger Glückseligkeit [...] Mit einer Vorrede Herrn D. Philipp Jacob Speners, Oettingen 1686. (Firmung)
DERS.: Der Wunderwürdige Juden- und Heiden-Tempel/ Darinn derselben Gottes- und Götzen-Dinst eröffnet und gezeigt wird. Anfangs vom Alexander Roßen in Englischer Sprach beschrieben/ Nunmehro aber verbessert/ und/ mit vielem Zusatz vermehret/ ausgeführt von David Nerreter. Samt dessen Bericht Vom Ursprung der Abgötterey [...], Nürnberg 1701. (Der Wunderwürdige Juden- und Heiden-Tempel)
DERS.: Die Nothwendige Einigkeit Der wahren Christl. Kirchen, Nach Anleitung Der streitenden doch unüberwindlichen Christl. Kirchen Wie auch insonderheit Der Griechischen Christl. Kirchen [...], o. O. 1724. (Nothwendige Einigkeit)
DERS.: Neu eröffnete Mahometanische Moschea/ worinn nach Anleitung der VI. Abtheilung von unterschiedlichen Gottes-Diensten der Welt/ Alexander Rossens/ Erstlich Der Mahometanischen Religion Anfang/ Ausbreitung [...] Fürs andre Der völlige Alkoran/ Nach der besten Edition Ludovici Marraccii, verteutscht/ und kürzlich widerlegt wird, Nürnberg 1703. (Moschea)

DERS.: Schau-Platz Der Streitenden doch unüberwindlichen Christlichen Kyrchen/ Auf welchem/ Nach Anleitung der VII. Abtheilung des unterschiedlichen GOttes-Diensts/ Alexander Rossens/ Der Christlichen Kyrchen Anfang/ Fortgang [...] vorgestellet wird, Nürnberg 1707. (Schau-Platz)

DERS.: Unfehlbarer Wegweiser Zur Zeitlich- und Ewigen Glückseeligkeit/ in dieser Wallfahrt und gefährlichem Lebens-Lauf [...] Mit einer Vorrede Herrn D. Philipp-Jacob Speners, 2. Aufl., Nürnberg 1688. (Wegweiser)

[DERS. (Hg.):] Zu dem Lobe GOttes angestellte Geistliche Sing-Schul/ in zwey Theile abgefasset [...], Nürnberg 1701. (Geistliche Sing-Schul)

[DERS. (Hg.):] Zum Lobe GOttes angestellte Neue Geistliche Sing-Schul [...] Anjetzo zum andernmal aufgelegt [...] und mit einigen gantz Neuen Liedern vermehret. Mit einer Vorrede Hn. David Nerreters, Nürnberg 1707. (Neue Geistliche Sing-Schul)

Neu-verbessertes Marggräflich-Brandenburgisches Gesang-Buch [...] nun zum neuntenmal aufgeleget/ und [...] vermehret/ mit einer Vorrede Des [...] Caspar von Lilien [...], Münchberg 1690. (Neu-verbessertes Marggräflich-Brandenburgisches Gesang-Buch)

Neu-vermehrtes vollständiges Brandenburg-Bayreuthisches Gesang- und Gebet-Buch [...] Mit einigen neuen Liedern vermehret und verbessert [...], [Bayreuth] 1721. (Neu-vermehrtes vollständiges Brandenburg-Bayreuthisches Gesang- und Gebet-Buch)

[NEUHAUS, MARIA BARBARA:] Geistliche Blumen-Sammlung: Wie selbige von einer Christlichen Standes-Person weiblichen Geschlechts aus sehr vielen [...] von verschiedenen meists vornehmen Theologen/ auch an verschiedenen Orten/ gehaltenen Predigten hiebevor ist nach und nach verrichtet worden [...] mit einer Vorrede Der gottseeligen Frau Verfasserin [...] Benebenst einem Vorbericht D. Johann Christian Langens [...], Idstein 1721. (Geistliche Blumen-Sammlung)

[OEDER, GEORG LUDWIG:] Christliche freye Untersuchung über die so genannte Offenbarung Johannis, aus der nachgelassenen Handschrift eines fränkischen Gelehrten herausgegeben. Mit eigenen Anmerkungen von D. Joh. Salomo Semler, Halle 1769. (Christliche freye Untersuchung)

[DERS.:] Der Kirchen-Diener in Feuchtwang Treugemeinte Warnung [...] Sich vor der Herrnhutischen Seuche zu verwahren. Nebst kurzer Prüfung der Berlinischen Reden des Hrn. Gr. v. Z. [...], Ansbach 1748. (Warnung)

[DERS.:] Freye Untersuchungen über einige Bücher des Alten Testaments [...] Mit Zugaben und Anmerkungen herausgegeben von Georg Johann Ludewig Vogel [...], Halle 1771. (Freye Untersuchungen)

OERTEL, JOHANN GEORG: Nothwendige Wiederlegung/ Einer Verleumbderischen Schmäh-Schrifft/ Die von boßhafftigen Kindern der Finsternus [...] 1703 [...] heraus gegeben worden/ Unter dem Titul: Wahrmundi Knipperdollings deß Schneiders auffgefangene Missive [...], o. O. 1704. (Wiederlegung)

OETINGER, FRIEDRICH CHRISTOPH: Leben und Briefe als urkundlicher Commentar zu dessen Schriften, hg. v. KARL CHR[ISTIAN] EBERH[ARD] EHMANN, Stuttgart 1859. (Leben und Briefe)

Officium gratitudinis [...] Oder: Schuldige Danck-Pflicht gegen einen [...] Lehrer/ Durch Wolverdiente Abwürzung ein- und anderer sehr gifftigen Ehrenrührigen Charteque, Womit ein Unverschämter/ wider [...] Sonntagen Theologum primarium zu Altdorff aufziehender Anonymus sich prostituiret/ Dargeleget Von einem

[...] welcher ehedessen ein Sonntagischer Auditor gewesen [...], o. O. 1707. (Officium gratitudinis)

PETERSEN, JOHANN WILHELM: Lebens-Beschreibung Johannis Wilhelmi Petersen [...] Die zweyte Edition. Auffs neue mit Fleiß übersehen [...] und mit einer neuen Vorrede vermehret; Auch am Ende [...] ein Catalogus aller meiner gedruckten und noch ungedruckten Schrifften angefüget, o. O. 1719. (Lebens-Beschreibung)

PFEIL, CHRISTOPH KARL LUDWIG V.: Apocalyptische Lieder von der offenbarten Herrlichkeit und Zukunft des Herrn [...], hg. v. JACOB FRIDERICH VON STOLL, 2. Aufl., Memmingen 1749. (Apocalyptische Lieder)

DERS.: Evangelische Glaubens- und Herzens-Gesänge. Vom Jahr 1763. bis 1783. [...] nebst einem Anhang verschiedener [...] Gedichten. Herausgegeben von einer Gesellschaft Christlicher Freunde, Dinkelsbühl 1783. (Glaubens- und Herzens-Gesänge)

DERS.: Evangelisches Gesangbuch bestehend in Psalmen und Lobgesängen, und geistlichen neuen Liedern [...] von dem Jahr 1730. biß 1781. [...] Herausgegeben von Johann Georg Schelhorn [...], Memmingen 1782. (Evangelisches Gesangbuch)

DERS.: Majestäts-Lieder die Herrlichkeit des Herrlichen Gottes in seinen Majestätischen Wundern der Schöpfung, Erlösung, und Herstellung des Menschen zu seinem göttlichen Bilde, in Christo Jesu besingend Sieben Gesänge [...], Wernigerode 1791. (Majestäts-Lieder)

PRASCH, JOHANN LUDWIG: Geistlicher Blumenstrauß/ Bestehend aus Allerhand neuen [...] Liedern/ Mit beygefügten Gradenthalerischen Melodeyen. Sammt einer Vorrede/ Von warhafftiger Quantität der Teutschen Sylben/ Und einer Zugabe/ Von der Natur deß Teutschen Reimes, Regensburg 1686. (Geistlicher Blumenstrauß)

PREU, GEORG MICHAEL: Der Geist Der angegebenen wahren Aber Falsch befundenen INSPIRATION In Johann Friederich Rocken [...] Als über dessen Den 23. Maji Anno 1716. Allhier zu Oettingen vermeintlich gehabte Inspiration und Außsprach Eine Prüffung [...] angestellet [...] Am Ende aber Johann Locks Gedancken von der Enthusiasterey angefüget worden [...], Ulm 1720. (Geist)

RAAB, JOHANN ADAM: Buß-Stimme Aus Zion/ das ist: Christ-brüderliche Warnung/ Vermahnung/ Bitte und Flehen/ an alle Gott- heil- und gewissenlose Menschen und Welt-Kinder/ daß sie sich doch [...] den Innhalt zu Hertzen gehen sich erweichen lassen/ und vom Bösen zum Guten wenden wollen [...], o. O. 1702. (Buß-Stimme)

[DERS.:] Der Barmherzige Samariter/ Oder Christ Brüderliche Erinner- und Vermahnung An Alle diejenigen/ so Christum nur laulicht suchen [...] und auf keinen gewissen Grund befestiget sind [...], o. O. 1700. (Samariter)

[DERS.:] Der durch die Gottlose Verführer und Babels-Pfaffen/ so das Volck von dem wahren lebendigen Wesen in Christo ab- [...] führen/ in Göttlichen Eyver Entbrannte Christliche Elias, Philadelphia [fing.] 1703. (Elias)

DERS.: Der wahre und gewisse Weg durch die enge † Pforte zu Jesu Christo. Und zugleich historische Erzehlung, wie wunderlich von Jugend auf von Gott geführet, und zur Buß getrieben worden [...] Johann Adam Raab [...], o. O. u. J. (Weg)

DERS.: Der zum Thätigen Christenthum Durch die enge † Pforte wandlende Wahre Christ/ Samt würckl. Abkehrung/ Daß auf dem breiten Welt- und Höllen-Weg/ darauf die Ceremonial- Mund- Wahn- Historie- und Pharisaeis. Heuchler.

Namens-Christen [...] ihre Seeligkeit suchen wollen/ solche unmöglich zu finden [...] seye [...], o. O. 1699. (Christ)

DERS.: Deutliche Beschreibung und Bekäntnus von dem Dreyfachen alß I. Prophet. II. Hoherpriesterl. und III. Königl. Amt JESU CHRISTI Als unserm eintzigen Endzweck und Grund unserer Seelen Erlösung [...], o. O. 1707. (Deutliche Beschreibung)

[DERS.:] Gespräch zwischen Jugend und Alter die Abschaffung der groben Sünden betreffende, o. O. 1727. (Gespräch)

DERS.: Hochstnöthige Warnung und aufrichtige Vorstellung der meisten Kezereyen/ Irrthümern und Gotteslästerungen/ so heut zu Tage im Schwange gehen/ wider Deren Defensores und Anhänger [...], o. O. 1726. (Warnung)

[DERS.:] Im Nahmen des gecreutzigten Heylandes Jesu Christi/ Amen, o. O. u. J. (Nahmen)

[DERS.:] Kurtze Erörterung, Ob der Pietisten-Gifft schädlich- oder nützlich seye? [...], o. O. 1704. (Kurtze Erörterung)

[DERS.:] Kurtze Erörterung/ worinnen der Verfall und verkehrte Art des so genannten heutigen Christenthums meistentheils bestehe/ nebst einem kleinen Entwurff/ wie ein wiedergebohrner Lehrer aufs wenigste beschaffen [...] seyn müsse [...], Philadelphia [fing.] 1703. (Erörterung)

[DERS.:] Nachricht [Kopftitel], o. O. [1725]. (Nachricht)

DERS.: Sonnen-klare Mittags-Helle/ Auf Die unter den Wolcken noch verborgene wenigstens gantz düster und finster hervorblickende Morgenröthe [...], o. O. 1703. (Mittags-Helle)

DERS.: Warhafftige Beschreibung eines vorangegangenen Gesprächs wegen der Stifft- und Einsetzung des Gedächtnüs- Liebs- und Abendmahls Jesu Christi [...], o. O. u. J. (Wahrhafftige Beschreibung)

RÄTHEL, WOLFGANG CHRISTOPH: Ad liberandam fidem C.A. opera operante divina [...] venerandum capitulum Neopolitanum Die Fidei, h. e. VIto Octobris st. vet. de fide & bonis operibus, [...] fide bona & magnopere conscribit [...] Räthel/ Superintendens, Neustadt a. d. A. 1703. (De fide et bonis operibus)

[DERS.:] Morgenröthe Der Dunkeln Frage: Was von/ heut zu Tag in etzlichen/ absonderlich auch unsern Orten/ einschleichenden einzeln Zusammenkünfften zu halten sey [...], Neustadt [a. d. A.] 1702. (Morgenröthe)

DERS.: Sigismundo Meyenbergero, ubi ubi terrarum moratur, preces & off. offert, o. O. [1703]. (Meyenbergero)

DERS.: Synodum ad Neapolit. Fl. Ayssum CXimam, in J.A.C. art. primum, de Deo [...] Die XIImo KL. Novemb. apperit [...], Neustadt a. d. A. 1705. (De Deo)

DERS.: Ut sub auxilio divino [...] Die Vto Octobris M.DCCI. Domini pastores, seniores [...] in Neopolitano capitulo conveniant, atque [...] articulum Conf. Aug. XVIII. de libero arbitrio, in conventu publico, percipiant [...], Neustadt a. d. A. [1701]. (De libero arbitrio)

RAUMER, KARL: Leben von ihm selbst erzählt, Stuttgart 1866. (Leben)

Recht Categorische Antwort; welche durch Veranlassung sowohl einer auff des Hrn. D. Sonntags IX. Accords-Puncten gegebenen Categorischen Antwort; Als insonderheit des so genannten officii gratitudinis [...] auf Begehren ertheilet [...], o. O. 1707. (Recht Categorische Antwort)

Regenspurgisches Lieder-Manual, Mit alten und neuen Evangelischen Psalmen, Lobgesängen, geistlich- und lieblichen Liedern vermehret. Nebst abermahligen

Anhang und Vorrede Johann Joachim Metzgers [...], [Regensburg] 1744. (Regenspurgisches Lieder-Manual)
Register über diejenige milde Stifftungen/ Welche [...] Maria Barbara verwittibte Frau von Neuhauß/ gebohrne von Hund [...] an unterschiedlichen Orten gemachet [...], Ansbach 1729. (Register über [...] Stifftungen, Welche [...] Maria Barbara [...] von Neuhauß [...] gemachet)
[REUSSNER, JOHANN ULRICH WOLFGANG]: Gott allein die Ehr! Wege der Göttlichen Vorsehung Bey Aufrichtung Des Hoch-Fürstlich-Oettingischen Waysen-Hauses [...], Oettingen 1715. (Nachricht)
ROCK, JOHANN FRIEDRICH: Anfänge Des Erniedrigungs-Lauffs Eines Sünders auf Erden in- und durch Gnade, in: J.J.J. Aufrichtige und wahrhafftige Extracta Aus dem allgemeinen Diario Der Wahren Inspirations-Gemeinen XII. Sammlung/ Worinnen zu finden: Bezeugungen des Geistes des HERRN [...] Im Jahr 1723. ausgesprochen [...], o. O. 1751, 145–155. (Anfänge Des Erniedrigungs-Lauffs)
DERS.: Br. Johann Friederich Rocks Kurtze Erzehlung Wie Ihn GOtt geführet, und auf die Wege der Inspiration gebracht habe? Auf Hrn. Geheimden Rath von Sittmanns Frage an Ihn, in: J.J.J. XIV. Sammlung, Das ist: Der XIV. Auszug aus denen Jahr-Büchern Der Wahren Inspirations-Gemeinschafften [...], o. O. 1761, 229–235. (Kurtze Erzehlung Wie Ihn GOtt geführet)
DERS.: J.J.J. Aus dem Dunckelen ins helle Licht gestellet; nemlich: Bruder Johann Friederich Rocks Reise-Beschreibung, von der Ronneburg im Hochgräflich-Ysenburgischen über Bayreuth durch Sachsen-Land bis Breslau und zurück; Jm Jahr 1723. bis im Jenner 1724. [...] Nebst denen auf der Reise geschehenen und auch übergebenen Aussprachen und Zeugnissen des Geistes der wahren Inspiration [...], o. O. 1781. (Reise-Beschreibung)
DERS.: J.J.J. Johann Friderich Rocken [...] Kurtze Erzehlung/ Wie er zu diesem besondern Werck der Inspiration gekommen, in: [CHRISTIAN FENDE (Hg.):] Unterschiedliche Erfahrungs-volle Zeugnisse/ Welche Einige in Gott verbundene Freunde Von der so sehr verhassten und verschreyten Inspirations-Sache/ nach ihrem Gewissen [...] abgefasset [...], o. O. 1715, 23–27. (Kurtze Erzehlung)
DERS. u. a.: J.J.J. Wohl und Weh/ So der Geist der wahren Inspiration [...] Durch Johann Friderich Rock [...] Anno 1716. 1717. und 1718. Ausposaunen lassen, o. O. 1719. (Wohl und Weh)
DERS.: Reyß-Büchlein Auf Bayreuth, Breßlau und Prag etc. beschrieben von Tag zu Tag, in: J.J.J. XIII. Sammlung Das ist: Der XIII. Auszug Aus denen Jahr-Büchern Der Wahren Inspirations-Gemeinsschafften [...], o. O. 1758, 121–224. (Reyß-Büchlein Auf Bayreuth)
DERS.: Wie Ihn GOtt geführet und auf die Wege der Inspiration gebracht habe. Autobiographische Schriften, hg. v. ULF-MICHAEL SCHNEIDER, Kleine Texte des Pietismus 1, Leipzig 1999. (Wie Ihn Gott geführet)
DERS.: Zweyter Aufsatz Des Erniedrigungs-Lauffs Eines Sünders auf Erden, Aufgesetzt im Jahr 1717, in: J.J.J. Aufrichtige und wahrhafftige Extracta Aus dem allgemeinen Diario Der Wahren Inspirations-Gemeinen XII. Sammlung [...], o. O. 1751, 156–224. (Zweyter Aufsatz Des Erniedrigungs-Lauffs)
ROSENBACH, JOHANN GEORG: Wahre und in GOttes Wort gegründete Glaubens-Bekäntnuß/ Des [...] den 14ten Maji 1703. aus der Stadt Heilbronn unschuldig vertriebenen Johann Georg Rosenbachen [...], o. O. u. J. [Beigefügt der Schrift: Lorenz Adam Meyer, Nothwendige Addresse, o. O. 1704.] (Glaubens-Bekäntnuß)

DERS.: Wunder- und Gnaden-volle Bekehrung/ Zweyer in der Irre gegangenen verlohrnen gewesenen Schaafe [...], o. O. 1703. (Bekehrung)

DERS.: Wunder- und Gnaden-volle Führung Gottes Eines auff dem Wege der Bekehrung Christo nachfolgenden Schaafs/ Oder Historische Erzehlung Was sich mit mir [...] von 1701. biß 1704. zugetragen [...], o. O. u. J. (Führung Gottes)

[ROSLER, HERMANN BURKHARD:] Kurtze Nachricht von [...] Johann Burckhardt Roslers [...] und seines hinterlassenen ältisten Sohnes, Hermann Burckhardt Roslers [...] Durch diese Welt äusserlich gehabten Führung und hiebey dem publico zu Dienst verfertigten Schrifften [...], Jena 1724. (Kurtze Nachricht)

[DERS.:] Unpartheyische Gedancken Vom Spielen/ Wie es entweder aus Gewinnsucht/ oder zum Zeit-Vetreib/ Ergetzung und Gefälligkeit angestellet wird, o. O. 1712. (Gedancken Vom Spielen)

[DERS.:] Wohlmeynende Gedancken Von Wieder-Aufrichtung der gefallenen Christl. Policey Im Gemeinen Wesen [...], o. O. 1709. (Gedancken)

ROSLER, JOHANN BURKHARD: Camoenae Spirituales, Oder, Geistliche Andachten, Bey Verschiedenen Occasionen [...] in Lieder gefasset, Und Nunmehro [...] ans Licht gegeben, Thurnau 1711. (Camoenae Spirituales)

Rotenburgisches Gesang-Büchlein/ Vorstellend Schöne Geistreiche Lieder [...] Anbey des Sel. Herrn Joh. Ludw. Hartmanns [...] Gebet-Büchlein, Rothenburg ob der Tauber 1721. (Rotenburgisches Gesang-Büchlein)

RUCKTESCHEL, JOHANN: Der Rechte Gebrauch Und Mißbrauch Im Ehestandt/ in dreyen Predigten [...] vorgestellet [...], o. O. 1704. (Gebrauch)

RUCKTESCHEL, ROSINA DOROTHEA: Eröffnete Correspondenz Derer Send-Schreiben, Das 1ste an einen Religiosen, wegen des überschickten Buches Friß-Vogel [...]. Das 2te an einen Patron, wegen des Sambstagischen Hochzeit-Carmen [...]. Das 3te abermals an den Religiosen, wegen verkehrten angeführten Stellen aus des seligen Lutheri Schrifften. Das 4te eine Antwort nach Amsterdam, wegen der Hoch-Fürstlichen Leichen-Texte [...]. Das 5te wegen des 101 Psalms, so Sich [...] Georg Friederich Carl [...] zum Wahlspruch erwählet. Das 6te, Verwunderung über eines Ketzermachers grossen Verstand [...]. Das 7te, aus König Heinrichs Send-Schreiben an seine Gemahlin [...]. Das 8te, den Proceß der Keuschheit [...], Frankfurt 1730. (Eröffnete Correspondenz)

DIES.: In der andern Fortsetzung, der eröffneten Correspondenz [...] Erstes Sendschreiben An einen vornehmen Bluts-Freund nach Heydelberg, o. O. u. J. (Eröffnete Correspondenz, 2. Fortsetzung, 1. Sendschreiben)

DIES.: Selbst gehaltene Leichen-Predigt [...] Als das dritte Stück in der andern Fortsetzung der eröffneten Correspondenz [...], o. O. u. J. (Eröffnete Correspondenz, 2. Fortsetzung, 3. Sendschreiben (Leichen-Predigt))

SALTZMANN, JOHANN NICLAS (wahrscheinlich Pseud. für Johann Michael Tauber): Der In seinem Verstande Verwirrete THOMASIUS, Aus Dem dritten Theil Seiner Gemischten Händel [...], o. O. 1725. (Thomasius)

DERS.: Unvernunfft der Thomasischen Gedancken und Erinnerungen über allerhand gemischte Philosophische und Juristische Händel [...], o. O. 1724. (Unvernunfft)

Sammlungen für Liebhaber christlicher Wahrheit und Gottseligkeit, Basel 1786–1912. (Sammlungen)

SAUBERT, JOHANN: ΔΥΩΔΕΚΑΣ. Emblematum sacrorum, mit einem Nachw. v. Dietrich Donat, Nachdr. d. Ausg. Nürnberg 1625, 1626, 1629 u. 1630, Emblematisches Cabinet 6, Hildesheim 1977. (ΔΥΩΔΕΚΑΣ Emblematum sacrorum)

DERS.: Geistliche Gemaelde Uber die Sonn- und hohe Festtägliche Evangelia/ Sambt etlichen andern Predigten [...] Anhang der Gemaeld Postill, das ist: Erklärung Der Evangelien, welche auff die gewöhnliche Apostel- und andere mit einfallende Feyertäg verordnet [...], Nürnberg 1658. (Geistliche Gemaelde)
DERS.: Historia bibliothecae Reip. Noribergensis, duabus oratiunculis illustrata [...], Nürnberg 1643. (Historia bibliothecae Reip. Noribergensis)
[DERS.:] Lesebüchlein Für die kleine Kinder/ Welche allbereit auß dem gemeinen Namenbüchlein in dem Buchstabiren genugsam geübt worden/ und nunmehr im Lesen einen Anfang machen sollen [...], Nürnberg 1639. (Lesebüchlein)
DERS.: Zuchtbüchlein Der Evangelischen Kirchen/ Darinn Mit gutem Grund erwiesen wird/ daß an vielen Evangelischen Orten/ theils die Unterlassung/ theils die Verlastung der [...] Kirchenzucht/ nicht die geringste unter denen Sünden gewesen/ welche den gerechten Gott bißhero zu so vielfältiger Straff und Landplagen gereitzet: In zweyen unterschiedlichen Theilen abgehandelt [...], Nürnberg 1636. (Zuchtbüchlein)
SCHÄFFLER, MICHAEL: Saltus ab extremo ad extremum geminus sub Vigiliam Carnis Privii (quae vulgo vocatur Fastnacht) declinandus [...] Praeside Christophoro Sonntagio [...], [Altdorf 1709]. (Saltus ab extremo ad extremum)
SCHELLING, FRIEDRICH WILHELM JOSEPH V.: Ueber den Werth und die Bedeutung der Bibelgesellschaften, in: Friedrich Wilhelm Joseph von Schellings sämmtliche Werke, hg. v. KARL F. AUGUST SCHELLING, Bd. 1, 9, Stuttgart u. Augsburg 1861, 247–252. (Ueber den Werth und die Bedeutung der Bibelgesellschaften)
SCHMIDT, JOHANN CHRISTIAN: Auserlesene Heilige Reden bey verschiedenen [...] Gelegenheiten vor den Durchl. Herrschaften und der Schloß- und Stadtgemeinde zu Bayreuth gehalten [...], hg. v. JOHANN THEODOR KÜNNETH, Hof 1764. (Auserlesene Heilige Reden)
DERS.: Fortgesetzte Vollständige Sammlung Heiliger Reden, über alle Sonn- und Hohen Festtags-Evangelien durch das ganze Jahr, Vor der Duchl. Herrschaft zu Bayreuth, in der Schloßkirche, und im Zimmer gehalten [...], Hof u. Bayreuth 1748. (Fortgesetzte Vollständige Sammlung)
DERS.: Heilige Reden Ueber Verschiedene Stellen Heil. Schrift, Vor der Durchlauchtigten Herrschaft zu Bayreuth im Zimmer gehalten [...], 4 Bde., Bayreuth u. Hof 1752–1758. (Heilige Reden)
[SCHNEIDER, ESAIAS]: Schrifftmässiger Beweiß/ Daß in Hr. Samuel Urlspergers [...] Unterricht vor Krancke und Sterbende/ Theils anstössige Redens-Arten/ theils aber offenbar – falsche Lehren sich befinden/ Samt Einer Historischen Nachricht/ Was dißfalls in Augspurg vorgegangen [...], Leipzig [recte Ulm] 1725. (Beweiß)
SCHNEIDER, HEINRICH GOTTLIEB: Auspiciis Serenissimi Principis [...] Friderici Augusti [...] absolutionem ministri ecclesiae non esse mere declarativam praeside Gottlieb Wernsdorfio [...] adversus novatores solidis rationibus ostendet [...], Wittenberg [1716]. (Absolutionem)
SCHOBER, JOHANN JAKOB: Scholae, quae Neostadij ad Aissum est, faciem antiquam et novam ab anno M.CCC. usque ad annum MDCCXIV. [...], Nürnberg 1714. (Scholae)
SCHÖNER, JOHANN GOTTFRIED: Einige Lieder zur Erbauung [...], Nürnberg 1777. (Lieder)
DERS.: Vermischte geistliche Lieder und Gedichte [...], Nürnberg 1790. (Lieder und Gedichte)

SCHUBERT, GOTTHILF HEINRICH: Der Erwerb aus einem vergangenen und die Erwartungen von einem zukünftigen Leben. Eine Selbstbiographie, 3 Bde., Erlangen 1854–1856. (Erwerb)

Schweinfurtisches Gesangbuch/ Darinnen/ Nebenst des Herrn Lutheri Sel. und anderer alten Geistreichen Männer/ Geistlichen Liedern/ auch andere Neue/ Geist- und Schrifftmässige/ zu befinden [...] Sampt einem kurtzen Gebet-Büchlein [...], Rothenburg o.d. T. 1679. (Schweinfurtisches Gesangbuch)

[SCHWINDEL, GEORG JAKOB:] Gottholds Manuale casuisticum: Oder Der für angehende Priester in schwehren und vorkommenden Gewissens-Fällen und Fragen allzeit fertige und Christliche Gewissens-Rath [...], Frankfurt u. Leipzig [1717]. (Manuale casuisticum)

Sieben Seelen weiblichen Geschlechts haben sich am 23. Decemb. 1735. zu Nürnberg zu folgenden unter einander verglichen, in: Der Freywilligen Nachlese [...] VII. Sammlung [...], Frankfurt a. M. u. Leipzig o. J., Nachdr. in: NLZ Hauptschriften ErgBd. 12, Hildesheim 1972, 1113–1114. (Sieben Seelen weiblichen Geschlechts)

[SILCHMÜLLER, JOHANN CHRISTOPH (Hg.):] D. Martini Lutheri kleiner Catechismus samt einer in Frag und Antwort abgefaßten Ordnung des Heils, und ausführlichen Erläuterung In welcher gedachter Catechismus von Stück zu Stück erkläret, und mit den nöthigsten Sprüchen heiliger Schrift bewähret ist [...], 4. Aufl., Bayreuth 1741. (Catechismus)

DERS.: Erbauliches Denckmahl der Letzten Stunden Des [...] Georg Friderich Carl, Regierenden Marggrafens zu Brandenburg [...], Augsburg 1735. (Denckmahl)

DERS.: Johann Christoph Silchmüller's Bayreuther Tagebuch, eine neue Quelle für die Erforschung der Geschichte des Pietismus in Bayreuth, veröffentlicht aus einer Handschrift der Waisenhausbibliothek in Halle/ Saale von Professor K. Weiske, Bibliothekar, in: AGO 29 (1924), 17–100. (Bayreuther Tagebuch)

[DERS.:] Kurtzer Anhang Der In hiesigen Landen eingeführten und gewöhnlichen Fest- Wie auch Einigen andern auserlesenen Morgen- und Abend- Auch andern Gebeten [...], Bayreuth 1733. [angebunden an: Johann Christoph Silchmüller, Sammlung] (Anhang)

DERS.: Neue Sammlung Erbaulicher und geistreicher Alter und Neuer Lieder, Oder Neues vollständigeres Gesang-Buch [...], 2. Aufl., Bayreuth 1733. (Sammlung)

DERS.: Neue Spuren Der gütigen Vorsorge GOttes/ In der wahrhafften Beschreibung Von dem Anfang/ Fortgang und Wachsthum/ Deß im Jahr 1730. In der [...] Residentz-Stadt Bayreuth errichteten Waysen-Hauses und Armen-Schule [...], Bayreuth 1736. (Spuren)

SINCERUS ALETOPHILUS (Pseud.): Eilfertiges Send-Schreiben/ Herrn D. Diessolis Collegium In Augustanam Confessionem, und Ein gewiesses Corollarium, betreffendt, o. O. u. J. (Eilfertiges Send-Schreiben)

SOLGER, ADAM RUDOLPH: Bibliotheca sive supellex librorum impressorum, in omni genere scientiarum maximam partem rarissimorum, et codicum manuscriptorum, quos [...] iusto ordine disposuit, atque notis litterariis [...] illustravit [...], Bd. 1, Nürnberg 1760. (Bibliotheca)

SONNTAG, CHRISTOPH: Abdicatio entium rationis theologicorum [...] moderate suppeditata [...], Altdorf 1704. (Abdicatio)

[SOPHIE CHRISTIANE, Prinzessin von Brandenburg-Bayreuth (Hg.):] Glauben-schallende Und Himmel-steigende Herzens-Music/ Bestehend In 1052. auserlesenen/ mehrentheils neuen/ und von unterschiedlichen Autoren zusammen getragenen

Liedern [...], Nürnberg 1703. (Glauben-schallende Und Himmel-steigende Herzens-Music)

[SPANGENBERG, AUGUST GOTTLIEB (Hg.):] Milch Für die Unmündigen Kinder Oder Kurtze und deutliche Anweisung Zum Wahren Christenthum [...], 2. Aufl., Jena 1729. (Milch)

SPENER, PHILIPP JAKOB: Briefe aus der Frankfurter Zeit 1666–1686, Bd. 1–3 (1666–1678), hg. v. JOHANNES WALLMANN, Tübingen 1992–2000. (Briefe, hg. v. JOHANNES WALLMANN)

DERS.: Consilia et Iudicia theologica latina, 3 T., Frankfurt a. M. 1709, in: DERS., Schriften. Repr.-Ausg. hg. v. ERICH BEYREUTHER, eingel. v. DIETRICH BLAUFUSS, Bd. XVI, 1 u. 2 Korrespondenz, Hildesheim u. a. 1989. (Consilia = Cons.)

DERS.: Das Geistliche Priesterthum (1677), in: DERS., Die Werke Philipp Jakob Speners. Studienausgabe, Bd. I, 1: Die Grundschriften T. 1, hg. v. KURT ALAND, Gießen u. Basel 1996, (409) 425–552. (Das Geistliche Priesterthum)

DERS.: Das Geistliche Priesterthum Auß Göttlichem Wort kürtzlich beschrieben/ und mit einstimmenden Zeugnüssen Gottseliger Lehrer bekräfftiget Von Philipp Jacob Spenern/ D. Predigern und Seniore in Franckfurt am Mäyn, Frankfurt a. M. 1677, in: DERS., Schriften. Repr.-Ausg. hg. v. ERICH BEYREUTHER, eingel. von ERICH BEYREUTHER und DIETRICH BLAUFUSS, Bd. I Frankfurter Zeit, Hildesheim u. New York 1979, (70–77) 549–731. (Das Geistliche Priesterthum)

DERS.: Der Evangelische Glaubens-Trost/ aus den Göttlichen wolthaten und schätzen der seligkeit in Christo in einem jahr-gang der predigten über die ordentliche Sonn- und Fest-tägliche Evangelia [...], Frankfurt a. M. 1695. (Glaubens-Trost)

DERS.: Einfältige Erklärung Der Christlichen Lehr/ Nach der Ordnung deß kleinen Catechismi deß theuren Manns GOttes Lutheri. In Fragen und Antwort verfasset/ Und mit nöthigen Zeugnüssen der Schrifft bewehret/ Von Philipp Jacob Spenern/ D. Predigern und Seniore in Franckfurt am Mayn, Frankfurt 1677, in: DERS., Schriften. Repr.-Ausg. hg. v. ERICH BEYREUTHER, eingel. v. WERNER JENTSCH, Bd. II, 1 Frankfurter Zeit, Hildesheim u. New York 1982. (Erklärung der christlichen Lehr)

DERS.: Gründliche Beantwortung Einer mit Lästerungen angefüllten Schrifft/ (unter dem Titul: Außführliche Beschreibung Dess Unfugs der Pietisten m.f.w.) [...], Frankfurt a. M. 1693. (Gründliche Beantwortung)

DERS.: Letzte Theologische Bedencken und andere Brieffliche Antworten Nebst einer Vorrede von Carl Hildebrand von Canstein, 3 T., Halle 1711, in: DERS., Schriften. Repr.-Ausg. hg. v. ERICH BEYREUTHER, eingel. v. DIETRICH BLAUFUSS u. PETER SCHICKETANZ, Bd. XV, 1 u. 2 Korrespondenz, Hildesheim u. a. 1987. (Letzte Theologische Bedencken = L Bed.)

DERS.: Pia Desideria, hg. v. KURT ALAND, KlT 170, 3. Aufl., Berlin 1964. (Pia Desideria)

DERS.: Theologische Bedenken und andere Brieffliche Antworten, 4 T., Halle 1700–1702, in: DERS., Schriften. Repr.-Ausg. hg. v. ERICH BEYREUTHER, Bd. XI–XIV, Hildesheim u. New York 1999. (Theologische Bedenken = Bed.)

DERS.: Warhafftige Erzehlung/ Dessen was wegen des so genannten Pietismi in Teutschland von einiger Zeit vorgegangen [...], Frankfurt a. M. 1697. (Wahrhaftige Erzehlung)

SPIZEL, GOTTLIEB: De atheismo eradicando [...] epistola [...], Augsburg 1669. (De atheismo eradicando)

DERS.: Pius literati hominis secessus, sive a profanae doctrinae vanitate ad sinceram pietatem manuductio [...], Augsburg 1669. (Pius literati hominis secessus)
DERS.: Scrutinium atheismi historico-aetiologicum, Augsburg 1663. (Scrutinium atheismi)
STAEHELIN, ERNST (Hg.): Die Christentumsgesellschaft in der Zeit der Aufklärung und der beginnenden Erweckung. Texte aus Briefen, Protokollen und Publikationen, ThZ.S 2, Basel 1970. (Christentumsgesellschaft I)
DERS. (Hg.): Die Christentumsgesellschaft in der Zeit von der Erweckung bis zur Gegenwart. Texte aus Briefen, Protokollen und Publikationen, ThZ.S 4, Basel 1974. (Christentumsgesellschaft II)
STECHE, CHRISTIAN FRIEDRICH: Explorationem spiritus Brendeliani qua doctrinam de principio cognoscendi Theologiam [...] praeside Gottlieb Wernsdorfio [...] ad d. IV. Maji anni secularis MDCCXVII. [...] instituet [...], Wittenberg [1717]. (Explorationem)
STEINHOFER, JOHANN JAKOB: Feld-Geschrey der Kinder Gottes/ das ist/ Neuvermehrt-Vollständig-Brandenburg-Bayreuthisches Gesang-Buch [...] und/ neben einem kurtzen Anhang einiger geistreichen Gebethe/ Mit einer Vorrede/ Deß [...] Joh. Jacob Steinhofers [...] Zum Erstenmal aufs neue gedruckt [...], Bayreuth 1699. (Feld-Geschrey der Kinder Gottes)
STOCKFLETH, HEINRICH ARNOLD: Anleitung Wie Ein andächtiger Christ seine Sonntags-Andacht / Unter währendem Gottesdienst/ in der Kirchen/ sonderlich Bey Austheilung des Heil. Abendmahls/ Wann er gleich nicht selbst mit communiciret/ dennoch halten und fortsetzen kan [...], Münchberg 1688. (Anleitung)
DERS. (gen. Dorus): Die Kunst- und Tugend-gezierte Macarie, Faks. d. Ausg. Nürnberg 1669, hg. u. eingel. v. VOLKER MEID, Nachdrucke deutscher Literatur des 17. Jahrhunderts 19, Bern u. a. 1978. (Macarie)
DERS.: Neu-qvellender Brunn Israëls/ Oder: Neu-verbessertes Gesang- und Gebeth-Buch auch Sonntägl. Andachts-Anleitung [...], Münchberg 1690. (Neu-qvellender Brunn Israels)
DERS.: Sonntägliche Andachts-Stunden betitult: Die Hütte-Gottes bey dem Menschen [...], Sulzbach 1677. (Andachts-Stunden)
DERS.: Tägliche Haußkirche Oder Morgen- und Abend-Opffer/ Zur Ubung wahrer Gottsehligkeit und Täglicher Außübung der Gottesdienste So ein Christl. Hauß-Vatter oder Hauß-Mutter/ Morgens und Abends/ mit ihren Kindern und Gesinde/ oder auch andern/ halten kan [...], Münchberg 1698. (Haußkirche)
DERS.: Virga pastoralis ad Exactoris Confractam, Vigilans, hoc est justa et necessaria defensio, non-communicantium [...] Oratione Synodali Solenni exhibens [...], Münchberg 1691. (Virga pastoralis)
STORR, JOHANN PHILIPP: Abgenöthigte und Festgegründete Widerantwort Auf Hn. Joh. Michael Langen [...] Antwort/ Auf mein an die gesamte Löbl. Universität Altdorff [...] abgelassenen Send-Brieff [...], Heilbronn 1705. (Widerantwort)
DERS.: Kurtze und gründliche Abfertigung Der In des [...] Jo. Georg Rosenbachen [...] Glaubens-Bekanntniß eingemengten Unwissenheit und Irrthümer/ So dann ausgesprengten Schand-Lügen und Lästerungen [...], Heilbronn 1703. (Abfertigung)
DERS.: Send-Brieff/ An Die [...] Universitaet Altdorff: Die Unter dero Nahmen Einer Nahmen-losen Pietistischen Pasquill, Nothwendige Addresse an eine Christliche Obrigkeit/ sc. titulirt, Beygedruckte Zeugnusse/ vor Jo. Georg Rosenbach/ Sporersgesellen betreffend: Sampt Beylagen [...], Heilbronn 1704. (Send-Brieff)

DERS.: Sieg Der Wahrheit und Unschuld/ Wie Derselbe Ihm u. andern [...] Von Dem [...] Hanß Georg Rosenbach [...] In der Neu-heraußgegebenen Land- Lügen- und Läster-schrifft/ Wunder- und Gnaden-volle Führung [...] in die Hände überreicht worden, Heilbronn 1704. (Sieg Der Wahrheit)

[TEICHMANN, JOHANN ERNST:] Historische Beschreibung des alten Frauen-Closters Himmelcron in dem Marggrafthum Brandenburg-Culmbach nebst einer ausführlichen Lebens-Beschreibung des [...] Georg Friedrich Carl, Marggrafens zu Brandenburg-Culmbach [...], Bayreuth 1739. (Beschreibung)

TENNHARDT, JOHANN: Gott allein soll die Ehre sein: Welcher mir befohlen fein: Zu schreiben durch seinen Geist allein: Gantz wunderlich zwey Tractätelein: An alle menschen insgemein [...] Daß sie sollen Busse thun [...] Benebst meinem Johann Tennhardts Lebens-Lauff [...], [2. Aufl.], o. O. u.J. [1711?]. (Gott)

DERS.: Höchstnothwendige und zur Seelen Seligkeit sehr nützliche Erklärung etlicher Haupt-Puncten/ so mir Johann Tennhardt aus meinen der Welt dargelegten göttlichen Droh- und Warnungsschriften und Lebens-Lauf zu erklären vorgelegt worden [...], o. O. u.J. (Erklärung)

DERS.: Nützliche und Höchst nothwendige Warnung Wegen des unnöthigen separirens von Kirch und Abendmahl [...], o. O. 1718. (Warnung)

THOMASIUS, CHRISTIAN: Vernünfftige und Christliche aber nicht Scheinheilige Thomasische Gedancken Und Erinnerungen Uber allerhand Gemischte Philosophische und Juristische Händel, T. 1, Halle 1723. (Gedancken und Erinnerungen)

TREU, JOHANN GEORG: Adam und Christus/ Das ist Ubertrettung deß Ersten Sündhafften Unnd Außsöhnung deß Andern Gerechten ADAMS/ Gegeneinander gehalten Auß den Passions-Predigten/ deß thewren Manns Herrn Johan. Arndts/ Mit Fleiß zusammengetragen [...], Nürnberg 1647. (Adam und Christus)

DERS.: Glaubiger Christen Gefährlicher Krieg und Glücklicher Sieg [...] Wie solche in dem geistreichen Büchlein Josue [...] vorgestellet und in den Schrifften [...] Johann Arndts [...] außgeführet wird [...] Mit einer Vorrede/ Herrn Johann Michael Dilherrns [...], Nürnberg 1656. (Krieg)

DERS.: Praxis Biblica Arndiana oder Kurtze Anleitung/ Wie die heilige Schrifft zu Ubung der waaren Gottseligkeit nützlich zu gebrauchen. Auß allen Schrifften [...] Johann Arnds mit Fleiß zusammengetragen/ auff alle an unterschiedlichen Orten gedruckte Editiones gerichtet und zum Druck befördert [...], Nürnberg 1649. (Praxis Biblica Arndiana)

TUCHTFELD, VICTOR CHRISTOPH: Wie ich im Hertzen glaube, so Bekenne, thue, rede, schreibe und leide als aus Lauterkeit, aus GOtt, vor GOtt in Christo: Das ist: Aufrichtiges Glaubens-Bekenntniß [...], Frankfurt u. Leipzig 1732. (Glaubens-Bekenntniß)

URLSPERGER, JOHANN AUGUST: Beschaffenheit und Zwecke einer zu errichtenden Deutschen Gesellschaft thätiger Beförderer reiner Lehre und wahrer Gottseligkeit [...], Basel 1781. (Beschaffenheit)

DERS.: De praestantia coloniae Georgico-Anglicanae prae coloniis aliis [...], Augsburg [1747]. (De praestantia coloniae Georgico-Anglicanae prae coloniis aliis)

[DERS.:] Etwas zum Nachdenken und zur Ermunterung für Freunde des Reiches Gottes [...], o. O. 1779 (Nachdenken)

[DERS.:] Kurze vorläuffige Nachricht, von dem leidigen Zustande, in welchem Eben Ezer, in dem Amerikanischen Georgien, von denen [...] Herrn Prediger [...] angetroffen worden [...], o. O. 1787. (Nachricht)

[DERS.:] Ohnvorgreifliche Gedanken eines Ungenannten, um die wirkliche Errichtung einer vorgeschlagenen deutschen Gesellschaft edler thätiger Beförderer reiner Lehre und der Gottseligkeit durch dieselbe auf das möglichste zu beschleunigen [...], o. O. 1779. (Gedanken)
URLSPERGER, SAMUEL (Hg.): Americanisches Ackerwerk Gottes; oder zuverlässige Nachrichten, den Zustand der americanisch englischen und von salzburgischen Emigranten erbauten Pflanzstadt Ebenezer in Georgien betreffend [...], 4 Bde., Augsburg 1754–1767. (Americanisches Ackerwerk Gottes)
DERS. (Hg.): Der ausführlichen Nachrichten Von der Königlich-Groß-Britannischen Colonie Saltzburger Emigranten in America [...] Theil [...], 3 Bde. (19 T.), Halle 1735–1752. (Nachrichten)
DERS.: Der Krancken Gesundheit Und der Sterbenden Leben; Oder Schrifftmäßiger Unterricht Vor Krancke und Sterbende [...] In neu-gemachten Gebetern/ Betrachtungen/ und Liedern entworffen [...] Auch Mit einer auß einigen in Manuscriptis hinterlassenen Uberbleibseln Des Seel. Herrn D. Hedingers gezogenen/ und von dem Autore dieses Unterrichts über die Helffte ergäntzten Zulänglichen Handleitung so wohl Vor angehende Prediger/ Als auch vor Krancke und Sterbende selbsten/ und vor die/ so mit ihnen umgehen [...] nebst einem kurtzen Unterricht von der Zubereitung der Maleficanten [...], Stuttgart 1722. (Der Krancken Gesundheit und der Sterbenden Leben)
DERS.: Der Kranken Gesundheit und der Sterbenden Leben; oder Schriftmässiger Unterricht für Kranke und Sterbende [...] in Gebethern/ Betrachtungen und Liedern verfasset/ und nebst einer aus schriftlichen Ueberbleibseln des seligen Herrn D. Hedingers gezogenen und um die Hälfte ergänzten Handleitung für angehende Prediger, auch Kranke und Sterbende, und die mit ihnen umgehen [...], 2. Aufl., [Augsburg] 1750. (Der Kranken Gesundheit und der Sterbenden Leben)
DERS.: Der Kranken Gesundheit und der Sterbenden Leben [...], hg. v. KARL FRIEDRICH LEDDERHOSE, Ludwigsburg 1857. (Der Kranken Gesundheit)
DERS.: Kurtze Historische Nachricht Von Dem Missions- und Bekehrungs-Werck auf der Cüste von Coromandel bey den Malabarischen Heyden in Ost-Indien [...], Stuttgart 1715. (Kurtze Historische Nachricht)
[URSINUS, JOHANN HEINRICH:] Wolgemeinte Treuhertzig und Ernsthafte Erinnerung an JUSTINIANUM, Seine Vorschläge/ Die Bekehrung des Heydenthums und Besserung des Christenthums betreffend, o. O. 1664. (Erinnerung)
[VEIEL, ELIAS:] Hundert-Jährig Bedencken/ deß [...] Jacobi Andreae, p. m. Auß einem Send-schreiben an eine Hochfürstl. Person An. 1554. [...] gezogen. Darauß ohnschwehr abzunehmen/ was von dem Christlich-gemeinten Vorschlag Theophili Sinceri, heutigs Tags etwan zu hoffen were [...] Neben einem Unvorgreiflichen Beytrag an die bekandte Pia Desideria [...], Ulm 1678. (Bedencken)
Verhör/ so Jo. Christian Seitz A. 1707. d. 14. Novembr. im Consistorio zu Bareith gehabt., in: UnNachr 1708, 554–561. (Verhör)
Von Einem Nicht Paulisch, nicht Kephisch, nicht Lutherisch, nicht Tuchtfeldisch, Sondern mit Paulo, Petro, Luthero und Tuchtfelden Nach Christo gesinneten Philadelphier Angestellete Genaue Forschung, Mit welcher [...] gezeiget wird, Wie übel es sich verhalte in einem falschen fleischlichen Unwarheit Urtheile MIT Derer ansehnlichen Herren Prediger in Nürenberg [...] Ihrer Vermahnung und Warnung wieder Victor Christoph Tuchtfelden einen Philadelphischen Zeugen JESU Christi [...], Frankfurt u. Leipzig 1732. (Von Einem Nicht Paulisch)

WAGENSEIL, JOHANN CHRISTOPH: Belehrung der Jüdisch-Teutschen Red- und Schreibart. Durch welche/ Alle so des wahren Teutschen Lesens kundig/ für sich selbsten/ innerhalb wenig Stunden/ zu sothaner Wissenschafft gelangen können [...], Königsberg 1699. (Belehrung)

[DERS.]: Benachrichtigungen Wegen einiger die Judenschafft angehenden wichtigen Sachen [...] worinnen I. Die Hoffnung der Erlösung Israelis oder klarer Beweiß der grossen/ und wie es scheinet/ allgemach herannahenden Juden-Bekehrung [...]. II. Wiederlegung der Unwarheit daß die Juden zu ihrer Bedürffniß Christen-Blut haben müssen. III. Anzeigung, wie leicht es dahin zu bringen, daß die Juden forthin abstehen müssen/ die Christen mit Wuchern und Schinden zu plagen, Leipzig 1705. (Benachrichtigungen)

DERS.: Dissertatio: De loco classico Gen. XLIX, 10. [...], Altdorf 1676. (Dissertatio)

DERS.: Hofnung der Erlösung ISRAELIS, oder Klarer Beweiß der annoch bevorstehenden/ und/ wie es scheinet/ allgemach-herannahenden grossen Jüden-Bekehrung/ sammt unvorgreifflichen Gedancken/ wie solche [...] zu befördern [...], 2. Aufl., Nürnberg u. Altdorf 1707. (Hofnung der Erlösung Israelis)

Wahre und Gewissenhaffte Zeugnüsse/ Welche die Universitaet Altdorff/ Und mehrere Oerter Johann Georg Rosenbach/ Sporers-Gesellen ertheilet [...], o. O. o. J. [Beigefügt der Schrift: LORENZ ADAM MEYER, Nothwendige Addresse.] (Wahre und Gewissenhaffte Zeugnüsse)

WALCH, JOHANN GEORG: Historische und theologische Einleitung in die Religions-Streitigkeiten der Evangelisch-Lutherischen Kirche, Faks.-Neudr. der Ausg. Jena 1733–1739, 5 Bde., Stuttgart-Bad Cannstatt 1972–1985. (Religionsstreitigkeiten in der Lutherischen Kirche)

WALTHER, MICHAEL: Cadolzburgisches Denkmal Bey Einweyhung dasiger Neuen Pfarrkirche In Beschreibung Des Orts Ursprung, Aeltern und neuern Besitzern, Aemtern [...] Nebst Einem Anhang Des bey dieser Gelegenheit gehaltenen Grundlegungs-Sermon Und EinweyhungsPredigt [...], Ansbach 1751. [Unv. Nachdr. Neustadt a. d. A. 1986]. (Cadolzburgisches Denkmal)

WELZ, JUSTINIAN V.: Eine Christliche und treuhertzige Vermahnung An alle rechtgläubige Christen/ der Augspurgischen Confession, Betreffend eine sonderbahre Gesellschafft/ Durch welche [...] unsere Evangelische Religion möchte außgebreitet werden [...], Nürnberg 1664, in: Justinian von Welz: ein Österreicher als Vordenker und Pionier der Weltmission; seine Schriften bearb. u. hg. v. FRITZ LAUBACH, Wuppertal u. Zürich 1989, 208–231. (Vermahnung)

DERS.: Einladungs-Trieb zum heran-nahenden GROSSEN ABENDMAHL und Vorschlag zu einer Christl.-erbaulichen JESUS-GESELLSCHAFT Behandlend die Besserung des Christentums und Bekehrung des Heidentums [...], Nürnberg 1664, in: Justinian von Welz: ein Österreicher als Vordenker und Pionier der Weltmission; seine Schriften bearb. u. hg. v. FRITZ LAUBACH, Wuppertal u. Zürich 1989, 241–277. (Einladungs-Trieb)

DERS.: Widerholte Treuhertzige und Ernsthaffte Erinnerung und Vermahnung die BEKEHRUNG ungläubiger Völcker vorzunehmen [...], Amsterdam 1664, in: Justinian von Welz: ein Österreicher als Vordenker und Pionier der Weltmission; seine Schriften bearb. u. hg. v. FRITZ LAUBACH, Wuppertal u. Zürich 1989, 278–299. (Erinnerung und Vermahnung)

Wernigerödisches Gesang-Buch, Begreifend 852. Geistreiche so wol Alte als Neue Auserlesene Lieder/ Mit Noten der unbekannten Melodeyen und einem Kleinen Gebet-Buch [...], Wernigerode 1738. (Wernigerödisches Gesang-Buch)

WERNSDORF, GOTTLIEB: Brevis et nervosa de indifferentismo religionum commentatio [...], Wittenberg 1716. (Brevis et nervosa de indifferentismo religionum)
WILHELMINE FRIEDERIKE SOPHIE, Mgfn. v. Brandenburg-Bayreuth: Memoiren, hg. v. HERMANN BARSDORF, Berlin 1908. (Memoiren)
WILL, GEORG ANDREAS (Hg.): Commercii epistolici Norimbergensis particula II seu novae [...] epistolae [...], Altdorf 1757. (Commercii epistolici Norimbergensis particula II)
[DERS. (Hg.):] Museum Noricum oder Sammlung auserlesener kleiner Schrifften/ Abhandlungen und Nachrichten aus allen Theilen der Gelahrtheit, vornemlich der Nürnbergischen Geschichte, Altdorf 1759. (Museum Noricum)
WILLERS, JOACHIM: Nova atque abominanda Pietistarum Trinitas, Sub praesidio [...] Jo. Frid. Mayeri [...] dissertatio Utrum speranda sit Spiritus S. incarnatio?, Greifswald [1705]. (Nova atque abominanda Pietistarum Trinitas)
[WIRTH, AMBROSIUS (Hg.):] Des Geistlichen Lieder-Schatzes vollständiger Theil/ Darinnen 876. sowol alte als neue/ auserlesene/ Geist- und Schrifft-reiche/ Lieder zu finden/ Welche von Gottseligen Seelen/ sowol in öffentlicher Gemeine/ als auch in ihrer Privat-Andacht [...] können gebraucht werden; Aus guten Evangelischen Büchern zusammen getragen [...], Nürnberg 1719. (Des Geistlichen Lieder-Schatzes vollständiger Theil)
[DERS. (Hg.):] Geistreiches Gesangbüchlein/ Darinnen allerhand auserlesene alt- und neue Lieder zu finden; Der lieben Jugend zum Besten zusammen getragen [...], Nürnberg 1714. (Geistreiches Gesangbüchlein)
[DERS. (Hg.):] Lieder-Schatzes Erster Theil/ Darinnen 500. so wol alte als neue/ schöne/ auserlesene Geist- und Schriftreiche Lieder zu finden/ Welche sich alle mit dem Buchstaben A anfangen/ So von gottseligen Seelen/ etwan in ihrer Privat-Andacht [...] können gebraucht werden; Aus vielen Evangelischen Büchern zusammen getragen [...], Nürnberg 1700. (Lieder-Schatzes)
DERS.: Schrifft-Kern/ Oder Biblisches Spruch-Buch/ Darinnen die fürnehmsten Macht- und Kern-Sprüche der gantzen H. Schrifft/ nach der Ordnung unserer Christl. Hauptstücke zu finden [...], Nürnberg 1698. (Schrifft-Kern)
WOLSHOFER, FRIEDRICH WILHELM: Der vernünfftige Gottes-Dienst, In einer [...] in dem Schwaninger Schloß Den XXII. Sonntag nach Trinitatis gehaltenen Predigt [...], Ansbach [1741]. (GOttes-Dienst)
ZELTNER, GUSTAV GEORG: De impedimentis et adjumentis conversionis Judaeorum praecipuis ad [...] Joh. Helwig Engerer [...] epistola [...], Frankfurt u. Leipzig 1735. (De impedimentis)
[ZINZENDORF, NIKOLAUS LUDWIG V.:] Einige Reden des Ordinarii Fratrum die Er vornemlich Anno 1756. zur Zeit seiner Retraite in Bethel, an die gesamte Bertholdsdorfische Kirchfahrt gehalten hat. Zweyte und vermehrte Auflage, Barby 1766, Nachdr. in: NLZ Hauptschriften, Bd. 6, Hildesheim 1963. (Reden)
[DERS.:] Einige Reden des Ordinarii Fratrum, die er vornehmlich im Jahr 1756. an die gesamte bertholdsdorfische Kirchfahrt gehalten hat, Barby 1758. (Reden)
DERS.: Graf Ludwigs von Zinzendorf Teutscher Gedichte Neue Auflage, Barby 1766, Nachdr. in: NLZ Hauptschriften, ErgBd. 2, Hildesheim 1965. (Gedichte)
[DERS.:] Vier und Dreyßig Homiliae über die Wunden-Litaney der Brüder, Gehalten auf dem Herrnhaag in den Sommer-Monathen 1747. von dem Ordinario Fratrum, o. O. u. J., Nachdr. in: NLZ Hauptschriften, Bd. 3, Hildesheim 1963. (Homiliae über die Wunden-Litaney der Brüder)

Literaturverzeichnis

ALAND, KURT: Berlin und die bayrische Erweckungsbewegung, in: FS für Bischof Otto Dibelius zum 70. Geburtstag, Gütersloh 1950, 117–136. (Bayrische Erweckungsbewegung)

DERS.: Spener-Studien, AKG 28, Berlin 1943. (Spener-Studien)

DERS.: Zur Geschichte der bayrischen Erweckungsbewegung, in: DERS., Kirchengeschichtliche Entwürfe, Gütersloh 1960, 650–671. (Geschichte der bayrischen Erweckungsbewegung)

ALT, KARL: Die Lateinschule der freien Reichsstadt Kaufbeuren und ihr berühmtester Rektor Magister Dr. Jakob Brucker. Ein Beitrag zur schwäbischen Schul- und Gelehrtengeschichte, o. O. u. J. (Brucker)

ASPACHER, [KARL FRIEDRICH HEINRICH]: Pietisten und Herrnhuter in Prichsenstadt. 1717–1756, in: ZBG 10 (1916), 1–31, Nachdr. in: NLZ.ZBG 4, Hildesheim 1973. (Pietisten)

Aus Schellings Leben. In Briefen, Bd. 2, hg. v. GUSTAV LEOPOLD PLITT, Leipzig 1870. (Aus Schellings Leben)

AXMANN, RAINER: Coburg, Zinzendorf und die Herrnhuter Brüdergemeine. Die Besuche der Diasporaarbeiter in Coburg in der zweiten Hälfte des 18. Jahrhunderts – ihre Berichte, mit ausführlichen Annotationes versehen, in: JBCobLdStift 41 (1996), 49–109. (Coburg, Zinzendorf und die Herrnhuter Brüdergemeine)

BAIER, HELMUT: Die evangelische Kirche zwischen Pietismus, Orthodoxie und Aufklärung, in: Geschichte der Stadt Augsburg von der Römerzeit bis zur Gegenwart, hg. v. GUNTHER GOTTLIEB, Stuttgart 1984, 520–600. (Kirche)

BATTEIGER, JACOB: Der Pietismus in Bayreuth, HS 38, Berlin 1903. (Pietismus in Bayreuth)

DERS.: Zur Geschichte des Pietismus in Bayreuth, in: BBKG 9 (1903), 153–189, 210–227; 11 (1905), 34–45. (Geschichte des Pietismus in Bayreuth)

BAUER, MARGIT u. a.: Das Schulwesen von der Reformation bis zur Säkularisation, in: Geschichte der Stadt Kempten, hg. v. VOLKER DOTTERWEICH u. a., Kempten 1989, 289–303. (Schulwesen)

BAUM, FRIEDRICH: Aus der Pfarrfamilie Schöner, in: ZBKG 15 (1940), 105–111. (Pfarrfamilie Schöner)

BAUMGÄRTNER, GOTTFRIED: Geschichte der Pfarrei und Kirchengemeinde Thurnau, Thurnau 1914. (Geschichte Thurnau)

BAUR, JÖRG: Johann Gerhard, in: Orthodoxie und Pietismus, hg. v. MARTIN GRESCHAT, GK 7, Stuttgart 1982, 99–119. (Gerhard)

BECK, HEINRICH CHRISTIAN: Chronik der Stadt Schweinfurt, Bd. 2, Abt. 2, Schweinfurt 1841. (Chronik der Stadt Schweinfurt)

BECKMANN, HANS-KARL: Die Pädagogik der „Hochfürstlichen Stadtschule zu Neustadt an der Aisch“ in ihrer glanzvollen Periode im 18. Jahrhundert, in: ZBKG 55 (1986), 1–18. (Pädagogik)

Beiträge zur Geschichte der Familie von Barner, Bd. 1, hg. v. F[RIEDRICH] RUSCH, Schwerin 1910. (Beiträge)
BENRATH, GUSTAV ADOLF: Die Erweckung innerhalb der deutschen Landeskirchen 1815–1888. Ein Überblick, in: Geschichte des Pietismus, Bd. 3: Der Pietismus im neunzehnten und zwanzigsten Jahrhundert, hg. v. ULRICH GÄBLER, Göttingen 2000, 150–271. (Erweckung)
BENRATH, GUSTAV ADOLF/DEICHGRÄBER, REINHARD/HOLLENWEGER, WALTER J.: Art. ‚Erweckung/Erweckungsbewegungen', in: TRE 10 (1982), 205–227. (Erweckung/Erweckungsbewegungen)
BERBIG, GEORG CARL BERNHARD: D. Johann Gerhards Visitationswerk in Thüringen und Franken, Gotha 1896. (Gerhards Visitationswerk)
BEYREUTHER, ERICH: Die Erweckungsbewegung, KIG 4R1, 2. Aufl., Göttingen 1977. (Erweckungsbewegung)
BEYSE, WALTER: Das Wernigeröder Gesangbuch in seiner Bearbeitung von 1800, in: ZVKGS 33/34 (1938), 23–36. (Wernigeröder Gesangbuch)
Bibliographisches Handbuch zur Zinzendorf-Forschung, hg. v. DIETRICH MEYER, Düsseldorf 1987. (Bibliographisches Handbuch zur Zinzendorf-Forschung)
BIUNDO, GEORG: Die evangelischen Geistlichen der Pfalz seit der Reformation: pfälzisches Pfarrerbuch, Neustadt a. d. Aisch 1968. (Pfälzisches Pfarrerbuch)
BLAUFUSS, DIETRICH: Beziehungen Friedrich Brecklings nach Süddeutschland. Ein Beitrag zum Einfluß des radikalen Pietismus im 17. Jahrhundert, in: ZKG 87 (1976), 244–279. (Beziehungen)
DERS.: Art. ‚Breckling, Friedrich', in: TRE 7 (1981), 150–153. (Breckling)
DERS.: Der Briefwechsel des Ulmer Superintendenten Elias Veiel mit Philipp Jakob Spener. Zugleich ein Beitrag zur Erforschung der Korrespondenz des Führers des deutschen Pietismus, in: BWKG 73/74 (1973/74), 97–118. (Veiel)
DERS.: Commercium epistolicum in der Reichsstadt. Gottlieb Spizel/Augsburg (1639–1691) und seine Briefwechselsammlung im Umkreis von Orthodoxie und Pietismus, in: Stadt und Literatur im deutschen Sprachraum der Frühen Neuzeit, Bd. 1, hg. v. KLAUS GARBER, Frühe Neuzeit 39, Tübingen 1998, 411–424.
DERS.: Gottlieb Spizel: 1639–1691. Evangelischer Theologe und Polyhistor, in: Lebensbilder aus dem Bayerischen Schwaben, Bd. 13, hg. v. JOSEF BELLOT, Veröff. der schwäbischen Forschungsgemeinschaft bei der Kommission für Bayerische Landesgeschichte 3, 13, Weißenhorn 1986, 144–173. (Spizel)
DERS.: Gottlieb Spizels Gutachten zu Ph. J. Speners Berufung nach Dresden (1686), in: ZBKG 40 (1971), 97–130. (Spizels Gutachten)
DERS.: Johannes Saubert (1592–1646), in: Fränkische Lebensbilder, Bd. 14, hg. v. ALFRED WENDEHORST, VGFG 7 NF 14, Neustadt a. d. Aisch 1991, 123–140. (Saubert)
DERS.: Literaturbericht: Zeitalter des Pietismus, in: ZBKG 48 (1979), 185–195. (Literaturbericht)
DERS.: Ph. J. Speners Verteidigung im Jahre 1693 mit Hilfe seiner „Pia Desideria" und ihres unmittelbaren Echos, in: JGP 3 (1976), 81–100. (Speners Verteidigung)
DERS.: Pietismus und Reichsstadt: Beziehungen Philipp Jacob Speners nach Süddeutschland, in: ZBKG 45 (1976), 54–60. (Pietismus und Reichsstadt)
DERS.: Reichsstadt und Pietismus – Philipp Jacob Spener und Gottlieb Spizel aus Augsburg, EKGB 53, Neustadt a. d. Aisch 1977. (Reichsstadt und Pietismus)

DERS.: Spener-Arbeiten. Quellenstudien und Untersuchungen zu Philipp Jacob Spener und zur frühen Wirkung des lutherischen Pietismus, 2. Aufl., EHS.T 46, Bern u. a. 1980. (Spener-Arbeiten)

DERS.: ‚Zensur' im Dienst der Reich-Gottes-Propaganda? Zu Samuel Urlspergers ‚Ausführlicher Nachricht' 1737–1741, in: Samuel Urlsperger (1685–1772). Augsburger Pietismus zwischen Außenwirkungen und Binnenwelt, hg. v. REINHARD SCHWARZ, Colloquia Augustana 4, Berlin 1996, 200–220. (Zensur)

BOCHINGER, CHRISTOPH: Abenteuer Islam. Zur Wahrnehmung fremder Religion im Hallenser Pietismus des 18. Jahrhunderts, HabSchr. theol. masch. mit Dokumentationsbd., München 1996. (Abenteuer Islam)

DERS.: J. H. Callenbergs Institutum Judaicum et Muhammedicum und seine Ausstrahlung nach Osteuropa, in: JOHANNES WALLMANN u. UDO STRÄTER, Halle und Osteuropa. Zur europäischen Ausstrahlung des hallischen Pietismus, Hallesche Forschungen 1, Tübingen 1998, 331–348. (Callenbergs Institutum Judaicum)

DERS.: Zur Geschichte des Institutum Judaicum et Muhammedicum (1728–1792), in: Von Halle nach Jerusalem, hg. v. EVELIN GOODMANN-THAU u. WALTER BETZ, Hallesche Beiträge zur Orientwissenschaft 18, Halle 1994, 45–60. (Zur Geschichte des Institutum Judaicum et Muhammedicum)

BÖHM, WILHELM: Die Freie Reichsstadt Schweinfurt und die evangelischen Glaubensflüchtlinge im Zeitalter der Gegenreformation, in: Streiflichter auf die Kirchengeschichte in Schweinfurt, hg. v. JOHANNES STRAUSS u. KATHI PETERSEN, Schweinfurt 1992, 89–111. (Schweinfurt und die evangelischen Glaubensflüchtlinge)

BONWETSCH, GOTTLIEB NATHANAEL: Gotthilf Heinrich Schubert in seinen Briefen. Ein Lebensbild, Stuttgart 1918. (Schubert)

BOPP, MARIE-JOSEPH: Die evangelischen Geistlichen und Theologen in Elsaß und Lothringen von der Reformation bis zur Gegenwart, Genealogie und Landesgeschichte, Bd. 1, Neustadt a. d. Aisch 1959. (Die evangelischen Geistlichen und Theologen in Elsaß und Lothringen)

BRAUN, FRIEDRICH: Die Bibelsache in Bayern, in: Helfen und Heilen, hg. v. E. OSTERTAG, Erlangen u. Leipzig 1890, 263–298. (Bibelsache in Bayern)

DERS.: Dr. theol. J. G. Schelhorn, in: BBKG 4 (1898), 145–164, 195–223. (Schelhorn)

DERS.: Johann Tennhardt. Ein Beitrag zur Geschichte des Pietismus, EKGB 17, München 1934. (Tennhardt)

DERS.: Orthodoxie und Pietismus in Memmingen, EKGB 18, München 1935. (Orthodoxie und Pietismus)

DERS.: Zur Geschichte des Pietismus in Augsburg, 2: Ein Augsburger Bibelwerk. Auf dem Boden des Pietismus, in: ZBKG 15 (1940), 86–104.(Augsburger Bibelwerk)

BRECHT, MARTIN: August Hermann Francke und der Hallische Pietismus, in: Geschichte des Pietismus, Bd. 1: Der Pietismus vom siebzehnten bis zum frühen achtzehnten Jahrhundert, hg. v. MARTIN BRECHT, Göttingen 1993, 439–539. (Francke)

DERS.: Das Aufkommen der neuen Frömmigkeitsbewegung in Deutschland, in: Geschichte des Pietismus, Bd. 1: Der Pietismus vom siebzehnten bis zum frühen achtzehnten Jahrhundert, hg. v. MARTIN BRECHT, Göttingen 1993, 113–203. (Aufkommen)

DERS.: Der württembergische Pietismus, in: Geschichte des Pietismus, Bd. 2: Der Pietismus im achtzehnten Jahrhundert, hg. v. MARTIN BRECHT u. KLAUS DEPPERMANN, Göttingen 1995, 225–295. (Der württembergische Pietismus)

DERS.: Die Botschaft der Predigt Samuel Urlspergers, in: Samuel Urlsperger (1685–1772). Augsburger Pietismus zwischen Außenwirkungen und Binnenwelt, hg. v. REINHARD SCHWARZ, Colloquia Augustana 4, Berlin 1996, 97–130. (Botschaft)

DERS.: Die deutschen Spiritualisten des 17. Jahrhunderts, in: Geschichte des Pietismus, Bd. 1: Der Pietismus vom siebzehnten bis zum frühen achtzehnten Jahrhundert, hg. v. MARTIN BRECHT, Göttingen 1993, 205–240. (Spiritualisten)

DERS.: Philipp Jakob Spener, sein Programm und dessen Auswirkungen, in: Geschichte des Pietismus, Bd. 1: Der Pietismus vom siebzehnten bis zum frühen achtzehnten Jahrhundert, hg. v. MARTIN BRECHT, Göttingen 1993, 281–389. (Spener)

DERS.: Samuel Urlsperger und der Hallische Pietismus, in: Samuel Urlsperger (1685–1772). Augsburger Pietismus zwischen Außenwirkungen und Binnenwelt, hg. v. REINHARD SCHWARZ, Colloquia Augustana 4, Berlin 1996, 161–176. (Urlsperger)

DERS.: Spätpietismus und Erweckungsbewegung, in: Erweckung am Beginn des 19. Jahrhunderts, hg. v. ULRICH GÄBLER u. PETER SCHRAM, Amsterdam 1986, 1–22. (Spätpietismus und Erweckungsbewegung)

DERS.: „Wir sind correspondierende Pietisten". Neue Einsichten in die Anfänge der Christentumsgesellschaft, in: PuN 7 (1981), 69–86. (Pietisten)

BREGENZER, MADLEN: Pietistische Pädagogik und Schulreformen im Augsburger Bildungswesen des 18. Jahrhunderts, in: Samuel Urlsperger (1685–1772). Augsburger Pietismus zwischen Außenwirkungen und Binnenwelt, hg. v. REINHARD SCHWARZ, Colloquia Augustana 4, Berlin 1996, 131–148. (Pietistische Pädagogik)

BROMBIERSTÄUDL, OTMAR: Der Hauptprediger Johannes Saubert der Ältere als Bibliothekar in Nürnberg, in: MVGN 44 (1953), 371–423. (Saubert)

BRUCKNER, JOHN: Art. ‚Breckling, Friedrich', in: Biographisches Lexikon für Schleswig-Holstein und Lübeck, Bd. 7, Neumünster [1985], 33–38. (Breckling)

BRUNNACKER, [KARL]: Der erste bayerische Missionar, in: JbMiss 34 (1932), 65–73 (Bayerische Missionskonferenz). (Der erste bayerische Missionar)

BUCHRUCKER, KARL: Christian Friedrich Buchrucker. Ein Seelsorgerleben aus der Wende des vorigen und des gegenwärtigen Jahrhunderts, München 1877. (Buchrucker)

BÜRGER, THOMAS: Der Briefwechsel des Nürnberger Theologen Johann Michael Dilherr, in: Barocker Lust-Spiegel. Studien zur Literatur des Barock. FS für Blake Lee Spahr, hg. v. MARTIN BIRCHER u. a., Chloe. Beiheft zum Daphnis 3, Amsterdam 1984, 139–174. (Briefwechsel)

CLAUS, WILHELM u. FRIEDRICH BUCK: Württembergische Väter, Bd. 1: Von Bengel bis Burk. Bilder aus dem christlichen Leben Württembergs, 2. verb. u. verm. Aufl., Stuttgart 1900. (Württembergische Väter)

CLAUSS, HERMANN: Die Beziehungen Johann Friedrich Rocks zu den Separatisten in Schwaben und Franken, in: BBKG 18 (1912), 49–81. (Beziehungen Rocks)

DERS.: Herrnhuter Brüder in Schwabach und Umgebung. Ein Beitrag zur Geschichte des Pietismus in Franken, in: BBKG 21 (1915), 101–108. (Herrnhuter Brüder)

DERS.: Separatisten im Oettingischen, in: BBKG 18 (1912), 265–281. (Separatisten)

DERS.: Untersuchungen zur Geschichte des Pietismus in der Markgrafschaft Ansbach, in: BBKG 26 (1920), 97–139. (Untersuchungen)
DERS.: Weigelianer in Nürnberg, in: BBKG 21 (1915), 267–271. (Weigelianer)
COUDERT-GOTTESMANN, ALLISON: Francis Mercurius van Helmont. His life and thought, London 1972. (Helmont)
CRAILSHEIM, SIGMUND VON: Die Reichsfreiherren von Crailsheim. Familiengeschichte, 2 Bde., München 1905. (Reichsfreiherren von Crailsheim)
CRAMER, MAX ADOLF (Bearb.): Kraichgau-Odenwald, Bd. 2: Die Pfarrer und Lehrer der höheren Schulen von der Reformation bis zum Beginn des 19. Jahrhunderts, Baden-Württembergisches Pfarrerbuch I, 2, Karlsruhe 1988. (Baden-Württembergisches Pfarrerbuch I, 2)
DACHS, KARL: Leben und Dichtung des Johann Ludwig Prasch (1637–1690). Mit einer Darstellung seiner Poetik, in: VHVOPf 98 (1957), 5–219. (Prasch)
DALLHAMMER, HERMANN u. a.: Wenn Steine reden. Ansbacher Inschriften, Ansbach 1986. (Ansbacher Inschriften)
DALTON, HERMANN: Johannes Goßner. Ein Lebensbild der Kirche des neunzehnten Jahrhunderts, Berlin 1874. (Goßner)
DANNHEIMER, WILHELM: Verzeichnis der im Gebiete der freien Reichsstadt Rothenburg o. T. von 1544 bis 1803 wirkenden ev.-luth. Geistlichen, EKGB 27, Nürnberg 1952. (Verzeichnis)
Das Haus Württemberg. Ein biographisches Lexikon, hg. v. SÖNKE LORENZ, DIETER MERTENS u. VOLKER PRESS, Stuttgart u. a. 1997. (Das Haus Württemberg)
Deutsche Bibeldrucke 1601–1800, beschrieben v. STEFAN STROHM, BSWLB 2, 2, Stuttgart-Bad Cannstatt 1993. (Deutsche Bibeldrucke)
Die Alten Tröster. Ein Wegweiser in der Erbauungslitteratur der evang.-luth. Kirche, hg. v. CONSTANTIN GROSSE, Hermannsburg 1900. (Die Alten Tröster)
Die Matrikel des Gymnasium Casimirianum Academicum zu Coburg. 1606–1803, bearb., erg. u. mit biograph. Angaben versehen v. CURT HOEFNER, VGFG 4, 6, Würzburg 1958. (Die Matrikel des Gymnasium Casimirianum Academicum)
Die Matrikeln des Gymnasium Casimirianum Academicum zu Coburg. Ergänzungsheft, VGFG 4, 6A, Neustadt a. d. Aisch 1976. (Die Matrikeln des Gymnasium Casimirianum Academicum. Ergänzungsheft)
Die Schulen in Nürnberg mit besonderer Berücksichtigung des städtischen Schulwesens, hg. v. Stadtmagistrat, Nürnberg 1906. (Die Schulen in Nürnberg)
DIECKMANN, FRIEDRICH: Das Judenmissionsprogramm Johann Christoph Wagenseils, in: NZSTh 16 (1974), 75–92. (Judenmissionsprogramm)
DIETRICH, CHRISTIAN u. BROCKES, FERDINAND: Die Privat-Erbauungsgemeinschaften innerhalb der evangelischen Kirchen Deutschlands, Stuttgart 1903. (Privat-Erbauungsgemeinschaften)
DINKEL, THILO: Schulzeit und Studium Samuel Urlspergers, in: Samuel Urlsperger (1685–1772). Augsburger Pietismus zwischen Außenwirkungen und Binnenwelt, hg. v. REINHARD SCHWARZ, Colloquia Augustana 4, Berlin 1996, 25–58. (Schulzeit)
DÖLLNER, MAX: Entwicklungsgeschichte der Stadt Neustadt an der Aisch bis 1933, Neustadt a. d. Aisch [1950]. (Neustadt)
DOERFEL, MARIANNE: Das Gymnasium in Neustadt/Aisch: Pietismus und Aufklärung, in: Handbuch der Geschichte des bayerischen Bildungswesens, Bd. 1, hg. v. MAX LIEDTKE, Bad Heilbrunn 1991, 405–424. (Gymnasium in Neustadt/Aisch)

DIES.: Ein zweites Halle in Neustadt/Aisch? Zur Geschichte des Neustädter Gymnasiums unter Pietisten und Herrnhutern im 18. Jahrhundert, in: ZBKG 58 (1989), 141–177. (Ein zweites Halle in Neustadt/Aisch?)

DIES.: Lernen ohne Zwang: die Verwirklichung der comenianischen Forderungen in der Neustädter Lateinschule, in: Streiflichter aus der Heimatgeschichte 17 (1993): Sonderheft zur Geschichte der Neustädter Lateinschule, 65–74. (Lernen ohne Zwang)

DIES.: Pietistische Erziehung. Johann Christian Lerches Memorandum zu Reformbestrebungen am Pädagogium Regii in Halle (1716/22), in: PuN 20 (1994), 90–106. (Pietistische Erziehung)

DIES.: Schülerbeurteilungen in der „Pietistenschule" Neustadt a. d. Aisch im 18. Jahrhundert, in: Schriftenreihe zum Bayerischen Schulmuseum Ichenhausen 10 (1991), 89–94. (Schülerbeurteilungen)

DORN, ERNST: Zur Geschichte der Konfirmation in Erlangen, in: ZBKG 11 (1936), 43–50. (Konfirmation in Erlangen)

DÜLMEN, RICHARD VAN: Orthodoxie und Kirchenreform. Der Nürnberger Prediger Johannes Saubert (1592–1646), in: ZBLG 33 (1970), 636–786. (Orthodoxie und Kirchenreform)

DERS.: Schwärmer und Separatisten in Nürnberg (1618–1648). Ein Beitrag zum Problem des „Weigelianismus", in: AKuG 55 (1973), 107–137. (Schwärmer und Separatisten)

DÜNNHAUPT, GERHARD: Personalbibliographien zu den Drucken des Barock, T. 2: Breckling-Francisci, 2. verb. u. verm. Aufl., Hiersemanns Bibliographische Handbücher 9, 2, Stuttgart 1990. (Personalbibliographien)

DÜNNINGER, EBERHARD: Johann Ludwig Prasch und Susanna Elisabeth Prasch – ein gelehrtes Dichterpaar im 17. Jahrhundert (1637–1690 und 1661– nach 1691), in: Berühmte Regensburger, hg. v. KARLHEINZ DIETZ, Regensburg 1997, 171–175. (Prasch)

DUFFY, EAMON: The Society of Promoting Christian Knowledge and Europe: The Background to the Founding of the Christentumsgesellschaft, in: PuN 7 (1981), 28–42. (Society)

DUMRATH, KARLHEINRICH: Das Adelige Damenstift Waizenbach. Eine fromme Stiftung des 18. Jahrhunderts im evangelischen Franken, in: ZBKG 28 (1959), 1–70. (Damenstift Waizenbach)

DERS.: Das Evangelische Waisenhaus in Oettingen, ein Werk pietistischer Frömmigkeit, in: JFLF 34/35 (1975), 537–563. (Waisenhaus in Oettingen)

DUSSLER, HILDEBRAND: Johann Michael Feneberg und die Allgäuer Erweckungsbewegung. Ein kirchengeschichtlicher Beitrag aus den Quellen zur Heimatkunde des Allgäus. Mit 14 Tafeln und 26 Abbildungen im Text, EBKG 33, Nürnberg 1959. (Feneberg)

Einige Jubelprediger, in: AHE 5/30 (1741), 1072–1080. (Einige Jubelprediger)

EISENBLÄTTER, WINFRIED: Carl Friedrich Adolph Steinkopf (1773–1859). Vom englischen Einfluss auf kontinentales Christentum zur Zeit der Erweckungsbewegung, Diss. theol. masch., Zürich 1974. (Steinkopf)

ENDRES, RUDOLF: Armenstiftungen und Armenschulen in Nürnberg in der Frühneuzeit, in: JFLF 53 (1992), 55–64. (Armenstiftungen)

DERS.: Markgraf Christian Ernst von Bayreuth, in: Fränkische Lebensbilder, Bd. 2, hg. v. GERHARD PFEIFFER, VGFG 7 NF 2, Neustadt a. d. Aisch 1968, 260–289. (Christian Ernst von Bayreuth)

ENGELBRECHT, WILFRIED: Die Waisenhausdruckerei – Bayreuths legendäre Druckwerkstatt, in: AGO 68 (1988), 229–234. (Waisenhausdruckerei)

ERBE, HANS-WALTER: Zinzendorf und der fromme Adel seiner Zeit, Nachdr. d. Ausg. Leipzig 1928, in: Erster Sammelband über Zinzendorf, hg. v. ERICH BEYREUTHER u. GERHARD MEYER, NLZ.L 12, Hildesheim u. a. 1975, 373–634. (Zinzendorf)

Erfreuliches und Betrübendes aus der Geschichte der evangelisch-lutherischen Mission im Tamulenlande. (Aus einem Bericht des Missionars Schwarz über die seitherige Geschichte unserer tamulischen Mission vom 26. Mai 1857.), in: Missionsblatt, hg. v. Evangelisch-Lutherischen Missions-Vereins für Bayern, Nürnberg 1858, 9–11, 17–20, 42–43, 61–64, 65–66, 70–72. (Erfreuliches und Betrübendes)

FIKENSCHER, GEORG WOLFGANG AUGUST: Gelehrtes Fürstenthum Baireut, 12 Bde., Erlangen u. a. 1801–1805. (Gelehrtes Fürstenthum Baireut)

DERS.: Geschichte des Christian-Ernestinischen Collegii zu Bayreuth, Bayreuth 1806. (Geschichte des Christian-Ernestinischen Collegii)

FINKE, MANFRED: Sulzbach im 17. Jahrhundert. Zur Kulturgeschichte einer süddeutschen Residenz, Regensburg 1998. (Sulzbach)

DERS.: Toleranz und ‚discrete' Frömmigkeit nach 1650. Pfalzgraf Christian August von Sulzbach und Ernst von Hessen-Rheinfels, in: Chloe. Beiheft zum Daphnis 2, Amsterdam 1984, 193–212. (Toleranz)

FINKE, MANFRED u. HANDSCHUR, ERNI: Christian Knorrs von Rosenroth Lebenslauf aus dem Jahre 1718, in: Morgen-Glantz 1 (1991), 33–48. (Knorrs von Rosenroth Lebenslauf)

FISCHER, ALBERT: Das deutsche evangelische Kirchenlied des siebzehnten Jahrhunderts, vollendet u. hg. v. W[ILHELM] TÜMPEL, 6 Bde., Gütersloh 1904–1916. (Kirchenlied)

FLEISCH, PAUL: Die moderne Gemeinschaftsbewegung in Deutschland, Bd. 1: Die Geschichte der deutschen Gemeinschaftsbewegung bis zum Auftreten des Zungenredens (1857–1907), 3. Aufl., Leipzig 1912. (Moderne Gemeinschaftsbewegung)

FRESENIUS, JOHANN PHILIPP: Bewährte Nachrichten von Herrnhutischen Sachen, 2 Bde., Frankfurt a. M. 1747. (Bewährte Nachrichten)

FRICKHINGER, HERMANN: Die Stiftungen der Stadt Nördlingen, in: Historischer Verein für Nördlingen und Umgebung 11 (1927), 45–118. (Stiftungen der Stadt Nördlingen)

FRIEDRICH, MARTIN: Zwischen Abwehr und Bekehrung. Die Stellung der deutschen evangelischen Theologie zum Judentum im 17. Jahrhundert, BHTh 72, Tübingen 1988. (Abwehr)

FRITSCH, ANTONIE: Bischwiller. Histoire d'une petite ville industrielle du Bas-Rhin des origines à nos jours, Bischwiller 1972. (Bischwiller)

FRITZ, FRIEDRICH: Johann Georg Rosenbach, in: ZBKG 18 (1948/49), 21–59. (Rosenbach)

FRITZE-EGGIMANN, RUTH: „Morgenglanz der Ewigkeit". Begegnung mit Christian Knorr von Rosenroth, in: JSKG NF 65 (1986), 84–90. (Morgenglanz der Ewigkeit)

FÜRNROHR, WALTER: Das Patriziat der Freien Reichsstadt Regensburg zur Zeit des Immerwährenden Reichstags. Eine sozialgeschichtliche Studie über das Bürgertum der Barockzeit, in: VHVOPf 93 (1952), 153–308. (Patriziat)

GEIGES, ROBERT: Johann Conrad Lange und die Anfänge der herrnhutischen Gemeinschaftspflege in Württemberg, in: ZBG 7 (1913), 1–65. (Lange)
GENNRICH, PAUL: Lutherische Laienfrömmigkeit in Franken in der zweiten Hälfte des 17. Jahrhunderts, in: ZBKG 15 (1940), 160–187. (Laienfrömmigkeit)
Geschichte der Stadt Lindau im Bodensee, hg. v. KARL WOLFART, Bd. 1, Abt. 2, Faks.-Druck d. Ausg. v. 1909, Lindau 1979. (Geschichte)
GEUS, ARMIN: Die Zoologie in Erlangen. Zur 150. Wiederkehr der Errichtung eines Lehrstuhls für Naturgeschichte und der Berufung von G.H. Schubert an die Fridericiana Alexandrina in Erlangen, Erlangen 1969. (Zoologie in Erlangen)
DERS.: Gotthilf Heinrich Schubert und das Nürnberger Realinstitut, in: Gotthilf Heinrich Schubert. Gedenkschrift zum 200. Geburtstag des romantischen Naturforschers, [hg. v. ALICE RÖSLER], ErF A 25, Erlangen 1980, 73–86. (Schubert und das Nürnberger Realinstitut)
GEYER-KORDESCH, JOHANNA: Die Medizin im Spannungsfeld zwischen Aufklärung und Pietismus: Das unbequeme Werk Georg Ernst Stahls und dessen kulturelle Bedeutung, in: Zentren der Aufklärung I: Halle. Aufklärung und Pietismus, hg. v. NORBERT HINSKE, WSA 15, Heidelberg 1989, 255–274. (Medizin)
DIES.: Georg Ernst Stahl: Pietismus, Medizin und die Aufklärung in Preußen im 18. Jahrhundert, HabSchr. med. masch., Münster 1987. (Stahl)
GMELIN, [JULIUS]: Das Öttinger Gesangbuch, in: BBKG 32 (1925), 9–31. (Öttinger Gesangbuch)
DERS.: Rothenburger Gesangbücher, in: Die Linde. Monatsschrift für Geschichte u. Heimatkunde für Rothenburg, Stadt und Land. Beilage zum fränkischen Anzeiger 11 (1921), 33–36 u. 41–44. (Rothenburger Gesangbücher)
GORCEIX, BERNARD: Johann Georg Gichtel. Theosophe d'Amsterdam, Lausanne 1975. (Gichtel)
GRASSMANN, FRITZ: Samuel Urlspergers Konflikt mit der Augsburger Orthodoxie, in: Samuel Urlsperger (1685–1772). Augsburger Pietismus zwischen Außenwirkungen und Binnenwelt, hg. v. REINHARD SCHWARZ, Colloquia Augustana 4, Berlin 1996, 79–96. (Urlspergers Konflikt)
GREMELS, GEORG: Die Trinitätslehre Johann August Urlspergers, dargestellt nach seiner Schrift „Kurzgefaßtes System“, EHS.T 488, Frankfurt a. M. u. a. 1993. (Trinitätslehre Urlspergers)
GRIEDER, FRITZ: Ein Basler Drucker und Verleger im Dienste des Pietismus: Felix Schneider (1768–1845), in: BaJ 25 (1946), 124–153. (Felix Schneider)
GRÖSSEL, WOLFGANG: Justinianus von Weltz, der Vorkämpfer der lutherischen Mission, Faber's Missionsbibliothek 2, 3, Leipzig 1891. (Weltz)
GRÜNBERG, PAUL: Philipp Jakob Spener, 3 Bde., Nachdr. d. Ausg. Göttingen 1893–1906, Philipp Jakob Spener Schr. Sonderr.: Texte, Hilfsmittel, Untersuchungen 1, 1–3, Hildesheim u. a. 1988. (Spener)
GUMMELT, VOLKER: Johann Friedrich Mayer. Seine Auseinandersetzungen mit Philipp Jacob Spener und August Hermann Francke, HabSchr. theol. masch., Greifswald 1996. (Mayer)
GUNDERT, WILHELM: Geschichte der deutschen Bibelgesellschaften im 19. Jahrhundert, TazB 3, Bielefeld 1987. (Geschichte der deutschen Bibelgesellschaften)
GUSSMANN, WILHELM: August Hermann Francke in Bayern, in: ZBKG 3 (1928), 17–40. (Francke in Bayern)

HAENLE, S[IGFRID]: Geschichte der Juden im ehemaligen Fürstenthum Ansbach, Nachdr. d. Ausg. Ansbach 1867, Bayerische Jüdische Studien 1, Hainsfarth 1990. (Geschichte der Juden)

HAGEN [VON HAGENFELS], E[RHARD] C[HRISTIAN]: Geschichtliche Nachrichten über das Bayreuther Gesangbuch, in: AGO 6, 1 (1854), 65–90. (Nachrichten)

DERS.: Geschichtliche Nachrichten über den Almosenkasten und das Seelhaus zu Bayreuth, in: AGO 7, 3 (1859), 46–69. (Geschichtliche Nachrichten)

DERS.: Nachtrag zur Geschichte des Bayreuther Gesangbuchs, in: AGO 7, 1 (1857), 108–109. (Nachtrag)

HAHN, WALTER: Der „Verlag der Raw'schen Buchhandlung" und die Deutsche Christentumsgesellschaft in Nürnberg 1789–1826, in: ZBKG 45 (1976), 83–171. (Verlag der Raw'schen Buchhandlung)

DERS.: Verlag und Sortiment der Joh. Phil. Raw'schen Buchhandlung in Nürnberg unter Johann Christoph Jacob Fleischmann 1827–1853, in: ZBKB 48 (1979), 71–175. (Verlag und Sortiment der Joh. Phil. Raw'schen Buchhandlung)

HALLIER, CHRISTIAN: Johann Matthäus Meyfart. Ein Schriftsteller, Pädagoge und Theologe des 17. Jahrhunderts. Mit einem Nachwort von Erich Trunz, Nachdr. d. Ausg. v. 1926, Kieler Studien zur deutschen Literaturgeschichte 15, Neumünster 1982. (Meyfart)

HAMBRECHT, RAINER: Der Hof Herzog Albrechts III. von Sachsen-Coburg (1680–1699) – eine Barockresidenz zwischen Franken und Thüringen, in: Kleinstaaten und Kultur in Thüringen vom 16. bis 20. Jahrhundert, hg. v. JÜRGEN JOHN, Weimar 1994, 161–185. (Hof Herzog Albrechts III. von Sachsen-Coburg)

HAMM, BERNDT: Johann Arndts Wortverständnis. Ein Beitrag zu den Anfängen des Pietismus, in: PuN 8 (1982), 43–73. (Arndts Wortverständnis)

HAMMER, HERBERT: Abraham Dürninger. Ein Herrnhuter Wirtschaftsmensch des 18. Jahrhunderts, Bücher der Brüder 3, Berlin 1925. (Dürninger)

HAMMERMAYER, LUDWIG: Die Aufklärung in Wissenschaft und Gesellschaft, in: Handbuch der Bayerischen Geschichte, Bd. 2: Das Alte Bayern. Der Territorialstaat vom Ausgang des 12. Jahrhunderts bis zum Ausgang des 18. Jahrhunderts, hg. v. MAX SPINDLER, 2. Aufl., München 1977, 983–1102. (Aufklärung)

HANCKE, HANSJOCHEN: Sophie Urlsperger geborene Jäger von Jägersberg und der Familienkreis Urlsperger, in: Samuel Urlsperger (1685–1772). Augsburger Pietismus zwischen Außenwirkungen und Binnenwelt, hg. v. REINHARD SCHWARZ, Colloquia Augustana 4, Berlin 1996, 59–75. (Sophie Urlsperger)

HANS, JULIUS: Geschichte des evangelischen Armenkinderhauses in Augsburg. Zur 200jährigen Jubelfeier seines Bestehens, Augsburg 1902. (Geschichte)

HARK, FRIEDRICH SIGWART: Der Konflikt der kursächsischen Regierung mit Herrnhut und dem Grafen von Zinzendorf. 1733–1738, in: NASG 3 (1882), 1–65. (Konflikt)

HAUCK, FRIEDRICH: Geschichte von Unteraltertheim und Steinbach, Unteraltertheim 1921. (Geschichte von Unteraltertheim und Steinbach)

DERS.: Johann Wilhelm v. d. Lith, in: Fränkische Lebensbilder, Bd. 1, hg. v. GERHARD PFEIFFER, VGFG 7 NF 1, Würzburg 1967, 255–263. (Lith)

DERS.: Pietismus in Unteraltertheim 1718–24, in: BBKG 21 (1914), 38–42. (Pietismus in Unteraltertheim)

HAUG, OTTO (Bearb.): Pfarrerbuch Württembergisch Franken, T. 2: Die Kirchen- und Schuldiener, hg. v. OTTO HAUG u. MAX-ADOLF CRAMER, Baden-Württem-

bergisches Pfarrerbuch 2, 2, Stuttgart 1981. (Pfarrerbuch Württembergisch Franken)
HAUZENBERGER, HANS: Basel und die Bibel. Die Bibel als Quelle ökumenischer, missionarischer, sozialer und pädagogischer Impulse in der ersten Hälfte des 19. Jahrhunderts, Basel 1995. (Basel und die Bibel)
HERDEGEN, JOHANN: Historische Nachricht von deß löblichen Hirten- und Blumen-Ordens an der Pegnitz Anfang und Fortgang biß auf das durch Göttl. Güte erreichte Hunderste Jahr, Nürnberg 1744. (Nachricht)
HERING, CARL WILHELM: Das erste und zweite Jubelfest der Uebergabe der Augsburgischen Confession, nach den Verhältnissen, unter welchen, und des Geistes, in welchem es die evangelische Kirche Deutschlands im Jahre 1630 und 1730 gefeiert hat, nebst der Geschichte der Uebergabe der Confession selbst, Chemnitz 1830. (Jubelfest)
HILDMANN, [OTTO]: Die Bayern in der Mission der Brüdergemeine. Zur 200-Jahrfeier der Herrnhuter Mission, in: JbMiss 35 (1933), 66–80 (Besonderer Teil der Bayerischen Missionskonferenz). (Bayern in der Mission)
HIRSCH, [JOHANN]: Das von Gravenreuth'sche Stift zu St. Georgen bei Bayreuth, in: AGO 7, 2 (1858), 23–38. (Stift zu St. Georgen)
HIRSCHMANN, GERHARD: Die evangelische Kirche seit 1800, in: Handbuch der Bayerischen Geschichte, Bd. 4, 2: Das Neue Bayern 1800–1970, hg. v. MAX SPINDLER, München 1979, 883–913. (Kirche)
HIRZEL, MARTIN: Lebensgeschichte als Verkündigung. Johann Heinrich Jung-Stilling – Ami Bost – Johann Arnold Kanne, AGP 33, Göttingen 1998. (Lebensgeschichte)
HÖFNER, CURT: Johann Conrad v. Scheres gen. Zieritz. Versuch eines Lebens- und Charakterbildes, in: JBCobLdStift 22 (1977), 191–262. (Scheres gen. Zieritz)
HR[OSCHLER], A[DOLF]: Aus unserer Sammelmappe (Waisenhaus), in: Allgäuer Geschichtsfreund 8 (1895), 44. (Sammelmappe).
HUBERTY, MICHEL u. a.: L'Allemagne dynastique, T. 3: Brunswick, Nassau, Schwarzbourg, Le Perreux-sur-Marne 1981. (L'Allemagne dynastique)
HUELIN, GORDON: The Relationship of Samuel Urlsperger to the ‚Society For Promoting Christian Knowledge', in: Samuel Urlsperger (1685–1772). Augsburger Pietismus zwischen Außenwirkungen und Binnenwelt, hg. v. REINHARD SCHWARZ, Colloquia Augustana 4, Berlin 1996, 151–160. (Relationship)
HÜNEFELD, HANS: Georg Wilhelm Steller, in: Fränkische Lebensbilder, Bd. 7, hg. v. GERHARD PFEIFFER u. ALFRED WENDEHORST, VGFG 7 NF 7, Neustadt a. d. Aisch 1977, 209–221. (Steller)
IMHOFF, CHRISTOPH VON: Die Imhoff – Handelsherren und Kunstliebhaber. Überblick über eine 750 Jahre alte Nürnberger Ratsfamilie, in: MVGN 62 (1975), 1–42. (Imhoff – Handelsherren und Kunstliebhaber)
ISSLER, HANS: Oettingen, in: Evangelische Gemeinden im Ries. Dekanatsbezirke Donauwörth, Nördlingen, Oettingen und Ostregion des Kirchenbezirkes Aalen, hg. v. ERNST BEZZEL u. a., Erlangen 1981, 152–156. (Oettingen)
JACOB BRUCKER (1696–1770) Philosoph und Historiker der europäischen Aufklärung, hg. v. WILHELM SCHMIDT-BIGGEMANN u. THEO STAMMEN, Colloquia Augustana 7, Berlin 1998. (Brucker)
JAKOB, ANDREAS: Zur Vorgeschichte und Gründung der Friedrich-Alexander-Universität, in: Die Friedrich-Alexander-Universität Erlangen-Nürnberg 1743–1993.

Geschichte einer deutschen Hochschule, hg. v. CHRISTOPH FRIEDERICH, Veröff. des Stadtmuseums Erlangen 43, Erlangen 1993, 165–171. (Vorgeschichte)
JAKUBOWSKI-TIESSEN, MANFRED: Die Christentumsgesellschaft in Schleswig-Holstein, in: Aufklärung und Pietismus im dänischen Gesamtstaat 1770–1820, hg. v. HARTMUT LEHMANN u. DIETER LOHMEIER, Kieler Studien zur deutschen Literaturgeschichte 16, Neumünster 1983, 231–247. (Christentumsgesellschaft)
JANNASCH, WILHELM: Erdmuthe Dorothea Gräfin von Zinzendorf geborene Gräfin Reuss zu Plauen. Ihr Leben als Beitrag zur Geschichte des Pietismus und der Brüdergemeine dargestellt, in: ZBG 8 (1914), 1–507. (Erdmuthe Dorothea Gräfin von Zinzendorf)
JESSE, HORST: Die Geschichte der Evangelischen Kirche in Augsburg, Pfaffenhofen 1983. (Geschichte)
JEYARAJ, DANIEL: Die Wechselwirkung zwischen Kirche und Kultur in der frühen Tranquebar-Mission, in: Es begann in Halle ... Missionswissenschaft von Gustav Warneck bis heute, hg. v. DIETER BECKER u. a., MWF NF 5, Erlangen 1997, 136–145. (Wechselwirkung)
DERS.: Inkulturation in Tranquebar. Der Beitrag der frühen dänisch-halleschen Mission zum Werden einer indisch-einheimischen Kirche (1706–1730), MWF NF 4, Erlangen 1996. (Inkulturation in Tranquebar)
Johann Leonhard Dober aus Mönchsroth, der erste evang. Glaubensbote der Neger. Zu Missionsstunden für bayer. Gemeinden. (Von dem Sohne eines Nachkömmlings des Taufpaten Joh. Leonh. Dober's), in: Nürnberger Missionsblatt, Nürnberg 1886, 76–78, 82–85, 90–92, 98–102, 111–113. (Johann Leonhard Dober aus Mönchsroth)
JONES, GEORGE FENWICK: The Salzburger Saga. Religious Exiles and Other Germans Along the Savannah, Athens (Georgia) 1984. (Salzburger Saga)
DERS.: Urlsperger und Eben-Ezer, in: Samuel Urlsperger (1685–1772). Augsburger Pietismus zwischen Außenwirkungen und Binnenwelt, hg. v. REINHARD SCHWARZ, Colloquia Augustana 4, Berlin 1996, 191–199. (Urlsperger und Eben-Ezer)
JÖNS, DIETRICH WALTER: Die emblematische Predigtweise Johann Sauberts, in: Rezeption und Produktion zwischen 1570 und 1730. FS für Günther Weydt zum 65. Geburtstag, hg. v. WOLFDIETRICH RASCH u. a., Bern u. München 1972, 137–158. (Predigtweise Johann Sauberts)
JUNGINGER, FRITZ: Geschichte der Reichsstadt Kaufbeuren im 17. und 18. Jahrhundert, Neustadt a. d. Aisch 1965. (Geschichte der Reichsstadt Kaufbeuren)
KALB, ALFONS: Geschichte der höheren Schule in Neustadt a. d. Aisch, Wissenschaftl. Beilage zum Jahresbericht des Progymnasiums Neustadt a/A. 1919/20, Neuaufl., Neustadt a. d. Aisch o. J. (Geschichte)
KAMMERER, J.: August Hermann Francke im Ries, in: JHVN 13 (1929), Nördlingen 1930, 90–99. (Francke im Ries)
KANTZENBACH, FRIEDRICH WILHELM: D. Johann von der Lith. Ein Beitrag zur Kirchengeschichte Ansbachs im 18. Jh., in: ZBKG 27 (1958), 39–51. (Lith)
DERS.: David Nerreter, sein „ökumenischer“ Katechismus und seine Wiedervereinigungsideen, in: MVGN 63 (1976), 339–349. (Nerreter)
DERS.: Der Pietismus in Ansbach und im fränkischen Umland, in: Der Pietismus in Gestalten und Wirkungen. [FS] Martin Schmidt zum 65. Geburtstag, hg. v. HEINRICH BORNKAMM u. a., AGP 14, Bielefeld 1975, 286–299. (Pietismus in Ansbach)

DERS.: Der Separatismus in Franken und Bayerisch-Schwaben im Rahmen der pietistischen Bewegung, in: ZBKG 45 (1976), 33–53. (Separatismus)
DERS.: Die Anfänge der Gemeinschaftsbewegung in Bayern. Zugleich ein Beitrag zur Biographie Dr. Carl Eichhorns, in: ZBKG 39 (1970), 184–206. (Anfänge der Gemeinschaftsbewegung)
DERS.: Die Erweckungsbewegung. Studien zur Geschichte ihrer Entstehung und ersten Ausbreitung in Deutschland, Neuendettelsau 1957. (Erweckungsbewegung)
DERS.: Die Gemeinschaftsbewegung in Bayern, in: DERS., Evangelischer Geist und Glaube im neuzeitlichen Bayern, Schriftenreihe zur bayerischen Landesgeschichte 70, München 1980, 353–368. (Gemeinschaftsbewegung in Bayern)
DERS.: Die Schriften der Pfarrfrau Rosina Dorothea Ruckteschel als Quelle für die Geschichte des Pietismus, in: AGO 57/ 58 (1978), 273–292. (Ruckteschel)
DERS.: Evangelischer Geist und Glaube im neuzeitlichen Bayern, Schriftenreihe zur bayerischen Landesgeschichte 70, München 1980. (Geist und Glaube)
DERS.: Georg Friedrich Oeder, in: Fränkische Lebensbilder, Bd. 7, hg. v. GERHARD PFEIFFER u. ALFRED WENDEHORST, VGFG 7 NF7, Neustadt a. d. Aisch 1977, 161–176. (Oeder)
DERS.: Gotthilf Heinrich von Schubert (1780–1860). Zur Bedeutung seines Briefwechsels für die Geschichte der Erweckungsbewegung. Mit einem Verzeichnis von Schuberts Schriften, in: Erlanger Bausteine zur fränkischen Heimatforschung 25 (1978), hg. v. Heimatverein Erlangen und Umgebung e. V. Verein für Heimatschutz und Heimatkunde, 6–25. (Schubert)
DERS.: Johann Christoph Silchmüller (1694–1771), in: Fränkische Lebensbilder, Bd. 12, hg. v. ALFRED WENDEHORST u. GERHARD PFEIFFER, VGFG 7 NF 12, Neustadt a. d. Aisch 1986, 163–182. (Silchmüller)
DERS.: Johann Peter Uz und sein Ansbacher Freundeskreis in frömmigkeitsgeschichtlicher Sicht, in: ZBKG 33 (1964), 109–116. (Uz)
DERS.: Lebendige Gemeinde im Rahmen der fränkischen Erweckungsbewegung, in: DERS., Evangelischer Geist und Glaube im neuzeitlichen Bayern, Schriftenreihe zur bayerischen Landesgeschichte 70, München 1980, 87–100. (Lebendige Gemeinde)
DERS.: Zinzendorf, Bayreuth und Franken, in: JFLF 39 (1979), 109–123. (Zinzendorf)
DERS.: Zur Geschichte der Collegia pietatis in Nürnberg, in: MVGN 62 (1975), 285–289. (Geschichte der Collegia pietatis in Nürnberg)
KARCHE, PHILIPP CARL GOTTHARD: Jahrbücher der Herzoglich Sächs. Residenzstadt und des Herzogthums Coburg, Bd. 3, Nachdr. d. Ausg. v. 1853, Coburg 1910. (Jahrbücher)
KELLER, RUDOLF: Von der Spätaufklärung und der Erweckungsbewegung zum Neuluthertum (bis 1870), in: Handbuch der Geschichte der evangelischen Kirche in Bayern. Zweiter Band 1800–2000, hg. v. GERHARD MÜLLER, HORST WEIGELT u. WOLFGANG ZORN, St. Ottilien 2000, 31–68.
KERN, GUSTAV: Festschrift zur Feier des 200-jährigen Bestehens des protestantischen Waisenhauses in Kempten im November 1913, Kempten 1913. (Festschrift)
KIEFER, K[ARL]: Der Lindauer Zweig der Familie Haider: von Heider und von Heider zu Gitzenweiler. Eine genealogische Skizze, in: Schriften des Vereins für Geschichte des Bodensees und Umgebung 36, Lindau 1907, 154–164. (Familie Heider)

KISCH, GUIDO: Judentaufen. Eine historisch-biographisch-psychologisch-soziologische Studie besonders für Berlin und Königsberg, EHKB 14, Berlin 1973. (Judentaufen)
KLINNER, HELMUT W.: Christian Knorr von Rosenroth in der pfalz-sulzbachischen Kanzlei von 1668–1689, in: FS zur 300. Wiederkehr des Todestages, hg. vom Literaturarchiv und der Stadt Sulzbach-Rosenberg: Christian Knorr von Rosenroth. Dichter und Gelehrter am Sulzbacher Musenhof, Sulzbach-Rosenberg 1989, 34–43. (Knorr von Rosenroth)
KNEULE, WILHELM: Kirchengeschichte der Stadt Bayreuth, T. 1: Von der Gründung des Ortes um 1180 bis zur Aufklärung um 1810, EBKG 50, 1, Neustadt a. d. Aisch 1971. (Kirchengeschichte der Stadt Bayreuth)
KOLB, CHRISTOPH: Die Entlassung Urlspergers, in: BWKG 10 (1908), 31–49. (Entlassung Urlspergers)
KÖNIG, HANS-JOACHIM: Christoph Karl Ludwig von Pfeil, in: Lebensbilder aus Schwaben und Franken, Bd. 8, hg. v. MAX MILLER u. ROBERT UHLAND, Stuttgart 1962, 137–148. (Pfeil)
KORNDÖRFER, WERNER: Studien zur Geschichte der Reichsstadt Windsheim vornehmlich im 17. Jahrhundert, Diss. phil. masch., Erlangen-Nürnberg 1971. (Windsheim)
KÖRNER, FERDINAND: Die kursächsische Staatsregierung dem Grafen Zinzendorf und Herrnhut bis 1760 gegenüber. Nach den Acten des Hauptstaatsarchivs zu Dresden dargestellt, Leipzig 1878. (Staatsregierung)
KRAUSS, HANS: Die Leibärzte der Ansbacher Markgrafen, Familiengeschichtliche Schriften 7, hg. v. d. Gesellschaft f. Familienforschung in Franken e. V. (Nürnberg), Neustadt a. d. Aisch 1943. (Leibärzte)
KRAUSS, PAUL: Johann Friedrich Rock. Separatist und Inspirierter. 1678–1749, in: Lebensbilder aus Schwaben und Franken, Bd. 15, hg. v. MAX MILLER, Stuttgart 1983, 86–114. (Rock)
KRAUSSOLD, LORENZ: Geschichte der evangelischen Kirche im ehemaligen Fürstenthum Bayreuth, Erlangen 1860. (Geschichte)
KREBS, PAUL: Die Anthropologie des Gotthilf Heinrich Schubert, Köln 1940. (Anthropologie)
KREPPEL, OTTMAR: Dekan Johann Christoph Meelführer von Schwabach († 1708), sein Sohn Rudolf Martin und beider Briefwechsel, Sonderdruck aus: Heimatblätter für die Geschichte Schwabachs und des Bezirksgebietes Schwabach, Schwabach [1923]. (Meelführer)
KRESSEL, HANS: Heinrich Arnold Stockfleth (1643–1708). Ein fränkischer Kirchenmann und Liederdichter im Fürstentum Brandenburg-Culmbach, in: Erlanger Bausteine zur fränkischen Heimatforschung 26 (1979), 9–17. (Stockfleth)
KRÖLL, JOHANN: Johann Theodor Künneth, in: AGO 66 (1986), 191–211. (Künneth)
KUHR, GEORG (Bearb.): Ritterschaftliches Pfarrerbuch Franken, EKGB 58, Neustadt a. d. Aisch 1979. (Ritterschaftliches Pfarrerbuch Franken)
KUNZE WILHELM: Burger, Georg Matthias, der „Nürnberger Mystiker“, 1750–1825, in: Lebensläufe aus Franken, Bd. 5, hg. v. ANTON CHROUST, VGFG 7, 5 , Erlangen 1936, 15–20. (Burger)
DERS.: Der Rosenbäcker Matthias Burger, der „Nürnberger Mystiker“, in: MVGN 31 (1933), 246–264. (Rosenbäcker Matthias Burger)

LANGEN, AUGUST: Der Wortschatz des deutschen Pietismus, 2. erg. Aufl., Tübingen 1968. (Wortschatz)
LAUBACH, FRITZ: Justinian von Welz und sein Plan einer Missionsgesellschaft innerhalb der deutschen und englischen Sozietäts- und Missionsbestrebungen des 17. Jahrhunderts, Diss. theol. masch., Tübingen 1955. (Welz und sein Plan einer Missionsgesellschaft)
LAUERBACH, ERWIN: Dr. Johann Hoefel und sein historisches Gesangbuch, in: Frankenland NF 6 (1954), 115–122. (Hoefel und sein historisches Gesangbuch)
LEARNED, MARION DEXTER: The Life of Francis Daniel Pastorius. The founder of Germantown, Philadelphia (Pennsylvania) 1908. (Pastorius)
LEDER, KLAUS: Kirche und Jugend in Nürnberg und seinem Landgebiet 1400 bis 1800, EKGB 52, Neustadt a. d. Aisch 1973. (Kirche und Jugend)
LEHMANN, HARTMUT: Pietismus und weltliche Ordnung in Württemberg vom 17. bis zum 20. Jahrhundert, Stuttgart 1969. (Pietismus)
LEUBE, HANS: Die Reformideen in der deutschen lutherischen Kirche zur Zeit der Orthodoxie, Leipzig 1924. (Reformideen)
DERS.: Die Theologen und das Kirchenvolk im Zeitalter der lutherischen Orthodoxie [AELKZ 57 (1924), Sp. 243–247, 260–265, 276–282, 292–297, 310–314], in: Orthodoxie und Pietismus. Gesammelte Studien von Hans Leube, hg. v. DIETRICH BLAUFUSS, AGP 13, Bielefeld 1975, 36–74. (Theologen)
LIEBERWIRTH, ROLF: Christian Thomasius. Sein wissenschaftliches Lebenswerk. Eine Bibliographie, Thoma. 2, Weimar 1955.
LONZER, H. J.: Einiges aus der hundertjährigen Geschichte der Prediger-Conferenz zu Herrnhut zur Jubelfeier derselben d. 14. Juny 1854, aus archivarischen Quellen zusammengetragen, Gnadau u. Leipzig [1854]. (Prediger-Conferenz)
LORENZEN, KÄTE: Art. ‚Dilherr, Johann Michael', in: MGG 3 (1954), 475–477. (Dilherr)
LORY, KARL: Kulturbilder aus Frankens Vergangenheit. II. Pietisten in Bayreuth, in: Forschungen zur Geschichte Bayerns 8 (1900), 106–123. (Kulturbilder)
LOTHAR-REINSCH, EMMA: Schubert, Gottfried Heinrich von, Naturforscher und Naturphilosoph. 1780–1860, in: Lebensläufe aus Franken, Bd. 5, hg. v. ANTON CHROUST, VGFG 7, 5, Erlangen 1936, 349–358. (Gottfried Heinrich von Schubert)
MÄLZER, GOTTFRIED (Bearb.): Die Werke der württembergischen Pietisten des 17. und 18. Jahrhunderts. Verzeichnis der bis 1968 erschienenen Literatur, BGP 1, Berlin u. New York 1972. (Werke der württembergischen Pietisten)
MARTENS, WOLFGANG: Officina Diaboli. Das Theater im Visier des halleschen Pietismus, in: Zentren der Aufklärung I: Halle. Aufklärung und Pietismus, hg. v. NORBERT HINSKE, WSA 15, Heidelberg 1989, 183–208. (Officina Diaboli)
MARTIN, WINFRIED: Der Kampf um Gottfried Arnolds Unpartheyische Kirchen- und Ketzer-Historie. Vornehmlich auf Grund des dritten Bandes der Schaffhauser Ausgabe von 1740–1742, Diss. theol. masch., Heidelberg 1973. (Kampf um Gottfried Arnolds Unpartheyische Kirchen- und Ketzer-Historie)
MATTHIAS, MARKUS: Johann Wilhelm und Johanna Eleonora Petersen. Eine Biographie bis zur Amtsenthebung Petersens im Jahre 1692, AGP 30, Göttingen 1993. (Petersen)
DERS.: Werkverzeichnis des Ehepaares Johann Wilhelm und Johanna Eleonora Petersen, Beilage zu: DERS., Das pietistische Ehepaar Johann Wilhelm Petersen (1649–1726) und Johanna Eleonora Petersen (1644–1724) geborene von und zu

Merlau. Eine Biographie bis zur Amtsenthebung Petersens im Jahre 1692, Diss. theol. masch., Erlangen-Nürnberg 1988. (Werkverzeichnis)
MAYER, WOLFGANG: Verzeichnis der Schriften Samuel Urlspergers, in: Samuel Urlsperger (1685–1772). Augsburger Pietismus zwischen Außenwirkungen und Binnenwelt, hg. v. REINHARD SCHWARZ, Colloquia Augustana 4, Berlin 1996, 223–304. (Verzeichnis der Schriften Urlspergers)
MCKENZIE, EDGAR C.: A catalog of British devotional and religious books in German translation from the reformation to 1750, BGP 2, Berlin u. New York 1997. (Catalog)
MECENSEFFY, GRETE: Der Nürnberger Kaufmann Johann Tobias Kießling und die österreichischen Toleranzgemeinden, in: JGPrÖ 74 (1958), 26–69. (Kießling und die österreichischen Toleranzgemeinden)
DIES.: Kießling, Johann Tobias, Kaufmann und Pietist, 1742–1824, in: Lebensläufe aus Franken, Bd. 6, hg. v. SIGMUND FREIHERR VON PÖLNITZ, VGFG 7, 6, Würzburg 1960, 293–302. (Kießling)
MEDICUS, EMIL FRIED[RICH] HEINR[ICH]: Geschichte der evangelischen Kirche im Königreiche Bayern, diesseits d. Rh., nach gedruckten und theilweise auch ungedruckten Quellen zunächst für praktische Geistliche und sonstige gebildete Leser bearbeitet, Erlangen 1893. (Geschichte)
MEHL, CHRISTOPH: Reich-Gottes-Arbeit. Der christliche Unternehmer Ernest Mehl (1836–1912) als Wegbereiter der Gemeinschaftsbewegung. Eine diakoniegeschichtliche Untersuchung, Diss. theol. masch., Heidelberg 1998. (Mehl)
MEID, VOLKER: Bibliographie, in: HEINRICH ARNOLD STOCKFLETH, Die Kunst- und Tugend-gezierte Macarie, T. 1, Faksimiledruck nach d. Aufl. v. 1669, hg. u. eingeleitet v. VOLKER MEID, Nachdrucke dt. Lit. des 17. Jh., Bern u. a. 1978, 23*–39*. (Bibliographie [Stockfleth])
MEISTER, TH[EODOR]: Separatisten in Bayreuth (1723), in: BBKG 10 (1904), 211–217. (Separatisten)
MEISTER, THOMAS: Das Bayreuther Waisenhaus, in: JELLB 9 (1909), 87–90.
MENGIN, ERNST: Die Ritter-Academie zu Christian-Erlang. Ein Beitrag zur Geschichte der Pädagogik, Diss. phil. Erlangen 1919. (Ritter-Academie).
MERIAN, HANS: Einführung in die Baugeschichte der evangelischen Brüdergemeinen ausgehend vom Modell der Gemeine Herrnhaag, in: Unitas Fratrum. Herrnhuter Studien – Moravian Studies, hg. v. MARI P. VAN BUIJTENEN u. a., Utrecht 1975, 456–482. (Einführung).
MERKEL, FRANZ RUDOLF: Der Naturphilosoph Gotthilf Heinrich Schubert und die deutsche Romantik, München 1913. (Schubert)
MEYER, DIETRICH: Der Christozentrismus des späten Zinzendorfs. Eine Studie zu dem Begriff „täglicher Umgang mit dem Heiland“, EHS.T 25, Bern u. a. 1973. (Christozentrismus)
DERS.: Zinzendorf und Herrnhut, in: Geschichte des Pietismus, Bd. 2: Der Pietismus im achtzehnten Jahrhundert, hg. v. MARTIN BRECHT u. KLAUS DEPPERMANN, Göttingen 1995, 3–106. (Zinzendorf und Herrnhut)
MEYER, GERHARD: Nikolaus Ludwig Reichsgraf von Zinzendorf und Pottendorf. Eine genealogische Studie und Ahnen- und Nachfahrenliste, NLZ Hauptschriften ErgBd. 1, Hildesheim 1996. (Zinzendorf)
MIERSEMANN, WOLFGANG: Ernst Salomon Cyprians Schrift ‚De propagatione haeresium per cantilenas‘ von 1708 im Kontext der Kontroverse über neue geistliche Gesänge um 1700, in: Ernst Salomon Cyprian (1673–1745) zwischen

Orthodoxie, Pietismus und Frühaufklärung. Vorträge des Internationalen Kolloquiums vom 14. bis 16. September 1995 in der Forschungs- und Landesbibliothek Gotha Schloß Friedenstein, hg. v. ERNST KOCH u. JOHANNES WALLMANN, Veröffentlichungen der Forschungs- und Landesbibliothek Gotha 34, Gotha 1996, 167–186. (Cyprians Schrift)

MOHR, RUDOLF: Art. ‚Erbauungsliteratur II.–III.', in: TRE 10 (1982), 43–80. (Erbauungsliteratur)

MÜHLPFORDT, GÜNTER: Halle – Rußland – Sibirien – Amerika: Georg Wilhelm Steller, der Hallesche Kolumbus, und Halles Anteil an der frühen Osteuropa- und Nordasienforschung, in: JOHANNES WALLMANN u. UDO STRÄTER, Halle und Osteuropa. Zur europäischen Ausstrahlung des hallischen Pietismus, Hallesche Forschungen 1, Tübingen 1998, 49–82. (Halle)

MÜLLER, OTTO TH.: Heinrich Horbius (1645–1695), ein tragisches Pfarrerschicksal, in: MEKGR 15 (1966), 127–133. (Horbius)

MÜSSEL, KARL: Georg Christoph von Gravenreuth, in: AGO 51 (1971), 159–194. (Georg Christoph von Gravenreuth)

DERS.: Zur Geschichte des Gravenreuthischen Stifts in Bayreuth-St. Georgen, in: AGO 75 (1995), 225–242. (Geschichte des Gravenreuthischen Stifts)

Neue Beiträge zur Geschichte August Hermann Francke's, hg. v. GUSTAV KRAMER, Halle 1875. (Neue Beiträge)

NEUMANN, ERICH: Johann Arnold Kanne, ein vergessener Romantiker. Ein Beitrag zur Geschichte der mystischen Sprachphilosophie, Berlin 1928. (Kanne)

NEUSER, WILHELM: Pietismus und Erweckungsbewegung – der bayrische Erwekkungstheologe Christian Krafft (1784–1845), in: PuN 3 (1976), 126–141. (Pietismus)

OBLINGER, HERMANN: Eine pietistische Lateinschule in Schwaben – Magister Jacob Brucker als Schulrektor in Kaufbeuren, in: Handbuch der Geschichte des bayerischen Bildungswesens, Bd. 1: Geschichte der Schule in Bayern von den Anfängen bis 1800, hg. v. MAX LIEDTKE, Bad Heilbrunn 1991, 486–490. (Pietistische Lateinschule)

OELLER, ANTON: Aus dem Leben Schweinfurter Männer und Frauen, Bd. 1: Adler bis Eber, Veröffentlichungen des Historischen Vereins und des Stadtarchivs Schweinfurt Sonderr. 7, 1, Schweinfurt 1968. (Leben Schweinfurter Männer)

OHLEMACHER, JÖRG: Das Reich Gottes in Deutschland bauen. Ein Beitrag zur Vorgeschichte und Theologie der deutschen Gemeinschaftsbewegung, AGP 23, Göttingen 1986. (Reich Gottes in Deutschland)

DERS.: Die Anfänge der Gemeinschaftsbewegung, in: PuN 15 (1989), 59–83. (Anfänge der Gemeinschaftsbewegung)

DERS.: Gemeinschaftschristentum in Deutschland im 19. und 20. Jahrhundert, in: Geschichte des Pietismus, Bd. 3: Der Pietismus im neunzehnten und zwanzigsten Jahrhundert, hg. v. ULRICH GÄBLER, Göttingen 2000, 393–464. (Gemeinschaftschristentum)

OSTERTAG, ALBERT: Die Bibel und ihre Geschichte, neu bearb. v. RICHARD PREISWERK, Basel 1892. (Bibel)

PARKMAN, ALLAN: Hofprediger Wrangel und die Societas Svecana Pro Fide et Christianismo, in: PuN 7 (1981), 43–51. (Societas)

PATZELT, HERBERT: Der Pietismus im Teschener Schlesien 1709–1730, KO.M 8, Göttingen 1969. (Pietismus)

PEIL, DIETMAR: Zur „angewandten Emblematik“ in protestantischen Erbauungsbüchern. Dilherr – Arndt – Francisci – Scriver, Beih. zum Euphorion 11, Heidelberg 1978. (Emblematik)

PESCHKE, ERHARD (Bearb.): Katalog der in der Universitäts- und Landesbibliothek Sachsen-Anhalt zu Halle (Saale) vorhandenen handschriftlichen und gedruckten Predigten August Hermann Franckes, Schriften zum Bibliotheks- und Büchereiwesen in Sachsen-Anhalt 36, Halle 1972. (Katalog der Predigten Franckes)

PETER, A.: Die Einführung der Konfirmation in Altdorf 1734, in: BBKG 21(1915), 57–64. (Konfirmation in Altdorf)

PETERSEN, ERNST: Dulce amarum. Labsal in Trübsal. Die Leichenpredigten-Sammlung in der Sakristei-Bibliothek von St. Johannis – Schweinfurt, in: Streiflichter auf die Kirchengeschichte in Schweinfurt, hg. v. JOHANNES STRAUSS u. KATHI PETERSEN, Schweinfurt 1992, 179–213. (Leichenpredigten-Sammlung von St. Johannis-Schweinfurt)

PETERSEN, KATHI: Seelenerquickendes Harpfen-Spiel – Das Schweinfurter Gesangbuch, in: Streiflichter auf die Kirchengeschichte in Schweinfurt, hg. v. JOHANNES STRAUSS u. KATHI PETERSEN, Schweinfurt 1992, 163–178. (Schweinfurter Gesangbuch)

PETZ, WOLFGANG: Zweimal Kempten – Geschichte einer Doppelstadt (1694–1836), Schriften der Philosophischen Fakultäten der Universität Augsburg. Historisch-sozialwissenschaftliche Reihe 54, München 1998. (Kempten)

PEZOLD, UTA VON: Die Herrschaft Thurnau im 18. Jahrhundert, Die Plassenburg 27, Kulmbach 1968. (Herrschaft Thurnau)

Pfarrerbuch Bayerisch-Schwaben (Helene Burger – Hermann Erhard – Hans Wiedemann), zusammengestellt v. Hans Wiedemann u. Christoph v. Brandenstein, EKGB 77, Neustadt a. d. Aisch 2000. (Pfarrerbuch Bayerisch-Schwaben)

Pfarrerbücher der Reichsstädte Dinkelsbühl, Schweinfurt, Weißenburg i. Bay. und Windsheim sowie der Reichsdörfer Gochsheim und Sennfeld, hg. v. MATTHIAS SIMON, EKGB 39, Nürnberg 1962. (Pfarrerbücher der Reichsstädte)

PFEIFFER, GERHARD: Die Ritterakademie und die Gündung der Friedrichs-Universität, in: Erlangen. Geschichte der Stadt in Darstellung und Bilddokumenten, hg. v. ALFRED WENDEHORST, München 1984, 65–68. (Ritterakademie)

PFEILSTICKER, WALTHER (Bearb.): Neues Württembergisches Dienerbuch, Bd. 1: Hof – Regierung – Verwaltung, Stuttgart 1957. (Neues Württembergisches Dienerbuch)

PHILIPP, GUNTRAM: Wirtschaftsethik und Wirtschaftspraxis in der Geschichte der Herrnhuter Brüdergemeine, in: Unitas Fratrum. Herrnhuter Studien – Moravian Studies, hg. v. MARI P. VAN BUIJTENEN u. a., Utrecht 1975, 401–463. (Wirtschaftsethik)

PICKEL, GEORG: Christian Krafft, Professor der reformierten Theologie und Pfarrer in Erlangen. Ein Beitrag zur Geschichte der Erweckungsbewegung in Bayern, EKGB 2, Nürnberg 1925. (Krafft)

PIETSCH, FRANZ: Geschichte der gelehrten Bildung in Kulmbach von den Anfängen bis zur Gegenwart, Kulmbach 1974. (Geschichte)

PLETICHA, EVA: Adel und Buch. Studien zur Geisteswelt des fränkischen Adels am Beispiel seiner Bibliotheken vom 15. bis zum 18. Jahrhundert, VGFG 9, 33, Neustadt a. d. Aisch 1983. (Adel und Buch)

PLOCHMANN, RICHARD: Johann Adam Reiz, Erlangen 1867. (Reiz)

PRANG, HELMUT: Friedrich Rückert, in: Fränkische Lebensbilder, Bd. 1, hg. v. GERHARD PFEIFFER, VGFG 7 NF 1, Würzburg 1967, 337–357. (Friedrich Rükkert)
PÜRKHAUER, ALBRECHT FRANZ: Geschichte der evangelischen Kirche zu Dinkelsbühl, Dinkelsbühl 1831. (Geschichte)
RAABE, PAUL u. PFEIFFER, ALMUT: August Hermann Francke 1663–1727. Bibliographie seiner Schriften, Hallesche Quellenpublikationen und Repertorien 5, Halle 2001. (Francke-Bibliographie)
RAMMENSEE, DOROTHEA (Bearb.): Bibliographie der Nürnberger Kinder- und Jugendbücher 1522–1914, Bamberg [1961]. (Bibliographie der Nürnberger Kinder- und Jugendbücher)
RAUMER, KARL VON: Leben von ihm selbst erzählt, 2. Aufl., Stuttgart 1866. (Leben)
RECHTER, GERHARD: Die Seckendorff. Quellen und Studien zur Genealogie und Besitzgeschichte, Bd. III, 1, VGFG 9, 36, Neustadt a. d. Aisch 1997. (Seckendorff)
REICHEL, GERHARD: August Gottlieb Spangenberg. Bischof der Brüderkirche, Tübingen 1906. (Spangenberg)
DERS.: Die Entstehung einer Zinzendorf feindlichen Partei in Halle und Wernigerode, in: ZKG 23 (1902), 549–592. (Entstehung)
REICHEL, HELLMUTH: Zinzendorfs Auffassung von Arbeit und Dienst, in: Zinzendorf-Gedenkjahr 1960. Eine Sammlung von Vorträgen, Herrnhuter H. 16, Hamburg 1960, 41–58. (Zinzendorfs Auffassung von Arbeit und Dienst)
RENKEWITZ, HEINZ: Hochmann von Hochenau, (1670–1721). Quellenstudien zur Geschichte des Pietismus, AGP 5, Witten 1969. (Hochmann von Hochenau)
RENNER, L[UDWIG]: Lebensbilder aus der Pietistenzeit. Ein Beitrag zur Geschichte und Würdigung des späteren Pietismus, Bremen u. a. 1886. (Lebensbilder)
RITSCHL, ALBRECHT: Geschichte des Pietismus, 3 Bde., Nachdr. d. Ausg. v. 1880–1886 Bonn, Berlin 1966. (Geschichte des Pietismus)
RÖBBELEN, INGEBORG: Theologie und Frömmigkeit im deutschen evangelisch-lutherischen Gesangbuch des 17. und frühen 18. Jahrhunderts, FKDG 6, Göttingen 1957. (Theologie)
ROEPKE, CLAUS-JÜRGEN: Die Protestanten in Bayern, Augsburg 1972. (Protestanten)
ROI, JOHANN F. A. DE LE: Die evangelische Christenheit und die Juden, 3 Bde., photomech. Neudr. d. Orig.-Ausg. v. 1884–1892, SIJB 9, Leipzig 1974. (Christenheit)
ROTH, ALFRED: Bürgermeister Pastorius aus der Reichsstadt Windsheim findet zum Pietismus, in: ZBKG 51 (1982), 106–110. (Pastorius)
DERS.: Das Geschlecht Keget(h) in den Reichsstädten Windsheim und Rothenburg, in: Blätter für fränkische Familienkunde 11 (1979–1983), 143–156. (Geschlecht Keget(h))
Salzburg – Halle – Nordamerika. Ein zweisprachiges Find- und Lesebuch zum Georgia-Archiv der Franckeschen Stiftungen, hg. u. eingel. v. THOMAS J. MÜLLER-BAHLKE u. JÜRGEN GRÖSCHL, mit einer Einl. v. Hermann Winde, Hallesche Quellenpublikationen und Repertorien 4, Halle 1999. (Salzburg-Halle-Nordamerika)
Samuel Urlsperger (1685–1772). Augsburger Pietismus zwischen Außenwirkungen und Binnenwelt, hg. v. REINHARD SCHWARZ, Colloquia Augustana 4, Berlin 1996. (Samuel Urlsperger)

SAUBERZWEIG, HANS VON: Er der Meister – wir die Brüder. Geschichte der Gnadauer Gemeinschaftsbewegung 1888–1958, Offenbach/M. 1959. (Geschichte der Gnadauer Gemeinschaftsbewegung)

SCHATTENMANN, PAUL: Beiträge zur Geschichte der Familie Hartmann, in: Die Linde. Monatsschrift für Geschichte und Heimatkunde für Rothenburg Stadt und Land 15 (1925), 4–8, 17–23. (Beiträge)

DERS.: Dr. Johann Ludwig Hartmann, Superintendent von Rothenburg, in: Verein Alt Rothenburg, Jahresbericht 1920/21, 13–79. (Hartmann Superintendent)

DERS.: Eigenart und Geschichte des deutschen Frühpietismus mit besonderer Berücksichtigung von Württemberg-Franken, in: BWKG 40 (1936), 1–32. (Eigenart)

DERS.: Georg Adam Michel, Generalsuperintendent in Oettingen, und sein gelehrter Briefwechsel. Ein Beitrag zur Kirchengeschichte des 18. Jahrhunderts, EBKG 37, Nürnberg 1962. (Michel)

DERS.: Hartmann als praktischer Theologe, in: BBKG 31 (1925), 90–101. (Hartmann als praktischer Theologe)

DERS.: Johann Ludwig Hartmann, in: Fränkische Lebensbilder, Bd. 1, hg. v. GERHARD PFEIFFER, VGFG 7 NF 1, Würzburg 1967, 210–220. (Hartmann)

DERS.: Maria Elisabeth Dober aus Mönchsroth, in: ZBKG 35 (1966), 98. (Dober)

DERS.: Miszelle. Zum Aufenthalt von Dr. Johann August Urlsperger in Oettingen 1796–1806: Ein Beitrag zu seiner Lebensgeschichte, in: ZBKG 22 (1953), 47–50. (Urlsperger)

DERS.: Neues zum Briefwechsel des Rothenburger Superintendenten Dr. Johann Ludwig Hartmann (1640–1680) mit Philipp Jakob Spener in Frankfurt am Main. Ein Beitrag zur Geschichte des Frühpietismus in Franken, in: ZBKG 6 (1931), 207–216; 7 (1932), 36–44. (Briefwechsel)

DERS.: Oettingen, in: Rieser Kirchenbuch. Geschichte der evangelischen Pfarreien des Rieses, hg. v. KARL LOTTER, Nördlingen 1956, 111–116. (Oettingen)

DERS.: Untersuchungen und Beiträge zur Kirchengeschichte der Grafschaft Oettingen im 17. und 18. Jahrhundert, in: ZBKG 28 (1959), 97–118. (Untersuchungen)

DERS.: Zur Entstehung des Herrnhutertums im fränkisch-schwäbischen Raum, in: ZBKG 32 (1963), 219–229. (Entstehung)

DERS.: Zur Geschichte der Konfirmation im Gebiet der Reichsstadt Rothenburg ob der Tauber, in: ZBKG 10 (1935), 162–164. (Geschichte der Konfirmation im Gebiet der Reichsstadt Rothenburg ob der Tauber)

SCHAUDIG, PAUL: Der Pietismus und Separatismus im Aischgrund, Schwäbisch Gmünd 1925. (Pietismus)

SCHENDA, RUDOLF: Georg Jakob Schäblen und seine volkspädagogischen Bemühungen in Oettingen, in: JHVN 24 (1969), 34–59. (Schäblen)

SCHICK, HERMANN: Feld-Geschrey der Kinder Gottes. Johann Jakob Steinhofer und seine Zeit, Schön- und Wiederdrucke des Schillervereins Marbach am Neckar: Schöndrucke 1, Marbach am Neckar 1993. (Feld-Geschrey)

SCHLEDER, HERMANN: Johann Matthäus Meyfart, Professor und Direktor des akademischen Gymnasiums in Coburg, und sein Jubelgesang „Jerusalem, du hochgebaute Stadt“, in: FS zum 350jährigen Bestehen des Gymnasiums Casimirianum Coburg, hg. vom Festausschuss, Coburg 1955, 17–44. (Meyfart)

SCHMIDT, ERNST: Die Geschichte des evangelischen Gesangbuches der ehemaligen freien Reichsstadt Rothenburg ob der Tauber, Rothenburg o. d. Tauber 1928. (Geschichte)

SCHMIDT, MARTIN: Pietismus, UB 145, Stuttgart u. a. 1972. (Pietismus)

DERS.: Wiedergeburt und neuer Mensch. Gesammelte Studien zur Geschichte des Pietismus, AGP 2, Witten 1969. (Wiedergeburt)

SCHNABEL, WERNER WILHELM: Melchior Adam Pastorius (1624–1702), in: Fränkische Lebensbilder, Bd. 15, hg. v. ALFRED WENDEHORST, VGFG 7 NF 15, Neustadt a. d. Aisch 1993, 107–134. (Pastorius)

SCHNEIDER, HANS: Der radikale Pietismus im 18. Jahrhundert, in: Geschichte des Pietismus, Bd. 2: Der Pietismus im achtzehnten Jahrhundert, hg. v. MARTIN BRECHT u. KLAUS DEPPERMANN, Göttingen 1995, 107–197. (Radikaler Pietismus)

SCHNEIDER, ULF-MICHAEL: Propheten der Goethezeit. Sprache, Literatur und Wirkung der Inspirierten, Palaestra 297, Göttingen 1995. (Propheten der Goethezeit)

SCHNIZZER, GEORG MATTHÄUS: Der Kirchen-Bibliothek zu Neustadt an der Aisch Vierte Anzeige, Von Büchern des funfzehenden Jahrhunderts in Quart- und Octav-Format, nebst einem Nachtrag der vorhergegangenen Bücher und Handschriften, mit litterarischen Anmerkungen begleitet; welcher Eine kurtze Abhandlung von den Schicksalen dieser Bibliothek unter ihren Aufsehern und Förderern vorangeschickt wird, von Georg Matthäus Schnizer, Superintendenten allda, o. O. 1785. (Kirchen-Bibliothek)

SCHNIZZER, MATTHIAS SALOMON: Chronica der Statt Neustatt an der Aysch sowohl nach ihrem Alten als Neuen Bürgerlich und Kirchlichen Zustand, Aus richtigen brieflichen Urkunden, auch mündlichen Erzählungen alter Ehr- und Wahrheitliebenden Personen Mit sorgsamen Fleiß verfaßt und Eigenhändig beschrieben von M. Matthia Salomone Schnizzern, Archidiacono und Ven. Cap. Seniore. 1708, Neustadt a. d. Aisch 1938. (Chronica der Statt Neustatt an der Aysch)

SCHNURRER, LUDWIG: Johann Georg Styrzel (1591–1668), in: Fränkische Lebensbilder, Bd. 13, hg. v. ALFRED WENDEHORST, VGFG 7 NF 13, Neustadt a. d. Aisch 1990, 62–74. (Styrzel)

SCHOEFFEL, SIMON: Die Kirchenhoheit der Reichsstadt Schweinfurt, QFBKG 3, Leipzig 1918. (Kirchenhoheit der Reichsstadt Schweinfurt)

SCHOENER, EDMUND: Pfarrerbuch der Grafschaft Pappenheim, EKGB 31, Nürnberg 1956. (Pfarrerbuch Pappenheim)

SCHOLEM, GERHARD: Bibliographia kabbalistica. Verzeichnis der gedruckten die jüdische Mystik (Gnosis, Kabbala, Sabbatianismus, Frankismus, Chassidismus) behandelnden Bücher und Aufsätze von Reuchlin bis zur Gegenwart. Mit einem Anhang: Bibliographie des Zohar und seiner Kommentare, Leipzig 1927. (Bibliographia kabbalistica)

SCHÖLLKOPF, WOLFGANG: Zwischen Spener und den radikalen Frommen. Johann Reinhard Hedinger (1664–1704) als Theologe des frühen württembergischen Pietismus, Diss. theol. masch., Münster 1998. (Hedinger)

SCHORNBAUM, KARL: Herrnhuter in Franken, in: BBKG 24 (1918), 23–39, 81–95; 26 (1920), 13–17. (Herrnhuter in Franken)

DERS.: Religiöse Bewegungen im Markgrafentum Brandenburg-Ansbach im 18. Jahrhundert, in: BBKG 16 (1910), 145–168, 193–216. (Religiöse Bewegungen)

DERS.: Separatisten in Erlangen, in: Viva Vox Evangelii. FS für Landesbischof D. Hans Meiser zum siebzigsten Geburtstag, München 1951, 277–291. (Separatisten in Erlangen)

DERS.: Zum Aufenthalte J. Fr. Rocks in Regensburg, in: BBKG 18 (1912), 120–124. (Aufenthalte Rocks)

DERS.: Zur Geschichte des Pietismus in Franken, in: ZBKG 4 (1929), 167–169. (Geschichte des Pietismus in Franken)

DERS.: Zur Tätigkeit des Suttenpredigers Ambr. Wirth, in: MVGN 42 (1951), 369–372. (Wirth)

SCHRADER, HANS-JÜRGEN: Literaturproduktion und Büchermarkt des radikalen Pietismus. Johann Henrich Reitz' „Historie Der Wiedergebohrnen" und ihr geschichtlicher Kontext, Palaestra 283, Göttingen 1989. (Literaturproduktion)

SCHREY, DIETER: Mythos und Geschichte bei Johann Arnold Kanne und in der romantischen Mythologie, Tübingen 1969. (Mythos)

SCHRÖTTEL, GERHARD: Johann Michael Dilherr, in: Fränkische Lebensbilder, Bd. 7, hg. v. GERHARD PFEIFFER u. ALFRED WENDEHORST, VGFG 7 NF 7, Neustadt a. d. Aisch 1977, 142–151. (Dilherr)

DERS.: Johann Michael Dilherr und die vorpietistische Kirchenreform in Nürnberg, EKGB 34, Nürnberg 1962. (Dilherr und die vorpietistische Kirchenreform)

SCHUHMANN, GÜNTHER: Die Markgrafen von Brandenburg-Ansbach. Eine Bilddokumentation zur Geschichte der Hohenzollern in Franken, JHVMF 90, Ansbach 1980. (Markgrafen von Brandenburg-Ansbach)

SCHÜMANN, CHRISTIAN: Ein nützlichs Himmels-Pfand. Das Schweinfurter Pfarrergeschlecht Heunisch, in: Streiflichter auf die Kirchengeschichte in Schweinfurt, hg. v. JOHANNES STRAUSS u. KATHI PETERSEN, Schweinfurt 1992, 77–87. (Pfarrergeschlecht Heunisch)

SEEBASS, FRIEDER: Die Schrift „Paraenesis votiva pro pace ecclesiae". Ein Beitrag zu den Arndtschen Streitigkeiten, in: PuN 22 (1996), 124–173. („Paraenesis")

SIEBENKEES, JOHANN CHRISTIAN: Nachrichten von den Nürnbergischen Armenschulen und Schulstiftungen, Nürnberg 1793. (Nachrichten)

SIMON, MATTHIAS: Ansbachisches Pfarrerbuch. Die Evangelisch-Lutherische Geistlichkeit des Fürstentums Brandenburg-Ansbach 1528–1806, EKGB 28, Nürnberg 1957. (Ansbachisches Pfarrerbuch)

DERS.: Bayreuthisches Pfarrerbuch. Die Evangelisch-Lutherische Geistlichkeit des Fürstentums Kulmbach-Bayreuth 1528/29–1810, EKGB 12, Nürnberg 1930. (Bayreuthisches Pfarrerbuch)

DERS.: Der Fall Händel, in: ZBKG 13 (1938), 68–102. (Händel)

DERS.: Der Prediger Tobias Winkler in Nürnberg, in: MVGN 42 (1951), 198–235. (Winkler)

DERS.: Die Entstehung des Zentralbibelvereins in Bayern, in: Festgabe Herrn Landesbischof D. Hans Meiser zum 70. Geburtstag dargebracht, München [1951], 45–133. (Entstehung des Zentralbibelvereins)

DERS.: Evangelische Kirchengeschichte Bayerns, Bd. 2, München 1942. (Kirchengeschichte Bayerns)

DERS.: Georg Christoph Brendel und die Kirche in Thurnau. Ein künstlerisches Denkmal des Pietismus, in: ZBKG 25 (1956), 1–39. (Brendel)

DERS.: M. Jakob Schwindel: Die Tragödie eines pietistenfreundlichen Pfarrers in Nürnberg, in: ZBKG 23 (1954), 17–94. (Schwindel)

DERS.: Nürnbergisches Pfarrerbuch. Die evangelisch-lutherische Geistlichkeit der Reichsstadt Nürnberg und ihres Gebiets 1524–1806, EKGB 41, Nürnberg 1965. (Nürnbergisches Pfarrerbuch)

DERS.: Zur Entstehung der Bibelgesellschaft in Bayern, in: MVGN 42 (1951), 373–374. (Zur Entstehung)

SOMMER, ERNST: Johann Matthäus Meyfart und sein Lied „Jerusalem, du hochgebaute Stadt“, in: JLH 7 (1962), 149–157. (Meyfart).

SOTHMANN, MARLENE: Das Armen-, Arbeits-, Zucht- und Werkhaus in Nürnberg bis 1806, Nürnberger Werkstücke zur Stadt- und Landesgeschichte 2, Nürnberg 1970. (Das Armen-, Arbeits-, Zucht- und Werkhaus in Nürnberg)

SPAHR, BLAKE LEE: The Comet of 1680: A Personal Letter of Philipp Jacob Spener, in: MLN 74 (1959), 721–729. (Comet)

SPANGENBERG, AUGUST GOTTLIEB: Leben des Herrn Nicolaus Ludwig Grafen und Herrn von Zinzendorf und Pottendorf, Bd. 3/4, Nachdr. d. Ausg. Barby 1773–1775, NLZ.L 3/4, Hildesheim u. New York 1971. (Leben)

SPORHAN-KREMPEL, LORE u. WOHNHAAS, THEODOR: Zur Genealogie der Nürnberger Buchdrucker und Buchführer im 17. Jahrhundert, in: Blätter für Fränkische Familienkunde 9 (1966–1970), 209–222, 362–375. (Nürnberger Buchdrucker)

STARK, TH[EODOR]: Heimatbuch der Gemeinden des Landkreises Gunzenhausen, Gunzenhausen 1939. (Heimatbuch)

STEINECKE, OTTO: Die Diaspora der Brüdergemeine in Deutschland, Bd. 2, T. 3: Süd- und Westdeutschland, Halle a. d. Saale 1911. (Diaspora)

STEINMACHER, GABRIELE: Die „Sammlung Wagenseil“. Ein Bücherschatz der Universitätsbibliothek Erlangen-Nürnberg, in: Myosotis 2 (1996), 35–43. (Sammlung Wagenseil)

STOEFFLER, F. ERNEST: German pietism during the eighteenth century, SHR 24, Leiden 1973. (German pietism)

STOY, JOHANN FRIEDRICH: Starke Spuhren der wunderlichen Güte Gottes, über Einem Seiner treuesten Knechte werden mit einem Exempel aus der vorigen Zeit, Dem S. T. Herrn Johann Georg Trew, [...] der Welt vor Augen gelegt [...], Nürnberg 1743. (Trew)

STRÄTER, UDO: Sonthom, Bayly, Dyke und Hall: Studien zur Rezeption der englischen Erbauungsliteratur in Deutschland im 17. Jahrhundert, BHTh 71, Tübingen 1987. (Sonthom)

STUCKE, SIGISMUND: Die Reußen und ihr Land. Die Geschichte einer süddeutschen Dynastie, Sankt Michael 1984. (Reußen)

Süddeutsche Originalien: Bengel, Oetinger, Flattich. In Fragmenten gezeichnet von ihnen selbst, hg. v. CHRISTIAN GOTTLOB BARTH, H. 1–3, Stuttgart 1828–1832. (Süddeutsche Originalien)

TAUSENDPFUND, WALTER u. WOLF, GERHARD PHILIPP: Ein fränkischer „Prediger in der Wüste“. Zum 200. Todestag des Theologen und Naturforschers Johann Friedrich Esper (1732–1781) aus Uttenreuth bei Erlangen, in: ZBKG 51 (1982), 131–162. (Esper)

[TEICHMANN, JOHANN ERNST:] Historische Beschreibung des alten Frauen-Closters Himmelcron in dem Marggrafthum Brandenburg-Culmbach nebst einer ausführlichen Lebens-Beschreibung des weil. Durchlauchtigsten Fürsten und Herrn, Herrn Georg Friederich Carl, Marggrafens zu Brandenburg-Culmbach [...], Bayreuth 1739. (Beschreibung)

TEMME, WILLI: Die Buttlarsche Rotte. Ein Forschungsbericht, in: PuN 16 (1990), 53–75. (Buttlarsche Rotte)
THAUER, KARL: Taten Jesu in unseren Tagen. Bilder aus der Geschichte des Landeskirchlichen Gemeinschaftsverbandes i. Bay., Nürnberg 1957. (Taten Jesu)
THOLUCK, FRIEDRICH AUGUST: Das akademische Leben des siebzehnten Jahrhunderts mit besonderer Beziehung auf die protestantisch-theologischen Fakultäten Deutschlands, nach handschriftlichen Quellen. 2. Abt.: Die akademische Geschichte der deutschen, skandinavischen, niederländischen, schweizerischen Hohen Schulen, Vorgeschichte des Rationalismus I, 2, Halle 1854. (Die akademische Geschichte)
THOMASIUS, G[OTTFRIED]: Das Wiedererwachen des evangelischen Lebens in der lutherischen Kirche Bayerns. Ein Stück süddeutscher Kirchengeschichte (1800–1840), Erlangen 1867. (Wiedererwachen des evangelischen Lebens)
TIESMEYER, L[UDWIG]: Die Erweckungsbewegung in Deutschland während des neunzehnten Jahrhunderts, Bd. 2, H. 8: Das Königreich Bayern, Kassel [1906]. (Erweckungsbewegung)
TROELTSCH, ERNST: Der Deismus, in: DERS., Gesammelte Schriften, Bd. 4: Aufsätze zur Geistesgeschichte und Religionssoziologie, Tübingen 1925, 429–487. (Deismus)
TRUNZ, ERICH: Johann Matthäus Meyfart. Theologe und Schriftsteller in der Zeit des Dreißigjährigen Krieges, München 1987. (Meyfart)
DERS.: Johann Matthäus Meyfarts Schrift gegen die Hexenprozesse, in: Gymnasium Casimirianum Coburg (Bericht über das Schujahr 1979/80), I–XXIV, Coburg 1980. (Meyfarts Schrift gegen die Hexenprozesse)
VEH, OTTO: Markgraf Christian Ernst von Bayreuth (1655–1712), in: AGO 35, 1 (1949), 29–54. (Christian Ernst von Bayreuth)
DERS.: Markgraf Georg Friedrich Karl von Bayreuth (1726–1735), in: AGO 35, 2 (1951), 86–108. (Markgraf Georg Friedrich Karl von Bayreuth)
VOCKE, JOHANN AUGUST: Geburts- und Todten-Almanach Ansbachischer Gelehrten, Schriftsteller, und Künstler; oder: Anzeige jeden Jahrs, Monats und Tags, an welchem Jeder derselben gebohren wurde, und starb, nebst ihrer kurz zusammengedrängten Lebens-Geschichte und dem Verzeichnis ihrer Schriften und Kunstwerke [...], 2 T., Augsburg 1796 u. 1797. (Almanach)
VOGES, DIETMAR-HENNING: Die Reichsstadt Nördlingen. 12 Kapitel aus ihrer Geschichte, München 1988. (Reichsstadt Nördlingen)
DERS.: Nördlingen seit der Reformation. Aus dem Leben einer Stadt, München 1998. (Nördlingen)
Von der Ausbreitung der christlichen Religion, in: AHE 3/18 (1739), 1084–1125. (Von der Ausbreitung)
WAIS, GUSTAV: Samuel Urlspergers Entlassung, in: BWKG 44 (1944), 4–27. (Urlspergers Entlassung)
WALKER, MACK: Der Salzburger Handel. Vertreibung und Errettung der Salzburger Protestanten im 18. Jahrhundert, VMPIG 131, Göttingen 1997. (Salzburger Handel)
WALLMANN, JOHANNES: Der Pietismus, KIG 4/O1, Göttingen 1990. (Pietismus)
DERS.: Die Anfänge des Pietismus, in: PuN 4 (1979), 11–53. (Anfänge des Pietismus)

DERS.: Erfurt und der Pietismus im 17. Jahrhundert, in: DERS., Theologie und Frömmigkeit im Zeitalter des Barock. Gesammelte Aufsätze, Tübingen 1995, 325–350. (Erfurt und der Pietismus)

DERS.: Johann Arndt und die protestantische Frömmigkeit. Zur Rezeption der mittelalterlichen Mystik im Luthertum, in: Chloe. Beihefte zum Daphnis 2, Amsterdam 1984, 50–74. (Arndt und die protestantische Frömmigkeit)

DERS.: Labadismus und Pietismus. Die Einflüsse des niederländischen Pietismus auf die Entstehung des Pietismus in Deutschland, in: DERS., Theologie und Frömmigkeit im Zeitalter des Barock. Gesammelte Aufsätze, Tübingen 1995, 171–196. (Labadismus und Pietismus)

DERS.: Philipp Jakob Spener und die Anfänge des Pietismus, 2. Aufl., BHTh 42, Tübingen 1986. (Spener)

WAPPMANN, VOLKER: Durchbruch zur Toleranz. Die Religionspolitik des Pfalzgrafen Christian August von Sulzbach 1622–1708, EKGB 69, Neustadt a. d. Aisch 1995. (Durchbruch)

DERS.: Pietismus und Politik. Zur Biographie von Johann Heinrich Hassel (1640–1706), in: ZBKG 67 (1998), 27–59. (Pietismus und Politik)

DERS.: Sulzbach und die Anfänge des Pietismus. Ein Werkstattbericht aus einem Modell geistig-kultureller Toleranzpolitik im 17. Jahrhundert, in: Christian Knorr von Rosenroth. Dichter und Gelehrter am Sulzbacher Musenhof. FS zur 300. Wiederkehr des Todestages, hg. v. Literaturarchiv u. der Stadt Sulzbach-Rosenberg, Sulzbach-Rosenberg 1989, 96–110. (Sulzbach)

WEIGELT, HORST: Der hallische Pietismus und die Salzburger Exulanten in Eben-Ezer in Georgia in Amerika, in: DERS., Pietismus-Studien, T. 1: Der spener-hallische Pietismus, AzTh 2, 4, Stuttgart 1965, 64–89. (Pietismus und die Salzburger Exulanten)

DERS.: Der Pietismus im Übergang vom 18. zum 19. Jahrhundert, in: Geschichte des Pietismus, Bd. 2: Der Pietismus im achtzehnten Jahrhundert, hg. v. MARTIN BRECHT u. KLAUS DEPPERMANN, Göttingen 1995, 700–754. (Pietismus im Übergang vom 18. zum 19. Jahrhundert)

DERS.: Die Allgäuer katholische Erweckungsbewegung, in: Geschichte des Pietismus, Bd. 3: Der Pietismus im neunzehnten und zwanzigsten Jahrhundert, hg. v. ULRICH GÄBLER, Göttingen 2000, 85–111. (Die Allgäuer katholische Erweckungsbewegung)

DERS.: Die Allgäuer katholische Erweckungsbewegung und ihre Ausstrahlung in den süddeutschen Raum, in: PuN 16 (1990), 173–195. (Allgäuer katholische Erweckungsbewegung)

DERS.: Die Beziehungen zwischen Ludwig Friedrich zu Castell-Remlingen und Zinzendorf sowie ihr Briefwechsel. Ein Beitrag zur Geschichte des Herrnhuter Pietismus in Franken, EKGB 59, Neustadt a. d. Aisch 1984. (Beziehungen)

DERS.: Die Deutsche Christentumsgesellschaft, ihre Entstehung, Entwicklung und Bedeutung, in: DERS., Pietismus-Studien, T. 1: Der spener-hallische Pietismus, AzTh 2, 4, Stuttgart 1965, 119–140. (Christentumsgesellschaft)

DERS.: Die Diasporaarbeit der Herrnhuter Brüdergemeine in Franken während des Alten Reiches. Burghardts Bericht von 1790 als Paradigma, in: ZBKG 64 (1995), 43–69. (Diasporaarbeit)

DERS.: Die Diasporaarbeit der Herrnhuter Brüdergemeine und die Wirksamkeit der Deutschen Christentumsgesellschaft im 19. Jahrhundert, in: Geschichte des Pietismus, Bd. 3: Der Pietismus im neunzehnten und zwanzigsten Jahrhundert,

hg. v. ULRICH GÄBLER, Göttingen 2000, 112–149. (Diasporaarbeit der Herrnhuter und Christentumsgesellschaft)
DERS.: Ernst Salomon Cyprians Auseinandersetzung mit separatistischen Pietisten in Coburg während seines Direktorates am Collegium Casimirianum, in: DERS., Von Schwenckfeld bis Urlsperger, von Raumer bis Löhe. Aspekte aus der Geschichte evangelischer Theologie und Frömmigkeit in Bayern. Gesammelte Aufsätze, hg. v. WOLFGANG LAYH u. a., EKGB 73, Neustadt a. d. Aisch 1999, 68–80. (Cyprians Auseinandersetzung)
DERS.: Erweckungsbewegung und konfessionelles Luthertum im 19. Jahrhundert untersucht an Karl von Raumer, AzTh 2, 10, Stuttgart 1968. (Raumer)
DERS.: Georg Gellmann und das Schwenckfeldertum. Zum Problem des Weigelianismus, in: ZBKG 61 (1992), 103–112. (Gellmann)
DERS.: Georg Matthäus Holbig und die Herrnhuter Brüdergemeine – Der mißlungene Versuch einer Integration in die Brüdergemeine in der Wetterau, in: PuN 24 (1998), 116–129. (Holbig)
DERS.: Johann August Urlsperger, ein Theologe zwischen Pietismus und Aufklärung, in: ZBKG 33 (1964), 67–105. (Urlsperger)
DERS.: Johann August Urlsperger und die Anfänge der Christentumsgesellschaft, in: PuN 7 (1981), 42–68. (Urlsperger und die Anfänge der Christentumsgesellschaft)
DERS.: Joh. Aug. Urlsperger und seine Auseinandersetzung mit der Aufklärungstheologie. Ein Beitrag zur Geschichte des Spätpietismus, in: Pietismus und Reveil. Referate der internationalen Tagung: Der Pietismus in den Niederlanden und seine internationalen Beziehungen. Zeist 18.–22. Juni 1974, hg. v. J[OHANNES] VAN DEN BERG u. J[OHANNES] P[IETER] VAN DOOREN, KHB 7, Leiden 1978, 237–252. (Urlsperger und seine Auseinandersetzung mit der Aufklärungstheologie)
DERS.: Martin Boos. Initiator und wesentlicher Repräsentant der Allgäuer katholischen Erweckungsbewegung, in: ZBKG 64 (1995), 85–106. (Boos)
DERS.: Lavater und die Stillen im Lande. Distanz und Nähe. Die Beziehungen Lavaters zu Frömmigkeitsbewegungen im 18. Jahrhundert, AGP 25, Göttingen 1988. (Lavater und die Stillen im Lande)
DERS.: Der Pietismus in Bayern, in: Geschichte des Pietismus, Bd. 2: Der Pietismus im achtzehnten Jahrhundert, hg. v. MARTIN BRECHT u. KLAUS DEPPERMANN, Göttingen 1995, 296–318. (Pietismus in Bayern)
DERS.: Pietismusforschung in Bayern, in: PuN 13 (1987), 227–238. (Pietismusforschung in Bayern)
DERS.: Zinzendorfs Aufenthalte in der Grafschaft Castell. Zur Geschichte des Herrnhuter Pietismus in Franken, in: ZBKG 51 (1982), 116–130. (Zinzendorfs Aufenthalte)
DERS.: Zwischen Religion und Politik. Samuel Urlspergers Korrespondenz mit dem dänischen Außenminister Johann Hertwig Ernst Graf von Bernstorff, in: Samuel Urlsperger (1685–1772). Augsburger Pietismus zwischen Außenwirkungen und Binnenwelt, hg. v. REINHARD SCHWARZ, Colloquia Augustana 4, Berlin 1996, 177–190. (Urlspergers Korrespondenz)
WENDEHORST, ALFRED: Geschichte der Friedrich-Alexander-Universität Erlangen-Nürnberg 1743–1993, München 1993. (Geschichte)
WENZ, GUNTHER: Johann Jakob Brucker als Theologe, in: ZBKG 64 (1995), 20–42. (Brucker)

WETZEL, JOHANN CASPAR: Johann Caspar Wetzels Hymnopoeographia, oder historische Lebens-Beschreibung der berühmtesten Lieder-Dichter, T. 1–4, Herrnstadt 1719–1728. (Hymnopoeographia)

WEYERMANN, ALBRECHT: Nachrichten von Gelehrten, Künstlern und andern merkwürdigen Personen aus Ulm, Ulm 1798. (Nachrichten)

WIEDEMANN, HANS: Augsburger Pfarrerbuch. Die evangelischen Geistlichen der Reichsstadt Augsburg 1524–1806, EKGB 38, Nürnberg 1962. (Augsburger Pfarrerbuch)

WIESSNER, WOLFGANG: David Nerreter (1649–1726). Ein Lebensbild aus dem Zeitalter des beginnenden Pietismus, in: ZBKG 23 (1954), 144–164. (Nerreter)

WIETFELDT, WILLARD JAMES: The Emblem Literature of Johann Michael Dilherr (1604–1669), an imposant preacher, educator and poet in Nürnberg, Nürnberger Werkstücke zur Stadt- und Landesgeschichte 15, Nürnberg 1975. (Emblem Literature)

WILL, GEORG ANDREAS: Bibliotheca Norica Williana. Oder Kritisches Verzeichniß aller Schriften, welche die Stadt Nürnberg angehen, 8 Bde., Altdorf 1772–1793. (Bibliotheca Norica)

DERS.: Kurze Geschichte der Altdorfischen Buchdruckere, in: DERS., Museum Noricum, Altdorf 1759, 25–32. (Geschichte der Altdorfischen Buchdruckere)

DERS.: Nürnbergisches Gelehrten-Lexicon oder Beschreibung aller Nürnbergischen Gelehrten beyderley Geschlechtes, 4 Bde., Nürnberg u. Altdorf 1755–1758. (Nürnbergisches Gelehrten-Lexicon)

WITZMANN, GEORG: Zur Geschichte des Coburger Gesangbuches, in:JBCobLdStift 1 (1956), 165–182. (Geschichte des Coburger Gesangbuches)

WÖLFEL, DIETER: Die kirchlich-religiöse Entwicklung von der Mitte des 16. bis zum Ende des 18. Jahrhunderts. Die Evangelische Kirche: Die Zeit des Pietismus (1672–1769), in: Handbuch der Bayerischen Geschichte, Bd. 3, 1: Geschichte Frankens bis zum Ausgang des 18. Jahrhunderts, begr. v. MAX SPINDLER, neu hg. v. ANDREAS KRAUS, 3. neu bearb. Aufl., München 1997, 808–824. (Kirchlich-religiöse Entwicklung)

DERS.: Nürnberger Gesangbuchgeschichte 1524–1791, Nürnberger Werkstücke zur Stadt- und Landesgeschichte 5, Nürnberg 1971. (Nürnberger Gesangbuchgeschichte)

WÖPPEL, GERHARD: Prichsenstadt. Entwicklung und Struktur einer Kleinstadt in Franken, Diss. phil., Erlangen 1968. (Prichsenstadt)

WOLF, GERHARD PHILIPP: Johann Friedrich Esper (1732–1781), in: Fränkische Lebensläufe, Bd. 12, hg. v. ALFRED WENDEHORST u. GERHARD PFEIFFER, VGFG 7 NF 12, Neustadt a. d. Aisch 1986, 192–205. (Esper)

WOLFSCHMIDT, AUGUST: Die Matrikel der Fürstenschule Neustadt an der Aisch, in: ZBKG 55 (1986), 19–43. (Matrikel)

WOTSCHKE, THEODOR: Aus Briefen des Regensburger Superintendenten Serpilius, in: ZBKG 1 (1926), 93–119. (Aus Briefen des Regensburger Superintendenten Serpilius)

DERS.: Gottfried Neumann. Der Pietist, Separatist, Wiedertäufer, Inspirierte, in: MRKG 26 (1932), 48–57. (Neumann)

DERS.: Herrnhuter in Augsburg. Nach Briefen im Universitätsarchiv [!] zu Herrnhut, in: ZBKG 11 (1936), 169–185. (Herrnhuter in Augsburg)

DERS.: Neue Urkunden zur Geschichte des Pietismus in Bayern, in: ZBKG 6 (1931), 38–44, 97–108, 234–251; 7 (1932), 44–55, 102–113, 180–187; 8 (1933),

173–185, 241–247; 9 (1934), 112–123, 173–178, 236–252; 10 (1935), 165–177; 11 (1936), 228–233; 12 (1937), 49–59, 176–179. (Neue Urkunden)
DERS.: Süddeutsche Mitarbeiter an den Acta historico-ecclesiastica, in: ZBKG 13 (1938), 224–230; 14 (1939), 114–120; 15 (1940), 214–229. (Mitarbeiter)
WUNDER, GERD: Johann Höefel, in: Fränkische Lebensbilder, Bd. 7, hg. v. GERHARD PFEIFFER u. ALFRED WENDEHORST, VGFG 7 NF 7, Neustadt a. d. Aisch 1977, 123–141. (Höefel)
WURSTER, HERBERT W.: Die Regensburger Geschichtsschreibung im 17. Jahrhundert. Historiographie im Übergang vom Humanismus zum Barock. T. II u. III, in: VHVOPf 120 (1980), 69–210. (Regensburger Geschichtsschreibung)
DERS.: Johann Heinrich Ursinus: Mein Lebens-Lauff. Die Autobiographie eines Regensburger Superintendenten aus dem 17. Jahrhundert, in: ZBKG 51 (1982), 73–105. (Ursinus)
ZÄH, HELMUT: Verzeichnis der Schriften Jacob Bruckers, in: Jacob Brucker (1696–1770). Philosoph und Historiker der europäischen Aufklärung, hg. v. WILHELM SCHMIDT-BIGGEMANN u. THEO STAMMEN, Colloquia Augustana 7, Berlin 1998, 259–351. (Verzeichnis)
ZAEPERNICK, GERTRAUD: Johann Georg Gichtels und seiner Nachfolger Briefwechsel mit den hallischen Pietisten, besonders A. H. Francke, in: PuN 8 (1982), 64–118. (Gichtels und seiner Nachfolger Briefwechsel)
ZAHN, JOHANNES: Die Melodien der deutschen evangelischen Kirchenlieder, 6 Bde., Gütersloh 1888–1893. (Melodien)
ZELTNER, HERMANN: Schelling in Erlangen, in: FS Eugen Stollreither gewidmet, Erlangen 1950, 391–403. (Schelling)
ZORN, WOLFGANG: Samuel und Johann August Urlsperger, in: Lebensbilder aus dem Bayerischen Schwaben, Bd. 1, hg. v. GÖTZ FREIHERR VON PÖLNITZ, Veröff. der schwäbischen Forschungsgemeinschaft bei der Kommission für Bayerische Landesgeschichte 3, 1, München 1952, 322–342. (Urlsperger)
ZWANZIGER, KARL HERMANN: Franz Daniel Pastorius aus Sommerhausen, der Gründer von Germantown in Pennsylvanien, in: AHVU 59 (1917), 75–115. (Pastorius)

Personenregister

Das Register erschließt die Personennamen, insofern diese im Text als Personen aufgeführt werden. Bezüglich der v. a. in den Anmerkungen erwähnten Autoren sei hier lediglich auf das Quellen- und Literaturverzeichnis verwiesen.

Ortsregister

Geschichte des Pietismus

Herausgegeben von Martin Brecht, Klaus Deppermann, Ulrich Gäbler und Hartmut Lehmann. Bei Subskription Ermäßigung.

Der Pietismus ist die bedeutendste Erneuerungsbewegung des Protestantismus seit der Reformation. Er setzt im 17. Jahrhundert ein und ist bis in die Gegenwart lebendig geblieben. Diese Bewegung ist nicht auf Deutschland beschränkt, sondern hat sich von Anfang an auf das ganze protestantische Europa und dann auch weit darüber hinaus erstreckt. Kirche, Theologie und Frömmigkeit, aber auch weite Bereiche der Gesellschaft, Politik und Kultur sind von ihr erfasst und geprägt worden.
Nach mehr als hundert Jahren erfährt hier der Pietismus wieder eine umfassende Bearbeitung. Initiiert wurde sie durch die Historische Kommission zur Erforschung des Pietismus. Geboten wird eine lesbare Darstellung auf dem neuesten Stand der Forschung.

Band 1
Der Pietismus vom siebzehnten bis zum frühen achtzehnten Jahrhundert
In Zusammenarbeit mit Johannes van den Berg, Klaus Deppermann, Johann Friedrich Gerhard Goeters und Hans Schneider herausgegeben von Martin Brecht.
1993. XI, 584 Seiten mit 49 Abbildungen, Leinen
ISBN 3-525-55343-9

Band 2
Der Pietismus im achtzehnten Jahrhundert
In Zusammenarbeit mit Friedhelm Ackva, Johannes van den Berg, Rudolf Dellsperger, Johann Friedrich Gerhard Goeters, Manfred Jakubowski-Tiessen, Pentti Laasonen, Dietrich Meyer, Ingun Montgomery, Christian Peters, A. Gregg Roeber, Hans Schneider, Patrick Streiff und Horst Weigelt herausgegeben von Martin Brecht und Klaus Deppermann.
1995. XIV, 826 Seiten mit 78 Abbildungen, Leinen
ISBN 3-525-55347-1

Band 3
Der Pietismus im neunzehnten und zwanzigsten Jahrhundert
Unter Mitwirkung von Martin Sallmann herausgegeben von Ulrich Gäbler.
In Zusammenarbeit mit Gustav Adolf Benrath, Eberhard Busch, Pavel Filipi, Arnd Götzelmann, Pentti Laasonen, Hartmut Lehmann, Mark A. Noll, Jörg Ohlemacher, Karl Rennstich und Horst Weigelt.
2000. XIII, 607 Seiten mit 32 Abbildungen, Leinen
ISBN 3-525-55348-X

Band 4
Glaubenswelt und Lebenswelten des Pietismus
in Vorbereitung